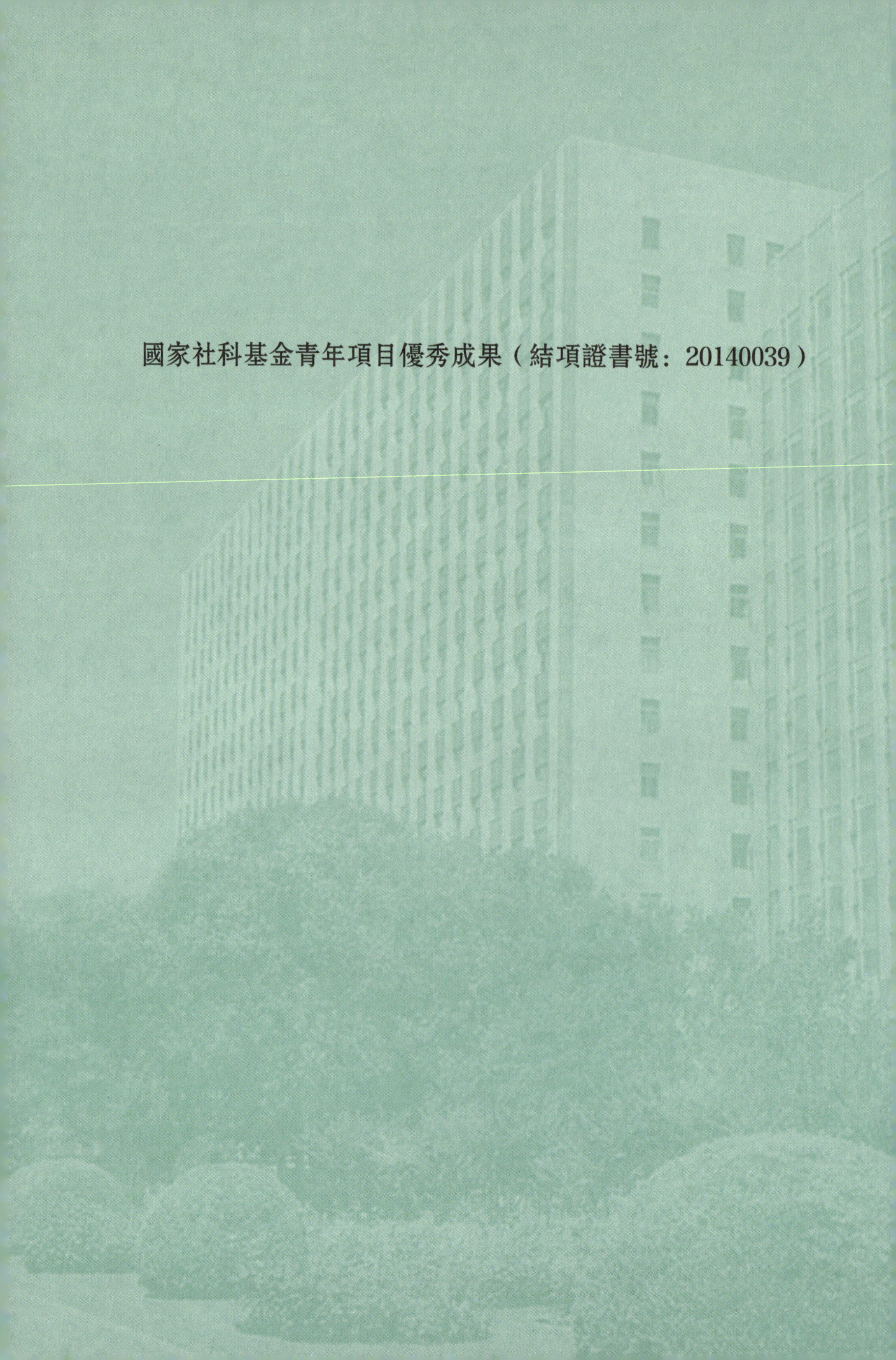

國家社科基金青年項目優秀成果（結項證書號：20140039）

中國社會科學院文庫
哲學宗教研究系列
The Selected Works of CASS
Philosophy and Religion

中國社會科學院創新工程學術出版資助項目

中國社會科學院文庫 · **哲學宗教研究系列**
The Selected Works of CASS · **Philosophy and Religion**

出土文獻與早期道教

EXCAVATED TEXTS AND EARLY TAOISM

姜守誠 著

中國社會科學出版社

圖書在版編目（CIP）數據

出土文獻與早期道教／姜守誠著 . —北京：中國社會科學
出版社，2016.3（2018.10 重印）
ISBN 978 – 7 – 5161 – 7775 – 4

Ⅰ. ①出… Ⅱ. ①姜… Ⅲ. ①道教史—中國 Ⅳ. ①B959.2

中國版本圖書館 CIP 數據核字（2016）第 051455 號

出 版 人　趙劍英
責任編輯　孫　萍
責任校對　劉　江
責任印製　王　超

出　　　版　中國社會科學出版社
社　　　址　北京鼓樓西大街甲 158 號
郵　　　編　100720
網　　　址　http：//www.csspw.cn
發 行 部　010 – 84083685
門 市 部　010 – 84029450
經　　　銷　新華書店及其他書店

印　　　刷　北京君昇印刷有限公司
裝　　　訂　廊坊市廣陽區廣增裝訂廠
版　　　次　2016 年 3 月第 1 版
印　　　次　2018 年 10 月第 2 次印刷

開　　　本　710×1000　1/16
印　　　張　28.5
字　　　數　482 千字
定　　　價　99.00 元

作者簡介

姜守誠，1975 年生，山東煙臺市人。中國人民大學哲學院教授、博士生導師，教育部人文社會科學重點研究基地中國人民大學佛教與宗教學理論研究所專職研究員。1999 年畢業於聊城大學，獲學士學位。2002 年畢業於廈門大學哲學系，獲哲學碩士學位。2005 年畢業於中國社會科學院研究生院哲學系，獲哲學博士學位。2006 年 5 月 ~2008 年 5 月，北京師範大學歷史學院博士後（第一站）。2008 年 8 月 ~2009 年 7 月，（臺灣）成功大學歷史學系博士後（第二站）。2005 年 7 月 ~2018 年 8 月，任職於中國社會科學院哲學研究所，歷任助理研究員、副研究員、研究員。2018 年 9 月至今，任職於中國人民大學哲學院。主要從事中國道教史、道門文獻、齋醮科儀、宗教考古藝術等領域的研究，已出版學術專著 3 部（《中國近世道教送瘟儀式研究》《出土文獻與早期道教》《〈太平經〉研究──以生命為中心的綜合考察》）、合著 3 部，在《世界宗教研究》《宗教學研究》《哲學動態》《中華文史論叢》《簡帛研究》、（臺北）《新史學》、（臺南）《成大歷史學報》、（嘉義）《世界宗教學刊》等刊物上發表論文 100 餘篇。主持國家社科基金項目 3 項，參與國家社科基金重大項目 3 項。

彩版一　唐代司馬承禎撰《上清含象劍鑑圖》中的"含象鑑"圖式

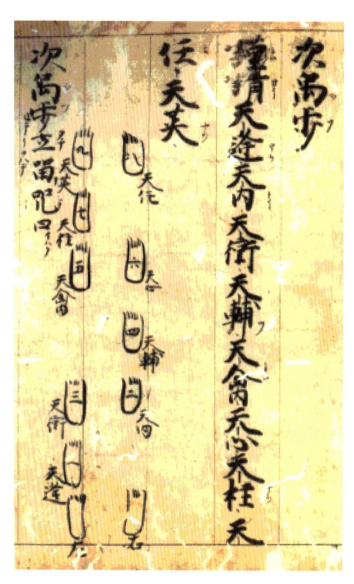

彩版二　日本陰陽道文獻《小反閉作法并護身法》中的“禹步”圖及咒文

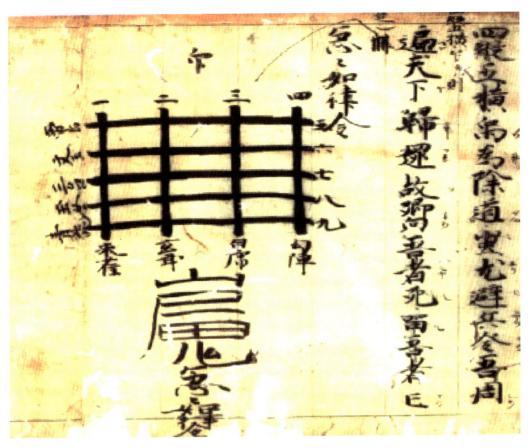

彩版三　日本陰陽道文獻《小反閉作法并護身法》中的"四縱五橫"圖及咒文

彩版四　天水放馬灘秦墓（M14）木板畫正面之虎圖（M14·9A）

彩版五　天水放馬灘秦墓（M14）木板畫背面之博局圖（M14·9B）

彩版六　甘肅武威市韓佐鄉紅花村五壩山七號墓壁畫之虎與樹（西漢末）

彩版七　四川彭山縣文管所藏東漢"博時尹元郎"款識畫像磚

彩版八　四川新津漢代崖墓石函之仙人六博

彩版九　北京大學藏秦代《泰原有死者》木牘及紅外照片

彩版十　香港中文大學文物館藏建興廿八年"松人"解除木牘

彩版十一　河南靈寶縣張灣漢墓出土的楊氏朱書陶瓶鎮墓文摹本 （M5：14）

彩版十二　河南洛陽東郊史家灣村出土的永壽二年朱書陶瓶鎮墓文摹本

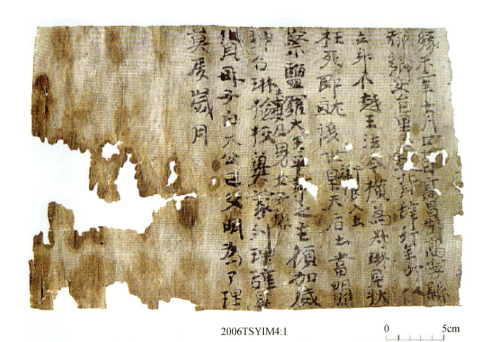

彩版十三　吐魯番出土的北涼緣禾二年高昌郡高寧縣趙貨母子冥訟文書

《中國社會科學院文庫》出版説明

　　《中國社會科學院文庫》（全稱爲《中國社會科學院重點研究課題成果文庫》）是中國社會科學院組織出版的系列學術叢書。組織出版《中國社會科學院文庫》，是我院進一步加强課題成果管理和學術成果出版的規範化、制度化建設的重要舉措。

　　建院以來，我院廣大科研人員堅持以馬克思主義爲指導，在中國特色社會主義理論和實踐的雙重探索中做出了重要貢獻，在推進馬克思主義理論創新、爲建設中國特色社會主義提供智力支持和各學科基礎建設方面，推出了大量的研究成果，其中每年完成的專著類成果就有三四百種之多。從現在起，我們經過一定的鑒定、結項、評審程序，逐年從中選出一批通過各類別課題研究工作而完成的具有較高學術水平和一定代表性的著作，編入《中國社會科學院文庫》集中出版。我們希望這能够從一個側面展示我院整體科研狀况和學術成就，同時爲優秀學術成果的面世創造更好的條件。

　　《中國社會科學院文庫》分設馬克思主義研究、文學語言研究、歷史考古研究、哲學宗教研究、經濟研究、法學社會學研究、國際問題研究七個系列，選收範圍包括專著、研究報告集、學術資料、古籍整理、譯著、工具書等。

中國社會科學院科研局

2006 年 11 月

目　　錄

上篇：方術與道術

下篇:葬俗與信仰

序

　　我是在經歷比較艱苦的農、工重體力勞動生活之後，借 1977 年恢復高考的好機遇，在西北大學得到接受高等教育的機會的。20 世紀 50 年代，著名思想史研究大家侯外廬先生曾經任西北大學校長。在思想史領域繼承侯先生事業的張豈之先生在我們讀書時任西北大學歷史系主任，後來任西北大學校長。我作為受張豈之先生教導較多的學生，卻對思想史未能入門。由於就學考古專業，學術視野偏重上古物質生產和物質生活，較多關注微觀層面的具體的實證考論，綜合能力、思辨能力、理論提升能力全無訓練。多年主攻秦漢史，雖然也會涉及若干思想史專題，有論文集《秦漢社會意識研究》面世，但是自認對思想史研究茫然無知。這是符合實際的誠懇的貼切的判斷。因此 2006 年初識中國社會科學院哲學研究所姜守誠博士，並成為他進入北京師範大學博士後工作站之後的合作導師時，內心對怎樣“合作”，怎樣“指導”，是心懷不安的。

　　好在守誠好學深思，文獻基礎深固，學術眼光敏銳，進取動力強勁，創新意識鮮明，特別注重在考古文物知識方面用心補課，學術識見很快就得以充實，學術方法亦有所更新。他愉快地參與了我為學生們安排的陝西西安漢代墓葬的考古發掘實習，並在自主設定計劃的陝西寶雞的考察實踐中獲得了重要的道教史的發現。對於考古收穫特別是出土文獻的重視，使得他的道教研究別開生面。2008 年，以“漢晉道教與葬俗考”為主題的出站報告獲得參與鑒定評價的專家們的一致讚譽。隨後他又赴臺灣成功大學，又一次體驗了博士後工作經歷。有關臺灣民間現代道教制度禮俗的考察，豐富了他的見識，也對深刻理解早期道教的文化遺存大有幫助。

　　2009 年，守誠開始主持國家社科基金青年項目“漢晉道教與方術民俗——以出土資料為背景”的研究，2014 年以“優秀”等級鑒定結項，隨後即入選“中國社會科學院文庫”，可以以學術專著的形式向學界提交。

　　《出土文獻與早期道教》書題的確定，體現出作者對"出土文獻"學術意義的真心看重。守誠參加馬怡研究員主持的由北京師範大學歷史學院提供讀書條件的"京師出土文獻研讀班"，雖然研讀內容往往與"早期道教"並沒有直接關係，但是他堅持多年，奔波城東城北，逐漸成為研讀班真正的骨幹力量。一些年輕學人相繼通過答辯，獲得學位，就業工作之後，在不同地方不同崗位仍經常回憶守誠在研讀班所起到的中堅作用。守誠為人熱心、真誠，胸懷坦蕩，又有學術責任心。2015 年 8 月我們在煙臺召開的一次學術會議，他為主題設定、論文審校、會務安排，付出了諸多努力。守誠的微笑，一如香醇的美酒、清爽的海風，使每一位與會的朋友都感受到歡悅。

　　《出土文獻與早期道教》全書分上篇"方術與道術"、下篇"葬俗與信仰"，以八章形成結構組合。其中第一章"放馬灘秦簡《志怪故事》考釋"、第四章"道教四縱五橫觀念考源——從放馬灘秦簡《日書》直五橫談起"、第五章"放馬灘 M14 秦墓板畫反映的喪葬信仰"、第六章"北大秦牘《泰原有死者》體現的冥界觀"、第七章"香港所藏松人解除木牘與漢晉墓葬之禁忌風俗"、第八章"北涼緣禾二年冥訟文書與六朝道教家訟觀念"，標題即直接體現了以出土文獻作為研究對象的特點。只有第二章"漢代血忌觀念對道教擇日術之影響"和第三章"入山與求仙——《抱朴子·登涉》所見漢晉時人的入山方術"，從章目標題看，不直接顯現出土文獻研究的品質，其內容卻仍然多與出土文獻研究密切結合。如前者討論"血忌"，注意到居延漢簡、敦煌漢簡、孔家坡漢簡及香港中文大學文物館藏簡牘所見"血忌"文字，也參考了《睡虎地秦墓竹簡》《天水放馬灘秦簡》和《武威漢代醫簡》中"殺""殺日""見血"等相關信息。後者則分別借鑒了李零、嚴敦傑等有關六壬式盤的研究成果，劉釗、劉樂賢、劉信芳、連劭名、陳家寧、劉偉等有關睡虎地秦簡《日書》的研究成果，劉昭瑞等有關漢魏鎮墓文遺存的研究成果，高文、陳顯遠、施舟人等有關《唐公房碑》的研究成果，陳槃、饒宗頤、松本榮一、林聰明、周西波、佐佐木聰、游自勇等有關敦煌本《白澤圖》的研究成果。江蘇省文物管理委員會《邵家溝漢代木牘上的符咒及相關問題》、唐金裕《漢初平四年王氏朱書陶瓶》、禚振西《陝西戶縣的兩座漢墓》、洛陽市文物工作隊《洛陽李屯東漢元嘉二年墓發掘簡報》等可以看作零散資料中的信息，也受到作者的重視。有關"左契""右契"的討論，亦對照了籾山明、胡平生、汪力工、鄔文玲有關刻齒簡牘、券、莂、合檄的考察意見。作者對出土文獻及其研究成果的全面熟悉，是值得肯定的。所提出的新見，又多是以跨學科方法綜合思考的心得。如有關"武都山"所在的討論，就有值得歷史地理學者和地方歷史文化研究者關注的學術價值。

我在為學生孫聞博《秦漢軍制演變史稿》一書寫的序文中曾引錄劉邦歌詩："鴻雁高飛，一舉千里。羽翮已就，橫絕四海。"（《史記》卷五五《留侯世家》，《漢書》卷四〇《張良傳》作"鴻鵠高飛，一舉千里。羽翼以就，橫絕四海"）以為漢高祖對晚輩"羽翼已成"的感歎，可借用以表示對學生具備獨力從事科學研究的能力的欣慰。看到學生們的進步，有終至"高飛""一舉千里""橫絕四海"的期待，心情正如《北史》卷八八《隱逸列傳·崔廓》中所說，"幸甚幸甚，何樂如之!"青年學人雖然沒有經歷我們這一代人多數曾經經歷的艱辛，但是大家都可以體會到，他們今天其實面對著新的過去無法想象的相當沉重的生存壓力。借用秦漢軍事術語，怎樣在被動情境中謀求"陷陣""破圍"，又怎樣在主動出擊時力爭"攻城""先登"，要看每個人的努力了。這些話以前說過，再次重複，不希望青年朋友沮喪退縮，意在鼓勵他們勇敢奮進。守誠不是我的學生，我只是他博士後工作期間的合作導師。但他畢竟年輕，我希望他繼續取得進步，建立應有的學術功勳。

我想，這部《出土文獻與早期道教》應當只是守誠學術前進路途中的一個初級階梯。回想和守誠相識已近十年。現今年齒長矣，常有勢不能穿魯縞之歎，只能深情期待守誠這樣的青年學者多有新的學術發現，新的學術創獲。這篇短序，既慶賀守誠已取得的成就，亦預祝他今後更多更精彩的學術貢獻。

王子今

2015 年 9 月 22 日初稿，9 月 26 日中秋前夜改定

緒　論

一　考古發現對道教學術的重要性

　　早在20世紀初，王國維就精闢地指出："古來新學問起，大都由於新發見。"[①] 近幾十年來，全國各地陸續發現和公佈了大量的簡牘文獻及考古實物等，其時代跨度遍及戰國、秦漢至六朝。這些珍貴材料不僅將改寫中國學術史，而且對道教研究也有舉足輕重的意義。不過，當前學界利用出土新資料從事宗教課題的研究還有待深入和強化。現代學科體系的規劃和設置，導致專業壁壘的出現，學術研究被人為劃分、編制為不同的陣營，形成諸如哲學、宗教學、歷史學、考古學、民族學、人類學、文獻學、文字學、音韻學、古代文學等，長期以來的隔閡和陌生，以及彼此間的輕視和敵意，造成各學科"老死不相往來"的局面，許多重大問題被隱沒在學科藩籬及專業分野的堅冰之下，或無人問津，或"一葉障目，不見泰山"，導致某些研究領域長期陷入"盲人摸象"的尷尬境地。20世紀七八十年代以來，不斷有重大考古發現得以面世和公佈。這些新出材料豐富多彩、彌足珍貴，已經觸及當今學術的深層次內核，其所引發的知識更新已涉及各個學術領域。任何人都無法迴避這些重要的考古發現，對其嗤之以鼻或置若罔聞的態度是不可取的，那些不"預流"者終將被時代所拋棄。誠如陳寅恪所言："一時代之學術，必有其新材料與新問題。取用此材料，以研求問題，則為此時代學術之新潮流。治學之士得預於此潮流者，謂之預流（借用佛教初果之名）。其未得預者，謂之未入流。此

---

　　① 王國維：《最近二三十年中中國新發見之學問》，載氏著《王國維遺書》第五冊《靜庵文集續編》，上海：上海古籍書店1983年版（據商務印書館1940年版影印），第65頁。

古今學術史之通義，非彼閉門造車之徒所能同喻者也。"① 這就迫切需要跨學科、跨專業的教育培養方式，打造知識健全的專業人才隊伍。新時代呼喚"兼學型""通才式"人物的出現，開闊的學術視野、豐富的學術架構和廣博的學術背景無疑是創新型研究的堅實基礎。我們衷心希望新一代學人不再畫地為牢、自我封閉、固守自己的"一畝三分地"，不再"夜郎自大"、甘做"井底之蛙"，而願意打破門戶、追求真知，培養敏銳的問題意識，自覺借鑒和運用其他社會學科的理論、方法與材料，提高人文素養和水平，實現科研手段和學術視野的立體化、多元化。對於早期道教研究而言，這尤為重要。

　　所謂"早期道教"是一個寬泛的概念，乃指中國道教發展史的早期階段，亦即漢魏南北朝時期形成的教團組織。② 這一歷史時期，是中國道教創立和發展的重要階段，也是當前道教研究中長期存在的薄弱環節。早期道教經典的數量不多，可確切判定年代者為數更少，單純依靠傳世文獻恐怕很難獲得突破性進展，這就迫使我們必須從方法、材料及視角等方面打破陳規、另闢蹊徑，才能有所創新。必須指出的是，在回溯性建構中國道教史——尤其是早期道教史時，以往學界多習慣性地將目光投向史書留名、事跡有載、著述存世的高道人物，反而忽視了活躍在民間、人數眾多、踐行宗教儀軌的下層道士群體。縱觀中國道教的發展和演變，始終存在兩種傾向：一種是走上層路線，通過遊說皇室、結交權貴、服務政治來邀寵，進而提高一己之聲威、壯大教派力量，的確在短時間內獲得聲名顯赫、人多勢眾的效果；還有一種就是走群眾路線，以個人或小團體的生存為要務，遠離政治，不追逐權力光環，以專業素養和口碑活躍於民間，其服務對象主要是社會下層群體，他們沒有顯赫的聲名和地位，卻得以在不同的政治制度、歷史背景和社會環境下謀求發展，通過自身的調整和適應來克服各種不利因素，從而實現了對道法的傳承。前一類型的主體是帝王將相身邊的附庸之士，或有機會參與到重大歷史事件中，容易史書留名，

---

　　① 陳寅恪：《敦煌劫餘錄序》，載氏著《陳寅恪先生全集》，臺北：里仁書局1979年版，第1377頁。

　　② 聞一多將東漢以來的道教稱為"新道教"，而將此前富有神秘思想的原始宗教、巫術式宗教稱為"古道教"，並且認為"這種宗教，在基本性質上恐怕與後來的道教無大差別，雖則在形式上與組織上儼可截然不同"。（聞一多：《道教的精神》，載孫黨伯、袁謇正主編《聞一多全集》第9冊《莊子編》，武漢：湖北人民出版社1993年版，第448頁）

但由於和政治、權力靠得太近，往往造成得勢就權傾一時、失勢則銷聲匿跡的狀況。由於中國古代政治的不穩定性、權力更迭頻繁、統治者個人立場及意志的轉移等諸多因素，導致這類"曇花一現"式的道教人物及派別為數不少；後一類型始終紮根於中國傳統文化、民間社會的土壤中，具有持久的延續性和頑強的生命力，相對不會因外界干擾而中斷自身的發展進程，但這批人置身於傳統社會模式中，一般無緣話語權而被邊緣化，最終難逃被湮沒在歷史長河之中的厄運。我們認為，一部完整的中國道教史，既應包含前者，也當兼涉後者，應該是二者交錯呈現的完美展示，乃係整合各種道教文化元素的結果。遺憾的是，當前學界往往習慣於在後設的資料中建構歷史，有意、無意地對前者的影響和地位進行誇大和抬高，對後者則多視而不見。推究其因，很大程度上是由於史料缺乏、難以把握。其實，這方面的缺憾或許可通過考古發掘及各類筆記小說、文書檔案中的材料來彌補和修正。至少我們應認識到，僅局限於傳世文獻寫成的中國道教史是片面的、不完整的，與真實的歷史面貌有較大差距。我們期待將來有一部結合傳世文獻、出土實物及田野調查為一體，同時兼顧道門中政治化了的上層精英領袖及平民化了的下層民間群體，全面反映中國道教的歷史、發展與現狀的綜合性論述面世。

二　早期道教研究的方法問題

湯用彤撰《漢魏兩晉南北朝佛教史》1938 年初版（商務印書館在長沙印行）"跋"中有云："中國佛教史未易言也。佛法，亦宗教，亦哲學。宗教情緒，深存人心，往往以莫須有之史實為象徵，發揮神妙之作用。故如僅憑陳跡之蒐討，而無同情之默應，必不能得其真。"[1] 這段文字討論了佛教研究的方法問題，提出一個重要原則——"同情之默應"，翻譯成現代白話文就是"同情的理解""同情的領悟"。湯氏認為想要深刻理解佛學、佛法和佛教史的真諦，僅憑引經據典、繁瑣考證（"陳跡之蒐討"）還是不夠的，必須配以"同情之默應"才能心領神會。其實，佛教如此，道教亦然。對於道教的經典、思想及歷史的理解和把握，同樣需要"同

---

① 湯用彤：《漢魏兩晉南北朝佛教史》（增訂本），北京：北京大學出版社 2011 年版，第 487 頁。

情之默應"，乃至除了"同情"外，還應有"默應"後的尊重和敬意——不僅是對道教，也是向博大精深、歷久彌新的中國傳統文化的致禮。

在研究中，我們將恪守學術規範，拓寬學術視角，注重學科交叉，盡可能採納和運用多種研究方法。

1. 秉承"文獻考據學"的傳統和方法

文獻是研究的基礎，沒有典籍文獻就無法展開科學的考證和闡釋。而考據學則是駕馭傳世文獻的有力武器，這就要求必須掌握文字學、訓詁學、音韻學、目錄學等傳統知識，熟知傳世文獻的種類、版本及文字校勘、輯佚注釋等工作。前輩學者將考據學精神貫徹到研究中形成一種治學風格，那就是：言必有據、論不妄發，言之有物、持之有故。任何觀點的提出必須立足於文獻依據，並以此為基礎進行分析和論述。大量援引第一手材料來考鏡源流或論證思想，是漢學及樸學的重要特徵。考據學指導下的傳世文獻之運用，通常遵循如下幾個步驟：首先是充分佔有材料，盡一切可能和手段蒐集文獻資料、做到沒有遺漏，進而對資料加以細緻的篩選、過濾和審核，所有言論和證據都必須建立在材料的基礎上、嚴禁空談；其次是深度發掘材料，對文本進行客觀、準確的解讀、分析和詮釋，採用以史證史、以經證經、經史互證等方法，甄別錯偽、考辨年代，藉此追索和重建文本背後隱藏的豐富信息，揭示其在具體歷史時空中的豐富面向。此外，研究者還應具備史料批判精神，徵引文獻時必須就其真實性和可靠性進行評估和審查，需要用決疑的態度、嚴格的方法、科學的眼光來嚴密考證、解決問題，這樣才能廓清史料迷障、構建可靠歷史。

本書研究中倚重的傳世文獻大抵可分為三種類型：（1）道門經典，如《太平經》《河上公章句》《老子想爾注》《抱朴子內篇》《神仙傳》《真誥》《登真隱訣》《真靈位業圖》《赤松子章曆》《正一法文經章官品》等，上述道書是研究早期道教必須倚重的重要經典。當然，明代《正統道藏》及《萬曆續道藏》收錄的其他時代道經也是重要的參考材料。（2）正史材料，如《史記》《漢書》《後漢書》《三國志》《晉書》《宋書》《南齊書》《梁書》《陳書》《魏書》《北齊書》《周書》等，這些史籍中涉及道教的言論雖然不多，但卻彌足珍貴，值得格外重視。（3）諸子、儒釋、風俗、志怪類書，如道家經典（《老子》《莊子》《淮南子》等），儒家經典（三《禮》、讖緯類書、《論衡》《顏氏家訓》等），佛教典籍（《弘明集》《廣弘明集》《法苑珠林》等），風俗類書（《風俗通義》《荊楚歲時記》），志怪故事（《山海經》《穆天子傳》《搜神記》《搜神後記》《異苑》《冤魂志》等）。這些著述反映了當時社會的文化背景、風尚禮俗及普通民眾的心理認知、信仰追求，故可作為間接證據或輔助材料來使用。

然而，傳世文獻亦有其自身的局限性和片面性，這在早期道教研究中表現尤為突出。誠如葛兆光所言：“現代的道教史研究常常受到古代道教文獻的制約，古代文獻提供了重新書寫歷史的中心和邊界，畢竟沒有文獻依據，研究者無法隨意編造道教史。但是，需要注意的是，道教文獻又常常是懷有某種偏向和愛好的著作者所撰寫的，他們有意地凸現和隱沒，對某些歷史的濃墨書寫和對某些歷史的故意冷淡，常常使得後來的道教史著作也只好隨著文獻留存的多寡和比重，來組織道教史的主要線索，於是層層積累下來的偏向仿佛物理學上的磁偏一樣，使道教史著作總是聚焦於一些歷史而模糊另一些歷史，不像沒有焦點的鳥瞰能夠得到全景圖像。”① 我們認為，若要做到“沒有焦點的鳥瞰”就必須從資料和方法上獲得突破，擺脫道教經典的束縛，打破文本研究的固有模式，不拘泥於傳統文獻的考證，而應站在宏觀的學術視野上，廣採博取，將一切有價值的研究對象均納入考察範圍，譬如地下的考古發掘材料，野外的金石、碑刻、建築等遺址、遺蹟以及通過田野調查所獲得的活態的宗教儀式及科儀抄本等。這些不同形態材料的有機融合，必將使道教研究呈現出多面向，也有利於推進道教文化的深層解讀。

2. 貫徹“二重證據法”的原則和精神

王國維提出的“二重證據法”就是將出土資料與傳世文獻互相參驗，從而取得考據學上的突破。新材料的發現和利用，對於促進早期道教及其思想研究的深入具有重要意義。我們計劃透過出土材料及傳世文獻重新審視漢魏南北朝時期道教的思想淵源及歷史脈絡，從中探尋早期道教發展演變的足跡及其與社會民眾的密切關係，相信將極大推動相關領域的研究。

王國維談論“二重證據法”的作用時說：“吾輩生於今日，幸於紙上之材料外，更得地下之新材料。由此種材料，我輩固得據以補正紙上之材料，亦得證明古書之某部分全為實錄，即百家不雅訓之言，亦不無表示一

---

① 葛兆光：《最終的屈服——關於開元天寶時期的道教》，載榮新江主編《唐代宗教信仰與社會》，上海：上海辭書出版社 2003 年版，第 18 頁。

面之事實。此二重證據法，惟在今日始得為之。"① 前人栽樹、後人乘涼，以王國維為代表的國學大師用畢生精力和卓越才華證明"二重證據法"在早期中國史研究中是行之有效的一大法寶，為我們今後的研究指引了正確的前進方向。當今是一個"地不愛寶"的時代，一批批沉睡地下的奇珍異寶及簡帛文獻得以面世，且數量驚人、層出不窮，倘若羅振玉、王國維、陳夢家等在世應該會感慨上天對我們這一代人的垂青和恩賜太過豐厚了。當然，我們有責任、有義務保護、利用好這些珍貴史料，深度分析其蘊含的社會、歷史、宗教、文化等信息，發掘出它們的學術價值。在本書研究中，我們將特別關注最近幾十年來發現的地下出土簡帛材料，如雲夢睡虎地秦簡、天水放馬灘秦墓簡牘、湖南大學藏嶽麓秦簡、關沮秦漢墓簡牘、北京大學藏秦漢簡牘、居延漢簡、馬王堆漢墓帛書、敦煌漢簡、張家山漢簡、孔家坡漢簡、武威漢簡、香港中文大學文物館藏簡牘、新獲吐魯番出土文書等。同時，我們也將立足於道書典籍、諸家學說等傳世文獻，從中找出可與出土資料相互印證的史料，力求從不同的視角和層面來揭示道教成立初期的一些基本情況及其與巫覡方術、喪葬禮俗、民間信仰的淵源關係，盡可能還原出早期道教在民間社會的活動狀況及其影響力。

　　3. 重視"非文字材料"的價值和作用

　　前述傳世文獻及出土文獻、金石碑刻等都是以文字為表現形式，均可歸入"文字材料"類。此外，對"非文字材料"也應給予格外重視。所謂"非文字材料"就是指除了文字以外的視覺、聽覺等其他資料，包括建築、繪畫、音樂、舞蹈、石刻、造像、服飾、器物等。這些"非文字材料"可以彌補文字書寫的不足，有助於我們更好地領悟和體會相關文獻記載，而且能夠拓寬研究視野、延伸關注領域，也是從多元維度審視歷史文化內涵的重要手段。當今社會已進入以視覺圖像為中心的時代，在人文領域的研究中若將"非文字材料"撿拾起來，放置到特定的歷史背景和文化語境下予以正確解讀，使之成為"文字材料"的佐證或輔證，無疑是有意義的。

　　對於"非文字材料"的重視可追溯至陳寅恪，他提出"二重證據法"應包括三個方面："一曰：取地下之實物與紙上之遺文，互相釋證"，"二

---

　　① 王國維：《古史新證——王國維最後的講義》，北京：清華大學出版社 1994 年版，第 2 頁。

曰：取異族之故書與吾國之舊籍，互相補正"，"三曰：取外來之觀念與固有之材料，互相參證"。① 這裏，陳氏突破了傳統文字材料的局限，主張將"外來觀念"也納入研究視域、視為學術研究範式的依據。這種看法具有啟發性。從實際效果來看，那些"非文字"的視覺性材料確實有助於我們對當時人的社會生活、飲食起居、精神風貌、衣著服飾、器物形制等獲取較為直觀和形象的認知和體悟，是人類社會文化記憶的生動再現和形象表達。

有鑑於此，本書將嘗試採用一些"非文字資料"作為考察對象或佐證材料，譬如秦漢以降殯葬活動中具有濃厚宗教色彩的隨葬品及鎮墓物、墓室壁畫及磚石畫像等。我們希望引入最新的宗教學、圖像學、人類學、民俗學等領域的理論和方法，運用多種手段對所涉議題進行跨學科、深層次、立體式的綜合研究。

三　本書的內容框架

秦漢至六朝時期，是中國道教醞釀、創立和發展的重要階段。其間，道教與方術、民俗有著緊密的聯繫：一方面早期道教深受方術、民俗的滲透和影響，並將其部分技術和觀念加以改造，納入道門理論體系中賦予宗教內涵；另一方面，隨著道教勢力的發展，社會影響亦不斷壯大，道門儀軌、法術等被越來越多的下層民眾所接受，乃至逐漸內化為某個特定歷史時期的民間習俗。故而說，準確、全面地揭示二者之間的交融、互動關係是本書的出發點。

本書正文部分由上、下兩篇構成，上篇（第一至四章）討論方術與道術的問題，下篇（第五至八章）涉及葬俗與信仰的問題。正文共計八章，每章均獨立成篇、針對某個議題展開探討。

第一章《放馬灘秦簡〈志怪故事〉考釋》。放馬灘秦簡《志怪故事》是 20 世紀 80 年代出土的一份重要的簡牘資料，其內容講述主人公丹死而復生的過程及地下世界中死人（鬼）的好惡與畏忌。本章內容涉及釋文的考訂、簡序的編綴、篇名的擬定、文本性質的探討，也著重探討了這篇簡文中包含的宗教內涵，通過對數字"三""司命史公孫強""白狐"

---

① 陳寅恪：《王靜安先生遺書序》，載氏著《陳寅恪先生全集》，第 1435 頁。

"柏丘""白茅"等名辭術語的解讀來折射秦漢社會的宗教信仰及方術民俗，並分析丹以親歷者的口吻講述有關鬼的好惡、祠墓禁忌等內容，指出其對於引導輿論、勸化民心、改良祭禮等方面所起的作用。本章還透過先秦人文語境中"鬼"概念，澄清了丹從自殺到復活這段時間內（三年）的身份問題，並對復生、鬼魂顯形、尸解三種生死轉換狀態進行辨析和界定。

第二章《漢代"血忌"觀念对道教擇日術之影響》。"血忌"是漢代開始流行的一種時日禁忌觀念，也是具注曆中必不可少的重要指標之一，為歷代擇日通書（黃曆）所沿襲。漢代已形成值"血忌"日不可殺六畜見血、忌針灸等禁忌內容。這些觀念為後世道教所繼承和發揮，尤其在道門的房中擇時、章醮擇日、醫學攝生等領域得到了集中體現。透過對漢代"血忌"觀念的考察，我們可以更好地了解道教對世俗文化的融攝和吸收。

第三章《入山與求仙——〈抱朴子·登涉〉所見漢晉時人的入山方術》。東晉道士葛洪所撰《抱朴子內篇》是魏晉時期江南神仙道教的權威經典，而《登涉》篇則是其中較為重要的篇章之一，很好地保留了漢晉時人登涉山林時的諸多禁忌觀念及自我防禦性措施，其內容涉及名山的選擇、擇日術、必備物品、隱身術、知鬼名、辟蛇術、辟毒術、防風濕術、涉水術、辟鬼術、辟虎狼之術等。透過這篇文獻，我們可以清晰地看到東晉初期江南地區的方術與道術彼此融合的情況，對研究這一歷史時期江南道教的發展史具有積極意義。

第四章《道教"四縱五橫"考源——從放馬灘秦簡〈日書〉"直五橫"談起》。"四縱五橫"是唐宋以降道教法術中較為重要的訣法之一，其源頭似可追溯至秦漢出土文獻中的"直五橫""五（午）畫地"等說法。考察道教"四縱五橫"觀念的起源必須充分借鑒和利用最新出土材料及其研究成果，才有助於了解這一說法的理論源頭和發展脈絡。本章論述將側重於道教文獻之角度，著重分析道教"四縱五橫"觀念的演變過程，力爭還原道教對方術"四縱五橫"說的吸納、改造之軌跡及二者的區別與聯繫。

第五章《放馬灘 M14 秦墓板畫反映的喪葬信仰》。20 世紀 80 年代，甘肅省天水放馬灘 M14 秦墓中出土一塊木板（原係放置於亡者胸腹部），其兩面均繪有圖案：正面繪製一虎繫於樹下，背面是六博局圖。對於這塊繪畫木板的含義及功用，學界甚少涉及。我們結合先秦、兩漢文獻史料及有關出土實物，對繫虎圖和博局圖所包含的象徵含義進行了解讀，認為：板畫正面繪製猛虎圖像的用意是為防止方良前來偷吃肝腦，而畫中猛虎被繩繫於樹下乃係表達一種意願——欲將此虎牢牢地拴住、永遠鎮守棺室，從而為亡者盡職盡責地履行護衛使命。板畫背面所繪博局圖則隱含了昇仙意境——即希望墓主人能夠羽化登仙、與仙人對博，忘却人世間的糾葛，盡情地享受博戲的歡快。

　　第六章《北大秦牘〈泰原有死者〉體現的冥界觀》。北京大學藏秦代木牘《泰原有死者》是近年公佈的一份珍貴出土資料，它以復生者口吻講述了死人的好惡及地府冥界中的價值取向，對於研究秦代的婚俗、喪葬、祭祀、死後世界及鬼神觀念等具有十分重要的意義。本章在前人研究成果的基礎上，對其重新加以梳理和釋讀，並著重分析如下內容：死而復生者的身份認定及女子的婚姻歸宿，死人的財富觀念及黃圈的象徵含義，古人的魂魄觀念及形“魄”拘閉地府的認知，鬼神亦須飲食的祀祭理念及後世道教的天廚、地廚觀念，強調以故衣殮葬及其背後隱藏的薄葬用意。透過上述問題的考察，可揭示出秦漢時人的宗教信仰和民間習俗，期望有助於理解這篇牘文的深層含義。

　　第七章《香港所藏“松人”解除木牘與漢晉墓葬之禁忌風俗》。香港中文大學文物館藏“松人”解除木牘是近年公佈的一份罕見資料，本章結合有關出土實物及傳世文獻對其內容加以探討，藉此揭示漢晉民間喪葬禮俗中盛行的禁忌風俗。這枚木牘正面中心位置凸刻墨繪一人形揖手偶人，偶人四周及木牘背面、側面均有朱書文字，計約三百三十八字，為目前考古發現中最長、最完整的解除文。這枚木牘所繪揖手偶人上記“松人”二字，且四周所題文字中多次出現“松人”“柏人”字樣，其質地以古人相信有神秘力量的松柏等木料製成，所刻偶人是被用作“代厄”之物，來代替生人和死者承受責罰或注連。木牘文字涉及建除、神煞、月象、四時等諸多禁忌內容，主要圍繞“重復”“拘校”與“解除”而展開，並借助“天帝使者”的名義來強調此次解除活動的權威性和有效性。簡言之，這枚木牘上所繪偶人及文字充分反映出漢晉時人舉行喪葬儀式所刻意避免的諸多禁忌內容，從中也可看出其所受早期道教影響之痕跡。

　　第八章《北涼“緣禾二年”冥訟文書與六朝道教“冢訟”觀念》。本章對新疆吐魯番新出土“北涼緣禾二年（433）高昌郡高寧縣趙貨母子冥訟文書"中的措辭用語及內容含義予以考釋，並圍繞文書所見六朝時人喪葬禮俗及宗教信仰、結合有關道教文獻對其文化背景加以探討。客觀說來，這份冥訟文書實際上是在佛教、道教和民間信仰共同影響下的一種產物，其內容反映出道教初傳河西地區時的情形。考察這份冥訟文書時，我們結合六朝道教"冢訟"觀念及漢地民眾的喪葬行事，試圖揭示時代背景下的宗教信仰和冥界觀念。

上　篇

方　術　與　道　術

第 一 章

放馬灘秦簡《志怪故事》考釋

　　1986 年 6～9 月，甘肅省文物考古研究所在天水放馬灘發掘了 14 座秦漢墓葬（秦墓 13 座、西漢墓 1 座），出土了一批珍貴的竹簡和器物，引起學術界的廣泛關注。其中，編號 M1 秦墓屬戰國晚期，出土秦簡共計 461 枚（一說 460 枚），[①] 包括《日書》（甲種、乙種）和《志怪故事》。《志怪故事》分寫在數枚竹簡上，計三百餘字。茲將《天水放馬灘秦簡》（中華書局 2009 年版）公佈的釋文按其相應位置抄錄如下（簡文序號以括號內數字標注）：

　　（1）八年八月己巳邦丞赤敢謁御史大梁人王里樊堅曰丹葬為十年丹矢傷人垣雍里中因自刺殹棄之于市三日

　　（2）葬之垣雍南門外三年丹而復生丹所以得復生者吾犀武舍人犀武論其舍人尚命者以丹

　　（3）未當死因告司命史公孫強因令白狗穴屈出丹立墓上三日因與司命史公孫強北出趙氏之北

　　（4）地相丘之上盈四年乃聞犬呺雞鳴而人食其狀類益少麋墨四支不

---

　　① 　M1 秦墓出土的竹簡數量凡計有兩種說法，其一，460 枚，見甘肅省文物考古研究所、天水市北道區文化館《甘肅天水放馬灘戰國秦漢墓群的發掘》，《文物》1989 年第 2 期，第 4 頁；何雙全：《天水放馬灘秦簡綜述》，《文物》1989 年第 2 期，第 23 頁；何雙全：《簡牘》"三、天水秦簡"（遙望星宿：甘肅考古文化叢書），蘭州：敦煌文藝出版社 2004 年版，第 35 頁；其二，461 枚，見《天水放馬灘墓葬發掘報告》，載甘肅省文物考古研究所編《天水放馬灘秦簡》，北京：中華書局 2009 年版，第 121 頁。而且該書發表的竹簡共計有 461 個編號。對此，竹簡整理者在《天水放馬灘秦簡·後記》中給予解釋說明："二〇〇八年六月，在察看竹簡保存情況時，將一枚原未編號、肉眼看不見字迹的竹簡利用紅外線儀試看時，發現有字，並能識讀，故以補錄，編號《日書》乙種第一七二號，惜只有文字，無照片。此以注之。"（甘肅省文物考古研究所編：《天水放馬灘秦簡·後記》，第 163 頁）

用丹言曰死者不欲多衣

（5）死人以白茅為富其鬼勝於它而富丹言祠墓者毋敢殼〓鬼去敬走已收腏而聲之如此鬼終身不食殹

（6）丹曰者□殹辰者地殹星者游變殹□□者□受武者富得游變者其為事成┕三游變會□

（7）・丹言祠者必謹騷除毋以淘海祠所毋以龔沃腏上鬼弗食殹①

一　釋文考訂：研究歷程與學術回顧

自 1989 年首次公佈以來，這篇文字就引起了學界的廣泛關注和討論，諸多先賢提出過很好的意見，糾正許多誤釋，極大推進了簡文的識讀和釐清。下面，我們逐句地予以梳理和介紹。行文中，我們試圖通過介紹諸家對釋文的看法及修訂過程，來揭示放馬灘秦簡《志怪故事》二十餘年的研究歷程，並藉此進行學術回顧。

1. 八年。第一枚竹簡開篇的六字簡文“八年八月己巳”，是 M1 墓中 461 枚竹簡以及十四座秦漢墓葬器物中所見到的唯一紀年文字。它對於判定《志怪故事》及竹簡文字的書寫年代、M1 號墓的下葬時代，乃至十四座秦漢墓葬群的大致時間跨度，② 都有著舉足輕重的意義。文中“八年”，據 1989 年公佈的舊版發掘簡報（何雙全執筆）稱“當為秦始皇八年”（即前 239 年），並進而推定 M1 號墓的下葬時間為“秦始皇八年冬或九年初”。③ 這

---

① 甘肅省文物考古研究所編：《天水放馬灘秦簡》，圖版第 59 頁，釋文第 107 頁。

② 據 1989 年公佈的發掘簡報稱：“綜觀 14 座墓，有共性，也有差異。其共性是結構上的相同，差異表現在陶器類型的不同。此墓地時代上限在戰國晚期，秦始皇統一以前；下限為西漢初文景時期。早期墓為秦墓，晚期墓為漢墓。秦墓的斷代主要依據有二：一是 M1 出土的紀年竹簡《墓主記》和《日書》，二是陶器和銅器的特徵。”（甘肅省文物考古研究所、天水市北道區文化館：《甘肅天水放馬灘戰國秦漢墓群的發掘》，《文物》1989 年第 2 期，第 10 頁）

③ 甘肅省文物考古研究所、天水市北道區文化館：《甘肅天水放馬灘戰國秦漢墓群的發掘》，《文物》1989 年第 2 期，第 11 頁。新版發掘報告亦沿襲此論點：“第一簡‘八年’之紀年即可肯定，也是斷定一號墓以及全墓地相對年代的主要依據。……秦始皇八年八月己巳是該故事的最後寫成時間，它早於一號墓下葬時代，但相去不會太遠。”（《天水放馬灘墓葬發掘報告》，載甘肅省文物考古研究所編《天水放馬灘秦簡》，第 130 頁）

一論點亦為何氏撰文反復徵引。①

　　1990 年，李學勤依據簡報中所附不甚清楚的圖版而識讀為 "卅八年"，即秦昭王三十八年（前 269 年）。李氏還列舉了幾則簡文內證以資佐證：① "簡文有 '今七年'，與此三十八年屬於同王。丹在七年刺傷人，被棄世後掩埋，三年後復活，又過四年而有聞能食，這加在一起，已到十四年，所以簡文開頭曆朔不可能是八年。同時，秦昭王八年即公元前 299 年，秦王政八年即公元前 239 年，八月均無己巳日，其間孝文、莊襄兩王又沒有八年，八年自可排除。"② ②根據史書勾勒出了魏將犀武的活動年代，指出："犀武之死應在昭王十四年，這與放馬灘簡文昭王七年時丹為犀武舍人，十年犀武論其舍人等情節，都能適合。"③ ③北地郡、氐道的設置年代均在秦昭王八年之後、三十八年之前，如云："還有北地，即秦北地郡，設於秦昭王三十六年，即公元前 271 年。郡治義渠，在今甘

---

　　① 何雙全：《天水放馬灘秦墓出土地圖初探》，《文物》1989 年第 2 期，第 12 頁；何雙全：《天水放馬灘秦簡綜述》，《文物》1989 年第 2 期，第 29 頁；何雙全：《天水放馬灘秦簡甲種〈日書〉考述》，載甘肅省文物考古研究所編《秦漢簡牘論文集》，蘭州：甘肅人民出版社 1989 年版，第 18—19 頁。不過，雍際春則認為不能將 "八年" 視為墓主丹的最後死期或墓葬時間，"從簡文可知，'八年' 乃是邦縣之丞赤向中央御史呈報丹的奇異經歷的確切時間，除此之外，簡文絲毫沒有丹於這一年去世或下葬的線索。所以，以這一年作為丹的死期或下葬年代，完全出於想當然和便於確定地圖繪製年代的考慮，難免草率大膽而欠科學妥當。因此，簡文開頭的 '八年' 我們只能理解為是邦丞呈文上報丹經歷的確切時間。那麼丹又死於何年或者說該墓葬於什麼時間呢？我們的回答是肯定在 '八年' 之後，但距 '八年' 不遠，最遲當在秦武王在位期間（共四年）。如果依張修桂先生的推算，丹在秦惠文君七年（前 331 年）因矢傷人時年齡為 30 歲，則至後元八年（前 317 年）邦丞呈文中央御史時，丹的年齡為 44 歲，從秦惠文王後元八年至秦武王在位的最後一年共為 10 年時間，則丹的終年時間約為 54 歲左右。"（雍際春：《天水放馬灘木板地圖研究》，蘭州：甘肅人民出版社 2002 年版，第 41 頁）其實，前引雍氏論點與新舊兩版發掘報告及何雙全氏的看法大同小異，他們均是將《墓主記》（或稱《志怪故事》）中主人公丹視為墓主（或與墓主有密切關係的真實人物），進而又將簡文 "八年" 視為判斷《日書》《志怪故事》、木板地圖及墓葬時代的主要證據。差別僅在於，發掘簡報及何雙全等人將 "八年" 定為丹的卒年及墓葬的絕對年代，而雍際春則認為 "八年" 僅是呈文時間，此時丹並未死亡，直到十年後才去世下葬。我們認為，丹並非墓主人，而是虛構或訛傳塑造出來的故事主人公形象（但不排除故事構成要素中包含真實的社會背景）。《志怪故事》的成書年代明顯早於墓葬年代。

　　② 李學勤：《放馬灘簡中的志怪故事》，《文物》1990 年第 4 期，第 45 頁。

　　③ 李學勤：《放馬灘簡中的志怪故事》，《文物》1990 年第 4 期，第 46 頁。

肅寧縣西北。這個地名的出現，確切地證明上述三十八年之說是對的”①，
“邸即氐道，屬隴西郡，設於秦昭王二十八年，即公元前 279 年。還有官
名御史……是當時秦確有此官。御史職司記事，故邸丞赤以異事報告給
他，與後來的御史職責不同。這兩點，在年代上也都與放馬灘簡文吻
合。”② 李學勤提出的上述看法一度為多數學者所接受，包括何雙全也一
度從其說而改釋作“卅八年”。③

2008 年，有關人員採用先進的紅外線儀對簡文重新進行了勘察和拍
照，從而確定李氏所釋“卅”字實爲標識篇首的墨塊“■”④ （一說是
“污點”⑤），並非人為書寫的字跡，從而證實“八年”釋文無誤。有鑑於
此，《天水放馬灘秦簡》中附錄的新版發掘報告談到放馬灘 M1 號秦墓的
下葬年代時說：“關於紀年，我們在一九八九年第二期《文物》上發表的
簡報中初步定為‘秦始皇八年’（前二三九）。一九九〇年李學勤先生發
表了研究論文，提出八年不妥，當為‘卅八年’。由此斷為是‘秦昭王三
十八年’。……二〇〇八年六月得以機會使用紅外線儀再次察看原簡，確
證‘卅’為污點，非文字，所以‘八年八月己巳’是正確的。從 ［出］
土器物的排比看，有早也有晚，但都在戰國中期至晚期這一段之內，與上
述紀年的時代是基本相符的。……因此，放馬灘秦墓的時代早至戰國中
期，晚至秦始皇統一前。其中一號墓的下葬時代約在公元前二三九年以
後。”⑥ 事實上，簡文“八年”的確認，並不意味著爭論的結束。“八年”
是指哪位君王在位？其可供選擇的範圍遠比“卅八年”大很多，可以說
從戰國中晚期到秦及西漢初這一歷史跨度均是適用範圍。值得注意的是，
1991 年 7 月 29 日～8 月 2 日，甘肅蘭州召開首屆“中國簡牘學國際學術
研討會”，“有些考古學者在觀察了該墓出土的器物後曾認為，這座墓應當

① 李學勤：《放馬灘簡中的志怪故事》，《文物》1990 年第 4 期，第 45 頁。
② 李學勤：《放馬灘簡中的志怪故事》，《文物》1990 年第 4 期，第 46 頁。
③ 何雙全：《簡牘》“三、天水秦簡”，第 41 頁。
④ 孫占宇：《放馬灘秦簡〈丹〉篇校注》，載《首屆中國歷史學博士後論壇（2012）論文
集》，舉辦單位：中國社會科學院、全國博士後管理委員會、中國史學會，地點：北京，日期：
2012 年 10 月 19～20 日，第 36 頁、第 38 頁。
⑤ 《天水放馬灘墓葬發掘報告》，載甘肅省文物考古研究所編《天水放馬灘秦簡》，第 128
頁。
⑥ 《天水放馬灘墓葬發掘報告》，載甘肅省文物考古研究所編《天水放馬灘秦簡》，第 128
頁。

是漢墓而不是秦墓。"① 這些意見雖係私下議論、並未公開發表，但也應引發我們的警惕和思考。本文對"八年"的時間判定暫時存疑，寄希望於將來能有新線索。當然也應當注意的是：抄寫年代並不能直接等同於成書年代，抄寫晚並不意味著成書就晚，或許是抄錄自某個母本（詳見下文論述）。② 不過，諸多跡象表明，《志怪故事》成書於戰國晚期或秦代還是可信的。我們將持"八年"看法的諸家意見歸納如下，以資後考：

（1）秦始皇（秦王政）八年（前239年）。這派觀點以何雙全為代表（詳見前述），雖然也曾因從李學勤"卅八年"說而動搖，但經紅外線觀察確認"八年"釋文無誤後又重新恢復了立場。何氏以其特殊身份（考古工作的重要參與者及發掘報告的執筆人）將此觀點寫入舊版（1989年）、新版（2009年）兩份發掘報告中，從而推動了此說在學界的流傳。他研判簡文"八年"為秦始皇八年的主要依據有二：其一，簡文出現的地名及職官（如邽、趙氏及邽丞、邽守、邽相）均屬秦統一前的稱謂（詳見下文）；其二，出土器物（陶器、錢幣、銅器、毛筆等）及墓葬形制帶有早期的特徵，與陝西、湖北等地"戰國秦墓的同類器物非常相象"，"因此可以斷定放馬灘墓地的秦墓，主要是秦統一前的墓葬，即戰國晚期的秦人墓"③。嗣後，李學勤重釋簡文，指出原簡報中"邽丞"乃係"邸丞"之誤釋，"邽守"係"□今"之誤釋，"趙氏"應指趙國。④ 後兩條意見為2009年出版的《天水放馬灘秦簡》所採納。近年，程少軒對前引發掘報告中所依憑的幾條斷代證據（《志怪故事》的紀年材料、隨

① 胡平生、李天虹：《長江流域出土簡牘與研究》第三章《長江流域出土的秦簡》"第二節、甘肅天水放馬灘秦墓出土簡牘"，武漢：湖北教育出版社2004年版，第222頁。

② 胡文輝認為從文本源流的角度看，"放馬灘《日書》甲種的內容要比睡虎地《日書》晚出（但前者的抄寫年代則未必晚於後者）"（胡文輝：《放馬灘〈日書〉小考》，《文博》1999年第6期，第26頁；又載氏著《中國早期方術與文獻叢考》，廣州：中山大學出版社2000年版，第135頁）。而放馬灘秦簡《日書》乙種與《志怪故事》筆跡相同，似出自一手之手，並且乙種《日書》比甲種晚出。若胡氏觀點成立的話，那麼《志怪故事》的抄寫年代就比睡簡《日書》要晚。不過，劉樂賢不同意胡氏的看法，認為應該態度謹慎（劉樂賢：《放馬灘秦簡〈日書〉甲種初探》，載氏著《簡帛數術文獻探論》第二章《出土五行類文獻研究（上）——秦簡〈日書〉叢考》，武漢：湖北教育出版社2003年版，第53—69頁）。

③ 甘肅省文物考古研究所、天水市北道區文化館：《甘肅天水放馬灘戰國秦漢墓群的發掘》，《文物》1989年第2期，第11頁。

④ 李學勤：《放馬灘簡中的志怪故事》，《文物》1990年第4期，第43—47頁。

葬器物排比、墓葬形制）均提出了質疑，並從隨葬器物及簡文用語中找出了幾則反證，最後認為："從文化層面來說，放馬灘一號墓出土竹簡中存在與秦文化相關的內容，其所在的墓葬也具有一些秦文化特徵，這批竹簡當然很可能是'秦簡'。而從時間層面來說，墓葬的實際年代卻很難斷定——整理者斷為戰國晚期的證據並不充分，而依據已公佈的考古資料，我們難以斷定墓葬屬於戰國晚期還是秦統一後，甚至難以排除墓葬屬於西漢早期的可能——從這一角度看，儘管這批竹簡屬於'秦簡'的可能性非常大，但也不能完全排除晚至漢初屬於'漢簡'的可能性。"① 我們贊賞程氏的謹慎態度。就現有證據而言，尚不足以確鑿地判定簡文"八年"就是指秦始皇八年。②

（2）秦昭襄王（昭王）八年（前 299 年）。章珊最先提出簡文"八年"是指惠文王之後、秦始皇之前的秦昭襄王八年，他在一篇數百字的小短文中提出這一看法，可惜未展開充分論證。③ 這一觀點被張修桂承襲，並給予深化和細化。章、張二人均延續了發掘簡報及何雙全的思路，將"丹"視為墓主人，再將簡文"三年……北出趙氏"定義為歷史上真實存在的秦兵攻伐趙國的重大事件，④ 不同之處在於後者將簡文中"三年"詮釋某位帝王的在位紀年，而前者則認為"是指墓主丹於某帝王七年傷人自刺後的第三年'復生'所為，即當指戰國中後期秦國某帝王七

---

① 程少軒：《放馬灘簡式占古佚書研究》（提交稿），復旦大學博士學位論文，院系：中文系，專業名稱：中國古典文獻學，指導教師及職稱：裘錫圭教授，答辯日期：2011 年，第 8 頁。

② 近來，日本學者海老根量介根據放簡中"罪"和"辠"、"黔首"、"殹"和"也"等字詞的使用情況，判定"放馬灘秦簡確實是'秦簡'，但不是戰國秦的鈔本，而是秦代的鈔本"，"其鈔寫年代不太可能晚到漢代"（［日］海老根量介：《放馬灘秦簡鈔寫年代蠡測》，武漢大學簡帛研究中心主辦：《簡帛》第七輯，上海：上海古籍出版社 2012 年版，第 169 頁）。

③ 章珊認為："《墓主記》的'三年'北出趙地，是指丹於七年死後的第三年復生所為，即當指戰國秦某某王十年伐趙之事，而不是實指某王的三年。……墓主人丹在惠文王十年復活後即參與此次征伐，凱旋後駐守在今放馬灘地區。'八年八月'，才是丹的真正死期。但這個'八年'，只能是他從征 16 年後的秦昭襄王八年（前 299 年），絕不可能是 76 年後的秦始皇八年。"（章珊：《放馬灘出土地圖的年代問題》，中國地理學會歷史地理專業委員會《歷史地理》編輯委員會編：《歷史地理》第八輯，上海：上海人民出版社 1990 年版，第 58 頁）

④ 何雙全認為："'北出趙氏'一事，始皇以前屢有舉動，但在'三年'前後出兵的，僅有始皇之父莊襄王。"（何雙全：《天水放馬灘秦簡綜述》，《文物》1989 年第 2 期，第 29 頁）

年之後的第三年，或即直接指某帝王十年所發生的伐趙事件，而墓主丹於這一年'復活'後即參與此次伐趙之役。……據《史記·秦本紀》，終戰國一代，惟有惠文王後元十年，有'伐敗趙將泥，伐取義渠二十五城'的記載。在此前三年，即惠文王後元七年，曾有韓、趙、魏等五國合縱伐秦之戰，義渠曾乘秦與三晉交戰之機，興兵襲敗秦軍於李帛。所以，在惠文王後元十年，秦在再次北伐趙國的同時，便大舉進攻義渠，從而兼併了義渠的大片土地，奠定了秦國在西北地方的勢力範圍。由此可以得出結論，墓主丹是在惠文王後元七年的戰亂期間，因矢傷人受刑，而於三年後的惠文王後元十年，帶罪北出趙地，參與伐趙取義渠的戰爭。這便是我對《墓主記》中有關'七年'和'三年'所作的解釋。"① 在此基礎上，張修桂推論說："（八年）肯定是實指某帝王的八年。但據以上分析，這個'八年'，顯然已經不是惠文王後元的八年；但它也不可能是墓主丹從征76 年之後的秦始皇八年，因為這為時已太遠，墓主丹似不可能逾越百歲尚活於人間。而在惠文王之後、秦始皇之前，有'八年'紀年的帝王，則只有秦昭襄王一人。所以，墓主丹終年的這個'八年'，無疑只能是他從征趙國 16 年之後的秦昭襄王八年。"② 此外，張修桂還反駁了李學勤提出的竹簡"八年"上頭尚有一"卅"字壓在簡首組痕之下的說法，認為"據《文物》月刊發表的竹簡分析，很難判定'八年'上頭確有'卅'一字。"③ 宋華強雖未採納李學勤"卅八年"釋文的看法，但承襲了李氏的主要觀點及推論過程，得出與張修桂相同的結論，"簡文'八年'當是在犀武死前的某秦王八年，結合墓葬的時代特徵，此八年當是指秦昭王八

① 張修桂：《天水〈放馬灘地圖〉的繪製年代》，《復旦學報》（社會科學版）1991 年第 1 期，第 45—46 頁（又見張修桂《當前考古所見最早的地圖——天水〈放馬灘地圖〉研究》，中國地理學會歷史地理專業委員會《歷史地理》編輯委員會編：《歷史地理》第十輯，上海：上海人民出版社 1992 年版，第 146 頁。個別文句略有增補）。

② 張修桂：《天水〈放馬灘地圖〉的繪製年代》，《復旦學報》（社會科學版）1991 年第 1 期，第 46 頁（又見張修桂《當前考古所見最早的地圖——天水〈放馬灘地圖〉研究》，中國地理學會歷史地理專業委員會《歷史地理》編輯委員會編：《歷史地理》第十輯，第 146 頁）。

③ 張修桂：《天水〈放馬灘地圖〉的繪製年代》，《復旦學報》（社會科學版）1991 年第 1 期，第 46 頁（又見張修桂《當前考古所見最早的地圖——天水〈放馬灘地圖〉研究》，中國地理學會歷史地理專業委員會《歷史地理》編輯委員會編：《歷史地理》第十輯，第 146 頁。個別字略有刪改）。

年"①。

　　（3）秦惠文王後元八年（前317年）。雍際春從竹簡書寫格式及體例判定李學勤提出的篇首"八"字上頭還有一"卅"字的看法不成立，他為此提出三條反駁證據："首先，'卅'字高於其它各簡首字，且壓於組痕之下，這顯然不合竹簡格式。其次，再看原簡，李先生認定的這個'卅'字，只有其它簡文的一半大小，且偏於該簡右側，這明顯與竹簡正文的字體、大小、位置均不同。第三，何雙全在介紹竹簡情況時明確指出……原簡既有天地頭，又有布片粘托裝幀之，故在天頭位置自然不會有'卅'字書寫。因而，原簡照片上所謂'卅'字，可能是原簡裂痕或斑痕，絕非一字。"② 事實證明，雍氏的上述判斷是正確、合理的。雍氏分析了何雙全、李學勤、張修桂等人看法中存在的一些不合理處，提出"八年"乃係指"秦惠文王後元八年"，並羅列了幾條證據："首先，簡文作為邦縣之丞上呈中央御史的文書，係當朝人述當朝事，所記年份雖無帝號或帝王名，但所述之事即為當朝秦王在位期間所發生，故年份關係相互明白，無須說明。若所記年份分屬兩王，如果年份前不加帝號或帝王名作為限定，必然會發生年份的混亂。而簡文四個年份均無前置限定，說明所謂'八年'必與前三個年份同屬一王。……其次，丹為犀首舍人，兩人無疑生活在同一時代。犀首的主要政治、軍事活動在秦惠文君五年至秦武王在位的近30年間，則丹的主要經歷及活動亦當在此時。秦惠文王在位27年，秦武王在位只有4年，故'八年'只能是秦惠文王後元八年。再次，秦惠文王在位期間正好採用了兩個紀年時段。……在整個秦國歷史上也是惟一的一次，因此，簡文所記的四個年份，在更元前後各有兩個，即'七年'和'三年'分別就是更元前的秦惠文君七年和十年，'四年'和'八年'則分別為秦惠文王後元元年和八年。所以，簡文所記'八年'無疑就是秦惠文王後元八年。"③ 我們認為，前述三條證據並非無懈可擊：第一，據紅外圖片顯示"七年"前的兩字模糊，故以缺字符（□□）代

---

　　① 宋華強：《放馬灘秦簡〈邸丞謁御史書〉釋讀札記》，中國文化遺產研究院編：《出土文獻研究》第十輯，北京：中華書局2011年版，第139頁。
　　② 雍際春：《天水放馬灘木板地圖研究》，第27頁。
　　③ 雍際春：《天水放馬灘木板地圖研究》，第39—40頁。

替，並非之前所釋"邽守"（舊版發掘簡報）或"葬為"（新版發掘報
告），我們猜測"七年"前的這兩字極有可能是帝王年號，由此證明"八
年"與"七年"或不屬於同一王，"八年"係公文抄錄時的當朝秦王的紀
年，而"七年"則是回溯式的某王紀年（甚至未必就是秦王，尚無法排
除魏王、韓王紀年之可能）；第二，雍氏主張丹是"犀首"舍人，查驗紅
外圖版，應以李學勤"犀武"釋文為是，故以"犀首"的活動年代來推
論丹及竹簡書寫年代的說法就不能成立；第三，秦惠文王改元、採用過兩
個紀年時段，不足以判定"七年""三年"是指更元前的秦惠文君七年和
十年，"四年""八年"是指秦惠文王後元元年和八年。

（4）歷時跨度說。現有證據無法確指"八年"到底是哪位君王的紀
年，而考古類型學和器物標型學（出土器物及墓葬形制的排比）僅能證
實放馬灘墓葬群的下葬年代大致在戰國中晚期至西漢初期的歷史跨度內。
所以，部分學者主張暫將多種可能性並存而不能倉促判定其絕對年代，如
任步雲認為隸屬於《日書》乙種的"占卜驗證詞"（即志怪故事）成書
於秦王政八年（前 239 年）至漢高帝八年（前 199 年）或文帝八年（前
156 年）之間，如其所言："考八年八月己巳，不記建元年號，這是武帝
建元以前的紀年制。……而漢高祖迄文帝之際，據《二十史朔閏表》推
定，高祖八年八月壬寅朔，二十八日己巳，高后八年八月辛巳朔，不得有
己巳日，文帝八年八月乙丑朔，五日己巳日。景帝七年以後的紀年稱中元
年，武帝時始有建元年號，據此，日書不記建元紀年，僅記八年八月己
巳……則日書的下限不晚於高帝八年，或文帝八年，假使這一推論可據，
下迄文帝，上溯到秦王政八年……日書的下限時期不晚於西漢初年，亦即
文帝以前。"① 不難看出，任氏判定竹簡紀年時更強調秦王政八年之後的
漢初這段歷史時期內（高帝、文帝），卻忽略了秦王政之前的昭襄王、惠
文王等其實也在合理範圍內。此外，前引程少軒博士論文中也主張 M1 墓
竹簡（包括《志怪故事》）的抄寫年代不能決然斷定為"秦始皇八年"，
不能排除漢初的可能性，他甚至出於穩妥起見，不逕稱"放馬灘秦簡"
而改稱"放馬灘簡"，這一思路與任氏如出一轍。

① 任步雲：《放馬灘出土竹簡日書芻議》，《西北史地》1989 年第 3 期，第 87—88 頁。

（5）趙惠文王八年（前 291 年）。最近，晏昌貴撰文提出一種不同於前人的看法，他認為：這起死而復生事件的最後落腳點是在趙國，"邸丞"為趙國邸縣之丞，故簡文採用趙國紀年，"應為趙惠文王八年（前 291 年），查張培瑜《中國先秦史曆表》，趙惠文王八年八月實曆丙寅朔，其他各曆或丙寅朔或乙丑朔，則己巳為第 4 日或第 5 日。"① 不過，這種看法最終能否成立，尚有待於尋找更有力的證據加以檢驗。

最後，還有一個問題引起學界的爭議，那就是：篇首"八年"是否與丹的最終死亡日期（乃至 M1 墓的下葬時代）有關？對此問題的解答，大抵分為兩派截然不同的觀點：

其一，主張"八年"就是墓主丹的死亡日期，可據此判定 M1 的下葬年代。舊版發掘簡報及何雙全認為篇首"八年"是墓主丹初次葬後歷經復生，直至再次死亡的最終時間，故而判定"M1 的下葬年分即在秦始皇八年冬或九年初。"② 章珊亦認為："'八年八月'，才是丹的真正死期。"③張修桂認同簡報的前述觀點，並推測說："出土的這份《墓主記》應該是一分抄件，並非呈文原件。由於丹是一位頗有名望的人物，呈文所記述的又是他的生平功過是非，所以在謁文呈報中央的同時，抄錄一份隨丹入葬，也算是官府同僚對丹的一生的總結和悼念。"④

---

① 晏昌貴：《放馬灘簡〈邸丞謁御史書〉中的時間與地點》，清華大學出土文獻研究與保護中心編、李學勤主編：《出土文獻》第四輯，上海：中西書局 2013 年版，第 302 頁。

② 甘肅省文物考古研究所、天水市北道區文化館：《甘肅天水放馬灘戰國秦漢墓群的發掘》，《文物》1989 年第 2 期，第 11 頁。何雙全亦認為："⋯⋯這份謁書中的'八年'，當為秦始皇八年（公元前 239 年）。從八月寫成文書看，此墓的下葬時間或許已是九年了。從墓葬情況看，絕不是一縣之丞的墓，只能是名為丹的人的墓。"（何雙全：《天水放馬灘秦簡綜述》，《文物》1989 年第 2 期，第 29 頁）後又深入分析說："這些內容是'八年八月己巳邦丞'給御史的上書中追述墓主過去的事時說的話。後推之這個'八年'當是秦始皇八年（即公元前 239 年），當然這份謁書是墓主死後葬入墳墓的，它的寫成時間是秦始皇八年，但入葬時間當在九年以後。根據墓中同出毛筆和甲、乙種《日書》的字體看，墓主在未抄寫完乙種《日書》就死去了，所以下葬的絕對年代當在八年九月至九年初。"（何雙全：《天水放馬灘秦簡甲種〈日書〉考述》，載甘肅省文物考古研究所編《秦漢簡牘論文集》，第 19 頁）

③ 章珊：《放馬灘出土地圖的年代問題》，中國地理學會歷史地理專業委員會《歷史地理》編輯委員會編：《歷史地理》第八輯，第 58 頁。

④ 張修桂：《天水〈放馬灘地圖〉的繪製年代》，《復旦學報》（社會科學版）1991 年第 1 期，第 45 頁。

其二，"八年"僅是奏報公文書的時間，丹的最終死亡與此並無直接關聯，乃係此後的若干年。李零認為："（八年八月己巳）是下述文件的發出時間。下述文件只是簡文開頭的引述語，用來講墓主下葬的時間和死亡的原因。引號後面的簡文是講八年以後的二次葬，以及墓主死而復生，對祠墓者的戒告語，不能視為文件中語。"① 概言之，李零認為墓主丹是在秦始皇政七年初次葬，過了"三年"（秦王政十年）死而復生，"盈四年"（秦王政十一年）才得"人食"。換言之，丹的最後死亡時間（二次葬）至少是在篇首紀年"八年"的三年以後。

2. 八月己巳。舊版發掘簡報及何雙全首次公佈釋文以來，"八月己巳"已為學界所接受，2009 年出版的《天水放馬灘秦簡》亦沿用此說。其間，有個別學者提出異議，張修桂認為應該釋為"八月己丑"，如其所言："據《文物》月刊發表的竹簡分析……倒是被釋為'己巳'的'巳'字，應重新解釋為'丑'字更為合理。"② 雍際春不同意上述觀點，認為"從原簡判斷，'巳'字比較清楚，不會有誤。而且在同墓出土的竹簡《日書》簡文中，所有'丑'字的寫法、字形均與《墓主記》中'巳'字完全不同，可證張先生判'巳'為'丑'之不確。"③ 進而，雍氏又提出一種新看法："倒是'己巳'二字的前一字'己'，在簡文中既似'乙'又似'己'。參照原簡和《日書》中'己巳'二字的書寫，都是'乙'字收尾一筆平直，而'己'與'巳'收尾一筆則向上彎起。《墓主記》中'己巳'之前一字收尾明顯平直於後一字，故'己'當為'乙'字。據此，《墓主記》開頭一句當為'八年八月乙巳'。"④ 最近，紅外線照片證實張、雍二人的看法均不成立，原釋文"八月己巳"無誤。⑤

---

① 李零：《秦簡的定名與分類·附錄：放馬灘秦簡〈志怪故事〉（今移簡 6 於簡 7 後）》，武漢大學簡帛研究中心主辦：《簡帛》第六輯，第 8 頁。

② 張修桂：《天水〈放馬灘地圖〉的繪製年代》，《復旦學報》（社會科學版）1991 年第 1 期，第 46 頁（又見張修桂《當前考古所見最早的地圖——天水〈放馬灘地圖〉研究》，中國地理學會歷史地理專業委員會《歷史地理》編輯委員會編：《歷史地理》第十輯，第 146 頁。個別字略有刪改）。

③ 雍際春：《天水放馬灘木板地圖研究》，第 27—28 頁。

④ 雍際春：《天水放馬灘木板地圖研究》，第 28 頁。

⑤ 孫占宇：《放馬灘秦簡〈丹〉篇校注》，載《首屆中國歷史學博士後論壇（2012）論文集》，第 38 頁。

　　其實，引起最大爭論的主要不是釋文，而是"八年八月"是否有
"己巳"日？李學勤最早注意到這個問題，"秦昭王八年即公元前299年，
秦王政八年即公元前239年，八月均無己巳日，其間孝文、莊襄兩王又沒
有八年，八年自可排除。"① 故而他將竹簡頂端墨塊誤釋為"卅八年"，並
判定為秦昭王三十八年（前269年），"顓頊曆八月丁巳朔，己巳為十三
日。"② 張修桂研判簡文"八年"乃係指秦昭王八年，而該年八月無"己
巳"，故認為"己巳"應釋為"己丑"，"昭襄王八年為公元前299年，顓
頊曆八月壬午朔，'八月己丑'即為八月初八。這便是我為1號墓葬所斷
的具體年代"。③ 雍際春研判簡文"八年"係指秦惠文王後元八年，因八
月亦無"己巳"日，故改釋"乙巳"，遂下結論說："秦惠文王後元八年
即公元前317年，這年的'八月乙巳'日按顓頊曆為八月丁酉朔，乙巳
日為八月初九日。"④ 上述三人均係通過改釋簡文（李改釋年份，張、雍
則改釋日支）來尋求達到年、月、日支相符的合理解釋。此外，還有一
種思路，即認為釋文"己巳"無誤，八年八月無"己巳"日，是因為古
人抄錄時誤書所致。這以宋華強為代表，據其所言："古代簡牘曆日書寫
錯誤的情況並不罕見，如新蔡葛陵楚簡甲三204'王徙於鄩郢之歲癸嬛
（亥）之日'，'癸嬛（亥）'就有訛誤。所以'己巳'確實有可能是誤
書。"⑤ 孫占宇亦贊同此種看法，認為"西北漢簡中日期錯誤時有見之"，
並增補一例（肩水金關漢簡73EJT4：98A）以資佐證。⑥

　　3. 邦丞赤敢謁御史。這段釋文自1989年公佈以來，引發學界爭論的
主要集中在"邦丞"二字上。新舊兩版發掘報告及何雙全均釋此處簡文

　　① 李學勤：《放馬灘簡中的志怪故事》，《文物》1990年第4期，第45頁。
　　② 李學勤：《放馬灘簡中的志怪故事》，《文物》1990年第4期，第45頁。
　　③ 張修桂：《天水〈放馬灘地圖〉的繪製年代》，《復旦學報》（社會科學版）1991年第1
期，第46頁（又見張修桂《當前考古所見最早的地圖——天水〈放馬灘地圖〉研究》，中國地
理學會歷史地理專業委員會《歷史地理》編輯委員會編：《歷史地理》第十輯，第146頁。個別
字略有刪改）。
　　④ 雍際春：《天水放馬灘木板地圖研究》，第40頁。
　　⑤ 宋華強：《放馬灘秦簡〈邸丞謁御史書〉釋讀札記》，中國文化遺產研究院編：《出土文
獻研究》第十輯，第139頁。
　　⑥ 孫占宇：《放馬灘秦簡〈丹〉篇校注》，載《首屆中國歷史學博士後論壇（2012）論文
集》，第38頁。

為"邦"，而且力主"邦"就是指邦縣①（今天水市北道區、秦城區、泰安縣、清水縣），並視為竹簡及 M1 墓斷代的主要證據之一，如簡報所言："秦統一後改稱上邦縣。從此可見，簡文所說邦顯然是指統一前的邦縣。邦丞，邦縣令丞。……邦守，即邦縣之守。縣設守，史籍少見。秦始皇統一六國後，分天下三十六郡，置郡守，即太守，掌一郡之事。簡文所曰縣有守，顯然是秦始皇統一前的行政建置，與統一後縣的級別根本不同。秦統一前縣的級別相當於統一後的郡。……從這些記載推知邦縣是大縣之一，置守。"② 又據何雙全說："從簡文看，邦縣的長官是邦守，次為邦丞。簡文證明邦縣在秦始皇統一後置郡守以前，早已設守一職，這與《左傳》、《戰國策》所述周制相符。邦丞可直接給朝廷御史呈文，也顯示出了邦縣的級別。"③ 雍際春支持何氏對《墓主記》中"邦"字釋文的看法，認為："根據地圖出土地點、所繪水系及其地域分析，釋為'邦'字更為妥當。"④ 近來，李零也認同"邦丞"釋文，如云："'邦'，左邊有墨痕，李學勤先生釋邸，從字形看，似乎有一定道理，但放馬灘秦墓屬今天水市，在秦邦縣（上邦）的轄境內，而邸縣則未聞，且下文所說二次葬，地點在'邦柏丘之上'，從情理上講，還是以釋邦為勝。"⑤

　　曹婉如、李學勤則認為應釋為"邸丞"。⑥ 如李學勤所言："'邸'，地

---

　　① 有關邦縣（上邦縣）的歷史沿革，詳見徐日輝《上邦何處尋》，《蘭州學刊》1985 年第 2 期，第 89—93 頁；岳維宗：《古上邦考辨》，《蘭州學刊》1986 年第 2 期，第 91—94 頁；徐日輝：《上邦考》，載氏著《秦州史地》，西安：陝西人民美術出版社 1994 年版；雍際春、李根才：《段谷與上邦地望考》，《天水師範學院學報》2002 年第 4 期，第 24—29 頁。

　　② 甘肅省文物考古研究所、天水市北道區文化館：《甘肅天水放馬灘戰國秦漢墓群的發掘》，《文物》1989 年第 2 期，第 11 頁。

　　③ 何雙全：《天水放馬灘秦墓出土地圖初探》，《文物》1989 年第 2 期，第 20 頁。

　　④ 雍際春：《天水放馬灘木板地圖研究》，第 28 頁。此外，張修桂沿襲了何氏對《墓主記》"邦丞"及木板地圖"邦丘"釋文的看法［張修桂：《天水〈放馬灘地圖〉的繪製年代》，《復旦學報》（社會科學版）1991 年第 1 期，第 44—48 頁］。

　　⑤ 李零：《秦簡的定名與分類·附錄：放馬灘秦簡〈志怪故事〉（今移簡 6 於簡 7 後）》，武漢大學簡帛研究中心主辦：《簡帛》第六輯，第 8 頁。不過，前引論點似有可商榷處：第一，無證據表明"丞赤"必定任職於秦境內，而且李零僅言未聞"邸縣"卻未回應和排除李學勤提出的"邸"指稱"氏道"之可能；第二，李零所言二次葬地點"邦柏丘之上"中的"邦"字釋文有誤，不能成為"邦丞"釋文之證據。

　　⑥ 曹婉如：《有關天水放馬灘秦墓出土地圖的幾個問題》，《文物》1989 年第 12 期，第 80 頁；李學勤：《放馬灘簡中的志怪故事》，《文物》1990 年第 4 期，第 43 頁。

名。此字上沒有冠以地名，故不能作朝舍解。'丞'，官名。'赤'，邸丞人名。"① 胡平生、李天虹、宋華強等人不僅接受了曹、李改釋"邦"為"邸"的看法，而且據此改擬篇名為《邸丞謁御史書》（詳見下文）。同墓（M1）出土的七幅木板地圖中，編號 M1・7、8、11A 所繪地圖上標示了十處地名，其中有"邦丘"②"邸"等名稱。③ 其中"邸"字，何雙全

---

① 李學勤：《放馬灘簡中的志怪故事》，《文物》1990 年第 4 期，第 43 頁。

② "邦丘"釋文，韓仲民在簡報發表前就提出了質疑，"最初聽說圖中有'封丘'地名，今釋'邦丘'，但細審字形右邊不象'邑'旁"（韓仲民：《談木板地圖》，《文物天地》1988 年第 6 期，第 8 頁）。待圖版公佈後，曹婉如、李學勤認為應釋作"封丘"（曹婉如：《有關天水放馬灘秦墓出土地圖的幾個問題》，《文物》1989 年第 12 期，第 78 頁）。徐日輝則深入論證了這一觀點，他仔細辨析"封"與"邦"二字的差別，指出何氏釋讀"邦丘"有誤，應釋作"封丘"，其字明顯不同於《墓主記》中的"邦丞""邦守"，並得出結論說："天水放馬灘地圖中的'封丘'不是《墓主記》中的'邦'縣，而是邦縣的一個叫作'封丘'的軍事據點。"（徐日輝：《"邦丘"辨——談天水〈放馬灘秦墓出土簡圖〉札記》，中國地理學會歷史地理專業委員會《歷史地理》編輯委員會編：《歷史地理》第十四輯，上海：上海人民出版社 1998 年版，第 323 頁）其後，改釋"封丘"的意見為藤田勝久、祝中熹、胡平生、李天虹等人接受，但未被 2009 年出版的《天水放馬灘秦簡》採納（詳見［日］藤田勝久《戰國時秦的領域形成和交通路線》，李淑萍譯，秦始皇兵馬俑博物館《論叢》編委會編：《秦文化論叢》第六輯，西安：西北大學出版社 1998 年版，第 368—369 頁；祝中熹：《對天水放馬灘木板地圖的幾點新認識》，《隴右文博》2001 年第 2 期，第 17 頁；胡平生、李天虹：《長江流域出土簡牘與研究》，第 233—238 頁）。岳維宗雖對"邦丘"釋文無異議，但不認同何雙全"邦丘是秦邦縣駐地"的看法，提出"'邦丘'只能解釋是邦縣的一塊小土山（或高地），並不含縣的意思"，"'邦丘'是一塊低凹的地方，居住著許多居民，是秦時邦縣的一處聚落，相當於後來的一個大鄉鎮，並不是邦縣的駐地。"（岳維宗：《論天水放馬灘秦墓地圖中的"邦丘"非指邦縣》，《中國歷史地理論叢》1997 年第 1 期，第 14 頁）雍際春支持何雙全"邦丘"釋文的看法，並且認為"邦丘""邦縣""上邦縣"具有歷史淵源關係，"邦丘"是"邦縣"的代稱，也是縣治駐地，"'丘'即城，……'邦丘'即邦城，亦即邦縣之城；放馬灘地圖中的'邦丘'，也就是春秋時期秦武公所設邦縣的治地所在"（雍際春：《天水放馬灘木板地圖研究》，第 113 頁）。又云："邦縣之設是秦人勢力擴張、控制天水一帶的產物，但邦縣治地稱'邦丘'卻與秦人早期歷史及其西遷活動密切關聯。……是秦人西遷而帶入的外來地名，或者說秦人入居天水後，對城、邑之名，仍保留了其在東方以'丘'相稱的習慣，所以，當秦武公伐邦戎設邦縣時，很自然地將邦城城治以'邦丘'相稱，邦丘也就是邦城。所以，邦縣治地以'邦丘'相稱，並非出自偶然，亦非邦縣治所建在小土山上，'邦丘'一名的真正來源與秦人早期歷史的發展密切相關，隱含著秦人部族經歷、部族活動的種種信息；是秦人西遷後，在地名命名上仍保留東方語言習慣的反映，也是其西遷歷史的一種曲折體現，是商周時期東方人以'丘'命名城邑居地的孑遺。"（雍際春：《天水放馬灘木板地圖研究》，第 113—115 頁）

③ 甘肅省文物考古研究所編：《天水放馬灘秦簡》，彩版三，第 3 頁，黑白圖版五九，第 73 頁，釋文第 108 頁。

原誤釋作"鄏",① 經曹婉如慧眼釋出,② 被《天水放馬灘秦簡》採納。曹氏進而將地圖中的地名"邸"與竹簡《墓主記》開頭年月下面的"邸丞"聯繫起來,認為"根據地圖出土於天水放馬灘秦墓,以及圖中標示的〔邸〕……和簡中記有'邸丞'等字,'〔邸〕'很可能是西漢隴西郡的氏道縣。"③ 她援引王先謙《漢書補注》、酈道元《水經注》、常璩《華陽國志》等傳世文獻中有關記載考證氏道縣的位置,認為"氏道的位置當在今永寧河上遊。從圖一〔邸〕的位置來看,約在今花廟河與高橋河會合的谷地。"④ 日本學者藤田勝久採納曹、李二氏對於"邸丞""邸"釋文的看法,但對"邸道"的位置則持不同看法,他認為:"氏道是在嶓塚山北側的,與西縣相接的西漢水上遊。"⑤ 祝中熹則贊同曹氏觀點,並略有補充:"圖一中部二水合流處,用方框標注地名'邸',同墓所出竹簡文字中又言及'邸丞'。'氏'本為先秦西北邊疆少數民族的一種稱謂,氏字旁加邑旁,表示與氏有關的地名。秦制,地方行政長官的副手稱'丞',邸有丞,表明這裏是一級行政建置的治所。"⑥ 方勇完全贊同李學勤的意見,認為其字當釋為"邸",係指縣一級的地名,即氏道,在今天水西南。⑦ 王輝分析了西安北郊相家巷村新出秦封泥"郡左邸印""郡右

---

① 何雙全:《天水放馬灘墓出土地圖初探》,《文物》1989 年第 2 期,第 12 頁。其實在發掘簡報公佈之前,何雙全、韓仲民分別撰文對木板地圖進行了簡要介紹,並釋出"邦丘""聲"等地名。(何雙全:《天水放馬灘秦墓出土的地圖》,《文物天地》1988 年第 6 期,第 8 頁;韓仲民:《談木板地圖》,《文物天地》1988 年第 6 期,第 8—11 頁)

② 曹婉如:《有關天水放馬灘秦墓出土地圖的幾個問題》,《文物》1989 年第 12 期,第 78—85 頁。

③ 曹婉如:《有關天水放馬灘秦墓出土地圖的幾個問題》,《文物》1989 年第 12 期,第 80 頁。李學勤亦持此觀點:"邸是縣、道一級地名,故設有丞。這個地名亦見於同墓所出版圖 M1:7＋8＋11,我們認為即氏道,在今天水西南","邸即氏道,屬隴西郡,設於秦昭王二十八年,即公元前 279 年"。(李學勤:《放馬灘簡中的志怪故事》,《文物》1990 年第 4 期,第 45 頁、第 46 頁)

④ 曹婉如:《有關天水放馬灘秦墓出土地圖的幾個問題》,《文物》1989 年第 12 期,第 82 頁。

⑤ 〔日〕藤田勝久:《戰國時秦的領域形成和交通路線》,李淑萍譯,秦始皇兵馬俑博物館《論叢》編委會編:《秦文化論叢》第六輯,第 371 頁。

⑥ 祝中熹:《對天水放馬灘木板地圖的幾點新認識》,《隴右文博》2001 年第 2 期,第 18 頁。

⑦ 方勇:《讀放馬灘秦簡〈志怪故事〉札記(一)》,復旦大學出土文獻與古文字研究中心網站(www.gwz.fudan.edu.cn),2009 年 11 月 6 日。

邸印”及湖北荊門包山出土楚簡“邸陽君”等印文、簡文中“邸”字的寫法和字形，認為與放馬灘簡《志怪故事》中此字的字形相同，故也贊成李學勤的觀點釋作“邸”。① 上述學者的意見，未被《天水放馬灘秦簡》採納。近年，孫占宇利用紅外線照片辨析釋文“邸丞”是正確的。② 不過，他不贊成李學勤訓“邸”為“氐道”的說法，而認為是“邸”乃係“邸舍”之義（李學勤則認為簡文“邸”字上沒有冠以地名，故不能作朝舍解），“邸丞”就是指邸舍之丞，“邸”當在魏國境內。③ 孫氏將“邸丞”解釋為“邸舍之丞”，又沿用舊說認定“御史”就是指中央“三公”之一的御史大夫，就勢必造成另一難題：現無證據表明官階甚低的“邸舍之丞”可以越級向中央御史呈報公文。若從“邸丞”為“邸舍之丞”這一思路出發，我們可以對“御史”做出一種新解釋：本簡文中“御史”或不是指中央御史，而是縣級御史。據史料證實，戰國時魏、韓等國的縣令亦設有御史之職，如《韓非子·內儲說上》“卜皮為縣令”條④、《戰國策·韓策三》“安邑之御史死章”⑤ 等均談及御史乃係縣令屬吏。這樣一來，該文書的原底本就是戰國時魏國境內的某縣邸舍之丞“赤”稟報本縣御史的官文書。但是，這種解釋也導致更多疑問的出現，出於穩妥起見，本文暫不採納，僅略陳於此，以備後考。

此外，晏昌貴最近撰文提出一種看法，認為“邸丞”之邸係為趙地，“趙國北境今河北元氏、臨城、隆堯間確有‘邸’地，它源自西周軝國，戰國中晚期趙國設為邸縣，柏丘則位於邸縣境內。當丹死而復活並從魏國

① 王輝：《〈天水放馬灘秦簡〉校讀記》，武漢大學簡帛研究中心主辦：《簡帛》第六輯，第 61 頁。

② 孫占宇查看紅外線照片後指出：此字“左部從氏，右部從邑，當釋為‘邸’。”（孫占宇：《放馬灘秦簡〈丹〉篇校注》，載《首屆中國歷史學博士後論壇（2012）論文集》，第 38 頁）

③ 孫占宇：《放馬灘秦簡〈丹〉篇校注》，載《首屆中國歷史學博士後論壇（2012）論文集》，第 38 頁。陳侃理也同意這一說法［詳見陳侃理《放馬灘秦簡〈丹〉篇札記》，簡帛網（www.bsm.org.cn），2012 年 9 月 25 日］。

④ 《韓非子·內儲說上》：“卜皮為縣令。其御史汙穢，而有愛妾。卜皮乃使少庶子佯愛之，以知御史陰情。”（清·王先慎撰：《韓非子集解》卷九，鍾哲點校，北京：中華書局 1998 年版，第 237 頁）

⑤ 《戰國策·韓策三》云：“安邑之御史死，其次恐不得也。輸人為之謂安令曰：‘公孫綦為人請御史於王，王曰：彼固有次乎？吾難敗其法。’因遽置之。”（何建章注釋：《戰國策注釋》卷二八，北京：中華書局 1990 年版，第 1075 頁）

大梁北上至趙國北地之柏丘時，邸縣之丞得聞其事，於是上報御史。簡牘所載，正是邸丞謁報御史的官府文書，或者是模仿此類官府文書的'陰府冥書'"。① 上述觀點推測成分較大，或可備一說。

"邦丞赤敢謁御史"是戰國、秦漢以來的官府公文用語，屬於上行文書格式。同時，這段句子中所涉官制名稱及公文呈報等信息也是判斷《志怪故事》成書年代的佐證材料之一，"竹簡官方文書的行文程序也反映出了縣與國君的關係。如'邦丞赤敢謁御史'，就是說縣府的令丞可以直接給中央三公之位的御史大夫呈文，說明戰國時縣的級別是很高的。所以簡文從行政建置上明確地表示了它是秦統一前的文書"②。

4. 大梁人王里樊壄曰丹。舊版發掘簡報及何雙全均釋讀作"九嵏人王里、樊野曰丹"③。任步雲釋為"六□人五里樊壄曰丹"④。李學勤則釋作"大梁人王里□□曰丹"，並對文意予以解釋："是一人原籍大梁，居於王里，名丹。……所缺二字可能為丹的身分。"⑤ 查驗圖版，不難看出原釋文"九嵏"實為"大梁"之誤釋，李氏說法為各家所從（並被《天水放馬灘秦簡》採納）。最近，孫占宇又提出新說（釋作"大梁"），⑥ 似不可取。"大梁人"三字是指稱丹的原籍地，此為學界所公認。不過，這裏其實存在兩種可能性：一是特指大梁人，二是委婉或隱晦地泛指魏國人（丹的原籍恐怕未必就是魏國都城大梁）。

原釋文"樊野（壄）"二字，李學勤也不認同，但因字跡模糊、一時

① 晏昌貴：《放馬灘簡〈邸丞謁御史書〉中的時間與地點》，清華大學出土文獻研究與保護中心編、李學勤主編：《出土文獻》第四輯，第299頁。

② 甘肅省文物考古研究所、天水市北道區文化館：《甘肅天水放馬灘戰國秦漢墓群的發掘》，《文物》1989年第2期，第11頁。有關秦時縣丞的日常職責及執掌範圍，詳見高恒《秦漢簡牘中法制文書輯考》"一、秦簡牘中的職官及其有關問題"，北京：社會科學文獻出版社2008年版，第14—15頁。

③ 甘肅省文物考古研究所、天水市北道區文化館：《甘肅天水放馬灘戰國秦漢墓群的發掘》，《文物》1989年第2期，第10頁；何雙全：《天水放馬灘秦墓出土地圖初探》，《文物》1989年第2期，第20頁；何雙全：《天水放馬灘秦簡綜述》，《文物》1989年第2期，第28頁。何雙全後來重新訂正釋文為："大梁人王里、樊野曰：'丹葬，今七年。……'"云云。這裏，他將"王里、樊野"誤解為人名（一個人的姓名及字，或兩個人的姓名），甚謬。

④ 任步雲：《放馬灘出土竹簡日書芻議》，《西北史地》1989年第3期，第87頁。

⑤ 李學勤：《放馬灘簡中的志怪故事》，《文物》1990年第4期，第44頁。

⑥ 孫占宇：《放馬灘秦簡〈丹〉篇校注》，載《首屆中國歷史學博士後論壇（2012）論文集》，第39頁。

難以釋出，故以缺字符（□□）代替。不過，他精闢地指出所缺的這兩字應是丹的身份，並援引齊陶文中的工匠里籍證明之。① 李氏眼光獨到、有先見之明，這一思路啟發了後來學人。宋華強根據最初公佈的圖版，認為所缺的第二字（即原釋文"野"）疑是"巫"字，進而推論說："丹的身份大概就是王里之巫。古書多見'里巫'，指鄉里之巫，……丹死而復生，難免被人視為神異，大概從此就做了巫。"② 宋氏此說臆測成分較大，不可從。最近，孫占宇利用紅外線照片推測或許是"髡徒"兩字。③ 不過，筆者查驗圖版認為宋、孫二說均恐怕難以成立，故我們贊成暫不釐定，僅以"□□"代替。不過，無論是"（里）巫""髡徒"④ 抑或其他，均是用以標註丹的身份，這一點則是毋庸置疑的。⑤

學界對"王里"釋文雖無異議，但對其歸屬之地則有不同看法。前引李學勤所言"（丹）原籍大梁，居於王里"，表明他主張"王里"是丹的現居住地——"王里是氏道的里名，丹居住在這裏"。⑥ 李零則認為

① 李學勤：《放馬灘簡中的志怪故事》，《文物》1990 年第 4 期，第 44 頁。雍際春則採納何雙全"樊野"釋文，並認為："墓主丹本名樊野，丹當為別名或為字號。"（雍際春：《天水放馬灘木板地圖研究》，第 32 頁）

② 宋華強：《放馬灘秦簡〈邸丞謁御史書〉釋讀札記》，中國文化遺產研究院編：《出土文獻研究》第十輯，第 138 頁。

③ 孫占宇指出此二字"模糊不清，輪廓似爲'髡徒'。"［孫占宇：《放馬灘秦簡〈丹〉篇校注》，載《首屆中國歷史學博士後論壇（2012）論文集》，第 39 頁］

④ "髡"是秦漢法律中的刑罰名，《說文解字·髟部》訓曰："髡，𩮜髮也。"（東漢·許慎撰，清·段玉裁注：《說文解字注》九篇上，杭州：浙江古籍出版社 1998 年版，第 428 頁）髡髮作為一種刑罰，至遲在春秋戰國時期就已出現。有關"髡刑"之研究，詳見王森《秦漢法律中髡、耐、完刑辨析》，《法學研究》1986 年第 1 期，第 85—89 頁；楊廣偉：《"完刑"即"髡刑"術》，《復旦學報》（社會科學版）1986 年第 2 期，第 111—112 頁；林沄：《髡髮種種》，《中國典籍與文化》1993 年第 3 期，第 98—102 頁；曹旅寧：《釋秦律"拔其鬚眉"及"斬人髮結"兼論秦漢的髡刑》，《中國史研究》2001 年第 1 期，第 166—170 頁；張全民：《髡、耐、完刑關係考辨》，《湘潭大學社會科學學報》2001 年第 5 期，第 130—134 頁；劉洋：《秦漢律中"髡刑"溯源——以法人類學為視角》，《西部法學評論》2008 年第 4 期，第 67—71 頁；陳玲、張紅岩：《漢代髡鉗城旦刑考略》，《青海民族大學學報》（社會科學版）2010 年第 3 期，第 85—88 頁；連宏：《秦漢髡、耐、完刑考》，《古代文明》2012 年第 2 期，第 67—73 頁。

⑤ 方勇認同"樊壄"釋文，並懷疑二字可能表地名。［方勇：《讀放馬灘秦簡〈志怪故事〉札記（一）》，復旦大學出土文獻與古文字研究中心網站（www.gwz.fudan.edu.cn），2009 年 11 月 6 日］

⑥ 李學勤：《放馬灘簡中的志怪故事》，《文物》1990 年第 4 期，第 45 頁。

"王里"是丹的原籍所在地——"王里，是大梁下面的里名"，① 其現居住地則是"垣雍里"。② 並且，他又遵循李學勤的提示而補充說明："齊陶文的工匠里籍主要分三種，一種是'某里人某'，一種是'某里曰某'，一種是'某里人曰某'。"③ 此外，孫占宇贊同李零的說法，並補充了一則旁證——"居延漢簡述說吏卒里籍多用'郡縣名＋里名＋爵位名＋人名'格式"④。不過，李、孫二人列舉的齊陶文、居延漢簡中所見的鄉里名籍之書寫順序，卻與本文情況不符。不難看出，前述格式中"人"字起到了重要的提示作用，如"某里人某""某里人曰某"，"人"字之前屬於祖籍故里的內容，"人"字之後則書寫爵位及姓名。換言之，"人"字意味著祖籍內容的結束。而且查驗傳世文獻，"大梁人"或"××人"後絕無再續寫里名之案例。事實上，像"丹"之類亡命或浪跡天涯的異鄉人，他人已無從知道其確切的鄉里籍貫（其本人或許也不願透露具體的鄉里名籍），只含糊地談及是大梁人（或魏國人）。此類情況，在《史記》《漢書》等書《刺客列傳》《遊俠列傳》《日者列傳》諸篇中十分普遍，甚至可說是不勝枚舉。⑤ 有鑑於此，我們傾向於認為丹的祖籍地是大梁（或魏國），"王里"是丹以某種特殊身份（髡徒?）勞役、

① 李零：《秦簡的定名與分類·附錄：放馬灘秦簡〈志怪故事〉（今移簡 6 於簡 7 後）》，武漢大學簡帛研究中心主辦：《簡帛》第六輯，第 8 頁。晏昌貴也贊同王里屬大梁的意見。（晏昌貴：《放馬灘簡〈邸丞謁御史書〉中的時間與地點》，清華大學出土文獻研究與保護中心編、李學勤主編：《出土文獻》第四輯，第 298 頁）

② 李零談道："這裏，大梁只是他的原籍，不是他的居住地。丹的居住地，從下文看，當在垣雍里附近，與大梁無關。"［李零：《秦簡的定名與分類·附錄：放馬灘秦簡〈志怪故事〉（今移簡 6 於簡 7 後）》，武漢大學簡帛研究中心主辦：《簡帛》第六輯，第 9 頁］

③ 李零：《秦簡的定名與分類·附錄：放馬灘秦簡〈志怪故事〉（今移簡 6 於簡 7 後）》，武漢大學簡帛研究中心主辦：《簡帛》第六輯，第 9 頁。

④ 孫占宇：《放馬灘簡〈丹〉篇校注》，載《首屆中國歷史學博士後論壇（2012）論文集》，第 39 頁。

⑤ 《史記·張耳陳餘列傳》云："張耳者，大梁人也。其少時，及魏公子毋忌為客。張耳嘗亡命，游外黃。……陳餘者，亦大梁人也，好儒術，數游趙苦陘。"（西漢·司馬遷撰：《史記》卷八九，北京：中華書局 1959 年版，第 2571 頁）又《刺客列傳》云："曹沫者，魯人也，以勇力事魯莊公"（西漢·司馬遷撰：《史記》卷八六，第 2515 頁），"豫讓者，晉人也"（西漢·司馬遷撰：《史記》卷八六，第 2519 頁），"荊軻者，衛人也"（第 2526 頁）；又《日者列傳》云："司馬季主者，楚人也。卜於長安東市。"（西漢·司馬遷撰：《史記》卷一二七，第 3215 頁）

暫住之地，①"王里"是秦境"氐道"（邦縣?）下面的里名，"垣雍里"不過是丹矢傷人的事發地及自刺死後的埋葬地，並無證據表明也是丹的現居住地。②

這句簡文的內容乃係屬於"名事爵里"範疇，介紹當事人丹的姓名、籍貫、住址等情況，也是秦漢公文書及法律文書中必有的重要內容和固定格式。

5. 葬為十年。"葬為"二字，舊版發掘簡報及何雙全原釋作"邦守"，並斷句為"九篗人王里、樊野曰丹［於］邦守：七年"云云。③李學勤釋為"□今"，破讀為"大梁人王里□□曰丹□：今七年"云云。④雍際春參考了前述二種意見（仍認同原釋"邦守"），判定釋文為"大梁人王里樊野曰丹［於］邦守：七年"云云。⑤2004年，何雙全又部分採納李學勤的意見（將原釋"邦守"改為"葬今"），一度改訂釋文為："大梁人王里、樊野曰：'丹葬，今七年。……'"云云。⑥2009年出版的《天水放馬灘秦簡》修訂釋文為"葬為十年"。方勇認為"葬"疑爲"報"字，乃報告義，"為"字應改以"今"為是，其釋文作"大梁人王里樊野曰丹報（?）：今七年"云云。⑦查驗原圖版及紅外線照片，此二字確已殘泐不清，我們贊成缺釋、以□□代替。至於"十年"二字或係排版之誤，自簡文公佈以來，諸家均作"七年"，並無異議，而且若釋作

———————————

①　若孫占宇釋文"髡徒"成立的話，丹或以"髡徒"身份在王里內罰作勞役。譬如，《周禮·秋官·掌戮》中有"墨者使守門，劓者使守關，宮者使守內，刖者使守囿，髡者使守積"的說法。（《十三經注疏》整理委員會整理、李學勤主編：《周禮注疏》卷三六，北京：北京大學出版社1999年版，第962頁）《漢書·刑法志》亦云："凡殺人者踣諸市，墨者使守門，劓者使守關，宮者使守內，刖者使守囿，完者使守積。"（東漢·班固撰：《漢書》卷二三，唐·顏師古注，北京：中華書局1962年版，第1091頁）

②　有關秦漢時期地方基層組織"里"的機構設置及職責情況，詳見高恒《秦漢簡牘中法制文書輯考》"一、秦簡牘中的職官及其有關問題"，第24—28頁。

③　甘肅省文物考古研究所、天水市北道區文化館：《甘肅天水放馬灘戰國秦漢墓群的發掘》，《文物》1989年第2期，第10頁；何雙全：《天水放馬灘秦簡綜述》，《文物》1989年第2期，第28頁。

④　李學勤：《放馬灘簡中的志怪故事》，《文物》1990年第4期，第43頁。

⑤　雍際春：《天水放馬灘木板地圖研究》，第29頁。

⑥　何雙全：《簡牘》"三、天水秦簡"，第41頁。

⑦　方勇：《讀放馬灘秦簡〈志怪故事〉札記（一）》，復旦大學出土文獻與古文字研究中心網站（www. gwz. fudan. edu. cn），2009年11月6日。

"十年"則與文理不通（秦漢簡牘書法中"七"與"十"很容易混淆①）。

簡文"七年"，多數學者認為是指稱某帝王的紀年，但對於"七年"到底是哪年及其與篇首"八年"是否屬於同一帝王紀年的問題上則存在分歧。舊版發掘簡報及何雙全將篇首"八年"判定為秦王政八年，又將簡文"北出趙氏"之前的"三年"判為秦始皇之父莊襄王的三年，這樣一來勢必就陷入困局——誠如張修桂所言：丹矢傷人自刺的"七年"要麼是在秦昭襄王七年（此時丹已是年屆 80 餘歲的老人，根本不可能參與伐趙之戰），要麼是在秦王政七年（導致時間順序上的顛倒，丹未死而先有復生之事）。② 事實上，這兩種情況都不可能發生。

對於前述困局的解答，主要分為兩派觀點：其一，主張同王紀年，主要有李學勤、雍際春、李零等；其二，主張異王紀年，有張修桂等。下面予以介紹和分析。

第一，同王紀年。

李學勤指出："丹在七年刺傷人，被棄世後掩埋，三年後復活，又過四年而有聞能食，這加在一起，已到十四年，所以簡文開頭曆朔不可能是八年。"③ 有鑑於此，他將簡文開篇"八年"釋為"卅八年"，從而解決了與"七年"後復生的一系列兼容問題，進而又改訂釋文為"大梁人王里□□曰丹□：今七年"，並詮釋說："今"就是指今王、今上，"今七年"即今王七年。④ 換言之，這裏所言"七年"乃與簡文開篇"卅八年"屬於同王（即秦昭王）。不過，由於李氏"卅八年"釋文已被證偽，此觀點不攻自破。

雍際春雖然贊同李學勤提出的"七年"與篇首"（卅）八年"係屬同一秦王的觀點，但並不認可李氏"卅八年"釋文（前文已述）及秦昭王紀年的推定，而認為"七年"和"八年"均屬秦惠文君/王的紀年，"七年"是秦惠文君七年（前 331 年），"八年"是秦惠文王後元八年

---

① 秦漢簡帛文字書法中"七"與"十"二字的異同及其辨析，詳見黃文傑《秦至漢初簡帛文字研究》第五章《秦至漢初簡帛形近字辨析·"七""十"辨》，北京：商務印書館 2008 年版，第 135—136 頁。

② 張修桂：《天水〈放馬灘地圖〉的繪製年代》，《復旦學報》（社會科學版）1991 年第 1 期，第 45 頁。

③ 李學勤：《放馬灘簡中的志怪故事》，《文物》1990 年第 4 期，第 45 頁。

④ 李學勤：《放馬灘簡中的志怪故事》，《文物》1990 年第 4 期，第 44 頁。

（前 317 年）。雍氏敏銳地利用了秦惠文君（王）更元的史實，將"七年"定義為更元前的秦惠文君紀年，再將"八年"設定為更元後的秦惠文王紀年，這樣就憑空地將"七年"與"八年"之間隔延伸出十四年，藉此容納丹復活後的活動及經歷。

　　近來，李零別出心裁，將整篇簡文劃分為兩大部分：第一部分是從"八年八月己巳"始，至"葬之垣雍南門外"訖，乃係丹死後的次年地方官員以公文書形式向中央御史匯報這起因矢傷人而自殺事件，僅涉及丹的初次葬，文體屬於追述性質；餘下內容則屬第二部分，並不屬於首段官文書中語，係丹的二次葬，按照時間順序平鋪直述。這樣一來，整篇簡文就是層層推進而展開，並非通常所理解的開篇"八年八月己巳，邸丞赤敢謁御史"引領出其後全部的追溯內容，而將追述文字僅限定於丹的初次葬（"大梁人王里□□曰丹……葬之垣雍南門外"），其後"三年""盈四年"均是接續前段內容之後發生的遷葬復生事件，即秦王政七年初次葬之後的第三年（即秦王政十年，前 237 年），"盈四年"是指秦王政十年遷葬後的第二年（即秦王政十一年，前 236 年）。如此一來，"七年"便指丹初次下葬的時間——秦王政七年，開篇"八年"則是翌年縣丞呈文匯報的時間——秦王政八年。① 這一見解雖然新穎，但細心品味，不難發現其中的可疑之處：首先，整篇簡文被劃分為兩部分，導致文體割裂、邏輯混亂、行文不暢，尤其造成兩部分內容之間的銜接困難；其次，第一部分公文書的行文與格式不符合規制，內容太過單薄，結尾頗顯突兀，且就文件主題及重要性而言，若是一起單純的傷人自殺事件則並不屬於中央御史的管轄範圍，也實無向位居"三公"之一的御史大夫呈文匯報之必要。②

　　此外，宋華強在採納李學勤"□今七年"釋文的基礎上，將其詮釋

---

① 李零：《秦簡的定名與分類·附錄：放馬灘秦簡〈志怪故事〉（今移簡 6 於簡 7 後）》，武漢大學簡帛研究中心主辦：《簡帛》第六輯，第 9 頁。

② 史書所見"御史"官職，其義有二：一，戰國時秦、趙、齊、魏等國皆設有御史，乃係國君的侍從史官，其職責是接受別國使臣進獻國書，執掌宮廷文書檔案及記錄君主言行；二，秦以降指稱監察之官，擔任督察百官及執法之責。（臧雲浦、朱崇業、王雲度：《歷代官制、兵制、科舉制表釋》，南京：江蘇古籍出版社 1987 年版，第 282 頁；邱樹森主編：《中國歷代職官辭典》，南昌：江西教育出版社 1991 年版，第 639 頁；徐連達主編：《中國歷代官制詞典》，合肥：安徽教育出版社 1991 年版，第 979 頁）

為"去今七年"之義，認為"七年"不是確指的某王紀年，而是回溯性的距今七年以前——"指丹刺人之事發生在距今七年之前，'今'是指邸丞赤向御史報告之時"①。宋氏此說乃將篇首"八年"聯繫在一起，"去今七年"的那個年份仍與"八年"同王，亦即元年。不過，這卻為接續下來的復生故事營造出七年的時段。

概言之，上述主張同王紀年的學者均以各自的詮釋方式來解決"八年"與"七年"之間隔時段不足以涵蓋其後引出的復生事件及其活動週期的難題，只不過差別在於：有人將篇首簡文釋為"卅八年"；有人將"七年""八年"分置於更元改曆的前與後；有人則將簡文的敘述文體割裂（前段內容是追述，後半部分是陳述），進而將"八年""七年"與其後的復生（遷葬）事件分離出來；有人則將"七年"理解為距離某王"八年"這一呈文時間點的七年之前。

第二，異王紀年。

有學者提出"七年"與篇首"八年"分別屬於不同的帝王紀年。如張修桂認為"七年"是指秦惠文王後元七年，"八年"則是秦昭襄王八年，從而將兩個紀年間隔出了十九年的時段。如其所言："墓主丹是在惠文王後元七年的戰亂期間，因矢傷人受刑……這個'八年'，顯然已經不是惠文王後元的八年；但它也不可能是墓主丹從征76年之後的秦始皇八年，因為這為時已太遠，墓主丹似不可能逾越百歲尚活於人間。而在惠文王之後、秦始皇之前，有'八年'紀年的帝王，則只有秦昭襄王一人。所以，墓主丹終年的這個'八年'，無疑只能是他從征趙國16年之後的秦昭襄王八年。"②

其實，無論主張同王紀年抑或異王紀年，其最終目的都是要為復生故事的展開，找到一個合理的時間段（而這個時長最少需四年或七年以上）。

6. 丹矢傷人垣雍里中。"矢傷"二字，李學勤改釋為"刺傷"③，方

①　宋華強：《放馬灘秦簡〈邸丞謁御史書〉釋讀札記》，中國文化遺產研究院編：《出土文獻研究》第十輯，第139頁。

②　張修桂：《天水〈放馬灘地圖〉的繪製年代》，《復旦學報》（社會科學版）1991年第1期，第46頁。

③　李學勤：《放馬灘簡中的志怪故事》，《文物》1990年第4期，第43頁。

勇釋爲 "束"①, 此二說未獲學界認可。查驗圖版, 我們認為睡虎地秦簡
《日書》（甲種） ✦（矢）字形與放簡此字極為相似,② 故以 "矢傷" 為
是。"人" 字, 任步雲釋為 "卜", 顯誤。③ 這段釋文中引發較多爭論的
是 "垣雍" 二字, 舊版發掘簡報及何雙全、任步雲均釋為 "垣離",④ 李
學勤改訂為 "垣雍",⑤ 遂為諸家所接受（《天水放馬灘秦簡》亦從之）。⑥
不過, 最近孫占宇根據紅外線照片重新釋定為 "垣離"。⑦ 我們認真查驗
了原版圖片及紅外線相片, 認為孫氏所釋未必確切, 從其列舉的睡虎地秦
簡、馬王堆帛書 "離" "雍" 二字的寫法及字形上比對, 並不能判明放簡
此字就是 "離" 而非 "雍"。我們又翻檢《秦文字類編》《秦漢魏晉篆隸
字形表》找出秦代竹簡書法 "離" "雍" "雖" 等字的字形：𩁾（離）,
𨿳（雍）, 𨿽（雖）。⑧ 經比對, 放簡此字與睡虎地秦簡 𨿽（雖）字形甚
為契合。故我們主張釋為 "雖" 字, 即 "垣雖（雍）", 而不贊成 "垣
離" 說。

　　對於 "垣雍" 地名, 李學勤指出："戰國時屬韓國, 在今河南原陽以
西原武西北五里, 與魏地卷密邇。……垣雍距魏地卷極近, 他很可能是從
卷到垣雍去的。"⑨ 秦昭襄王四十八年（前 259 年）, 韓國被迫獻出垣雍

---

　　① 方勇：《讀〈天水放馬灘秦簡〉小札（一）》, 簡帛網（www. bsm. org. cn）, 2009 年 10
月 17 日；方勇：《讀放馬灘秦簡〈志怪故事〉札記（一）》, 復旦大學出土文獻與古文字研究中
心網站（www. gwz. fudan. edu. cn）, 2009 年 11 月 6 日。
　　② 袁仲一、劉鈺：《秦文字類編》, 西安：陝西人民教育出版社 1993 年版, 第 366 頁。
　　③ 任步雲：《放馬灘出土竹簡日書芻議》,《西北史地》1989 年第 3 期, 第 87 頁。
　　④ 甘肅省文物考古研究所、天水市北道區文化館：《甘肅天水放馬灘戰國秦漢墓群的發
掘》,《文物》1989 年第 2 期, 第 10 頁；何雙全：《天水放馬灘秦簡綜述》,《文物》1989 年第 2
期, 第 28 頁；任步雲：《放馬灘出土竹簡日書芻議》,《西北史地》1989 年第 3 期, 第 87 頁。後
來, 何雙全又改從李學勤釋為 "垣雍"（何雙全：《簡牘》"三、天水秦簡", 第 41 頁）,《天水
放馬灘秦簡》亦從之。
　　⑤ 李學勤：《放馬灘簡中的志怪故事》,《文物》1990 年第 4 期, 第 43 頁、第 44 頁。
　　⑥ 雍際春認為："'垣離' 與 '垣雍', 原簡第二字為左右結構, 古 '雍' 字即為左右結
構, '離' 字不是左右結構, 當以 '雍' 字為正。垣雍, 戰國時韓國地, 在今河南原陽之西原武
西北 5 里。"（雍際春：《天水放馬灘木板地圖研究》, 第 28 頁）
　　⑦ 孫占宇：《放馬灘秦簡〈丹〉篇校注》, 載《首屆中國歷史學博士後論壇（2012）論文
集》, 第 39 頁。
　　⑧ 袁仲一、劉鈺：《秦文字類編》, 第 250 頁、第 251 頁；漢語大字典字形組編：《秦漢魏
晉篆隸字形表》, 成都：四川辭書出版社 1985 年版, 第 239 頁、第 240 頁。
　　⑨ 李學勤：《放馬灘簡中的志怪故事》,《文物》1990 年第 4 期, 第 44—45 頁。

城，從此該城納入秦版圖。① 不過，有學者將"垣雍"理解為里名。譬如，李零認為："垣雍里"是丹的現居住地附近，與大梁無關，應屬秦境邽縣內。② 其實，最初簡報公佈釋文時即破讀為"丹矢傷人垣離里，中面"，最近孫占宇亦釋作"丹矢傷人垣離里中"，均是將"垣離"視為里名。孫占宇進而判定"垣離里"是大梁下面的里名——"（垣離里）當與王里一樣，同屬大梁"③。

　　仔細推敲文意，我們認為文中"垣雍"恐非指里名，而應是城名。結合下文所言"葬之垣雍（離）南門外"，丹的初次葬地應是"城"門外人煙稀少的荒郊野地，而非"里"門外的通衢及城內。（詳見下文論述）故而，簡文"丹矢傷人垣雍里中"應譯為丹在垣離（雍）城的某里中以矢傷人，並不是特指"垣雍里""垣離里"。至於故事發生時，垣離（雍）歸屬於秦境抑或是韓境？這需根據簡文"□□七年"中所缺失的某王紀年來決定，若是公元前 259 年以前的韓王紀年則屬韓國，若是秦昭襄王四十八年之後的秦王紀年則屬於秦國。

　　7. 因自刺殹。舊版發掘簡報及何雙全原釋為"丹矢傷人垣離里，中面，自刺矣"④。任步雲曾將"刺"字釋為"刑"。⑤ 李學勤改釋"面"為"因"、"矣"為"殹"，並將釋文破讀為"丹刺傷人垣雍里中，因自刺殹"。⑥ 李氏看法為學界廣泛接受（《天水放馬灘秦簡》從之）。簡文"因"字，孫占宇認為是副詞，猶如"於是""就"等含義。⑦ 另外，孫

---

　　① 《史記·秦本紀》："（秦昭襄王）四十八年十月，韓獻垣雍。"（西漢·司馬遷撰：《史記》卷五，第 213 頁）又《白起王翦列傳》："王聽之，割韓垣雍、趙六城以和。"（西漢·司馬遷撰：《史記》卷七三，第 2336 頁）

　　② 李零：《秦簡的定名與分類·附錄：放馬灘秦簡〈志怪故事〉（今移簡 6 於簡 7 後）》，武漢大學簡帛研究中心主辦：《簡帛》第六輯，第 8—9 頁。

　　③ 孫占宇：《放馬灘秦簡〈丹〉篇校注》，載《首屆中國歷史學博士後論壇（2012）論文集》，第 39 頁。晏昌貴對此觀點表示贊同。（晏昌貴：《放馬灘〈邸丞謁御史書〉中的時間與地點》，清華大學出土文獻研究與保護中心編、李學勤主編：《出土文獻》第四輯，第 298 頁）

　　④ 甘肅省文物考古研究所、天水市北道區文化館：《甘肅天水放馬灘戰國秦漢墓群的發掘》，《文物》1989 年第 2 期，第 10 頁；何雙全：《天水放馬灘秦簡綜述》，《文物》1989 年第 2 期，第 28 頁。

　　⑤ 任步雲：《放馬灘出土竹簡日書芻議》，《西北史地》1989 年第 3 期，第 87 頁。

　　⑥ 李學勤：《放馬灘簡中的志怪故事》，《文物》1990 年第 4 期，第 43 頁。

　　⑦ 孫占宇：《放馬灘秦簡〈丹〉篇校注》，載《首屆中國歷史學博士後論壇（2012）論文集》，第 39 頁。

占宇還據紅外線照片提出應將"自刺"改釋為"自刎"。① 查驗圖版，我們認為孫說不確切，紅外照片中此字模糊，但與"刎"字形差異懸殊。先秦及秦漢傳世文獻中"自刺"與"自刎"語義相類，均為自殺之義，但"自刎"強調以刃斷頸，"自刺"則係"直傷"② ——以銳利之物戳入或穿透體內（包含頸部或人體其他部位）。漢代盛行隨身佩戴刀劍之風俗，③ 而戰國及秦時則對佩劍者的身份等級有嚴格規定，④ 尤其秦始皇兼併六國前後對兵器的管控更為嚴格，普通百姓出行恐不得佩戴刀劍。⑤ 本簡文中丹的身份當係戰國晚期下層民眾（甚至有人提出丹是刑徒——"髡徒"），在當時的社會環境下顯然是不被允許攜刀、佩劍的。故以刀刃自刎的可能性不大，而更似以銳利之物（如矢之類）自刺而死。

8. 棄之于市三日。舊版發掘簡報及何雙全原釋為"棄之于市，三日"。⑥ 此說為李學勤及各家所接受（亦為《天水放馬灘秦簡》承襲）。對於簡文"棄"字，任步雲以缺字符代之——"□之于市三日"。⑦ 近來，孫占宇也認為此字殘泐、"字形與'棄'字不類"，亦缺釋。⑧ 查驗

① 孫占宇：《放馬灘秦簡〈丹〉篇校注》，載《首屆中國歷史學博士後論壇（2012）論文集》，第36頁、第39頁。

② 《說文解字·刀部》："刺，直傷也。"（東漢·許慎撰：《說文解字注》四篇下，清·段玉裁注，第182頁）

③ 南朝梁人劉昭注《後漢書·輿服志下》"刀"條曰："（漢代）自天子至于庶人，咸皆帶劍。"（南朝宋·范曄撰：《後漢書》志第三十，唐·李賢等注，北京：中華書局1965年版，第3672頁注釋）《晉書·輿服志》："漢制，自天子至於百官，無不佩劍，其後惟朝帶劍。"（唐·房玄齡等撰：《晉書》卷二五，北京：中華書局1974年版，第771頁）

④ 西漢賈誼撰《新書》記載："古者，天子二十而冠，帶劍；諸侯三十而冠，帶劍；大夫四十而冠，帶劍。隸人不得冠，庶人有事得帶劍，無事不得帶劍。"（漢·賈誼撰：《新書校注》附錄一《新書未收文賦及佚文·佚文》，閻振益、鍾夏校注，北京：中華書局2000年版，第452頁）

⑤ 《史記·秦始皇本紀》："（秦統一後）收天下兵，聚之咸陽，銷以為鍾鐻，金人十二，重各千石，置廷宮中。"（西漢·司馬遷撰：《史記》卷六，第239頁）有關秦漢時人佩劍風俗之情況，承蒙學友孫兆華博士告知。有關此議題之研究，詳見孫兆華《兩漢人帶劍風習》，北京師範大學歷史學院碩士學位論文，指導教師：王子今、張榮強教授，答辯日期：2012年5月。

⑥ 甘肅省文物考古研究所、天水市北道區文化館：《甘肅天水放馬灘戰國秦漢墓群的發掘》，《文物》1989年第2期，第10頁；何雙全：《天水放馬灘秦簡綜述》，《文物》1989年第2期，第28頁。

⑦ 任步雲：《放馬灘出土竹簡日書芻議》，《西北史地》1989年第3期，第87頁。

⑧ 孫占宇：《放馬灘秦簡〈丹〉篇校注》，載《首屆中國歷史學博士後論壇（2012）論文集》，第39—40頁。

圖版，該簡文的筆法及輪廓大抵可依稀辨認出，將其與秦漢簡帛文字中"棄"字形比對——𡘸、𡙈、𩴂、𡚌、𡚒，[①] 還是頗有幾分相似，故我們主張釋之"棄"。不過，這段簡文中爭論的焦點還不是字形的釋讀，而是對"棄之於市"含義的理解。李學勤將此句的上下文譯為："今王七年，丹在垣雍城閭里中將人刺傷，隨即自刺，被棄市。三日後，被埋葬在垣雍南門以外。"[②] 顯然，他是將"棄之於市"理解為"棄市"。更有學者依據這則簡文來論證秦代的死刑"棄市"是絞刑而非斬刑。[③] 對於"棄市"的行刑方式，通常認為是在熱鬧的集市上持刀刃實施斬首之刑罰。不過，最近學界也提出不同看法。[④] 目前，秦漢時期"棄市"是斬首抑或絞殺，尚有待進一步澄清。但將放馬灘秦簡《志怪故事》視為秦代棄市為絞刑說的佐證則恐不能成立。睡虎地秦簡《法律答問》、張家山漢簡《二年律令》及《奏讞書》、肩水金關漢簡、敦煌漢簡秦漢出土文獻中屢有言及"棄世"刑罰，但均無"棄之於市"的說法。[⑤] 查檢前四史（《史記》《漢書》《後漢書》《三國志》）並沒有見到將"棄市"等同"棄之於市"的文例，直到《魏書·盧玄傳》才有"棄之於市"（棄市）的說法，且用法極為少見。[⑥]

我們認為，將放簡"棄之於市"解釋為"棄市"刑法恐不確切。這裏"棄"字應指拋棄、捐棄之含義，《釋名·釋喪制》訓曰："不得埋之曰'棄'，謂棄之於野也。"[⑦] 具體落實到本簡文就是說：陳屍於市以示

---

① 漢語大字典字形組編：《秦漢魏晉篆隸字形表》，第 253 頁。

② 李學勤：《放馬灘簡中的志怪故事》，《文物》1990 年第 4 期，第 44 頁。

③ 曹旅寧：《從天水放馬灘秦簡看秦代的棄市》，《廣東社會科學》2000 年第 5 期，第 134—139 頁。

④ 《釋名·釋喪制》訓曰："市死曰'棄市'。市，眾所聚，言與市人共棄之也。"（任繼昉纂：《釋名匯校》卷八，濟南：齊魯書社 2006 年版，第 467 頁）有關"棄市"刑法之研究，詳見張建國《秦漢棄市非斬刑辨》，《北京大學學報》（哲學社會科學版）1996 年第 5 期，第 116—118 頁；胡興東：《中國古代死刑行刑種類考》，《雲南大學學報》（法學版）2009 年第 1 期，第 8—14 頁；連宏：《兩漢魏晉棄市刑考辨》，《蘭州學刊》2012 年第 9 期，第 70—75 頁。

⑤ 茲舉睡虎地秦簡《法律答問》中二例以證之：第 71 號簡文云："士五（伍）甲毋（無）子，其弟子以為後，與同居，而擅殺之，當棄市。"第 172 號簡文云："同母異父相與奸，可（何）論？棄市。"（睡虎地秦墓竹簡整理小組編：《睡虎地秦墓竹簡》，北京：文物出版社 1990 年版，圖版第 54 頁、第 63 頁，釋文第 110 頁、第 134 頁）

⑥ （北齊）魏收撰：《魏書》卷四七，北京：中華書局 1974 年版，第 1057 頁。另有一例見《元史·武宗紀一》。（明·宋濂等撰：《元史》卷二二，北京：中華書局 1976 年版，第 495 頁）

⑦ 任繼昉纂：《釋名匯校》卷八，第 483 頁。

戮、警誡眾人，誠如《禮記·王制》所言："刑人於市，與眾棄之。"①
值得一提的是，《左傳》中就記載了多起在犯人死後（含自殺、被殺及執
行死刑者）仍被陳屍於市以示眾的案例。② 丹以矢傷人後誤以為其人已
死，自知難逃死罪懲罰遂自刺而亡。按照秦時法令，傷人致死者必須棄
市。丹雖自殺身亡，依律仍陳屍鬧市、曝曬三日。③ 據此推測，當時被害
人可能受傷嚴重、生命垂危、恐難成活，故官府將丹以傷人致死罪論處，
沒成想傷者最終轉危為安、撿回條命，因此就有了下文所論"以丹未當
死"云云，且若致人死亡的話前述公文書中也不會僅言"丹矢傷人垣雕
（雍）里中"。

　　9. 葬之垣雍南門外。舊版發掘簡報無釋，何雙全原釋為"葬之垣雕
南門外"，④ 後又從李學勤改釋"葬之垣雍南門外"。⑤ 關於"垣雍"與
"垣雕"的爭論，前文已有介紹，茲不贅述。這段簡文由於圖版較清晰，
釋文幾無爭議（除"垣雍""垣雕"分歧外）。對此句的含義，李學勤譯
文："（丹棄市）三日後，被埋葬在垣雍南門以外。"⑥ 李零解說："'垣雍
南門外'，是垣雍里的南門外。這是丹之初葬地，離案發現場和丹的居住

---

　　① 《十三經注疏》整理委員會整理、李學勤主編：《禮記正義》卷十一，北京：北京大學
出版社 1999 年版，第 359 頁。

　　② 《左傳·昭公二年》談到鄭國公孫黑作亂未遂，自縊身亡後"屍諸周氏之衢"（《十三經
注疏》整理委員會整理、李學勤主編：《春秋左傳正義》卷四二，北京：北京大學出版社 1999
年版，第 1177 頁）；《左傳·昭公十四年》記載：晉邢侯與雍子爭訟，叔魚偏袒雍子，邢侯怒殺
叔魚與雍子於朝，宣子採納叔向的建議"乃施邢侯，而屍雍子與叔魚於市"。（《十三經注疏》整
理委員會整理、李學勤主編：《春秋左傳正義》卷四七，第 1338 頁）《左傳·定公十四年》記載
"（董安于）乃縊而死。趙孟屍諸市，而告於知氏"云云。（《十三經注疏》整理委員會整理、李
學勤主編：《春秋左傳正義》卷五六，第 1602 頁）

　　③ 本簡文所言"棄之于市"共計持續了"三日"，恐亦非偶然。後世律令中多見"陳屍三
日"的說法，清代汪士鐸撰《南北朝刑法志》云：北齊河青三年（564 年）規定，死刑中"重
者轘，次梟首，並陳屍三日；無市者，列於鄉亭顯處"。（《歷代刑法志》附錄，北京：群眾出版
社 1988 年版，第 277 頁）後周保定三年（563 年）規定："凡惡逆，肆之三日。"（《歷代刑法
志》附錄，第 280 頁）

　　④ 何雙全：《天水放馬灘秦簡綜述》，《文物》1989 年第 2 期，第 28 頁。

　　⑤ 李學勤：《放馬灘簡中的志怪故事》，《文物》1990 年第 4 期，第 43 頁；何雙全：《簡
牘》"三、天水秦簡"，第 41 頁。

　　⑥ 李學勤：《放馬灘簡中的志怪故事》，《文物》1990 年第 4 期，第 44 頁。

地不遠。"① 應該說，這段簡文的字面意思是清楚明瞭的：丹自刺棄市死後，被安葬於垣雍南門外。然而，這句話背後所隱藏的葬地信息則少有人注意。古人對葬地的選擇是十分講究且有嚴格規定。墓穴之地、葬埋之所，絕不會在城中、與生人雜處，必然是在城外的特定地點。② 這也是我們判定簡文中兩次出現的"垣雍（離）"乃係城名而非里名的依據之一。

據前文所述的死亡方式而言，主人公丹是兵死、強死，屬於凶喪之類。按照先秦及後世的葬埋原則，是不可入葬祖塋地的。《周禮·春官·冢人》云："凡死於兵者，不入兆域。"③《禮記·檀弓上》："死而不弔者三：畏，厭，溺。"④ 這裏談到不必前往弔唁的三種橫死情況："畏""厭""溺"。《春秋公羊傳·定公十五年》"奔喪，非禮也"條漢代何休注曰："禮有不弔者三：兵死，壓死，溺死。"⑤ 由此可見，"畏"即為"兵死"，其範圍不限於死於戰事，也包括一切死於兵刃利器者。⑥ 按照戰

---

① 李零：《秦簡的定名與分類·附錄：放馬灘秦簡〈志怪故事〉（今移簡 6 於簡 7 後）》，武漢大學簡帛研究中心主辦：《簡帛》第六輯，第 9 頁。

② 據《後漢書·虞延傳》記載：東漢建武初年，虞延任汝南郡細陽令，"每至歲時伏臘，輒休遣徒繫，各使歸家，並感其恩德，應期而還。有因於家被病，自載詣獄，既至而死，延率掾史，殯於門外，百姓感悅之。"（南朝宋·范曄撰：《後漢書》卷三三，唐·李賢等注，第 1151 頁）文中所言"殯於門外"想必也應是縣城門外的郊野。

③ （清）阮元校刻：《十三經注疏·周禮注疏》卷二二，北京：中華書局 1960 年影印版，第 786 頁。《十三經注疏》整理委員會整理、李學勤主編：《周禮注疏》卷二二，第 668 頁。

④ （清）阮元校刻：《十三經注疏·禮記正義》卷六，第 1279 頁；《十三經注疏》整理委員會整理、李學勤主編：《禮記正義》卷六，第 192 頁。

⑤ （清）阮元校刻：《十三經注疏·春秋公羊傳注疏》卷二六，第 2343 頁；《十三經注疏》整理委員會整理、李學勤主編：《春秋公羊傳注疏》卷二六，北京：北京大學出版社 1999 年版，第 588 頁。

⑥ 《釋名·釋喪制》："戰死曰'兵'，言死為兵所傷也。"（任繼昉纂：《釋名匯校》卷八，第 466 頁）這裏所言"兵"死，僅僅限於戰死者。其後，"兵死"泛指起因一切金屬器物的意外傷害。如東晉干寶撰《搜神記》"陳仲舉"條所言宿命"兵死"的少年黃奴就是為梁上鑿擊腦而死，如謂："陳仲舉微時，常宿黃申家。申婦方產，有扣申門者，家人咸不知。久久，方聞屋裏有言：'賓堂下有人，不可進。'扣門者相告曰：'今當從後門往。'其人便往。有頃，還。留者問之：'是何等？名為何？當與幾歲？'往者曰：'男也，名為'奴'，當與十五歲。''後應以何死？'答曰：'應以兵死。'仲舉告其家曰：'吾能相。此兒當以兵死。'父母驚之，寸刃不使得執也。至年十五，有置鑿於梁上者，其末出，奴以為木也，自下鈎之，鑿從梁落，陷腦而死。"（晉·干寶撰：《搜神記》卷十九，汪紹楹校注，北京：中華書局 1979 年版，第 235—236 頁）

國時禮制，兵死者不能葬入家族墓地和公共墓地。《春秋左傳·襄公二十九年》："二月，癸卯，齊人葬莊公於北郭。" 晉人杜預注曰："兵死不入兆域，故葬北郭。" 唐代孔穎達《正義》曰："凡死於兵者，不入兆域。"① 有學者提出丹自刺死亡後葬於垣雍南門外的趙氏族墓。② 我們認為這是毫無根據的憑空想象，有悖禮制和葬俗。簡文中丹的葬地（無論是初次葬，抑或二次葬）絕不可能是其家族墓地或公共墓地。"兵死" 者——丹被孤零零地安葬在公共（家族）墓地之外的荒郊，死後也無法回歸到家族中、與同族 "家先"③ 相處，這就意味著無人祭祀，得不到 "飲食"、香火，境況淒涼。《左傳·昭公七年》記鄭子產云："鬼有所歸，乃不為厲。"④ 簡文中丹既然是死無所歸，有一番不尋常 "舉動" 也在情理之中，這就為引出下面的故事情節做好了鋪墊。

有鑑於此，我們認為："垣雍" 是城名，而非里名；"南門" 指的是城門，而非里門；"南門以外" 其實就是指城外南郊的荒野之地。結合上文，我們可以還原出一幕場景：丹在垣雍城內某里中以矢傷人，他誤認為傷者已死，自覺難逃嚴懲而自刺身亡，當地官員依律將其在垣雍鬧市中陳屍示眾三日，之後被安葬於垣雍城南門外的荒郊野地。

可以說，放簡《志怪故事》行文至此，均屬於邏輯合理的客觀描述，或本於真實原型的公文敘述。而接下來的復生內容則充斥荒誕、虛構及想象，籠罩著十分濃郁的神秘主義和志怪色彩。

10. 三年，丹而復生。舊版發掘簡報僅釋出 "三年" 二字，其後大段

---

① （清）阮元校刻：《十三經注疏·春秋左傳正義》卷三九，第 2005 頁；《十三經注疏》整理委員會整理、李學勤主編：《春秋左傳正義》卷三九，第 1089 頁。如《左傳·襄公二十五年》記齊莊公被崔杼弒殺，"葬諸士孫之里"。（楊伯峻編著：《春秋左傳注》，北京：中華書局1990 年版，第 1100 頁）《左傳·昭公元年》記楚公子圍弒父楚王麇，"葬王於郟，謂之 '郟敖'。"（楊伯峻編著：《春秋左傳注》，第 1223 頁）《左傳·昭公十三年》記楚王子干被殺，葬於訾，稱 "訾敖"。（楊伯峻編著：《春秋左傳注》，第 1348 頁）

② 李零提出："'趙氏'，蓋趙氏之族墓，疑丹出趙氏，丹之初葬地，上 '垣雍南門外' 的葬地，即在其範圍內。"〔李零：《秦簡的定名與分類·附錄：放馬灘秦簡〈志怪故事〉（今移簡6 於簡 7 後）》，武漢大學簡帛研究中心主辦：《簡帛》第六輯，第 9 頁〕

③ 有關中國古人的 "家先" 觀念，詳見姜守誠《中國古代的 "家先" 觀念》，《學術界》2011 年第 4 期，第 138—145 頁。

④ 《十三經注疏》整理委員會整理、李學勤主編：《春秋左傳正義》卷四四，第 1247 頁；楊伯峻編著：《春秋左傳注》，第 1292 頁。

內容缺釋。① 何雙全釋為"三年，丹而復生"。② 查驗圖版，字跡清晰可辨，釋文無誤。不過，有關學者對上述簡文的字義理解則出現了分歧。

首先，簡文"三年"的含義。舊版發掘簡報及何雙全認為"三年"是帝王紀年，即指秦始皇之父莊襄王的三年。③ 李學勤譯文為"過三年，丹得到復活"，④ 顯然是將簡文"三年"理解為丹自刺死亡後、又過了三年，即秦昭王十年。章珊也對何雙全提出質疑，並提出較為籠統的看法："莊襄王三年，確有北出趙地之舉。但《墓主記》的'三年'北出趙地，是指丹於七年死後的第三年復生所為，即當指戰國秦某某王十年伐趙之事，而不是實指某王的三年。"⑤ 張修桂沿著李、章二氏的思路又進行了深入論述，分析指出了若將"三年"定為秦莊襄王紀年必將導致前文"七年"無法落實的困窘——"《墓主記》'三年，丹而復生……北出趙氏'，並非實指某帝王的三年，更不是指莊襄王三年的伐趙事件。因為如果定此'三年'為莊襄王的三年，那麼《墓主記》中丹矢傷人後自刺的'七年'又是那一帝王的紀年呢？我們可以肯定它必然無所指。因為在莊襄王之前，有'七年'紀年的帝王，在時間距離上最近的也只有53年前的秦昭襄王有七年紀年，但這個紀年在時間順序上是很難能夠成立的。可以這樣假定，如果墓主丹傷人自刺發生的時間是在昭襄王七年，年齡約在30歲左右，而至莊襄王三年伐趙，墓主丹已是80餘歲的耄耋之年，他怎能再參與伐趙之戰！至於昭襄王以前有七年紀年的帝王，距莊襄王三年也就更遠，當然更是不可能的了。而如果把'七年'所發生的傷人事件，斷在秦始皇的七年，勢必在時間順序上產生不應有的顛倒，變成是墓主丹未死而先有復生之事。"⑥ 雍際春則將篇首"八年"判定為秦惠文王後元

---

　　① 甘肅省文物考古研究所、天水市北道區文化館：《甘肅天水放馬灘戰國秦漢墓群的發掘》，《文物》1989年第2期，第10頁。

　　② 何雙全：《天水放馬灘秦簡綜述》，《文物》1989年第2期，第28頁。

　　③ 甘肅省文物考古研究所、天水市北道區文化館：《甘肅天水放馬灘戰國秦漢墓群的發掘》，《文物》1989年第2期，第11頁；何雙全：《天水放馬灘秦簡綜述》，《文物》1989年第2期，第29頁。

　　④ 李學勤：《放馬灘簡中的志怪故事》，《文物》1990年第4期，第44頁。

　　⑤ 章珊：《放馬灘出土地圖的年代問題》，中國地理學會歷史地理專業委員會《歷史地理》編輯委員會編：《歷史地理》第八輯，第58頁。

　　⑥ 張修桂：《天水〈放馬灘地圖〉的繪製年代》，《復旦學報》（社會科學版）1991年第1期，第45頁。

八年，而"三年"則是相對於前一個年份（"七年"）而言，換言之，就是某秦王七年之後的第三年，亦即更元前的秦惠文君十年。① 近來，李零在何氏舊說基礎上略作修正，提出："三年"是指墓主丹於秦王政七年（前240年）傷人自刺初葬後的第三年（前237年）。②

其次，簡文"而"字的含義。李學勤將"而"訓為"得"，譯文為"丹得到復活"③。宋華強不贊同此說，認為："（簡文）下句就有'得復生'，上句'而復生'之'而'恐不當訓'得'。古漢語'而'可以加在主語和謂語之間……這種'而'的用法似與'乃'相當。"④ 孫占宇則認為："此處用作連詞。在主、謂之間以強調主語，含有'竟然'之意。"⑤ 其實，前述三人將"而"字分別訓為"得""乃""竟然"並無本質差別，也無涉整句文意的理解，我們不妨可採納李零保留"而"字不譯的做法，徑直說"丹死而復生"⑥。

11. 丹所以得復生者。何雙全釋為"丹所以得復生者"⑦ 查驗圖版，字跡清晰可辨，釋文無爭議，其含義也比較明確，誠如李學勤翻譯的那樣："丹所以能復活。"⑧ 這句話在整篇簡文中的關鍵之處在於引出下文，即李零所言此句之後"下面的話是解釋丹復生的過程"⑨。

12. 吾犀武舍人。何雙全原釋為"吾屋圭舍，卜"，⑩ 後經李學勤改

---

① 雍際春：《天水放馬灘木板地圖研究》，第39—40頁。

② 李零：《秦簡的定名與分類·附錄：放馬灘秦簡〈志怪故事〉（今移簡6於簡7後）》，武漢大學簡帛研究中心主辦：《簡帛》第六輯，第9頁。

③ 李學勤：《放馬灘簡中的志怪故事》，《文物》1990年第4期，第44頁。

④ 宋華強：《放馬灘秦簡〈邸丞謁御史書〉釋讀札記》，中國文化遺產研究院編：《出土文獻研究》第十輯，第139頁。

⑤ 孫占宇：《放馬灘秦簡〈丹〉篇校注》，載《首屆中國歷史學博士後論壇（2012）論文集》，第40頁。

⑥ 李零：《秦簡的定名與分類·附錄：放馬灘秦簡〈志怪故事〉（今移簡6於簡7後）》，武漢大學簡帛研究中心主辦：《簡帛》第六輯，第9頁。

⑦ 何雙全：《天水放馬灘秦簡綜述》，《文物》1989年第2期，第29頁。

⑧ 李學勤：《放馬灘簡中的志怪故事》，《文物》1990年第4期，第44頁。雍際春亦譯為："丹之所以能夠復活"。（雍際春：《天水放馬灘木板地圖研究》，第31頁）

⑨ 李零：《秦簡的定名與分類·附錄：放馬灘秦簡〈志怪故事〉（今移簡6於簡7後）》，武漢大學簡帛研究中心主辦：《簡帛》第六輯，第9頁。

⑩ 何雙全：《天水放馬灘秦簡綜述》，《文物》1989年第2期，第28頁。何雙全後來改從李學勤說法。（何雙全：《簡牘》"三、天水秦簡"，第41頁）

訂為"吾犀武舍人"① 為學界廣泛接受（《天水放馬灘秦簡》亦從之）。李學勤進而指出"犀武"是歷史上的真實人物，"'犀武'，人名，魏將，見《戰國策·西周策》和《魏策》"②，"犀武是魏將，四見於《西周策》，一見於《魏策》，所記都是伊闕之戰這件事。……此戰始於秦昭王十三年，至次年告終。犀武之死應在昭王十四年，這與放馬灘簡文昭王七年時丹為犀武舍人，十年犀武論其舍人等情節，都能適合。"③ 李學勤又推論說：丹是犀武的舍人④，"丹本為魏國大梁人，是魏將犀武的舍人"⑤。上述說法，得到不少學者的認可。譬如，孫占宇援引虎溪山漢簡、水泉子漢簡中所見的真實歷史事件為例，指出"日書中多見以歷史人物的事跡自神其說的情形"⑥。秦漢簡牘《日書》中雖有真實的歷史人物及事件，但與本文《志怪故事》分屬不同的體裁和性質，故孫氏所據不足為憑。

雍際春也將此人名鎖定為真實的歷史人物，但不採納李氏"犀武"說而改訂為"犀首"（公孫衍），"何、李二先生對第二字判讀均有誤，該字非'圭'亦非'武'，而是'首'字。犀首乃戰國後期著名策謀之士，又名公孫衍，魏國陰晉人，曾來往於秦、魏二國"⑦。雍氏詳細介紹了犀首的生平事跡，並同樣認為"丹"是"犀首"的舍人，進而分析二人共同演繹了這件死而復生離奇故事。⑧ 不過遺憾的是，前述論斷大多基於虛構假設和憑空想象，其論證過程中文學色彩過濃，以至於降低了學術研究的嚴謹性。

李零雖然也認同"犀武"是人名，"舍人"是官職名，但不認為本簡中的"犀武"就是那個死於秦昭王十四年的魏將犀武，而僅是呈文者"邦丞"屬下的一名舍人（與魏將犀武純屬重名而已）——"指邦丞屬下一個叫犀武的舍人。'犀武'是人名，'舍人'是縣吏的

① 李學勤：《放馬灘簡中的志怪故事》，《文物》1990年第4期，第43頁。
② 李學勤：《放馬灘簡中的志怪故事》，《文物》1990年第4期，第44頁。
③ 李學勤：《放馬灘簡中的志怪故事》，《文物》1990年第4期，第45—46頁。
④ 對於"舍人"稱謂，李學勤援引《漢書·高帝紀》注曰："親近左右之通稱也，後遂以為私屬官號。"（李學勤：《放馬灘簡中的志怪故事》，《文物》1990年第4期，第44頁）
⑤ 李學勤：《放馬灘簡中的志怪故事》，《文物》1990年第4期，第45頁。
⑥ 孫占宇：《放馬灘秦簡〈丹〉篇校注》，載《首屆中國歷史學博士後論壇（2012）論文集》，第40頁。
⑦ 雍際春：《天水放馬灘木板地圖研究》，第28—29頁。
⑧ 雍際春：《天水放馬灘木板地圖研究》，第32—37頁。

泛稱"。① 顯然，他是將簡文"吾"字理解為第一人稱代詞（即呈報公文者"邦丞"的自稱），這就導致自相矛盾。前述李零的觀點是將全篇簡文劃分為兩個獨立的部分：第一部分初次葬，從"八年八月己巳"至"葬之垣雍南門外"訖，係為公文書的呈報內容；餘下的第二部分係遷葬內容，不屬於公文書範疇。若按此邏輯，第二部分中的人名"犀武"就不應該與公文呈報者"邦丞"有任何關聯，更不應以"吾"字引出下文。對於"吾"字，李學勤視之為丹的自稱，② 宋華強則懷疑"'吾'當讀為'語'，簡文是說丹所以得復生者，是因為其鬼魂告訴了犀武的舍人，所以才有下文犀武呼其舍人告司命史，並令民掘出丹之事"③。結合上下文意，宋氏將"吾"訓為"語"是可取的，且古漢語中"吾"與"語"二字可通假互借，如長沙馬王堆漢墓帛書《五十二病方》"㿗"條（第 204行）："神女倚序聽神吾"④。其中，"吾"就是"語"字的省借。⑤

13. 犀武論其舍人尚命者。何雙全原釋為"屋吉。論其舍，卜，尚命者"⑥，李學勤訂正為"犀武論其舍人□命者"⑦，雍際春釋為"犀吉，論其舍人尚命者"⑧，何雙全後來改從李氏說法又補釋為"犀武論其舍人尚

① 李零：《秦簡的定名與分類·附錄：放馬灘秦簡〈志怪故事〉（今移簡 6 於簡 7 後）》，武漢大學簡帛研究中心主辦：《簡帛》第六輯，第 9 頁。

② 李學勤：《放馬灘簡中的志怪故事》，《文物》1990 年第 4 期，第 43—44 頁。不過，宋華強指出李學勤、雍際春二人對"吾"字詮釋上的偏差，"李學勤先生對'吾'字未加破讀，但是既然他把簡文理解為是丹自述，大概是把'吾'字看作是丹的自稱。按，若是丹自述，不好解釋何以簡文多處稱'丹'，而僅此一處稱'吾'。……雍際春先生以李先生的解釋為據，卻把上述簡文譯為'丹之所以能夠復活，是因為他曾是犀首的舍人'，譯文中的'他'字和把簡文看做是丹自述實際是矛盾的。"（宋華強：《放馬灘秦簡〈邸丞謁御史書〉釋讀札記》，中國文化遺產研究院編：《出土文獻研究》第十輯，第 139 頁）

③ 宋華強：《放馬灘秦簡〈邸丞謁御史書〉釋讀札記》，中國文化遺產研究院編：《出土文獻研究》第十輯，第 139 頁。

④ 馬王堆漢墓帛書整理小組：《馬王堆漢墓帛書［肆］》，北京：文物出版社 1985 年版，圖版第 24 頁，釋文第 50 頁。

⑤ 馮其庸、鄧安生纂著：《通假字彙釋》，北京：北京大學出版社 2006 年版，第 209 頁。

⑥ 何雙全：《天水放馬灘秦簡綜述》，《文物》1989 年第 2 期，第 28 頁。

⑦ 李學勤：《放馬灘簡中的志怪故事》，《文物》1990 年第 4 期，第 43 頁。

⑧ 雍際春：《天水放馬灘木板地圖研究》，第 29 頁。雍際春認為"吉"是"古代祭祀鬼神的禮儀，為'五禮'（吉、凶、賓、軍、嘉）之一"，並將此句譯為："犀首曾經向鬼神行吉禮，認為他的舍人丹罪不當死"云云。（雍際春：《天水放馬灘木板地圖研究》，第 30 頁、第 31 頁）細審圖版，"吉"顯係"武"字之誤釋。而且，雍氏關於犀首行吉禮的一番解釋也是毫無根據的牽強附會。

命者"① 並為《天水放馬灘秦簡》承襲。這段簡文中引起學人爭論的主要是兩個字："論""尚"。

簡文"論"字，李學勤援引《說文解字·言部》"論，議也"的說法，認為"在此為議其功罪之意"②。李零也認為是"論罪"之義。③ 宋華強則提出不同看法，"懷疑'論'字是誤釋或簡文誤書，可能本是'龠'或'籥'字，讀作'籲'，即呼令之意"④。宋氏此說有過度發揮之嫌。我們認為"論"即為本字，其意當如《說文》所訓，落實到本簡就是衡量斟酌、論罪處罰之含義。孫占宇認為"論"字下或脫一"與"字。⑤ 此言不確，"論"字後若增補一"與"字或它字，反倒造成文意不暢。

簡文"尚"字，李學勤缺釋，查驗圖版確殘泐不清。何雙全始終釋為"尚"字，並為《天水放馬灘秦簡》所沿襲。陳侃理認為據圖版可辨此字上半部爲"竹"頭，故釋為"管"字（意為主也、典也），⑥ 似不可取。我們暫採何說，但以"尚"來表示。對於"尚"字含義，方勇認為龍崗木牘"令自尚"中的"尚"、張家山漢簡《奏讞書》"令自常"中的"常"，與放簡此句"尚"字的語義相同，均可訓為"主"。⑦ 這種說法恐不確切，"令自尚"是秦漢時人的法律用語，屢見於秦漢出土文獻，如張家山漢簡《二年律令》"具律"條："……女子庶人，毋算（算）事其身，令自尚。"⑧ 整理小組注釋曰："尚，《廣雅·釋詁三》：'主也'。參看雲夢龍崗木牘。"⑨ 此說顯係方勇所本。但據研究表明，張家山漢簡

---

① 何雙全：《簡牘》"三、天水秦簡"，第 41 頁。

② 李學勤：《放馬灘簡中的志怪故事》，《文物》1990 年第 4 期，第 44 頁。

③ 李零：《秦簡的定名與分類·附錄：放馬灘秦簡〈志怪故事〉（今移簡 6 於簡 7 後）》，武漢大學簡帛研究中心主辦：《簡帛》第六輯，第 9 頁。

④ 宋華強：《放馬灘秦簡〈邸丞謁御史書〉釋讀札記》，中國文化遺產研究院編：《出土文獻研究》第十輯，第 140 頁。

⑤ 孫占宇：《放馬灘秦簡〈丹〉篇校注》，載《首屆中國歷史學博士後論壇（2012）論文集》，第 40 頁。

⑥ 陳侃理：《放馬灘秦簡〈丹〉篇札記》，簡帛網（www.bsm.org.cn），2012 年 9 月 25 日。

⑦ 方勇：《讀放馬灘秦簡〈志怪故事〉札記（一）》，復旦大學出土文獻與古文字研究中心網站（www.gwz.fudan.edu.cn），2009 年 11 月 6 日。

⑧ 張家山二四七號漢墓竹簡整理小組編著：《張家山漢墓竹簡［二四七號墓］：釋文修訂本》，北京：文物出版社 2006 年版，第 25 頁。

⑨ 張家山二四七號漢墓竹簡整理小組編著：《張家山漢墓竹簡［二四七號墓］：釋文修訂本》，第 26 頁。

"令自尚" 乃係指自奉、自養, "尚" 當取 "奉" "奉事" "奉養" 之義,
是封建國家對錯判、誤判等受害人的補償措施,① 與放簡 "論其舍人尚命
者" 中的 "尚" 字並非同一語境, 語義也不同。李零詮釋說 "'尚命',
讀掌命",② 即將 "尚" 訓為 "掌"。宋華強也認為: "'尚' 疑當讀為
'掌', '掌' 從 '尚' 聲, 音近可通。戰國齊官璽 '尚路' 當讀為 '掌
路', 三晉官璽 '左庫尚歲' 當讀為 '左庫掌歲', 是其例。"③ 孫占宇推
崇宋說, 進而將釋文直接釐定為 "論其舍人尚 (掌) 命者"。④ 我們認
為, 本簡 "尚" 字就含義而言雖可通 "掌" (具有主持、掌管之含義),
但此字古樸, 是戰國及秦代官職的習用語 (秦置六尚: 尚衣、尚冠、尚
食、尚沐、尚席、尚書),⑤ 故釋文應保留本字而不可徑代以 "掌"。

　　簡文 "命" 字, 前人多理解為壽命、生命, 如前引宋華強談道:
"'舍人掌命者' 大概是犀武手下負責卜算人命的舍人, 由於丹告訴犀武
某舍人自己將復生, 於是舍人掌命者算知丹命不當亡, 犀武才會命此舍人
掌命者告司命史公孫強。這樣理解的話, 丹得以復活的理由可能就不是
'罪不應死' 了。古代傳說中復生的理由常常是陽壽未終……丹得以復生
的原因可能也是陽壽未盡。"⑥ 孫占宇承襲宋說, 亦認為 "舍人掌命者,
當為犀武門下一個精通卜算人命并可與司命史溝通的術士"。⑦ 宋氏關於
丹復生原因的解釋太過牽強, 完全基於個人的憑空想象。後世志怪小說中
雖有陽壽未盡而獲復生之例, 但就放簡《志怪故事》而言, 通篇並未出
現 "陽壽未盡" 之類語辭及背景鋪墊, 若強行植入此觀念、藉此注解丹

---

① 戴世君:《張家山漢簡〈二年律令〉研讀六則》,《杭州師範大學學報》(社會科學版)
2010 年第 2 期, 第 98—99 頁。

② 李零:《秦簡的定名與分類·附錄: 放馬灘秦簡〈志怪故事〉(今移簡 6 於簡 7 後)》,
武漢大學簡帛研究中心主辦:《簡帛》第六輯, 第 9 頁。

③ 宋華強:《放馬灘秦簡〈邸丞謁御史書〉釋讀札記》, 中國文化遺產研究院編:《出土文
獻研究》第十輯, 第 140—141 頁。

④ 孫占宇:《放馬灘秦簡〈丹〉篇校注》, 載《首屆中國歷史學博士後論壇 (2012) 論文
集》, 第 36 頁、第 40 頁。

⑤ 《韓非子·內儲說下》: "宰人頓首服死罪, 曰: '竊欲去尚宰人也。'" (清·王先慎撰:
《韓非子集解》卷十, 鍾哲點校, 第 253 頁)

⑥ 宋華強:《放馬灘秦簡〈邸丞謁御史書〉釋讀札記》, 中國文化遺產研究院編:《出土文
獻研究》第十輯, 第 141 頁。

⑦ 孫占宇:《放馬灘秦簡〈丹〉篇校注》, 載《首屆中國歷史學博士後論壇 (2012) 論文
集》, 第 40 頁。

的復生，不僅甚顯突兀，而且會造成上下文意的割裂。

對"命"字之所指，我們認為或許是罪行、罪名。張家山漢簡《二年律令》"具律"條："有罪當完城旦舂、鬼薪白粲以上而亡，以其罪命之；耐隸臣妾罪以下，論令出會之。其以亡為罪，當完城旦舂、鬼薪白粲以上不得者，亦以其罪論命之。"① 整理小組注釋曰："命，確認罪名。《漢書·刑法志》'已論命復有笞罪者，皆棄市'注引晉灼曰：'命者名也，成其罪也。'"② 放簡此句"犀武論其舍人 尚 命者"可省成"論……命"句型，與前引"論命"頗為相似，故本簡"命"字或指斟酌案情而後確定刑罰之義，似乎有些終審裁決的味道。

據傳世文獻及出土資料證實，秦漢時期已建立起一套較為完善的刑事司法體系及定罪量刑程序，在其中包括縣（縣令、縣尉）、郡（郡守）、中央（廷尉、皇帝）的三級復審（"覆獄"）及對罪名已定的疑難或重大案件實施"集議"等制度。③ 從放簡"吾（語）犀武舍人，犀武論其舍人 尚 命者"來看，充分體現了復審、集議的司法程序。前句"吾（語）犀武舍人"意思是說：有人將此案情報告了犀武舍人，後句"犀武論其舍人 尚 命者"就是說：犀武召來執掌刑律者，共同對這起命案重作審議和量刑。前句簡文是司法"復審"程序，而報告案情的人應該是丹的親友或是案發地的執法官吏，他們或從私人情感出發請求公正裁決（即"乞鞫"，通常限判決後三個月內），或地方基層組織依據審判程序將刑獄疑案移送上級部門呈請評議、決斷（即"奏讞""獄疑讞"），④ 或上級行

① 張家山二四七號漢墓竹簡整理小組編著：《張家山漢墓竹簡［二四七號墓］：釋文修訂本》，第25頁。

② 張家山二四七號漢墓竹簡整理小組編著：《張家山漢墓竹簡［二四七號墓］：釋文修訂本》，第25—26頁。

③ 關於戰國及秦代的司法審判程序，文獻記載十分少見。漢因秦制，漢代的行政、司法體系大抵是承襲秦代，依據西漢初期的傳世文獻及出土資料或許可以窺見秦代的情況。相關研究，詳見陳光中、沈國峰《中國古代司法制度》，北京：群眾出版社1984年版，第146—193頁；高恒：《秦漢簡牘中法制文書輯考》，第408—468頁；張建國：《漢簡〈奏讞書〉和秦漢刑事訴訟程序初探》，《中外法學》1997年第2期，第48—57頁；劉太祥：《秦漢政治文明建設》，《南都學壇》（人文社會科學學報）2005年第5期，第1—8頁；湛玉書：《張家山漢簡〈奏讞書〉中的司法程序詞語研究》，《河南社會科學》2006年第6期，第51—53頁轉第119頁；歐揚：《論張家山漢簡〈奏讞書〉定罪量刑程序》，《法制博覽》2012年第1期，第1—2頁轉第5頁。

④ 秦漢時郡守級官員擁有對一般案件的死刑執行權而無須奏請朝廷核准。

政長官發現錯判案件而提出重審（"覆獄"）。後句簡文則是司法"集議"
量刑程序，在這起刑事案件中，丹由當地縣級官吏初步核定了罪名，上級
行政長官或中央司法機關主管（犀武）召集諸多屬吏共議其罪，就已知
的案情討論如何定罪量刑（罪行的性質、輕重），對當地縣級部門的初審
結果做出了批駁（撤銷原裁決），並給予新的定論（"以丹未當死"）。

14. 以丹未當死。這句釋文自何雙全釐定以來，① 素無爭議，其含義
也是明確的，誠如李學勤所譯"認為丹罪不應死"②。簡文"未當"二字
的含義，孫占宇援引《史記·秦始皇本紀》《漢書·天文志》中所見文
例，詮釋為"不應當"，③ 可從。

對於丹罪不當死的原因及犀武重審後的處理意見，有些學者明顯犯了
過度解釋和任意發揮的錯誤。譬如，李零認為："丹之傷人屬誤傷，罪不
當死，但自殺後，却遭棄市，判罰過重，有點冤枉。冤死鬼，古人叫殤。
古人害怕這種鬼會從墳墓裏爬出來作祟，所以有各種解除方法。下文所述
遷墓，就是解除之一術。"④ 這段解說辭中存在兩個問題：其一，原簡文
中並無涉及"誤傷"的任何文字，李氏此說顯係過度解釋、虛構了情節；
其二，關於"殤"鬼作祟及遷墓解除之說，有些扯遠了，與本簡所述復
生故事恐無關聯。不過，李氏對於丹罪不當死、判罰過重的認定，還是符
合情理的。又如，方勇認為："簡文是說犀武重新審判丹的案件時，覺得
應該給予丹自由。但是丹已經死亡，犀武認為丹不該死，於是就有了"
掘丹出墓之事。⑤ 這裏談到"應該給予丹自由"亦係憑空想象，據文意來
看，說丹罪不及死是正確的，但並非無罪（"給予自由"）。

有趣的是，美國學者夏德安（Donald Harper）則認為"犀武
論……丹未當死"的含義是說："犀武準備了一件寫好的論丹不當死的文
書，在丹下葬時將文書放到了墓中，這樣，丹帶著這件文書到了地府，提

---

① 何雙全：《天水放馬灘秦簡綜述》，《文物》1989 年第 2 期，第 28 頁。

② 李學勤：《放馬灘簡中的志怪故事》，《文物》1990 年第 4 期，第 44 頁。

③ 孫占宇：《放馬灘秦簡〈丹〉篇校注》，載《首屆中國歷史學博士後論壇（2012）論文
集》，第 40 頁。

④ 李零：《秦簡的定名與分類·附錄：放馬灘秦簡〈志怪故事〉（今移簡 6 於簡 7 後）》，
武漢大學簡帛研究中心主辦：《簡帛》第六輯，第 9 頁。

⑤ 方勇：《讀放馬灘秦簡〈志怪故事〉札記（一）》，復旦大學出土文獻與古文字研究中心
網站（www. gwz. fudan. edu. cn），2009 年 11 月 6 日。

出了復生的申請和訴訟。三年後，丹得以復活。"① 這種說法完全建立在想象的基礎上，嚴重脫離了文本依據，未能忠實於原文，我們暫不採納，但也不否認這確是一種新穎的詮釋視角，對於理解漢代墓葬中頻見的告地策文書是有幫助的。然而，放簡《志怪故事》不應屬於此類文書範疇。②

15. 因告司命史公孫強。此句釋文，舊版發掘簡報及何雙全均缺釋。李學勤據圖版首次補釋出來。③ 簡文 "告" 字，前引李學勤譯文中訓作 "禱告"，孫占宇援引《書·金縢》孔傳、《儀禮·鄉飲酒禮》鄭玄注也認為是指禱告、請求。④ 前引李零譯文則曰 "告給"。結合我們對公孫強身份的推定，及其與犀武之關係，我們認為將 "告" 字譯為 "告知""告訴"⑤ 較為中性、合理，且符合秦漢簡牘文書中 "告" 字的用法。⑥

16. 因令白狗穴屈出丹。此句釋文，舊版發掘簡報及何雙全均缺釋。李學勤據圖版補釋為："因令白狗（？）穴屈出丹"，⑦ 並解釋說："'白狗'，'狗' 字右旁不清，詞見《儀禮·既夕禮》"，進而譯為："公孫強就叫白狗把丹從地下掏掘出來"。⑧ 這句釋文中引發爭論的是 "白狗" 二字，此係李學勤最先釋出（"狗" 字存疑），後為諸家所從（亦為《天水放馬灘秦簡》採納）。

方勇則改釋 "白狐"，如言："所謂 "狗" 字，其形為，李學勤先

---

① ［美］夏德安：《戰國民間宗教中的復活問題》，陳松長、熊建國譯，中國社會科學院簡帛研究中心編：《簡帛研究譯叢》第一輯，長沙：湖南出版社 1996 年版，第 32 頁。

② 夏德安認為放簡《志怪故事》與漢代告地策有密切關係，李零也建議結合告地策對北大秦牘《泰原有死者》及放簡《志怪故事》進行深入探討。（詳見［美］夏德安：《戰國民間宗教中的復活問題》，陳松長、熊建國譯，中國社會科學院簡帛研究中心編：《簡帛研究譯叢》第一輯，第 29—32 頁；李零：《北大秦牘〈泰原有死者〉簡介》，《文物》2012 年第 6 期，第 84 頁）而我們認為，從文體與性質上看，放簡《志怪故事》及北大秦牘《泰原有死者》與漢代告地策屬於不同類型。

③ 李學勤：《放馬灘簡中的志怪故事》，《文物》1990 年第 4 期，第 43 頁。

④ 孫占宇：《放馬灘秦簡〈丹〉篇校注》，載《首屆中國歷史學博士後論壇（2012）論文集》，第 40 頁。

⑤ 《廣雅·釋詁一》："告，語也。"（清·王念孫：《廣雅疏證》卷一下，北京：中華書局 1983 年版，第 32 頁）

⑥ "告" 字，在秦漢簡牘文書中既可上級對下屬，也可用於平級、平輩之間。根據文意分析，我們認為公孫強並非犀武的屬吏或舍人，而或許僅為後者所信奉或供養，故二人交流時用 "告" 字是合理的。

⑦ 李學勤：《放馬灘簡中的志怪故事》，《文物》1990 年第 4 期，第 43 頁。

⑧ 李學勤：《放馬灘簡中的志怪故事》，《文物》1990 年第 4 期，第 44 頁。

生和放馬灘簡整理者都認為是‘狗’字，我們懷疑其為‘狐’字，其字形右側的‘瓜’形和睡虎地秦簡《日書》乙六五簡的‘瓜’字的 形近。如此，‘白狗’應即‘白狐’。"① 孫占宇承襲此觀點，並補充了幾則新證據："（該字圖版）左部從犬，右部與《六甲孤虛》篇中‘孤’（寫作 ）右部形似，似可釋爲‘狐’。再者，本批材料中表‘狗’義皆用‘犬’字，此處不大可能用‘狗’。"②

宋華強不同意"白狗""白狐"二說，據他分析說："單就事理而言，無論‘白狗’還是‘白狐’，恐怕都不能作‘掘’的主語，因爲‘掘’是人的動作，不能由狗狐做出。"③ 他又比對了本篇第 5 號簡"白"字、第 4 號簡"柏"字的圖版，認為本句中原釋為"白"字的圖版與前述二簡"白"字的筆劃形態明顯不同，疑是"民"字之殘；原釋"狗"或"狐"字的圖版，與睡虎地秦簡"狗"字也不同，"疑是‘𡿪’字，即‘淵’字初文。"故而，他將二字釋為"民𡿪（淵）"，並將"𡿪（淵）"字下讀，"‘淵穴’疑當讀為‘穿穴’，即挖開墓穴"④。陳侃理贊同宋氏"𡿪"字釋文，但疑上字爲"日"，即"日𡿪"，並譯文為"公孫強令丹於晝間自行穿穴掘土而出"⑤。

查驗圖版，我們贊同方勇、孫占宇二氏"白狐"釋文（下文將談及白狐在古代志怪故事中的特殊角色）。李學勤釋文"白狗"中的"狗"字圖版與睡虎地秦簡字形不符，宋華強"民𡿪"、陳侃理"日𡿪"二種釋文意見也都有問題。此外，宋華強認為"掘"應是人的動作，藉此反駁"白狐""白狗"釋文的可能性。我們認為太過武斷，掘地雖為人的動作，但這篇志怪故事中"白狐"（或"白狗"）顯然擬人化了，被賦予人的靈性，因而不能以簡單的某種動物（狐或狗）來看待，它們是能夠出入冥界地府、肩負特殊使命的靈獸。至於陳侃理對"日𡿪"二字含義的引申和

---

① 方勇：《讀放馬灘秦簡〈志怪故事〉札記（一）》，復旦大學出土文獻與古文字研究中心網站（www.gwz.fudan.edu.cn），2009 年 11 月 6 日。

② 孫占宇：《放馬灘秦簡〈丹〉篇校注》，載《首屆中國歷史學博士後論壇（2012）論文集》，第 41 頁。

③ 宋華強：《放馬灘秦簡〈邸丞謁御史書〉釋讀札記》，中國文化遺產研究院編：《出土文獻研究》第十輯，第 141 頁。

④ 宋華強：《放馬灘秦簡〈邸丞謁御史書〉釋讀札記》，中國文化遺產研究院編：《出土文獻研究》第十輯，第 141 頁。

⑤ 陳侃理：《放馬灘秦簡〈丹〉篇札記》，簡帛網（www.bsm.org.cn），2012 年 9 月 25 日。

發揮，更是憑空杜撰，不足為據。

簡文"屈"字，李學勤訓曰："讀為'掘'"。① 孫占宇採納了這一看法，並破讀為"穴屈（掘）出"（即將"丹"字下讀），並解說文意是"通過打洞的辦法（將丹的屍身從墓中）挖出來"②。我們認為孫氏譯文比較符合原意，但不贊同他將"屈"逕直讀作"掘"。"屈"字應讀作"窟"，通"掘"，意為"挖"。③ 簡文"穴屈"即為"穴窟"，亦即"窟穴"，即挖洞，打通一條從壙室到地面的孔道。

17. 立墓上三日。此句簡文由李學勤最先釋出，並語譯為"在墓上停了三天"。④ 這一說法為諸家所從，幾無爭議。這句話強調了丹的屍體被白狐穿穴從壙室挖出來後，在墓地上又放置了三天。這也是丹得以復活的重要步驟之一。

18. 因與司命史公孫強北出趙氏之北地相丘之上。這句簡文從釋文到句讀都頗有爭議，現將諸家觀點陳述如下。何雙全最先將此句完整釋出（此前，任步雲、舊版發掘簡報僅釋出部分文字⑤），其釋文及句讀為："與司命史公孫強北出趙氏之北。邦相立之上盈四年"云云。⑥ 李學勤改訂釋文並重新句讀為："因與司命史公孫強北出趙氏，之北地柏丘之上。"⑦ 這一意見隨即為諸家採納（如何雙全、雍際春等⑧）。不過，方勇指出原釋文"北出趙氏"中的"出"字明顯應是"之"字誤釋，⑨ 李零、

_____

① 李學勤：《放馬灘簡中的志怪故事》，《文物》1990 年第 4 期，第 44 頁。

② 孫占宇：《放馬灘秦簡〈丹〉篇校注》，載《首屆中國歷史學博士後論壇（2012）論文集》，第 41 頁。

③ 馮其庸、鄧安生纂著：《通假字彙釋》，第 694 頁。

④ 李學勤：《放馬灘簡中的志怪故事》，《文物》1990 年第 4 期，第 44 頁。李零的譯文較李學勤更為準確："立丹尸於墓上，長達三天。"〔李零：《秦簡的定名與分類·附錄：放馬灘簡〈志怪故事〉（今移簡 6 於簡 7 後）》，第 9 頁〕

⑤ 任步雲：《放馬灘出土竹簡日書芻議》，《西北史地》1989 年第 3 期，第 87 頁；甘肅省文物考古研究所、天水市北道區文化館：《甘肅天水放馬灘戰國秦漢墓群的發掘》，《文物》1989 年第 2 期，第 10 頁。

⑥ 何雙全：《天水放馬灘秦簡綜述》，《文物》1989 年第 2 期，第 28 頁。

⑦ 李學勤：《放馬灘簡中的志怪故事》，《文物》1990 年第 4 期，第 43 頁。

⑧ 何雙全：《簡牘》"三、天水秦簡"，第 41 頁；雍際春：《天水放馬灘木板地圖研究》，第 29 頁。

⑨ 方勇：《讀放馬灘秦簡〈志怪故事〉札記（一）》，復旦大學出土文獻與古文字研究中心網站（www.gwz.fudan.edu.cn），2009 年 11 月 6 日。

孫占宇從之，① 孫氏據此斷句為："因與司命史公孫強北，之趙氏之北地柏丘之上。"② 我們贊同方勇提出的 "北之趙氏" 釋文觀點，原因有二：其一，"之" 字，除了本句 "北□趙氏" 外，本篇《志怪故事》中還出現5次，查驗圖版，本句 "趙氏" 前字（ ）與其他五次 "之" 字形完全相同；其二，"趙氏" 前字圖版，與睡虎地秦簡 "出" 字形（ ）明顯不同，而與秦簡 "之" 字形（ ）契合。③

　　任步雲、何雙全原釋文 "邽相立"，李學勤改訂為 "地柏丘"，《天水放馬灘秦簡》兼容了何、李二人的意見，公佈釋文為 "地相丘"（即保留任、何二氏 "相" 字釋文，採納李氏 "地" "丘" 二字釋文）。今查驗圖版及紅外線圖片，當以李學勤所釋 "地柏丘" 三字為是。④

　　除了前述釋文的辨析與釐定外，這段簡文中有幾個關鍵性語辭的含義必須予以澄清。

　　首先，"趙氏"。舊版發掘簡報及何雙全均認為 "趙氏" 是指秦造父的封地趙城，進而將 "北出趙氏" 定義為秦國攻伐趙國的戰役，藉此推定本篇簡文《墓主記》（《志怪故事》）的成書撰寫年代。譬如，舊版發掘簡報所言："'三年……北出趙氏之北' 中的趙氏，指秦造父的封地趙城。《史記·秦本紀》曰：'繆王以趙城封造父，造父族由此為趙氏。' 始皇三年沒有 '出趙氏' 的記載。查其父莊襄王三年初，'攻趙榆次、新城、狼孟，取三十七城。……'。簡文所曰 '三年' 很可能就指莊襄王三年。"⑤ 又如，何雙全談道："'北出趙氏' 一事，始皇以前屢有舉動，但在 '三年' 前後出兵的，僅有始皇之父莊襄王。"⑥ 不過，上述說法隨後

---

① 李零：《秦簡的定名與分類·附錄：放馬灘秦簡〈志怪故事〉（今移簡6於簡7後）》，武漢大學簡帛研究中心主辦：《簡帛》第六輯，第8頁、第9頁；孫占宇：《放馬灘秦簡〈丹〉篇校注》，載《首屆中國歷史學博士後論壇（2012）論文集》，第37頁、第41頁。

② 孫占宇：《放馬灘秦簡〈丹〉篇校注》，載《首屆中國歷史學博士後論壇（2012）論文集》，第37頁、第41頁。

③ 袁仲一、劉鈺：《秦文字類編》，第104頁、第105頁；漢語大字典字形組編：《秦漢魏晉篆隸字形表》，第402頁。

④ 孫占宇也採納了 "地柏丘" 釋文。（詳見孫占宇《放馬灘秦簡〈丹〉篇校注》，第37頁、第41頁）

⑤ 甘肅省文物考古研究所、天水市北道區文化館：《甘肅天水放馬灘戰國秦漢墓群的發掘》，《文物》1989年第2期，第11頁。

⑥ 何雙全：《天水放馬灘秦簡綜述》，《文物》1989年第2期，第29頁。

被李學勤否定，他認為"北出趙氏"其實是指丹復活後的活動，與秦攻打趙國的歷史事件無關，但他也贊成"趙氏"就是指趙國。①

李零則提出了一種新說法："'趙氏'，蓋趙氏之族墓，疑丹出趙氏，丹之初葬地，上'垣雍南門外'的葬地，即在其範圍內。"② 此說雖令人耳目一新，但太過牽強，臆測成分太濃，並無文獻依據。

前述學者對於"趙氏"界定與解說，其實均局限在現實世界中尋覓對應的國名、地名，此外另有一種詮釋的思路值得重視："北出（之）趙氏"及"北地""柏丘"等語辭或許並非實指，而是隱指幽冥世界的異域空間。譬如，連劭名分析了簡文"柏丘"的象徵含義後，提出："'北出趙氏'實暗指前往陰間。……可見丹的壽數未盡，他的復生是轉化為鬼。"③ 本篇簡文中主人公丹因壽數未盡而復生的說法為宋華強所承襲，④而復生就是化鬼的說法則為李零所發揮。⑤

其次，"北地"。李學勤認為指秦國境內的北地郡，由於他預先將簡文時代判定為秦昭王卅八年，故"北出趙氏"為秦昭王十年（前297年），此時"北地郡尚未設立，地屬戎族，簡文稱'北地'只是追述"⑥。同時，他排除了"北地"係指魏國地名的可能性。⑦ 孫占宇則反駁了李學勤的觀點，認為北地郡（秦穆公三十七年置）的治所位於大梁西向，丹復生後"與司命史公孫強北"不可能到達北地郡。又簡文"之趙氏之北地柏丘之上"明確說到了趙國的北地，故他認為："此'北地'或泛指趙

① 李學勤：《放馬灘簡中的志怪故事》，《文物》1990 年第 4 期，第 45 頁。

② 李零：《秦簡的定名與分類·附錄：放馬灘秦簡〈志怪故事〉（今移簡 6 於簡 7 後）》，武漢大學簡帛研究中心主辦：《簡帛》第六輯，第 9 頁。

③ 連劭名：《雲夢秦簡〈詰〉篇考述》，《考古學報》2002 年第 1 期，第 24 頁。

④ 宋華強：《放馬灘秦簡〈邸丞謁御史書〉釋讀札記》，中國文化遺產研究院編：《出土文獻研究》第十輯，第 141 頁。

⑤ 李零：《秦簡的定名與分類·附錄：放馬灘秦簡〈志怪故事〉（今移簡 6 於簡 7 後）》，武漢大學簡帛研究中心主辦：《簡帛》第六輯，第 9 頁。

⑥ 李學勤：《放馬灘簡中的志怪故事》，《文物》1990 年第 4 期，第 45 頁。

⑦ 據《戰國策·魏策》記載，魏國也有"北地"。李學勤分析說《魏策》中的"北地"實際是"北宅"之誤書（《史記》《竹書紀年》、長沙馬王堆帛書《戰國策》對此均已證實），"說明魏國本來沒有'北地'。況且看放馬灘簡，丹先北出趙境，後到北地，這與所謂在大梁之北的'北地'方位也全然不符。"（李學勤：《放馬灘簡中的志怪故事》，《文物》1990 年第 4 期，第 45 頁）

國北方之地，或爲趙國一名爲‘北地’之所。"① 陳侃理則認爲簡文 "北地" 恐非實指某個地名或行政區劃，而是泛指北方幽冥世界，② 而 "柏丘" 則是指稱死後世界。③ 筆者贊成陳氏看法，並略作補充論述。古人墓地通常擇址於城郭、郡邑、邦國之北，藉此代表通往幽冥之路。譬如《禮記·檀弓下》云："葬於北方，北首，三代之達禮也，之幽之故也。" 漢代鄭玄注曰："北方，國北也。" 唐代孔穎達《正義》曰："言葬於國北及北首者，鬼神尚幽暗，往詣幽冥故也。"④ 又《左傳·哀公二十六年》："（哀公）得夢啟北首而寢於盧門之外。" 杜預注曰："北首，死象。"⑤《文選》卷二九《詩己·雜詩上》收錄五言古詩十九首，其中第十三首云："驅車上東門，遙望郭北墓。白楊何蕭蕭，松栢夾廣路。下有陳死人，杳杳即長暮。" 唐代李善注引應劭《風俗通義》："葬於郭北。北首，求諸幽之道也。"⑥ 概言之，北方、北地在古人眼中就是地府冥界的象徵，並由此形成墳墓建於城邑之北、屍體入葬頭朝北方等喪俗禮制。

19. 盈四年，乃聞犬呺雞鳴而人食。何雙全將 "盈四年" 三字上讀，即 "邦相立之上盈四年，乃聞犬吠雞鳴，而卜會其狀"⑦，任步雲則將 "盈四年" 破讀、分屬上下句，即 "相立之上盈，四年乃聞犬吠、雞而卜

---

①　孫占宇：《放馬灘秦簡〈丹〉篇校注》，載《首屆中國歷史學博士後論壇（2012）論文集》，第 41 頁。晏昌貴亦認爲："趙氏即趙國，北地爲趙國的北部地區，爲區域名，柏丘則爲北地之具體小地名。" 他又根據戰國時有 "柏人"、西漢時有 "柏鄉侯國" 等地名推測柏丘或位於今河北隆堯、柏鄉、臨城之間。（晏昌貴：《放馬灘簡〈邸丞謁御史書〉中的時間與地點》，清華大學出土文獻研究與保護中心編、李學勤主編：《出土文獻》第四輯，第 298 頁）

②　陳侃理談道："死後的幽冥世界常與北方聯繫在一起，《丹》篇此句中的 ‘北地’ 很可能與秦政區北地郡無關，而是指北方幽冥之地。"［陳侃理：《放馬灘秦簡〈丹〉篇札記》，簡帛網（www. bsm. org. cn），2012 年 9 月 25 日］

③　陳侃理：《放馬灘秦簡〈丹〉篇札記》，簡帛網（www. bsm. org. cn），2012 年 9 月 25 日。

④　《十三經注疏》整理委員會整理、李學勤主編：《禮記正義》卷九，第 272 頁。此外，《禮記·檀弓下》還談到人初死時行復禮招魂，"望反諸幽，求諸鬼神之道也。北面，求諸幽之義也"。孔穎達《正義》疏曰："又解復魄之時，冀望魂神於幽處而來，所以望諸幽者，求諸鬼神之道也。言鬼神處在幽暗，故望幽以求之。又解望幽所在，北方是幽暗，復者北面，求鬼神之義。"（《十三經注疏》整理委員會整理、李學勤主編：《禮記正義》卷九，第 264—265 頁）

⑤　《十三經注疏》整理委員會整理、李學勤主編：《春秋左傳正義》卷六十，第 1713 頁。

⑥　（南朝梁）蕭統編：《文選》卷二九，（唐）李善注，上海：上海古籍出版社 1986 年版，第 1348 頁。今存《風俗通義》則云："葬之郭北，北首，求諸幽之道也。"（東漢·應劭撰：《風俗通義校注》佚文，王利器校注，北京：中華書局 1981 年版，第 574 頁）

⑦　何雙全：《天水放馬灘秦簡綜述》，《文物》1989 年第 2 期，第 28 頁。

食"云云①。李學勤始將"盈四年"三字下讀，即"盈四年，乃聞犬狒雞鳴而人食"，② 並譯文為："滿四年以後，才能聽見狗叫雞鳴，吃活人的飯食。"③ 這一看法多為諸家所從。

簡文"盈四年"，依據字面解釋就是滿四年（為期四年以後）的含義。但由於各家對簡文書寫年代及開篇"八年"釋文的判定不同，從而在"盈四年"的時間定位上也就存有差異。前文已述舊版發掘簡報及何雙全均認為簡文"三年"是指秦始皇之父莊襄王三年，那麼"盈四年"勢必就是莊襄王七年。李學勤將篇首"八年"釋讀為"卅八年"，進而研判為秦昭王三十八年，丹於秦昭王十年復活，爾後又過了四年（即秦昭王十四年）才能"人食"。雍際春則將篇首"八年"判定為秦惠文王後元八年，而"盈四年"就是秦惠文王後元元年。④ 李零雖然也將篇首"八年"判定為秦王政八年，但又認為簡文"三年"是秦王政七年（前 240 年）墓主丹自殺初葬後的第三年（前 237 年），而"盈四年"就是接續此前"三年"遷葬後的第二年（即秦王政八年），並且認為放馬灘 1 號墓的下葬當在此年之後。⑤

簡文"犬狒"，任步雲、何雙全原釋為"犬吠"⑥，後改釋"犬狒"⑦，並為《天水放馬灘秦簡》採納，方勇反駁此種看法，認為此字從犬旁，不應釋為"狒"而應是"吠"字。⑧ 李學勤釋為"犬狒"，⑨ 並明言

---

①　任步雲：《放馬灘出土竹簡日書芻議》，《西北史地》1989 年第 3 期，第 87 頁。任氏漏釋"鳴"字。

②　李學勤：《放馬灘簡中的志怪故事》，《文物》1990 年第 4 期，第 43 頁。

③　李學勤：《放馬灘簡中的志怪故事》，《文物》1990 年第 4 期，第 44 頁。

④　雍際春談道："（簡文）四個年份中'七年'、'八年'屬秦王紀年，而'三年'和'四年'則為相對於前一年份的時間，也就說'三年'是指某秦王七年之後的第三年。累計即某秦王十年；'四年'則是指'三年'或某秦王十年之後又過了四年，累計即某秦王十四年。……簡文所記的四個年份，在更元前後各有兩個，即'七年'和'三年'分別就是更元前的秦惠文君七年和十年，'四年'和'八年'則分別為秦惠文王後元元年和八年。"（雍際春：《天水放馬灘木板地圖研究》，第 39—40 頁）

⑤　李零：《秦簡的定名與分類·附錄：放馬灘秦簡〈志怪故事〉（今移簡 6 於簡 7 後）》，武漢大學簡帛研究中心主辦：《簡帛》第六輯，第 9 頁。

⑥　何雙全：《天水放馬灘秦簡綜述》，《文物》1989 年第 2 期，第 29 頁；任步雲：《放馬灘出土竹簡日書芻議》，《西北史地》1989 年第 3 期，第 87 頁。

⑦　何雙全：《簡牘》"三、天水秦簡"，第 41 頁。

⑧　方勇：《讀放馬灘秦簡〈志怪故事〉札記（一）》，復旦大學出土文獻與古文字研究中心網站（www.gwz.fudan.edu.cn），2009 年 11 月 6 日。

⑨　李學勤：《放馬灘簡中的志怪故事》，《文物》1990 年第 4 期，第 43 頁。

"狾"即"吠"字（即"狾"讀作"吠"），[1] 李零、孫占宇承襲此說。[2]
今據圖版分析，此字右部偏旁與本篇"棄之于巿"中"巿"字形類似、
當從"巿"，左部偏旁則不似"犬"字，其字形不僅與本簡"犬"字差
異甚大，也與睡虎地秦簡、馬王堆漢墓帛書"犬"字形（犬、犬）及狗、
狻、狡等秦漢簡帛文字中"犬"字旁不類。[3] 故我們主張暫從舊說而釋爲
"狾"，讀作"吠"。

　　簡文"人食"二字，何雙全原釋爲"卜會"，[4] 任步雲釋爲"卜
食"，[5] 李學勤改訂爲"人食"，並詮釋其意爲"吃生人的飯食"[6]。李說
爲學界廣泛接受。[7] 近來，李零從自己的理解出發（李零主要基於兩個觀
點：丹自刺初次葬後又被改葬，復生是指化鬼），將此句簡文譯爲"指遷
葬後，丹之鬼耳能聽、口能食。此即所謂'復生'"[8]。據此可知，李零是
將"人食"解讀爲丹魂化鬼後口能食的。我們不贊同此說法，簡文"人
食"恐怕並非簡單地用嘴吃飯，其含義應應包含兩種：其一，能吃活人
的飯食（即李學勤說）；其二，像正常人那樣吃飯。就上下文意而言，我
們更傾向於後者（當然也應兼及前一層含義）。此外，李零的上述觀點似
有可商榷之處：據他的理解，簡文所言"復生"就是"指遷葬後，丹的
游魂化生爲鬼"，而翌年"丹之鬼耳能聽、口能食"。這種說法並無文獻
依據，翻檢傳世文獻及出土資料，我們並沒有找到所謂"復生"乃係
"遊魂化鬼"的其他例證，而歷代文獻中所涉"復生"均是指復活——肉
體重新又活了過來（通常是自身魂魄重新入駐肉體，偶有他人借屍還魂

　　① 李學勤：《放馬灘簡中的志怪故事》，《文物》1990 年第 4 期，第 44 頁。
　　② 李零：《秦簡的定名與分類·附錄：放馬灘秦簡〈志怪故事〉（今移簡 6 於簡 7 後）》，
武漢大學簡帛研究中心主辦：《簡帛》第六輯，第 8 頁、第 9—10 頁；孫占宇：《放馬灘秦簡
〈丹〉篇校注》，載《首屆中國歷史學博士後論壇（2012）論文集》，第 37 頁、第 41 頁。
　　③ 漢語大字典字形組編：《秦漢魏晉篆隸字形表》，第 694—695 頁。
　　④ 何雙全：《天水放馬灘秦簡綜述》，《文物》1989 年第 2 期，第 29 頁。
　　⑤ 任步雲：《放馬灘出土竹簡日書芻議》，《西北史地》1989 年第 3 期，第 87 頁。
　　⑥ 李學勤：《放馬灘簡中的志怪故事》，《文物》1990 年第 4 期，第 44 頁。
　　⑦ 雍際春一度改釋"入食"。（雍際春：《天水放馬灘木板地圖研究》，第 29 頁）今查驗圖
版，本處簡文顯係"人"字而非"入"字。秦漢時期簡帛文字中"人"與"入"字形極易混
淆，有關二字構形的辨析詳見黃文傑《秦至漢初簡帛文字研究》第五章《秦至漢初簡帛形近字
辨析·"人""入"辨》，第 133—135 頁。
　　⑧ 李零：《秦簡的定名與分類·附錄：放馬灘秦簡〈志怪故事〉（今移簡 6 於簡 7 後）》，
武漢大學簡帛研究中心主辦：《簡帛》第六輯，第 9 頁。

之說①）。先秦以來對人死亡後的境遇大抵有兩種詮釋：一種是亡魂有所歸或魂飛魄散，這是正常人的死法；另一種是亡魂無所歸而化為"厲"、作祟人間，此係"強死"者的死法。但古人觀念中的"遊魂化鬼"仍屬於死後世界的範疇，生與死、鬼與人，本來就有著涇渭分明的界限，二者絕不能混淆，故不可將"化鬼"等同於"復生"。在古人觀念中，庶人亡後即化為鬼（《禮記·祭法》云"人死曰鬼"②），像丹之類的"強死"者亦不例外，恐非李零所言待遷葬後才"游魂化生為鬼"，而其所言亡魂化鬼次年後才能耳聞、口食的說法更不知所據，而且鬼之所"食"亦非通常意義上的生人之"食"。

20. 其狀類益少麋墨四支不用。何雙全原釋讀為"……其狀。頭益少麋墨，四支不用"③。任步雲釋讀為"……其狀，頭益少廉墨，四支不用"④。李學勤改訂為"其狀類益、少麋、墨，四支不用"⑤。這一說法為何雙全⑥、雍際春⑦及多數學者所接受（《天水放馬灘秦簡》亦從之）。

簡文"其狀"二字，何、任二氏最先釋出，遂為學界所從、少有爭議，其含義是指丹的形貌。宋華強則認為本簡"狀"字圖版與睡虎地秦簡字形不同，疑為"淵"（淵）字、讀為"靬"，係指丹面有黑氣。⑧查驗圖版，字跡清晰可辨，當以"狀"為是。何雙全 2002 年釋文及孫占宇均於"其狀"二字後以冒號斷開，即"其狀：類益、少麋、墨，四支不用"⑨。我們認為不妥，據簡文可知，丹"狀"的內容是——"類益""少麋""墨"，均屬於對丹面部容貌特徵的描述，而"四支不用"則不屬於"狀"的範疇，僅是對丹肢體動作的描述。有鑑於此，我們主張將

---

① 《太平廣記·再生》收錄了一些借屍還魂的案例。（宋·李昉等編：《太平廣記》卷三七五—卷三八六，北京：中華書局 1961 年版，第 2979—3084 頁）

② 《十三經注疏》整理委員會整理、李學勤主編：《禮記正義》卷四六，第 1298—1299 頁。

③ 何雙全：《天水放馬灘秦簡綜述》，《文物》1989 年第 2 期，第 29 頁。

④ 任步雲：《放馬灘出土竹簡日書芻議》，《西北史地》1989 年第 3 期，第 87 頁。

⑤ 李學勤：《放馬灘簡中的志怪故事》，《文物》1990 年第 4 期，第 43 頁。

⑥ 何雙全：《簡牘》"三、天水秦簡"，第 41 頁。

⑦ 雍際春：《天水放馬灘木板地圖研究》，第 29 頁。

⑧ 宋華強：《放馬灘秦簡〈邸丞謁御史書〉釋讀札記》，中國文化遺產研究院編：《出土文獻研究》第十輯，第 141—142 頁。

⑨ 何雙全：《簡牘》"三、天水秦簡"，第 41 頁；孫占宇：《放馬灘秦簡〈丹〉篇校注》，載《首屆中國歷史學博士後論壇（2012）論文集》，第 37 頁。

"其狀" 與下文連讀。

簡文 "類益" 二字，何雙全、任步雲原作 "頭益"，驗對圖版可知係誤釋。李學勤訂正釋文後，又指出 "類" 讀為 "纇"（疵也）、"益" 讀為 "嗌"，"類益" 即 "纇嗌"，其意是指丹的喉部有疵。① 而宋華強則將 "類益" 二字破讀，分屬上下句，即 "其淵類，益少麇墨"，又認為 "類" 或可讀為 "戾"，"淵" 讀為 "衈"，"其淵類" 即 "其衈戾"，其意 "是說丹面部的黑氣終於穩定下來，不再加深"②。這番訓讀太過牽強和突兀，有悖釋讀原則，也導致簡文不暢。此外，李零認為 "益" 讀 "縊"，"其狀類益" 就是指其面容類似縊死者。③ 孫占宇對此批駁說："簡文明言丹係自刎而死，其面容不當類似縊死者。"④ 李零說法不足取。

簡文 "少麇" 二字，任步雲釋為 "少萊"⑤，李零釋為 "少麇"⑥。查驗圖版，當以何雙全釋文 "少麇" 為是。李學勤援引《荀子·非相》"面無鬚麋" 注文所言 "麋與眉同"，指出 "麋" 讀作 "眉"，"少麋" 乃係指 "眉毛稀落"⑦。

簡文 "墨" 字，何雙全、任步雲釋為 "罘"，李學勤訂正為 "墨" 字，並援引《孟子·滕文公上》"面深墨" 注文所言 "墨，黑也" 詮釋其意是指丹的膚色黑。⑧ 李零詮釋此字含義是 "指面色黧黑"⑨。二氏譯文近似，但以李零為勝。我們認為，"墨" 字應強調的是臉色而非膚色，

① 李學勤：《放馬灘簡中的志怪故事》，《文物》1990 年第 4 期，第 44 頁。

② 宋華強：《放馬灘秦簡〈邸丞謁御史書〉釋讀札記》，中國文化遺產研究院編：《出土文獻研究》第十輯，第 142 頁。

③ 李零：《秦簡的定名與分類·附錄：放馬灘秦簡〈志怪故事〉（今移簡 6 於簡 7 後）》，武漢大學簡帛研究中心主辦：《簡帛》第六輯，第 10 頁。

④ 孫占宇：《放馬灘秦簡〈丹〉篇校注》，載《首屆中國歷史學博士後論壇（2012）論文集》，第 42 頁。

⑤ 任步雲：《放馬灘出土竹簡日書芻議》，《西北史地》1989 年第 3 期，第 87 頁。

⑥ 李零：《秦簡的定名與分類·附錄：放馬灘秦簡〈志怪故事〉（今移簡 6 於簡 7 後）》，武漢大學簡帛研究中心主辦：《簡帛》第六輯，第 8 頁、第 9 頁。李零訓讀 "少麇" 二字時說："'麇' 讀眉，指眉毛少。"［李零：《秦簡的定名與分類·附錄：放馬灘秦簡〈志怪故事〉（今移簡 6 於簡 7 後）》，武漢大學簡帛研究中心主辦：《簡帛》第六輯，第 10 頁］

⑦ 李學勤：《放馬灘簡中的志怪故事》，《文物》1990 年第 4 期，第 44 頁。

⑧ 李學勤：《放馬灘簡中的志怪故事》，《文物》1990 年第 4 期，第 44 頁。

⑨ 李零：《秦簡的定名與分類·附錄：放馬灘秦簡〈志怪故事〉（今移簡 6 於簡 7 後）》，武漢大學簡帛研究中心主辦：《簡帛》第六輯，第 10 頁。

進而又延伸為氣色（氣血）黯淡。

前述宋華強將此句簡文斷讀為"其淵類，益少麋墨"，他對"其淵類"三字的詮釋前文已做了介紹，他又將"麋墨"讀爲"黴黑"，藉此認為"益少麋墨"是"指丹皮膚上的黑色越來越少了"。並且說，此句簡文"是承上文'乃聞犬吠雞鳴而人食'而言，丹開始恢復正常人的知覺，吃生人飯食，所以氣色逐步好轉"[1]。宋氏解說雖然新穎，但疑點甚多，有悖訓詁原則。且就上下文意而言，這七字簡文恐非僅局限於談論丹的氣色（膚色）問題。

簡文"四支不用"字跡清晰可辨，公佈釋文後素無爭議。李學勤注解"不用"二字時說："廢而不能動轉"，並將此四字簡文譯為"四肢不能動轉"[2]。李零的詮釋亦大抵相同："'支'讀肢。'不用'，是說手腳不聽使喚，無法動。馬王堆帛書《十問》講大禹治水，操勞過度，造成'四肢不用家大亂'。"[3] 宋華強則疑"不用"當讀為"不通"，並援引古醫書中"四肢不通"辭例以證其觀點："大概由於丹的四肢久不使用，所以導致筋絡或氣血不通。"[4] 我們認為這裏的"不用"不能讀作"不通"，"不用"就是指手腳僵硬、不聽使喚、廢而不能轉動，切不可引申為後世中醫學所言氣血、經絡的不通暢。宋氏之說實屬過度解釋，不可取。

21. 丹言曰死者不欲多衣。何雙全釋讀為："丹言曰：死者不欲多衣。"[5] 任步雲釋"曰"字為"日"，並斷讀為："丹言；日死者不欲多衣。"[6] 李學勤從何氏說，但也指出"衣"字圖版不清，暫持存疑態度——衣（？），[7] 譯文為："丹說道：死去的人不願多穿衣服。"[8] 雍際春

---

① 宋華強：《放馬灘秦簡〈邸丞謁御史書〉釋讀札記》，中國文化遺產研究院編：《出土文獻研究》第十輯，第142頁。

② 李學勤：《放馬灘簡中的志怪故事》，《文物》1990年第4期，第44頁。

③ 李零：《秦簡的定名與分類·附錄：放馬灘秦簡〈志怪故事〉（今移簡6於簡7後）》，武漢大學簡帛研究中心主辦：《簡帛》第六輯，第10頁。

④ 宋華強：《放馬灘秦簡〈邸丞謁御史書〉釋讀札記》，中國文化遺產研究院編：《出土文獻研究》第十輯，第142頁。

⑤ 何雙全：《天水放馬灘秦簡綜述》，《文物》1989年第2期，第29頁。

⑥ 任步雲：《放馬灘出土竹簡日書芻議》，《西北史地》1989年第3期，第87頁。

⑦ 李學勤：《放馬灘簡中的志怪故事》，《文物》1990年第4期，第43頁、第44頁。

⑧ 李學勤：《放馬灘簡中的志怪故事》，《文物》1990年第4期，第44頁。

在李氏譯文的基礎上略作改進："丹說：死去的人不需要多餘的衣服。"①
此譯法較為合理。李零注解"丹言曰"三字時說："這樣的話一共有三
段，都是死者對生人的告戒，命其供給衣食，勿凍餒於下。"②

22. 死人以白茅為富。此句以下，何雙全、任步雲皆缺釋，由李學勤
最先釋出。本句首字"死"，李學勤釋為"市"，進而將"市人"解讀為
人世間的生人。③ 雍際春完全承襲了李氏看法。④ 何雙全 2002 年釋文借鑒
了李學勤觀點，但將此句"市人"改訂為"死人"，⑤ 亦為《天水放馬灘
秦簡》採納。查驗圖版，此字（📷）清晰可辨，乃與本篇出現的其他
"死"字形相近（如"以丹未當死""死者不欲多衣"），而與"市"字
（如"棄之于市三日"）不類。而且，比對睡虎地秦簡 📷（死）、📷（市）
二字⑥不難看出，此字顯係"死"字。此外，孫占宇提出："本篇與北大
秦牘《泰原有死者》皆以'死人'或'死者'與'鬼'對舉，則此字當
為'死'。"⑦ 這一說法勉強可算是旁證，不足為直接證據，僅憑此條無法
力證"死"字釋文。

本句尾字"富"，方勇認為讀為"福"，表示福氣義，意思是說"如
死人受到用白茅包裹的祭品的祭祀，便會得到福氣的意思"⑧。孫占宇則
認為："此字與後文'賤'對舉，似當讀如本字，訓為'貴'……前引北
大秦牘中亦以白菅（白茅）為貴，可參。"⑨ 儘管他將"富"訓為"貴"，
其譯文卻仍以"富"來詮釋："死人以白茅為富，謂死人看重白茅包裹的

①　雍際春：《天水放馬灘木板地圖研究》，第 31 頁。

②　李零：《秦簡的定名與分類·附錄：放馬灘秦簡〈志怪故事〉（今移簡 6 於簡 7 後）》，
武漢大學簡帛研究中心主辦：《簡帛》第六輯，第 10 頁。

③　李學勤：《放馬灘簡中的志怪故事》，《文物》1990 年第 4 期，第 44 頁。

④　雍際春：《天水放馬灘木板地圖研究》，第 29 頁、第 31 頁。

⑤　何雙全：《簡牘》"三、天水秦簡"，第 41 頁。

⑥　漢語大字典字形組編：《秦漢魏晉篆隸字形表》，第 261 頁、第 346 頁。

⑦　孫占宇：《放馬灘秦簡〈丹〉篇校注》，載《首屆中國歷史學博士後論壇（2012）論文
集》，第 43 頁。

⑧　方勇：《讀放馬灘秦簡〈志怪故事〉札記（一）》，復旦大學出土文獻與古文字研究中心
網站（www.gwz.fudan.edu.cn），2009 年 11 月 6 日。

⑨　孫占宇：《放馬灘秦簡〈丹〉篇校注》，載《首屆中國歷史學博士後論壇（2012）論文
集》，第 43 頁。

祭品或隨葬品。"① 我們認為此字既不讀作"福",也不訓曰"貴",其訓、讀皆為本字"富",就是富有、富裕之義。

23. 其鬼勝於它而富。李學勤釋文曰:"其鬼受(?)於它而富",②並將句意譯為:"而鬼只要有所得(?)於他人就是富。"③ 其中,"受"字圖版不清,李學勤暫持存疑態度,譯其義為"所得"。何雙全 2004 年提出釋為"勝"字,④《天水放馬灘秦簡》沿襲之。陳侃理釋為"盈"字,但未說明理由。⑤ 方勇認為"勝"字應釋為"賤"、讀為"薦",表祭義,又將"富"字亦讀為"福",即將簡文釋為"其鬼賤(薦)於它而富(福)",其含義"當是指鬼享祭了白茅包裹的祭品就會得到福氣"⑥。孫占宇採納方勇"賤"字釋文,但不同意讀為"薦",而認為"當讀如本字。義同'輕視'、'鄙視'"⑦。據此,他將釋文斷讀為"其鬼賤,於它而富"⑧。進而懷疑原簡"賤"字後疑脫一"之"字,"其鬼賤,似謂鬼卻並不看重白茅包裹的祭品或隨葬品"⑨。又將"於"字訓讀為"以",將"它"字詮釋為它物,故簡文"於它而富"的含義就是說"鬼以它物為貴"⑩。孫占宇將上下文聯繫起來,分析說:"此句開始借丹之口講述鬼的種種習性:死者不喜歡有很多衣服;死人重視白茅包裹的祭品或隨葬品,但鬼卻不以為然,它們更看重其它祭品或隨葬品。丹曾經

---

① 孫占宇:《放馬灘秦簡〈丹〉篇校注》,載《首屆中國歷史學博士後論壇(2012)論文集》,第 43 頁。

② 李學勤:《放馬灘簡中的志怪故事》,《文物》1990 年第 4 期,第 43 頁。

③ 李學勤:《放馬灘簡中的志怪故事》,《文物》1990 年第 4 期,第 44 頁。

④ 何雙全:《簡牘》"三、天水秦簡",第 41 頁。

⑤ 陳侃理:《秦簡牘復生故事與喪葬習俗》,載《中國簡帛學國際論壇 2012:秦簡牘研究論文集》,舉辦單位:武漢大學簡帛研究中心、北京大學出土文獻研究所,地點:武漢大學珞珈山賓館,日期:2012 年 11 月 17～19 日,第 45 頁。

⑥ 方勇:《讀放馬灘秦簡〈志怪故事〉札記(一)》,復旦大學出土文獻與古文字研究中心網站(www.gwz.fudan.edu.cn),2009 年 11 月 6 日。

⑦ 孫占宇:《放馬灘秦簡〈丹〉篇校注》,載《首屆中國歷史學博士後論壇(2012)論文集》,第 43 頁。

⑧ 孫占宇:《放馬灘秦簡〈丹〉篇校注》,載《首屆中國歷史學博士後論壇(2012)論文集》,第 37 頁、第 43 頁。

⑨ 孫占宇:《放馬灘秦簡〈丹〉篇校注》,載《首屆中國歷史學博士後論壇(2012)論文集》,第 43 頁。

⑩ 孫占宇:《放馬灘秦簡〈丹〉篇校注》,載《首屆中國歷史學博士後論壇(2012)論文集》,第 43 頁。

死亡爲鬼，後來復生，因此借丹之口說出鬼的習性若何，自然讓人深信不疑。"① 孫氏的斷句、釋讀、譯文及論述均存在自相矛盾處。按照孫占宇的解釋：死人重視白茅包裹的祭品或隨葬品，而鬼則賤視之。這就將"死人"與"鬼"決然對立起來，這既不符合古人對死者與鬼之關係的理解和認識（在很多情況下古人是將亡魂與鬼等同起來，即使二者不能完全等同，也絕非對立的），也不符合上下文意的順暢，因為本篇簡文的核心內容就是講述丹死亡後以鬼的身份在冥界中生活了一段時間，故而熟知鬼的好惡。由此可見，丹死後即化為鬼，而不應將死人與鬼劃分為涇渭分明的兩類。

　　我們將此字圖版（圖）與睡虎地秦簡"受"字（圖）②、"勝"字（圖）③、"盈"字（圖）④，"賤"字（圖）⑤ 比對，顯然與前三字形（受、勝、盈）不符，而與"賤"字頗合。故而，我們以"賤"字為是，也贊同方勇將此字讀為"薦"，但並不認為此字是表祭義，也不贊同他將此句含義解釋為"當是指鬼享祭了白茅包裹的祭品就會得到福氣"。我們認為，本簡文"賤"字通"荐""薦"，⑥ 引申為積聚之義。《左傳·襄公四年》"戎狄荐居，貴貨易土。"注曰："荐，聚也。"又引《正義》曰："《釋言》云：'荐，再也。'孫炎曰：'荐，草生之再也。'即荐是聚也。"⑦《史記·曆書》："少皞氏之衰也，九黎亂德，民神雜擾，不可放物，禍菑薦至，莫盡其氣。"《索隱》注曰："荐，集也。"⑧《漢書·終軍傳》"北胡隨畜薦居"⑨ 中的"薦居"雖是指追逐水草而居，但亦含聚集、群聚之含義。有鑑於此，我們認為"其鬼賤（荐）於它而富"與上句"死人以白茅爲富"是接續進行的，意思是說：冥界中

　　① 孫占宇：《放馬灘秦簡〈丹〉篇校注》，載《首屆中國歷史學博士後論壇（2012）論文集》，第 43 頁。

　　② 漢語大字典字形組編：《秦漢魏晉篆隸字形表》，第 257 頁。

　　③ 漢語大字典字形組編：《秦漢魏晉篆隸字形表》，第 989 頁。

　　④ 漢語大字典字形組編：《秦漢魏晉篆隸字形表》，第 324 頁。

　　⑤ 漢語大字典字形組編：《秦漢魏晉篆隸字形表》，第 421 頁。

　　⑥ 馮其庸、鄧安生纂著：《通假字彙釋》，第 775 頁、第 802 頁。

　　⑦《十三經注疏》整理委員會整理、李學勤主編：《春秋左傳正義》卷二九，第 840 頁。

　　⑧ （西漢）司馬遷撰：《史記》卷二六，第 1257 頁。這段文字亦見載於《國語·楚語下》。（徐元誥撰：《國語集解》，王樹民、沈長雲點校，北京：中華書局 2002 年版，第 515 頁）

　　⑨ （東漢）班固撰：《漢書》卷六四，（唐）顏師古注，第 2815 頁。

死者以白茅的多寡來作為財富的象徵，故人死化鬼後以蒐集、積聚白茅而致富。

24. 丹言：祠墓者毋敢殻。李學勤首釋此句文字，為諸家所從（亦為《天水放馬灘秦簡》沿襲）。簡文"殻"字，李學勤援引《說文解字》："歐（嘔）貌。"《左傳》哀公二十五年注："殻，嘔吐也。"① 進而譯為："丹說：進行墓祭的人千萬不要嘔吐。"② 李零則將上下文斷讀為："丹言：祠墓者毋敢殻＝，鬼去敬走。"並將"殻＝"讀為"拘拘"，即拘泥之義，此句含義似指祠墓者吝於酒食。③ 此說無據可憑，恐不可取。

胡平生、張德芳在敦煌懸泉漢簡（第二六八號）注釋中談到放馬灘秦簡《志怪故事》中"殻"字應讀作"哭"，"上古音'哭'是溪母屋部字，'殻'見母屋部字，音近可通"④。這一意見是非常正確的，也得到了北大秦牘《泰原有死者》、敦煌懸泉漢簡的印證。本簡文"祠墓者毋敢殻（哭）"是說：到墓地祭拜亡者時，切勿哭泣。

25. ＝鬼去敬走。李學勤首釋此句文字，為諸家所從（亦為《天水放馬灘秦簡》沿襲）。簡文"敬"字，李學勤讀為"驚"，意思是說："一嘔吐，鬼就嚇跑了。"⑤ 李零則認為"敬"字疑讀"徑"，意指鬼去則走。⑥

26. 已收腏而聲之。簡文"腏"字，李學勤詮釋為"祭飯"，並援引長沙馬王堆帛書《五十二病方》"取內戶旁黍腏"為證。⑦ 李零注解"腏"字時說："同餟，《說文解字·食部》：'餟，祭酹也。'字亦作醊，是供祭

① 李學勤：《放馬灘簡中的志怪故事》，《文物》1990 年第 4 期，第 44 頁。
② 李學勤：《放馬灘簡中的志怪故事》，《文物》1990 年第 4 期，第 44 頁。
③ 李零談道："'殻'字下有重文號，不是單字，這裏似指吝於酒食，若從文義看，或可讀為拘拘，拘拘有拘泥之義。"［李零：《秦簡的定名與分類·附錄：放馬灘秦簡〈志怪故事〉（今移簡 6 於簡 7 後）》，武漢大學簡帛研究中心主辦：《簡帛》第六輯，第 10 頁］
④ 胡平生、張德芳撰：《敦煌懸泉漢簡釋粹》，上海：上海古籍出版社 2001 年版，第 183 頁。
⑤ 李學勤：《放馬灘簡中的志怪故事》，《文物》1990 年第 4 期，第 44 頁。
⑥ 李零：《秦簡的定名與分類·附錄：放馬灘秦簡〈志怪故事〉（今移簡 6 於簡 7 後）》，第 10 頁。
⑦ 李學勤引文似有誤，馬王堆帛書《五十二病方》第 239—240 行原文應是："取內戶旁祠空中黍腏"云云。（馬王堆漢墓帛書整理小組：《馬王堆漢墓帛書［肆］》，釋文第 53 頁）

祀的酒食。"① 孫占宇沿襲了二李說法，又援引《廣韻·祭韻》及《漢書·郊祀志上》顏師古注中有關 "腏" 字的訓釋，認為 "從後文來看，此處當指祭祀時所陳列的餽食"②。孫氏說法與前訓並無二致。

簡文 "聲" 字，李學勤最初釋為 "聲"，後又改釋 "馨" 字，③ 但均注解為："疑為 '罄' 字之誤。"④ 何雙全 2004 年重訂釋文時，將此字釋為 "殼"。⑤《天水放馬灘秦簡》則釋為 "聲"。方勇認為："其字形也可能為 '螯' 字。'螯' 讀為 '賚'，表賜予義。"⑥ 李零沿襲《天水放馬灘秦簡》"聲" 字釋文，又吸納了李學勤的訓讀法，認為："疑讀罄，罄有竭盡之義。"⑦ 他又將 "已" 字解讀為 "指祠祭完畢"⑧，從而將此句譯為："祠畢則撤去酒食"⑨。此前，李學勤譯文為："祭飯撤下後一下子吃掉"⑩，雍際春則譯為："鬼接到祭飯後就要吃完"⑪。雍氏將本句簡文的主語及動作發出者判定為 "鬼"，是不合適的。二李譯文均有可取之處，但又重心不同：李學勤強調吃掉祭飯的動作，李零則強調撤去酒食的動

① 李零：《秦簡的定名與分類·附錄：放馬灘秦簡〈志怪故事〉（今移簡 6 於簡 7 後）》，武漢大學簡帛研究中心主辦：《簡帛》第六輯，第 10 頁。
② 孫占宇：《放馬灘秦簡〈丹〉篇校注》，載《首屆中國歷史學博士後論壇（2012）論文集》，第 44 頁。
③ 李學勤：《簡帛佚籍與學術史》，南昌：江西教育出版社 2001 年版，第 182 頁。必須說明的是，該書收錄《志怪故事》釋文與 1990 年《文物》刊文相比，僅見二字差異：一是將 "聲" 改為 "馨"，二是將 "澮" 改為 "洒"。此二字之改動，或不排除是筆誤或排印錯誤。
④ 李學勤：《放馬灘簡中的志怪故事》，《文物》1990 年第 4 期，第 44 頁；李學勤：《簡帛佚籍與學術史》，第 182 頁。
⑤ 何雙全：《簡牘》"三、天水秦簡"，第 41 頁。
⑥ 方勇：《讀放馬灘秦簡〈志怪故事〉札記（一）》，復旦大學出土文獻與古文字研究中心網站（www.gwz.fudan.edu.cn），2009 年 11 月 6 日。
⑦ 李零：《秦簡的定名與分類·附錄：放馬灘秦簡〈志怪故事〉（今移簡 6 於簡 7 後）》，武漢大學簡帛研究中心主辦：《簡帛》第六輯，第 10 頁。
⑧ 李零：《秦簡的定名與分類·附錄：放馬灘秦簡〈志怪故事〉（今移簡 6 於簡 7 後）》，武漢大學簡帛研究中心主辦：《簡帛》第六輯，第 10 頁。孫占宇贊同李零對 "已" 字的解讀，並提出 "疑 '已' 上或脫一 '祠' 字。"[孫占宇：《放馬灘秦簡〈丹〉篇校注》，載《首屆中國歷史學博士後論壇（2012）論文集》，第 44 頁] 我們認為 "已" 字解讀是可取的，但在 "已" 字前增補一 "祠" 字則實屬畫蛇添足。
⑨ 李零：《秦簡的定名與分類·附錄：放馬灘秦簡〈志怪故事〉（今移簡 6 於簡 7 後）》，武漢大學簡帛研究中心主辦：《簡帛》第六輯，第 10 頁。
⑩ 李學勤：《放馬灘簡中的志怪故事》，《文物》1990 年第 4 期，第 44 頁。
⑪ 雍際春：《天水放馬灘木板地圖研究》，第 31 頁。

作。我們認為應將這兩種意見融合，即將撤去酒食與吃掉祭飯並存之。本句簡文中“收殿”即為撤掉祭祀供品，“釁之”（“釁之”）則是食釁——吃掉撤下來的祭品，這兩個動作是有連貫性的。所以，更為合理的譯法是：祠祭剛結束，就立即撤去酒食祀品並一下子全部吃掉。

27. 如此鬼終身不食殿。李學勤最初僅釋出三字“如此”“食”，餘者缺釋。① 何雙全 2004 年補釋全文，② 並為《天水放馬灘秦簡》採納。李零翻譯上下句的文意時說道：“如果祠畢則撤去酒食，則丹鬼永遠不再食用祭品。”③ 這裏並非特指“丹”鬼，而是泛指所有的亡人之鬼。

簡文“終身”二字的含義，孫占宇援引《禮記·王制》《漢書·司馬遷傳》中所見語例，認為係指“一生；終竟此身”。④ 此說可取。

28. 丹言祠者必謹騷除。李學勤最先釋出此句，並將“騷”字訓讀為“掃”，譯文為：“丹說：祭祀時必須細心掃除。”⑤

簡文“謹”字，乃係鄭重、恭敬之含義。《說文解字》：“謹，慎也。”⑥ 南朝梁人顧野王撰《玉篇·言部》：“謹，敬也，慎也。”⑦ 《韓非子·外儲說》：“宋人有酤酒者，升概甚平，遇客甚謹”云云。⑧ 《史記·扁鵲倉公列傳》：“舍客長桑君過，扁鵲獨奇之，常謹遇之。”⑨

簡文“騷”字，孫占宇援引《史記·李斯列傳》中語例認為通“掃”。這一說法可取。

29. 毋以淘海祠所。簡文“淘”字，李學勤缺釋，僅言“係名詞，字從‘水’，右邊不很清楚”。⑩ 何雙全 2004 年補釋為“淘”，⑪ 並為《天水

---

① 李學勤：《放馬灘簡中的志怪故事》，《文物》1990 年第 4 期，第 43 頁。

② 何雙全：《簡牘》“三、天水秦簡”，第 41 頁。

③ 李零：《秦簡的定名與分類·附錄：放馬灘秦簡〈志怪故事〉（今移簡 6 於簡 7 後）》，武漢大學簡帛研究中心主辦：《簡帛》第六輯，第 10 頁。

④ 孫占宇：《放馬灘秦簡〈丹〉篇校注》，載《首屆中國歷史學博士後論壇（2012）論文集》，第 44 頁。

⑤ 李學勤：《放馬灘簡中的志怪故事》，《文物》1990 年第 4 期，第 44 頁。

⑥ （東漢）許慎撰，（清）段玉裁注：《說文解字注》三篇上，第 92 頁。

⑦ （梁）顧野王撰，（唐）孫強增補，（宋）陳彭年等重修《重修玉篇》卷九，載（清）永瑢、紀昀等纂修：《景印文淵閣四庫全書》第 224 冊，經部二一八（小學類），第 78 頁。

⑧ （清）王先慎撰：《韓非子集解》卷十三，鍾哲點校，第 322 頁。

⑨ （西漢）司馬遷撰：《史記》卷一〇五，第 2785 頁。

⑩ 李學勤：《放馬灘簡中的志怪故事》，《文物》1990 年第 4 期，第 44 頁。

⑪ 何雙全：《簡牘》“三、天水秦簡”，第 41 頁。

放馬灘秦簡》採納。陳侃理則認為或可釋為"涂"，並推測"涂"祠所可能是祭祀中的一個步驟。[①] 王輝釋為"注"字，"引申為傾瀉，如注射、大雨如注"。[②] 方勇"疑其從水從芻，即溺字"、讀為"酋"，意為黍酒或清粥。[③] 孫占宇認為此字左部從"氵"、右部從"匋"，故以釋文"淘"字為是。[④] 對於"淘"字的含義，李零認為疑指淘米水，[⑤] 孫占宇從李零說，並擴展了指涉範圍，認為"可能是指淘洗過東西的髒水"[⑥]。查驗字書，"淘"字本意確有"澄汰""淅米"等含義。李零取此而詮釋，可謂言之有據。孫占宇從本意而延伸開去，不局限於特指淘米水，而是泛指淘洗東西後的髒水，亦言之成理。

簡文"海"字，李學勤釋為"淪"，後又改釋"洒"字（或係排印之誤?），[⑦] 均注解說："右下從'西'，疑仍讀為'灑'，意為洗滌。"[⑧] 何雙全改釋為"海"字，[⑨] 並為《天水放馬灘秦簡》採納。李零缺釋此字（僅言其從水旁）。[⑩] 方勇、王輝、孫占宇等人不同意何氏"海"字釋文，均從李說（即釋為"淪"，讀為"灑"，意為洗滌）。[⑪]

這句簡文的含義，李學勤譯為："不要用……沖洗祭祀的地方"。[⑫] 王

① 陳侃理：《放馬灘秦簡〈丹〉篇札記》，簡帛網（www. bsm. org. cn），2012 年 9 月 25 日。
② 王輝：《〈天水放馬灘秦簡〉校讀記》，武漢大學簡帛研究中心主辦：《簡帛》第六輯，第 62 頁。
③ 方勇：《讀放馬灘秦簡〈志怪故事〉札記（一）》，復旦大學出土文獻與古文字研究中心網站（www. gwz. fudan. edu. cn），2009 年 11 月 6 日。
④ 孫占宇：《放馬灘秦簡〈丹〉篇校注》，載《首屆中國歷史學博士後論壇（2012）論文集》，第 44 頁。
⑤ 李零：《秦簡的定名與分類·附錄：放馬灘秦簡〈志怪故事〉（今移簡 6 於簡 7 後）》，武漢大學簡帛研究中心主辦：《簡帛》第六輯，第 10 頁。
⑥ 孫占宇：《放馬灘秦簡〈丹〉篇校注》，載《首屆中國歷史學博士後論壇（2012）論文集》，第 44 頁。
⑦ 李學勤：《簡帛佚籍與學術史》，第 182 頁。
⑧ 李學勤：《放馬灘簡中的志怪故事》，《文物》1990 年第 4 期，第 44 頁。
⑨ 何雙全：《簡牘》"三、天水秦簡"，第 41 頁。
⑩ 李零：《秦簡的定名與分類·附錄：放馬灘秦簡〈志怪故事〉（今移簡 6 於簡 7 後）》，武漢大學簡帛研究中心主辦：《簡帛》第六輯，第 10 頁。
⑪ 方勇：《讀放馬灘秦簡〈志怪故事〉札記（一）》，復旦大學出土文獻與古文字研究中心網站（www. gwz. fudan. edu. cn），2009 年 11 月 6 日；王輝：《〈天水放馬灘秦簡〉校讀記》，武漢大學簡帛研究中心主辦：《簡帛》第六輯，第 63 頁；孫占宇：《放馬灘秦簡〈丹〉篇校注》，載《首屆中國歷史學博士後論壇（2012）論文集》，第 44 頁。
⑫ 李學勤：《放馬灘簡中的志怪故事》，《文物》1990 年第 4 期，第 44 頁。

輝在李說基礎上加以發揮："灑掃是將水均勻散佈在地面上掃除。如傾瀉（注）大水，則會沖壞祠所，簡云'毋以'者，阻止之辭也。"① 李零則譯為："不要把淘米水灑在墓祠之所。"② 孫占宇則云："不要用淘洗過東西的髒水灑地。"③ 斟酌諸家說法，似以李零、孫占宇的譯文較貼近原簡本意。

30. 毋以羹沃腏上鬼弗食殹。李學勤最先釋出此句，並為諸家所從（《天水放馬灘秦簡》沿襲之）。簡文"羹"字，李學勤雖無明確注解，但從譯文可知是指"羹湯"。④ 李零則認為是指"湯汁"。⑤ 孫占宇贊同李零說法，並援引《儀禮・士昏禮》陸氏釋文及《爾雅》舊注所言"肉有汁曰羹"等文例力證之。簡文"沃"字，李學勤詮釋為"澆注"，⑥ 李零亦云："澆灌"⑦。孫占宇沿襲二李說法，並補充了《左傳・僖公二十三年》孔穎達疏和《素問・痹論》王冰注等佐證材料。這句簡文的含義是比較明瞭的，誠如李學勤所譯："不要把羹湯澆在祭飯上，鬼是不肯吃的。"⑧

二　簡文編綴及篇題與性質

有關放簡《志怪故事》的竹簡數量及編聯順序、篇題的擬定及內容性質等諸多問題，自簡文公佈以來就存在爭議，經過二十餘年的研究和討論，有些問題已逐步達成共識，少數問題則仍處於熱議之中。

（一）簡數調整與組合編綴：爭議及共識

關於天水放馬灘秦簡《志怪故事》（原名《墓主記》）出土時的原貌

---

①　王輝：《〈天水放馬灘秦簡〉校讀記》，武漢大學簡帛研究中心主辦：《簡帛》第六輯，第 63 頁。

②　李零：《秦簡的定名與分類・附錄：放馬灘秦簡〈志怪故事〉（今移簡 6 於簡 7 後）》，武漢大學簡帛研究中心主辦：《簡帛》第六輯，第 10 頁。

③　孫占宇：《放馬灘秦簡〈丹〉篇校注》，載《首屆中國歷史學博士後論壇（2012）論文集》，第 44 頁。

④　李學勤：《放馬灘簡中的志怪故事》，《文物》1990 年第 4 期，第 45 頁。

⑤　李零：《秦簡的定名與分類・附錄：放馬灘秦簡〈志怪故事〉（今移簡 6 於簡 7 後）》，武漢大學簡帛研究中心主辦：《簡帛》第六輯，第 10 頁。

⑥　李學勤：《放馬灘簡中的志怪故事》，《文物》1990 年第 4 期，第 44 頁。

⑦　李零：《秦簡的定名與分類・附錄：放馬灘秦簡〈志怪故事〉（今移簡 6 於簡 7 後）》，武漢大學簡帛研究中心主辦：《簡帛》第六輯，第 10 頁。

⑧　李學勤：《放馬灘簡中的志怪故事》，《文物》1990 年第 4 期，第 44—45 頁。

及保存狀況，據放馬灘秦墓考古發掘工作的重要參與者何雙全介紹說：
"原編繩完全朽無，分類編冊只能遵循出土時的編卷狀態。該冊是從右至
左編卷，故先寫成者捲在最中間，後寫成者捲在最外層。《墓主記》在最
外層，即該卷冊的最後部分，共7枚，內容基本連貫，疑有缺失。所言事
與《日書》無關，故單獨為一冊，定名為《墓主記》。"① 不過，抄錄
《志怪故事》（《墓主記》）的竹簡數目，學界共計有三種說法：

　　一說八枚。何雙全最初認為《墓主記》是分寫在八枚竹簡上，並公佈
了這八枚竹簡的圖版及編號（墓1：14·墓1-8）。不過，他僅釐定出了四
枚竹簡（第1~4號簡）的釋文內容，其餘則缺釋。② 在同年刊發的論文中，
何雙全卻又談到《墓主記》共計七枚竹簡。③ 但何氏2004年出版的《簡牘》
一書中仍堅持《墓主記》八枚竹簡的說法（但該書中釋文及所附圖版則為
七枚，獨缺第8號簡的圖版及釋文）。④ 何氏八枚說，偶見學者引用。⑤

　　一說七枚。天水放馬灘秦簡的另一位重要發掘者任步雲則提出本篇簡
文共計七枚竹簡（360~366號），但僅釋出兩簡文字。⑥ 雍際春沿用任氏
七枚說，⑦ 釋文則基本承襲李學勤所釋六枚竹簡的說法。2009年出版的

---

　　① 何雙全：《天水放馬灘秦簡甲種〈日書〉考述》，載甘肅省文物考古研究所編《秦漢簡
牘論文集》，第8頁。

　　② 何雙全：《天水放馬灘秦簡綜述》，《文物》1989年第2期，第28—29頁。

　　③ 何雙全：《天水放馬灘秦簡甲種〈日書〉考述》，載甘肅省文物考古研究所編《秦漢簡
牘論文集》，第8頁。

　　④ 何雙全：《簡牘》"三、天水秦簡"，第40—41頁。何雙全談道："放馬灘1號墓隨葬的
竹簡共460支，即古代的書。內容有《日書》甲乙兩種……用452支竹簡寫成。另外還有8支，
寫的是一段怪異故事。因為出土在天水，所以是秦人的文化遺物。"（何雙全：《簡牘》"三、天
水秦簡"，第35頁）又云："（《墓主記》）這段文字共250餘字，書寫在8枚長23.5釐米、寬
0.8釐米、厚0.3釐米的竹簡上。有5個字已脫落不可識。字體為古隸書，又帶小篆書韻。"（何
雙全：《簡牘》"三、天水秦簡"，第41頁）

　　⑤ 張修桂：《天水〈放馬灘地圖〉的繪製年代》，《復旦學報》（社會科學版）1991年第1
期，第44頁；[日]藤田勝久：《戰國時秦的領域形成和交通路線》，李淑萍譯，秦始皇兵馬俑
博物館《論叢》編委會編：《秦文化論叢》第六輯，第360頁；張寧：《放馬灘〈墓主記〉的文
學價值》，秦始皇兵馬俑博物館《論叢》編委會編：《秦文化論叢》第七輯，西安：西北大學出
版社1999年版，第452頁。

　　⑥ 任步雲：《放馬灘出土竹簡日書芻議》，《西北史地》1989年第3期，第87頁。

　　⑦ 雍際春談道："這批竹簡可分兩部分，竹簡數量較多的一部分是甲、乙兩種《日書》；
另一部分即是《墓主記》，雖僅發現7枚，但它卻為確定墓主及地圖繪製年代提供了不可多得的
資料依據。"（雍際春：《天水放馬灘木板地圖研究》，第26頁）

《天水放馬灘秦簡》公佈了《志怪故事》的圖版及釋文，共計七枚竹簡（編號志一～志七）——將原第 8 號簡移出、改編為《日書》乙種第 276 號。此後，學界多沿用此說法。① 李零雖然採納《天水放馬灘秦簡》七枚竹簡的說法，但將原簡順序進行了調整——即將簡六移至簡七之後。② 陳侃理沿用了李零對釋文次序的調整。③

一說六枚。李學勤對何氏釋文（第 1～4 號簡）進行了重大修訂，又增補釋出兩枚簡文（即第 5、7 號簡），從而將本篇內容增至六枚竹簡（第 1～5 號＋第 7 號），有意剔除了第 6 號簡。換言之，李學勤認為第 6 號簡不屬於本篇《志怪故事》的內容，但他並未對此做出解釋和說明。

據圖版顯示，第 8 號竹簡上書有“見兵寇”“卜見人不吉”等文字，可以判定其不屬於本篇《志怪故事》（《墓主記》）的範疇，而應納入《日書》乙種之一部分。所以，何雙全所堅持的《墓主記》抄錄在八枚竹簡上的說法也就不攻自破了。餘下二說（七枚、六枚）的爭論焦點則集中在第 6 號簡的歸屬與性質問題上。李學勤剔除第 6 號簡的觀點，並未得到何雙全的認同，何氏 2004 年修訂釋文（較多參考李學勤釋文）時首次將第 6 號簡文釋出：“丹曰者□矣。辰者，地矣。星者，游變矣。□□者□受。武者富，得游變者其為事成。三游變會□。”④ 這一看法為《天水放馬灘秦簡》所沿用（後者僅將“矣”字改釋為“殹”）。

曹方向贊同李學勤剔除第 6 號簡的做法，認為《天水放馬灘秦簡》將第 6 號簡納入本篇《志怪故事》是錯誤的。曹氏提出的一個有力證據是：第 6 號簡起首二字並非“丹曰”。他從字形上判斷：第一字雖不能確釋，但恐非“丹”字；第二字可以肯定是“日”字。而且從文字內容看，

---

① 祝中熹：《對天水放馬灘木板地圖的幾點新認識》，《隴右文博》2001 年第 2 期，第 21 頁；孫占宇：《放馬灘秦簡日書整理與研究》，西北師範大學博士學位論文，指導教師姓名及職稱：張德芳研究員，院系：歷史系，專業名稱：專門史，研究方向：簡牘學，答辯日期：2008 年，第 132 頁；孫占宇：《放馬灘秦簡乙 360—366 號“墓主記”說商榷》，《西北師大學報》（社會科學版）2010 年第 5 期，第 46 頁；王輝：《〈天水放馬灘秦簡〉校讀記》，武漢大學簡帛研究中心主辦：《簡帛》第六輯，第 55 頁。

② 李零：《秦簡的定名與分類·附錄：放馬灘秦簡〈志怪故事〉（今移簡 6 於簡 7 後）》，武漢大學簡帛研究中心主辦：《簡帛》第六輯，第 8 頁。

③ 陳侃理：《秦簡牘復生故事與喪葬習俗》，載《中國簡帛學國際論壇 2012：秦簡牘研究論文集》，第 45 頁。

④ 何雙全：《簡牘》“三、天水秦簡”，第 41 頁。

第 6 號簡顯然不屬於《志怪故事》，進而推測其可能與《日書》乙種中第
342～344 號竹簡編聯（可能編聯在《日書》乙種簡 344 號之後）。① 何雙
全及《天水放馬灘秦簡》將第 6 號簡納入《墓主記》（《志怪故事》）的
主要依據是起首"丹曰"二字，至此被徹底瓦解了。隨後，王輝也指出：
第 6 號簡"丹"字疑應釋為"凡"，"曰"字疑應釋為"日"，即"丹曰"
二字應改釋"凡日"，進而認為"從内容上，也看不出與丹的故事有關
聯，我傾向於該簡也應移入《日書》乙的《音律貞卜》一章"②。李零也
將第 6 號簡首二字釐定為"凡日"，不過他並不主張將此簡剔除出《志怪
故事》，而是將第 6 號簡移至第 7 號簡後，視為本篇内容之一部分。③ 程
少軒在其博士學位論文《放馬灘簡式占古佚書研究》中援引曹方向的觀
點，將第 6 號簡從《志怪故事》中剔除，認為其内容是講述鐘律的推算
方法，應歸入式占古佚書《鐘律式占》範疇。④

　　總上所述，《志怪故事》第 6 號簡顯然是編綴之失誤，其内容與丹無
涉，確應移出本篇。就抄錄《志怪故事》的竹簡數目而言，應以李學勤
首倡的六枚說為是。

（二）篇題的擬名與文書的格式

　　這些竹簡出土時未見原署篇題，故擬定篇名就成為必不可少的工作。
迄今為止，學界凡見有五種類型的篇名。

　　1.《墓主記》。舊版發掘簡報及何雙全均將本篇擬名為《墓主記》，
將簡文中的主人公"丹"視為放馬灘一號墓主人，認為簡文講述的内
容是墓主人丹的真實經歷，藉此推斷該墓地的下葬年代及其他竹簡的書
寫時代。⑤《墓主記》篇名及丹係墓主人的看法，為不少學者接受，如張

---

　　① 曹方向：《秦簡〈志怪故事〉6 號簡芻議》，簡帛網（www. bsm. org. cn），2009 年 11 月 7
日。

　　② 王輝：《〈天水放馬灘秦簡〉校讀記》，武漢大學簡帛研究中心主辦：《簡帛》第六輯，
第 62 頁。

　　③ 李零：《秦簡的定名與分類·附錄：放馬灘秦簡〈志怪故事〉（今移簡 6 於簡 7 後）》，
武漢大學簡帛研究中心主辦：《簡帛》第六輯，第 8—11 頁。

　　④ 程少軒：《放馬灘簡式占古佚書研究》（提交稿），第 3 頁、第 153—154 頁。

　　⑤ 何雙全談到放簡"内容有《日書》和紀年文書兩類。……紀年文書係邦丞向御史呈奏
的‘謁書’，敍述一名叫丹的人的故事。推測丹為 M1 墓主，所以把這部分内容定名為《墓主
記》。"（何雙全：《天水放馬灘秦簡綜述》，《文物》1989 年第 2 期，第 23 頁）

修桂①、李紀祥②、張寧③、雍際春④。雍際春認為就內容而言，這篇簡文真假參半、虛實混雜，是以墓主人的有關經歷而編成的一個故事。⑤ 王輝雖不贊同《墓主記》篇名（主張改稱《丹》或《丹記》），但也認為丹即墓主。⑥ 對於墓主丹的身份及職業，有學者認為"墓主生前是一個軍人，曾參加過戰役，是官府知曉的人物，後因殺人犯罪而受刑，……很可能原來是邦縣的一個基層官吏"（舊版發掘簡報、何雙全），有學者認為是"文化圈內的地理學者"（張修桂），也有學者認為"是以精通地理、繪製地圖和占筮術數而見長的方士和術士"（雍際春）或是一位日者（王輝）。

2009 年出版的《天水放馬灘秦簡》雖然採納李學勤意見而改稱《志怪故事》，但堅持這篇簡文"仍與一號墓主有內在聯繫，不能完全視為與其毫無關係的傳說神話"⑦，"根據內容看，儘管是離奇的神怪傳說故事，但與一號墓主不無關係，很可能是依墓主的特殊經歷而編創的故事，所以有一定寫實的因素"⑧。

李零則認為："《志怪故事》，題名并不合適，簡文中的丹仍有可能是墓主。古人的精神世界和我們不一樣，他們是生活於人鬼共存的世界。他們相信，人的一生並非以死亡為終點。簡文是按古人的心理來描寫丹之

---

① 張修桂：《天水〈放馬灘地圖〉的繪製年代》，《復旦學報》（社會科學版）1991 年第 1 期，第 44—48 頁。

② 李紀祥：《甘肅天水放馬灘〈墓主記〉秦簡所反映的民俗信仰初探》，載漢學研究中心主編《民間信仰與中國文化國際研討會論文集》，臺北：漢學研究中心 1994 年 4 月，第 167—179 頁。

③ 張寧：《放馬灘〈墓主記〉的文學價值》，秦始皇兵馬俑博物館《論叢》編委會編：《秦文化論叢》第七輯，第 452—457 頁。

④ 雍際春：《天水放馬灘木板地圖研究》，第 32—37 頁。

⑤ 雍際春談道："我們認為這個故事既有真實內容，亦有虛構成分，簡文所述的丹及其傷人自刺應是真實可信的，只是自刺未死而藏匿逃亡至秦。至於死而復生以及對陰間鬼神的描述，當為丹編造的離奇經歷。丹之所以要杜撰出一段真假交織、虛實混雜的傳奇經歷，是與其身份、職業和社會形象的需要有關，借以神化自己和欺騙世人。"（雍際春：《天水放馬灘木板地圖研究》，第 31 頁）

⑥ 王輝：《〈天水放馬灘秦簡〉校讀記》，武漢大學簡帛研究中心主辦：《簡帛》第六輯，第 66—68 頁。

⑦ 《天水放馬灘墓葬發掘報告》，載甘肅省文物考古研究所編《天水放馬灘秦簡》，第 127 頁。

⑧ 《天水放馬灘墓葬發掘報告》，載甘肅省文物考古研究所編《天水放馬灘秦簡》，第 130 頁。

死、丹之葬和丹之祭，不能視為文學虛構。"① 李零主張簡文中"丹"就是放馬灘1號墓主人，故不認同李學勤及《天水放馬灘秦簡》所擬《志怪故事》篇名，但他未給出新定名。

概括而言，但凡學者主張《墓主記》篇名或丹係 M1 墓主人，必然在邏輯上認同簡文涉及的內容，全部或部分是真實的，進而視為判定墓地下葬及竹簡書寫代年代的唯一直接依據。若將這篇簡文視為志怪故事，其內容純屬杜撰和虛構，那麼就失去了斷代的重要依據。② 我們認為：丹並非墓主人，而是虛構或訛傳塑造出來的主人公形象（但不排除故事的構成要素中包含某些真實的成分），其成書年代明顯早於墓葬年代。

2.《志怪故事》。李學勤首次定名為"志怪故事"，並指出："簡文所述丹死而復活的故事，顯然有志怪的性質。與後世眾多志怪小說一樣，這個故事可能出於虛構。也可能丹實有其人，逃亡至秦，捏造出這個故事，借以從事與巫鬼迷信有關的營生。"③ 這番論述指出了本篇簡文的荒誕性和神秘色彩，但也並未全然否認丹確有其人的可能性，而僅是強調了故事本身的虛構成分。對於丹是否就是 M1 墓主人，李學勤則並未給予正面的回答。日本學者藤田勝久承襲了李學勤的觀點及態度，他指出："我認為最重要的便是這樣一個事實：這座墓的墓主擁有有關死者復活和祭祀的文書，而並沒有必要去限定墓主是告文中所說的人物。……《墓主記》這一名稱也有重新探討的必要。所以，我基本上採用李學勤的解釋。"④ 祝中熹則將李氏觀點又做了推進，認為丹的復生故事"是一種虛構，是一種民間文學創作，而決非某人經歷的記實"⑤。祝氏完全排除了丹是 M1 墓主的可能性，認為丹僅是怪異故事中虛構的人物形象、與現實中 M1 墓主無必然聯繫，"放馬灘秦墓 M1 的主人可能是個'日者'，也就是後世所謂

---

① 李零：《秦簡的定名與分類·附錄：放馬灘秦簡〈志怪故事〉（今移簡 6 於簡 7 後）》，武漢大學簡帛研究中心主辦：《簡帛》第六輯，第 5 頁。

② 何雙全曾將學界關於這篇作品性質的討論，概括為三種說法。（詳見何雙全《簡牘》"三、天水秦簡"，第 42 頁）

③ 李學勤：《放馬灘簡中的志怪故事》，《文物》1990 年第 4 期，第 46 頁。

④ ［日］藤田勝久：《戰國時秦的領域形成和交通路線》，李淑萍譯，秦始皇兵馬俑博物館《論叢》編委會編：《秦文化論叢》第六輯，第 361—362 頁。

⑤ 祝中熹：《對天水放馬灘木板地圖的幾點新認識》，《隴右文博》2001 年第 2 期，第 22 頁。

'算命先生'；他大約還兼習 '堪輿' 之術，也就是後世所謂 '陰陽風水'"①。

　　3.《邸丞謁御史書》。胡平生、李天虹合撰書中抄錄了李學勤釋文，但將篇名改稱《邸丞謁御史書》，② 其後宋華強、晏昌貴沿襲了此命名。③ 這一篇名的出爐，想必是基於篇首公文書格式而擬定的。採用此篇名，就在邏輯上決定了必然承認公文呈報程序是真實的，而至於呈報內容（丹的復生事件）的真假與否則可兩說。最重要的是，公文書篇首部分的紀年、地名、官職等信息就是真實可信的，藉此可判定絕對年代。誠如 2009 年出版的《天水放馬灘秦簡》所言："全文以謁書形式陳述，似上呈文書，有紀年、有職官，有事由。"④ "此書以謁告文書形式寫出，文中所提到的邦丞、地名、職官都可找到依據，為此可以確認此紀年及其曆朔當為實錄。"⑤

　　4.《日書》、式占類。任步雲將七枚志怪故事竹簡定義為 "一組占卜驗證詞"，歸屬於《日書》乙種。⑥ 孫占宇沿襲此說，並認為其後半部分與睡虎地秦簡《詰》篇在內容和性質上都很相似，應歸入《日書》類，⑦是《日書》乙種中的一篇。⑧ 程少軒所撰博士學位論文則認為："《志怪故事》與乙種《日書》很可能編於同一冊，其抄寫狀況與北大秦簡第四卷 '雜抄' 頗為類似，可據內容分為幾個相對獨立的部分，《志怪故事》便是其中之一。"⑨ 我們認為，就內容性質而言，《志怪故事》可以劃歸入

---

　　① 祝中熹：《對天水放馬灘木板地圖的幾點新認識》，《隴右文博》2001 年第 2 期，第 22 頁。

　　② 胡平生、李天虹：《長江流域出土簡牘與研究》，第 230 頁。

　　③ 晏昌貴：《放馬灘簡〈邸丞謁御史書〉中的時間與地點》，清華大學出土文獻研究與保護中心編、李學勤主編《出土文獻》第四輯，第 297—303 頁；宋華強：《放馬灘秦簡〈邸丞謁御史書〉釋讀札記》，中國文化遺產研究院編：《出土文獻研究》第十輯，第 137—143 頁。不過，宋氏論文在簡帛網刊發時，卻又採用《志怪故事》為題，態度曖昧，令人費解。［宋華強：《放馬灘秦簡〈志怪故事〉札記》，簡帛網（www.bsm.org.cn），2010 年 3 月 5 日］

　　④ 《天水放馬灘墓葬發掘報告》，載甘肅省文物考古研究所編《天水放馬灘秦簡》，第 127 頁。

　　⑤ 《天水放馬灘墓葬發掘報告》，載甘肅省文物考古研究所編《天水放馬灘秦簡》，第 130 頁。

　　⑥ 任步雲：《放馬灘出土竹簡日書芻議》，《西北史地》1989 年第 3 期，第 87 頁。

　　⑦ 孫占宇：《放馬灘秦簡日書整理與研究》，第 132—135 頁、第 182—185 頁。

　　⑧ 孫占宇：《放馬灘秦簡日書整理與研究》，第 132 頁；孫占宇：《放馬灘秦簡乙 360—366 號 "墓主記" 說商榷》，《西北師大學報》（社會科學版）2010 年第 5 期，第 49 頁。

　　⑨ 程少軒：《放馬灘簡式占古佚書研究》（提交稿），第 5 頁。

神仙方術類、驅鬼避邪類文獻，但不易貿然說就屬於《日書》中的一篇，更不能直接判定與《日書》是編聯在一起的，即使是編聯在一起也應是分屬不同性質的兩部分。

5.《丹》《丹記》《祠鬼》。王輝不同意李學勤及《天水放馬灘秦簡》所擬定的篇名《志怪故事》，認為：" '志怪小說' 或 '志怪故事'，只是這類小說、故事的特點，是一個大的類別。至於志怪小說故事的每一則具體故事，仍可據事主或内容命名……若據事主命名，我以為這則故事以《丹》或《丹記》作為標題，才比較確切。"① 孫占宇所撰多篇論文中徑稱《丹》，並分析說："本篇的核心内容是鬼的種種習性，而不是丹的傳奇一生。……而 '丹' 篇作為一篇專門講述鬼怪 '習性的' 篇目，也屬於方術的範疇，也應當歸入日書，而不是 '墓主記'。因此筆者傾向於將本篇改題為 '丹'。"② 其後，孫占宇在前說基礎上，又撰文予以補充論證，進而認為 "本篇也是乙種《日書》中的一篇，而不是 '墓主記'，其篇題宜按内容擬為 '丹' 或 '祠鬼' 為宜"③。"而前引 '墓主記' 說及 '官文書抄本' 說在判定本篇性質的過程中都對本篇後半部分内容有所忽視，不能不說是一處重要疏漏。"④ 陳侃理也採納了《丹》篇的題名。⑤

其實，上述五種篇名的擬定均有失誤或不盡人意之處：（1）《墓主記》是將簡文中主人公丹視為 M1 墓主，進而將丹的故事視作墓主人的生平經歷（或以墓主事跡改編而成的），就目前掌握的考古證據顯示，無法證明丹與墓主有必然聯繫。而且，北大秦牘《泰原有死者》及敦煌懸泉漢簡第二六八號也證實此類故事應是當時流行的某類文體/文獻，與墓主人的個人經歷無關，絕不可對號入座。（2）"志怪故事" 是對某一類文體

---

① 王輝：《〈天水放馬灘秦簡〉校讀記》，武漢大學簡帛研究中心主辦：《簡帛》第六輯，第 67 頁。

② 孫占宇：《放馬灘秦簡日書整理與研究》，第 184 頁。

③ 孫占宇：《放馬灘秦簡乙 360—366 號 "墓主記" 說商榷》，《西北師大學報》（社會科學版）2010 年第 5 期，第 49 頁。

④ 孫占宇：《放馬灘秦簡乙 360—366 號 "墓主記" 說商榷》，《西北師大學報》（社會科學版）2010 年第 5 期，第 48 頁。

⑤ 陳侃理：《放馬灘秦簡〈丹〉篇札記》，簡帛網（www.bsm.org.cn），2012 年 9 月 25 日；陳侃理：《秦簡牘復生故事與喪葬習俗》，載《中國簡帛學國際論壇 2012：秦簡牘研究論文集》，第 44—56 頁。

或體裁的統稱，以此為篇名不足以彰顯個性，不僅背離了古人篇題定名之原則，也未必符合當時人對本篇簡文實際功用的定義和看法。李紀祥認為李學勤將《墓主記》歸入志怪故事，是採用宋明以來的觀點，"忽略了其在魏晉被識為真實歸入史的一面"①。李零亦言這類故事在當時人頭腦中恐怕並非是文學虛構的產物。②（3）《邸丞謁御史書》篇名成立的先決條件就是此篇必須是一份真實的官府行政文書，但事實上這份文書的真實性尚有待探討（詳見下文）。（4）從內容格式、術語措辭及行文風格來看，本篇簡文與《日書》甲、乙種均存在很大差異，明顯不應歸入《日書》及式占範疇。有學者認為本篇簡文與睡簡《詰》篇相似，但稍加比對就不難發現，二者的內容、性質及宗旨截然不同，絕不可混同。而且睡簡《詰》篇是否屬於《日書》也存有爭議——如連劭名就主張《詰》篇與《日書》雖是抄寫在同一簡冊上，但係獨立成篇。③（5）《丹》篇的命名是諸說中較為可取的，但也並非盡善盡美：其一，以人名命篇題是魏晉以降志怪小說的常見做法，然非戰國、秦漢之通例；其二，以事主"丹"來命名則未抓住本篇內容的主旨和核心（本篇並非丹的人物傳記），也並未概括出簡文的中心思想。不過，相較其他四種篇題而言，《丹》篇的擬定勉強算是最為貼近文意的。需要說明的是，本書為避免歧義，在行文中仍沿用《志怪故事》的篇題。

此外，值得注意的是，這份公文書的真實性還引起學界的廣泛爭議。換言之，篇首所言"邸（邦）丞"呈報"御史"的公務行為是否真實發生過，抑或是僅借用了公文書格式而虛構出來的？對此問題，學界出現了兩派截然相反的立場和意見：

第一，公文書是真實的。何雙全認為這份"謁書"是對墓主丹神奇經歷的忠實記錄，是地方官員呈報中央御史的行政函件，文書本身的真實性是不容置疑的。④ 李學勤雖然認為丹的復生故事乃係志怪小說之濫觴，

① 李紀祥：《甘肅天水放馬灘〈墓主記〉秦簡所反映的民俗信仰初探》，載漢學研究中心主編《民間信仰與中國文化國際研討會論文集》，第 171 頁。
② 李零：《北大秦牘〈泰原有死者〉簡介》，《文物》2012 年第 6 期，第 84 頁。
③ 連劭名：《睡虎地秦簡〈日書〉及〈詰〉篇補證》，《江漢考古》2001 年第 1 期，第 78—79 頁轉第 30 頁；連劭名：《雲夢秦簡〈詰〉篇考述》，《考古學報》2002 年第 1 期，第 23—38 頁。
④ 何雙全：《天水放馬灘秦簡綜述》，《文物》1989 年第 2 期，第 23 頁。

但認同公文書的真實性（"文中的曆朔當為實錄"），並據此判定簡文的書寫年代。①

張修桂完全贊同何雙全的意見，並對其說進行了修飾和補充，解答了既然是官府文書又為何會出現在 M1 墓中的疑問——"但呈報中央的文書，為什麼又會出現在 1 號墓內？我估計，出土的這份《墓主記》應該是一分抄件，並非呈文原件。由於丹是一位頗有名望的人物，呈文所記述的又是他的生平功過是非，所以在謁文呈報中央的同時，抄錄一份隨丹入葬，也算是官府同僚對丹的一生的總結和悼念"②。胡平生、李天虹也認為這份簡文乃係"抄件"，但並非墓主本人事跡的抄錄，而"傾向於這是一件輾轉相抄的前代官文書，其最初的製作就是地方官吏聽到民間有這樣一件事情，便報告了上級"③。比較兩種"抄件"說，前者太過牽強附會、充滿想象力，後者則較平實亦趨合理。

有趣的是，前文已述李零主張將全篇簡文劃分為兩大部分，篇首第一部分的官文書（從"八年八月己巳"至"葬之垣雍南門外"訖），"用來講墓主下葬的時間和他死亡的原因"，④ 與其後第二部分的"復生"（遷葬）內容無涉。據此推知，就官文書內容而言，李零認為是真實可靠的，是對墓主丹的身份及死因的官方認定，換言之，這次呈報行為是確實發生過的。有鑑於此，李零將這篇《志怪故事》簡文劃歸入"年譜類"。⑤

第二，公文書是虛構的。有學者認為，不能因公文格式就判定為真實的官府公文書。譬如，祝中熹主張"簡文以'邸丞赤敢謁御史'開頭，是為了增強故事的可信性，不一定說明這確是一份官府文書"⑥。陳侃理也指

---

① 李學勤分析說："簡文採取邸丞赤向御史謁告的文書的形式，可以推想文中的曆朔當為實錄。……王里是氏道的里名，丹居住在這裏，有怪異之事，因而邸丞赤報告給御史。"（李學勤：《放馬灘簡中的志怪故事》，《文物》1990 年第 4 期，第 45 頁）

② 張修桂：《天水〈放馬灘地圖〉的繪製年代》，《復旦學報》（社會科學版）1991 年第 1 期，第 44—45 頁。

③ 胡平生、李天虹：《長江流域出土簡牘與研究》，第 233 頁。

④ 李零：《秦簡的定名與分類·附錄：放馬灘秦簡〈志怪故事〉（今移簡 6 於簡 7 後）》，武漢大學簡帛研究中心主辦：《簡帛》第六輯，第 8 頁。

⑤ 李零：《秦簡的定名與分類·附錄：放馬灘秦簡〈志怪故事〉（今移簡 6 於簡 7 後）》，武漢大學簡帛研究中心主辦：《簡帛》第六輯，第 4—5 頁。

⑥ 祝中熹：《對天水放馬灘木板地圖的幾點新認識》，《隴右文博》2001 年第 2 期，第 22 頁。

斥了本篇公文書的真實性，認為"《丹》篇採取'邸丞謁御史書'的公文形式出於有意的虛構，是為了表明丹死而復生事件真實性的一種'包裝'"①。

事實上，秦漢以來墓葬中常見的告地策、鎮墓文、買地券等在行文上也都採用（或部分採用）了公文書格式，但與現實官僚體系中的行政文書毫無關係。在現有證據下，我們不贊成這是一份真實有效的上行官府公文書，但也不排除其中的紀年、地名、官職等或反映了一定的真實性，應是在特定的社會、政治、歷史、文化等語境下形成的。借用現代人的話來說，那就是：文學創作源於生活，又高於生活。從那些光怪陸離的文學作品中或可尋覓到當時社會生活的某些影子。

三　釋文與譯文的釐定

茲現以圖版為依據，斟酌諸家意見，採擷他人所長、彌補一己所短，釐定釋文，並試加斷句和翻譯。

（一）釋文

■八年八月己巳，邸丞赤敢謁御史：大梁人王里□□曰丹，□□七年，丹矢傷人垣雒（雍）里中，因自刺殹，棄之于市三日，葬之垣雒（雍）南門外。三年，丹而復生。丹所以得復生者，吾（語）犀武舍人，犀武論其舍人尚命者，以丹未當死，因告司命史公孫強，因令白狐穴屈（窟）出丹，立墓上三日，因與司命史公孫強北之趙氏之北地柏丘之上。盈四年，乃聞犬咈（吠）雞鳴而人食，其狀類（額）益（嗌）、少麋（眉）、墨，四支（肢）不用。

丹言曰：死者不欲多衣。死人以白茅為富，其鬼賤（荐）於它而富。

丹言：祠墓者毋敢哈（哭）。〓（哈），鬼去敬（驚）走。已，收臉（餟）而聲之，如此鬼終身不食殹。

① 陳侃理：《秦簡牘復生故事與喪葬習俗》，載《中國簡帛學國際論壇 2012：秦簡牘研究論文集》，第 53 頁。

丹言：祠者必謹騷（掃）除，毋以淘淪祠所。毋以羹沃腏（餟）上，鬼弗食殹。

（二）譯文

八年八月己巳，邸丞赤謹呈文向御史稟報：原籍大梁、現居本縣王里的……名叫丹的人，……七年，丹在垣離（雍）里中以箭傷人，並因此自刺身亡，依律陳屍三日後埋葬在垣離（雍）城南門外的荒郊野地。三年後，丹死而復生。丹之所以能夠得以復活的原因，是有人將案情向犀武舍人進行了申訴或報告，犀武召集屬下中熟知刑律者，共同對案情重作審議和量刑，認定丹罪不及死，犀武將此情況告知司命史公孫強。公孫強就命令白狐穿穴入壙室，將丹的屍身挖出來，在墓地上放了三天。然後，丹與司命史公孫強北行至趙地以北的幽冥之地——長滿柏樹的山丘之上。待滿了四年後，丹才能聽得見狗叫、雞鳴之類的聲音，也才能像正常人那樣吃飯，其容貌是喉部有疤痕、眉毛稀少、面色（氣色）黝黑，手腳僵硬、不聽使喚。

丹說道：死去的人不需要有多餘的衣服。死人以擁有白茅的多寡來標誌富有與否，故人死化鬼後以蒐集、積聚白茅而致富。

丹說：到墓地祭拜亡者時切勿哭泣。若哭泣，鬼就會因驚嚇而跑掉了。倘若祠祭剛結束，就立即撤去酒食祀品並一下子全部吃掉，那麼鬼就永遠不會再食用祭品了。

丹說：祭祀者必須恭敬地清掃墓地，（清掃時）切勿用淘米水之類洗過東西的髒水噴灑祭祀場所。不要把湯汁澆在祭飯上，若是那樣鬼就不肯吃了。

四　放馬灘秦簡《志怪故事》中的宗教信仰

任何文學作品都離不開特定的歷史背景和文化氛圍，必然會烙刻鮮明的時代特徵。放馬灘秦簡《志怪故事》亦是如此，簡文涉及的語辭術語、內容梗概及情節設計等，無不體現了先秦及秦漢社會民眾的宗教信仰和風俗觀念。這則故事所隱含的復生理念及思維邏輯，與當時人們的宗教認知有著密切關係，是那個時代集體記憶的一種折射和反映。對古人來說，大多數怪異的現象難免會涉及鬼神靈異，並經由"轉相告語"等口耳或書面等傳播過程之後，往往由假成真，建構成為一種民間信仰禮俗，進而被文人等知識階層記錄保存下來。所以，分析這篇簡文中的宗教內涵，將有助於把握放簡《志怪故事》的創作動機及其受眾群體的社會心理，透過還原事件發生時所處的情境/語境，能夠更貼切、更深入地理解文字背後的深層含義，才能領悟這篇復生簡文在當時人心目中所特有的權威性、說教力和震懾力，並由此承擔了輿論引導、移風易俗、勸化民心的功用。

（一）數字"三"的神秘性

放簡《志怪故事》中共出現了七次表示時間概念的數字，其中"三"凡計有三次。不難看出，數字"三"作為故事情節設計的重要構成元素，在這篇文學創作中起到了重要作用。下面，我們結合有關文獻及前人成果，對這個數字所代表的宗教含義進行分析和梳理。

中國古人很早就形成了某些數字的迷信和崇拜。這些神秘數通常是作為時間概念中的"聖數"而出現，或被認為具有強大的巫術力量，預示了或吉、或凶的徵兆。[①] 這種心理習慣滲透到先民的潛意識中，無形地支配了他們的生活和文化，深刻影響了他們的言行、舉止和觀念，也包括文學創作。我們相信，諸如神話傳說、志怪故事之類的文學作品，在貌似荒誕或杜撰的背後，必然有一個真實的觀念或禮俗作為理論支撐，那些光怪陸離的虛構和想象卻也真實展現了社會民眾的內心渴望和理想信念。神秘數字在非寫實類文學創作中常常擔負了一種信息傳遞的功能，具有強烈的暗示性和隱喻性。我們所應做的就是揭開籠罩在外層的神秘面紗，讀取其中最隱微的信息，探究其背後的文化內涵及核心理念。

遠古先民對數字"三"的神秘化，可以說是伴隨著人類數字觀念同步進行的，原始宗教中已將"三"視為聖數的慣用數字之一。[②] 有學者分

---

① 有關古人神秘數字的研究，詳見俞曉群《數術探秘——數在中國古代的神秘意義》，北京：生活·讀書·新知三聯書店1994年版；曲彥斌：《神秘數》，石家莊：河北人民出版社1997年版；葉舒憲、田大憲：《中國古代神秘數字》，北京：社會科學文獻出版社1998年版。

② 有關數字"三"的神秘性及其象徵含義，詳見葉舒憲、田大憲《中國古代神秘數字》第三章《天地人三才》，第38—54頁；譚學純：《中國神秘數字："三"和"五"》，《民間文學論壇》1994年第4期，第12—16頁；唐群：《"法天地"與治國興邦——〈呂氏春秋〉神秘數字及對後世的影響》，梁安和、徐衛民主編：《秦漢研究》第六輯，西安：陝西出版集團、陝西人民出版社2012年版，第112—121頁。

析《山海經》中的神秘數字，認為"三"與"不死""創生"等義有緊密的關繫，"三"數可以賜予生命，代表了生命之豐足，同時兼有"光明""完成""超越"之多重意義。① 其實，在《周易》《老子》等先秦典籍中，"三"就已象徵了宇宙創世、生命初始等含義，是生成發展之基數、陽數。當然也應注意到，古代文獻中"三"有時泛指"多"，並不是專指確數。

放簡《志怪故事》涉及數字"三"的語句計有三次："棄之于市三日"（1 號簡）、"三年丹而復生"（2 號簡）、"立墓上三日"（3 號簡）。② 我們先來說"三年"，次說"三日"。第 2 號簡文談到主人公丹自刺身亡、埋葬三年後，得以復活。耐人尋味的是，北京大學藏秦代木牘《泰原有死者》開篇亦言"泰原有死者，三歲而復產，獻之咸陽"，隨後又云"女子死三歲而復嫁"云云。③ 這兩篇簡文中的主人公均是死後三年而獲重生，難道純屬巧合嗎？翻檢漢晉傳世文獻中的復生故事，不乏可見三年復生的其他案例。④ 譬如，《列仙傳·谷春》談到漢成帝時，谷春"病死，而屍不冷。家發喪行服，猶不敢下釘。三年，更著冠幘坐縣門上，邑中人大驚。家人迎之，不肯隨歸。發棺，有衣無屍。留門上，三宿，去之長安，止橫門上"。⑤《搜神記·王道平》則記載了一段淒美的愛情故事：秦始皇時王道平與同村唐叔偕女（小名父喻）青梅竹馬、私訂終身，道平服役久不歸，唐女因強嫁他人、忿怨而死。死後三年，道平還家、悲痛不

① 邱宜文：《時空之鑰——〈山海經〉的神秘數字探析（續）》，《東南大學學報》（哲學社會科學版）2004 年第 2 期，第 86—89 頁。

② 美國學者夏德安指出：放簡《志怪故事》中的主人公丹"在其復活描寫中的'三'完全和早期有關生死宗教儀式由三天增長到三個月乃至三年的禮俗相吻合"。（［美］夏德安：《戰國民間宗教中的復活問題》，陳松長、熊建國譯，中國社會科學院簡帛研究中心編：《簡帛研究譯叢》第一輯，第 32—33 頁）夏氏已意識到放簡《志怪故事》中數字"三"所隱含的象徵含義，可惜未能就此展開深入分析和論證。

③ 李零：《北大秦牘〈泰原有死者〉簡介》，《文物》2012 年第 6 期，第 81 頁。陳偉則提出這句牘文應斷讀為："女子死三歲而復，嫁後有死者，勿并其冢。"並且解釋說："復，或即牘文開頭所說的'復產'省稱，指死而復活。"［陳偉：《北大藏秦簡〈泰原有死者〉識小》，簡帛網（www. bsm. org. cn），2012 年 7 月 14 日］

④ 死後三年而復生，亦是唐代志怪故事中常見的時間模式。如《酉陽雜俎·屍穸》記載："南陽縣民蘇調女死三年，自開棺還家，言夫將軍事。"（唐·段成式撰：《酉陽雜俎》前集卷十三，方南生點校，北京：中華書局 1981 年版，第 124 頁）

⑤ 王叔岷撰：《列仙傳校箋》卷下，北京：中華書局 2007 年版，第 129 頁。

已，女魂出墓相見，感天動地，開塚、破棺而得復活，有情人終成眷屬。① 與之類似者還有《搜神記·紫玉》，故事敘述了吳王夫差小女紫玉與貧家青年韓重相戀，韓重赴外地遊學，行前託父母求婚卻遭吳王反對，"（紫）玉結氣死，葬閶門之外"。三年後，韓重返家，聞知死訊，往弔於墓前，玉魂從墓出，二人在塚中相會三日三夜。② 上述案例中死而復生的時間選擇為何都是"三年"後呢？或者說，"三年"時段對於復甦者而言，有何特定含義？眾所周知，先秦時人已形成守喪三年期的傳統。③ 這一喪制的形成及其被廣泛接受，不僅是源於親情倫理及禮制習俗的滲透和推行，而且也彰顯了人們對生命歷程的體驗——暗示了舊生命的完結和新生命的開始，所以《禮記·三年問》中有"送死有已、復生有節"的說法，漢代鄭玄注曰："復生，除喪反生者之事也。"④ 有鑑於此，前述數則故事中均將復生的時間點設定在死後三年，顯然是有良苦用心的，乃係導源於古人的生命禮俗觀念。有趣的是，《墨子·明鬼》收錄了冤鬼復仇的案例——杜伯殺周宣王、莊子儀殺燕簡公，這兩起事件都是主人公死後三年時發生的。⑤ 總之，"三年"對於生命歷程而言，是有著神秘的影響力和標誌性的時間跨度。

放簡《志怪故事》中出現兩次"三日"，一次是初死時"棄之于市三日"，一次是從墓中發掘出來後"立墓上三日"。前後兩次"三日"均標

① （晉）干寶撰：《搜神記》卷十五，汪紹楹校注，第178頁。
② （晉）干寶撰：《搜神記》卷十六，汪紹楹校注，第200—201頁。
③ 《論語·陽貨下》："夫三年之喪，天下之通喪也。"（程樹德撰：《論語集釋》卷三五，程俊英、蔣見元點校，北京：中華書局1990年版，第1237頁）《墨子·節葬下》云："今惟無以厚葬久喪者為政，君死喪之三年，父母死喪之三年，妻與後子死者，五皆喪之三年。"（吳毓江撰：《墨子校注》卷六，孫啟治點校，北京：中華書局1993年版，第264頁）《禮記·三年問》云："然則何以三年也？曰：加隆焉爾也。"其緣由乃係孔子所言"子生三年，然後免於父母之懷"，故云"故三年之喪，人道之至文者也。夫是之謂至隆"。（《十三經注疏》整理委員會整理、李學勤主編：《禮記正義》卷五八，第1559頁）有關三年喪期的研究，詳見黃瑞琦《"三年之喪"起源考辨》，《齊魯學刊》1988年第2期，第49—52頁；顧洪：《試論"三年之喪"起源》，《齊魯學刊》1989年第3期，第57—65頁；楊朝明：《"三年之喪"應為殷代遺制說》，《史學月刊》1995年第2期，第13—17頁轉第12頁；丁鼎：《"三年之喪"源流考論》，《史學集刊》2001年第1期，第7—15頁；方述鑫：《"三年之喪"起源新論》，《四川大學學報》（哲學社會科學版）2002年第2期，第98—103頁。
④ 《十三經注疏》整理委員會整理、李學勤主編：《禮記正義》卷五八，第1556頁。
⑤ 吳毓江撰：《墨子校注》卷八，孫啟治點校，第337—338頁。

誌了生與死的界限，二者形成鮮明對照：前次"三日"是在丹自刺身亡後進行的，旨在公開宣示其死亡、然後安葬，陳屍示眾的"三日"是主人公丹從生到死的過渡階段（古代喪儀也是人死後三天才裝殮入棺的），這就意味著丹終結了人世間的一切聯繫，從此轉入地府世界（墳墓）；後次"三日"則旨在宣告其生命的回歸，丹從墳墓中發掘出來後，並未被司命史公孫強徑直帶往"北地柏丘之上"，而是先在墓地上放置了三天，這"三日"就是從地府重返人世的過渡階段，意味著丹徹底告別鬼域冥界，重新回到人類的懷抱。前引《列仙傳》中的谷春在死後三年復生初時駐留城門三日，想必也不是譁眾取寵之舉。城門是空間的界限，是荒野/鬼魅與人世/生人的分界點，城門外是荒郊野地、野獸鬼魅潛行之地域，城門內是繁華喧鬧、生人棲息之場所。谷春選擇在象徵人世邊際的城門上停留三日，應該與放簡《志怪故事》所言"立墓上三日"具有相同的含義。而前引《搜神記·紫玉》中男女主人公在墓中相聚"留三日三夜，盡夫婦之禮"應該也具有時間尺度上的象徵意義。①

（二）"司命史公孫強"是何許人也

有關司命神的最早記載，當推春秋時齊莊王"洹子孟姜壺"銘文。②此外，傳世文獻中《周禮·春官》談到大宗伯司職祭祀天地神祇，"以槱燎祀司中、司命、風師、雨師"③。《禮記·祭法》所言"王為羣姓立七祀""諸侯為國立五祀"，其中"司命"位列諸祀之首。④《莊子·至樂》亦載莊子之楚途中遇一骷髏"枕而臥"，夜夢與其對話，莊子曰："吾使

---

① 此外，《幽明錄》亦載一則復生故事：會稽郡吏鄞縣薛重斬殺淫妻大蛇，"經數日，而婦死，又數日，而重卒。經三日復生，說始死時，有神人將重到一官府，見官寮"，幸由冥界府君查明其受妄訟而放還。（魯迅校錄：《古小說鉤沉》，濟南：齊魯書社 1997 年版，第 186—187 頁）引文中主人公薛重卒後三日復生的情節，想必與時人對數字"三"的崇拜心理及"三日"時段的神秘化觀念分不開。其實，西方基督教中的耶穌也是在死後第三天復活。中西方文化差異雖然明顯，但這一點上則有異曲同工之妙。

② 該銘文詳見孫作雲《〈九歌〉司命神考》，原載《清華月刊》1937 年第 1 卷第 1 期，今據《孫作雲文集》第 1 卷《〈楚辭〉研究》下，開封：河南大學出版社 2003 年版，第 460—461 頁。

③ 《十三經注疏》整理委員會整理、李學勤主編：《周禮注疏》卷十八，第 451 頁。

④ 《十三經注疏》整理委員會整理、李學勤主編：《禮記正義》卷四六，第 1304—1305 頁。

司命復生子形，為子骨肉肌膚，反子父母妻子間里知識，子欲之乎?"①
這就點明了司命的身份——掌控生死壽命之神祇，他可以令人死而復生。
值得注意的是，屈原《九歌》中將司命神劃分成大、小二神，②並撰《大
司命》《小司命》兩篇分別對其神格形象進行描述和歌頌。③其中，《大
司命》篇云："紛總總兮九州，何壽夭兮在予！……愁人兮奈何！願若今
兮無虧。固人命兮有當，孰離合兮可為?"④這段文字大略是說，人秉承
天命而生，壽夭乃由司命神來職掌。而這一點可從名醫扁鵲的言論中得到
印證，其診斷齊桓侯病情時說道："疾之居腠理也，湯熨之所及也；在血
脈，鍼石之所及也；其在腸胃，酒醪之所及也；其在骨髓，雖司命無之奈
何。"⑤引文末尾是說扁鵲認為齊侯已病入膏肓，即使是執掌壽命的司命
神對此也毫無辦法了。總之，上述史料充分證實司命觀念在先秦時業已十
分流行。⑥

　　漢代"司命"說承襲先秦傳統，並有所推進和發展。據《史記·封
禪書》記載：漢高祖劉邦平定天下，詔令"長安置祠祝官、女巫"，有梁
巫、晉巫、秦巫、荊巫、九天巫、河巫、南山巫等各有奉祀對象，"皆以
歲時祠宮中"。其中，司命為晉巫、荊巫所祠祭。⑦漢武帝時置壽宮神君，
尊奉太一，佐以大禁、司命。⑧《史記·天官書》則云"司命"是斗魁戴

　　①　（清）郭慶藩撰：《莊子集釋》卷六下，王孝魚點校，北京：中華書局1961年版，第
619頁。
　　②　孫作雲認為：大司命司大人之命，少司命司小兒之命。（詳見孫作雲《〈九歌〉司命神
考》，原載《清華月刊》1937年第1卷第1期，今據《孫作雲文集》第1卷《〈楚辭〉研究》
下，第460—470頁）
　　③　詳見（宋）朱熹《楚辭集注》，上海：上海古籍出版社1979年版，第39—42頁。
　　④　（宋）朱熹：《楚辭集注》，第38—39頁。
　　⑤　（西漢）司馬遷撰：《史記》卷一〇五，第2793頁。
　　⑥　有關先秦及漢代司命信仰之考察，詳見聞一多《司命考》，載氏著《聞一多全集》第5
卷（楚辭編·樂府詩編），武漢：湖北人民出版社1993年版，第6—9頁；孫作雲：《漢代司命神
像的發現》，原載《光明日報》1963年12月4日史學版275號，今據《孫作雲文集》第1卷
《〈楚辭〉研究》下，第471—473頁；晏昌貴：《巫鬼與淫祀——楚簡所見方術宗教考》，武漢：
武漢大學出版社2010年版，第101—105頁。
　　⑦　（西漢）司馬遷撰：《史記》卷二八，第1378—1379頁。
　　⑧　（西漢）司馬遷撰：《史記》卷十二，第459頁。

匡六星中的第四顆星。① 漢代緯書《春秋元命包》則指出這顆司命星乃執掌人的壽命，② 又云："司命舉過，滅除不祥。"③ 由此可見，漢代人堅信司命是主壽/命運之神祇（星座）。此外，漢代司命信仰的一個重大進展就是，深入凸顯出人格化和平民化等特徵。關於司命之形象，《列仙傳·木羽傳》給予擬人化處理："（木羽）母貧賤，主助產，嘗探產，婦兒生便開目，視母大笑，其母大怖。夜夢見大冠赤幘者守兒，言此司命君也。當報汝恩，使汝子木羽得仙、母陰信識之。"④ 前文描述了司命的衣冠氣度，漢代緯書《春秋佐助期》則形象地勾勒出司命的體貌特徵，甚至杜撰了名字，如云："司命神名為滅黨，長八尺，小鼻望羊，多髭癯瘦，通于命運期度。"⑤ 漢季民間供祠司命之風盛行，據《風俗通義·祀典》"司命"條介紹："司命，文昌也。……今民間獨祀司命耳，刻木長尺二寸為人像，行者檐篋中，居者別作小屋，齊地大尊重之，汝南餘郡亦多有，皆祠以脯，率以春秋之月。"⑥ 如上種種，漢代司命信仰較之先秦時已更為普及和流行，且奉祀人群開始下移，出現了平民化傾向。⑦ 東漢以降，齊地、汝南等地民眾甚至將司命視為日常生活中最重要的神祇，刻木為像，行則置挑擔中、居則別設小屋，以便於施祀祭拜，其目的不外乎祈求長壽和福祿。

基於上述分析，我們可以判定放簡《志怪故事》第 3 號簡文中 "司

① 《史記·天官書》："斗魁戴匡六星曰文昌宮：一曰上將，二曰次將，三曰貴相，四曰司命，五曰司中，六曰司祿。"司馬貞《索隱》引《春秋元命包》曰："上將建威武，次將正左右，貴相理文緒，司祿賞功進士，司命主老幼，司災主災咎也。"（西漢·司馬遷撰：《史記》卷二七，第 1293—1294 頁）

② 《春秋元命包》云："西近文昌二星，曰上臺，為司命，主壽。"（［日］安居香山、中村璋八輯：《緯書集成》，石家莊：河北人民出版社 1994 年版，第 659 頁）

③ ［日］安居香山、中村璋八輯：《緯書集成》，第 651 頁。

④ 王叔岷撰：《列仙傳校箋》卷下，第 163 頁。

⑤ ［日］安居香山、中村璋八輯：《緯書集成》，第 820 頁。

⑥ （漢）應劭撰：《風俗通義校注》卷八，王利器校注，第 384 頁。

⑦ 蒲慕州分析說："在《禮記·祭法》中，司命為王室羣姓、諸侯等所祀，自大夫以下至士庶人僅立族厲、門、行適、戶、灶等，似不為一般民間所崇拜。然而根據鄭玄注，至少在東漢時代，自司命以下的各神祇均非'大神'，而為'小神，居人之間，司察小過，作譴告者爾……司命主督察三命……今時民家或春秋祠司命、行神、山神、門。灶在旁。是必春祠司命、秋祠厲也'。則司命實為一民間所崇祀的對象。"（蒲慕州：《追求一己之福——中國古代的信仰世界》，上海：上海古籍出版社 2007 年版，第 181—182 頁）

命”就是指先秦及秦漢以來專司人們生死夭壽的神祇。那麼，“司命史公孫強”又係何人/何種角色呢？李學勤認為“司命史”就是《周禮·大宗伯》中所載神祇“司命”的屬下之史，猶如令有令史，進而將此句譯為：“（犀武）認為丹罪不應死，便向司命史公孫強禱告。”① 據引文可知，李學勤認為“公孫強”是執掌人壽命“司命”的下屬官吏，也是一位神祇，故而犀武向這位在仙界中擔任司命史職務的神祇公孫強禱告，請求給予亡者丹以公正的處理。美國學者夏德安也認為“司命史公孫強”是地府中的官吏，犀武是由人間向地府遞送請求。② 不過，也有學者認為公孫強是人而非神，李零將此句譯為“（犀武）於是告給司命史公孫強。公孫強蓋‘其舍人掌命者’之一”③。孫占宇也贊同此說：“司命為掌管人間壽命的天神，楚簡卜筮禱祠記錄亦屢見此神名。……但從後文來看，此司命史公孫強當為人而非神，蓋是公孫強欲自神其說而假託為司命神之屬官。今甘肅鄉間猶有此種自稱為某某神‘弟子’者，以卜算命運、禳解災害為職。”④ 我們認為，李零、孫占宇二氏說法是部分可取的。本簡文中“公孫強”應與犀武關係密切（但恐非李零所言是其手下諸多舍人之一），是人而非神，乃居人世而非仙界，其人應熟知方術神跡或有通靈的本領，是戰國秦漢時期活躍在社會各階層的巫師、方士團體中的一員，或專門從事神人之間溝通的神職人員，故為犀武所推崇和供養。⑤ 他們扮演著神媒的

① 李學勤：《放馬灘簡中的志怪故事》，《文物》1990 年第 4 期，第 44 頁。雍際春承襲李學勤的說法，將此句譯為：“（犀首）認為他的舍人丹罪不當死，所以便向主壽之神司命的下屬公孫強禱告。”（雍際春：《天水放馬灘木板地圖研究》，第 31 頁）

② ［美］夏德安：《戰國民間宗教中的復活問題》，陳松長、熊建國譯，中國社會科學院簡帛研究中心編：《簡帛研究譯叢》第一輯，第 28 頁。

③ 李零：《秦簡的定名與分類·附錄：放馬灘秦簡〈志怪故事〉（今移簡 6 於簡 7 後）》，武漢大學簡帛研究中心主辦：《簡帛》第六輯，第 9 頁。

④ 孫占宇：《放馬灘秦簡〈丹〉篇校注》，載《首屆中國歷史學博士後論壇（2012）論文集》，第 41 頁。

⑤ 夏德安提出放簡“司命史公孫強”與《左傳》及《史記·管蔡世家》談到的春秋時代曹國公孫彊是同一個人。這種看法太過牽強附會，是毫無依據的猜測，不足取。夏氏隨後斷言：“在有關丹的敘述中出現的公孫強在地府的官吏地位顯示著一種道教信仰，即地下官吏都是歷史上的人物再現。”（［美］夏德安：《戰國民間宗教中的復活問題》，陳松長、熊建國譯，中國社會科學院簡帛研究中心編：《簡帛研究譯叢》第一輯，第 28—29 頁）這種說法也太過武斷。事實上，古代民間信仰及道教神譜中的冥界官吏雖有少數的真實歷史人物來充任，但更多則是傳說及杜撰中的人物。

角色（譬如，《真誥》中的華僑、楊羲之流①），是人與神的中間人、媒介者，其職責就是將世人的想法轉呈神祇，或把神旨向世人宣示。"司命史"應是這位"公孫強"自詡或他封（師承秘授）的巫術、方術集團內部的神銜、位階稱謂（猶如後世道士亦有道官品職）。而這類人物——神媒、通靈者，在漢唐史籍及志怪小說中頻繁出現，甚至扮演著較重要的角色。如《史記·魏其武安侯列傳》所言漢武帝派去瞻視田蚡病因的視鬼巫者；②《後漢書·方術列傳》中令人見鬼的劉根；③ 晉代干寶《搜神記》卷二"白頭鵝"條中識破吳孫休所設墓中白頭鵝真形的覡，④ 同卷"石子岡"條中從亂葬墳地中甄別吳孫峻所殺朱主塚的兩位巫者；⑤ 南朝宋劉義慶《幽明錄》中剡縣陳素家中素能見鬼的老婢和專職"見鬼人"⑥。

（三）"白狐"是打通生死兩界的靈獸

中國古人的觀念中，白狐是靈獸，也是祥瑞之兆。戰國古書《穆天子傳》（卷一）記載："甲辰，天子獵於滲澤。於是得白狐、玄狢焉，以祭於河宗。"⑦ 又據《呂氏春秋》所言大禹娶妻塗山之女時即以九尾白狐為吉兆，如謂："禹年三十未娶，行塗山，恐時暮失嗣，曰：'吾之娶也，必有應矣。'已，乃有白狐九尾而造於禹。禹曰：'白者，服也；九尾者，王證也。'於是，塗山人歌之曰：'綏綏白狐，九尾厖厖，成子家室，我都彼昌。'禹乃娶塗山女。"⑧ 又《金樓子·興王篇》記載：成湯時"有

---

① 程樂松：《華僑與楊羲："真人之誥"的靈媒考辨》，《中國道教》2010 年第 1 期，第32—36 頁。

② （西漢）司馬遷撰：《史記》卷一〇七，第 2854 頁。這段文字亦見於《漢書·灌夫傳》（東漢·班固撰：《漢書》卷五二，唐·顏師古注，第 2393 頁）。

③ （南朝宋）范曄撰：《後漢書》卷八二下，（唐）李賢等注，第 2746 頁。

④ （晉）干寶撰：《搜神記》卷二，汪紹楹校注，第 26 頁。

⑤ （晉）干寶撰：《搜神記》卷二，汪紹楹校注，第 26 頁。

⑥ 魯迅校錄：《古小說鉤沉》，第 163—164 頁。

⑦ 王貽樑、陳建敏選：《穆天子傳匯校集釋》卷一，上海：華東師範大學出版社 1994 年版，第 23 頁。

⑧ 這段文字為《開元占經》卷一一六、《藝文類聚》卷九九、《太平御覽》卷九〇九等轉引，今本《呂氏春秋》失載。值得一提的是，東漢趙曄撰《吳越春秋》亦載有此段內容，文字略有差異。（詳見周生春《吳越春秋輯校匯考》卷六，上海：上海古籍出版社 1997 年版，第105—106 頁；張覺校注：《吳越春秋校注》卷六，長沙：岳麓書社 2006 年版，第 161—162 頁）

神人身虎首，獻玉鏡。白狐九尾，諸國貢玉盤"。① 唐代瞿曇悉達撰《開元占經·獸占·獸休徵》詮釋"白狐"徵兆時說："《瑞應圖》曰：王者仁智明則白狐出。又曰：王者仁智動，唯法度，則見。《天鏡》云：王者德和則白狐來。"② 《宋書·符瑞志中》："白狐，王者仁智則至。"③ 有鑑於此，《魏書·靈徵志下》收錄了數十條各地郡縣進獻白狐的記載，④ 藉此寓意當朝執政者仁智淳厚、天下太平。

　　耐人尋味的是，白狐或與墓穴聯繫在一起。⑤ 近年出土的某些漢代銘旌上就繪有靈狐的圖案，⑥ 而此神獸造型在東漢墓葬畫像磚石中尤為常見。⑦ 此外，東晉葛洪撰《西京雜記》談到漢廣川王好盜古墓，在發掘欒書塚時見墓室內有白狐一隻："欒書塚，棺柩明器朽爛無餘。有一白狐，見人驚走，左右遂擊之，不能得，傷其左腳。其夕，王夢一丈夫，鬚眉盡白，來謂王曰：'何故傷吾左腳？'乃以杖叩王左腳。王覺，腳腫痛生瘡，至死不差。"⑧ 又，明代蔣一葵輯《堯山堂外紀》卷八七"李東陽"條談到乃父李淳年少微時為渡人，"一叟見李告曰：'聞汝素有善念，必獲善報。汝有親骨未埋，吾當為擇吉地瘞之。後當有發。'因與擇一山，指曰：'有白狐臥處，即佳壤也。汝可潛舁親骨埋其中。'李一夕往彼，果

　　① （南朝梁）蕭繹撰：《金樓子校箋》卷一，許逸民校箋，北京：中華書局 2011 年版，第128 頁。

　　② （唐）瞿曇悉達撰：《開元占經》卷一一六，常秉義點校，北京：中央編譯出版社 2006年版，第 1167 頁。

　　③ （南朝梁）沈約撰：《宋書》卷二八，北京：中華書局 1974 年版，第 803 頁。

　　④ （北齊）魏收撰：《魏書》卷一一二下，第 2928—2929 頁。

　　⑤ 其實，古人眼中的狐狸（並非僅限於白狐）多與墓穴有神秘的聯系。據《酉陽雜俎·尸穸》記載："漢平陵王墓，墓多狐，狐自穴出者皆毛上坌灰。魏末有人至狐穴前，得金刀鑷、玉唾壺。"（唐·段成式撰：《酉陽雜俎》前集卷十三，方南生點校，第 124 頁）

　　⑥ 例如，1972 年甘肅武威磨咀子 54 號東漢墓發現的一幅銘旌上就繪有三足烏、七尾狐、蟾蜍、玉兔等圖象。（安志敏：《長沙新發現的西漢帛畫試探》，《考古》1973 年第 1 期，第 50—51 頁）

　　⑦ 詳見中國畫像石全集編輯委員會《中國畫像石全集》，鄭州：河南美術出版社、濟南：山東美術出版社 2000 年版；中國畫像磚全集編輯委員會：《中國畫像磚全集》，成都：四川美術出版社 2006 年版。

　　⑧ （晉）葛洪撰：《西京雜記》卷六，程毅中點校，北京：中華書局 1985 年版，第 42 頁。東晉干寶撰《搜神記》亦載此則故事，內容大抵相同。（晉·干寶撰：《搜神記》卷十五，汪紹楹校注，第 188 頁）此外，《太平御覽》卷五五九、卷九〇九及《太平廣記》卷三八九、卷四四七亦有轉錄。

見白狐稔眠不起，李恐天明人知，因折樹枝有聲，狐驚，聳身三立而去，遂即其穴埋之。明日，叟來詢葬事，李告以故。叟曰：'俟狐自起，乃為妙爾。今驚去，當中衰，汝子當不失為三公。'後西涯公果大貴。子兆先早卒，年未三十，公竟至無嗣。"① 這兩則故事中，白狐均扮演了十分重要的角色：前例中白狐是墓室的守護神，後例中白狐是風水寶地的指引者。從中不難看出，白狐頗似有溝通冥界地府與人間鬼魅的神秘力量。所以，放簡《志怪故事》第 3 號簡文 "因令白口穴屈（窟）出丹" 句中 "白" 字後是 "狐" 抑或 "狗" 字的爭議中，我們贊同採納 "狐" 說，這是因為除了圖版字形與 "狐" 字相似外，且從古人的鬼怪觀念及民俗信仰上看也是較為貼切和通順的。②

此外，前文所述 "因令白狐穴屈（窟）出丹" 簡文的含義是說：白狐打洞穿穴進入墓室內，建立起了聯接陰陽兩界的通道，使丹得以重返人世。這令我們聯想起後世復生故事中的類似情節：《太平廣記·再生一》"陳焦" 條談到三國時吳景帝孫休永安四年（261 年），"吳民陳焦死，埋之六日更生，穿土而出"③。又《稽神錄》卷三 "劉鷟" 條云："洪州高安人劉鷟少遇亂，有姊曰糞掃，為軍將孫金所虜；有妹曰烏頭，生十七年而卒。卒後三歲，孫金為常州團練副使，糞掃從其女君會葬於大將陳氏，乃見烏頭在焉。……江州陳承昭為高安制置使，召鷟問其事，令發墓視之。墓在米嶺，無人省視數十年矣。伐木開路而至。見墓上有穴大如碗，測其甚深。眾懼不敢發，相與退坐大樹下，筆疏其事以白承昭。是歲，烏頭病，鷟往省之。乃曰：'頃為鄉人百十餘輩，持刀仗劍，幾中我面，故我大責罵，力拒之，乃退坐大樹下，作文書而去。

---

① （明）蔣一葵輯：《堯山堂外紀》卷八七，北京大學圖書館藏明萬曆刻本，載四庫全書存目叢書編纂委員會編《四庫全書存目叢書》子部第 148 冊，濟南：齊魯書社 1995 年版，第 374 頁。

② 在古人眼中，年老的狐狸通常具有神奇能力。《太平廣記·狐一》"說狐" 條引郭璞《玄中記》云："狐五十歲，能變化為婦人；百歲為美女，為神巫，或為丈夫與女人交接。能知千里外事，善蠱魅，使人迷惑失智；千歲即與天通，為天狐。"（宋·李昉等編：《太平廣記》卷四四七，第 3652 頁）

③ （宋）李昉等編：《太平廣記》卷三七五，第 2980 頁。此外，《太平廣記·再生一》"李仲通婢" 條記載：鄢陵縣令李仲通家中婢女死後三年復生，也是穿土而出的。（宋·李昉等編：《太平廣記》卷三七五，第 2987 頁）

今至舉身猶痛.'驚乃知恆出入墓中也。因是亦懼而疎之。"① 後例故事中的主人公烏頭卒後三年復生，肉身俱在、言行如常，唯獨其墳墓上留有碗大的孔洞，並藉此往返墓室與人間。結合此例，我們推測放簡所言白狐"出丹"恐怕並非是指將丹的屍體發掘出來、搬運到墓室外，而僅是指通過打洞、穿穴的方式將壙室與地面聯通，從而使丹重返人世得以可能。

（四）"柏丘"折射的空間觀念

李學勤對"柏丘"二字並無專門詮釋，但從其譯文"（丹）於是隨司命史公孫強向北經過趙國，到了北地郡的柏丘上面"② 可知，他認為"柏丘"是秦國北地郡下面的一個地名。方勇也認為："'柏丘'為地名，應是'北地'所屬的一個地方。"③ 李零承襲了何雙全"邦"字釋文的看法，並與"柏丘"連讀為"邦柏丘"，意為邦縣下轄的柏丘——"'邦柏丘'是邦縣的柏丘，位置在'趙氏之北'"④。無論"柏丘"是隸屬於北地郡抑或邦縣，都還屬於秦國境內。另有學者認為"柏丘"是在趙國境內，如孫占宇就認為"柏丘"是趙國的地名，並概括此句簡文的主旨是"講述丹復生後又隨司命史公孫強到趙國北方的柏丘一地"⑤。

值得注意的是，李紀祥、連劭名援引《漢書·東方朔傳》"柏者，鬼之廷也"說法詮釋放簡"柏丘"是指墓所或鬼廷。⑥ 其後，陳侃理沿襲此立場，認為："松柏丘墟，與墓園有關。此柏丘疑是死後世界之稱。"⑦ 耐人尋味的是，他還指出揚州胡場漢墓出土的"文告牘"中"遣自致移梢

---

① （宋）徐鉉撰：《稽神錄》卷三，白化文點校，北京：中華書局1996年版，第50—51頁。

② 李學勤：《放馬灘簡中的志怪故事》，《文物》1990年第4期，第44頁。

③ 方勇：《讀放馬灘秦簡〈志怪故事〉札記（一）》，復旦大學出土文獻與古文字研究中心網站（www.gwz.fudan.edu.cn），2009年11月6日。

④ 李零：《秦簡的定名與分類·附錄：放馬灘秦簡〈志怪故事〉（今移簡6於簡7後）》，武漢大學簡帛研究中心主辦：《簡帛》第六輯，第9頁。

⑤ 孫占宇：《放馬灘秦簡〈丹〉篇校注》，載《首屆中國歷史學博士後論壇（2012）論文集》，第41頁。

⑥ 李紀祥：《甘肅天水放馬灘〈墓主記〉秦簡所反映的民俗信仰初探》，載漢學研究中心主編《民間信仰與中國文化國際研討會論文集》，第177頁；連劭名：《雲夢秦簡〈詰〉篇考述》，《考古學報》2002年第1期，第24頁。

⑦ 陳侃理：《放馬灘秦簡〈丹〉篇札記》，簡帛網（www.bsm.org.cn），2012年9月25日。

（詣）穴”釋文中的“栺（詣）穴”二字或係“柏丘”之誤釋，“柏丘，正是死者攜帶稱爲‘移’的這一文書將要前往的地方”。① 陳氏對“移”字的解釋顯係謬誤（“移”當爲文書傳遞之用語），但其對“栺（詣）穴”與“柏丘”的辨析則應引起重視，而且從圖版來看此二字確似放簡中“柏丘”。若此說成立，必將對放簡《志怪故事》的解讀帶來舉足輕重的影響。

　　據史料記載，漢武帝時起“柏梁臺”以處“神君”，② 而這位“神君”原是哀子而亡的長陵女子，後見神、顯靈異爲民眾所祠，並因治愈武帝重症而獲禮遇。③ 有關此事之原委，唐代張守節《史記正義》引《漢武帝故事》進行了翔實的介紹：“起柏梁臺以處神君，長陵女子也。先是嫁爲人妻，生一男，數歲死，女子悼痛之，歲中亦死，而靈，宛若祠之，遂聞言宛若爲生，民人多往請福，說家人小事有驗。平原君亦事之，至後子孫尊貴。及上即位，太后延於宮中祭之，聞其言，不見其人。至是神君求出局，營柏梁臺舍之。初，霍去病微時，自禱神君，及見其形，自脩飾，欲與去病交接，去病不肯，謂神君曰：‘吾以神君精潔，故齋戒祈福，今欲婬，此非也。’自絕不復往。神君慙之，乃去也。”④ 翻檢《史記》與《漢書》可知，柏梁臺及銅柱、承露仙人掌，均是漢武帝晚年崇信神仙、方術達到高潮時的產物。⑤ 柏梁臺興建於元鼎二年春，⑥ 以香柏

---

① 陳侃理：《放馬灘秦簡〈丹〉篇札記》，簡帛網（www. bsm. org. cn），2012 年 9 月 25 日。
② 有關漢武帝禮奉“神君”之所，另有上林苑蹏氏觀、壽宮等記載。（詳見《史記·孝武本紀》《史記·封禪書》《漢書·郊祀志上》）值得一提的是，《漢書·司馬相如傳下》文穎注曰：“是時上求神仙之人，得上郡之巫長陵女子，能與鬼神交接，治病輒愈，置於上林苑中，號曰神君。有似於古之靈圉，禮待之於閒館舍中也。”（東漢·班固撰：《漢書》卷五七下，唐·顏師古注，第 2604 頁注釋）
③ 詳見《史記·孝武本紀》《史記·封禪書》《漢書·郊祀志上》。（西漢·司馬遷撰：《史記》卷十二，第 452—453 頁、第 459—460 頁；西漢·司馬遷撰：《史記》卷二八，第 1384頁、第 1388 頁；東漢·班固撰：《漢書》卷二五上，唐·顏師古注，1216 頁、1220 頁）
④ （西漢）司馬遷撰：《史記》卷十二，第 453 頁注釋。
⑤ 《史記·封禪書》和《漢書·郊祀志上》皆云：“其後則又作栢〈柏〉梁、銅柱、承露仙人掌之屬矣。”（西漢·司馬遷撰：《史記》卷二八，第 1388 頁；東漢·班固撰：《漢書》卷二五上，唐·顏師古注，第 1220 頁）
⑥ （東漢）班固撰：《漢書》卷六，（唐）顏師古注，第 182 頁。

為殿梁，① 臺高數十丈、堪稱壯觀，② 太初元年毀於天火③。除了漢武帝"柏梁臺"外，戰國時齊桓公"柏寢"也是以柏木而聞名的高臺建築，其功用想必亦是迎神、祭祀之所。④

根據上述記載，我們可以判定放簡《志怪故事》中"柏丘"應該是以柏樹（木）為主要地理特徵，而柏木（樹）在古人眼中是擁有神秘力量的，那麼"柏丘"或許就並非實指、特指某個行政地名。換言之，簡文"柏丘"未必就是說秦國北地郡或邽縣的下面有個地方叫做"柏丘"，而僅是虛指某個長滿柏樹的山丘（坡地）。事實上，戰國及秦漢時天水地區的確盛產松、柏等樹木。這不僅從天水放馬灘十四座秦漢墓中棺槨均係松柏質地得以證明，而且 M1 墓出土的一組木板地圖所標注的樹種中，"松"共計出現 6 次，"柏"凡見有 2 次，可見這裏的地形和氣候應當適宜松柏的生長。⑤ 這個長滿柏樹、類似於世外桃源的地方，雖在人世間，但也充滿了虛無飄渺的仙境味道，這就好比漢武帝的柏梁臺，雖是人為而成，卻似神仙世界——漢武帝及漢代人心目中的"柏梁臺"無疑代表了超凡脫俗的異度空間。⑥ 漢武帝禮奉"神君"於"柏梁臺"之上，與司命史公孫強將復生後的"丹"置身於"北地柏丘之上"，二者有著驚人的

---

① 《三輔舊事》："柏梁臺，高二十丈，用香柏為殿梁，香聞見十里。"（清·張澍編輯：《三輔舊事》，上海：商務印書館 1936 年版，叢書集成初編本，第 25 頁）《漢書·武帝紀》服虔注曰："用百頭梁作臺，因名焉。"顏師古曰："《三輔舊事》云以香柏為之。今書字皆作柏。服說非。"（東漢·班固撰：《漢書》卷六，唐·顏師古注，第 182 頁注釋）

② 《史記·平準書》："治樓船，高十餘丈，旗幟加其上，甚壯。於是天子感之，乃作柏梁臺，高數十丈。"（西漢·司馬遷撰：《史記》卷三〇，第 1436 頁）

③ （西漢）司馬遷撰：《史記》卷十二，第 481 頁；（西漢）司馬遷撰：《史記》卷二八，第 1402 頁；（東漢）班固撰：《漢書》卷六，（唐）顏師古注，第 199 頁。

④ 《漢書·郊祀志上》："（李）少君曰：'此器齊桓公十年陳於柏寢。'已而按其刻，果齊桓公器。"（東漢·班固撰：《漢書》卷二五上，唐·顏師古注，第 1216 頁）臣瓚曰："晏子書柏寢，臺名也。"師古曰："以柏木為寢室於臺之上。"（東漢·班固撰：《漢書》卷二五上，唐·顏師古注，第 1217 頁注釋）

⑤ 甘肅省文物考古研究所編：《天水放馬灘秦簡》，第 108—109 頁。有關此內容的解讀，詳見王子今《放馬灘秦墓出土地圖生態史料研究》，載《中國簡帛學國際論壇 2012：秦簡牘研究論文集》，第 193—194 頁。

⑥ 《神農本草經》將"卷柏""柏實"列為上藥（上品），並介紹二者的功用時說："卷柏，一名萬歲。……久服輕身，和顏色。""柏實，……久服令人潤澤，美色，耳目聰明，不飢，不老，輕身，延年。"（馬繼興主編：《神農本草經輯注》卷二，北京：人民衛生出版社 1995 年版，第 88—89 頁、第 123 頁）

相似性，彰顯了異曲同工之妙。

　　而柏木（樹）之所以有此象徵含義，是與上古以來選用松柏樹木打造殯葬用具及墓地種植的這一古老觀念密切相關的。[①] 而此觀念的形成，則源於古人相信墓中魍魎懼怕虎和柏，[②] 故墓側多種植柏樹、葬具選材也多用柏木。[③] 東漢應劭撰《風俗通義》（佚文）云：“墓上樹柏，路頭石虎。……魍象好食亡者肝腦，人家不能常令方相立于墓側以禁禦之，而魍象畏虎與柏，故墓前立虎與柏。或說：秦穆公時，陳倉人掘地，得物若羊，將獻之，道逢二童子，謂曰：‘此名為蝹，常在地中食人腦，若殺之，以柏東南枝插其首。’由是墓側皆樹柏。”[④] 在早期先民的觀念中，鬼與神、巫與仙通常又混雜不分，[⑤] 松柏之木也就兼有代表死後世界及神仙世界的雙重功能。[⑥] 不過，唐宋以降，松柏則多指稱墓地陵園。譬如，後唐明宗長興三年（932 年）所下詔書中有“松柏丘園之戀，拋棄尤難”句子；[⑦] 明代李夢陽撰《空同集》卷二八“哭徐博士二十韻”五言律詩中

---

① 譬如，漢代天子葬制中所見“黃腸題湊”就是採用柏木建造而成。（東漢·班固撰：《漢書》卷六八《霍光傳》，唐·顏師古注，第 2948 頁；南朝宋·范曄撰：《後漢書》志第六《禮儀志下》“大喪”條，唐·李賢等注，第 3144 頁）

② 其實，漢代人相信柏木及柏木製品不僅可驅逐墓中方良（魍象），對其他鬼怪也具有震懾效力。如馬王堆漢墓帛書《五十二病方》談到“癩”（瘃）疾的巫術性治療時，“柏杵”就是重要的劾鬼法器，如第 195—197 行文字曰：“癩（瘃）：操柏杵，禹步三，曰：‘賁者一襄胡，濆者二襄胡，濆者三襄胡。柏杵臼穿，一母一□，□獨有三。賁者潼（腫），若以柏杵七，令某癩（瘃）毋一。’必令同族抱□癩（瘃）者，直（置）東鄉（嚮）窗道外，阬椎之。”（馬王堆漢墓帛書整理小組：《馬王堆漢墓帛書〔肆〕》，圖版第 24 頁，釋文第 49 頁）

③ 天水放馬灘秦墓 M14 棺內屍體的胸、腹部放置有一塊木板畫，其正面繪製一隻猛虎繫於樹下。我們懷疑這棵樹乃係以柏樹為原型。（詳見本書第五章）而且，天水放馬灘十四座秦漢墓中的“棺槨均以松或柏木製作”（甘肅省文物考古研究所編：《天水放馬灘秦簡》，第 129 頁），可見當時天水秦人已普遍接受松柏木可威懾魍魎的禮俗觀念。

④ 王利器校注：《風俗通義校注》文末附引《封氏聞見記》卷六、《事類賦》卷二五、《御覽》卷九五四、《天中記》卷五一佚文，第 574 頁。

⑤ 蒲慕州：《中國古代鬼論述的形成（先秦至漢代）》，載蒲慕州編《鬼魅神魔——中國通俗文化側寫》，臺北：麥田出版社 2005 年版，第 21—22 頁。

⑥ 有關松柏之木的宗教功能，詳見本書第七章。此外，美國學者韓森（Valerie Hansen）也對柏人在墓葬中扮演的角色及柏木的神秘力量等內容有過介紹。（詳見〔美〕韓森：《傳統中國日常生活中的協商：中古契約研究》，魯西奇譯，南京：江蘇人民出版社 2009 年版，第 181—186 頁）

⑦ （宋）王欽若等編纂：《冊府元龜》（校訂本）卷一七八，周勛初等校訂，南京：鳳凰出版傳媒集團、鳳凰出版社 2006 年版，第 1980 頁。

有"松柏丘墳崛灰沙"句子。① 明代鄭真撰《滎陽外史集》卷四八《銘》"風木亭銘"則云:"而況於松柏丘隴,體魄所藏,神明所安,俎豆樽筵之薦,如將見之者哉。"② 據此可知,"松柏丘墳(園、隴)"乃係指墳塋、墓地。有趣的是,《酉陽雜俎·尸窆》收錄了二則與柏木(樹)有關的故事:其一,北魏時菩提寺沙門掘墓取磚,意外發現已經死了十二年的崔涵又復活了,他自言冥界中事,其中談到以柏木棺槨送葬可辟除鬼卒兵役——"洛陽奉終里多賣送死之具,涵言作柏棺莫作桑槨,吾地下見發鬼兵,一鬼稱是柏棺,主者曰:'雖是柏棺,乃桑槨也。'"③ 顯然,柏棺"免兵"說法應是秦漢以來柏木辟鬼觀念的延續和發展。其二,河北某位"村正妻新死,未殮。日暮,其兒女忽覺有樂聲漸近,至庭宇,屍已動矣。及入房,如在梁棟間,屍遂起舞,樂聲復出,屍倒,旋出門,隨樂聲而去。其家驚懼,時月黑,亦不敢尋逐。一更,村正方歸,知之,乃折一桑枝如臂,被酒大罵尋之。入墓林約五六里,復聞樂聲在柏林上,及近樹,樹下有火熒熒然,屍方舞矣。村正舉杖擊之,屍倒,樂聲亦住,遂負屍而返。"④ 月黑之夜的墓林,一堆篝火,一具屍體在柏樹下伴隨莫名的樂聲而翩翩起舞,這幅場景令人毛骨悚然。故事編創者將事件發生地選定在墓地柏樹下想必存有深意,或許與人們對柏木的隱喻表徵和敬畏心理是分不開的。誠如余英時所言:"魄和柏在語源學上擁有相同的構字成分,柏的名稱極有可能出自它是魄的住所的觀念。"⑤

---

① (明)李夢陽撰:《空同集》卷二八,載(清)永瑢、紀昀等纂修《景印文淵閣四庫全書》第1262冊,集部二〇一(別集類),臺北:臺灣商務印書館1986年版,第241頁。

② (明)鄭真撰:《滎陽外史集》(外二種)卷四八,四庫明人文集叢刊,上海:上海古籍出版社1991年版,第318頁。

③ (唐)段成式撰:《酉陽雜俎》前集卷十三,方南生點校,第124頁。此外,《太平廣記·再生一》"崔涵"條亦載:"洛陽大市北有奉終里,里內之人,多賣送死之具及諸棺槨。涵謂曰:'柏棺勿以桑木為槨。'人問其故。涵曰:'吾在地下,見發鬼兵,有一鬼稱是柏棺,應免兵。'吏曰:'爾雖柏棺,桑木為槨。'遂不免兵。京師聞此,柏木湧貴。"(宋·李昉等編:《太平廣記》卷三七五,第2981頁)此外,元代道經《靈寶無量度人上經大法》云:"蓋叢柏之尊,天降靈炁,秉植萬年。……以柏木為相,秉天之秀炁,受正萬年,靈司稱金木之體,地府貴生成之簡。故古之為棺槨,柏木為之者,免三塗之役。"(《道藏》第3冊,北京:文物出版社、上海:上海書店、天津:天津古籍出版社1988年版,第922—923頁)文末談到以柏木為棺槨可"免三塗之役",與前引文相契合。

④ (唐)段成式撰:《酉陽雜俎》前集卷十三,方南生點校,第125頁。

⑤ 余英時:《東漢生死觀》,侯旭東等譯,上海:上海古籍出版社2005年版,第150頁。

　　這位重獲新生的丹被司命史公孫強帶到“北地柏丘之上”進行康復療養，待到滿四年後才初步恢復了生理機能，前文已說“柏丘”長滿了柏樹，放簡《志怪故事》以這裏為背景進行文學創作和故事敘述，不排除是想借用柏樹的神秘性和勃勃生機來隱喻主人公丹的頑強生命力，同時營造出一個邪魅不侵的神聖空間。

（五）“白茅”的辟邪功用及財富象徵

　　白茅，又稱作“靈茅”。先秦祭祀禮制中已大量使用白茅獻祭禮神，① 《說文解字·艸部》訓曰：“茅，菅也。從艸，矛聲。可縮酒為藉。”② 戰國秦漢方士亦將白茅草視為召神降真和驅鬼除邪的重要法器。譬如，《晏子春秋·內篇雜下》記載：齊景公修筑了路寢之臺，卻因厭惡鴞（貓頭鷹）的叫聲而廢棄不用，柏常騫自告奮勇於夜間施展法術禳解，終使鴞伏地而死，其施術的外設條件是“筑新室，為置白茅”③。這裏的“白茅”顯然是禳除凶鳥鴞的關鍵性道具。無獨有偶，睡虎地秦墓竹簡《日書甲種》“詰”篇（第57～58號簡背面）云：“人毋（無）故室皆傷，是粲迀之鬼處之，取白茅及黃土而西（洒）之，周其室，則去矣。”④又（第53～56號簡背面）云：“一室井血而星（腥）臭……必枯骨也。

---

　　① 《易·大過》：“初六，藉用白茅，無咎。”朱熹注曰：“白茅，物之潔者。”（宋·朱熹注：《周易》，李劍雄標點，上海：上海古籍出版社1995年版，第76頁）《詩·國風·召南·野有死麕》描述了人們在郊外打獵、獲鹿分肉的場景，其中有“白茅包之”“白茅純束”等句子，即是用白茅來包裹鹿肉，乃取其潔清之含義也。（清·王先謙撰：《詩三家義集疏》卷二，吳格點校，北京：中華書局1987年版，第111—113頁）《尸子》亦云：“湯之救旱也，乘素車白馬，著布荶，身嬰白茅，以身為牲，禱於桑林之野。”（尸佼：《尸子》卷下，汪繼培輯，上海：上海古籍出版社1989年版，第21頁）江陵馬山一號楚墓出土18件竹笥，其中一件大型竹笥“蓋上有一層茅草，笥內器物與竹笥之間塞有成束的茅草”，九件中型竹笥出土時底部均墊有茅草，笥內盛放羊、雞、麻雀等動物骨骼也用紗包裹、放在茅草上。（湖北省荊州地區博物館：《江陵馬山一號楚墓》，北京：文物出版社1985年版，第87頁）這些茅草的功用應該也是表示鄭重地獻祭之含義。以“靈茅為藉”而禮神、通神的做法也為後世所承襲，如漢武帝元封元年封禪泰山就採用產自江淮之間的三脊“靈茅”為神藉。（西漢·司馬遷撰：《史記》卷十二，第475頁；西漢·司馬遷撰：《史記》卷二八，第1361頁、第1398頁）

　　② （東漢）許慎撰，（清）段玉裁注：《說文解字注》一篇下，第27頁。《禮記·郊特牲》亦云：“縮酌用茅，明酌也。”（《十三經注疏》整理委員會整理、李學勤主編：《禮記正義》卷二六，第819頁）

　　③ 吳則虞撰：《晏子春秋集釋》卷六，北京：中華書局1962年版，第376頁。

　　④ 睡虎地秦墓竹簡整理小組：《睡虎地秦墓竹簡》，圖版第107頁，釋文第214頁。

旦而最（撮）之，苞以白茅，果（裹）以賁（奔）而遠去之，則止矣。"① 馬王堆漢墓帛書《五十二病方》 "治困（菌）" 條（第 231 行）云："……□縣（懸）茅比所，且塞壽（禱），以為□"。② 據《史記‧孝武本紀》記載：漢武帝晚年崇信齊地術士欒大，拜其為 "五利將軍"、賜予印璽。在這次授印儀式中，使者和欒大均身著羽衣、夜立白茅上，顯然係借助白茅的召神通靈功能，構建出一種超凡脫俗的神仙境界。③

　　放簡《志怪故事》第 5 號簡文 "死人以白茅為富" 句中 "白茅" 的功用，李學勤詮釋說："古人用以包裹食物。……人間認為祭品用白茅襯包是富的表現。"④ 李零則提出不同意見，認為 "是說以白茅為衣，多者為富。"⑤ 兩位學者的解釋雖有可取之處，但都有憑空發揮、增補內容之嫌。李學勤將 "死人" 釋為 "市人"（即生人），進而認為此句是講人世間的世俗價值觀——"白茅襯包是富的表現"，但歷代文獻中找不到古人以白茅包裹食物（祭品）來彰顯富有的證據，先民祭祀時選用白茅乃取其潔淨、通神之義，而非藉此炫富。從李學勤譯文來看，簡文 "白茅" 無涉死人之事，這顯然與白茅通常用於鬼神、祭祀的情況不符，而且也造成上下文的不暢，其譯文中憑空增補了包襯食物的內容——簡文中僅言白茅，未涉及用途。而按照李零的理解，本句簡文則是接續上句（"死者不欲多衣"）而來的，是對上句簡文的補充和延續，是死者對衣的要求，白

---

① 睡虎地秦墓竹簡整理小組：《睡虎地秦墓竹簡》，圖版第 107 頁，釋文第 216 頁。此外，《獨斷》（卷下）亦云："天子大社，以五色土為壇。皇子封為王者，受天子之社土。以所封之方色，東方受青，南方受赤，他如其方色。苴以白茅，授之歸國以立社，故謂之'受茅土'。"（東漢‧蔡邕撰：《獨斷》卷下，叢書集成初編本，上海：商務印書館 1939 年版，第 23 頁）這兩處引文中 "苞（苴）以白茅" 均係借助白茅的神聖性來禁錮邪鬼或預防魅怪入侵。

② 馬王堆漢墓帛書整理小組：《馬王堆漢墓帛書［肆］》，圖版第 25 頁，釋文第 52 頁。

③ （西漢）司馬遷撰：《史記》卷十二，第 463 頁。有關白茅的神化及其巫術用途，今人已有過討論。[詳見胡新生《中國古代巫術》（修訂本），濟南：山東人民出版社 2005 年版，第 116—120 頁；張正明：《楚史》，北京：中國人民大學出版社 2010 年版，第 26—28 頁] 值得注意的是，白茅在後世道教中也扮演了重要角色，譬如外用殺鬼伏魅，內服通靈致神，以及煉丹、祭祀等。東晉葛洪撰《抱朴子內篇‧登涉》云："山中見鬼來喚人，求食不止者，以白茅投之即死也。" [王明：《抱朴子內篇校釋》（增訂本）卷十七，北京：中華書局 1985 年版，第 304 頁] 敦煌寫本 P. 2682《白澤精怪圖》云："山鬼來喚人，求食不止者，以白茅捉之即死矣。"（黃永武主編：《敦煌寶藏》第 123 冊，臺北：新文豐出版社 1986 年版，第 289 頁）

④ 李學勤：《放馬灘簡中的志怪故事》，《文物》1990 年第 4 期，第 44 頁。

⑤ 李零：《秦簡的定名與分類‧附錄：放馬灘秦簡〈志怪故事〉（今移簡 6 於簡 7 後）》，武漢大學簡帛研究中心主辦：《簡帛》第六輯，第 10 頁。

茅為衣、多多益善。但從上下文意及行文風格來看，此句與上句應各自獨立，不應有必然的邏輯關係，上句談"衣"，此句是談"富"，雖然都屬於死後世界的物質需求和價值觀範疇，但兩句簡文討論的話題和旨趣則決然不同。而且前句談到"死者不欲多衣"，這就明確樹立了鬼域不以隨葬衣物多為富的價值觀標準，李零若以"白茅為衣，多者為富"來理解，顯然就與前述立場產生矛盾——死人眼中以白茅製成的衣也是"衣"。有鑑於此，我們認為最穩妥的理解，就是按照字面的意思，直譯為：死人以擁有白茅的多寡來判定是否富有。事實上，這也得到了北大秦牘《泰原有死者》篇的證實。該簡文有云："死人所貴黃圈。黃圈以當金，黍粟以當錢，白莒以當緐。"① 文中"白莒"即白茅，它與黃圈（大豆黃卷）、黍粟一道，都是冥界中財富的象徵。陳侃理進而推測"這裏所說的白莒或白茅未必嚴格專指現代植物學中白茅屬的植物，而可能用於泛稱白色根莖的常見高杆粗禾草"②。事實上，這兩件秦代簡牘中倡導以茅草、黍穀等象徵物隨葬而代替金銀、錢帛，可以避免給生者（眷屬）造成沉重的經濟負擔，並且深刻影響了後世的喪葬禮俗。後世文獻中不乏可見採用象徵物或廉價品來取代現實社會中流通的、貴重的、稀缺的實用性財物的記載。③ 譬如，唐代唐臨撰《冥報記·唐眭仁蒨》敘述眭仁蒨與冥界臨胡國長史成景友善、相交數年，熟知鬼域事務，這位鬼吏成長史透過仁蒨向邯鄲令子岑文本索食、請求設饌，其中涉及鬼界中錢帛財富問題："初，文本將設食，仁蒨請有金帛以贈之，文本問是何等物，蒨云：'鬼所用物，皆與人異，唯黃金及絹為得通用，然亦不如假者。以黃色塗大錫作金，以紙為絹帛，最為貴上。'文本如言作之。"④ 引文談到鬼所珍重的錢帛財富是"以黃色塗大錫作金""以紙為絹帛"，這與放馬灘秦簡《志怪故事》中"白茅為富"及北大秦牘《泰原有死者》所云"黃圈以當金，黍粟以當錢，白莒以當緐"顯然是一脈相承的。

---

① 李零：《北大秦牘〈泰原有死者〉簡介》，《文物》2012 年第 6 期，第 81 頁。

② 陳侃理：《秦簡牘復生故事與喪葬習俗》，載《中國簡帛學國際論壇 2012：秦簡牘研究論文集》，第 47 頁。

③ 有關冥界錢幣的種類及祭祀紙錢的演變，詳見黃清連《享鬼與祀神——紙錢和唐人的信仰》，載蒲慕州編《鬼魅神魔——中國通俗文化側寫》，第 175—220 頁。

④ （唐）唐臨撰：《冥報記》卷中，方詩銘輯校，北京：中華書局 1992 年版，第 27 頁。本篇末尾交待了故事出處，乃係唐貞觀十六年九月九日時任中書侍郎的岑文本（故事主角之一）向唐臨及兄唐皎、馬周、韋琨等人所作的親口敘述。（唐·唐臨撰：《冥報記》卷中，方詩銘輯校，第 28—29 頁）

此外，值得注意的是，《吳越春秋·勾踐陰謀外傳》記載：越王勾踐詢問楚人陳音善射之道，陳音回答說：“臣聞弩生於弓，弓生於彈，彈起古之孝子。……古者人民朴質，飢食鳥獸，渴飲霧露，死則裹以白茅，投於中野。孝子不忍見父母為禽獸所食，故作彈以守之，絕鳥獸之害。”①引文談到先民“死則裹以白茅”投於野，顯示出古時曾流行以白茅裹屍的葬俗。而放簡《志怪故事》中“死者不欲多衣。死人以白茅爲富，其鬼賤（荐）於它而富”之句，或許就是這種古老記憶的體現和反映。

（六）丹復生後的兩件事

放簡《志怪故事》第4~7號簡文，集中談論了丹復活以後的健康狀況及其在鬼域冥界中的見聞觀感。這兩部分內容也有必要從宗教學角度進行解讀和分析。

第一，康復問題。簡文談到丹復活初時身體羸弱，待過了四年以後，才逐漸恢復了聽覺和視覺，才得以正常飲食。儘管如此，復活後的丹仍留有一些後遺症：喉部有疤痕、眉毛稀少、面色黝黑、肢體動作不甚靈活等。（即第4號簡文所云：“盈四年，乃聞犬咘（吠）雞鳴而人食，其狀類（纇）益（嗌）、少麋（眉）、墨，四支（肢）不用。”）而上述症狀在晉代陶潛撰《搜神後記》卷四“徐玄方女”條中得以印證，該故事敘述了前太守北海徐玄方之女為鬼枉殺，亡後四年、獲允復生，託夢給廣州太守馮孝之子馬子求得援手，“女計生日至，乃具教馬子出己養之方法，語畢辭去。馬子從其言，至日，以丹雄雞一隻，黍飯一盤，清酒一升，醊其喪前，去厥十餘步。祭訖，掘棺出，開視，女身體貌全如故。徐徐抱出，著氈帳中，唯心下微煖，口有氣息。令婢四人守養護之，常以青羊乳汁瀝其兩眼，漸漸能開，口能咽粥，既而能語。二百日中，持杖起行。一期之後，顏色肌膚氣力悉復如常。”②

試將二例略加比對，我們可以發現不少有趣的相似性：丹與徐氏女均是在死亡下葬後重返人世的，二人屍身在墳墓中待的時間都不短（丹為三年，徐氏女為四年），卻都保全了肉體的完整和不朽。二篇文字中的復

①　（東漢）趙曄撰：《吳越春秋譯注》卷九，薛耀天譯注，天津：天津古籍出版社1992年版，第348頁；周生春：《吳越春秋輯校匯考》卷九，第152頁；（東漢）趙曄原著：《吳越春秋校注》卷九，張覺校注，第243頁。此外，《易·繫辭下傳》亦云：“古之葬者，厚衣之以薪，葬之中野”云云。（宋·朱熹注：《周易》，李劍雄標點，第151頁）

②　（晉）陶潛撰：《搜神後記》卷四，汪紹楹校注，北京：中華書局1981年版，第24—25頁。

活都是指自身肉體的煥發生機和重返人世，這充分體現了早期中國的傳統生命理念——注重肉體的不朽，而與佛教東傳後的靈魂不死及輪迴觀念迥然不同。復生之初，二人均身體羸弱，口不能言、耳不能聽，喪失了行動能力，經過一段時間的調養後（丹為滿四年，徐氏女則不到二百天）方才恢復了聽覺和視覺，飲食以流質（粥）為主。若就康復效果而言，丹則顯然遠遜於徐氏女：丹復活四年後仍毛髮稀少、氣色黯淡、四肢僵硬、行動不暢，而徐氏女在二百天後就可以"持杖起行"，一年後已經"顏色肌膚氣力悉復如常"。上述關於復甦者身體虛弱及康復過程的細節描寫，顯然是以"假死"者或大病初癒者的健康狀況為原型的，十分契合人體機能的生理特徵。

　　第二，涉鬼言論。放簡《志怪故事》第4、5、7號簡文中以"丹言"開頭的三段文字，是以復生後丹的口吻講述冥界中鬼（死人）的喜好、畏忌及生人祠墓時的注意事項。筆者翻檢《搜神記》《搜神後記》《幽冥錄》《異苑》《還冤記》《冥報記》《稽神錄》《冤魂志》等漢唐志怪小說，所見復生故事中大多會或詳、或略地敘述冥界景象及復生緣由。就上述篇目對死後冥界的描述而言，大多是立足於地獄鬼吏的善惡懲罰，偶有談及先亡眷屬或友人的人倫情誼。而復生者得以重返人世的緣由則大多是因壽命/餘算未盡，或因先亡親人（如父兄之輩）援救而豁免。將放簡《志怪故事》簡文與後世志怪小說相比對，二者的共同點在於均借助了復活人之口、以親歷者現身說法的方式來敘述冥界鬼怪之事，藉此提升了故事的真實性和可信度，從而有效地增強了涉鬼言論的權威性和說服力。就這部分內容而言，二者儘管都圍繞死後世界中鬼怪而展開，但側重點則完全不同，立意及宗旨也有差異。放簡中"丹言"三段文字並無故事情節、十分質樸，後世志怪小說則極富想象力，故事情節曲折、跌宕，人物形象豐滿、傳神。孫占宇認為放簡後半段"介紹鬼神的種種好惡以及敬奉鬼神的方法"的"丹言"部分乃係整篇簡文的重心所在。[①] 陳侃理更認為丹的復生過程僅是本篇的"引子"，是為末尾部分（祠墓宜忌）而服務

─────────

　　① 孫占宇：《放馬灘秦簡乙360—366號"墓主記"說商榷》，《西北師大學報》（社會科學版）2010年第5期，第48頁。

的。① 我們認為不可厚此薄彼，放簡《志怪故事》前半段與後半段均是全文的有機組成部分，二者共同架構起了復生故事的完整脈絡。從放簡《志怪故事》的通篇行文來看，其核心主旨和中心內容是十分明確的，那就是丹死而復生的緣由和歷程。至於涉鬼言論則是這次復生事件中的重要組成部分，但絕不可喧賓奪主。這一點也可從後世志怪故事的內容梗概及行文敘述中得到印證。前文已談到漢唐志怪小說中所見復生故事大多會假借復活者之口敘述冥界鬼怪之事，但不容忽視的是，仍有相當數量的復生故事並無涉鬼言論。由此可見，涉鬼言論儘管是此類復生故事的重要內容，但也絕非是不可或缺的構成部分。李零、陳侃理等人談到放簡《志怪故事》和北大《泰原有死者》的主旨都是講述古代的喪葬習俗，② 我們對此並不贊同，認為是以偏概全的說法：這兩篇文獻的體裁性質和行文風格儘管十分接近，但就內容結構、本質主旨和側重點而言，二者有明顯差異、不能完全等同，放簡《志怪故事》不同於後者在於其主題和核心仍是圍繞復生而展開，"丹言" 鬼的好惡及祠墓禮俗是對復生情節的佐證和完善。

（七）祠墓的禁忌

　　先秦時人認為墓地是殯藏形骸的場所，宗廟才是祭祀之所在。③ 故禮俗規定不謁墓設祭，拜祀活動乃係在城防內的宗廟進行。④ 秦漢以降，祠

---

　　① 陳侃理：《秦簡牘復生故事與喪葬習俗》，載《中國簡帛學國際論壇 2012：秦簡牘研究論文集》，第 52 頁。

　　② 李零：《北大秦牘〈泰原有死者〉簡介》，《文物》2012 年第 6 期，第 84 頁；陳侃理：《秦簡牘復生故事與喪葬習俗》，載《中國簡帛學國際論壇 2012：秦簡牘研究論文集》，第 44—56 頁。

　　③ 南朝劉宋時人庾蔚之談道："葬以藏形，廟以饗神。"（唐·杜佑撰：《通典》卷一〇三 "招魂葬議" 條引，王文錦、王永興、劉俊文、徐庭雲、謝方點校，北京：中華書局 1988 年版，第 2704 頁）

　　④ 東漢蔡邕撰《獨斷》（卷下）云："古不墓祭，至秦始皇出寢，起之於墓側，漢因而不改。"（東漢·蔡邕撰：《獨斷》卷下，第 21 頁）《後漢書·祭祀下》亦云："古不墓祭，漢諸陵皆有園寢，承秦所為也。"（南朝宋·范曄撰：《後漢書》卷九九，唐·李賢等注，第 3199 頁）不過，有學者對 "古不墓祭" 說予以辯駁，認為廟祀應是從墓祭中發展而來的，祭墓非古俗所無，據考古資料證實至遲殷商時就已有 "墓祭" 禮俗。（呂思勉：《呂思勉讀史札記·甲帙先秦》 "墓祭" 條，上海：上海古籍出版社 1982 年版，第 275—277 頁；楊鴻勛：《關於秦代以前墓上建築的問題》《〈關於秦代以前墓上建築的問題〉要點的重申——答楊寬先生》，載氏著《建築考古學論文集》，北京：文物出版社 1987 年版，第 143—152 頁）我們推測："古不墓祭" 原則或許僅適用於《禮記·祭法》中所言身份為士以上、享有立廟資格的特定人群，而普通百姓（庶士、庶人）祭祀先祖時恐怕不能排除 "祠墓" 之可能。

墓之風逐漸盛行，如《論衡·四諱》所言："古禮廟祭，今俗墓祀。"①
放馬灘秦簡《志怪故事》和北大秦牘《泰原有死者》有力證實了當時民
間社會中祠墓風俗的興起，且已形成一套行為規範。放簡《志怪故事》
後三段的涉鬼言論，主要是圍繞鬼的好惡而展開，其内容可分為兩類：喜
好或珍視的，厭惡或畏忌的。有關鬼"以白茅為富"的喜好，前文已有
論述。這裏主要討論鬼的畏忌（對祠墓者而言，則是應注意避免的行為
禁忌）。從簡文内容看，鬼所厭惡和畏懼的人類行為主要體現在五個
方面：

　　第一，"死者不欲多衣"。死人不需要太多的衣物隨葬，這體現了古
人的節葬理念。墨子撰有《節用》（今存上篇、中篇）和《節葬》（今僅
存下篇），大力倡導節用、薄葬，反對殯葬禮儀中的鋪張浪費，指斥"厚
葬久喪"對國家、百姓所帶來的沉重負擔，② 倡導古聖王葬埋之法——
"衣三領，足以朽肉，棺三寸，足以朽骸"，③ 認為堯、舜、禹死後也不過
以"衣衾三領"、薄棺下葬。④ 戰國及秦漢社會，生活條件簡陋，物質資
源匱乏，衣物恐怕是下層民眾最珍視的東西，故而"多衣"幾乎成了尋
常百姓的財富標誌。譬如，睡虎地秦簡《日書甲種》"衣"篇談到"癸
酉"日裁製新衣可令人"多衣"，如云："裂衣，丁丑媚人，丁亥靈，丁
巳安於身，癸酉多衣。"⑤ 據此可知，"多衣"與"媚人""靈"（福）⑥、
"安於身"都是秦人挑選裁衣日子時所考量的標準，藉此反映了他們的
價值取向。"死者不欲多衣"這句簡文深刻體現了故事編創人移風易俗
的良苦用心，他（或他們）試圖從節葬的角度對秦地舊風俗進行干預

---

　　① 黃暉撰：《論衡校釋》（附劉盼遂集解）卷二三，北京：中華書局 1990 年版，第 971—
972 頁。此外，清代顧炎武《日知錄》、清代趙翼《陔餘叢考》均列有"墓祭"條對此風俗之演
變加以考述。（清·顧炎武著，黃汝成集釋：《日知錄》卷十五，欒保羣、呂宗力點校，上海：
上海古籍出版社 2006 年版，第 867—876 頁；清·趙翼：《陔餘叢考》卷三二，欒保羣、呂宗力
點校，石家莊：河北人民出版社 1990 年版，第 646—647 頁）
　　② 吳毓江撰：《墨子校注》卷六《節葬下》，孫啟治點校，第 263 頁。
　　③ 吳毓江撰：《墨子校注》卷六《節用中》，孫啟治點校，第 255 頁；卷六《節葬下》，第
266 頁、第 268 頁。
　　④ 吳毓江撰：《墨子校注》卷六《節葬下》，孫啟治點校，第 266—267 頁。
　　⑤ 睡虎地秦墓竹簡整理小組編：《睡虎地秦墓竹簡》，圖版第 91 頁，釋文第 186 頁。
　　⑥ "靈"即為"福"之義。（詳見睡虎地秦墓竹簡整理小組編《睡虎地秦墓竹簡》，釋文第
186 頁注釋）

和矯正,① 在不動搖"鬼"的存在及"事死如事生"等基本理念的前提下,將生人"多衣"為富的觀念引導為"死人以白茅爲富",採用象徵、隱喻的手法扭轉了隨葬品的具體做法——即用民間常見的草本植物"白茅"替代了社會稀缺品"衣",這就區分了生死兩界的不同價值觀標準,不僅避免了死人與生人爭奪有限的財富和資源,又能達到各取所需、心安理得的社會效果。這十分契合墨家學派在對鬼神及喪葬等問題上的立場和態度:既宣揚鬼神的存在(詳見《明鬼》篇),又大力倡導節葬。② 這類秦代復生故事的撰作者和抄錄者是否與墨家學說有某種關聯,則不得而知。

值得一提的是,北大秦牘《泰原有死者》篇談到死者好惡時也涉及隨葬衣服的問題,如云:"死人之所惡,解予死人衣。必令產見之,弗產見,鬼輒奪而入之少内。"③ 李零譯文說:"死人最討厭,就是把親朋好友助葬饋贈的衣物隨便打開。這些衣物,一定要讓他活著看到,如果不讓他活著看到,他的鬼魂就會把這些衣物拿走,送到地下的少内。"④ 有學者指出此句中"鬼"字不應是死者的鬼魂,而是指冥界鬼吏。⑤ 以衣物殮葬是古人殯喪禮俗的慣常做法,而衣物也是生人日常生活中必不可少的實用物、必需品,對下層民眾而言算得上是一筆財富資產。就衣物的供給方面,如何在生人與死人中尋求到一個平衡點,是這兩篇秦代出土文獻試圖解答的問題:放馬灘秦簡《志怪故事》提出應合理控制陪葬衣物的數量、不要"多衣"——並非禁止用衣物來送葬,而是主張數量不必太多;北大《泰原有死者》則對殯葬衣物的適用範圍提出了嚴格限制——必須是死者生前親眼見到的衣服才算數,其目的也不外乎減少殯葬衣物的數量。

第二,"祠墓者毋敢嗀(哭)"。到墓地祭拜時切勿哭泣,亡魂見到生人(眷屬)啜泣,就會因驚嚇而跑掉,更遑論享食祭品了。北大秦牘

----

① 有關兩篇秦代復生故事簡文中所體現出來的對秦人喪葬習俗的引導和改變,詳見陳侃理《秦簡牘復生故事與喪葬習俗》,載《中國簡帛學國際論壇2012:秦簡牘研究論文集》,第46—48頁。

② 有關墨家學說中的宗教思想,詳見王明《從墨子到〈太平經〉的思想演變》,載氏著《道家和道教思想研究》,北京:中國社會科學出版社1984年版,第99—107頁。

③ 李零:《北大秦牘〈泰原有死者〉簡介》,《文物》2012年第6期,第81頁。

④ 李零:《北大秦牘〈泰原有死者〉簡介》,《文物》2012年第6期,第83頁。

⑤ 黃傑:《北大秦牘〈泰原有死者〉管見》,簡帛網(www.bsm.org.cn),2012年7月17日。

《泰原有死者》篇也涉及墓地祭祀時"哭"的問題，如云："祭死人之家，勿哭。須其已食乃哭之，不須其已食而哭之，鬼輒奪而入之廚。"① 李零解讀說："在死者的墳塚上用酒食祭奠，不要一上來就哭。正確做法是，要等死者享用後再哭。如果不等死者享用就哭，他的鬼魂就會把這些食物拿走，送到地下的廚官。"② 我們的理解略有不同：到墓地祭祀死者時最好不要哭泣。倘若是傷心難過、壓抑不了悲痛的情緒，至少要待到亡魂享用了祭品後再哭。換言之，"已食乃哭"是對"祭死人之家勿哭"原則的妥協和折中，顯然係退而求其次，絕非最佳之選項。祠墓勿哭的原則不僅見載於秦代簡牘中，漢代出土文獻也收錄有類似內容。如敦煌懸泉漢簡（第二六八號）："上冢，不欲哭，哭者，死人不敢食，去。"③ 由此可見，不許哭泣是秦漢時人上墳祭祀時的通例，尤其在亡魂享食前更嚴禁啜泣。推究其因，古人認為祭祀乃係"吉禮"，應以愉悅心態對待之，而當杜絕哭泣、哀傷之舉止。④

　　第三，"已收馊（餕）而甓之"。祠祭剛結束就立即撤去祀品吃掉，這種失當行為將導致亡魂不再享食祭品。而亡魂若拒絕享食，則意味著不再佑護生人，不再降福給家人。在古人眼中，這是威脅到家人、家族安危的大事情。而"家先"⑤ 亡魂不享食祭品，除了前述原因外，執祭者若非家族中嫡親血脈者，也會出現祭品被搶奪或亡魂拒絕入宴席的情況發生。⑥ 如東漢應劭撰《風俗通義》（佚文）收錄一則故事：時任太尉掾的

---

① 李零：《北大秦牘〈泰原有死者〉簡介》，《文物》2012 年第 6 期，第 81 頁。

② 李零：《北大秦牘〈泰原有死者〉簡介》，《文物》2012 年第 6 期，第 83 頁。

③ 胡平生、張德芳：《敦煌懸泉漢簡釋粹》，第 183 頁。

④ 《周禮・春官・大宗伯》云"以吉禮事邦國之鬼神示"。（《十三經注疏》整理委員會整理、李學勤主編：《周禮注疏》卷十八，第 450 頁）《禮記正義・祭統》載："凡治人之道，莫急於禮。禮有五經，莫重於祭。"漢代鄭玄注曰："禮有五經，謂吉禮、凶禮、賓禮、軍禮、嘉禮也。莫重於祭，謂以吉禮為首也。"（《十三經注疏》整理委員會整理、李學勤主編：《禮記正義》卷四九，第 1345 頁）《禮記正義・喪服四制》云："夫禮，吉凶異道，不得相干，取之陰陽也。"鄭玄注曰："吉禮、凶禮異道，謂衣服、容貌及器物也。"（《十三經注疏》整理委員會整理、李學勤主編：《禮記正義》卷六三，第 1672—1673 頁）概言之，古人祭祀採用吉禮乃是慣例。

⑤ 詳見姜守誠《中國古代的"家先"觀念》，《學術界》2011 年第 4 期，第 138—145 頁。

⑥ 余英時分析說："中國人一直相信，除了自己的親骨肉（僅限於男性後代），亡靈不會享受其他人提供的祭品，不同種的個體的氣是不能交流的。這種觀念一直延續到最近幾十年，有些人實際上還這樣認為。顯然有人相信，如果沒有祭品的供奉，祖先飢餓的靈魂會分散得更快。"（余英時：《東漢生死觀》，侯旭東等譯，第 141 頁）

汝南周霸妻苦於無子，私下花重金將新生女換得屠夫之妻所產男嬰，瞞天過海、無人知曉。事情的敗露，是緣於已遷任北海相的周霸派遣屬下中"能見鬼"的主簿周光，陪同已屆十八歲的兒子回故鄉祭祖，"往到於冢上，郎君沃酹，主簿俛伏在後，但見屠者弊衣蟊結，踞神坐，持刀割肉，有五時衣帶青墨綬數人，彷徨陰堂東西廂，不敢來前。"① 概言之，主簿周光看到的情景是：供品被屠夫霸占、搶食，周氏先祖卻不敢前來享食。周霸獲悉此異常情況後，嚴詞質詢其妻得以查明真相，遣送屠婦子、迎回親生女。又南朝宋劉義慶撰《幽明錄》講述晉時剡縣富家陳素妻亦因無子而私下將新生女換得鄰婦所產男嬰，"（陳）素忻喜，養至十三，當祠祀，家有老婢，素見鬼，云：'見府君先人，來至門首，便住；但見一群小人來座所，食啖此祭。'父甚疑怪，便迎見鬼人至，祠時轉令看，言語皆同。素便入問婦，婦懼，具說言此事。還男本家，喚女歸。"② 陳氏先人因執祭人並非本族血脈，而拒絕入門享祀，供品遂為小鬼搶奪一空。這兩則"狸貓換太子"的故事，充分體現出中國古人以血緣為紐帶建立起來的宗族觀念和"神不歆非類"的祭祀原則。

第四，"毋以淘湇祠所"。祠墓前必須認真清掃墓地，切勿用淘洗過東西的髒水噴灑祭祀場所。有學者認為簡文"淘"字乃係指淘米水，③ 這也是有據可依的說法。睡虎地秦簡《日書甲種》"詰"篇（第25—26號簡背面）談到驅逐"祷"鬼作祟時說："鬼恒召（詔）人曰：璽（爾）必以某（某）月日死，是祷鬼偽為鼠，入人醯、醬、滫、將（漿）中，求而去之，則已矣。"④ 文中"滫"字，整理小組注釋曰："米泔水"。⑤ 這段簡文是說：祷鬼化為老鼠鑽進了醋、醬油、淘米泔水、酒中，找出作怪的老鼠就可以清除祟患。⑥

第五，"毋以羹沃餟（餟）上"。祠墓陳設酒食供品時不要把湯汁澆

---

① （漢）應劭撰：《風俗通義校注》佚文，王利器校注，第591頁。

② 魯迅校錄：《古小說鉤沉》，第164頁。

③ 李零：《秦簡的定名與分類·附錄：放馬灘秦簡〈志怪故事〉（今移簡6於簡7後）》，武漢大學簡帛研究中心主辦：《簡帛》第六輯，第10頁。

④ 睡虎地秦墓竹簡整理小組編：《睡虎地秦墓竹簡》，圖版第105頁，釋文第213頁。

⑤ 睡虎地秦墓竹簡整理小組編：《睡虎地秦墓竹簡》，圖版第105頁，釋文第217頁注釋。

⑥ 吳小強：《秦簡日書集釋》，長沙：岳麓書社2000年版，第140—141頁；王子今：《睡虎地秦簡〈日書〉甲種疏證》，武漢：湖北教育出版社2002年版，第394—395頁。

在祭飯上，若那樣鬼就不肯吃了。北大秦牘《泰原有死者》篇也有類似内容："祠，毋以酒與羹沃祭，而沃祭前，收死人，勿束縛。"① 李零對此詮釋說："祠墓，不要把酒和羹澆在食物上。灌祭之前，不要捆綁死者。"② 陳侃理則提出"而沃祭前"四字應屬前句，意思是說："祭祀時不要把酒和湯羹澆灌在'餟'（祭飯）上，那樣會使死者不食。……正確的做法是將酒和湯羹傾倒在祭飯之前。"③ 而"收死人勿束縛"簡文則是針對秦人屈肢葬的舊俗有感而發的，是說收殮死人時不要捆綁束縛。④ 相較而言，陳氏說法更趨合理。這兩篇秦代簡牘都強調祭祀時不要把酒和羹澆在食物上。⑤

除了前述五種祠墓禁忌外，秦漢簡牘文獻中還涉及其他的注意事項，譬如"毋決其履""毋毀其器"（北大秦牘《泰原有死者》），"毋持刀刃上冢"（敦煌懸泉漢簡 V1410③：72）⑥。如果說，上述內容是專門針對

---

① 李零：《北大秦牘〈泰原有死者〉簡介》，《文物》2012 年第 6 期，第 81 頁。

② 李零：《北大秦牘〈泰原有死者〉簡介》，《文物》2012 年第 6 期，第 83 頁。

③ 陳侃理：《秦簡牘復生故事與喪葬習俗》，載《中國簡帛學國際論壇 2012：秦簡牘研究論文集》，第 51 頁。周家臺秦簡"先農"條談到臘日祭祀先農之法："到困下，為一席，東鄉（向），三殴，以酒沃，祝曰"云云。（湖北省荆州市周梁玉橋遺址博物館編：《關沮秦漢墓簡牘》，北京：中華書局 2001 年版，第 132 頁）陳侃理據此分析說："在當時的祭祀活動中，確有用酒澆灌祭飯的習慣。……在祠先農時要以酒沃餟即澆灌祭飯。"（陳侃理：《秦簡牘復生故事與喪葬習俗》，載《中國簡帛學國際論壇 2012：秦簡牘研究論文集》，第 51 頁）不過，據我們分析：周家臺秦簡中"以酒沃"恐非指把酒澆灌在祭飯上，抑或是以酒沃地——"困下"。若論證秦人祭祀有以酒澆灌祭飯的做法，尚需尋找其他證據。

④ 陳侃理：《秦簡牘復生故事與喪葬習俗》，載《中國簡帛學國際論壇 2012：秦簡牘研究論文集》，第 48—50 頁。

⑤ 前引《太平廣記·再生一》"崔涵"條中死後十二年而得復活的崔涵在回答太后、孝明帝關於死後"何所飲食"時說道："常似醉臥，無所食。時復遊行，或遇飲食，如夢中，不甚辨了。"（宋·李昉等編：《太平廣記》卷三七五，第 2980 頁）不過，《酉陽雜俎·尸疹》則僅云："（崔涵）在地下十二年，如醉人，時復遊行，不甚辨了。"（唐·段成式撰：《酉陽雜俎》前集卷十三，方南生點校，第 124 頁）

⑥ 敦煌懸泉漢簡（第二六八號）云："其死者，毋持刀刃上冢，死人不敢近也。"（胡平生、張德芳：《敦煌懸泉漢簡釋粹》，第 183 頁）此外，《酉陽雜俎·尸疹》記載：北魏時崔涵死後十二年又復活了，但仍保留了冥界鬼魂的一些習性和特點，"畏日及水火兵刃。常走，疲極則止。"（唐·段成式撰：《酉陽雜俎》前集卷十三，方南生點校，第 124 頁）《太平廣記·再生一》"崔涵"條亦云："性畏日，不仰視力。又畏水火及兵刃之屬。常走於路，疲則止，不徐行也。時人猶謂是鬼。"（宋·李昉等編：《太平廣記》卷三七五，第 2981 頁）其中，崔涵畏懼"兵刃之屬"應該與敦煌懸泉漢簡中所言"毋持刀刃上冢"是一脈相承的。

"祠墓"者及"家先"亡魂而言，那麼某些忌憚則適用於一切鬼魅。睡虎地秦簡《日書甲種》"詰"篇（第 25~26 號簡背面）云："鬼之所惡，彼宭（屈）臥箕坐，連行奇（踦）立。"① 這裏介紹了鬼魅畏懼的四種行為方式：屈臥、箕坐、連行、踦立。所謂"屈臥"係指蜷體曲肢而臥，頗類於《禮記·曲禮》所云"寢毋伏"②；所謂"箕坐"，又名箕踞、箕倨，兩腿前伸、展足而坐、形如簸箕，是一種極為傲慢和不敬的坐姿，③故《禮記·曲禮》強調"坐毋箕"④；所謂"連行"即連步，是指魚貫而行、相隨不相過也，《禮記·曲禮》則云"遊毋倨"⑤；所謂"踦立"就是以單足站立，⑥ 即《禮記·曲禮》云"立毋跛"⑦。據此可知，"鬼之所惡"的四種行為方式，其實也是古人在社交禮儀和日常生活起居中所應避免的失禮行為和不當惡習。此外，《搜神記·宋定伯》還談到南陽宋定伯年少時夜行逢鬼，探問鬼有何畏忌，鬼答言"惟不喜人唾"，定伯獲此秘訣而"唾之"，令鬼無法遁形而被擒。⑧ 限於本文主題，我們不予展開論述。

① 睡虎地秦墓竹簡整理小組編：《睡虎地秦墓竹簡》，圖版第 105 頁，釋文第 212 頁。

② 《十三經注疏》整理委員會整理、李學勤主編：《禮記正義》卷二，第 48 頁。《論衡·四諱篇》亦云："毋偃寢，為其象屍也。"［黃暉撰：《論衡校釋》（附劉盼遂集解）卷二三，第 980 頁］

③ 劉增貴分析說："因古人無內褲，箕踞猶如裸露，反映了古人身體禁忌的一面。"［劉增貴：《禁忌：秦漢信仰的一個側面》，《新史學》十八卷四期（2007 年 12 月），第 51 頁］有關"箕踞"文化內涵的解讀，詳見鄧聯合《"箕踞"的思想文化解析》，《中國哲學史》2013 年第 2 期，第 51—57 頁。

④ 《十三經注疏》整理委員會整理、李學勤主編：《禮記正義》卷二，第 48 頁。

⑤ 《十三經注疏》整理委員會整理、李學勤主編：《禮記正義》卷二，第 48 頁。

⑥ 睡虎地秦墓竹簡整理小組編：《睡虎地秦墓竹簡》，釋文第 216 頁注釋；王子今：《睡虎地秦簡〈日書〉甲種疏證》，第 346—347 頁。此外，睡虎地秦簡《日書甲種》"詰"篇中以各種污物來驅逐鬼，也是利用了鬼的好惡。（詳見劉樂賢《睡虎地秦簡日書〈詰咎篇〉研究》，《考古學報》1993 年第 4 期，第 435—454 頁；劉信芳：《〈日書〉驅鬼術發微》，《文博》1996 年第 4 期，第 74—80 頁）

⑦ 《十三經注疏》整理委員會整理、李學勤主編：《禮記正義》卷二，第 48 頁。

⑧ （晉）干寶撰：《搜神記》卷十六，汪紹楹校注，第 199 頁。有關唾沫的劾鬼功效，江紹原撰文做過介紹。（詳見江紹原《吐沫（通信）——後局大院江宅家人李得標》，載王文寶、汪小蕙編《江紹原民俗學論集》，上海：上海文藝出版社 1998 年版，第 89—113 頁）

（八）先秦宗教人文語境中的“鬼”及生死轉換狀態

放簡《志怪故事》的編撰與傳播離不開當時的人文社會環境，甚至可以說是以先秦、秦漢時人的鬼神觀念和宗教背景為基礎造作而成的。下面，我們分析“鬼”的定義及三種生死轉換狀態，期能強化對簡文的理解。

第一，先秦時人對“鬼”的定義。《說文解字·鬼部》訓“鬼”字曰：“人所歸為鬼。……鬼陰气賊害，故從厶。凡鬼之屬皆從鬼。”① 《禮記·祭法》：“大凡生於天地之間者皆曰命，其萬物死皆曰折，人死曰鬼，此五代之所不變也。”② 這就是說，人死即為鬼。③ 不過，《禮記·祭法》又根據不同的身份等級對亡者成“鬼”的時間表予以區分：“天下有王，分地建國，置都立邑，設廟、祧、壇、墠而祭之，乃為親疏多少之數。是故王立七廟，一壇一墠，曰考廟，曰王考廟，曰皇考廟，曰顯考廟，曰祖考廟，皆月祭之。遠廟為祧，有二祧，享嘗乃止。去祧為壇，去壇為墠，壇、墠有禱焉，祭之；無禱，乃止。去墠曰鬼。諸侯立五廟，一壇一墠，曰考廟，曰王考廟，曰皇考廟，皆月祭之。顯考廟，祖考廟，享嘗乃止。去祖為壇，去壇為墠，壇、墠有禱焉，祭之；無禱，乃止。去墠為鬼。大夫立三廟二壇，曰考廟，曰王考廟，曰皇考廟，享嘗乃止。顯考、祖考無廟，有禱焉，為壇祭之。去壇為鬼。適士二廟一壇，曰考廟，曰王考廟，享嘗乃止。顯考無廟，有禱焉，為壇祭之。去壇為鬼。官師一廟，曰考廟，王考無廟而祭之，去王考為鬼。庶士、庶人無廟，死曰鬼。”④ 這大段引文是說：帝王、諸侯、大夫、適士、官師等貴族或上層階級中人，由於死後有特定場所（宗廟或祭壇）容身（陳設神主）、享食，故此時尚不能歸入“鬼”類，待到“去墠”“去壇”“去王考”罷祀後，方才為“鬼”。而普通百姓（庶士、庶人）無資格立廟享祀，死後即為“鬼”。由此看來，先秦時人眼中的某些特定人群並非死後立即就成為“鬼”，而

① （東漢）許慎撰，（清）段玉裁注：《說文解字注》九篇上，第434—435頁。
② 《十三經注疏》整理委員會整理、李學勤主編：《禮記正義》卷四六，第1298—1299頁。
③ 余英時指出：“中國最早用來表達‘亡靈’的術語是上面提到的‘鬼’，從甲骨文中可以清楚地看出，早在商代‘鬼’字就有了‘亡靈’的意思。”（余英時：《東漢生死觀》，侯旭東等譯，第141頁）
④ 《十三經注疏》整理委員會整理、李學勤主編：《禮記正義》卷四六，第1300頁。

判定是否為"鬼"的外在條件則是有無專設的存身、享食之處。而《左傳》則云"鬼"若無依存之所是為"厲",將作祟人間、導致災難的發生。譬如,《左傳·昭公七年》談到鄭人因盛傳伯有冤魂作祟而引發恐慌,"其明月,子產立公孫洩及良止以撫之,乃止。子大叔問其故。子產曰:'鬼有所歸,乃不為厲,吾為之歸也。'……及子產適晉,趙景子問焉,曰:'伯有猶能為鬼乎?'子產曰:'能。人生始化曰魄,既生魄,陽曰魂。用物精多,則魂魄強,是以有精爽,至於神明。匹夫匹婦強死,其魂魄猶能馮依於人,以為淫厲。況良霄,我先君穆公之胄……'"① 這段論述反映了先秦時人對"鬼"(厲)成因的看法,子產創造性地建構了魂魄與鬼神之間的轉化關係,從而將人與鬼、生與死建立了內在聯繫,是古代"鬼"概念演化的一個里程碑。②

　　放馬灘秦簡《志怪故事》中的主人公丹的身份應該是庶人或刑徒("髡徒"?③),且從死後被"葬之垣雍(雍)南門外"等細節描述看,丹並非立廟享祀的人群範疇,故時人眼中的丹在死時即化為"鬼",絕非有學者認為的死後三年才遊魂化為鬼、復見於世。④ 有鑑於先秦文獻中對"鬼"概念的定義,我們可以判定丹從自刺身亡到死而復生的這三年時間裏,無疑是"鬼"族中的一員,他以"鬼"的身份生活在冥界,故能熟知地下事務及鬼類好惡。此外,蒲慕州分析了放簡《志怪故事》中"鬼"概念的人性化傾向,"鬼的概念由戰國至漢間的轉變,還有另一方面值得注意,就是鬼之概念的人性化。這可以由天水放馬灘復活故事為例。這復活故事最有意義的地方……不在於其死而復活的故事,而在於故事中所提到有關鬼的感覺、好惡。它所顯示的對鬼的比較同情而人性化的形象塑

① 《十三經注疏》整理委員會整理、李學勤主編:《春秋左傳正義》卷四四,第1247—1249頁;楊伯峻編著:《春秋左傳注》,第1291—1292頁。

② 有關中國早期"鬼"觀念的演變,錢穆、余英時、蒲慕州等有過精彩論述。[詳見錢穆《靈魂與心》,載錢賓四先生全集編輯委員會編《錢賓四先生全集》第46冊,臺北:聯經出版事業公司1998年版;余英時著:《東漢生死觀》,侯旭東等譯,上海:上海古籍出版社2005年版;蒲慕州:《中國古代鬼論述的形成(先秦至漢代)》,載蒲慕州編《鬼魅神魔——中國通俗文化側寫》,第19—40頁]

③ 孫占宇指出此二字"模糊不清,輪廓似爲'髡徒'。"[孫占宇:《放馬灘秦簡〈丹〉篇校注》,載《首屆中國歷史學博士後論壇(2012)論文集》,第39頁]

④ 李零:《秦簡的定名與分類·附錄:放馬灘秦簡〈志怪故事〉(今移簡6於簡7後)》,武漢大學簡帛研究中心主辦:《簡帛》第六輯,第9頁。

造，是前此有關鬼的記載中所看不見的"①。

第二，三種生死轉換狀態：復生、鬼魂顯形、尸解。在佛教轉世輪迴說傳入中國並被廣泛接受之前，古人傳統觀念中的生死轉換狀態大抵有三種：復生、鬼魂顯形、尸解。某些學者在解讀放簡《志怪故事》時往往將復生與其他兩種情況混淆：譬如，夏德安主張借助尸解來理解本篇中的復生現象；②又如李零將丹的復生解釋為遷葬後遊魂化為鬼、顯形示人。③ 我們則認為上述三種情況應予以嚴格區分，不能混為一談。

對於歷代文獻中收錄的部分復生現象，我們或許可以這樣解釋：古代醫療設備落後、醫學經驗匱乏，故將很多"假死"現象誤認為是死而復生也是極為可能的。其實，在科技昌明的當今社會仍不乏此類報導。但是，這類"合理"的復生現象的共同點均是：死亡時間不長——通常是數小時或數日，且多在未收殮或未下葬前重獲知覺。像放簡《志怪故事》中主人公丹這樣的死而復生案例——歷經了較長時間段（如數月、數年），已然下葬墳墓、深埋土中了，恐怕很難用醫學常識來解答了——最大可能性當係出自某類人的杜撰或傳播散佈中的誇大。④

復活觀念與巫覡、方士秉承的"不死""不老"等永生神話是一脈相承的，其基本特徵就是保持自身肉體的可持續性存在，這一點與尸解的確很相似。但是，尸解作為一種主動性行為，是行為主體有目的、有意識的自我選擇，是以高超的法術、道術為依憑手段的，是方士、道士為了障人

---

① 蒲慕州：《中國古代鬼論述的形成（先秦至漢代）》，載蒲慕州編《鬼魅神魔——中國通俗文化側寫》，第39—40頁。

② ［美］夏德安：《戰國民間宗教中的復活問題》，陳松長、熊建國譯，中國社會科學院簡帛研究中心編：《簡帛研究譯叢》第一輯，第35—38頁。

③ 李零：《秦簡的定名與分類·附錄：放馬灘秦簡〈志怪故事〉（今移簡6於簡7後）》，武漢大學簡帛研究中心主辦：《簡帛》第六輯，第9頁。

④ 《漢書·五行志》談到朔方廣牧女子趙春病死，斂棺六日而復活。（東漢·班固撰：《漢書》卷二七下，唐·顏師古注，第1473頁）《後漢書·五行志》也收錄了兩則死而復生的事例：長沙桓氏是棺斂月餘，下葬之前復活；武陵充縣老婦李娥則瘞葬墓中十四天後復生。（南朝宋·范曄撰：《後漢書》志第十七，唐·李賢等注，第3348頁）干寶則將李娥的復生故事改編為志怪小說。（晉·干寶撰：《搜神記》卷十五，汪紹楹校注，第180—181頁）此外，《太平御覽》卷八八七《妖異部三·重生》、《太平廣記》卷三七五《再生一》～卷三八六《再生十二》收錄了很多復生案例，其死亡到復生的時間跨度或長、或短——短者僅晝夜或數日，長者達十餘年或數十年。（宋·李昉編纂：《太平御覽》卷八八七，夏劍欽校點，石家莊：河北教育出版社1994年版，第115—119頁；宋·李昉等編：《太平廣記》卷三七五～卷三八六，第2979—3084頁）

耳目、脫塵棄世的慣用手法。①《史記·封禪書》《列仙傳》《神仙傳》及歷代道書文獻中談到的尸解者均是方士、道士、仙人等身懷異術之輩，絕無凡夫俗子之徒。② 而放馬灘秦簡《志怪故事》、北大秦牘《泰原有死者》及傳世文獻復生故事中的主人公大抵是平民百姓，其復生緣由大多是含冤得雪、壽算未盡、先亡親友回護、冥吏受賄枉法、積善行德、崇信佛道等，其能否復活的決定權不掌握在自己手中，而是由幽冥之主來裁決。

　　古人眼中的鬼魂顯形即是鬼幻化為人形（或為原容貌、或其他形貌），即使幻化後沒有任何異於常人之處（包括外貌、言行舉止），但仍是"鬼"類、不屬於"人"的範疇。這顯然與放簡《志怪故事》及其他復生故事中的死而復活者是人而非鬼的認知定位，有著決然不同的立場。鬼魂幻化人形後有著超乎常人之能力，能預知禍福、通曉人界鬼域，或善或惡，或正或邪，或媚人、或作祟、或賜福，或與世人通婚，或實施報恩、復仇，總之能做出凡人所不能之事，這是此類鬼化人故事的基本母題。而復生故事中的重獲新生者則大多身體虛弱，需要長時間的調理和康復，除了以親歷者身份敘述冥界中的觀感和見聞外，再無其他特殊能力。譬如，放簡《志怪故事》中丹復活後就花費了長達四年多的時間進行療養，才恢復了視覺和聽覺及正常飲食。而丹復活後也僅談了冥界中鬼好惡

---

① 《論衡·道虛》批駁了漢代人對方士尸解說的附會和誤傳。［詳見黃暉撰《論衡校釋》（附劉盼遂集解）卷七，第331—332頁］

② 《史記·封禪書》："而宋毋忌、正伯僑、充尚、羨門高最後皆燕人，為方僊道，形解銷化，依於鬼神之事。"（西漢·司馬遷撰：《史記》卷二八，第1368—1369頁）所謂"形解銷化"，東漢服虔注曰："尸解也。"（西漢·司馬遷撰：《史記》卷二八，第1369頁注釋）早期道教認為通過尸解而獲死而復生者均係得道之人。《太平經》卷七二《不用大言無效訣》云："此死亡，天下大凶事也。……凡天下人死亡，非小事也，壹死，終古不得復見天地日月也，脈骨成塗土。死命，重事也。人居天地之間，人人得壹生，不得重生也。重生者獨得道人，死而復生，尸解者耳。是者，天地所私，萬萬未有一人也。故凡人壹死，不復得生也。"（王明編：《太平經合校》，北京：中華書局1960年版，第297—298頁）漢代術士費長房即以竹杖託形尸解。有關費氏事跡，詳見（南朝宋）范曄撰《後漢書》卷八二下《方術傳下·費長房傳》，（唐）李賢等注，第2743—2744頁；（晉）葛洪撰：《神仙傳》卷九"壺公"條，胡守為校釋，北京：中華書局2010年版，第307—309頁；王明：《抱朴子內篇校釋》（增訂本）卷二《論仙》，第20頁。此外，後世道教文獻中不乏可見以竹杖尸解蛻世者。有關竹杖在宗教、法術中的運用及功能，有學者進行過專門討論。［詳見謝世維《從天文到聖物——六朝道教儀式中策杖之考察》，《漢學研究》第27卷第4期（2009年12月），第99—105頁］

的幾條內容。這些情節的塑造顯然是以真實的社會現象為基礎的，反映了普通人的生理機能和瀕死體驗。

五　結論

　　有關復生的故事及傳說，是人類共有的文化現象，其中最著名者莫過於西方基督宗教中的耶穌復活說。在醫療條件、醫學經驗均相對困乏的古代社會，人們對現實生活中諸多“假死”現象無法做出科學的、令人信服的解釋，故沿襲了慣常的宗教思維方式，即將復生的根源歸因於神祇的力量，從而將死而復活等反常現象給予貌似“合理”的解答。這些以“假死”為原型創作出來的復生故事，迎合大眾、貼近生活，通過非官方、非主流的傳播渠道，在傳播互動中建構成型，並在流傳過程中又被有意、無意地進行了二次加工——經歷了增益、刪減、潤飾和再創作，不斷被誇大和神化，甚至超出常人想象的範圍而營造出一個虛幻世界，並在長期的積累和沉澱過程中逐漸形成復生故事的套路和格式，不僅延續了古老民族的信仰和歷史，也折射出人們對生命的渴望和美好企盼。這些復生故事中除了陳述復活事件的經歷和過程外，通常也含有特定的說教目的：或強調善惡報應學說，或宣講佛道的慈悲救度，或渲染地獄的恐怖及對惡人的嚴懲，等等。而近年來出土簡牘中所獲的兩篇復生故事——放馬灘秦簡《志怪故事》、北大秦牘《泰原有死者》，則保留了這類小說早期的質樸痕跡，它們並不像魏晉～唐宋志怪小說那樣對冥界進行逼真的文學描述，而是側重於復生過程及其情節合理性的建構和塑造，或側重於對死人好惡傾向的介紹及生人祭祀行為的規範。

　　天水放馬灘秦簡《志怪故事》釋文、圖版公佈以來，引起了學界的廣泛關注和熱烈討論。雖然經過學者的不懈努力，有些疑問已得到釐清，但仍有不少問題亟待解決。我們著力從宗教信仰及方術民俗的角度對這篇出土文獻展開分析，藉此揭示那個時代的文化背景、社會心態和普遍信仰，才能更好地領悟故事編創人的思維邏輯和潛意識，這對於簡文的解讀或許是有所裨益的。

第 二 章

漢代"血忌"觀念對道教擇日術之影響

　　漢代社會盛行各種時日禁忌觀念，其中"血忌"即為最常見之一種。所謂"血忌"，就是規避見血、不宜殺牲（六畜①）的日子，是古人歷來十分重視的月事凶煞類目。清代李光地等編纂《御定星歷考原》（卷四）引《歷例》曰："血忌者，正月丑、二月未、三月寅、四月申、五月卯、六月酉、七月辰、八月戌、九月巳、十月亥、十一月午、十二月子。"②概言之，"血忌"是由逐月紀日地支的輪值順序所決定的——正月紀日地支為丑者為血忌日，二月逢日支為未者為血忌日，以下類推。據此可知，每月"血忌"日大約出現2—3次。這一排序原則從漢代延續至今。現將十二月中"血忌"日地支列如表2-1：

表2-1　　　　　　　　十二月"血忌"日支表

月份	正月	二月	三月	四月	五月	六月	七月	八月	九月	十月	十一月	十二月
地支	丑	未	寅	申	卯	酉	辰	戌	巳	亥	午	子

一　"血忌"溯源

　　秦漢出土文獻中出現"血忌"字樣者凡計有四例，如下：

---

　　① "六畜"又稱"六牲"，《周禮·地官·牧人》載："掌牧六牲而阜蕃其物，以共祭祀之牲牷。"漢代鄭玄注曰："六牲謂牛、馬、羊、豕、犬、雞。"（《十三經注疏》整理委員會整理、李學勤主編：《周禮注疏》卷十三，第321頁）

　　② （清）李光地等編纂：《御定星歷考原》卷四《月事凶神》"血忌、血支"條，載《四庫術數類叢書》九，上海：上海古籍出版社1991年版，第71頁。

（1）居延新簡（E. P. T65：425B）："（六月）十八日丁酉滿血忌往亡"。①

（2）敦煌漢簡（敦1968B）："（閏月）十一日甲午破血忌天李"。②

（3）孔家坡漢簡（孔397）："血忌：春心，夏與鬼，秋婁，冬虛，不可出血若傷，必死。血忌，帝啓百虫口日也。甲寅、乙卯、乙酉不可出血，出血，不出三歲必死。"③

（4）香港中文大學文物館藏簡牘（港73）云："婁、虛，是胃（謂）血忌，出血若傷死。"④

日本學者吉村昌之、鄧文寬等考證前引新出居延漢簡（E. P. T65：425B）係東漢和帝永元二年（90年）六月曆注，⑤ 又據羅振玉、王國維、日人森鹿三、張培瑜等認為前引敦煌漢簡（敦1968B）乃是永元六年（94年）閏十一月曆注。⑥ 根據上述研究成果，我們不難發現前述居延、敦煌兩枚漢簡曆注中 "血忌" 排序符合《星曆考原》所言——即六月 "血忌" 日支為酉，閏十一月（閏月直日同上月）"血忌" 日支

---

① 甘肅省文物考古研究所、甘肅省博物館、文化部古文獻研究室、中國社會科學院歷史研究所編：《居延新簡：甲渠候官與第四燧》，北京：文物出版社1990年版，第448頁。

② 甘肅省文物考古研究所編：《敦煌漢簡》下冊，北京：中華書局1991年版，第296頁。這枚簡文亦收入《疏勒河流域出土漢簡》第437號（林梅村、李均明編：《疏勒河流域出土漢簡》，北京：文物出版社1984年版，第59頁）

③ 湖北省文物考古研究所、隨州市考古隊編：《隨州孔家坡漢墓簡牘》，北京：文物出版社2006年版，第179頁。

④ 陳松長編著：《香港中文大學文物館藏簡牘》，香港：香港中文大學文物館2001年版，第38頁。

⑤ ［日］吉村昌之：《出土簡牘資料にみられる曆譜の集成》，載［日］富谷至編《邊境出土木簡の研究》，京都：朋友書店2003年版，第459—516頁；鄧文寬：《居延新簡〈東漢永元二年（90年）曆日〉考——為紀念王重民先生百年誕辰而作》，載國家圖書館善本特藏部敦煌吐魯番學資料研究中心編《敦煌學國際研討會論文集》，北京：北京圖書館出版社2005年版，第284—288頁。

⑥ 羅振玉、王國維編著：《流沙墜簡》"考釋·術數類"，北京：中華書局1993年影印版，第88—91頁；［日］森鹿三：《敦煌·居延出土の漢曆について》，載氏著《東洋學研究——居延漢簡篇》，京都：同朋社1975年版，第155頁；張培瑜：《出土漢簡帛書上的曆注》，國家文物局古文獻研究室編：《出土文獻研究》續集，北京：文物出版社1989年版，第135—147頁。

為午。① 然而後兩枚漢簡（孔簡、港簡）則完全不同，乃是以一年四季為時間跨度（而前者以月為劃分單位），採用二十八星宿紀日法來推定"血忌"日期。

此外，值得注意的是，居延新簡（E. P. T58：21）曆譜殘簡中詳細列舉了每月中哪些日子須禁殺六畜及見血，其內容似與"血忌"有較深關係。

　　　　□三日不可以殺六畜見血
　　　　□日不可以殺六畜見血
　　　　□十八日不可以殺六畜見血
　　　　□八日不可以殺六畜見血
　　　　□不可以殺六畜見血
　　　　　　（以上為第一欄）
　　九月三日十九日廿四日不可以殺六畜見血
　　十月朔日廿日廿二日廿九日不可以殺六畜見血
　　十一月四日廿六日不可以殺六畜見血
　　十二月二日十一日廿四日卅日不可以殺六畜見血
　　　　　　（以上為第二欄）②

上簡第一欄殘缺嚴重，第二欄則保存完整、逐一介紹了九月～十二月四個月份中"不可以殺六畜見血"的日子，其中九月份計有三天（三日、十九日、廿四日），十月份計有四天（朔日、廿日、廿二日、廿九日），十一月份計有二天（四日、廿六日），十二月份計有四天（二日、十一日、廿四日、卅日）。茲列表如下：

---

① 陸平認為另有二枚殘缺嚴重的漢簡涉及血忌內容：其一，敦煌漢簡（敦1848）："毋忘　丑　未　寅　□"，他認為"毋忘"二字很可能是"血忌"的誤釋；其二，居延新簡（E. P. T65：179）："□申卯酉辰戌巳"，他認為是關於血忌的曆注。陸氏的主要證據是基於前引《星曆考原》中談到的十二月份中"血忌"日支輪值順序。我們認為以此對照檢視殘簡尚嫌證據不足，故暫不採納。（有關情況，詳見陸平《試論漢代日書殘簡的整理與利用》，載趙生群、方向東主編《古文獻研究集刊》第三輯，南京：鳳凰出版社2009年版，第257—270頁）

② 甘肅省文物考古研究所、甘肅省博物館、文化部古文獻研究室、中國社會科學院歷史研究所編：《居延新簡：甲渠候官與第四燧》，第350頁。

表2—2　　　　居延新簡（E. P. T58：21）九～十二月中
　　　　　　　　　　"不可以殺六畜見血"之日

月份	不可以殺六畜見血之日
九月	三日、十九日、廿四日
十月	朔日、廿日、廿二日、廿九日
十一月	四日、廿六日
十二月	二日、十一日、廿四日、卅日

　　這則曆譜殘簡是以十二月份為劃分單位，但每月中二個日辰間隔似無規律（準確地說，我們尚未發現其內在規律），顯然不同於《星曆考原》所言"血忌"排序規律（當月中相鄰"血忌"日之間隔必為十二天），而且不同於孔簡和港簡中以四時星宿來排列"血忌"的表述。然而，武威漢代醫簡（武90）所涉針灸、飲藥忌日的論述則有幾分相似：

　　　　五辰、辛，不可始久剌、飲藥，必死；甲寅、乙卯，不可久剌，不出旬死；五辰，不可飲藥，病者日益加 深 （90甲）
　　　　無□禁朔、晦日，甲午皆不可始□□□□□□□月六日、十六日、十八日、廿二日，皆不可久可久剌，見血 止 己□ （90乙）[①]

　　武簡的甲面所言"甲寅、乙卯，不可久剌"，與前引孔簡"甲寅、乙卯、乙酉不可出血"的說法類似。乙面所列"□月六日、十六日、十八日、廿二日"諸日間隔也無規律可尋。那麼，漢代是否存在第三種"血忌"鋪注方式？或者說，上述所列"不可以殺六畜見血"的日子是否就是指"血忌"日？限於資料匱乏，我們尚難以定論。不過，至少可以肯定確與"血忌"觀念有很深關係。
　　據傳世文獻及出土資料顯示，"血忌"用語始見於漢代。不過，秦代就已形成特定日子禁殺六畜的觀念——睡虎地秦簡《日書》、放馬灘秦簡

---

　　①　甘肅省博物館、武威縣文化館合編：《武威漢代醫簡》，北京：文物出版社1975年版，圖版第10頁，摹本及釋文第18頁。標點為筆者添加。

《日書》中均將其稱為"殺日"。① 如睡簡《日書甲種》"啻"篇曰："殺日，勿以殺六畜，不可以取婦、家（嫁）女、禱祠、出貨。"② 所謂"殺日"，睡簡給予説明："春三月……殺辰"，"夏三月……殺未"，"秋三月……殺戌"，"冬三月……殺丑"。③ 這就是説，春季三月（即正月、二月、三月）中，逢地支為辰即為殺日；夏季三月（即四月、五月、六月）中，逢地支為未即為殺日；秋季三月（即七月、八月、九月）中，逢地支為戌即為殺日；冬季三月（即十月、十一月、十二月）中，逢地支為丑即為殺日。據此推算，任一月份中"殺日"的出現頻率當為2—3次。這與《星歷考原》所言逐月以日支推定"血忌"後得出的結果是一致的。值得注意的是，後世文獻中罕有涉及"殺日"者（《星歷考原》中所説"四殺日"與此不同）。而筆者認為不排除漢代"血忌""月殺"④ 等觀念

---

① 除了"殺日"忌殺六畜外，睡虎地秦簡還談到一些忌殺的日子，如《日書甲種》第102~106號簡背面云："·春三月甲乙，不可以殺，天所以張生時。夏三月丙丁，不可以殺，天所以張生時。秋三月庚辛，不可以殺，天所以張生時。冬三月壬癸，不可以殺，天所以張生時。·此皆不可殺，小殺小央（殃），大殺大央（殃）。"（睡虎地秦墓竹簡整理小組：《睡虎地秦墓竹簡》，第222頁）

② 睡虎地秦墓竹簡整理小組：《睡虎地秦墓竹簡》，第195頁。天水放馬灘秦簡《日書》（乙種）第102號簡云："·殺日勿以殺六畜不可出女取妻祠祀出財▎"。（甘肅省文物考古研究所編：《天水放馬灘秦簡》，第92頁）

③ 睡虎地秦墓竹簡整理小組：《睡虎地秦墓竹簡》，第195頁。天水放馬灘秦簡《日書》（乙種）第95~98簡則云："春三月……殺辰"，"夏三月……殺未"，"秋三月……殺四"，"冬三月……殺四"。（甘肅省文物考古研究所編：《天水放馬灘秦簡》，第91—92頁）其中，春、夏二季"殺日"排序地支（即"辰"與"未"）與睡簡相同，而秋、冬二季中所言"殺四"或係"殺戌"、"殺丑"的誤書或誤釋。而湖北隨州孔家坡西漢景帝時簡牘《日書》"殺日"篇所言則與前述秦代説法有較大差異，如謂："殺日：戊午不可殺牛。乙丑可以殺犬。子不可殺雞。壬辰不可殺豕。戊己殺象，長子死。入中旬七日以殺豢，必有死之。"（湖北省文物考古研究所、隨州市考古隊編：《隨州孔家坡漢墓簡牘》，第161頁）

④ "月殺"是漢代民間十分流行的一種神煞觀念，後世選擇通書中所述其月份與地支的搭配是：正月丑、二月戌、三月未、四月辰、五月丑、六月戌、七月未、八月辰、九月丑、十月戌、十一月未、十二月辰（詳見《星歷考原》及《協紀辨方書》"月殺"條）。如《論衡》多次將"月殺"與"血忌"對舉（詳見下文）。又據劉樂賢所言：漢代《流沙墜簡·術數類》《居延新簡》"破城子探方四三"第257號簡均殘見"月殺：丑、戌"字樣。（劉樂賢：《睡虎地秦簡日書研究》，臺北：文津出版社1994年版，第162頁）此外，睡虎地秦簡《日書甲種》"毀棄"篇（第113號簡正面）、"到室"篇（第134號簡正面）及《日書乙種》第120號簡均出現上述凶日類目，但無"月殺"之名。（詳見睡虎地秦墓竹簡整理小組《睡虎地秦墓竹簡》，第197頁、第201頁、第241頁）

的形成乃係受到秦代"殺日"說之影響。睡虎地秦簡《日書甲種》所言
"勿以殺六畜"的說法,乃與前引居延新簡(E. P. T58:21)"不可以殺
六畜見血"有驚人相似。其實,這一說法在《論衡》中也再次得以印證。

　　東漢王充撰《論衡》保留了時人對"血忌"的看法,從中反映出漢
代"血忌"觀念的盛行及世俗民眾對此禁忌的重視程度。如該書《四諱
篇》云:"祭祀言觸血忌,喪葬言犯剛柔,皆有鬼神凶惡之禁。人不忌
避,有病死之禍。"① 又《譏日篇》載:"祭祀之歷,亦有吉凶。假令血
忌、月殺之日固凶,以殺牲設祭,必有患禍。……如以殺牲見血,避血
忌、月殺,則生人食六畜,亦宜辟之。"② 《辨祟篇》也說:"血忌不殺
牲,屠肆不多禍"。③ 引文多次強調"血忌"日不適宜舉行祭祀活動,其
成因恐怕是源於"血忌"不殺牲的禁忌傳統。古代祀禮採用"血祀"方
式——即殺牲獻祭,而"血忌"日"不可以殺六畜見血"就意味著無法
宰殺牲畜和提供犧牲獻品,故值此日不宜祭祀也屬情理之中。

　　本章開篇列舉了含"血忌"字樣的四條漢簡,其中後二簡文(孔簡、
港簡)對"血忌"內容給予展開論述,它們的共同說法是:人若在"血
忌"時出血或受傷,他將會死亡——"不可出血若傷,必死""出血若傷
死"。這一說法被傳統醫學所繼承和發揮,並引申出"血忌"日不可針
灸、飲藥等禁忌內容,如前引武威醫簡(武90)即秉承此說。後世歷代
醫書(如《千金翼方》《千金要方》《醫心方》④ 等)對此也恪守不悖、
反復強調,以至成為針灸醫家必須熟知的戒律之一。可以肯定地說,"血
忌"忌針說之形成乃直接來源於此日必須避免身體損傷和流血的禁忌
習俗。

　　而前引居延曆譜殘簡(E. P. T58:21)反復強調"不可以殺六畜見

① 黃暉撰:《論衡校釋》(附劉盼遂集解)卷二三,第969頁。
② 黃暉撰:《論衡校釋》(附劉盼遂集解)卷二四,第992—993頁。
③ 黃暉撰:《論衡校釋》(附劉盼遂集解)卷二四,第1013頁。
④ 日本醫師丹波康賴在公元982~984年間,將幾百種涉及醫學的中國古籍進行摘要、分
類,彙編成《醫心方》一書,大量援引漢唐之季的珍貴醫學史料,其中大部分已失傳。故《醫
心方》是研究早期中醫學思想的重要文獻。《醫心方》卷二《忌針灸部·針灸服藥吉凶日》"針
灸忌日"條引《蝦蟆經》云:"凡血忌日:正月丑,二月未,三月寅,四月申,五月卯,六月
酉,七月辰,八月戌,九月巳,十月亥,十一月午,十二月子。右十二日,是血忌也,一名殺
忌,一名禁忌,其日不可灸刺見血,凶。"([日]丹波康賴撰:《醫心方》卷二,高文鑄等校注
研究,北京:華夏出版社1996年版,第73頁)

血"及《論衡》所言"血忌不殺牲"等論述中,擇日求占者顯然是施動一方(即切忌此日宰殺牲畜和見到流血現象,其人是主動行為的發出者),而前述二簡(孔簡、港簡)中擇日人則是受動一方(即切忌選擇此日接受灸刺,其人是被動行為及後果的承受者)。這與睡虎地秦簡所言"殺日勿以殺六畜"的說法是一脈相承的。據此,我們是否可以推測:漢代的"血忌"觀念是基於秦代"殺日"禁殺六畜之禁忌風俗而形成的,而漢代"血忌"觀念的盛行則直接導致"殺日"說法逐漸湮沒不顯;由於"血忌"觀念係出多源,兩漢之季同時流行幾種"血忌"排序規律及禁忌內容:就推算方式而言,有逐月以日支判定者,有分季以星宿排列者,也有貌似無規律者;就禁忌內容而言,有忌針灸、飲藥者,有忌殺六畜、見血者,有忌行祭祀者。東漢以後,"血忌"觀念最終成熟和定型:以十二月份中固定的紀日地支來確定"血忌"日十分便捷和實用,故而成為唯一方式;而那些不同版本的"血忌"禁忌說法則重新整合,並被不同場合所強調——醫家強調不可針灸、民眾及屠戶強調不可殺牲(六畜)、房中家強調不可行房、術士及後世道士則強調不可祭祀(章醮)。[1]

二 道門"血忌"

漢代"血忌"觀念對後世道教也產生了深刻影響,特別在時日選擇上表現尤為突出。道教對"血忌"觀念的吸收和運用,主要表現在如下幾個領域。

(一) 房中擇時

東漢道教經典《太平經》卷一一二《寫書不用徒自苦誡》云:"或當懷姙之時,雷電霹靂,弦望朔晦,血忌反支,以合陰陽。生子不遂,必有禍殃。地氣所召,反怨倉狼。為惡報惡,何復所望?不知變易,自職當絕

---

[1] 敦煌卷子 P. 2661 號《吉凶避忌條項》云:"血忌日不裁衣……不死已凶。"(黃永武主編:《敦煌寶藏》第 123 冊,第 173 頁)據此可知,唐宋之際敦煌地區民眾中流行血忌日不裁衣、製作衣服的禁忌習俗。

滅無戶，死不與眾等。"① 這段引文反映了當時民眾中流行的一種看法：適逢避忌之時乃當斷絕交配行房，以免受孕生子、觸犯禁忌而招致災禍。文中談到行房擇時應刻意避免兩種情況：氣候變異（風雨、雷電、霹靂）和特定時日（弦望、朔晦和血忌、反支）。其中，"血忌"就屬於必須規避的日子。就目前所掌握的文獻資料看，將"血忌"列入房中擇日的性禁忌範疇，《太平經》似屬最早。爾後，房中類書《玉房秘訣》也承襲了這一說法，認為"血忌"等日不可"合陰陽"行房事，否則將會損傷身心健康——"建、破、執定日及血忌日，不可合陰陽，損人。"②

（二）章醮擇日

　　道門中人還認為，"血忌"日不適宜舉行齋醮、上章等法事活動。約六朝道經《赤松子章曆》③ 卷二"血忌"條云："正丑，二未，三寅，四申，五卯，六酉，七辰，八戌，九巳，十亥，十一午，十二子。右十二月血忌日，不可用。"④ 這裏逐月地列出"血忌"之日，並言明上述日子不可行章醮等道教儀式，顯然是秉承前引《論衡》所言漢代民眾奉行"血忌"不祭祀的禁忌傳統。

　　前文已談到古代祭禮通常採用殺牲獻供的"血祀"方式，故不宜於

---

① 王明編：《太平經合校》，第 572—573 頁。

② ［日］丹波康賴撰：《醫心方》卷二八《房內部·禁忌》引，第 593 頁。

③ 有關今本《赤松子章曆》的成書問題，今人多有討論。如陳國符認為，《道藏》所收《赤松子章曆》"卷三之六所錄章表，尚是三張古科"，其他章節多遭亡佚，今本乃由後人據殘本整理所成。（陳國符：《道藏源流考》，北京：中華書局 1963 年版，第 360 頁）任繼愈主編《道藏提要》認為，該書"約出於南北朝"。［任繼愈主編：《道藏提要》（修訂本），北京：中國社會科學出版社 1995 年版，第 443 頁］法國學者索安（Anna Seidel）認為《赤松子章曆》"反映着三世紀道教通行的儀式，甚至是漢代的信仰。"（引文出處見下，第 132 頁）隨即，她又以注釋形式指出："最近的研究表明在早期道教中包含着周代和秦代宗教、儀式的因素。馬克（Marc Kalinowski）最近研究了道教儀式中空間安排的象徵意義的起源。……根據馬克的研究（1985年，12 頁），他表明在《赤松子章曆》中，對吉日和凶日的選擇法體系，與漢代的擇日方法相比，更符合睡虎地出土的戰國時期流行的曆書——《日書》。夏德安 1985 年在關於驅邪儀式的研究中，報告了類似的發現。"（［法］索安：《從墓葬的葬儀文書看漢代宗教的軌跡》，《法國漢學》第七輯（宗教史專號），北京：中華書局 2002 年版，第 142 頁注釋）

④ 《赤松子章曆》卷二，《道藏》第 11 冊，第 184 頁。

禁殺六畜的"血忌"日舉行此類活動。① 道教初創以降始終強調取締"血食"，倡導"清約"，② 其中包括主張以蔬果素食取代殺牲獻供。不過，漢魏六朝時期仍有不少地方性宗教團體（小型道教派別）在沿襲"血食"祭供等形式。譬如，東晉道士葛洪撰《抱朴子内篇·道意》就談到江南地區當時流行"殺牲血食"的各種民間教派（"妖道"）數量竟達百餘種之多："又諸妖道百餘種，皆煞生血食，獨有李家道無為為小差。然雖不屠宰，每供福食，無有限劑，市買所具，務於豐泰，精鮮之物，不得不買，或數十人廚，費亦多矣，復未純為清省也，亦皆宜在禁絕之列。"③ 南朝道士陶弘景編撰《真誥·運象篇》中所言"帛家道"亦屬此類："又汝（守誠按：許邁）本屬事帛家之道，血食生民，逋愆宿責，列在三官，而越幸網脱，奉隸真氣。"④ 此外，歷代道教神祇譜系中都不乏可見血食之神，如《真誥·闡幽微》記載："西明郎十六人，主天下房廟鬼之血食。（此郎亦應是隸西明公，房廟血食，是受命居職者，非謂精邪假附也。）"⑤

"血食"抑或"清約"，到底選擇哪種祭祀方式？這不僅是早期道教内部爭論的焦點，後來竟成為甄別"真道"（正統道派）與"妖道"（淫祀俗神）的試金石。儘管各家道派對是否沿襲上古以來殺牲血食的祭祀傳統頗有爭議，但"血忌"不行章醮的禁忌原則卻獲得共識而為教内人

---

①　所謂"血祀"，《後漢書·鄧騭列傳》云："大司農朱寵……上疏追訟騭曰：'……宜收還冢次，寵樹遺孤，奉承血祀，以謝亡靈。'"（南朝宋·范曄撰：《後漢書》卷十六，唐·李賢等注，第617頁）李賢注曰："血祀謂祭廟殺牲取血以告神也。"（南朝宋·范曄撰：《後漢書》卷十六，唐·李賢等注，第618頁注釋）此外，《魏書》卷九二《列女傳·魏溥妻房氏傳》、《舊唐書》卷一八七《忠義傳上·序》、《舊五代史》卷一四三《禮志下》也涉及"血祀"之語。

②　關於早期道教"清約"戒律之研究，詳見施舟人（K. M. Schipper）《道教的清約》，《法國漢學》第七輯（宗教史專號），第149—167頁。

③　王明：《抱朴子内篇校釋》（增訂本）卷九，第173頁。此外，該書《金丹》篇還談到不可選擇小山入煉金液神丹，"凡小山皆無正神為主，多是木石之精，千歲老物，血食之鬼，此輩皆邪炁，不念為人作福，但能作禍"云云。（王明：《抱朴子内篇校釋》（增訂本）卷四，第85頁）又《登涉》篇云："若有山川社廟血食惡神能作福禍者，以印（守誠按：黃神越章之印）封泥，斷其道路，則不復能神矣。"［王明：《抱朴子内篇校釋》（增訂本）卷十七，第313頁］這裏的"血食"鬼神均係邪神、惡鬼之屬。

④　（南朝梁）陶弘景：《真誥》卷四，《道藏》第20冊，第513頁。

⑤　（南朝梁）陶弘景：《真誥》卷十五，《道藏》第20冊，第580頁。括號中文字原為雙行小字，乃係陶弘景注釋之内容。

士廣泛接受、沿襲至今。

（三）道醫養生

與傳統中醫學一樣，道教醫學及養生領域也融攝了"血忌"觀念。明代《正統道藏》本《孫真人備急千金要方》卷八九"太醫針灸宜忌"條將十二月中"血忌"日逐月列舉出來："血忌：丑、未、寅、申、卯、酉、辰、戌、巳、亥、午、子，忌針灸。"① 唐人孫思邈是一代名醫，亦道、亦醫，其所撰《千金要方》《千金翼方》中大量援引道教方術用於治療疾病，乃係最為典型的道醫代表，故被後世道教及世俗民眾尊奉為"藥王真人"。② 他秉持"血忌"日不可針灸的說法顯然是繼承漢代的禁忌傳統。

北宋張君房輯《雲笈七籤》卷三六《雜修攝》"攝生月令"條云："孟春……血忌丑"，"仲春……血忌未"，"季春……血忌寅"，"孟夏……血忌申"，"仲夏……血忌卯"，"季夏……血忌酉"，"孟秋……血忌辰"，"仲秋……血忌戌"，"季秋……血忌巳"，"孟冬……血忌亥"，"仲冬……血忌午"，"季冬……血忌子"。③ 這裏所言"孟春""仲春"直至"季冬"其實就是正月、二月及十二月的代稱，故而與《赤松子章曆》（卷二）中"血忌"日支輪序是一致的。限於篇幅，本書引用時省略大段文字，其主要內容就是介紹一年十二月中的養生理論，每段必先羅列當月所需關注的諸多因素（如卦象、建除、星宿、方位、往亡等）以便供人趨吉避害、攝養生命，其中"血忌"就是一項重要的參考指標。

（四）斫竹木去蟻

耐人尋味的是，一些宋元農書文獻中談到斫松竹最好選擇血忌日，如此可去白蟻、避免蟲蛀。元代王禎撰《王氏農書》卷十《百穀譜·竹木》

---

① 《孫真人備急千金要方》卷八九，《道藏》第 26 冊，第 575 頁。

② 道教神祇中"藥王"原型或有幾種說法，如《元始天尊說藥王救八十一難經》則云"藥王扁鵲君"。（《道藏》第 34 冊，第 741—743 頁）

③ （宋）張君房編：《雲笈七籤》卷三六，李永晟點校，北京：中華書局 2003 年版，第 797—804 頁。

"竹"條云:"竹以三伏内及臘月中斫者不蛀,一云用血忌日。"① 元代陶宗儀撰《説郛》卷一〇六引唐代郭橐駝撰《種樹書》"木"條曰:"斫松樹五更初,斫倒便削去皮則無白蟻,猶須擇血忌日,以斧敲之云:'今日血忌',則白蟻自出。"② 前引諸書雖不屬於道教文獻,行文卻充斥神秘主義色彩,我們推測或與道教方術有淵源關係,故附列於此。不過,漢代以來世人均信奉"血忌"日禁殺六畜及忌針灸等禁忌内容,到唐宋以降則衍生出擇此日斫松竹可驅逐白蟻的説法,前者為忌殺(牲畜)、後者為可斫(松竹),貌似衝突,卻同是"血忌"之注脚。這中間經歷了怎樣的演變過程?二者是否存在關聯?這些問題尚有待深入研究。

三 結 論

"血忌"之説始見於漢代,爾後直到清代都始終作為重要的曆譜鋪注條目,而為歷代擇日通書(黄曆)所沿襲。漢代人嚴格地遵行"血忌"之禁忌習俗,其觀念或可追溯至秦代"殺日"傳統。不過,據出土簡牘文獻資料顯示,漢代"血忌"日的排列規律至少存在兩三種,直到東漢以後才逐步地固定下來——專以每月特定的紀日地支來循環罔替,一直延續至今。

始創於漢代的道教廣泛地汲取了民俗信仰、巫術觀念等思想成分,而又長期傳播於下層民眾中間,故不可避免地受到當時盛行的"血忌"觀念的滲透和影響。道教對漢代"血忌"觀念的融攝和吸收,集中體現在擇日術上,即房中擇時、章醮擇時、醫學攝生等領域。概括而言,道教"血忌"觀念基本是承襲、移植了漢代的禁忌風俗,準確地説,是秉持漢代"血忌"觀念的核心精髓,再搭配以宗教學説的外衣裝飾而已。而透

---

① (元)王禎:《王氏農書》卷十,載(清)永瑢、紀昀等纂修《景印文淵閣四庫全書》第730冊,子部三六(農家類),第396頁。明代高濂撰《遵生八箋》之《花竹五譜·竹譜》曰:"竹以五月前血忌日,三伏内及臘月斫者,不蛀。"(明·高濂:《遵生八箋》,王大淳、李繼明、戴文娟、趙加強整理,北京:人民衛生出版社2007年版,第550頁)

② (明)陶宗儀等編:《説郛三種》第八冊,上海:上海古籍出版社1988年版,第4900頁。元代司農司編纂《農桑輯要》卷六《竹木》"松"條:"斫松木,須五更初;便削去皮,則無白蟻。'血忌日'尤好。"(石聲漢校注、西北農學院古農研究室整理:《農桑輯要校注》卷六,北京:農業出版社1982年版,第204頁)元代王禎撰《王氏農書》卷十《百穀譜·竹木》"松"條所言與此相同。

過對"血忌"觀念的個案研究，我們可以更好地了解道教對漢代民間文化的融攝和吸收。換言之，漢代道教的創立與當時民間文化的影響是息息相關、密不可分的。

第 三 章

入山與求仙

——《抱朴子·登涉》所見漢晉時人的入山方術

中國古人很早就將山澤與仙界聯繫在一起，乃至將山嶽視為登天的階梯、靈魂的歸宿。這可從"仙"字的偏旁構造及含義訓釋中得到印證。如《釋名·釋長幼》云："老而不死曰'仙'，仙，遷也，遷入山也，故其制字，'人'傍作'山'也。"[①] 又《說文解字·人部》訓曰："僊，長生僊去。……仚，人在山上兒。"[②] 道教自漢末興起以來，始終秉承了古老的方士傳統，堅守棄世脫俗的理念，不斷掀起入山尋仙找藥的風潮，而葛洪撰《抱朴子內篇·登涉》則是博採秦漢以來入山方術的集大成者，乃係漢晉之季江南地區道教與方技融合的傑出代表。葛洪《登涉》篇對道門羽士及世俗中人登涉山澤時將會遇到的諸多問題均有論述，並有針對性地介紹了一些防禦性措施和法術，其內容涉及名山的選擇、擇日術、必備物品、隱身術、知鬼名、辟蛇術、辟毒術、涉水術、辟鬼術、夜宿山林辟虎狼之術等。下面，我們就上述內容分別予以論述。

一　入山的必要性：何山可入？

李零在《入山與出塞·自序》中說道："'入山'，是道士熱衷的話題（參看葛洪《抱朴子·登涉》）。李白說'五嶽尋仙不辭遠，一生好入名山

---

① 任繼昉纂：《釋名匯校》卷三，第 152 頁。
② （東漢）許慎撰，（清）段玉裁注：《說文解字注》八篇上《人部》，第 383 頁。

遊'。'入山'本來是和尋仙、採藥有關。"① 這番言論可謂抓住了古代道士入山動機的核心本質。其實，《抱朴子內篇·登涉》開篇就談到這個問題："凡為道合藥，及避亂隱居者，莫不入山。"② 概言之，對於那些尋仙訪道、採藥煉丹、躲避戰亂、棄世隱居的人來說，入山是最佳（恐怕也是唯一）的選擇方案。但是，入山有特定的規矩和方法，若不得要領而貿然入山必然招致禍患——"然不知入山法者，多遇禍害。……入山而無術，必有患害。"③ 所以說，入山前必須做好充分的準備工作，預先掌握一些基本的自衛法術和經驗知識，才能保身護命、防患未然。

那麼，山澤中到底潛藏哪些危險呢？葛洪精煉地羅列了如下幾種情況："或被疾病及傷刺，及驚怖不安；或見光影，或聞異聲；或令大木不風而自摧折，巖石無故而自墮落，打擊煞人；或令人迷惑狂走，墮落坑谷；或令人遭虎狼毒蟲犯人。"④ 造成上述現象是因為山澤中有鬼神作祟——"山無大小，皆有神靈，山大則神大，山小即神小也。"⑤ 入山不當就會冒犯山神，因此招致懲戒——輕者被病、受傷，重則喪命。故而說，山不可"輕入"。⑥ 這段文字乃係烘托入山的嚴肅性，藉此引起人們對於"入山"之事的重視和謹慎，從而引出下文即將詳細介紹的諸種禁忌和法術。

"入山"必須選擇名山，山大則神大、山正則神正，五嶽及諸名山有正神、有地仙、有芝草，可護佑入山修道者，而小山則有邪鬼、物精幻化形狀擾人心智、滋亂作禍。故入山就應選擇五嶽等名山、大山，而盡量避開尋常可見的凡山、小山。葛洪在《抱朴子內篇·金丹》中援引《仙經》，不厭其煩地羅列了二十八座名山，並剖析了名山與小山的優劣性："凡小山皆無正神為主，多是木石之精，千歲老物，血食之鬼，此輩皆邪炁，不念為人作福，但能作禍，善試道士，道士須當以術辟身，及將從弟子，然或能壞人藥也。……是以古之道士，合作神藥，必入名山，不止凡

---

① 李零：《入山與出塞·自序》，北京：文物出版社 2004 年版，第 1 頁。

② 王明：《抱朴子內篇校釋》（增訂本）卷十七，第 299 頁。

③ 王明：《抱朴子內篇校釋》（增訂本）卷十七，第 299 頁。

④ 王明：《抱朴子內篇校釋》（增訂本）卷十七，第 299 頁。

⑤ 王明：《抱朴子內篇校釋》（增訂本）卷十七，第 299 頁。

⑥ 上述內容亦見載於《上洞心丹經訣》卷下，其文字與《抱朴子內篇·登涉》所言約略相同。（詳見《道藏》第 19 冊，第 407 頁）

山之中，正為此也。又按《仙經》，可以精思合作仙藥者，有華山、泰山、霍山、恒山、嵩山、少室山、長山、太白山、終南山、女几山、地肺山、王屋山、抱犢山、安丘山、潛山、青城山、娥眉山、綏山、雲臺山、羅浮山、陽駕山、黃金山、鼇祖山、大小天臺山、四望山、蓋竹山、括蒼山，此皆是正神在其山中，其中或有地仙之人。上皆生芝草，可以避大兵大難，不但於中以合藥也。若有道者登之，則此山神必助之為福，藥必成。"① 引文所列山脈的地域分佈極廣（遍及北方、中原、江南及贛閩粵等地），充分反映出漢晉時人對名山的界定及認知。

二　入山擇日：何時可入？

自戰國以降，古人對擇日術情有獨鍾，這從陸續出土的十餘種戰國及秦漢《日書》中即可得到印證。凡事均須擇日後方可進行，連裁衣、沐浴、治鼠患等日常瑣務都須依例行事，出行入山這類大事情就更不用說了。葛洪在《登涉》篇中強調擇日登山的重要性，說道："王者立太史之官，封拜置立，有事宗廟，郊祀天地，皆擇良辰；而近才庸夫，自許脫俗，舉動所為，恥揀善日，不亦戇愚哉？每伺今入山，不得其良時日交，下有其驗，不可輕入也。"② 我們可將其概括為一句話：若非良時吉日，不得入山。

入山的時機選擇很重要，最好是年、月、日、時均為吉宜。三月和九月，是入山的最佳時機，此係山門大開之月份，當然還應挑選這兩月中的良辰吉日。倘若事情緊急無法長久等待，那就只能根據日子和時辰來決定入山的時機了。③

《登涉》篇云："又大忌不可以甲乙、寅卯之歲，正月、二月入東岳；不以丙丁、巳午之歲，四月、五月入南岳；不以庚辛、申酉之歲，七月、八月入西岳；不以戊巳之歲，四季之月入中岳；不以壬癸、亥子之歲，十

---

①　王明：《抱朴子內篇校釋》（增訂本）卷四，第85頁。引文標點略作修正。上述內容亦見載於《上洞心丹經訣》卷下。（《道藏》第19冊，第406—407頁）

②　王明：《抱朴子內篇校釋》（增訂本）卷十七，第301頁。

③　《抱朴子內篇·登涉》云："當以三月九月，此是山開月，又當擇其月中吉日佳時。若事久不得徐徐須此月者，但可選日時耳。"［王明：《抱朴子內篇校釋》（增訂本）卷十七，第299頁］

月、十一月入北岳。不須入太華、霍山、恒山、太山、嵩高山，乃忌此歲，其岳之方面，皆同禁也。"① 這段引文的大意是說，登山擇日還須注意一個大禁忌：干支為甲乙（天干）、寅卯（地支）的年份，不能選擇正月、二月時進入東岳（太山）；干支為丙丁（天干）、巳午（地支）的年份，不能選擇四月、五月時進入南岳（霍山②）；干支為庚辛（天干）、申酉（地支）的年歲，不能選擇七月、八月時進入西岳（太華）；天干為戊巳（守誠按："巳"當為"己"之誤），不能選擇四季之月（守誠按：三月、六月、九月、十二月）進入中岳（嵩高山）③；干支為壬癸（天干）、亥子（地支）的年份，不能選擇十月、十一月進入北岳（恒山）。上述登山之擇日禁忌（表 3-1），不僅入五嶽時必須恪守，而且適用於與五嶽同方位的其他山脈。

表 3-1　　　　　　　　　入五嶽的年月禁忌

山　嶽	年　份		月　份
	天　干	地　支	
東嶽（太山）及同向山脈	甲、乙	寅、卯	正月、二月
南嶽（霍山）及同向山脈	丙、丁	巳、午	四月、五月
西嶽（太華）及同向山脈	庚、辛	申、酉	七月、八月
中嶽（嵩高山）及同向山脈	戊、巳（己）		四季之月
北嶽（恒山）及同向山脈	壬、癸	亥、子	十月、十一月

① 王明：《抱朴子內篇校釋》（增訂本）卷十七，第 299—300 頁。引文標點略作修正。《黃帝九鼎神丹經訣》（卷四）所言亦大抵相同。（詳見《道藏》第 18 冊，第 806 頁）

② 《抱朴子內篇·金丹》云："有霍山，在晉安。"［王明：《抱朴子內篇校釋》（增訂本）卷四，第 85 頁］可知，葛洪所言南嶽霍山在晉安郡（今福建南安縣）。古時"霍山"不乏其一，晉郭璞注《山海經·中山經》時已有論述。［詳見王明《抱朴子內篇校釋》（增訂本）卷四，第 106 頁注釋］此外，日本學者小南一郎也指出："南嶽的名字雖已見於《尚書·舜典》（即本來的《堯典》）和《爾雅·釋山》等資料中，其具體位置卻有各種不同看法。但是自漢武帝把南嶽定為霍山（天柱山）以來，六朝時期霍山經常作為南嶽而出現。"（［日］小南一郎：《中國的神話傳說與古小說》，孫昌武譯，北京：中華書局 1993 年版，第 306 頁）小南氏又云："以為霍山在晉安郡似只見於《抱朴子》，六朝道教書籍一般認為霍山即屬於天台山系的赤城山（赤城為天台南門，參見孫綽《天台山賦》）。"進而援引《五嶽真形圖》和《真誥》（卷九）中所言論證霍山即為赤城山。（［日］小南一郎：《中國的神話傳說與古小說》，孫昌武譯，第 311 頁）

③ 劉信芳指出："戊、己為中土日干，古人以中方土無定位，寄在四維，說明先秦已有土居四維的思想。三月末當春夏之交，六月末當夏秋之交，九月末當秋冬之交，十二月末當冬春之交，於方位正當四維。"（詳見劉信芳《〈日書〉四方四維與五行淺說》，《考古與文物》1993 年第 2 期，第 87 頁）

《淮南子·天文訓》云："甲乙寅卯，木也。丙丁巳午，火也。戊己四季，土也。庚辛申酉，金也。壬癸亥子，水也。"① 東漢道書《太平經》卷八九《八卦還精念文》也有類似說法，不過中央四季土的干支配伍除了天干——戊己外，還多了地支——辰戌、丑未。② 而此種說法多為後世道書所承襲，如南宋呂元素編《道門定制》卷九"安宅七十二位神"條云："東方甲乙寅卯木神，南方丙丁巳午火神，西方庚辛申酉金神，北方壬癸亥子水神，中央戊己辰戌丑未土神。"③《道法會元》卷一一二《帝令寶珠五雷祈禱大法》"干支用卦"條云："甲乙寅卯☳，屬木；丙丁巳午☲，屬火；庚辛申酉☱，屬金；壬癸亥子☵，屬水；戊己辰戌丑未☶，屬土。"④

古靈寶經《太上靈寶五符序》⑤ （卷下）云："春月不入東嶽及山，隨月並類然。慎之。"⑥ 這是從月份（季節）的角度來強調登五嶽及其所屬山脈的時間禁忌，就其月份而言與前引《登涉》篇所言大抵契合，但並未交待年份禁忌。約出唐宋時道書《上洞心丹經訣》（卷下）則更多強調了登五嶽的年份禁忌而省略月份，如云："凡入山當擇四時旺相、干支相生之日，吉也。東嶽忌甲乙、寅卯歲月入；南嶽忌丙丁、巳午歲月入；中嶽忌戊己、辰戌、丑未歲月入；西嶽忌庚辛、申酉歲月入；北嶽忌壬癸、亥子歲月入。但所之此山，屬其嶽之方面者，皆悉禁此歲月也。"⑦ 值得注意的是，引文首句談到"凡入山當擇四時旺相、干支相生之日，吉也。"隨後列出五嶽的登山禁忌年月：東嶽忌甲乙、寅卯，南嶽忌丙丁、巳午，中嶽忌戊己、辰戌、丑未，西嶽忌庚辛、申酉，北嶽忌壬癸、亥子。依據文意，上述標示禁忌的干支當不屬於"四時旺相"之列。隋

① 何寧：《淮南子集釋》卷三，北京：中華書局 1998 年版，第 277 頁。

② 王明編：《太平經合校》，第 338 頁。

③ （南宋）呂元素編：《道門定制》卷九，《道藏》第 31 冊，第 747 頁。《無上黃籙大齋立成儀》卷五六《神位門》所載亦約略相同。（詳見《道藏》第 9 冊，第 724 頁）

④ 《道法會元》卷一一二，《道藏》第 29 冊，第 505 頁。

⑤ 有關《太上靈寶五符序》的成書年代，劉師培《讀道藏記》"太上靈寶五符序"條認為："（是書）然究係六朝以前古籍。……即出自漢季，亦未可知。"（劉師培：《劉申叔遺書》，南京：江蘇古籍出版社 1997 年版，第 1998 頁）任繼愈主編《道藏提要》認為："該經當出劉宋之前，而今本出於葛洪之後。"［任繼愈主編：《道藏提要》（修訂本），第 289 頁］

⑥ 《太上靈寶五符序》卷下，《道藏》第 6 冊，第 338 頁。

⑦ 《上洞心丹經訣》卷下，《道藏》第 19 冊，第 407 頁。

代蕭吉撰《五行大義·論相生》"論四時休王"條云："春則甲乙、寅卯王……夏則丙丁、巳午王……六月則戊己、辰戌、丑未王……秋則庚辛、申酉王……冬則壬癸、亥子王。"① 這說明，《登涉》篇及後世道書中不以甲乙寅卯之歲正月、二月（或春月）入東嶽泰山（其他類推），恰恰是因為這些干支屬於"四時旺相"才刻意規避，以免冒犯與之相對應的木神、火神、金神、水神和土神。② 其實，近些年陸續出土的秦漢簡牘《日書》擇日術中不乏可見春三月忌東（行、向）、夏三月忌南（行、向）、秋三月忌西（行、向）、冬三月忌北（行、向）等禁忌内容。譬如，睡虎地秦簡《日書甲種》"歸行"篇（第 131 號簡正面）："凡春三月己丑不可東，夏三月戊辰不可南，秋三月己未不可西，冬三月戊戌不可北。百中大凶，二百里外必死。"③ 又"啻"篇（第 96~99 號簡正面）："春三月，毋起東鄉（嚮）室。夏三月，毋起南鄉（嚮）室。秋三月，毋起西鄉（嚮）室。冬三月，毋起北鄉（嚮）室。有以者大凶，必有死者。"④ 前引簡文所言春三月不可東行及不可起東向室，乃係因為春季的五行屬性是木，而東方亦為木，春季東行則木氣太盛，故避免之。⑤ 以此

① ［日］中村璋八：《五行大義校註》（增訂版）卷二，東京：汲古書院 1984 年版，第 53—54 頁。引文標點略作修訂。

② 睡虎地秦簡《日書甲種》"土忌"篇（第 106 號簡正面）有云："春三月寅，夏巳，秋三月申，冬三月亥，不可興土攻（功），必死。"（睡虎地秦墓竹簡整理小組：《睡虎地秦墓竹簡》，圖版第 97 頁，釋文第 196 頁）對此，劉樂賢分析說："後代的選擇通書如《協紀辨方書》等將春寅、夏巳、秋申、冬亥叫做王日，是一個吉日。這與《日書》之說恰好相反。疑王日原來不一定是吉日，後世術士不明其來歷，遂將它視為吉日，猶《協紀辨方書》不知臨日是赤帝臨日的省稱，遂將臨日當吉日。"（劉樂賢：《睡虎地秦簡日書研究》，第 139—140 頁）就前引《抱朴子内篇·登涉》及後世道書中談到的四季入山禁忌時日來看，劉氏所言似可信。

③ 睡虎地秦墓竹簡整理小組：《睡虎地秦墓竹簡》，圖版第 99 頁，釋文第 201 頁。

④ 睡虎地秦墓竹簡整理小組：《睡虎地秦墓竹簡》，圖版第 96—97 頁，釋文第 195 頁。又《日書甲種》"土忌"篇（第 141 號簡背面）所言大抵相同，如謂："春三月毋起東鄉（嚮）室，夏三月毋起南鄉（嚮）室，秋三月毋起西鄉（嚮）室，冬三月毋起北鄉（嚮）室。以此起室，大凶，必有死者。"（睡虎地秦墓竹簡整理小組：《睡虎地秦墓竹簡》，圖版第 114 頁，釋文第 226 頁）

⑤ 劉增貴則分析說："方位禁忌方面，許多行忌涉及日月與方位的配合，清楚顯示了五行生克關係。根據日忌的一般原則，出行方位與季節所值方位相同，則不吉。……其禁忌是：春三月己丑不可東，夏三月戊辰不可南，秋三月己未不可西，冬三月戊戌不可北。……此忌出行方向與季節方向相同……從五行看，天干之戊、己為中央土，地支之丑、辰、未、戌各為東南西北之土，兩者相結合之日子在各季都是土最盛之日，出行行於土，土盛多險阻，故不適合出行。"［劉增貴：《禁忌：秦漢信仰的一個側面》，《新史學》十八卷四期（2007 年 12 月），第 53—54 頁］

觀之,《登涉》篇及其他道書中所言"春月不入東嶽及山"恐亦是源於此。

除了年、月的禁忌外,《登涉》篇還談到有關日子的選擇,如云:"入山之大忌,正月午,二月亥,三月申,四月戌,五月未,六月卯,七月甲子,八月申子,九月寅,十月辰未,十一月己丑,十二月寅。入山良日:甲子、甲寅、乙亥、乙巳、乙卯、丙戌、丙午、丙辰,已上日大吉。"① 又引《九天秘記》及《太乙遁甲》云:"入山大月忌:三日、十一日、十五日、十八日、二十四日、二十六日、三十日;小月忌:一日、五日、十三日、十六日、二十六日、二十八日。以此日入山,必為山神所試。又所求不得,所作不成。不但道士,凡人以此日入山,皆凶害,與虎狼毒蟲相遇也。"② 對於入山宜忌日,葛洪列出了兩種說法:前者為抱朴子本人所言入山宜忌日,乃係分別列出一年中"入山大忌日"(逐月)及八個干支"入山良日"(《黃帝九鼎神丹經訣》卷四和《上洞心丹經訣》卷下引《靈寶經》所列"入山良日"則計九個干支,均多出"甲午"一項③),其中"入山大忌日"文字訛誤較甚,茲將諸種異說標註如下(詳見表3-2④);後者是轉述《九天秘記》及《太乙遁甲》所列入山禁忌之日(以大、小月份為劃分單位⑤)。

① 王明:《抱朴子內篇校釋》(增訂本)卷十七,第301頁。
② 王明:《抱朴子內篇校釋》(增訂本)卷十七,第301頁。值得一提的是,《太上六壬明鑑符陰經》卷三"平地生火式"條羅列了"入山大忌""入山良日""大月忌""小月忌"等日子,與前述《登涉》篇所言完全一致。(詳見《道藏》第18冊,第638頁)
③ 《黃帝九鼎神丹經訣》卷四,《道藏》第18冊,第806頁;《上洞心丹經訣》卷下,《道藏》第19冊,第407頁。
④ 表格中"登涉"是指今本《抱朴子內篇校釋》(增訂本)卷十七《登涉》篇;《黃帝九鼎神丹經訣》(卷四)簡稱"九鼎";《上洞心丹經訣》卷下引《靈寶經》簡稱"心丹";清人孫星衍平津館校刊本簡稱"孫校"。
⑤ 《黃帝九鼎神丹經訣》卷四、《上洞心丹經訣》卷下引《靈寶經》所列大、小月的入山忌日大抵相同。(詳見《道藏》第18冊,第806頁;《道藏》第19冊,第407頁)值得一提的是,陽曆大、小月份是每年固定不變的,而農曆大、小月則在不同年份中不固定,具體情況則需要根據實際觀測和推算來確定,似無規律可循。

表 3-2　　　　　　抱朴子所言"入山大忌日"與"入山良日"

月份 宜忌日		正月	二月	三月	四月	五月	六月	七月	八月	九月	十月	十一月	十二月
入山大忌日	登涉	午	亥	申	戌	未	卯	甲子	申子	寅	辰未	己丑	寅
	九鼎	午	亥	甲	戌	戌	申卯	甲子	甲午	寅	辰	乙	丑
	心丹	午	亥	甲	戌	申	甲子	甲午	寅	辰	乙	丑
	孫校	午	亥	申	丑	戌	卯	子	巳	寅	未	辰	酉
入山良日		甲子、甲寅、乙亥、乙巳、乙卯、丙戌、丙午、丙辰（按：《黄帝九鼎神丹經訣》卷四、《上洞心丹經訣》卷下引《靈寶經》除了上述八個干支外，另有"甲午"一項）											

表 3-3　　　　　　《九天秘記》及《太乙遁甲》所言入山忌日

月份 忌日	大 月	小 月
忌日	三日、十一日、十五日、十八日、二十四日、二十六日、三十日	一日、五日、十三日、十六日、二十六日、二十八日（按：《上洞心丹經訣》卷下引《靈寶經》缺"二十六日"一項）

　　《登涉》篇又言："而《靈寶經》云，入山當以保日及義日，若專日者大吉，以制日、伐日必死，又不一一道之也。"[1] 對於保（寶）日、義日、專日、制日、伐日的干支推算規律，《登涉》篇引《靈寶經》予以詮釋："所謂寶日者，謂支干上生下之日也，若用甲午、乙巳之日是也。甲者，木也。午者，火也。乙亦木也，巳亦火也，火生於木故也。又謂義日者，支干下生上之日也，若壬申、癸酉之日是也。壬者，水也。申者，金也。癸者，水也。酉者，金也，水生於金故也。所謂制日者，支干上克下之日也。若戊子、己亥之日是也。戊者，土也。子者，水也。己亦土也，亥亦水也，五行之義，土克水也。所謂伐日者，支干下克上之日，若甲

---

① 王明：《抱朴子内篇校釋》（增訂本）卷十七，第302頁。引文標點略作修正。

申、乙酉之日是也。甲者，木也。申者，金也。乙亦木也，酉亦金也，金克木故也。他皆倣此，引而長之，皆可知之也。"① 概言之，上述五種日子均係基於相同的數術學原理——五行生剋說來判定入山行事之吉凶禍福。所謂"保（寶）日"就是天干的五行屬性"生"出地支之五行屬性，譬如甲午、乙巳二日中天干甲、乙的五行屬性均為木，而地支午、巳的五行屬性均為火，木生火，故天干生地支；所謂"義日"就是地支的五行屬性"生"出天干的五行屬性，譬如壬申、癸酉二日中地支申、酉的五行屬性為金，天干壬、癸的五行屬性為水，金生水，故地支生天干。這兩種日子（"保日""義日"）的干支五行中內含相生關係，均屬入山之良日。而"制日"則指天干的五行屬性"剋"地支的五行屬性，譬如戊子、己亥二日中戊、己的五行屬性為土，子、亥的五行屬性為水，土剋水，故天干剋地支。"伐日"是指地支的五行屬性剋天干的五行屬性，譬如甲申、乙酉二日中地支申、酉的五行屬性為金，天干的五行屬性為土，金剋土，故地支剋天干。後兩種日子（"制日""伐日"）的干支五行中內含相剋關係，故擇此日入山大凶——"必死"。值得注意的是，這裏並未說明"專日"的干支關係，而《太上靈寶五符序》（卷下）所引文字中也僅介紹了"保日""義日""制日""伐日"的干支五行情況，而忽略了"專日"。② 那麼，何為"專日"？《淮南子·天文訓》對上述五種日子的五行原理予以界定："水生木，木生火，火生土，土生金，金生水。子生母曰義，母生子曰保，子母相得曰專，母勝子曰制，子勝母曰困。"③文中所言"子母相得曰專"，應如何理解呢？《上洞心丹經訣》（卷下）引《靈寶經》云："專日者，支干比和也，如甲寅、乙卯是也。"④ 據此可知，"專日"是指天干與地支的五行屬性相同。約六朝道經《赤松子章

---

① 王明：《抱朴子內篇校釋》（增訂本）卷十七，第303頁。引文標點略作修正。《黃帝九鼎神丹經訣》卷四、《上洞心丹經訣》卷下所言亦大抵相同。（《道藏》第18冊，第806頁；《道藏》第19冊，第407頁）

② 《太上靈寶五符序》卷下："入山水之日，當以保日及義日、專日大吉，易得道；以制日、伐日入山，必死。……保者，支干上生下之日，甲午、乙巳是也；義日，支干下生上之日，壬申、癸酉日是也；制日，支干上剋下之日，戊子、己亥是也；伐日，支干下剋上之日，甲申、乙酉是也。制日可施符召鬼耳。"（《道藏》第6冊，第338頁）有關該經的成書時代，詳見任繼愈主編《道藏提要》（修訂本），第287—289頁。

③ 何寧：《淮南子集釋》卷三，第277頁。

④ 《上洞心丹經訣》卷下，《道藏》第19冊，第407頁。

曆》卷二"受籙吉辰"條逐一列出了義日、寶日、專日的干支，並云
"義、寶、專等日，傳受經籙吉日，亦具受道曆"。① 茲據內容，列表如下
（表3-4）：

表3-4　　　《赤松子章曆》（卷二）所列義、寶、專日的干支

名稱	干　支	數目
義日	甲子、丙寅、丁卯、辛未、壬申、癸酉、乙亥、丙辰、辛丑、丁未、庚戌、戊午、庚辰	13
寶日	甲午、丁丑、丙戌、庚子、壬寅、丁未、戊申、己酉、辛亥、癸卯、丙辰、乙巳、丙戌、丙辰	14
專日	己丑、戊戌、丙午、壬子、甲寅、乙卯、己未、庚申、辛酉、癸亥、戊辰、丁巳、丙辰、乙未	14

　　值得一提的是，後世道書《太上明鑑真經》所言入山吉日則與前述
說法有所不同，如云："入山所宜時節：正月一日、二月二十五日、三月
二十四日、四月十六日、五月十一日、六月六日、七月二日、八月二十五
日、九月二十一日、十月十六日，此是天倉開日，可以名山行來，吉利；
正月子、二月丑、三月寅、四月卯、五月辰、六月巳、七月午、八月未、
九月申、十月酉、十一月戌、十二月亥，此日是天地開日，入名山最吉，
可久居，令人安穩無患。"② 此外，《三洞道士入山修煉科·入山採藥品第
九》所列"天倉開日"中除了前述正月～十月中的十個吉日外，尚有
"十一月十一日、十二月六日"二吉日，且將"天地開日"稱作"地倉開
日"。③ 此二道書均係晚出，可聊備一說。

　　《登涉》篇又云："入名山，以甲子、開除日，以五色繒各五寸，懸
大石上，所求必得。"④ 約漢代外丹書《太清金液神丹經》（卷上）談到

---

① 《赤松子章曆》卷二，《道藏》第11冊，第192頁。
② 《太上明鑑真經》，《道藏》第28冊，第425頁。
③ 《三洞道士入山修煉科》，《道藏》第32冊，第591頁。
④ 王明：《抱朴子內篇校釋》（增訂本）卷十七，第303頁。引文標點略有修正。

煉丹合藥的時日選擇時也說道："合藥時當用甲子，得開、除日益佳。"①
前述引文中"開除日"乃係屬於建除十二辰中的開日和除日。建除學說
是戰國以降擇日方術之一種，也是近些年來出土秦漢簡牘《日書》中的
最重要內容之一，如睡虎地秦簡《日書》（甲種、乙種）、放馬灘秦簡
《日書》（甲、乙種）及孔家坡漢簡《日書》等均開篇處首言"建除"。
漢代道書《太平經》已開始將建除說法納入道教理論體系的建構中。② 有
關"開除日"在漢晉時人觀念中的特殊含義，筆者將在後文討論，茲不
贅言。③ 而前引文中所言以甲子日、開日、除日入名山，將五種顏色的絲
帛各五寸（東晉 1 寸 = 2.45 釐米④，5 寸即 12.25 釐米），懸掛在山間大
岩石上，就會心想事成、有求必應。其實，這是一種簡單化的入山祭祀祈
禱儀式，與開篇所云"凡人入山，皆當先齋潔七日，不經污穢"⑤ 的齋戒
儀式頗為類似。其宗旨如《抱朴子內篇·明本》所言："儒者祭祀以祈
福，而道者履正以禳邪。"⑥ 此外，約宋代編纂的《太清金闕玉華仙書八
極神章三皇內秘文》卷中"入山醮儀山主章"條也詳細介紹了道士入山
前須於山門處擇地醮祭山主神靈的儀式。⑦

　　此外，《登涉》篇引《遁甲中經》云："欲求道，以天內日天內時，
劾鬼魅，施符書；以天禽日天禽時入名山，欲令百邪、虎狼、毒蟲、盜賊
不敢近人者，出天藏、入地戶。凡六癸為天藏，六己為地戶也。……又

① 《太清金液神丹經》卷上，《道藏》第 18 冊，第 749 頁。
② 詳見姜守誠《試論〈太平經〉的"解除"術》，《魯東大學學報》（哲學社會科學版）
2008 年第 4 期，第 5—14 頁。
③ 詳見本書第七章。
④ 有關中國古代量度標準之演變，參見矩齋《古尺考》，《文物參考資料》1957 年第 3 期，
第 25—28 頁；吳承洛：《中國度量衡史》，上海：上海書店 1984 年版（據商務印書館 1937 年版
複印）；國家計量總局、中國歷史博物館、故宮博物院主編：《中國古代度量衡圖集》，北京：文
物出版社 1984 年版。
⑤ 王明：《抱朴子內篇校釋》（增訂本）卷十七，第 299 頁。
⑥ 王明：《抱朴子內篇校釋》（增訂本）卷十，第 187 頁。
⑦ 《太清金闕玉華仙書八極神章三皇內秘文》卷中"入山醮儀山主章"條云："地皇君曰：
大山有大山神主，小山有小山神主也。入山修道之流而不醮請其主，如人無故入人家也，其神與
人之情則有所遠矣。凡入山擇洞居庵，至山門下地上或石上，鋪淨布巾一條，素食一盤，茶、酒
各一分，供養少時，燒白錢一束。以小狀一紙投火，司燒之。其狀內言：'某年月日，令入山求
長生之道，不敢私住，故醮請山主神靈，願垂護祐。'如此方可入山居住，若有所倚託也。"
（《道藏》第 18 冊，第 574 頁）

曰，求仙道入名山者，以六癸之日六癸之時，一名天公日，必得度世也。"① 引文中 "天內" "天禽" 原係指北斗九星（古人認為北斗計有 "七明二隱" 九顆星：天蓬、天任、天衝、天輔、天英、天內、天柱、天心、天禽），這裏則為標注式盤的奇門遁甲術語——"天內（芮）" 主大凶，"天禽" 主上吉。這段文字是說，修道之人劾治鬼魅、施予符書，應選擇天內日、天內時；入名山，應選擇天禽日、天禽時；若要避免百邪、虎狼、毒蟲、盜賊等侵害，就應出 "天藏"、入 "地戶"。所謂 "天藏" 是指六癸（癸酉、癸未、癸巳、癸卯、癸丑、癸亥），所謂 "地戶" 是指六己（己巳、己卯、己丑、己亥、己酉、己未）。又有一種說法，認為 "天公日"（即六癸日）那天的六癸時，入名山一定會度世成仙。而上述說法，亦為《太上六壬明鑑符陰經》（卷三）所承襲。②

三　入山的防身物品

道士入山，除了對登涉的山嶽及日期予以精心挑選外，還需預先置辦一些特殊物品以備不時之需。這些物品都是與道家、方術有關的，各有其功用，具體包括：鏡子，符書（《三皇內文》《五嶽真形圖》），符印（七十二精鎮符、包元十二印），符策（八威玉策）。下面，我們分別予以論述。

（一）鏡子

鏡子是入山的必備物品之一，因為銅（鐵）鏡能照妖顯形。③ 山中諸物年歲老久而成精，經常幻化人形來迷亂人眼、誘惑人心，而明鏡則是應對它們的有效手段。如《登涉》篇云："又萬物之老者，其精悉能假託人

① 王明：《抱朴子內篇校釋》（增訂本）卷十七，第 302 頁。引文標點略有修正。
② 詳見《道藏》第 18 冊，第 638 頁。
③ 鏡子是中國道教的重要法器之一，也是道士敷演法術科儀時的必備物品。相關研究，詳見李豐楙《六朝鏡劍傳說與道教法術思想》，載靜宜文理學院中國古典小說研究中心編《中國古典小說研究專集》'2，臺北：聯經出版事業公司 1980 年版，第 1—28 頁；[日] 小山滿：《〈抱朴子〉と神獸鏡》，《創大アジア研究》第 9 期（1988 年），第 73—106 頁；[日] 福永光司：《道教的鏡與劍——其思想的源流》，載劉俊文主編、許洋生等譯《日本學者研究中國史論著選譯》第七卷（思想宗教），北京：中華書局 1993 年版，第 386—445 頁。

形，以眩惑人目而常試人，唯不能於鏡中易其真形耳。是以古之入山道士，皆以明鏡徑九寸已上，懸於背後，則老魅不敢近人。"① 這裏明確談到鏡子的兩個規制：其一，明亮，銅（鐵）鏡光亮才能折射、鑒察物形；其二，直徑九寸（即 22.05 釐米）以上。鏡子的使用方法是將其懸掛在入山者的後背，逢鬼怪前來試探，就回顧察看鏡子中的映像：若是仙人及山中好神，則鏡中仍為人形；若是鳥、獸等動物類妖精，則明鏡就會顯示出真形（或鳥、或獸）。如云："或有來試人者，則當顧視鏡中，其是仙人及山中好神者，顧鏡中故如人形。若是鳥獸邪魅，則其形貌皆見鏡中矣。"② 繼而又說若是老魅前來，離開時一定會倒退走路，可回轉鏡面以對照之：若沒有腳後跟就是老魅，若有腳後跟則是山神。其文曰："又老魅若來，其去必却行，行可轉鏡對之，其後而視之，若是老魅者，必無踵也，其有踵者，則山神也。"③

為了證明鏡子檢驗鬼形的有效性和必要性，葛洪還特地列舉了兩個案例：一例是張蓋蹹、偶高成於雲臺山石室中存思修煉，山中鹿精幻化人形（"著黃練單衣葛巾"）前來慰勞，二人靠鏡子識破，指斥其為山中老鹿，"來人即成鹿而走去"。④ 另一例是郗伯夷在林慮山下亭中夜宿，羣犬夜半幻化人形（"衣色或黃或白或黑，或男或女"），與其對坐、自顧嬉戲，伯夷竊以鏡照之、窺見真形，佯誤執燭燒其衣、有毛焦味，遂以小刀刺殺其一，死而顯犬形，其餘驚走，從此亭中不再鬧鬼。⑤ 所以，葛洪感慨說：這三人能夠識破鬼形、化險為夷，都是依靠了明鏡的佐助——"乃鏡之力也"。就文學創作而言，這兩個案例是相對完整的志怪小說，其中具備了諸多要素——人物姓名、發生地點、故事梗概等，至於這些素材是採自葛氏本人的親身見聞抑或援引自其他仙經，尚有待深究。

有學者將《登涉》篇中的鏡子稱為"照妖鏡"，⑥ 其實不確。據文意可知，此鏡乃是世俗中常見的普通銅、鐵之鏡（僅要求"徑九寸已上"

---

① 王明：《抱朴子內篇校釋》（增訂本）卷十七，第 300 頁。
② 王明：《抱朴子內篇校釋》（增訂本）卷十七，第 300 頁。
③ 王明：《抱朴子內篇校釋》（增訂本）卷十七，第 300 頁。
④ 王明：《抱朴子內篇校釋》（增訂本）卷十七，第 300 頁。
⑤ 王明：《抱朴子內篇校釋》（增訂本）卷十七，第 300 頁。
⑥ ［日］福永光司：《道教的鏡與劍——其思想的源流》，載劉俊文主編、許洋生等譯《日本學者研究中國史論著選譯》第七卷（思想宗教），第 406 頁。

和明亮而已），之所能令妖精顯出原形，並非是鏡子本身擁有特殊能量，而是妖邪自身的秉性使然。① 對此，《上清明鑑要經》《洞玄靈寶道士明鏡法》等有明確解釋，如前者言："又道士入山精思，山精老魅多來試之，或作人形，故道士在石室之中，常當懸明鏡九寸於背後，以辟衆惡。又百鬼老物，雖能變形，而不能使鏡中影變也，見其形物鏡中，則便消亡退走，不敢為害也。"② 這裏已清楚地談到百鬼老魅雖能幻化人形、迷惑人眼，但不能改變鏡中的影像。福永光司推測魏晉道士推崇以鏡子照出鬼魅真形的說法，或係源於對《淮南子·真訓》"（明鏡）形物之性也"思想的神化。③ 此說可信。其實，這一思想亦見載於《大戴禮記·保傅》所云："明鏡者，所以察形也"。④

　　除了《登涉》篇外，《抱朴子內篇》還多次談到以"明鏡"作為內煉修持的輔助手段。如《雜應》篇云："或用明鏡九寸以上自照，有所思存，七日七夕則見神仙，或男或女，或老或少，一示之後，心中自知千里之外，方來之事也。明鏡或用一，或用二，謂之日月鏡。或用四，謂之四規鏡。四規者，照之時，前後左右各施一也。用四規所見來神甚多。或縱目，或乘龍駕虎，冠服彩色，不與世同，皆有經圖。"⑤ 《地真》篇又云："師言守一兼修明鏡，其鏡道成則能分形為數十人，衣服面貌，皆如一也。"⑥ 而《暇覽》篇則羅列了葛氏從乃師鄭隱處存見的

---

① 葛氏所言入山時背負的鏡子乃當與後世釋道二教地獄觀念中的"業鏡"明顯不同。有關"業鏡"之考證，詳見姜守誠《"業鏡"小考》，（臺灣）《成大歷史學報》第 37 號（2009 年 12 月），第 21—60 頁。

② 《上清明鑑要經》，《道藏》第 28 冊，第 418 頁。約南北朝或隋唐時道書《洞玄靈寶道士明鏡法》亦大略相同。（詳見《道藏》第 32 冊，第 226 頁）

③ ［日］福永光司：《道教的鏡與劍——其思想的源流》，第 406 頁。

④ （清）王聘珍撰：《大戴禮記解詁》卷三，王文錦點校，北京：中華書局 1983 年版，第 67 頁。

⑤ 王明：《抱朴子內篇校釋》（增訂本）卷十五，第 273 頁。約唐代抄本敦煌殘卷 S.6963 號《老子化胡經卷第二》亦云："脩道之人，常持四規明鏡自照，以絕妖�'s。"（黃永武主編：《敦煌寶藏》第 54 冊，第 175 頁）此外，唐代高道司馬承禎撰《上清含象劍鑑圖》談到"四規之法"時云："夫四規之法，獨資於神術，千年之奇，唯求于烏影。含光寫貌，雖覩其儀，尚象通靈，罕存其制，而鑑之為妙也。貞質內凝，湛然惟寂。清暉外瑩，覽焉遂通。應而不藏，至人之心愈顯。照而微影，精變之形斯復。所謂有貞明之道也，有神靈之正也。捧玩之寶，莫先茲器。既可以自見，亦可以鑒物。"（《道藏》第 6 冊，第 683 頁）

⑥ 王明：《抱朴子內篇校釋》（增訂本）卷十八，第 325—326 頁。

道經名錄，其中包括《四規經》《明鏡經》《日月臨鏡經》，想必與前述設鏡修煉有關。今本《正統道藏》不乏專論明鏡修持法術的道書文獻（多屬六朝及唐代上清派一系），如《上清明鑑要經》①《太上明鑑真經》②《洞玄靈寶道士明鏡法》③ 等均涉及此類內容。此外，《正統道藏》還收錄了此類修道鏡鑑樣式的圖譜——《上清長生寶鑑圖》④《上清含象劍鑑圖》⑤，其中尤其令人矚目的是唐初高道司馬承禎所鑄造的幾款“含象鑑”（圖式詳見《上清含象劍鑑圖》，圖3—1）。⑥ 而鏡子則成為後世修道者隨身佩帶之物品，誠如《太平廣記·器玩三》“陶貞白”條引唐代李綽《尚書故實》所云：“梁陶貞白所著《太清經》，一名《劍經》。凡學道術者，皆須有好劍鏡隨身。”⑦

《登涉》篇明確提到入山所負“明鏡徑九寸已上”，此種說法屢見於後世道書中。如前引《上清明鑑要經》⑧《太上明鑑真經》⑨《洞玄靈寶道士明鏡法》⑩ 及《洞玄靈寶道學科儀》卷下《明鏡要經品》等均言“明鏡九寸”。那麼，上述道書為何反復強調“明鏡”須“九寸”或“九寸以上”呢？筆者以為，“九”為至陽之數，入山時背負或內煉時擺放“明鏡九寸”乃代表採集天地極至之陽氣，藉此內滋修煉、外禦邪鬼。

①　《上清明鑑要經》，《道藏》第 28 冊，第 418—422 頁。

②　《太上明鑑真經》，《道藏》第 28 冊，第 422—425 頁。

③　《洞玄靈寶道士明鏡法》，《道藏》第 32 冊，第 226 頁。

④　《上清長生寶鑑圖》，《道藏》第 6 冊，第 679—680 頁。

⑤　《上清含象劍鑑圖》，《道藏》第 6 冊，第 683—686 頁。

⑥　有關司馬承禎“含象鑑”的研究情況，詳見［日］福永光司《道教的鏡與劍——其思想的源流》，載劉俊文主編、許洋生等譯《日本學者研究中國史論著選譯》第七卷（思想宗教），第 386—445 頁；王育成：《唐代道教鏡實物研究》，《唐研究》第六卷，北京：北京大學出版社 2000 年版，第 27—56 頁；王育成：《司馬承禎與唐代道教鏡說證》，《中國歷史博物館館刊》2001 年第 1 期，第 30—40 頁。

⑦　（宋）李昉等編：《太平廣記》卷二三一，第 1769 頁。

⑧　《上清明鑑要經》，《道藏》第 28 冊，第 418 頁。

⑨　《太上明鑑真經》，《道藏》第 28 冊，第 422 頁。

⑩　《洞玄靈寶道士明鏡法》，《道藏》第 32 冊，第 226 頁。

圖3-1　司馬承禎"含象鑑"圖式

資料來源:《上清含象劍鑑圖》,《道藏》第6冊,第683—684頁。

(二) 符書:《三皇內文》《五嶽真形圖》

《登涉》篇云:"上士入山,持《三皇內文》及《五嶽真形圖》,所在召山神,及按鬼錄,召州社及山卿宅尉問之,則木石之怪,山川之精,不敢來試人。"① 《三皇內文》和《五嶽真形圖》收錄了有關神祇(正神)的圖錄及召請方法,入山道士可以按圖索驥,每到一地召請山神、社公、宅神等詢問,則當地的木石、山川等老物精怪就不敢再來試人了。東晉古籍《紫陽真人內傳》② 詳述西漢時人周義山(字季通)得道成仙的過程及事跡,其中談到仙人衍門子在蒙山傳授他《龍蹻經》和《三皇內文》——"乃出《龍蹻經》以授之,《三皇內文》以召神靈以劾百鬼"③,又書中"周君所受道真書目錄"條亦云:"衍門子受《龍蹻經》并《三皇內文》"④。又據葛洪撰《神仙傳》記載:帛和遵循仙人王褒的指示,在西城山石室中熟視石壁三年,始見壁上顯現《三皇文》《五嶽圖》等秘文。⑤ 元代趙道一編修《歷世真仙體道通鑑》則談到鮑靚(葛洪妻父)師從左慈,得授《三皇》《五岳》等而劾召有驗,如謂:

---

① 王明:《抱朴子內篇校釋》(增訂本)卷十七,第300頁。
② 據劉師培、陳國符等人考證認為,《紫陽真人內傳》乃係東晉道教古籍之一。(劉師培:《讀道藏記·紫陽真人內傳》,載氏著《劉申叔遺書》,第1996—1997頁;陳國符:《道藏源流考》,第8—9頁)有關《紫陽真人內傳》成書的簡要介紹,詳見任繼愈主編《道藏提要》(修訂本),第226—227頁。
③ 《紫陽真人內傳》,《道藏》第5冊,第544頁。
④ 《紫陽真人內傳》,《道藏》第5冊,第547頁。
⑤ (晉)葛洪撰:《神仙傳校釋》卷七"帛和"條,胡守為校釋,北京:中華書局2010年版,第251頁。

"（鮑靚）師左元放，受中部法及《三皇》《五嶽》劾召之要，行之神驗，能役使鬼神，封山制魔。"① 又據《周氏冥通記》記載：周子良師從陶弘景受教《五嶽圖》《三皇內文》等經典，其姨母也虔誠供養《五嶽》《三皇》。② 總之，根據上述記載可知：漢晉六朝時期，道門中人對《三皇內文》《五嶽真形圖》均十分看重，通過不斷神化而賦予其神秘色彩，故而唐代以前，這兩部經書長期被列為秘典、在教內具有崇高之地位。

有關《三皇內文》及《五嶽真形圖》的神奇功用，《遐覽》篇給予長篇論述："或問：'仙藥之大者，莫先於金丹，既聞命矣，敢問符書之屬，不審最神乎？' 抱朴子曰：'余聞鄭君言，道書之重者，莫過於《三皇內文》《五岳真形圖》也。古者仙官至人，尊秘此道，非有仙名者，不可授也。受之四十年一傳，傳之歃血而盟，委質為約。諸名山五岳，皆有此書，但藏之於石室幽隱之地，應得道者，入山精誠思之，則山神自開山，令人見之。……有此書，常置清潔之處。每有所為，必先白之，如奉君父。其經曰，家有《三皇文》，辟邪惡鬼，溫疫氣，橫殃飛禍。若有困病垂死，其信道心至者，以此書與持之，必不死也。……道士欲求長生，持此書入山，辟虎狼山精，五毒百邪，皆不敢近人。可以涉江海，却蛟龍，止風波。得其法，可以變化起工。不問地擇日，家無殃咎。若欲立新宅及冢墓，即寫《地皇文》數十通，以布著地，明日視之，有黃色所著者，便於其上起工，家必富昌。又因他人葬時，寫《人皇文》，並書己姓名著紙裹，竊內人冢中，勿令人知之，令人無飛禍盜賊也。有謀議己者，必反自中傷。又此文先潔齋百日，乃可以召天神、司命及太歲，日遊五岳四瀆，社廟之神，皆見形如人，可問以吉凶安危，及病者之禍祟所由也。又有十八字以著衣中，遠涉江海，終無風波之慮也。又家有《五嶽真形圖》，能辟兵凶逆，人欲害之者，皆還反受其殃。道士時有得之者，若不

---

① （元）趙道一編修：《歷世真仙體道通鑑》卷二一 "鮑靚" 條，《道藏》第 5 冊，第 222 頁。

② 梁武帝天監十一年（512 年），周子良隨侍陶弘景回茅山，得受《五嶽圖》《三皇內文》等經典。（《周氏冥通記》卷一，《道藏》第 5 冊，第 518 頁）又《周氏冥通記》（卷一）小字注云："（周子良）姨母修《黃庭》《三一》，供養《魏傳》《蘇傳》及《五嶽》《三皇》《五符》等。"（《周氏冥通記》卷一，《道藏》第 5 冊，第 521 頁）

能行仁義慈心，而不精不正，即禍至滅家，不可輕也。'"①

除了前引二篇外，《抱朴子內篇》還多次談到《三皇內文》，如卷四《金丹》篇："余問諸道士以神丹金液之事，及《三皇內文》召天神地祇之法，了無一人知之者，其誇誕自譽及欺人，云己久壽。"② 卷十五《雜應》篇："或以三皇天文，召司命、司危、五岳之君，阡陌、亭長、六丁之靈，皆使人見之，而對問以諸事，則吉凶昭然，若存諸掌，無遠近幽深，咸可先知也。"③ 卷十八《地真》篇："昔黃帝東到青丘，過風山，見紫府先生，受《三皇內文》，以劾召萬神"。④ 卷十九《遐覽》篇："然弟子五十餘人，唯余見受金丹之經及《三皇內文》《枕中五行記》，其餘人乃有不得一觀此書之首題者矣。"⑤ 並隨後附列鄭隱所藏道書目錄，其中首列《三皇內文》——"道經有《三皇內文天地人》三卷"⑥。總之，從上述內容來看，《三皇內文》當是魏晉時人入山召神役鬼之經書，也是修持有成者必須掌握的重要法術技能。⑦ 可惜，古本《三皇內文》已佚，⑧ 今《正統道藏》（洞神部本文類）中僅存見《三皇內文遺秘》⑨《太清金闕玉華仙書八極神章三皇內秘文》⑩。二書均係唐宋之季道士依據《三皇內文》演繹而成，不過也保留了古本的部分內容和經文片斷。南朝劉宋陸修靜編撰《三洞經書目錄》時將《三皇經》納入三洞四輔七部經書體系中，位尊洞神部之列。

與《三皇內文》類似，《五嶽真形圖》在魏晉時已十分流行，魏晉時

---

① 王明：《抱朴子內篇校釋》（增訂本）卷十九，第336—337頁。引文標點略作修正。

② 王明：《抱朴子內篇校釋》（增訂本）卷四，第70頁。

③ 王明：《抱朴子內篇校釋》（增訂本）卷十五，第272—273頁。引文標點略作修正。

④ 王明：《抱朴子內篇校釋》（增訂本）卷十八，第323頁。引文標點略作修正。

⑤ 王明：《抱朴子內篇校釋》（增訂本）卷十九，第333頁。引文標點略作修正。

⑥ 王明：《抱朴子內篇校釋》（增訂本）卷十九，第333頁。

⑦ 誠如《三皇內文遺秘》所云："……《三皇內文》，學道之士須佩帶之，然後方始通神。"（《道藏》第18冊，第582頁）

⑧ 有關學者已指出：古本《三皇內文》在六朝後期被改編成為《三皇經》。（詳見福井康順《三皇文と三皇經》，載氏著《道教の基礎的研究》，東京：理想社1952年初版，東京：書籍文物流通會1958年再版；大淵忍爾：《三皇より洞神經へ》，載氏著《道教史の研究》，岡山：岡山大學共濟會書籍部1964年版）

⑨ 《三皇內文遺秘》，《道藏》第18冊，第581—585頁。

⑩ 《太清金闕玉華仙書八極神章三皇內秘文》，《道藏》第18冊，第562—580頁。

人造作的《漢武帝内傳》① 就已收錄了西王母授予漢武帝《五嶽真形圖》的故事，並假借西王母之口敘述了此圖的形成過程。② 今本《正統道藏》存見託名東方朔撰《洞玄靈寶五嶽古本真形圖》③（由三篇經文組成：《五嶽真形圖序》《靈寶五嶽古本真形圖》《洞元靈寶五嶽真形圖》）和《五嶽真形序論》。前書收錄了五嶽（泰山、衡山、嵩山、華山、常山）及南嶽佐命四山（青城山、廬山、霍山、潛山④）之形勝靈跡〔內收二種的符圖形制、筆畫及注文均存見差異，每幅主圖前均配有一道山嶽真形符文。詳見圖 3–2～圖 3–10，其中（1）均採自《靈寶五嶽古本真形圖》，（2）均採自《洞元靈寶五嶽真形圖》〕。顧名思義，《五嶽真形圖》就是描繪五嶽真形（本形）的圖錄，"五嶽真形者，山水之象也。盤曲迴轉，陵阜形勢高下參差、長短卷舒，波流似於奮筆，鋒鋩暢乎嶺崿。雲林玄黃，有如書字之狀。是以天真道君，下觀規矩，擬縱趨向，因如字之韻，而隨形而名山焉。"⑤ 而《五嶽真形序論・五嶽圖序》則託言東方朔談及五嶽真形乃源出鳥跡，如云："古畫五嶽真形首目者，乃是神農前世太上八會群方飛天之書法，殆鳥跡之先代也，自不得仙人譯注顯出，終不可知也。"⑥

---

① 《四庫全書總目・子部五十二・小說家類三》考訂認為《漢武帝内傳》疑係 "其殆魏晉間文士所為乎"。（清・永瑢等撰：《四庫全書總目》卷一四二，北京：中華書局 1965 年版，第 1206 頁）有關《漢武帝内傳》成書過程的考察，詳見［日］小南一郎《中國的神話傳說與古小說》第四章《〈漢武帝内傳〉的形成》，孫昌武譯，第 232—379 頁。

② 此外，日本學者小南一郎也指出：《正統道藏》本《漢武帝外傳》"是以與傳授《五嶽真形圖》和《六甲靈飛等十二事》有關的人的傳記為核心構成的。"（［日］小南一郎：《中國的神話傳說與古小說》，孫昌武譯，第 368 頁）

③ 《洞玄靈寶五嶽古本真形圖》，《道藏》第 6 冊，第 735—744 頁。

④ 《洞玄靈寶五嶽古本真形圖》云："（黃帝）察四嶽並有佐命之山，而南嶽獨孤峙無輔，乃章祠三天太上道君，命霍山、潛山為儲君。奏可。帝乃自造山，躬寫形像，連五圖之後。拜青城山為丈人，署廬山為使者。形皆以次相續，此適始於黃帝耳。"（《道藏》第 6 冊，第 735 頁）日本學者小南一郎指出：由於喪失了淮北領土的控制權而被迫遷都江南，南朝人在五嶽之中格外重視南嶽的祭祀，故 "南嶽與其它四嶽不同，被賦予了特殊的地位"。（［日］小南一郎：《中國的神話傳說與古小說》，孫昌武譯，第 305 頁）

⑤ 《洞玄靈寶五嶽古本真形圖》，《道藏》第 6 冊，第 735 頁。

⑥ 《五嶽真形序論》，《道藏》第 32 冊，第 636 頁。

（1）　　　　　　　　　　（2）

圖 3 – 2　　東嶽泰山真形圖及符文

（1）　　　　　　　　　　（2）

圖 3 – 3　　南嶽衡山真形圖及符文

（1）　　　　　　　　　　（2）

圖 3 – 4　　中嶽嵩山真形圖及符文

（1）　　　　　　　　　　　　　　　（2）

圖3－5　西嶽華山真形圖及符文

（1）　　　　　　　　　　　　　　　（2）

圖3－6　北嶽常山真形圖及符文

（1）　　　　　　　　　　　　　　　（2）

圖3－7　霍山真形圖及符文

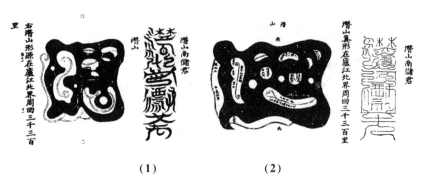

（1）　　　　　　　　（2）

圖3-8　潛山真形圖及符文

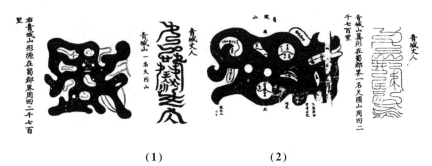

（1）　　　　　　　　（2）

圖3-9　青城山真形圖及符文

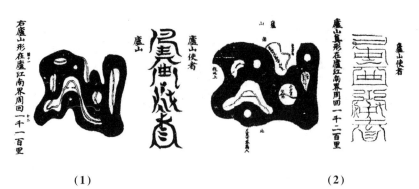

（1）　　　　　　　　　　　　（2）

圖3-10　廬山真形圖及符文

資料出處：《洞玄靈寶五嶽古本真形圖》，《道藏》第6冊，第737—743頁。

　　對於上述符圖之構造，《靈寶五嶽古本真形圖》解釋說："黑者，山形；赤者，水源；白者，是室穴口也。畫小則丘陵微，畫大則隴岫壯。葛洪謂：高下隨形，長短取象。其源畫神草及石室之處，自是後來仙人輩於其圖處畫識之耳。"[①] 除了上述文字外，《洞元靈寶五嶽真形圖》還著重介紹了五嶽真形圖的鎮宅、逐鬼、却厄、佑身等功能："家有蓄圖者，善神守護，其家眾邪惡鬼，灾患疾病，皆自消滅也。若上士佩之，則萬神皆為朝禮矣。山蹟泉脈，源流上下。昔王母授漢武帝本經萬餘言，在圖上。今分為五局，傳授禁限，其科嚴不可得傳也。"[②] 據此可知，上述真形圖本係彩繪手卷，即使用不同的顏色——黑、赤、白或黃（《靈寶五嶽古本真形圖》以白色表示室穴口，而《洞元靈寶五嶽真形圖》則以黃點來表示），採用虛實相間的表現手法，靈活運用曲折變化的線條及塊面等勾勒出山體形貌（黑色）、水源流布（赤色）、洞天福地（空白處）、洞穴入口（白色或黃色圓點）及路徑走向等基本情況，營造出一種神秘的視覺空間。而《洞元靈寶五嶽真形圖》所載九幅真形圖［詳見圖 3 – 10 之（2）類］與《靈寶五嶽古本真形圖》［詳見圖版 3 – 10 之（1）類］最大不同是：前者以小字標注登山入口、方位及山上的水源、仙藥物產、洞天福地、仙聖遺跡、里程等元素，頗似後世山岳導覽圖。這說明五嶽真形圖是古人實際觀測到的山岳形貌的平面圖，同時也是道士入山辨認路徑、尋覓仙藥聖跡的指導手冊。可以肯定地說，五嶽真形圖乃係由古老的山嶽地形圖加以演化和神化而來的。[③] 對此，《漢武帝內傳》給予印證：五嶽真形圖係三天太上道君"迺因山源之規矩，睹河嶽之盤曲，陵回阜轉，山高壠長，周旋委蛇，形似書字，是故因象制名，定實之號。"[④]

　　① 《洞玄靈寶五嶽古本真形圖》，《道藏》第 6 冊，第 740 頁。

　　② 《洞玄靈寶五嶽古本真形圖》，《道藏》第 6 冊，第 743 頁。

　　③ 有關五嶽真形圖的研究，國內外學界已取得不少令人矚目的成果：［日］井治以為：《五嶽真形圖に就いて》，《內藤博士還曆祝賀支那學論叢》1926 年版；K. M. 希貝爾：《五嶽真形圖の信仰》，《道教研究》第二冊，1967 年版；曹婉如、鄭錫煌：《試論道教的五嶽真形圖》，《自然科學史研究》1987 年第 1 期，第 52—57 頁；嚴耀中、曾維華：《〈五嶽真形圖〉與道教五行思想》，《學術界》1990 年第 3 期，第 38—43 頁；［日］小南一郎：《中國的神話傳說與古小說》第四章《〈漢武帝內傳〉的形成·〈五嶽真形圖〉與〈六甲靈飛等十二事〉》，孫昌武譯，第 300—328 頁；羅燚英：《道教山嶽真形圖略論》，《中山大學學報》（社會科學版），2009 年第 3 期，第 110—117 頁。

　　④ 《漢武帝內傳》，《道藏》第 5 冊，第 51 頁。

除了前述"五嶽真形圖"外,《三皇內文遺秘》尚見有"五嶽真形符"(圖3－11),是對前者圖案的一種符籙化改造。現存河南登封嵩山中嶽廟的兩通明萬曆年間所刻"五嶽真形之圖"碑即屬此類。①

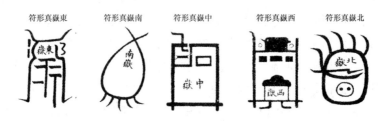

圖3－11　五嶽真形符

資料出處:《三皇內文遺秘》,《道藏》第18冊,第584—585頁。

(三) 符印:七十二精鎮符、包元十二印

《登涉》篇又言:"其次即立七十二精鎮符,以制百邪之章,及朱官印、包元十二印,封所住之四方,亦百邪不敢近之也。"② 引文中"七十二精鎮符"是指劾鎮七十二種邪精魔怪的符籙。對於這"七十二精"在道教神祇譜系中的位階及秉性,《太清金闕玉華仙書八極神章三皇內秘文》卷上《精宗章第四》給予定義說:"天皇君曰:五方天鬼之外,一切小靈並屬精魅之宗,雖恠之異,無以助正氣之德,皆屬私神魔精之類。以吾之御印、以吾之御呪,隨即見形,可以役使如家奴僕焉。吾之法者,使其神也,如烈火焚其秋毫;役其鬼也,若海波漂其枯葉。正神之外、正鬼之外,有七十二精,後以細述焉。此鬼天不收、地不管,五嶽不御、山海不拘,不從大德、不助真風,好殺好亂、婬邪食血肉,不正之鬼,號曰'私神'名也。"③ 據此可知,這"七十二精"乃歸入正神與正鬼之外的"私神"之列,本性邪淫、好殺亂,不過可憑道術將其降伏以供驅使。上述文字之後,前引書又逐一列出了"七十二精"的名字,詳細描述了它們的形貌特徵及原形真身,並介紹了部分精鬼的危害、行為嗜好及劾治方

① 耿直:《五嶽真形圖碑》,《中國道教》1994年第4期,第40—41頁。
② 王明:《抱朴子內篇校釋》(增訂本)卷十七,第300—301頁。引文標點略作修正。
③ 《太清金闕玉華仙書八極神章三皇內秘文》卷上,《道藏》第18冊,第565頁。

法。① 茲列名如下：

（1）魔魂吞尸精（姓任）；（2）五統私神之鬼精；（3）貓毛神；（4）血尸神；（5）豬角白腹鬼精；（6）女义精；（7）條了精鬼；（8）咬拆曲石神（又名清靈善爽之鬼）；（9）雷聲急；（10）春瓊泉；（11）束少年；（12）雙石尸精；（13）魚白水耗精；（14）朱蛇白面精；（15）王玉真；（16）秋草葉精；（17）朱眉魂；（18）霍公孫；（19）海僧尼；（20）鹿身戒尸精；（21）惡毒鬼；（22）黃孝白面精；（23）星吒婆；（24）全全幽魂精；（25）夏佳毒精；（26）黃遠天；（27）張彥最；（28）劉遠橫；（29）高陽哥；（30）月娘精；（31）馬元師子精；（32）杜昌精；（33）社鐶孝屍精；（34）黑花精；（35）牛首百都精；（36）桂龍晚天精；（37）鄧巢黃天精；（38）曹洪天眼精；（39）桃奴新；（40）宋丘孤魂精；（41）吳愛愛精；（42）左守全邪精；（43）老僧精；（44）使賣羊頭精；（45）陳狂尸馳精；（46）吞魔小直精；（47）郭華小神精；（48）山嶽孫青精；（49）黃女精；（50）周德大眛精；（51）漆漆小耗精；（52）蘇小妖精；（53）園郎姑眛精；（54）楊花鬼尸精；（55）黃河大小精；（56）騰蛇白虎小耗精；（57）昏形魍魎精；（58）嘉夫精；（59）兩林青面精；（60）李童；（61）故奴僧精；（62）殺木魂精；（63）土玉精；（64）大羅殺鬼精；（65）鐵雲羅耶精；（66）趙氏宗精；（67）賀度口精；（68）灰虎神精；（69）唐永鳴精；（70）佞女子精；（71）鄭達伏；（72）氣袄血著精。

就原形而言，上述精鬼大抵可劃分為幾種類型：

第一，動物類：（1）萬年狐狸；（4）吞毛之國老犬精；（15）三千年白蛇之精；（16）年深拱鼠之精；（18）數千年伏翔之精；（20）千年鯉魚之精；（24）千年蟹之精；（32）千年老鼠之精；（35）師子國一老馬之精；（39）千年蝦蛛之精；（40）千年野狸貓之精；（44）千年海犬所化；（45）萬年江豬所化；（46）老雞之精；（48）幽谷一老烏鳥之精；（49）年深師子之精；（50）江中老龜之精；（56）年深一老兔之精；（65）乖龍未登位之精；（67）年深深山虎精；（70）深山年深毒蛇之精。

第二，亡魂（人物）類：（2）一人家家奴；（3）強魂枉死之人；（5）產死之強魂；（7）五行不正之氣，是人強魂所化也；（8）人世採陰

---

① 《太清金闕玉華仙書八極神章三皇內秘文》卷上，《道藏》第18冊，第565—570頁。

坐禪不成之輩；（12）山中石打死無主孤魂之精；（13）水溺死強魂之精；
（14）水溺死之強魂；（19）年深人魂之精；（22）投井之強魂所化；
（23）井泉之鬼冤魂所化；（27）冤靈死鬼之魂，本人家奴婢所化；（29）
死人中強魂所化；（42）山中一死雄魂之精；（43）南雲山一老僧，得妖
氣而化此精；（51）人家未出嫁閨魂之精；（52）年深傷寒枉死之鬼；
（55）年深無主飄浮之魂餓鬼之精；（58）故宅中陰人伏屍之鬼；（59）宅
中陽人伏屍精；（64）家親未託生者……世之所謂邪靈化精者；（66）無
籍而化精者；（68）年老陰人之精，得灰力能變化。

第三，金石土木（物品）類：（9）萬歲銅礦之精；（10）萬年金苗
之精；（11）萬年銀苗之精；（28）年深墾人所化；（30）墾神所得精化；
（33）歲深故物之精；（41）千年頑石精；（53）年深函板之精；（54）年
深柩棺之精；（57）水邊野路一塊石、一塊土或枯朽之木，得水濕之氣，
積歲而成此精；（60）年深燈檠之精；（61）掃帚之精；（62）年深器物之
精；（63）銅鐵之精；（71）年深門側之精。

第四，草木（植物）類：（17）年深者樹之精；（26）千年草木之精
所化；（38）萬年枯柏之精。

第五，氣血邪怪類：（25）臭死屍陰毒之氣所化；（31）五方五耗之
鬼；（34）宅中不正之神精；（36）西川龍移山跡水恮精；（37）水怪之
精；（47）不正之地小祇之精；（72）閑室街市山崖之處，或生人或死人
血或禽獸之血，在地三日不化，得陰陽盜一靈氣在內，而後變化作此。

總之，前引《登涉》篇所言“立七十二精鎮符”劾鎮的對象——
“七十二精”，大抵不出此範圍。然不知“七十二精鎮符”是為一道抑或
七十二道？想必後者的可能性大些。

至於“包元十二印”，當是魏晉時流傳的一組道教印章。《抱朴子內
篇·遐覽》所錄道書目錄中有《包元經》，諸符目錄中有“包元符”。①
史書所載《包元》之經，最早可追溯到西漢。漢成帝時齊人甘忠可詐造
《包元太平經》十二卷進獻朝廷，被認為是“假鬼神罔上惑眾”下獄而
死；哀帝建平二年（前5年），夏賀良等人再次獻書，雖得以採納但僅歷

---

① 王明：《抱朴子內篇校釋》（增訂本）卷十九，第334頁、第335頁。

時月餘便因夏氏"欲妄變政事""其言亡驗"而遭取締。① 我們認為，甘氏進獻的《包元太平經》十二卷，與《遐覽》篇中《包元經》當有密切聯繫——或是同書異名，或為前者之別本。② 值得注意的是，前引甘氏《包元太平經》十二卷，而《登涉》篇則言"包元十二印"，"十二卷"與"十二印"數目相同，恐非巧合。此外，《漢書·李尋傳》云："初，成帝時，齊人甘忠可詐造《天官曆》、《包元太平經》十二卷，以言'漢家逢天地之大終，當更受命於天，天帝使真人赤精子，下教我此道。'"③ 引文談到"天官曆包元太平經十二卷"，而《登涉》篇則言"朱官印包元十二印"。依據諸多跡象表明，筆者頗懷疑"朱官印"是"天官曆"的訛誤或衍化，而"包元十二印"則是基於西漢《包元太平經》衍生和神化出來的，是將原本純粹的經書文字朝向符印化改造（當然，也不能排除"十二印"是從十二卷原書中抽取出來）。而"包元十二印"的功用就是以印文封住駐地的四方，從而令百邪不敢侵近。

（四）符策：八威玉策

繼而，《登涉》篇又云："其次執八威之節，佩老子玉策，則山神可使，豈敢為害乎？"④ 這是說，登山者手執八威符節、身佩老子玉策即可驅使山神、令邪鬼不敢侵害。

"八威"是魏晉以降道書中屢見的名詞術語，其含義大抵可歸納為三種：（1）八種靈獸，約六朝末道書《洞玄靈寶三洞奉道科戒營始》卷二《造像品》云："《科》曰：八威謂毒龍、猛虎、騰蛇、電獸、長牙、奔牛、獲天、雷晶，並是積業惡物。天尊威伏，使備門守關、洞穴牆圻，防非也。"⑤ 又宋陳景元集注《元始無量度人上品妙經四注》（卷二）詮釋"八威吐毒，猛馬四張"時引唐代嚴東注文云："八威者，龍、麟、虎、

---

① 詳見《漢書·李尋傳》。（東漢·班固撰：《漢書》卷七五，唐·顏師古注，第3192—3194頁）
② 有關《包元太平經》與後世《太平經》之關係，詳見姜守誠《〈太平經〉研究——以生命為中心的綜合考察》，北京：社會科學文獻出版社2007年版，第10—76頁。
③ （東漢）班固撰：《漢書》卷七五，（唐）顏師古注，第3192頁。
④ 王明：《抱朴子內篇校釋》（增訂本）卷十七，第301頁。
⑤ 《洞玄靈寶三洞奉道科戒營始》卷二，《道藏》第24冊，第749頁。

豹、師子、丹蛇、天馬、猛獸，吐毒四張也。"① 此二說法雖有種類差異，但均指係八種異獸則無分歧。② （2）八卦之神，唐代梁丘子注《黃庭內景玉經注》卷上《黃庭章第四》詮釋 "重堂煥煥明八威" 句時說："八卦之神曰八威也。"③ 又該書卷下《隱藏章第三十五》詮釋 "明神八威正辟邪" 句時說："八威，八靈神也。"④ 二說當係相同。（3）八識，元代陳觀吾註《太上洞玄靈寶無量度人上品妙經注》卷中 "八威吐毒"："八威乃眼、耳、鼻、舌、身、意六識，并合藏傳送為八識，號曰八威。"⑤

《抱朴子內篇》中所言 "八威" 凡計有三次，除了前引 "八威之節" 外，《登涉》《遐覽》二篇還分別言及 "八威五勝符"。這三次 "八威" 用語，當以第一種含義（八種靈獸）的可能性最大。⑥ 值得注意的是，前引《登涉》所言 "執八威之節，佩老子玉策"，古靈寶經及後世道書則通常併稱為 "八威策文" "八威策" "八威之策" 等。⑦ 如《太上靈寶五符序》（卷下）云："三天太上伏蛟龍虎豹山精文，名之曰八威策。道士入山，帶此書於肘後，百禽精獸徒從人行在左右。執此書於手中，則百禽山精毒獸却走千里。"⑧ 又，《元始五老赤書玉篇真文天書經》（卷中）詳細

---

① （宋）陳景元集注：《元始無量度人上品妙經四注》卷二，《道藏》第 2 冊，第 221 頁。類似說法，亦見於北宋末道士劉元道編《無量度人上品妙經旁通圖》卷中 "八威" 條（《道藏》第 3 冊，第 90 頁）；南宋王契真編《上清靈寶大法》卷十《三界所治門》"八威" 條（《道藏》第 30 冊，第 734 頁）

② 前引《元始無量度人上品妙經四注》（卷二）引唐代薛幽棲注文云："八威者，八威之神龍也。……神龍吐毒以攝祅氛。"（《道藏》第 2 冊，第 221 頁）與前述龍居其一的八種靈獸不同，薛幽棲則將 "八威" 定義為神龍，著重強調了神龍的地位。今《道藏》本《太上洞玄靈寶八威召龍妙經》則承襲了這一思路，該經將 "八威之策" 解釋為威神、威鬼、威俗、威偽、威毒、威狩、威非、威物。（《道藏》第 6 冊，第 242 頁）

③ （唐）梁丘子注：《黃庭內景玉經注》卷上，《道藏》第 6 冊，第 518 頁。

④ （唐）梁丘子注：《黃庭內景玉經注》卷下，《道藏》第 6 冊，第 538 頁。

⑤ （元）陳觀吾註：《太上洞玄靈寶無量度人上品妙經注》卷中，《道藏》第 2 冊，第 419—420 頁。

⑥ 前述 "八威" 三種含義中，"八識" 之說明顯受到佛教之影響，當係宋代內丹學興起以後的新說法。此外，《遐覽》篇所列諸符中將 "八卦符" 與 "八威五勝符" 並列，故這裏的 "八威" 不似指八卦之神。

⑦ 有關 "八威神策" "元始神杖" 的形制、功用及其在六朝古靈寶經典和授度儀式中的神聖象徵，有學者進行過專門討論。[詳見謝世維《從天文到聖物——六朝道教儀式中策杖之考察》，（臺灣）《漢學研究》第 27 卷第 4 期（2009 年 12 月），第 85—116 頁]

⑧ 《太上靈寶五符序》卷下，《道藏》第 6 冊，第 339 頁。

介紹了"八威策文"的來歷及受籙牒文。[1]《洞玄靈寶五老攝召北酆鬼魔赤書玉訣》中收錄"靈寶八威神策訣"條和"靈寶八威神咒"條，則詳細敘述了神策的製作方法及咒語。[2] 就形制及功能而言，上述經書中所言"八威策文"等，乃與《登涉》篇"八威之節""老子玉策"當屬一脈相承。

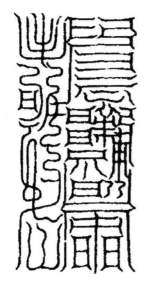

圖3－12　八威策

資料出處：《太上靈寶五符序》卷下，《道藏》第6冊，第335頁。

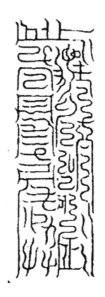

圖3－13　元始上三天太上大道君制六天總地八威策文

資料出處：《元始五老赤書玉篇真文天書經》卷中，《道藏》第1冊，第788頁。

四　隱身術

隱身術（隱形術），又稱"遁甲""立亡""隱淪"。據《神仙傳》記

---

① 《元始五老赤書玉篇真文天書經》卷中，《道藏》第1冊，第788頁。《紫陽真人內傳》談到周義山修持十一年後，得道成仙、白日飛昇，上詣太微宮，受封紫陽真人，得"佩黃旄之節、八威之策"云云。（《道藏》第5冊，第546頁）

② 《洞玄靈寶五老攝召北酆鬼魔赤書玉訣》，《道藏》第32冊，第749—750頁。

載，皇初平、左慈等人均擅長隱身術，可"坐在立亡"、隱匿身形。又
《三國志·魏書·張魯傳》裴松之注引魚豢《典略》云："熹平中，妖賊
大起，三輔有駱曜。光和中，東方有張角，漢中有張脩。駱曜教民緬匿
法，角為太平道，脩為五斗米道。"① 所謂"緬匿法"即指隱身術，可知
駱曜在長安主要是以傳授此術來吸引信眾和聚集力量的。總之，諸多跡象
表明：漢晉之季，隱身術在方士及民間道士中頗為盛行。

　　不過，葛洪對隱身術（"隱淪之道"）評價不高，認為此術對修命成
仙了無益處，並對漢晉方士藉此異術謹眾取寵、招搖過市的行為給予了抨
擊。但他肯定了隱身術的獨特作用——當遭遇兵亂危難時可護身逃匿，如
《雜應》篇所言："神道有五，坐在立亡其數焉。然無益於年命之事，但
在人閒無故而為此，則致詭怪之聲，不足妄行也。可以備兵亂危急，不得
已而用之，可以免難也。"② 由此可見，葛洪及漢晉道教視野中的隱身術
僅是作為一種外在技巧而存在，尚停留在"術"（方術、道術）的層面。
後世道教則逐漸賦予了更多的宗教內涵，使之成為驗證修道者素質高低的
一種標誌，從而推動了隱身術由"術"向"道"層面的轉變和提升。

　　對登山修道者而言，遁甲隱身術在某種程度上發揮了積極的保護功
效。葛洪首先介紹了早年學習遁甲術的親身經歷，又引《遁甲中經》談
到了施展隱身術的最佳時機："避亂世，絕跡於名山，令無憂患者，以上
元丁卯日，名曰陰德之時，一名天心，可以隱淪，所謂白日陸沈，日月無
光，人鬼不能見也。"③ 這段文字是說：有人若想躲避亂世，可選擇上元
的丁卯日這天（名曰"陰德之時""天心"）登涉名山，即可隱匿身形，
使他人及鬼怪不能睹見自身。隨後，又引《遁甲中經》介紹了隱身術的
操作步驟："往山林中，當以左手取青龍上草，折半置逢星下，歷明堂入
太陰中，禹步而行，三祝曰：'諾皋，大陰將軍，獨開曾孫王甲，勿開外
人；使人見甲者，以為束薪；不見甲者，以為非人。'則折所持之草置地
上，左手取土以傅鼻人中，右手持草自蔽，左手著前，禹步而行，到六癸
下，閉氣而住，人鬼不能見也。凡六甲為青龍，六乙為逢星，六丙為明

---

① （晉）陳壽撰：《三國志》卷八，（南朝宋）裴松之注，陳乃乾校點，北京：中華書局
1959 年版，第 264 頁注釋。
② 王明：《抱朴子內篇校釋》（增訂本）卷十五，第 270 頁。
③ 王明：《抱朴子內篇校釋》（增訂本）卷十七，第 302 頁。引文標點略有修正。

堂，六丁為陰中也。"① 這就是說：入山者身處山林之中，當以左手摘取
"青龍"（六甲）方位上的草，折斷半根放置於"逢星"（六乙）方位下，
從"明堂"（六丙）方位進入"太陰"（六丁）方位，腳踏禹步而行進，
並念誦祝文三遍②，曰："諾皋，大陰將軍，獨開曾孫王甲，勿開外人；
使人見甲者，以為束薪；不見甲者，以為非人。"然後，將手中所持折草
放於地上，左手取土塗抹鼻下人中處，右手持草作遮蔽狀，左手伸出前
導，踏禹步到"天藏"（六癸）方位下③，屏吸站立，如此可隱匿形體，
令他人及鬼精無法尋覓到自己的踪跡。

　　下面，我們對這段引文所隱含的深層內涵予以分析和討論。

　　第一，《遁甲中經》及遁甲術本屬江南方術傳統，葛洪將其援入道
教、作為羽士登涉山澤的防禦手段之一。其實，這一做法在後世道教中屢
見不鮮，歷代《道藏》中皆可見此類方術文獻的存在。其中，明代《正
統道藏》收錄《太上六壬明鑑符陰經》《黃帝太一八門入式秘訣》等方術
文獻對於理解前引隱身術的內容就頗有裨益。④ 譬如，《太上六壬明鑑符

---

　　① 王明：《抱朴子內篇校釋》（增訂本）卷十七，第 302 頁。引文標點略有修正。《黃帝九
鼎神丹經訣》卷七"居山辟邪鬼惡賊蟲獸法"條亦云："凡住山居止，怖懼邪鬼，當以左手取青
龍上物，折半置蓬星下，歷明堂入陰中，禹步，步畢祝曰：'諾皋，太陰將軍，獨開曾孫某甲，
勿開外人。使見甲者，以為束薪；不見甲者，以為非人。'即折所將草物置地，於是左手取土以
傅人中，右手持草自蔽，左手著心前，禹步而行，到六癸丁立，閉氣而住，令鬼不能見。六甲為
青龍，六乙為蓬星，六丙為明堂，六丁為陰中。"（《道藏》第 18 冊，第 813—814 頁）

　　② 劉釗認為前引《登涉》篇"禹步而行，三祝曰"云云，應斷句為"禹步而行三，祝曰"
云云。（劉釗：《睡虎地秦簡〈詰〉篇"詰咎"一詞別解》，中國古文字研究會、浙江省文物考
古研究所編：《古文字研究》第二十五輯，北京：中華書局 2004 年版，第 374 頁）劉氏所言或受
睡虎地秦簡、馬王堆漢墓帛書等秦漢簡帛文獻中屢見"禹步三"用語之啟發。然就本文而言，
若斷句為"禹步而行三"則不甚妥當，將導致行文的韻律混亂、語意喪失，且漢晉道書中"三
祝（咒）曰"字樣隨處可見。

　　③ 六癸即"天藏"，詳見《太上六壬明鑑符陰經》卷三"平地生火式"條："六甲為青龍，
六乙天蓬，六丙明堂，六丁大陰中，六癸天藏，六己地戶，六癸日、六癸時天公日。"（《道藏》
第 18 冊，第 638 頁）

　　④ 據《唐六典·太卜署》記載："凡式占辨三式之同異。（一曰雷公式，二曰太一式，並
禁私家畜；三曰六壬式，士庶通用之。）"（唐·李林甫等撰：《唐六典》卷十四，陳仲夫點校，
北京：中華書局 1992 年版，第 413 頁）據此可知，雷公式、太一式、六壬式是古代流行的三種
式占方法。唐代以降，民間則以六壬式占為主流。這也從考古發掘的式盤實物中得到證實。［詳
見嚴敦傑《式盤綜述》，《考古學報》1985 年第 4 期，第 445—464 頁；李零：《中國方術考》（修
訂本）第二章《式與中國古代的宇宙模式》，北京：東方出版社 2001 年版，第 89—176 頁］

陰經》卷四"避形遁跡"條假託伍子胥之口①云："若欲遁形者，乘青龍六甲也，過明堂六丙也，出天門六戊也，入地戶六己也，過太陰六丁也。取草折半障人中，置卯地，而入酉地，去人無見者，過太陰時呪曰：'天翻地覆，九道皆塞。有來追我，至比不及。徑入天藏，慎勿返顧。庚為天獄，辛為天庭，壬為天牢，避之抵之，即被束縛。急急如律令。'"② 根據上述文字，我們可將施遁術時的踏步方位次第勾勒如下（並與《登涉》篇加以比較）：

《登涉》篇：青龍（六甲）→逢星（六乙）→明堂（六丙）→太陰（六丁）→天藏（六癸）；

《太上六壬明鑑符陰經》卷四：青龍（六甲）→明堂（六丙）→天門（六戊）→地戶（六己）→太陰（六丁）→卯地→酉地。

不難看出，二者均是從青龍（六甲）方位開始，歷經明堂（六丙）方位，到達太陰（六丁）暫作留止。此外，二者均談到"取草折半"，不過對草的採折及使用方式則有明顯不同：《登涉》篇強調以左手取"青龍"（六甲）方位上的草，折斷半根後放於"逢星"（六乙）下。前引《太上六壬明鑑符陰經》則對取草的方位未作規定，而是將草折半後用以蔽障人中及放置"卯地"，這與《登涉》篇所言"左手取土以傅鼻人中，右手持草自蔽"差異甚大。此外，雖然踏步入"太陰"（六丁）時均念誦祝（呪）文，但從內容上看，兩段呪文毫無關聯。經過一系列步驟和操作程序，最終施遁術的成功標誌——隱身效果的顯現，《登涉》篇所言是"到六癸下"（即"天藏"），前引《太上六壬明鑑符陰經》則是"入酉

---

① 傳說伍子胥精通式占、遁甲之術，故此類作品中不乏可見假託伍子胥所撰或以伍子胥命名者。據《隋書·經籍三》"子經志"條記載："《遁甲決》一卷，吳相伍子胥撰。《遁甲文》一卷，伍子胥撰。"（唐·魏徵、令狐德棻撰：《隋書》卷三四，北京：中華書局1973年版，第1029頁）另有《伍子胥式經章句》二卷，亡佚。（唐·魏徵、令狐德棻撰：《隋書》卷三四，第1032頁）此外，敦煌抄本《伍子胥變文》更以民間藝人的手法將精通奇門遁甲術的伍子胥形象進行了栩栩如生地刻畫。（周紹良編：《敦煌變文彙錄》，上海：上海出版公司1954年版，第295—326頁；王重民等編：《敦煌變文集》卷一，北京：人民文學出版社1957年版，第1—31頁；周紹良：《讀變文札記》，載氏著《紹良叢稿》，濟南：齊魯書社1984年版，第99—100頁；黃征、張湧泉校注：《敦煌變文校注》卷一，北京：中華書局1997年版，第1—59頁）

② 《太上六壬明鑑符陰經》卷四，《道藏》第18冊，第639頁。

地”，二者方位有所不同。①

　　第二，引文談到實施隱身術時“左手取土以傅鼻人中，右手持草自蔽（雙目）”，上述舉止、動作隱含了豐富的宗教意蘊，可以說是與漢晉之季興起的道教身中神（體內神）信仰是密切相關的。約漢晉時成書的《老子中經》（又稱《太上老君中經》)②卷上“第二十二神仙”條云：“兩目神六人，日月精也，左目字英明，右目字玄光。……鼻人中神一人，名太一，字通盧，本天靈也。”③由此可見，漢晉時人認為：人體的鼻人中部位棲居天靈之神（太一），雙目部位棲居日月之精（英明和玄光）。前述以土塗抹鼻人中、持草遮蔽雙目，就是要將天靈與日月遮蔽，以示“天翻地覆”之含義，從而實現人鬼不見的隱身效果。④

　　第三，前引祝文中“諸梟”一詞的由來及含義，古人已有討論。唐

---

　　①《太上六壬明鑑符陰經》卷四“玉女返閉指南”條踐行隱身時則略有差異，如謂：“夫玉女者，天地之正神也。青龍、明堂、太陰等神，常隨從受事，游行天地之間，變化無窮，興利除害，又令人隱匿。鬼谷子曰：丁卯玉女隱人身，丁巳玉女隱人命，丁未玉女隱人魄，丁酉玉女隱人魂，丁亥玉女隱人祿，丁丑玉女隱人神。若欲隱形者，即隨青龍等，行到六丁之處，其形自隱。”（《道藏》第18冊，第643頁）

　　②關於《老子中經》的成書時代，法國學者馬伯樂（Henri Masperro）認為是在《大洞真經三十九章》之前，施舟人（Kristofer Schipper）、勞格文（John Lagerwey）認為造作於東漢。李福（Gil Raz）則傾向於此經是4世紀時作品。日本學者楠山春樹、前田繁樹、加藤千惠認為是5世紀初作成。近年來，中國學者劉永明力證此經形成於漢代，而劉屹則認為《老子中經》成書于《抱樸子》之後、劉宋之前，即4世紀中期到5世紀初的東晉時期成書。[相關研究情況，詳見施舟人《〈老子中經〉初探》，載氏著《中國文化基因庫》，北京：北京大學出版社2002年版，第101—116頁；劉永明：《〈老子中經〉形成於漢代考》，《蘭州大學學報》（社會科學版）2006年第4期，第60—66頁；劉屹：《〈老子中經〉的成書時代》，載氏著《神格與地域：漢唐間道教信仰世界研究》，上海：上海人民出版社2011年版，第78頁]

　　③（宋）張君房編：《雲笈七籤》卷十八，李永晟點校，第431頁。今明代《正統道藏》存《老子中經》兩個版本：《太上老君中經》（上、下卷），《雲笈七籤》卷十八、卷十九《三洞經教部·經》收錄《老子中經》（上、下卷）。學界通常認為，《太上老君中經》是以《雲笈七籤》本《老子中經》為底本抄錄而成，但轉錄時又產生了一些新訛誤，故《雲笈七籤》本優於《太上老君中經》。此外，敦煌遺書中也有一件《老子中經》殘卷（P.3784V）。本文所據《雲笈七籤》本《老子中經》。

　　④《雲笈七籤》卷五二《雜要圖訣法》“昇玄行事訣”條談到存思修煉時云：“以左手第三指捻鼻人中，祝曰”云云。（宋·張君房編：《雲笈七籤》五二，李永晟點校，第1151頁）這裏談到念誦祝文時“以左手第三指捻鼻人中”亦係基於人體身中神觀念。

代段成式撰《酉陽雜俎》① 前集《諾皋記》（上、下）及續集《支諾皋》（上、中、下），敘述了各種傳奇及鬼怪之事。② 宋人姚寬撰《西溪叢語》卷上"諾皋"條云："段成式《酉陽雜俎》有《諾皋記》，又有《支諾皋》，意義難解。《春秋左氏傳·襄公十八年》：'秋，齊侯伐我北鄙。中行獻子將伐齊，夢與厲公訟，弗勝，公以戈擊之，首墜於前，跪而戴之，奉之以走，見梗陽之巫皋。他日，見諸道，與之言，同。巫曰："今茲主必死，若有事於東方，則可以逞。"獻子許諾。'疑此事也。晁伯宇《談助》云：《靈奇秘要·辟兵法》：'正月上寅月，禹步，取寄生木三，呪曰："喏皋敢告日月震雷，令人無敢見我，我為大帝使者。"乃斷取五寸，陰乾百日，為簪二七，循頭還着人中，人不見。'晁說非也。"③ 宋代吳曾撰《能改齋漫錄》卷五《辨誤》"諾皋"條云："余以《叢語》未盡得之。蓋段氏所載，皆鬼神事。雖獻子所夢有巫名皋，而獻子諾之，是信皋所言之意，亦似可證。……以是知諾皋乃太陰之名。太陰者，乃隱形之神。晁氏不無所本。二說皆可取，今發明於此。"④ 概括而言，古人對"諾皋"含義的詮釋及佐證凡計有三種，誠如明代胡應麟撰《少室山房筆叢·二酉綴遺上》引元末陶宗儀《説郛》所言："《諾皋記》有三説：《西溪叢語》據巫皋事以駁晁氏，非也。《抱朴子》'諾皋'，蓋六甲神名之類。必三説備乃盡之。"⑤ 事實上，古人對於《抱朴子內篇·登涉》中"諾皋"用語的詮釋大抵相同，均認為是指一種神祇稱謂——或六甲之神、或太陰之神。⑥ 不過，近年出土的地下考古材料迫使我們重新反思"諾皋"的真正含義。其實，詮釋"諾皋"概念的關鍵在於"皋"字的

---

① 有關段成式生平及《酉陽雜俎》的歷代著錄及刻本流傳等情況，詳見李劍國《唐五代志怪傳奇敘錄》下冊，天津：南開大學出版社1993年版，第715—752頁。

② （唐）段成式撰：《酉陽雜俎》前集卷十四《諾皋記上》、卷十五《諾皋記下》，續集卷一《支諾皋上》、卷二《支諾皋中》、卷三《支諾皋下》，方南生點校，第127—149頁，第199—229頁。有關《酉陽雜俎》中《諾皋記》及《支諾皋》的研究情況，詳見韓釘釘《段成式〈諾皋記〉研究》，集美大學碩士學位論文，專業：中國古代文學，指導教師：王人恩教授，答辯日期：2011年6月。

③ （宋）姚寬撰：《西溪叢語》卷上，孔凡禮點校，北京：中華書局1993年版，第26頁。

④ （宋）吳曾：《能改齋漫錄》卷五，上海：上海古籍出版社1979年版，第114—115頁。

⑤ （明）胡應麟：《少室山房筆叢》卷三五，上海：中華書局1958年版，第461頁。

⑥ 王明亦沿襲古人看法，認為"諾皋，太陰神名。"［王明：《抱朴子內篇校釋》（增訂本）卷十七，第317頁注釋］

理解和把握，而"皋"及其異體字（"皋"字，亦寫作"皋""皋"
"嗥"）則多次出現在睡虎地秦簡《日書》及馬王堆漢墓帛書《五十二病
方》中①，其用法及含義大抵相同，均表示一種長聲的擬音詞，"是古代
巫師們舉行祝祭儀式時口中要經常呼叫的一種聲音"②。這一用法亦見於
《禮記·禮運》所云："及其死也，升屋而號，告曰：'皋某復！'"③ 唐代
孔穎達《正義》注曰："……謂北面告天曰皋。皋，引聲之言。某，謂死
者名。"④ 又《說文解字·夲部》訓曰："祝曰皋。"⑤ 而"諾"則是應答
聲，《說文解字·言部》："唯，諾也。"⑥《論語·陽貨》："孔子曰：'諾，
吾將仕矣。'"⑦《戰國策·齊策四》："孟嘗君不說，曰：'諾，先生休
矣！'"⑧ 古人招魂，一人執亡者衣、登屋頂而呼"皋"，一人站立屋下代
魂應答"諾"。不知緣於何時，"皋"與"諾"這兩個原本獨立出現的單
字逐漸地混淆和聯袂，重新組合成為一個新詞——"諾皋"，其用法也稍
有變化，被定格為召降神祇前的專門用語。前引葛洪《登涉》及晁伯宇

---

① 關於睡簡《日書》"皋"字的訓釋，劉信芳認為是指掌夢之神的西皇少昊，亦即《楚
辭·招魂》中的掌夢者巫陽。（詳見劉信芳《秦簡〈日書〉與〈楚辭〉類徵》，《江漢考古》
1990 年第 1 期，第 63—64 頁）劉樂賢批駁了此說法，認為"（睡簡《日書》）本篇之'皋'並
非人名。整理小組引《儀禮》注訓為'長聲也'，其說可從。……'皋'都當訓為'長聲也'。
總之，將皋與少昊聯繫起來是不對的。"（劉樂賢：《睡虎地秦簡日書研究》，第 215—216 頁）劉
釗將唐段成式《酉陽雜俎·諾皋記》、敦煌本《白澤精怪圖》與睡虎地秦簡《日書》"詰"篇聯
繫起來，認為"'諾皋'之'諾'也應該是'詰'字之誤。'諾皋'應該就是秦簡的'詰咎'。
'詰'訛為'諾'乃因字形接近，'咎'又作'皋'則是音近借用。"又認為《抱朴子內篇·登
涉》和姚寬《西溪叢語》卷上引晁伯宇《談助》"兩段典籍中的'諾皋'本應該作'皋'，
'諾'字乃後人誤增。不過這一誤增也有來歷，此'諾皋'也應該是'詰皋'之誤，而'詰皋'
也就是秦簡的'詰咎'。"（劉釗：《睡虎地秦簡〈詰〉篇"詰咎"一詞別解》，中國古文字研究
會、浙江省文物考古研究所編：《古文字研究》第二十五輯，第 374—375 頁）這種詮釋太過牽
強，本書不予採納。
② 劉昭瑞：《論"禹步"的起源及禹與巫、道的關係》，載中山大學人類學系編《梁釗韜
與人類學》，廣州：中山大學出版社 1991 年版，第 268 頁。劉樂賢所持言論與之雷同。（詳見劉
樂賢《睡虎地秦簡日書研究》，第 215 頁）
③《十三經注疏》整理委員會整理、李學勤主編：《禮記正義》卷二一，第 666 頁。
④《十三經注疏》整理委員會整理、李學勤主編：《禮記正義》卷二一，第 667 頁。
⑤（東漢）許慎撰，（清）段玉裁注：《說文解字注》十篇下《夲部》，第 498 頁。
⑥（東漢）許慎撰，（清）段玉裁注：《說文解字注》二篇上《口部》，第 57 頁。
⑦（清）劉寶楠撰：《論語正義》卷二十，高流水點校，北京：中華書局 1990 年版，第
674 頁。
⑧ 何建章注釋：《戰國策注釋》卷十一，第 382 頁。

《談助》中祝咒中"諾（喏）皋"很好地印證了我們的判斷。而段氏《酉陽雜俎》中《諾皋記》及《支諾皋》篇名的由來亦當源於此。有鑑於此，我們十分贊成譚嗣同、余嘉錫等人的猜測："諾皋"之語並非指稱太陰神名，而是"禁咒發端之辭者"。①

第四，前引祝文中"大陰將軍"，又稱"太陰將軍""太陰大將軍"，前引吳曾《能改齋漫錄》卷五《辨誤》"諾皋"條言"太陰者，乃隱形之神"。其實，此說法未必準確。翻檢歷代道書可知，"太陰"之語存見多種含義。譬如，《太平經》（含《太平經鈔》）中所言"太陰"即為水、為月、為地、為民臣、為刑禍、為闇昧、為北方。此外，外丹家認為"太陰"為鉛、為汞。內丹家認為，"太陰"為坎、為陰水。醫家認為，"太陰"為腎、為肺。不過，上述說法均與本文所言"太陰將軍"無涉，與之相關的則是道書中頻見的另外兩種含義：其一，星（神）煞名稱。《淮南子·天文訓》反復談到"太陰"，從其用法及語義判斷，其與"太歲"屬於同類性質之星煞。②漢晉以降，道書文獻開始將"太陰"從本初的星煞概念轉化為神煞稱謂，並與"太歲"聯袂並稱為"太歲太（大）陰將軍"。如《抱朴子內篇·地真》云："若為兵寇所圍，無復生地，急入六甲陰中，伏而守一，則五兵不能犯之也。能守一者，行萬里，入軍旅，涉大川，不須卜日擇時，起工移徙，入新屋舍，皆不復按堪輿星歷，而不避太歲太陰將軍、月建煞耗之神，年命之忌，終不復值殃咎也。"③此外，《赤松子章歷》卷六"新亡遷達開通道路收除土殃斷絕復連章"、《正一醮宅儀》《攝生纂錄》等道書中也出現"太歲太陰將軍"稱謂。其二，幽界

---

①　余嘉錫《四庫提要辨證》卷十八《子部九·小說家類三》云："今案《諾皋》一篇皆記鬼神之事，其命名自是取之《抱朴子》，吳曾之言是也。但以諾皋為太陰神名，則殊未確。近人譚嗣同《石菊影盧筆識》卷一嘗辨之云：'案葛稚川《登涉篇》引《遁甲中經》曰……則諾皋實禁咒發端之語辭，猶《儀禮》皋某復之皋。鄭氏曰：皋，長聲也。本書《地真篇》引太陰將軍無諾皋字，可知非太陰神名。'譚氏此說，實於文義為長。考《西溪叢語》引晁伯宇《談助》云……又孫思邈《千金翼方》末附《禁經》二卷，皆禁咒之術，其護身禁法第二十（在《翼方》卷三十）咒曰：'諾皋，左帶三星，右帶三牢，天翻地覆，九道皆塞，使汝失心從此迷惑，以東為西，以南為北，人追我者終不可得'云。以此兩說與《抱朴子》入山林咒互證，則譚氏謂諾皋為禁咒發端之辭者，信有徵矣。……則成式此篇，有取於巫祝之術，故以禁咒發端之諾皋名篇。若為太陰神名，則無所取義矣。"（余嘉錫：《四庫提要辨證》卷十八，北京：中華書局1980年版，第1162—1163頁）

②　詳見何寧《淮南子集釋》卷三，第165—310頁。

③　王明：《抱朴子內篇校釋》（增訂本）卷十八，第325頁。

土府及其主宰冥吏。《太平經》卷一一四《不承天書言病當解謫誡》："令世俗人亦自薄恩，復少義理。當前可意，各不惜其壽。縱橫自在，以為無神。隨疏之者眾多，事事相關。及更明堂，拘校前後，上其姓名，主者任錄。如過負輒白司官，司官白於太陰。太陰之吏取召家先，去人考掠治之。令歸家言，呪詛逋負，被過行作，無有休止，故遣病人。"① 引文大略是說：凡俗之人若一味地胡作非為，那麼掌管冥界命籍的太陰法曹就會命令屬吏將其家族中先前死去的親人押赴來嚴刑拷打，並責令該鬼魂重返陽世家中作祟，使本族中活人不斷地招災致病，飽嘗苦痛折磨。顯而易見，這裏的"太陰"儼然是一位具有人格神特徵的執掌地下冥界的神祇。② 此外，部分道書則將"太陰"視為寄託魂神之所，如《赤松子章曆》卷六"滅度三塗五苦鍊尸受度適意更生章"云："或託尸解，暫經太陰，魂神受對，寄形地官，因緣期訖，得還故宅，一時俱昇。……以某月日時以疾去世，託滅太陰，形寄土官。"③ 敦煌抄本《太上靈寶洞玄滅度五練生尸妙經》（P. 2865、S. 0298）多次談到"託命太陰，寄形土官"等語句。④ 至於"命過太陰""暫入太陰""太陰煉度"等用語更屢見於歷代道書中。作為神（星）煞名稱使用的"太陰"（"太歲太陰將軍"）乃係延續了方術傳統，而作為神祇或冥府概念的"太陰"（"太陰天君"）

---

① 王明編：《太平經合校》，第 624 頁。

② 這位"太陰"神祇，在後世道經中又不斷被豐富和發展，至遲宋代時已成為"太陰天君"。宋代李昌齡傳、鄭清之贊《太上感應篇》卷一："傳曰：按《北帝大伏魔神呪》等經：下方正北，有一大海，穢惡腥黑，莫測邊際。中有一山……名曰北都羅酆山。山近水面，有一大洞，名曰陰景天宮。……主此洞者，名曰太陰天君。"（《道藏》第 27 冊，第 7 頁）又卷二七所附傳曰："況酆都北帝、太陰天君，亦於此日（守誠按：十二月臘日）引出生人久遠先祖、父母、眷屬乃至幽獄鬼魂，取問住在陰司年代遠近及問積罪結疊所致端由，墳墓見在何處，子孫名為何人。既得子孫、兄弟、親姻、九族名姓，即攢集校定，以為生人罪狀。"（《道藏》第 27 冊，第 128 頁）此外，南宋陳椿榮集註《元始无量度人上品經法》卷二也有類似記載。（《道藏》第 2 冊，第 486 頁）

③ 《赤松子章曆》卷六，《道藏》第 11 冊，第 227 頁。

④ P. 2865《太上靈寶洞玄滅度五練生尸妙經》，載黃永武主編《敦煌寶藏》第 124 冊，第 555—562 頁；S. 0298《太上靈寶洞玄滅度五練生尸妙經》，載黃永武主編《敦煌寶藏》第 3 冊，第 17—20 頁。此經屬古靈寶經，約出東晉。大淵忍爾、王卡均擬名為《太上洞玄靈寶滅度五練生尸妙經》。（［日］大淵忍爾：《敦煌道經·目錄編》，東京：福武書店 1978 年版，第 59—61 頁；王卡：《敦煌道教文獻研究：綜述·目錄·索引》，北京：中國社會科學出版社 2004 年版，第 102—103 頁）

則是宗教神化的結果。前述隱身咒語中的"太陰將軍"具有人格神特徵，
也是從星煞神向冥界神轉化過渡中的重要一環。有鑑於此，我們認為將
"太陰將軍"定義為"隱形之神"並不準確，它應該是執掌魂神、滅度形
骸的冥界神祇。施展隱遁術時召喚這位"太陰將軍"，旨在請他打開冥界
之門，以便施遁者隱藏魂神、滅度形骸，從而實現隱遁之效果。換言之，
隱形僅是進入冥界後的一種狀態，而非"太陰將軍"的主要司職。準確
地說，"太陰將軍"是冥界之神，而非隱形之神。①

　　除前引《登涉》篇外，《遐覽》篇還著錄了《坐亡圖》《立亡術》等
各一卷，似與隱身術有關。② 此外，《雜應》篇中大段言論也值得重視，
如謂："鄭君云，服大隱符十日，欲隱則左轉，欲見則右回也。或以玉粕
丸塗人身中；或以蛇足散，或懷離母之草，或折青龍之草，以伏六丁之
下；或入竹田之中，而執天樞之壤；或造河龍石室，而隱雲蓋之陰；或伏
清泠之淵，以過幽關之徑；或乘天一馬以遊紫房；或登天一之明堂；或入
玉女之金匱；或背輔向官，立三蓋之下；或投巾解履、膽煎及兒衣符，子
居蒙人，青液桂梗，六甲父母，僻側之膠，駮馬泥丸，木鬼之子，金商之
艾，或可為小兒，或可為老翁，或可為鳥，或可為獸，或可為草，或可為
木，或可為六畜，或依木成木，或依石成石，依水成水，依火成火，此所
謂移形易貌，不能都隱者也。"③ 上述引文中，葛洪羅列了十餘種隱身的
方法，而最受推崇的則是其師鄭隱所傳的服"大隱符"法。誠如文中
所言，若連續服食"大隱符"十天，左旋可隱身、右旋可顯形。而這
類隱身符，在後世道經中屢有見載。如《上清太極隱注玉經寶訣》引
《太上玉經隱注》曰："太上大隱符九首，日正中以水頓服之，千日則
出入無間，隱見在意，為仙人矣。"④ 這裏的"太上大隱符"與葛氏"大
隱符"顯然是一脈相承的，均係口服，只不過又增設了時日禁忌——擇

---

　　① 這一判斷也得到其他道經的印證。《洞玄靈寶真人修行延年益算法》云："師曰：夜行
念：'太陰君，太陰君，就我來，就我來。' 此呪無所不辟。夜行，先祝曰：' 一君在吾前，二君
在吾後，眾邪惡物，皆不得近吾。'"（《道藏》第32冊，第581頁）引文召請"太陰君"前來，
顯然不是為了隱身，而是藉此護佑身心、驅逐邪惡。所以，我們不贊同將"太陰將軍"（"太陰
君"）簡單地定義為"隱形之神"。

　　② 王明：《抱朴子內篇校釋》（增訂本）卷十九，第333頁、第335頁。

　　③ 王明：《抱朴子內篇校釋》（增訂本）卷十五，第270—271頁。

　　④ 《上清太極隱注玉經寶訣》，《道藏》第6冊，第644頁。

正午時分，且服符的歷時過程更久（需“千日”，而非“十日”）。不過，修煉成功後的“隱”“顯”手法更加便捷和隨意——“隱見在意”，也就是說真正實現了率性而為，欲隱即隱、欲顯即顯，而不再拘泥於機械地“左旋”和“右旋”。由此可見，後世道教對隱身術又進行了神秘化和宗教化改造。此外，《鬼谷子天髓靈文》也收錄了兩種隱身符：隱形藏體符、天隱符。根據符後配文顯示，此二符的操作手法及功用與前述“大隱符”（“太上大隱符”）大同小異，當係出一源。如該書卷上“隱形藏體符”條：“［符見圖3－14之（1）］此符用硃砂。志心向北斗禮二十四拜，方執筆望北極取氣，吹筆上，書符。服至七七四十九日，身形出入行走，人不見。”[1] 又，卷下“天隱符”條云：“［符見圖3－14之（2）］若要隱時，書就此符，向日吞之，即時隱矣，無人得見。每月一度吞之。”[2]

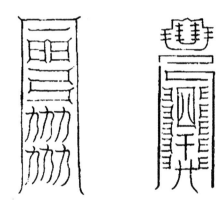

（1）隱形藏體符　　（2）天隱符

圖3－14　《鬼谷子天髓靈文》收錄的隱身符二種

資料出處：《鬼谷子天髓靈文》卷上、下，《道藏》第18冊，第671—672頁，第683頁。

值得注意的是，唐宋以降，道教隱身符的應用領域不再局限於登涉山澤、防禦邪怪猛獸時使用，而是延伸到行兵作戰的軍事實踐中去。前引《鬼谷子天髓靈文》卷上“隱形藏體符”的一項重要功用就是“百萬軍陣

[1]　《鬼谷子天髓靈文》卷上，《道藏》第18冊，第672頁。
[2]　《鬼谷子天髓靈文》卷下，《道藏》第18冊，第683頁。

之中過，將此符用硃砂書於心一道、兩臂各一道，並無妨害。須是志心記
之。"① 又，《秘藏通玄變化六陰洞微遁甲真經》卷下 "隱遁潛形入軍圍
中符" 條："（符見圖3－15）凡欲入軍行事，書此符六道，告玉女畢，
吞三道，頂一道，左右手各持一道。禹步入陣，走入軍中，諸軍皆
不見。"②

圖3－15　隱遁潛形入軍圍中符

資料來源：《秘藏通玄變化六陰洞微遁甲真經》卷下，《道藏》第18冊，第601頁。

五　知鬼名

中國古人歷來有姓名崇拜的傳統，同時伴隨產生了與名字（稱謂）
有關的諸多巫術、方術，其中呼名以禦鬼無疑是最為常見的手段之一。就
傳世文獻及出土資料來看，睡虎地秦簡《日書甲種》 "詰" 篇（第24～
59號簡背面）當是最早詳細介紹各類鬼神、精怪的作祟表徵、名字及應
對措施的重要論述。③ 有關此部分內容，學界已進行了深入的考釋和探

---

① 《鬼谷子天髓靈文》卷上，《道藏》第18冊，第672頁。
② 《秘藏通玄變化六陰洞微遁甲真經》卷下，《道藏》第18冊，第601頁。
③ 睡虎地秦墓竹簡整理小組：《睡虎地秦墓竹簡》，圖版第104—107頁，釋文第212—
216頁。

討，茲不贅述。① 其實，睡簡《日書》"詰"篇也不過是延續了古老的方術傳統而已。換言之，這種掌握鬼精名字來達到袪厄佑身目的的驅鬼術可以追溯到更為久遠的信仰基礎。② 據《左傳·宣公三年》記載周天子所藏象徵天下王權的傳國九鼎即以鬼神百物之圖像作紋飾、藉此宣示世人，如謂："楚子問鼎之大小、輕重焉。（王孫滿）對曰：'在德不在鼎。昔夏之方有德也，遠方圖物，貢金九牧，鑄鼎象物，百物而為之備，使民知神、姦。故民入川澤、山林，不逢不若。螭魅罔兩，莫能逢之。'"③ 西晉杜預注曰："圖畫山川奇異之物而獻之。……象所圖物，著之於鼎。……圖鬼神百物之形，使民逆備之。"④ 約春秋末年至漢代初年成書的《山海經》⑤是先漢時人鬼神觀念的一次集中體現，其重要內容就是詳細介紹各地精怪的名字、形貌、職司及神力等情況。⑥ 又，《淮南子·本經訓》談道："昔

————————

① 劉樂賢：《睡虎地秦簡日書〈詰咎篇〉研究》，《考古學報》1993 年第 4 期，第 435—454 頁；劉信芳：《〈日書〉驅鬼術發微》，《文博》1996 年第 4 期，第 74—80 頁；劉釗：《談秦簡中的"鬼怪"》，《文物世界》1997 年第 2 期，第 56—60 頁；連劭名：《睡虎地秦簡〈日書〉及〈詰〉篇補證》，《江漢考古》2001 年第 1 期，第 78—79 頁轉第 30 頁；連劭名：《雲夢秦簡〈詰〉篇考述》，《考古學報》2002 年第 1 期，第 23—38 頁；劉釗：《睡虎地秦簡〈詰〉篇"詰咎"一詞別解》，中國古文字研究會、浙江省文物考古研究所編：《古文字研究》第二十五輯，北京：中華書局 2004 年版，第 374—379 頁；陳家寧：《〈睡虎地秦墓竹簡〉日書甲種"詰"篇鬼名補正（一）》，武漢大學簡帛研究中心主辦：《簡帛》第一輯，上海：上海古籍出版社 2006 年版，第 249—254 頁；劉偉：《睡虎地秦簡〈日書·詰咎〉篇中的鬼、神和怪》，《通化師範學院學報》2008 年第 5 期，第 10—12 頁。

② 有關古代人鬼觀念的形成及演變情況，詳見蒲慕州《中國古代鬼論述的形成（先秦至漢代）》，載蒲慕州編《鬼魅神魔——中國通俗文化側寫》，第 19—40 頁。

③ 《十三經注疏》整理委員會整理、李學勤主編：《春秋左傳正義》卷二一，第 602—603 頁。

④ 《十三經注疏》整理委員會整理、李學勤主編：《春秋左傳正義》卷二一，第 602 頁。

⑤ 有關《山海經》的成書時代，袁珂指出："《山海經》是一部由幾個部分組合而成的性質非常奇特的古書。它大約成書於從春秋末年到漢代初年這一長時期中，作者非一人，作地是以楚為中心西及巴、東及齊；這便是近半個世紀以來由學者們研討大致得出的結論。"（袁珂譯注：《山海經全譯·前言》，貴陽：貴州人民出版社 1991 年版，第 1 頁）此外，他還用了較多篇幅詳細分析和介紹了《山海經》的成書過程及內容性質。（詳見袁珂譯注《山海經全譯·前言》，第 1—16 頁）李劍國綜合各家意見，對《山海經》的成書過程提出看法："戰國中期至後期間先後有巫祝方士之流採擷流傳的神話傳說、地理博物傳說，撰集成幾種《山海經》的原本。因其性質相近，秦漢人合為一書，定名為《山海經》，最晚在漢武帝時已完成了這一工作。此為《山海經》成書之大概。"（李劍國：《唐前志怪小說史》，天津：南開大學出版社 1984 年版，第 100 頁）

⑥ 參見［日］伊藤清司《〈山海經〉中的鬼神世界》，劉曄原譯，北京：中國民間文藝出版社 1990 年版。

者，蒼頡作書而天雨粟，鬼夜哭"，漢人高誘注曰："蒼頡始視鳥迹之文
造書契……鬼恐為書文所劾，故夜哭也。"① 據此可知，古人相信：圖文
符字（符咒、秘篆）及書寫鬼名是劾鎮鬼怪精靈的有效手段。

　　值得注意的是，《漢書・藝文志》數術類所列"雜占"書目（凡計"雜
占十八家，三百一十三卷"），其中有"《禎祥變怪》二十一卷。《人鬼精物六
畜變怪》二十一卷。《變怪誥咎》十三卷。《執不祥劾鬼物》八卷。《請官除
訞祥》十九卷。"② 若就書名而言，這幾部著作當與驅鬼避邪有關，惜今已佚，
無法確知其內容。③ 此外，考古材料也證實漢代民間社會中流行書名懾鬼之
術。譬如，居延新出漢簡"厭魅書"（E. P. T49：3）云："厭魅書：家長以制
日疎魅名，魅名為天牧。鬼之精，即滅亡，有敢苟者，反受其央，以除為
之。"④ 江蘇省高郵邵家溝出土東漢符咒木牘云："乙巳日死者，鬼名天光。天
帝神師已知汝名，疾去三千里。汝不即去，南山紛□令來食汝。急如律令。"⑤
文中"天牧""天光"均係鬼魅之名，這兩枚簡文明確談到掌握及書寫鬼名可
達到驅逐、震懾鬼魅的效果。東漢以降，知（呼、書）鬼名以劾剋之的方術
在社會民眾中十分流行，並湧現出了一批專門性文獻——如《白澤圖》《博物

①　何寧：《淮南子集釋》卷八，第 571 頁。
②　（東漢）班固撰：《漢書》卷三十，（唐）顏師古注，第 1772 頁。
③　漢代緯書中也介紹各種鬼神、精怪及人體內神的名字，藉此呼名以達到祛病、却邪等功
效。劉屹指出："目前最早記錄人身體之神的文獻是緯書《龍魚河圖》。……不過其中提及人的
頭髮、耳、目、鼻、齒這些外在的器官都有神，人知道這些神靈的名字，就可以通過呼叫神名而
祛病除邪。這種掌握神靈的名諱就能夠掌控和驅使之的觀念，在中國是一種古老的傳統，可以將
其視作是東漢人的普遍觀念。《龍魚河圖》同時還提供了五嶽山神、五嶽山君、五嶽將軍、四海
河神的名諱，也是為了 '呼之，令人不病。' '恒存之，却百邪。' '請之呼之，却鬼氣。'"（劉
屹：《神格與地域：漢唐間道教信仰世界研究》，第 55—56 頁）
④　甘肅省文物考古研究所、甘肅省博物館、文化部古文獻研究室、中國社會科學院歷史研
究所編：《居延新簡：甲渠候官與第四燧》，第 143 頁；劉昭瑞：《居延新出漢簡所見方術考釋》，
《文史》第四十三輯，北京：中華書局 1997 年版，第 49—59 頁（此文又以《漢、晉西域地區道
教遺物與道教的傳播》為節名，載氏著《考古發現與早期道教研究》第九章《早期道教傳播的
考古學觀察》，北京：文物出版社 2007 年版，第 349—366 頁）；宋艷萍：《居延新簡〈厭魅書〉
考析》，載張德方主編《甘肅省第二屆簡牘學國際學術研討會論文集》，上海：上海古籍出版社
2012 年版，第 215—222 頁。
⑤　江蘇省文物管理委員會：《江蘇高郵邵家溝漢代遺址的清理》，《考古》1960 年第 10 期，
第 18—23 頁轉第 44 頁；劉樂賢：《邵家溝漢代木牘上的符咒及相關問題》，載氏著《簡帛數術文
獻探論》，第 280—296 頁。

志》等。① 而《登涉》篇則承襲此傳統，並將有關內容進一步發揮和豐富，從而對後世道教的鬼神觀念及劾鬼道術產生了深遠影響。②

（一）山精

《登涉》篇云：“山中山精之形，如小兒而獨足，走向後③，喜來犯人。人入山，若夜聞人音聲大語，其名曰蚑，知而呼之，即不敢犯人也。一名熱內，亦可兼呼之。④ 又有山精，如鼓，赤色，亦一足，其名曰暉。又或如人，長九尺，衣裘戴笠，名曰金累。或如龍而五色赤角，名曰飛飛。見之皆以名呼之，即不敢為害也。”⑤ 引文開篇概括了山精的三點重

---

① 約東晉末出世的《太上洞淵神呪經》也多次涉及知名劾鬼術，如該書卷二《遣鬼品》：“自昔以來，人民病衆，不唯一種，千病萬病困苦。頭痛身重，手足不舉，恍惚吐下赤斑，令人氣病。吾悉知汝等之鬼名，曰慎憂哀子、角兒平王、阿信三業之人。千鬼萬鬼，急攝汝下鬼，令生人病瘥。若不瘥者，汝等頭破作八十分矣。”（《道藏》第6冊，第8頁）這段文字亦見載於敦煌本《太上洞淵神呪經》，文字略有差異。（詳見葉貴良《敦煌本〈太上洞淵神呪經〉輯校》，北京：中國社會科學出版社2013年版，第46—47頁）

② 中國古人鬼魅觀念之情況，詳見李豐楙《六朝精怪傳說與道教法術思想》，載靜宜文理學院中國古典小說研究中心編《中國古典小說研究專集》3，臺北：聯經出版事業公司1981年版，第1—36頁；杜正勝：《古代物怪之研究（上）：一種心態史和文化史的探索》（一）、（二）、（三），《大陸雜誌》第104卷、第1—3期（2001），第1—14頁，第1—15頁，第1—10頁；杜正勝：《古代物怪之研究（二）：一種心態史和文化史的探索》，《大陸雜誌》第104卷、第2期（2002年），第49—63頁；林富士：《釋“魅”：以先秦至六朝時期的文獻資料為主的考察》，載蒲慕州編《鬼魅神魔——中國通俗文化側寫》，第109—134頁；林富士：《人間之魅——漢唐之間“精魅”故事析論》，《“中央”研究院歷史語言研究所集刊》第78本、第1分（2007年3月），第107—179頁；劉仲宇：《中國精怪文化》，上海：上海人民出版社1997年版。

③ 《太平御覽》卷八八六《妖異部二·精》引《抱朴子》作“足向後”，似較合理。（宋·李昉等編纂：《太平御覽》第八卷，夏劍欽等校點，第113頁）

④ 梁元帝蕭繹撰《金樓子·志怪篇》：“山精如小兒而獨足，足向後，喜犯人。名蚑，呼之即止。一名熱六，可兼呼之。”（南朝梁·蕭繹撰：《金樓子校箋》卷五，許逸民校箋，第1171頁）

⑤ 王明：《抱朴子內篇校釋》（增訂本）卷十七，第303頁。引文標點略作修正。《黃帝九鼎神丹經訣》（卷四）所言與此略有不同，如謂：“凡欲辟鬼受符等法，皆宜知之山精。或如鼓、赤色、一足，其名曰輝；如人、長九寸、衣裘戴冠笠，名曰金潔；或如龍、五色、赤角，名曰飛龍。以名呼之，不為害也。”（《道藏》第18冊，第806頁）唐代段成式《酉陽雜俎·諾皋記下》云：“山蕭，一名山臊，《神異經》作㺑（一曰猱），《永嘉郡記》作山魅，一名山駱，一名蛟（一曰蚑），一名濯肉，一名熱肉，一名暉，一名飛龍。如鳩青色，亦曰治鳥。巢大如五斗器，飾以土墍，赤白相間，狀如射侯。犯者能役虎害人，燒人廬舍，俗言山魈。”（唐·段成式撰：《酉陽雜俎》前集卷十五，方南生點校，第144頁）

要特徵：其一，形如小兒之貌；其二，僅有一腿且足部向後；其三，性喜侵擾入山之人。隨即又對山精進行了更加具體的分類（共計四種），並給出了有針對性的防禦措施。下面，我們逐一加以分析和論述。

1. 蚑（熱肉、濯肉）。據《登涉》篇所言：人入山中，若夜晚聽到有人高聲談論，作祟的山精就是"蚑"，又名"熱內"。前文"熱內"之語，《太平御覽》卷八八六《妖異部二·精》引《抱朴子》作"超空"①，孫人和《抱朴子校補》則云"內"蓋是"肉"之壞字。據王明研判當以"熱肉"為是。②

精魅"超空"，約唐代抄本敦煌殘卷 S. 6963 號《老子化胡經卷第二》有過介紹："第八十七外道名為超空，有九万二千鬼神以為眷屬。於黃昏時遍房惱觸坐臥行人，令其驚恐。"③ 據上述文字來看，"超空"之鬼恐非山精之屬，故不足取。

"熱肉"，《永嘉郡記》云或作"濯肉"（詳見《酉陽雜俎·諾皋記下》引文）。查閱《正統道藏》，筆者未見有精魅稱為"熱肉"者。而"濯肉"之名，則見於早期天師道經典《女青鬼律》，如該書卷二云："山精之鬼，長一尺，名濯肉。"④ 據此看來，"濯肉"稱謂似更確切。

2. 暉。山精"暉"⑤ 的外貌似鼓、赤色、一足，其形象塑造或與傳說中的怪獸"夔"有關。《山海經·大荒東經》云："東海中有流波山，入海七千里。其上有獸，狀如牛，蒼身而無角，一足，出入水則必風雨，其光如日月，其聲如雷，其名曰夔。黃帝得之，以其皮為鼓，橛以雷獸之骨，聲聞五百里，以威天下。"⑥ 據引文可知，"夔"棲住在東海七千里外的流波山上，外形似牛，蒼色、無角，一足，聲音似雷，後黃帝以其皮製成鼓而傳聲遠方。就其所居海中孤山及"出入水則必風雨"等特點來看，《山海經》中的"夔"尚不屬於山精之列。不過，後世文獻中則刪省了

---

① （宋）李昉等編纂：《太平御覽》第八卷，夏劍欽等校點，第 113 頁。

② 王明：《抱朴子內篇校釋》（增訂本）卷十七，第 317 頁注釋。

③ 黃永武主編：《敦煌寶藏》第 54 冊，第 180 頁。

④ 《女青鬼律》卷二，《道藏》第 18 冊，第 242 頁。《道要靈祇神鬼品經·精魅鬼品》引《太上女青鬼律》與此完全相同。（《道藏》第 38 冊，第 392 頁）

⑤ "暉"字，《太平御覽》卷八八六《妖異部二·精》引《抱朴子》作"揮"。（宋·李昉等編纂：《太平御覽》第八卷，夏劍欽等校點，第 422 頁）前引《黃帝九鼎神丹經訣》（卷四）又稱"輝"。

⑥ 袁珂校注：《山海經校注》（增補修訂本）卷十四，成都：巴蜀書社 1992 年版，第 416 頁。

"夔"與海（水）的聯繫，著重渲染了它的山神性質，並將其外形演化為似鼓、一足。如《太平御覽》卷八八六《妖異部二·精》引《白澤圖》就稱山精為"夔"，並賦予其降伏虎豹的神力："山之精名夔，狀如鼓，一足而行。以其名呼之，可使取虎豹。"①晉人張華所撰《博物志》卷三"異獸"條云："小山有獸，其形如鼓，一足如蠡。"②

3. 金累。金累，又稱"金潔"③，人形，高九尺，身穿裘衣，頭戴斗笠。

4. 飛飛（飛龍）。引文中"飛飛"，《黃帝九鼎神丹經訣》卷四、《太平御覽》卷八八六《妖異部二·精》引文④均作"飛龍"，其形象大抵均為龍形、五彩、赤角。

登山之人若遇見上述山精，呼喚它們的名字，可令其不敢為害作祟。

（二）物怪

除了前述山精外，山中老物精怪也會滋生事端、擾亂人心。山中林木眾多，一些飽經風霜的大樹、老樹自然地就被古人賦予了神秘力量。⑤如《登涉》篇所云："山中有大樹，有能語者，非樹能語也，其精名曰雲陽，呼之則吉。山中夜見火光者，皆久枯木所作，勿怪也。山中夜見胡人者，銅鐵之精。見秦者，百歲木之精。勿怪之，並不能為害。"⑥這就是說，

---

① （宋）李昉等編纂：《太平御覽》第八卷，夏劍欽等校點，第113頁。
② （晉）張華撰：《博物志校證》卷三，范寧校證，北京：中華書局1980年版，第36頁。
③ 詳見《黃帝九鼎神丹經訣》卷四，《道藏》第18冊，第806頁。
④ （宋）李昉等編纂：《太平御覽》第八卷，夏劍欽等校點，第114頁。
⑤ 東漢王充撰《論衡·訂鬼篇》云："鬼者，老物精也。夫物之老者，其精為人，亦有未老，性能變化，象人之形。"［黃暉撰：《論衡校釋》（附劉盼遂集解）卷二二，第934—935頁］又《說文解字》訓曰："鬽，老物精也。"（東漢·許慎撰，清·段玉裁注：《說文解字注》九篇上《鬼部》，第435頁）
⑥ 王明：《抱朴子內篇校釋》（增訂本）卷十七，第304頁。這段文字亦見載於敦煌遺書唐代寫本P.2682《白澤精怪圖》，文字略有差異，如云："山大樹有能語者，□（非）樹語也，其精名曰雲陽，呼之即吉。山夜見火光者，皆大枯木所作怪也。山見胡人者，銅鐵之精也。見秦人者，百歲木精也，勿怪之，不能為害。"（黃永武主編：《敦煌寶藏》第123冊，第289頁；釋文見游自勇：《敦煌本〈白澤精怪圖〉校錄——〈白澤精怪圖〉研究之一》，《敦煌吐魯番研究》第十二卷，上海：上海古籍出版社2011年版，第435頁）又《金樓子·志怪篇》云："夜在山中見胡人者，銅鐵精也。見秦人者，百歲木也。中夜見火光者，亦久枯木也。"（南朝梁·蕭繹撰，許逸民校箋：《金樓子校箋》卷五，第1171頁）

大樹作人語乃係樹精"雲陽"作怪，夜間火光是枯木所為，見有秦地人則是百歲樹木精怪。此外，引文也指出：若夜中所見者是胡藩人，則是銅鐵之精怪。查驗《正統道藏》，樹精"雲陽"說法僅見於《抱朴子》引文。① 郭璞《玄中記》將樹精劃分為三種年齡段："百歲之樹，其汁赤如血。千歲之樹，精為青羊。萬歲之樹，精為青牛。"② 此外，《女青鬼律》（卷二）對樹木精鬼有更為詳細的定義："木精之鬼，名群夭（一名式）。……大樹之鬼，名方域。小木之鬼，名轉其。"③ 前引《登涉》篇中僅介紹了"銅鐵之精"的化身——胡人，而並未給出名字。《女青鬼律》（卷二）則分別羅列了鐵精、銅精的鬼名："鐵精之鬼，名醫顧。……銅器鬼，名楊煞。"④

　　《登涉》篇又云："山水之間見吏人者，名曰四徼，呼之名即吉。山中見大蛇著冠幘者，名曰升卿，呼之即吉。"⑤ 這裏指出了另外兩種精怪的名字——四徼、升卿⑥，其中談到"升卿"乃係頭戴冠幘的大蛇，而"四徼"則未交待真身為何物，僅說其化身為吏人、出沒山水間。翻檢《正統道藏》，亦未找到可資依憑之證據。

　　山中精怪除了幻化真形示人外，還有隱匿不顯形者。遭遇此類物怪時，登山人因未睹見形貌而無法辯認其真實身份，故呼名法術就失去了有

---

　　① 這段文字亦見載於《黃帝九鼎神丹經訣》（卷四）等道書中，均係轉引《抱朴子內篇·登涉》。

　　② （唐）歐陽詢撰：《藝文類聚》卷八八《木部上·木》，汪紹楹校，上海：上海古籍出版社1982年版，第1506—1507頁。

　　③ 《女青鬼律》卷二，《道藏》第18冊，第242—243頁。此外，東晉干寶撰《搜神記》"陸敬叔"條談到木精名曰彭侯，如謂："吳先主時，陸敬叔為建安太守，使人伐大樟樹，不數斧，忽有血出。樹斷，有物人面狗身，從樹中出。敬叔曰：'此名"彭侯"。'乃烹食之，其味如狗。《白澤圖》曰：'木之精名"彭侯"，狀如黑狗，無尾，可烹食之。'"（晉·干寶撰：《搜神記》卷十八，汪紹楹校注，第218頁）

　　④ 《女青鬼律》卷二，《道藏》第18冊，第243頁。

　　⑤ 王明：《抱朴子內篇校釋》（增訂本）卷十七，第304頁。敦煌寫本P.2682《白澤精怪圖》云："山水之間見吏 [者] ，名曰四激，呼之吉。山見大蛇著冠幘者，名曰斗（升）卿，[呼] □（之）吉。"（黃永武主編：《敦煌寶藏》第123冊，第289頁；又釋文見游自勇《敦煌本〈白澤精怪圖〉校錄——〈白澤精怪圖〉研究之一》，《敦煌吐魯番研究》第十二卷，第435頁）

　　⑥ 《黃帝九鼎神丹經訣》（卷四）則稱"激""計鄉"，如謂："山川之間夜見為精者，名曰激，呼之即止也。山中大蛇精，見大蛇著冠幘者，名曰計鄉，呼之吉也。"（《道藏》第18冊，第806頁）

效性。針對這一情況，《登涉》篇專門介紹了幾種反制措施：“山中見吏，若但聞聲不見形，呼人不止，以白石擲之則息矣；一法以葦為矛以刺之即吉。山中見鬼來喚人，求食不止者，以白茅投之即死也。山中鬼常迷惑使失道徑者，以葦杖投之即死也。”① 這段文字是說：山中遇到吏人，或僅聞其聲而不見形，並不停地呼喚人，投擲以白石或刺以葦矛即可平安無事；山中遇到鬼呼喚人，不停地向人索求飲食，投以白茅可將其殺死；山中鬼作祟令人迷失方向、無法找尋路徑，可投葦杖殺之。耐人尋味的是，引文列出了可供投擲（刺）的三種物品：白石、葦（葦矛、葦杖）、白茅。這一做法，其實可以追溯到古老的方術傳統。

1. 白茅。白茅，又稱作“靈茅”。先秦祭祀禮制中就已大量使用白茅獻祭禮神。② 《說文解字・艸部》訓曰：“茅，菅也。從艸，矛聲。可縮酒為藉。”③ 秦漢方士亦將白茅草視為召神降真和驅鬼除邪的重要法器。如睡虎地秦墓竹簡《日書甲種》“詰”篇（第 57～58 號簡背面）云：“人毋（無）故室皆傷，是粲迓之鬼處之，取白茅及黃土而西（洒）之，周其室，則去矣。”④ 又（第 53～56 號簡背面）云：“一室井血而星（腥）臭……必枯骨也。旦而最（撮）之，苞以白茅，果（裹）以賁（奔）而遠去之，則止矣。”⑤ 馬王堆漢墓帛書《五十二病方》“治困（菌）”條（第 231 行）記載：“……□縣（懸）茅比所，且塞禱（禱），以為□”。⑥ 據《史記・孝武本紀》記載：漢武帝晚年崇信齊地術士欒大，拜其為

---

① 王明：《抱朴子內篇校釋》（增訂本）卷十七，第 304 頁。敦煌寫本 P. 2682《白澤精怪圖》云：“山見吏，若但聞聲不見形，呼人不止者，以白石擲 之 則息矣。一法，以白葦為舒刺之即吉。山鬼來喚人，求食不止者，以白茅捉之即死矣。山鬼常迷或人，使失道徑者，以葦杖打之即死矣。”（黃永武主編：《敦煌寶藏》第 123 冊，第 289 頁；釋文見游自勇《敦煌本〈白澤精怪圖〉校錄——〈白澤精怪圖〉研究之一》，《敦煌吐魯番研究》第十二卷，第 435 頁）

② 《詩・國風・召南・野有死麕》描述了人們在郊外打獵、獲鹿分肉的場景，其中有“白茅包之”“白茅純束”等句子，即是用白茅來包裹鹿肉，乃取其潔清之含義也。（清・王先謙撰：《詩三家義集疏》卷二，吳格點校，第 111—113 頁）江陵馬山一號楚墓出土 18 件竹笥，其中一件大型竹笥“蓋上有一層茅草，笥內器物與竹笥之間塞有成束的茅草”，九件中型竹笥出土時底部均墊有茅草，笥內盛放羊、雞、麻雀等動物骨骼也用紗包裹、放在茅草上。（湖北省荊州地區博物館：《江陵馬山一號楚墓》，第 87 頁）這些茅草的功用應該也是表示鄭重地獻祭之含義。

③ （東漢）許慎撰，（清）段玉裁注：《說文解字注》一篇下，第 27 頁。

④ 睡虎地秦墓竹簡整理小組：《睡虎地秦墓竹簡》，圖版第 107 頁，釋文第 214 頁。

⑤ 睡虎地秦墓竹簡整理小組：《睡虎地秦墓竹簡》，圖版第 107 頁，釋文第 216 頁。

⑥ 馬王堆漢墓帛書整理小組：《馬王堆漢墓帛書［肆］》，圖版第 25 頁，釋文第 52 頁。

"五利將軍"、賜予印璽，"於是天子又刻玉印曰'天道將軍'，使使衣羽衣，夜立白茅上，五利將軍亦衣羽衣，立白茅上受印，以示弗臣也。"①這次授印儀式中，使者和欒大均身著羽衣、夜立白茅上，顯然係借助白茅的召神通靈功能，藉此營造出一種超凡脫俗的神仙境界。有趣的是，天水放馬灘秦簡《志怪故事》敍述了一位名叫"丹"的人死而復活的故事，並借"丹"之口介紹了亡人在冥界中的喜好，其中談到"死人以白茅為富"②，藉此反映出的深層內涵則有待深入發掘。

2. 葦。前引文所言"以葦為矛"（葦矛）、"葦杖"，均係以蘆葦為原料製成的象徵性兵器、刑具③，藉此驅逐、刺殺或判罰相應的作祟邪精。"葦"是驅鬼、拘鬼的重要工具，這一點從睡虎地秦簡《日書甲種》中即可得到證實，其"詰"篇（第38號簡背面）云："鬼恒從人女，與居，曰：'上帝子下游。'欲去，自浴以犬矢，毄（繫）以葦，則死矣。"④又（第39~40號簡背面）云："鬼恒胃（謂）人：'鼠（予）我而女。'不可辭。是上神下取妻，毄（繫）以葦，則死矣·弗御（禦），五來，女子死矣。"⑤可見，這兩條簡文均將"葦"視為綁繫和斬殺鬼神的繩索。秦漢時人相信，神荼、鬱壘二神人居"鬼門"處檢閱萬鬼，遇到為害作亂之惡鬼就執葦索捉拿以食虎。誠如《論衡·訂鬼篇》引《山海經》云："滄海之中，有度朔之山，上有大桃木，其屈蟠三千里，其枝間東北曰鬼門，萬鬼所出入也。上有二神人，一曰神荼，一曰鬱壘，主閱領萬鬼。惡害之鬼，執以葦索，而以食虎。於是黃帝乃作禮以時驅之，立大桃人，門

---

① （西漢）司馬遷撰：《史記》卷十二，第463頁。

② 甘肅省文物考古研究所編：《天水放馬灘秦簡》，第107頁。

③ 漢晉六朝時期，"葦杖"通常作為刑法的代名詞而出現。如北魏正光五年（524年）葬立"君諱璨（元璨）墓誌"碑文中即有"蒲鞭葦杖"之句。[北京圖書館金石組編：《北京圖書館藏中國歷代石刻拓本匯編》第四冊（北朝），鄭州：中州古籍出版社1989年版，第172頁；趙超：《漢魏南北朝墓誌彙編》，天津：天津古籍出版社1990年版，第152頁] 又《文選》收錄"齊故安陸昭王碑文"（沈休文撰）條中有"南陽葦杖"典故（守誠按：東漢南陽太守劉寬以德治郡、善施仁政，吏民有過但用蒲鞭懲罰以示辱而已），唐代李善注引曹植《對酒歌》曰："蒲鞭葦杖示有刑"。（南朝梁·蕭統編：《文選》卷五九《碑文下》，唐·李善注，第2553頁）

④ 睡虎地秦墓竹簡整理小組：《睡虎地秦墓竹簡》，圖版第106頁，釋文第215頁。

⑤ 睡虎地秦墓竹簡整理小組：《睡虎地秦墓竹簡》，圖版第106頁，釋文第215頁。

戶畫神荼、鬱壘與虎，懸葦索以禦凶魅。有形，故執以食虎。"① 另外，該書《謝短篇》《亂龍篇》則云"蘆（盧）索"。② "蘆"與"葦"均指蘆葦，當係一物。總之，秦漢以降，"葦"可用來繫鬼、殺鬼的觀念可謂深入人心。③

3. 白石。睡虎地秦簡《日書甲種》"詰"篇（第 28 號簡背面）亦見有投白石以逐鬼的案例，如謂："鬼恒召人出宮。是是遽鬼毋（無）所居，罔譁（呼）其召，以白石投之，則止矣。"④ 有關古人對石頭的崇拜及信仰問題，前輩學者已做過精闢論述。⑤ 耐人尋味的是，漢晉方士傳統為何強調選用白石以驅逐邪鬼？對此問題，王孝廉、劉樂賢等人援引《禮記》"古之君子必佩玉"及《山海經·西山經》"君子服之（守誠按：玉膏），以禦不祥"等說法，認為白玉（石）能避邪。⑥ 不可否認的是，中國古人很早就相信白玉具有避邪、佑身的功能。但是，白玉能否等同於白石？換句話說，是否因為白玉能夠避邪，古人就認為白石也具有同樣的避邪靈力？我們對此持謹慎態度。雖然從性質上看，玉是"石之美者"，屬於石頭中的精美者。但是，玉與石（白玉與白石）卻歷來就有嚴格的區分，二者不能混同，尤其不能將白玉的特殊屬性簡單地移植（放大）到白石身上。所以，我們認為援引白玉（玉膏）的史料來論證白石的避

① 黃暉撰：《論衡校釋》（附劉盼遂集解）卷二二，第 938—940 頁。此外，《論衡·亂龍篇》亦有類似言論。［詳見黃暉撰《論衡校釋》（附劉盼遂集解）卷十六，第 699 頁］今本《山海經》無此內容，或係佚文。這段文字亦見載於《風俗通義·祀典》引《黃帝書》（漢·應劭撰：《風俗通義校注》卷八，王利器校注，第 367 頁）、《史記·五帝本紀》裴駰《集解》注引《海外經》（西漢·司馬遷撰：《史記》卷一，第 12 頁注釋）、《後漢書·禮儀志中》"大儺"條劉昭注引《山海經》（南朝宋·范曄撰：《後漢書》卷九五，唐·李賢等注，第 3129 頁注釋）等，文字略有差異。

② 《論衡·謝短篇》云："挂蘆索於戶上，畫虎於門闌"。［黃暉撰：《論衡校釋》（附劉盼遂集解）卷十二，第 569 頁］《論衡·亂龍篇》云："鬼無道理，妄為人禍，荼與鬱壘縛以蘆（蘆）索，執以食虎。"［黃暉撰：《論衡校釋》（附劉盼遂集解）卷十六，第 699 頁］

③ 有趣的是，《夷堅志》丁志卷十二"謝眼妖術"條則記載了術士謝眼拋擲葦杖召蛇駭人的故事，如謂："或待遇小不愜，則拋擲葦杖而出，便有蛇出地上，酒徒皆避席。"（南宋·洪邁撰：《夷堅志》丁志卷十二，何卓點校，北京：中華書局 1981 年版，第 640 頁）

④ 睡虎地秦墓竹簡整理小組：《睡虎地秦墓竹簡》，圖版第 105 頁，釋文第 215 頁。

⑤ 王孝廉：《石頭的古代信仰與神話傳說》，載氏著《中國的神話與傳說》，臺北：聯經出版事業公司 1977 年版，第 41—101 頁。

⑥ 王孝廉：《石頭的古代信仰與神話傳說》，載氏著《中國的神話與傳說》，第 58—59 頁；劉樂賢：《睡虎地秦簡日書〈詰咎篇〉研究》，《考古學報》1993 年第 4 期，第 450—451 頁。

邪功能是不甚妥當的，有過度詮釋之嫌疑。從歷代文獻看，人們確實相信白石具有某種神奇的力量，但這種靈力並非脫胎於白玉，而是源自於古人對白石的傳統信仰。而且，除了前述避邪功能外，白石還具有更廣泛的功能及意義：（1）服食，《神仙傳》卷一"白石生"條言"常煮白石為糧，因就白石山居，時人號曰白石生。"① 又《太平御覽》卷六六九《道部十一·服餌上》"焦先"條引葛洪《神仙傳》云："焦先字孝然，河東人也。常食白石，以分人，熟如煮芋。"② 唐代牛僧孺編《玄怪錄》卷一"杜子春"條："（老人）持白石三丸、酒一卮遺子春，令速食之訖。"③ 此外，白石（白石英）入藥的記載，在傳統中醫典籍中尤為常見。（2）鬼神靈物之化身，如東晉葛洪撰《西京雜記》卷四"元后燕石文兆"條④，北宋初徐鉉撰《稽神錄》卷五"岑氏"條⑤，南宋洪邁撰《夷堅志》丙志卷八"白石大王"條⑥，明代馮夢龍撰《情史》卷二一《情妖類》"石妖"條記載石精作祟故事三則⑦，清代袁枚撰《子不語》卷十九

---

① （晉）葛洪撰：《神仙傳校釋》卷一，胡守為校釋，第34頁。白石山，據漢靈帝光和六年（183年）"白石神君碑"［碑文詳見高文《漢碑集釋》（修訂本），開封：河南大學出版社1997年版，第457—467頁）］所言白石山在元氏縣（今屬河北省石家莊市），又據《太平御覽》卷四七《地部十二·會稽東越諸山》"白石山"條引孔曄《會稽記》曰："剡縣西七十里，有白石山。"（宋·李昉等編纂：《太平御覽》第一卷，夏劍欽等校點，第422頁）剡縣，即今浙江嵊州市。

② （宋）李昉等編纂：《太平御覽》第六卷，夏劍欽等校點，第247頁。前引"焦先"事跡，與《四庫全書》本《神仙傳》所言差異甚大。（詳見晉·葛洪撰《神仙傳校釋》卷六，胡守為校釋，第235頁）

③ （唐）牛僧孺編：《玄怪錄》卷一，北京：中華書局1982年版，第2頁。

④ 《西京雜記》卷四"元后燕石文兆"條："元后在家，嘗有白燕銜白石，大如指，墜后績筐中。后取之，石自剖為二，其中有文曰'母天地'。后乃合之，遂復還合，乃寶錄焉。後為皇后，常并置璽笥中，謂為天璽也。"（晉·葛洪撰：《西京雜記》卷四，程毅中點校，第29頁）

⑤ 《稽神錄》卷五"岑氏"條云："臨川人岑氏嘗遊山，溪水中見二白石，大如蓮實，自相馳逐，捕而獲之，歸置巾箱中。其夕夢二白衣美女，自言姊妹，來侍左右。既寤，益知二石之異也，恆結於衣帶中。"（宋·徐鉉撰：《稽神錄》卷五，白化文點校，第88頁）

⑥ 《夷堅志》丙志卷八"白石大王"條云："福州人陳廷安之父，待克州通判闕，夢黃衣吏持符至，曰：'帝命公為白石大王。'問所在，曰：'今未也。俟公見巨阜砧一角，乃當去。及期，復來迎矣。'"（南宋·洪邁撰：《夷堅志》丙志卷八，何卓點校，第431頁）

⑦ （明）馮夢龍：《情史》卷二一，長沙：嶽麓書社1986年版，第816—817頁。

"白石精"條①。若落實到睡簡《日書》"詰"篇及《登涉》篇中用以投擲的白石，其所擁有驅逐鬼怪的神秘力量之源頭，除了由來已久的先民對石頭的崇拜心理外，還不能排除另一種可能性：漢晉時人眼中，白石或許是某類鬼神的化身。

（三）禽鬼

《登涉》篇又云："山中寅日，有自稱虞吏者，虎也；稱當路君者，狼也；稱令長者，老狸也。卯日稱丈人者，兔也；稱東王父者，麋也；稱西王母者，鹿也。辰日稱雨師者，龍也；稱河伯者，魚也；稱無腸公子者，蟹也。巳日稱寡人者，社中蛇也；稱時君者，龜也。午日稱三公者，馬也；稱仙人者，老樹也。未日稱主人者，羊也；稱吏者，麞也。申日稱人君者，猴也；稱九卿者，猿也。酉日稱將軍者，老雞也；稱捕賊者，雉也。戌日稱人姓字者，犬也；稱成陽公者，狐也。亥日稱神君者，豬也；稱婦人者，金玉也。子日稱社君者，鼠也；稱神人者，伏翼也。丑日稱書生者，牛也。但知其物名，則不能為害也。"② 此外，敦煌唐寫本 P. 2682《白澤精怪圖》③ 亦抄錄有類似的内容："子日稱社君者，鼠也；稱神人者，伏翼也。丑日稱書生者，牛也。寅日稱虞吏者，虎也；稱當路君者，狼也；稱令長者，狸也。卯日稱丈人者，兔也；稱東王父者，麋也；稱西王母者，鹿也。辰日稱雨師者，龍也；稱河伯者，魚也；稱無腸公⬚子者，蟹也。巳日稱寡人者，社間蛇也；稱仙人者，樹也。未日稱主人者，羊也；稱吏，麞也。申日稱時人君者，猴也；稱九卿者，猨也。酉日稱將軍者，老雞也；稱捕賊者，雉也。戌日稱人⬚姓⬚字者，犬也；稱成陽翁仲者，

---

① 《子不語》卷十九"白石精"條云："天長林司坊名師者，家設乩壇，有怪物佔為壇主，自名'白石真人'。人間休咎頗驗。……忽一日，乩盤書云：'我土地神也，現在纏汝者，是西山白石之精，神通絕大。我受其驅使，渠不能作字，凡乩上皆強我代書。……'……據土地云：'白石精在林家作祟者，要攝取林之魂，供其役使故耳。'"（袁枚：《子不語》，周欣校點，載王英志主編《袁枚全集》肆，南京：江蘇古籍出版社 1993 年版，第 373 頁）

② 王明：《抱朴子内篇校釋》（增訂本）卷十七，第 304 頁。引文標點略作修正。《金樓子·志怪篇》："山中有寅日稱虞吏者，虎也；稱當路者，狼也。辰日稱雨師者，龍也。知其物，則不能為害矣。"（南朝梁·蕭繹撰：《金樓子校箋》卷五，許逸民校箋，第 1170 頁）

③ 據學界研究證實，今敦煌卷子中屬於《白澤精怪圖》共計二件唐代寫本殘卷：P. 2682（首殘尾全，存99行、19圖），S. 6261（首尾殘，存圖6幅、說明7段）。

狐也；稱人字者，金玉也。亥日稱 臣□ （者） 猪 也。"① 不難看出，二者沿革承襲的關係十分明顯。② 茲列表如下：

表 3 -5　　《抱朴子內篇·登涉》與敦煌本《白澤精怪圖》
所載精怪自稱及本形之比較

日支	《抱朴子內篇·登涉》		敦煌本《白澤精怪圖》	
	精怪自稱	精怪本形	精怪自稱	精怪本形
寅	虞吏	虎	虞吏	虎
	當路君	狼	當路君	狼
	令長	老狸	令長	狸
卯	丈人	兔	丈人	兔
	東王父	麋	東王父	麋
	西王母	鹿	西王母	鹿

---

① 黃永武主編：《敦煌寶藏》第 123 冊，第 289 頁；釋文見游自勇《敦煌本〈白澤精怪圖〉校錄——〈白澤精怪圖〉研究之一》，《敦煌吐魯番研究》第十二卷，第 435—436 頁。

② 高國藩認為敦煌本《白澤精怪圖》並非古本《白澤圖》，"《抱朴子》作者所見《白澤圖》決非敦煌本《白澤精怪圖》。恰相反，敦煌本的《白澤精怪圖》經過了敦煌民間口頭與書面的加工，受了《抱朴子》的影響，將它的仙話加入了神話的《白澤圖》，成為現在這種樣子。"（高國藩：《敦煌民俗學》，上海：上海文藝出版社 1989 年版，第 364 頁）我們贊同此觀點，但對其所依憑的生肖學說及論證過程則持保留看法。此外，高氏還以《金樓子·志怪篇》中出現的兩段文字為證據（即 "夜在山中見胡人者" 云云，"山中有寅日稱虞吏者" 云云），談到 "敦煌本《白澤精怪圖》並不單純只受了《抱朴子》的影響，它也受到《金樓子》的影響"（詳見高國藩《敦煌民俗學》，第 365 頁）。其實，這兩段內容均見載於前引《登涉》篇，從二書的撰述時代看，顯係《金樓子》承襲自《抱朴子》。換言之，前述二段引文不足以成為敦煌本《白澤精怪圖》受到《金樓子》影響之證據，只能說明其深受《抱朴子》之影響。不過，我們認同高氏所言 "敦煌本《白澤精怪圖》的成書，也受到唐代本朝民間傳說的影響" 之看法。最近，日本學者佐佐木聰也撰文認為敦煌本《白澤精恠圖》與傳世《白澤圖》並不是同一種書，"《白澤精恠圖》是在《白澤圖》之後，吸收《白澤圖》、《抱朴子》、《夏鼎志》以及各種各樣的雜占書的內容而成的。……另外，雖然《白澤精恠圖》與《白澤圖》是不同的書……二者都以 '白澤' 為核心，逐漸形成一連串的白澤信仰文化。"（［日］佐佐木聰：《法藏〈白澤精恠圖〉（P. 2682）考》，《敦煌研究》2012 年第 3 期，第 80 頁）此外，游自勇依據唐代佚籍《天地瑞祥志》重輯了《白澤圖》，並與敦煌本《白澤精怪圖》比對，"發現《白澤圖》與《白澤精怪圖》存在巨大差異，二者不能等同。"（游自勇：《〈白澤圖〉與〈白澤精怪圖〉關係析論——〈白澤精怪圖〉研究之二》，中國文化遺產研究院編：《出土文獻研究》第十輯，第 337 頁）

	《抱朴子內篇·登涉》		敦煌本《白澤精怪圖》	
辰	雨師	龍	雨師	龍
	河伯	魚	河伯	魚
	無腸公子	蟹	無腸公子	蟹
巳	寡人	社中蛇	寡人	社間蛇
	時君	龜	仙人	樹
午	三公	馬		
	仙人	老樹		
未	主人	羊	主人	羊
	吏	麕	吏	麕
申	人君	猴	時人君	猴
	九卿	猿	九卿	猨
酉	將軍	老雞	將軍	老雞
	捕賊	雉	捕賊	雉
戌	人姓字	犬	人姓字	犬
	成陽公	狐	成陽翁仲	狐
			人字	金玉
亥	神君	豬	臣	豬
	婦人	金玉		
子	社君	鼠	社君	鼠
	神人	伏翼	神人	伏翼
丑	書生	牛	書生	牛

　　值得注意的是，前引《登涉》篇所列日支是按照寅、卯—子、丑的序次，此係採用夏曆（以建寅之月為歲首①）。而敦煌本《白澤精怪圖》相關內容的地支順序則改為周曆的子、丑—戌、亥。② 這就更證實了我們的猜測：前述內容恐非葛洪（抱朴子）氏自撰，乃是承襲了戰國、秦漢

① 從秦始皇統一全國到漢武帝太初元年改曆，這期間乃係沿用顓頊曆，以建亥之月（夏曆十月）為歲首。漢武帝元封七年（前104年）改用太初曆，以建寅之月（夏曆正月）為歲首。
② 唐代武則天及肅宗朝時採用周正，以建子之月為歲首。

之際民間流傳的擇日禁忌及鬼神觀念，並將上述民俗說法予以文學化改編後的產物。比對前引兩段文字，不難發現：敦煌本《白澤精怪圖》脫胎於《登涉》篇之痕跡十分明顯。① 只不過，敦煌本《白澤精怪圖》由於抄手的文化素質有限，出現不少漏抄、訛誤的地方。譬如，漏抄了午日的內容——準確地說，應該是將巳日與午日中的相鄰二句漏抄了，從而將二者混淆到一起，即疏漏了"（巳日）稱時君者，龜也。午日稱三公者，馬也"二句，從而將原本分屬巳、午二日的"巳日稱寡人者，社中蛇也"和"稱仙人者，老樹也"兩句錯誤地並聯在一起。此外，我們也頗懷疑"稱人字者，金玉也"本應屬亥日之內容。有鑑於此，僅就這段內容而言，敦煌本《白澤精怪圖》在文獻學及校勘學上的意義不大。②

有關"三十六禽"說的最早著錄，學界公認的是六朝晚期六壬銅式

---

① 本文初稿撰寫既竟，又獲游自勇新刊論文，方知他亦贊同敦煌本《白澤精怪圖》有關內容是源自《抱朴子內篇》，如謂："在比較了各書文字記載之後，我們大致可以推斷，《金樓子》、《天地瑞祥志》、《白澤精怪圖》此處的記載估計都源自《抱朴子》，至於《抱朴子》又是引自何書就不得而知，出自《白澤圖》的可能性不大。"（游自勇：《〈白澤圖〉與〈白澤精怪圖〉關係析論——〈白澤精怪圖〉研究之二》，中國文化遺產研究院編：《出土文獻研究》第十輯，第346頁）不過，拙文觀點與游氏略有差異，論證角度也有所不同。值得一提的是，游氏比對《白澤圖》佚文與敦煌本《白澤精怪圖》，認為："二者不是一書。通過與其他典籍的互證可以發現，《白澤精怪圖》的取材範圍包括《白澤圖》、《夏鼎志》、《抱朴子》、《地鏡》、《天鏡》、京房占辭等。另外，文中記載了不少禳除之法，與六朝時期比較流行的《淮南萬畢術》、《雜五行書》等書性質接近，這些書也應是《白澤精怪圖》的材料來源之一。"（游自勇：《〈白澤圖〉與〈白澤精怪圖〉關係析論——〈白澤精怪圖〉研究之二》，中國文化遺產研究院編：《出土文獻研究》第十輯，第347頁）

② 有關傳世輯佚本《白澤圖》及敦煌卷子《白澤精怪圖》的研究情況，詳見陳槃《古讖緯書錄解題（二）》，《"中央"研究院歷史語言研究所集刊》第12本（1947年），第35—52頁；[日]松本榮一：《燉煌本白澤精恠圖卷》，《國華》第770號（1956年）；饒宗頤：《跋敦煌本白澤精怪圖兩殘卷》，《"中央"研究院歷史語言研究所集刊》第41本、第4分（1969年12月），第539—543頁；林聰明：《巴黎藏敦煌本〈白澤精怪圖〉及〈敦煌廿詠〉考述》，《東吳文史學報》第2號（1977年3月），第97—116頁；高國藩：《敦煌民間信仰的〈白澤精怪圖〉》，載氏著《敦煌民俗學》，第342—367頁；周西波：《〈白澤圖〉研究》，項楚主編：《中國俗文化研究》第1輯，成都：巴蜀書社2003年版，第166—175頁；[日]佐佐木聰：《〈白澤圖〉輯校——附解題》，《東北大學中國語學文學論集》第14號（2009年11月），第1141—10015頁；游自勇：《敦煌本〈白澤精怪圖〉校錄——〈白澤精怪圖〉研究之一》，《敦煌吐魯番研究》第十二卷，第435—436頁；游自勇：《〈白澤圖〉與〈白澤精怪圖〉關係析論——〈白澤精怪圖〉研究之二》，中國文化遺產研究院編：《出土文獻研究》第十輯，第336—363頁；[日]佐佐木聰：《法藏〈白澤精恠圖〉（P. 2682）考》，《敦煌研究》2012年第3期，第73—81頁。

盤（現藏上海市博物館），[1] 此外《五行大義》卷五"論三十六禽"條和《太白陰經》卷十《推三十六禽法》等文獻則略晚一些。[2] 上述三者"應是比較成熟的'三十六禽'體系"[3]。然而，李零認為《登涉》篇遠比上述材料更早，"很可能就是'三十六禽'的雛形"。[4] 如他所言："我們還想指出，《抱朴子·登涉》提到山中鬼怪各有與日（支日）相配的名號，都是由動物變成，只要知其當日的名號，則鬼怪不能為害……這裏所列禽名雖然還不是完備的'三十六禽'。但與上比較，一致性是明顯的。差異只是在於狼在寅不在戌，麋、鹿在卯不在午，蟹在辰不在丑，老樹在午不在未，麞在未不在午，狐在戌不在卯，金玉在亥不在申、戌。簡文所見的各種動物，與'十二生肖'並列，寅位有犴、貔、豹，辰位有獲，申位有猿、貉、犲，亥位有豚，從上述線索看，很可能就是'三十六禽'的雛型。"[5] 我們對此持保留意見，現提出幾點疑問和反證以求教於方家：

第一，前引《登涉》篇中共列 26 種物名（其中禽獸 24 種，另有"老樹""金玉"各一），敦煌本《白澤精怪圖》中殘見 24 種物名（其中禽獸 22 種，另有"樹""金玉"各一）。從數量上看，其與後世定型的"三十六禽"說相距達十個名目之多。那麼，是否存在《登涉》篇疏漏之可能呢？我們認為不存在這種情況。今本《登涉》篇所列十二日支中配三禽者計有三個（寅、卯、辰），配二禽者計有八個（巳、午、未、申、酉、戌、亥、子），配一禽者計有一個（丑），而且從寅至丑有規律地呈現出分組遞減狀態，這就印證了今本《登涉》篇所列二十六禽名（物名）應係有意為之，而非疏漏所致。而且，敦煌本《白澤精怪圖》殘存的二十四種禽名也見證了唐代敦煌地區流傳的相關內容與今本《登涉》篇相差不大。據此，我們推斷：葛洪編撰《登涉》篇時，在他的頭腦中恐怕

---

① 李零對迄今發現的各類式盤實物的形制及原理做了翔實的分析和討論，其中就包括這件銘刻"三十六禽"內容的六壬式盤。[詳見李零《中國方術考》（修訂本）第二章《式與中國古代的宇宙模式》，第 89—176 頁]

② 有關"三十六禽"說的探究，詳見李零《中國方術考》（修訂本）第三章《楚帛書與日書：古日者之說·附論：十二生肖的起源》，第 216—231 頁；劉國忠：《三十六禽試論》，載氏著《〈五行大義〉研究》，瀋陽：遼寧教育出版社 1999 年版，第 111—120 頁；劉樂賢：《簡帛數術文獻探論》第七章《相關數術問題考辨·十二生肖、三十六禽新考》，第 322—331 頁。

③ 李零：《中國方術考》（修訂本），第 229 頁。

④ 李零：《中國方術考》（修訂本），第 230 頁。

⑤ 李零：《中國方術考》（修訂本），第 229—230 頁。

並沒有“三十六禽”的觀念或模本，而僅是對二十六種精怪的彙編、抄錄或轉錄。

第二，從内容上看，其與後世定型的“三十六禽”說相距甚大，近似度極低。李零曾以表格形式將六朝銅式、《五行大義》《太白陰經》中記錄的“三十六禽”說加以羅列和陳述，我們將《登涉》所列二十六種禽名（物名）與之比對，可以一目了然地看到二者的差異性。即便以最寬鬆的標準來看，前引《登涉》所言與後世“三十六禽”說的重疊率（符合度）不過是47%強。換言之，《登涉》篇中僅有17種禽名與後世“三十六禽”說的日支禽名相互契合，分别是：寅之虎與狸（老狸）；卯之兔；辰之龍與魚；巳之蛇（社中蛇）；午之馬；未之羊；申之猴與猨（猿）；酉之雞（老雞）與雉；戌之狗（犬）；亥之豬；子之鼠與伏翼；丑之牛。前引李零的言論乃是因為有意迴避了日支及時辰的次序，而僅將《登涉》篇中禽名（物名）與後世“三十六禽”說的地支配屬全部打亂、做簡單的橫向比較，從而得出“（二者）一致性是明顯的”結論。事實上，古代“三十六禽”說的意義不僅在於三十六種禽名，尤為重要的是這些禽名與日支的搭配關係。根據這一原則檢視《登涉》篇中禽名（物名）與日支的對應規律，不難看出其確與後世“三十六禽”說存在不少的差距，而契合部分十七種禽名中若扣除當時流行的“十二禽”外，則僅有五種而已。事實上，“十二禽”說歷經戰國及秦代的分歧，至東漢時已形成統一的固定用法（與今說相同），魏晉時人更將其廣泛應用於各種占卜類數術文獻中。[①] 有鑑於此，我們觀察“三十六禽”說的演變及定型時，應側重於二十四種“配禽”的配法來考量。故而，我們認為《登涉》是後世“三十六禽”雛型的說法，恐怕言之過早。

第三，對於“三十六禽”說的起源和來歷，《五行大義·論禽蟲》“論三十六禽”條云：“禽蟲之類，名數甚多。今解三十六者，蓋取六甲之數。式經所用也。其十二屬配十二支。支有三禽，故三十有六禽。所以支有三者，分一日爲三時，旦及晝暮也。”[②] 引文談到“三十六禽”乃是

① 有關佛教典籍中十二生肖從時獸到精魅的演變，詳見陳懷宇《從十二時獸到十二精魅：南北朝隋唐佛教文獻中的十二生肖》，載榮新江主編《唐研究》第十三卷“從漢魏到隋唐：變遷與延續研究專號”，北京：北京大學出版社2007年版，第293—336頁。

② ［日］中村璋八：《五行大義校註》（增訂版）卷五，第212頁。

基於十二屬（生肖）的擴大。這一說法為後人所接受和沿用，少有異議者。① 不過，我們也發現二者其實存在本質性的差異：十二生肖是與年相配，即標注生年以推測年命，而"三十六禽"則是配日，即配屬以每日的三個時段。從數術學原理看，二者不應混淆為一套系統。近幾十年來，有關《日書》的地下考古材料不斷地出土面世，藉此我們得以重新認識秦漢時期的民俗禁忌觀念。其中，睡虎地秦簡、放馬灘秦簡、孔家坡漢簡等《日書》文獻中都涉及十二地支配禽的說法，學界一度認為是後世"十二生肖"說的雛型，乃至說成是早期"十二生肖"。但也有學者對此持謹慎態度，如李學勤就認為："簡文的十二禽僅和值日地支聯繫。秦代已有干支紀年，但是值年地支是否也結合十二禽，還沒有證據。因此，這裏的十二禽還不好叫做十二生肖，而只是後者的濫觴。"② 秦漢簡牘《日書》中"十二禽"乃與日支相配，用以占卜盜賊和取名，而《論衡》《月令答問》等漢代傳世文獻中則係紀日或時辰，均與後世標注生年的"十二生肖"說有明顯的差異。所以說，配日支的"十二禽"與配年支的"十二生肖"有本質不同。而前者則是後世"三十六禽"說的直接源頭。長期以來，我們似乎被《五行大義》所引王簡的言論③所誤導了（或許因為王簡及蕭吉生活的時代，戰國及秦漢時期盛行的《日書》"十二禽"早已淹沒不顯了）。據劉樂賢推測："古代確實存在不同類型的十二禽搭配。大概由於地域不同，十二禽的選擇也會出現差異。其實，就是相鄰地域，其說法也可能略有差別。……秦統一中國後，楚系十二禽（或其部分說法）雖然仍在楚國故地一度流傳，但最後終遭淘汰。……楚系十二禽雖遭淘汰，但其中的一些說法並未完全消失。例如，在後來的三十六禽系統中，就保存了一些楚系十二禽的說法。……三十六禽的來歷目前尚不十分清楚，但與十二禽的關係值得注意，它可能是將十二禽的各種說法加以整合的結果。也就是說，三十六禽不大可能是由域外傳入的。當然，也不能排除三十六禽吸收了某些域外禽名的可能。"④

第四，南朝梁人釋僧祐（445—518 年）撰《弘明集》（卷十四）引

---

① 譬如，李零所言："關於'三十六禽'……它是十二生肖的擴大，即以十二生肖為主，每一辰位增加兩種有關動物。"［李零：《中國方術考》（修訂本），第 228—229 頁］

② 李學勤：《簡帛佚籍與學術史》第三篇《秦簡研究·〈日書〉盜者章研究》，第 165 頁。

③ ［日］中村璋八：《五行大義校註》（增訂版）卷五，第 213—214 頁。

④ 劉樂賢：《簡帛數術文獻探論》，第 331 頁。

東晉僧人竺道爽《檄太山文》云："《黃羅子經》《玄中記》曰：夫自稱
山岳神者，必是蟒虺；自稱江海神者，必是黿鼉魚鱉；自稱天地父母神
者，必是猫狸野獸；自稱將軍神者，必是熊羆虎豹；自稱仕人神者，必是
猨猴狙玃；自稱宅舍神者，必是犬羊猪犢、門戶井竈破器之屬。鬼魅假
形，皆稱為神。驚恐方姓，淫鬼之氣。此皆經之所載，傳之明驗也。"①
引文談及的《黃羅子經》《玄中記》均已佚，無法核對原文。若將這段文
字與前引《登涉》篇進行比較，不難發現：二者的文風、套語及行文格
式具有相似性，均是"自稱 XX 者"必是某類物精。只不過《登涉》篇
的有關內容更豐富一些，並且搭配了紀日地支，從而顯得更具條理性和細
緻化。換言之，前述《登涉》篇中相關內容顯然經過了二次加工和整理，
應是基於前說基礎上的發揮、引申及擴展。這就印證了我們之前的猜測，
漢晉之際社會民眾中盛行一種觀念：各類精怪變幻人形，自稱某神、某人
而惑亂世人，故據其自稱（身份）可推測出它的真實原型。而葛洪不過
是將當時流傳的上述說法加以蒐集、整理和增擴。無論是未經修飾的母
本，抑或葛氏整理本，均與後世"三十六禽"說無涉。而唐宋道書中屢
見的道教化六十甲子神的說法則是前述《黃羅子經》《玄中記》及《登
涉》傳統的延續、改造和升華。②

六　辟蛇術

古人登涉山澤，最大的現實威脅乃係來自猛獸及蛇蟒，尤其蛇類遍布
各處、潛行詭秘，令人防不勝防，若不慎被毒蛇咬傷或可葬送性命。事實
上，六朝佛道典籍中就記載了此類不幸事件的發生。其中，最著名的案例
當然是釋玄光《辯惑論》"妄稱真道是二逆"條所言五斗米道創始人張陵
（又稱張道陵）死於山中蟒蛇所噬："況復張陵妄稱天師，既侮慢人鬼，
即身受報。漢興平末，為蟒蛇所噬。子衡奔尋無處，畏負清議之報譏，乃

---

① （南朝梁）僧祐：《弘明集》卷十四，上海：上海古籍出版社 1991 年版，第 93 頁。
② 關於道教化六十甲子神的說法，詳見《六十甲子本命元辰曆》（《道藏》第 32 冊，第
717—719 頁），約唐代王仲丘（邱）撰《攝生纂錄》"行旅篇"（《道藏》第 10 冊，第 715 頁），
南宋蔣叔輿編次《无上黃籙大齋立成儀》卷十"六十甲子直神"條（《道藏》第 9 冊，第 431—
432 頁），原題"天真皇人撰集"《靈寶無量度人上經大法》卷四二《元綱流變品》"六十甲子官
君符"條（《道藏》第 3 冊，第 848 頁）。

假設權方，以表靈化之迹。生縻鵠足，置石崖頂。謀事辦畢，剋期發之。到建安元年，遣使告曰：'正月七日，天師昇玄都。'米民山獠蟻集閾外，雲臺治民等稽首再拜言：'伏聞聖駕玄都，臣等長辭蔭接尸塵，方亨九幽。'方夜，衡入，久之乃出，詭稱曰：'吾旋駕辰華，爾各還所治，淨心持行，存師念道。'衡便密抽遊胃，鶴直沖虛空。民獠愚戇，僉言登仙。販死利生，欺罔天地。"① 這段言辭或許是作者基於佛教立場來攻擊道教，通過詆毀創教人張陵的形象，藉此瓦解信眾對五斗米道的迷信和崇拜。但是也反映出當時的一種社會現實狀況，以及部分人對道士羽化成仙的看法。此外，釋玄光《辯惑論》還談到子明②（陵陽子明、竇子明）、杜恭（杜子恭）為蟒蛇所吞噬。③ 南朝梁時高道陶弘景撰《真誥》卷五《甄命授》也明言閭成子"為大蛇所噬"，如謂："昔閭成子少好長生，好學道，四十餘年後，入荊山中，積七十餘歲，為荊山山神所試。成子謂是真人，拜而求道，而為大蛇所噬，殆至於死。"④ 這些蛇噬命案的發生及傳播（姑且不論到底是真實的，還是杜撰的），其實很大程度上與古代道士喜歡登涉山澤、追求穴居野處的傳統有關，同時也是他們棲居岩澤時所遭遇危險的真實反映。

（一）武都雄黃

《登涉》篇云："或問隱居山澤辟蛇蝮之道。抱朴子曰：'昔圓丘多大蛇，又生好藥，黃帝將登焉，廣成子教之佩雄黃，而眾蛇皆去。今帶武都雄黃，色如雞冠者五兩以上，以入山林草木，則不畏蛇。蛇若中人，以少許雄黃末内瘡中，亦登時愈也。蛇種雖多，唯有蝮蛇及青金蛇中人為至急，不治之，一日則煞人。人不曉治之方術者，而為此二蛇所中，即以刀割所傷瘡肉以投地，其肉沸如火炙，須臾焦盡，而人得活。此蛇七八月毒盛之時，不得囓人，而其毒不泄，乃以牙囓大竹及小木，皆即燋枯。今為

---

① （南朝梁）僧祐：《弘明集》卷八，第49頁。

② 有關仙人"子明"的身份考證，詳見劉屹《道教仙人"子明"論考》，載氏著《神格與地域：漢唐間道教信仰世界研究》，第157—169頁。

③ 釋玄光《辯惑論》"制民課輸欺巧之極第二"條云："夫五斗米教，出自天師，後生邪濁，復立米民，世人厭畏。是以子明、杜恭，俱困魔蟒。"（南朝梁·僧祐：《弘明集》卷八，第50頁）

④ （南朝梁）陶弘景：《真誥》卷五，《道藏》第20冊，第518頁。

道士人入山，徒知大方，而不曉辟之之道，亦非小事也。'"① 前述文字援引了一則典故——黃帝遵循廣成子傳授的佩雄黃辟蛇之法而登圓丘、採好藥，從而引出隨身佩戴雄黃辟蛇的有效性和神聖性。在諸多雄黃種類中，葛洪最推崇武都山所產的雄黃（歷代道書中或稱"武都山雄黃"，或徑直簡稱"武都雄黃"）。如該書卷十一《仙藥》篇列有仙藥名目共計十七種/類，其中雄黃居第八種②，並明言"又雄黃當得武都山所出者，純而無雜，其赤如雞冠，光明瞱瞱者，乃可用耳"③。那麼，這個盛產優質雄黃的武都山坐落於何處呢？余欣認為是"在今甘肅隴南地區境內"④。這一說法，想必源於他將武都山認定就在武都郡境內的山。事實上，武都山與武都郡/縣沒有必然聯繫。⑤ 查閱文獻，筆者認為武都山應在巴蜀地區。⑥關於武都山的最早記載，當屬《山海經》（佚文）所云："武都之山，黑

---

① 王明：《抱朴子內篇校釋》（增訂本）卷十七，第304—305頁。《黃帝九鼎神丹經訣》（卷五）亦有類似內容。（詳見《道藏》第18冊，第809頁）

② 王明：《抱朴子內篇校釋》（增訂本）卷十一，第196頁。

③ 王明：《抱朴子內篇校釋》（增訂本）卷十一，第203頁。《抱朴子內篇·黃白》談到煉製黃金時云："當先取武都雄黃，丹色如雞冠，而光明無夾石者，多少任意，不可令減五斤也。"［王明：《抱朴子內篇校釋》（增訂本）卷十六，第288頁］

④ 余欣：《神道人心——唐宋之際敦煌民生宗教社會史研究》，北京：中華書局2006年版，第227頁。

⑤ 作為行政地名的武都郡，在中國古代共計出現過兩次：其一，漢武帝元鼎六年（前111年）在隴西郡東南西漢水流域白馬氐人活動的地區設置武都郡（治所在今甘肅西和縣洛峪鎮境內）；其二，南朝劉宋元嘉三年（435年）僑置武都郡（治所在今四川劍閣縣漢陽鎮境內）。晉代常璩撰《華陽國志》卷二《漢中志》敘述了"武都郡"、"武都縣"的地理沿革情況。（晉·常璩撰：《華陽國志校補圖注》卷二，任乃強校注，上海：上海古籍出版社1987年版，第96—103頁）又據任乃強注云："武都縣，前漢郡治，後漢曰武都道。故城在今甘肅西和縣南之洛谷集，即仇池百頃山東洛谷水上遊高平處，倚仇池山險之居民點，白馬氐聚居中心區也。仇池山舊名武都山，緣為郡名。"（晉·常璩撰：《華陽國志校補圖注》卷二，任乃強校注，第102頁注釋）近年學界對於"武都"地理的討論，詳見曾禮《武都道初建地略考》，《西北史地》1995年第2期，第69—72頁轉第68頁；趙逵夫：《形天神話源於仇池山考釋——兼論"奇股國"、氐族地望及"武都"地名的由來》，《河北師範大學學報》（哲學社會科學版）2002年第4期，第43—49頁。

⑥ 西漢王褒《僮約》"武都買茶"之句似乎暗示漢時蜀地有"武都"之地名或山名。不過，學界也認為文中"武都"即"武陽"之誤。相關研究，詳見林漱峰《武都究在何處》，《中國茶葉》1982年第6期，第23—24頁；杜長煜：《〈僮約〉茶市何處尋——就〈武都究在何處〉與林漱峰同志商榷》，《中國茶葉》1983年第5期，第39頁；周文棠：《王褒〈僮約〉中"茶"非茶的考證》，《農業考古》1995年第4期，第181—183頁；方健：《"烹茶盡具"和"武都買茶"考辨——兼與周文棠同志商榷》，《農業考古》1996年第2期，第184—192頁轉第205頁。

水出焉，其上有玄狐蓬尾。"① 可惜，我們從殘存的文字片段中無法判斷其所在的地理位置以及是否盛產雄黃。稍晚一些的《蜀王本紀》②《華陽國志》③ 則記載了"武都山精"的傳說，故事的發生地就在蜀地。④ 又，唐代孫思邈撰《枕中記》"服雄黃法"條云："余至貞觀年中遊峨嵋山，市得武都雄黃四十餘斤，顆立奇大，光色焜爛，近古所無，自非聖德所加，可能致此物？見此藥已覺四體輕飄飄然，有凌雲之氣。"⑤ 藥王孫思邈為何遊覽峨嵋山時，能買到數量多達四十餘斤的品相上乘的正宗武都雄黃？答案就是：蜀地盛產武都雄黃。換言之，武都雄黃的原產地就在蜀地，且距離峨嵋山不遠。這一推論，也為唐代段成式《酉陽雜俎》前集卷二《玉格》中收錄的一則傳說所印證，如謂："玄宗幸蜀，夢思邈乞武都雄黃，乃命中使齎雄黃十斤，送於峨眉頂上。中使上山未半，見一人幅

---

① 這段文字為唐代歐陽詢《藝文類聚》、唐代徐堅撰《初學記》、北宋李昉等編纂《太平御覽》等典籍所徵引，但不見於今本《山海經》。

② 《蜀王本紀》舊題西漢揚雄撰。對於此書的作者問題，目前尚有爭議。徐中舒認為是三國蜀漢時的譙周所撰，其他學者則提出不同看法。［徐中舒：《論〈蜀王本紀〉成書年代及其作者》，《社會科學研究》1979 年創刊號，第 99—103 頁；林方泰：《關於〈蜀王本紀〉的作者》，《文史雜誌》1992 年第 3 期，第 5 頁；周生傑：《〈蜀王本紀〉文獻學考論》，《四川圖書館學報》2008 年第 1 期，第 65—68 頁；林向：《〈蜀王本紀〉與考古發現》，《四川大學學報》（哲學社會科學版）2011 年第 5 期，第 5—10 頁］

③ 《華陽國志》卷二《漢中志》云："武都有一丈夫，化為女子，美而艷，蓋山精也。蜀王納為妃。不習水土，欲去。王必留之，乃為《東平》之歌以樂之。無幾，物故。蜀王哀之，乃遣五丁之武都擔土，為妃作冢，蓋地數畝，高七丈。上有石鏡。今成都北角武擔是也。"（晉·常璩撰：《華陽國志校補圖注》卷二，任乃強校注，第 123 頁）任乃強認為："武都山，本仇池山之古稱……蜀人不可能取土於此。……又指綿竹縣北山伏虎坪為武都山。伏虎坪因劉宋時武都流民在此墾種，因置武都僑郡，而後得武都之名，揚雄、譙周諸人安得預知此山之稱武都哉？江油縣北亦有武都山，同是後人偽託。"（晉·常璩撰：《華陽國志校補圖注》卷二，任乃強校注，第 126 頁注釋）據此可知，任氏認為武都就是西北武都郡，武都山就是甘肅仇池山，故而認為"武都擔土"說存在不合理處。他的誤區是將山名與地名建立了必然聯繫，即武都山就是武都郡的山。而我們認為，武都山未必一定就在武都郡境內。古之山名得名不一，絕非皆以郡縣地名來命名，且同名異地者古今不鮮。此外，武都山是仇池山的古稱固然沒錯，但不能據此否認其他武都山之存在。

④ 明代馮夢龍撰《情史》卷十九《情疑類》"武都山女"條："武都山精，化為女子，色美而豔，蜀之所無。蜀王開納為妃。未幾物故，王念之不已，築墓使高，以示不忘。武都長人費氏五丁，從而媚王，以大力負武都山土，增壘之。不日，墓與山齊。王名之曰：'武擔山'，謂妃死而懷土也。以石鏡表其門。"（明·馮夢龍：《情史》卷十九，第 657 頁）

⑤ （唐）孫思邈：《枕中記》，《道藏》第 18 冊，第 472 頁。

巾被褐，鬚鬢皓白，二童青衣丸髻，夾侍立屏風側，以手指大磐石曰：
'可致藥於此。上有表錄上皇帝。'中使視石上朱書百餘字，遂錄之，隨
寫隨滅。寫畢，石上無復字矣。須臾，白氣漫起，因忽不見。"① 前述兩
則記載中，前者係作者的親身經歷，後者則係世人的杜撰和傳說，但均折
射出武都雄黃原產地的豐富信息。總之，上述文獻記載均表明，漢唐之季
人們多認為武都雄黃的原產地——武都山，就在蜀地境內。不過，唐代開
始又出現了一種新說法：武都雄黃產自西北邊陲——"生武都山谷、燉
煌山陽"② 。據筆者掌握的材料看，這種說法僅見於唐宋以降典籍中（唐
代以前未見此說），我們頗懷疑此係將蜀地武都山與西北武都郡/縣二者
混淆而導致的訛誤。

　　武都雄黃可辟眾蛇、療蛇毒的說法，亦見載於葛洪所撰醫書中——
《葛仙翁肘後備急方》卷七"辟眾蚖方"條云："辟蚖之藥雖多，唯以武
都雄黃為上，帶一塊，右稱五兩於肘間，則諸蚖毒莫敢犯。他人中者，便
磨以療之。"③ 這段文字與前引《登涉》篇可謂一脈相承。

（二）"畫地作獄"的厭禁術

　　《登涉》篇："未入山，當預止於家，先學作禁法，思日月及朱雀、
玄武、青龍、白虎以衛其身，乃行到山林草木中，左取三口炁閉之，以吹
山草中，意思令此炁赤色如雲霧，彌滿數十里中。若有從人，無多少皆令
羅列，以炁吹之，雖踐蛇，蛇不敢動，亦略不逢見蛇也。若或見蛇，因向

---

①　（唐）段成式撰：《酉陽雜俎》前集卷二，方南生點校，第 19 頁。

②　唐代孫思邈撰《千金翼方》卷二《玉石部中品》"雄黃"條言其產地時曰："生武都
山谷、敦煌山之陽，採無時。"（唐·孫思邈撰：《千金翼方》卷二，魯兆麟等點校，瀋陽：遼
寧科學技術出版社 1997 年版，第 14 頁）《黃帝九鼎神丹經訣》卷十四《明鍊雄黃法》沿襲此
說法，文中談到"雄黃出處"時說："臣按：雄黃生武都山谷、燉煌山陽，採無時，好者作雞
冠色，不臭而堅實也。若黯黑及虛者，不好也。燉煌在涼州西數千里，古以為藥最要，奇難得
也。昔與赤金同價。今聖朝一統寰宇，九域無虞，地不藏珍，山不祕寶。武都崇岫，一旦山
崩，雄黃曜日，令馱運而至京者，不得雇腳之直，瓦石同價。此蓋時明主聖，契道全真，福祥大
藥，不求而自至。其色濁赤者不佳，唯赤徹者為上。"（《道藏》第 18 冊，第 837 頁）宋代寇宗
奭編撰《圖經衍義本草》卷三《玉石部中品》"雄黃"條亦略同。（詳見《道藏》第 7 冊，第
298—299 頁）

③　（晉）葛洪撰，（南朝梁）陶弘景、（金）楊用道增補：《葛仙翁肘後備急方》卷七，
《道藏》第 33 冊，第 94 頁。

日左取三炁閉之，以舌柱天，以手捻都關，又閉天門、塞地戶，因以物抑蛇頭而手縈之，畫地作獄以盛之，亦可捉弄也。雖繞頭頸，不敢囓人也。自不解禁，吐炁以吹之，亦終不得復出獄去也。若他人為蛇所中，左取三口炁以吹之，即愈不復痛。若相去十數里者，亦可遙為作炁，呼彼姓字，男祝我左手，女祝我右手，彼亦愈也。介先生法：到山中住，思作五色蛇各一頭，乃閉炁以青竹及小木板屈刺之，左徊禹步，思作吳蚣數千板，以衣其身，乃去，終亦不逢蛇也。"① 這段文字是說：炁禁術是人們登涉山澤時的重要防衛手段，可以有效應對毒蛇的危險。不過，從其描述的程序看，這裏的炁禁術也參雜了存思術的成分。

有關炁禁術的記載，可追溯至《莊子》及睡虎地秦簡《日書》（甲種、乙種）和馬王堆漢墓帛書《五十二病方》，《列仙傳》《後漢書·方術傳》等典籍中也不乏可見精通炁禁之術士。葛洪對行炁術尤為重視，他在《抱朴子內篇》中多次論述行炁的重要性及功效。從其描述的施用範圍來看，葛氏眼中的行炁術近乎到了無所不能的地步。如卷八《釋滯》篇云："故行炁或可以治百病，或可以入瘟疫，或可以禁蛇虎，或可以止瘡血，或可以居水中，或可以行水上，或可以辟飢渴，或可以延年命。……善用炁者，噓水，水為之逆流數步；噓火，火為之滅；噓虎狼，虎狼伏而不得動起；噓蛇虺，蛇虺蟠而不能去。若他人為兵刃所傷，噓之血即止；聞有為毒蟲所中，雖不見其人，遙為噓祝我之手，男噓我左，女噓我右，而彼人雖在百里之外，即時皆愈矣。又中惡急疾，但吞三九之炁，亦登時差也。"② 概言之，那就是"善行氣者，內以養身，外以却惡"（卷五《至理》）。③

就前述《登涉》篇所言施炁以禁蛇的一系列動作手法中，最饒有趣味的是"畫地作獄以盛之"，而蛇"亦終不得復出獄去也"。漢代盛行

---

① 王明：《抱朴子內篇校釋》（增訂本）卷十七，第 305 頁。標點略作修訂。《黃帝九鼎神丹經訣》（卷五）亦有類似內容。（詳見《道藏》第 18 冊，第 809 頁）

② 王明：《抱朴子內篇校釋》（增訂本）卷八，第 149—150 頁。

③ 王明：《抱朴子內篇校釋》（增訂本）卷五，第 114 頁。前引文字後還有一大段關於行炁術功效的論述，限於篇幅，茲不徵引。〔王明：《抱朴子內篇校釋》（增訂本）卷五，第 114—115 頁〕

"畫地為獄（牢）"說法，當時社會上已出現了"畫獄木吏"之類的俗語。① 不僅如此，"畫地為獄（牢）"更成了彰顯方術之士神奇法力的絕好佐證。漢代碑刻"唐公房碑"（原碑篆書額題"仙人唐君之碑"）記載了唐公房"畫地為獄"誅殺噬食被具之老鼠的故事。② 無獨有偶，葛洪所撰《神仙傳》中也談到術士王遙擅長畫地作獄、斬殺邪魅，如該書卷八"王遙"條云："（王遙）頗能治病，病無不愈者。亦不祭祀，不用符水針藥，其行治病，但以八尺布帊，敷坐於地，不飲不食，須臾病愈，便起去。其有邪魅作禍者，遙畫地作獄，因召呼之，皆見其形物人在獄中，或狐狸、鼉、蛇之類，乃斬而燔燒之，病者即愈。"③ 概括說來，"畫地作（為）獄"是早期中國本土神學審判觀念的雛形，尚且保留了質樸的本真面貌。六朝以後，伴隨佛教地獄觀念的傳入及影響的不斷擴大，道教開始吸納、融合佛學而逐步形成自己的地獄觀念，從而將道教地獄學說從"平面式"推向了"立體式"，其內容、形式及神學建構均更加豐富和充實。原題李淳風注《金鎖流珠引》（卷二五）有一段注文從宗教神學的角度對道教地獄學說的淵源做了澄清和梳理，我們不妨徵引如下："地獄者，上古之法，畫地為獄，獄以三重畫之，有罪之鬼禁於三重畫內，十日、五日伏承罪，訖即斷罪。重者合死，死亦不逃走；不合死者，故即不逃走。因此相承，名曰地獄。後人不達時儀，稱有地下地獄，受罪甚重，妄作言惑世人，自招其罪之大。今道術之士帖社廟禁鬼，唯上古畫地為獄禁鬼謂之地獄是也。"④ 這段引文雖然充斥神秘主義色彩，其內容也不乏虛構、誇大的成分，但精闢地指出了後世道教地獄學說與早期"畫地為獄"觀念有密切的關係，則無疑是正確的。

---

① 《漢書·路溫舒傳》云："故俗語曰：'畫地為獄，議不入；刻木為吏，期不對。'此皆疾吏之風，悲痛之辭也。"（東漢·班固撰：《漢書》卷五一，唐·顏師古注，第 2370 頁）又《漢書·司馬遷傳》收錄《報任少卿書》云："故士有畫地為牢勢不入，削木為吏議不對，定計於鮮也。"（東漢·班固撰：《漢書》卷六二，唐·顏師古注，第 2732 頁）

② 該碑文有云："舋［谿翻車被具，君乃畫地為獄］，召舋誅之。視其腹中，果有被具"［高文：《漢碑集釋》（修訂本），第 503 頁］。有關此碑及仙人唐公房之研究，詳見陳顯遠《漢"仙人唐公房碑"考》，《文博》1996 年第 2 期，第 27—28 頁轉第 48 頁；［法］施舟人：《仙人唐公房》，載施舟人講演《中國文化基因庫》，第 70—83 頁。

③ （晉）葛洪撰：《神仙傳校釋》卷八，胡守為校釋，第 285 頁。

④ （唐）李淳風注：《金鎖流珠引》卷二五，《道藏》第 20 冊，第 471 頁。

(三) 厭勝法

《登涉》篇："或以乾姜附子帶之肘後，或燒牛羊鹿角薰身，或帶王方平雄黃丸，或以豬耳中垢及麝香丸著足爪甲中，皆有效也。又麝及野豬皆噉蛇，故以厭之也。又雲日鳥及蠣龜，亦皆噉蛇。故南人入山，皆帶蠣龜之尾，雲日之喙以辟蛇。蛇中人，刮此二物以塗其瘡，亦登時愈也。雲日，鳩鳥之別名也。又南人入山，皆以竹管盛活蜈蚣，蜈蚣知有蛇之地，便動作於管中，如此則詳視草中，必見蛇也。大蛇丈餘，身出一圍者，蜈蚣見之，而能以炁禁之，蛇即死矣。蛇見蜈蚣在涯岸間，大蛇走入川谷深水底逃，其蜈蚣但浮水上禁，人見有物正青，大如綖者，直下入水至蛇處，須臾蛇浮出而死。故南人因此末蜈蚣治蛇瘡，皆登愈也。"①

前述入山防蛇諸法中有"燒牛羊鹿角薰身"的做法，這其實是一種擬象性巫術，即焚燒牛羊或鹿角以氣味薰身，即認為獲取（移植）了牛、羊、鹿角的鋒利屬性，藉此可以抵禦毒蛇侵擾而達到護身之目的。不過，據道教方術及中醫典籍中的記載來看，燒牛、羊角的方術更多是用來防禦虎、狼類大型猛獸的侵害。如《登涉》篇談到"燒牛羊角"以辟虎狼之害，② 又《葛仙翁肘後備急方》卷七"治為熊虎爪牙所傷毒痛方"條云："又燒牛羊角，虎亦不敢近人。"③ 約唐代王仲丘（邱）撰《攝生纂錄》"行旅篇"云："若畏虎、狼、山精之屬，當佩黃神章及玉神符，或燒牛羊角。畏虺蛇之屬，必佩蜈蚣、麝香，又佩武都雄黃三兩已上，則不敢近人矣。……又燒牛羊角，行則虎狼不敢近人，大吉。"④ 約唐宋之際抄本 P. 2661 背面《諸雜略得要抄子一本》云："欲入山，取燒牛角，將行，狼虎出走避，大有驗之，吉。"⑤

前述"王方平雄黃丸"中的"王方平"即指王遠（字方平），其事

---

① 王明：《抱朴子內篇校釋》（增訂本）卷十七，第305—306頁。《黃帝九鼎神丹經訣》（卷五）亦轉錄此段內容。（《道藏》第18冊，第809頁）

② 王明：《抱朴子內篇校釋》（增訂本）卷十七，第313頁。

③ （晉）葛洪撰，（南朝梁）陶弘景、（金）楊用道增補：《葛仙翁肘後備急方》卷七，《道藏》第33冊，第91頁。

④ 《攝生纂錄》，《道藏》第10冊，第716頁。

⑤ 黃永武主編：《敦煌寶藏》第123冊，第173頁。

跡見載《神仙傳》卷三"王遠"條①，不過傳文中並未涉及雄黃丸的任何信息，即文中所載的王遠與雄黃（丸）並無特殊關係，二者的聯繫想必是後人的杜撰和附加——欲借仙人王遠的冠名來增加雄黃丸的聲名和效力。前文已詳述武都雄黃的辟蛇功能，這裏所言"雄黃丸"雖係經過加工的成品，但就功效原理而言，應該是一樣的。

隨後，葛洪又詳細列出五種可以噬食蛇類的動物——野猪、麝、雲日鳥、蠳龜、蜈蚣。這五種動物是蛇的天敵、為蛇類所懼怕，故登山時攜帶它們的部分器官及衍生物可令蛇類聞風而逃，從而達到辟蛇之效果。對於這些動物的使用方法，葛洪予以分類介紹。

第一，"猪耳中垢及麝香丸著足爪甲中"。所謂"猪耳中垢"就是指野猪耳朵中的污垢，"麝香丸"就是以麝香製成的藥丸。麝，又稱香獐，鹿科，狀似鹿而形小，雄鹿的肚臍和生殖器之間有腺囊可分泌麝香，《山海經·西山經》云："（翠山）其陰多旄牛、羬、麝"，郭璞注曰："麝似獐而小，有香。"② 登涉山林時，將"猪耳中垢""麝香丸"摻雜後放置於手和腳的指甲內，可防止毒蛇侵犯。這是因為"麝及野猪皆啖蛇，故以厭之也"，即麝和野猪均能吃蛇，故以麝香、"猪耳中垢"來厭勝蛇類。

第二，"帶蠳龜之尾、雲日之喙以辟蛇"。所謂"雲日鳥"即指鳩鳥，《詩經·衛風·氓》："于嗟鳩兮，無食桑葚！"③《說文解字·鳥部》訓曰："鶻鵃也。"段玉裁注曰："今本《說文》奪譌。鳩與雉雇皆本《左傳》。鳩為五鳩之總名，猶雉為十四雉之總名；雇為九雇之總名也。……今本以鳩名專系諸鶻鵃，則不可通矣。"④ 所謂"蠳龜"，又名攝龜，擅捕食蛇，漢代張衡撰《南都賦》云："其水蟲則有蠳龜鳴蛇，潛龍伏螭。"⑤ 清代吳任臣撰《字彙補》申集《虫部》訓"蠳"字曰："龜名"。⑥ 明代李時珍撰《本草綱目·介部》"攝龜"條云："【釋名】呷蛇龜（日華作夾蛇），陵龜（郭璞）、鶚龜（陶弘景）、蠳龜（抱朴子）。［恭曰］鶚龜

① （晉）葛洪撰：《神仙傳校釋》卷三，胡守為校釋，第92—96頁。
② 袁珂校注：《山海經校注》（增補修訂本）卷二，第37頁。
③ （清）王先謙撰：《詩三家義集疏》卷三下，吳格點校，第295頁。
④ （東漢）許慎撰，（清）段玉裁注：《說文解字注》四篇上《鳥部》，第149頁。
⑤ （南朝梁）蕭統編：《文選》卷四《賦乙·京都中》，（唐）李善注，第153頁。
⑥ （明）梅膺祚、（清）吳任臣撰：《字彙·字彙補》，上海：上海辭書出版社1991年版，第194頁。

腹折，見蛇則呷而食之，故楚人呼呷蛇龜。江東呼陵龜，居丘陵也。[時珍曰] 既以呷蛇得名，則攝亦蛇音之轉，而蠳亦鴬音之轉也。"[1] 葛洪談到南方人登山時，隨身攜帶蠳龜的尾巴和鳩鳥的長喙可以辟蛇。若有人被蛇咬傷，刮取粉末塗抹在創口處也可以療傷。推究其理，也是因為"雲日鳥及蠳龜，亦皆唊蛇"而已。

第三，蜈蚣的妙用。前述五種蛇類天敵中，葛洪似乎更偏愛草野常見之物——蜈蚣。葛氏依照邏輯順序、層層遞進地假設出了四種場合/狀況：（1）入山時以竹管盛活蜈蚣，若附近有蛇，蜈蚣即在竹管中蠕動，藉此可及時察覺草叢中藏匿的蛇，防患於未然。（2）發現大蛇後，放出蜈蚣，其以氡禁殺蛇。（3）大蛇見到蜈蚣而逃入川谷深水底試圖躲藏，這種情況下蜈蚣也絕不會放過它，而是浮在水面上施予氡禁，只見一道純青色、如線狀的東西直入水中藏蛇處，不一會兒蛇就會浮出水面而死。（4）若不幸被毒蛇咬中，可將蜈蚣碾成粉末置於創口療傷，可獲立即治愈。蜈蚣對於辟蛇及治療蛇毒等領域的功效，也得到了後世道教醫書的認可，如《葛仙翁肘後備急方》卷七"辟眾蚘方"條談到治療蛇毒的諸種方法，其中既有以蜈蚣為藥丸者，又有"存想作大蜈蚣"等內容。[2] 迄今，閩、臺等地舉行盛大醮事活動時，主辦方通常會組織蜈蚣陣巡行轄境，藉此驅災祛厄。

七 涉水術

道士跋涉山澤時，必不可免地會遭遇涉水、渡河等情況。這就需要掌握必要的涉水術，才能有效應對江河湖泊中的諸種危險。誠如《登涉》篇所言："或問涉江渡海辟蛟龍之道。抱朴子曰：'道士不得已而當游涉大川者，皆先當於水次，破雞子一枚，以少許粉雜香末，合攪器水中，以自洗濯，則不畏風波、蛟龍也。又佩東海小童符、及制水符、蓬萊札，皆却水中之百害也。又有六甲三金符、五木禁。又法，臨川先祝曰：卷蓬卷蓬，河伯導前辟蛟龍，萬災消滅天清明。又《金簡記》云，以五月丙午日日中，擣五石，下其銅。五石者，雄黃、丹砂、雌黃、礬石、曾青也。

---

① （明）李時珍：《本草綱目》卷四五，北京：人民衛生出版社 1975 年版，第 2502 頁。
② 《葛仙翁肘後備急方》卷七，《道藏》第 33 冊，第 94 頁。

皆粉之，以金華池浴之，內六一神爐中鼓下之，以桂木燒為之，銅成以剛炭鍊之，令童男、童女進火，取牡銅以為雄劍，取牝銅以為雌劍，各長五寸五分，取土之數，以厭水精也。帶之以水行，則蛟龍、巨魚、水神不敢近人也。欲知銅之牝牡，當令童男童女俱以水灌銅，灌銅當以在火中向赤時也，則銅自分為兩段，有凸起者牡銅也，有凹陷者牝銅也，各刻名識之。欲入水，以雄者帶左，以雌者帶右。但乘船不身涉水者，其陽日帶雄，陰日帶雌。又天文大字，有北帝書，寫帛而帶之，亦辟風波、蛟龍、水蟲也。'"① 這段內容交待了涉水時的危險主要來自三類情況：風波、蛟龍（鱷魚之類）、水蟲。有鑑於此，葛洪列出了數種應對措施：（1）洗濯法；（2）符祝法；（3）佩劍法；（4）帛書天文大字法。下面，我們逐一進行分析和介紹。

1. 洗濯法。這種方法的具體操作步驟是：涉水渡河之前，先在水邊敲碎雞蛋一枚，取其蛋清及蛋黃，加上少量的粉雜、香末，將它們放置在同一器皿內加水、攪拌，然後用其混合物來擦洗自己的身體，如此涉水就可以不畏懼風浪和蛟龍了。這種方法有何所本，其理論依據是什麼？我們不得而知，想必其心理安慰/暗示上的作用顯然大於實際的功用吧。

2. 符祝法。顧名思義，符祝法就是通過佩戴符籙或念誦咒語等方式來確保涉水、渡河時的人身安全。前述《登山》篇中所言涉水符祝法共計包含三種：其一，佩戴"東海小童符""制水符""蓬萊札"，藉此辟除水中災害及邪怪。"東海小童"是漢晉道教神祇譜系中的重要一員。據《太平廣記·神仙八》"張道陵"條引《神仙傳》記載：張道陵入蜀地鵠鳴山修煉，"忽有天人下，千乘萬騎，金車羽蓋，驂龍駕虎，不可勝數。或自稱柱下史，或稱東海小童，乃授陵以新出正一明威之道。"② 又《真誥》卷十《協昌期》載有："東海小童口訣：道士求仙勿與女子交，一交而傾一年之藥力。若無所服而行房內，減筭三十年。"③ 陶弘景小字夾注

---

① 王明：《抱朴子內篇校釋》（增訂本）卷十七，第307—308頁。標點略作修正。

② （宋）李昉等編：《太平廣記》卷八，第56頁。這段內容不見於《四庫全書》及《正統道藏》本《神仙傳》。此外，北宋張君房編《雲笈七籤》卷四《道教經法傳授部·道教相承次第錄》引《雲臺治中內錄》稱老君授張陵為雲臺治，"而東海小童君為陵保舉師，太上老君為度師。度雲臺治，封陵為天師。"（北宋·張君房編：《雲笈七籤》卷四，李永晟點校，第59頁）

③ （南朝梁）陶弘景編：《真誥》卷十，《道藏》第20冊，第552—553頁。

曰："此上相青童君之別名也。"① 有關"東海小童""上相青童君""東華帝君"的關係問題，學界已進行了梳理和探討，茲不詳述。②

不過，我們翻檢歷代道書並未發現涉及"東海小童符"的任何記錄。值得注意的是，古靈寶經《太上靈寶五符序》（卷下）所云："鍾山真人告夏禹有言：陵昔聞之於東海小童說云，但抱靈寶符入水赴淵，則北帝開路，蛟龍衛從，水精震怖，長生久視，永享天祚；執符入火，則陽光珍翳，南帝激電，助我驅穢，熱毒不加，丹精凌邁；佩符登山，山精迸走。中黃太帝，與我為輔。虎狼百禽，莫敢當者；……太上真人之辭東海小童，使陵佩符而護之矣。"③ 又小字夾注云："陵昔受之於東海小童，使製南和之繒五尺，當喻信而受之券；割碧林之帛五尺，當不漏泄之約。"④ 這裏談及東海小童所言（或傳授）的"靈寶符"（或係指"西方靈寶符命"，詳見下文）入水赴淵可令"北帝開路、蛟龍衛從、水精震怖"，從功能來看，顯然與《登涉》中"東海小童符"是一致的。不知二者有無內在關聯？

除"東海小童符"外，"蓬萊札"已無從考索，"制水符"稱謂則見於晚唐杜光庭編集《道教靈驗記》卷十一《經法符籙靈驗》"陸含真水星石符文驗"條，如其所云：道士陸含真從天台山前往剡縣途中，於溪水中發現一枚奇石，"取於岸上，見其平穩滑膩，洗拭看之，有大符一通，刻於石上，點畫周徧，全無隸字，止是一符。於側邊有字云：'真君二年，制水符。'含真取紙筆，搨寫其石。……於諸暨縣白鶴觀看靈寶部經，乃是《洞玄五稱文》北方辰星符也，與經勘驗一無差異。"⑤ 引文雖然出現了"制水符"，但僅憑此條史料我們尚不敢斷定就與《登涉》篇所言

① （南朝梁）陶弘景編：《真誥》卷十，《道藏》第 20 冊，第 553 頁。《真誥》卷一《運象篇》所載諸真人中，"東宮九微真人金闕上相青童大君"位列第二。（南朝梁·陶弘景編：《真誥》卷一，《道藏》第 20 冊，第 491 頁）在《真靈位業圖》中，"東海王青華小童君"位列第二左位。（南朝梁·陶弘景編纂：《洞玄靈寶真靈位業圖》，《道藏》第 3 冊，第 273 頁）

② 俞偉超、信立祥：《孔望山摩崖造像的年代考察》，《文物》1981 年第 7 期，第 14 頁；王承文：《敦煌古靈寶經與晉唐道教》，北京：中華書局 2002 年版，第 327—329 頁；尹志華：《全真教主東華帝君的來歷略考》，載山東師範大學齊魯文化研究中心編《齊魯文化研究》第七輯，濟南：山東文藝出版社 2008 年版，第 208—215 頁。

③ 《太上靈寶五符序》卷下，《道藏》第 6 冊，第 336 頁。

④ 《太上靈寶五符序》卷下，《道藏》第 6 冊，第 336 頁。

⑤ （唐）杜光庭編集：《道教靈驗記》卷十一，《道藏》第 10 冊，第 837 頁。

"制水符"相同。前述溪水石上所刻"制水符"是《洞玄五稱文》(又稱《靈寶五稱文》)中的"北方辰星符",其是否與《登涉》篇中"制水符"有相同的出處呢?目前由於史料的闕如,這些疑問只能留待日後了。

其二,六甲三金符、五木禁。對於此種方法,葛洪言之不詳,歷代道書中也無著錄。[①] 我們只能存而不論。

其三,念誦咒語。即踏入河流前,先在水岸邊念誦一段咒文:"卷蓬卷蓬,河伯導前辟蛟龍,萬災消滅天清明。"關於這段十八字咒文,葛洪並未給出名稱(或者當時就沒有特定稱謂),而後世道書則稱之為"消禍咒"。如南宋王契真編纂《上清靈寶大法》卷十二《濟世立功門》"禳治水恠法"條云:"師曰:如渡江海,遇風濤大作,欲傾覆舟船,當書鎮海符〔符見圖3-16(1)〕,存斗口罩頭、罡星指前,對鼻之頭、舟船之首,正中心目,正視舟船之首,祝消禍咒七遍,次止波呪一遍,次投鎮海符,再呪安鎮呪一遍,吹身,其風波自息矣。消禍咒曰:'卷蓬卷蓬,河伯導前止蛟龍,萬禍消滅天晴明。急急如元始上帝勅。'"[②] 約明初靈寶道士編纂的署名"天真皇人撰集"《靈寶無量度人上經大法》卷三六《祛妖拯厄品》"鎮海符"條中則稱之為"消禍咒",如謂:"〔符見圖3-16(2)〕如度江海遇風欲傾覆,即書鎮海符,存北斗,斗口罩頭,罡星指前,對鼻,鼻對舟舩之首,祝消禍咒七遍,投鎮海符,再祝安鎮呪一徧,吹舩,其風波立息。消禍咒曰:'卷蓬卷蓬,河伯導前,立止蛟龍,萬禍消滅,天炁晴明。急急如元始上帝勅命。'"[③] 從《抱朴子內篇》(東晉)到《上清靈寶大法》(南宋),再到《靈寶無量度人上經大法》(約明初),我們可以清晰看到這段咒語的演變軌跡:

第一,《上清靈寶大法》所錄"消禍咒"與《登涉》篇的最大區別在於增加了八字後綴——"急急如元始上帝勅",使之更具完整性和權威性。就咒語的正文而言,《上清靈寶大法》繼承了《登涉》篇四字→七字→七字句式,措辭上僅有三字不同(辟→止,災→禍,清→晴),但均屬

---

① 《上清黃庭養神經》:"《六甲三金五龍六石室》九百六十卷。以此卷為訣,知者度世,立致行廚,萬邪不干,神無敢當,所以行攻破房廟,收鬼治邪,救療百病。服六甲神符,役使萬靈,不得危人自安,念行仁義,消災度厄,必獲仙道,與天相畢。"(《道藏》第34冊,第284頁)這裏出現的"六甲三金"等語,不知是否與《登涉》篇所言"六甲三金符"有關聯?

② (南宋)王契真編纂:《上清靈寶大法》卷十二,《道藏》第30冊,第766頁。

③ 天真皇人撰集:《靈寶無量度人上經大法》卷三六,《道藏》第3冊,第818頁。

於同義互換，並不影響文意。可見從東晉以迄南宋的數百年間，雖然内容上有所增益，但大抵保持了原貌。

第二，《靈寶無量度人上經大法》所錄"消禍呪"與《上清靈寶大法》相比，發生了較大變化，最顯著的不同就是將東晉以來長期保持穩定的四→七→七句式進行了徹底顛覆，通過增字的方式（增益二字："立""炁"），而變革為五句四言式。

不過，無論是《上清靈寶大法》抑或《靈寶無量度人上經大法》，這段祝文的内容雖然不斷豐富和擴展，但功能始終未曾改變——均係施用於涉水渡河時的禳治水患、祈保平安，核心詞彙也得以延續——譬如"卷蓬""河伯""蛟龍"等——均係代表水中神祇及水患、邪怪。

表3–6　　　　　　　　三種道書中的涉水咒語

經名	時代	内容	字數
抱朴子内篇	東晉	卷蓬卷蓬，河伯導前辟蛟龍，萬災消滅天清明。	18
上清靈寶大法	南宋	卷蓬卷蓬，河伯導前止蛟龍，萬禍消滅天晴明。急急如元始上帝勅。	26
靈寶無量度人上經大法	明初	卷蓬卷蓬，河伯導前，立止蛟龍，萬禍消滅，天炁晴明。急急如元始上帝勅命。	29

（1）　　　　（2）
圖3–16　鎮海符

資料來源：《上清靈寶大法》卷十二，《道藏》第30冊，第766頁；《靈寶無量度人上經大法》卷三六，《道藏》第3冊，第818頁。

3. 佩劍法。戰國及秦漢以降，世人盛行隨身佩戴刀劍之風俗。自東漢創教以來，法劍始終是最重要的道門法器之一。葛洪引述《金簡記》所言，認為涉水時佩劍可"以厭水精也"，"帶之以水行，則蛟龍、巨魚、水神不敢近人也"。有趣的是，唐代段成式撰《酉陽雜俎·諾皋記上》也記載了一則故事：邵敬伯獲持"濟伯"贈刀而避水厄。① 不過，這兩處引文中所說的辟水刀劍均已非普通的人間之物，而是選用特殊的原材料、採用特殊的工藝流程打造完成的，故而具有神奇的辟邪力量。下面，我們逐條分析煉製這種劍到底需要滿足哪些特殊要求：

首先，選擇時日——"五月丙午日日中"。據目前掌握的史料看，五月丙午日是鑄劍良日的說法，至遲漢代就已出現。譬如，山東蒼山出土了一柄長刀，刀背鐫刻錯金隸書銘文曰："永初六年五月丙午造卅煉大刀吉羊宜子孫"②。據《後漢書·郎顗傳》記載：順帝陽嘉二年，郎顗針對當時"災異屢見"而詣闕拜章，後又"條便宜七事"，其中第五事云："臣竊見去年閏月十七日己丑夜，有白氣從西方天苑趨左足，入玉井，數日乃滅。……宜以五月丙午，遣太尉服干戚，建井旗，書玉板之策，引白氣之異，於西郊責躬求愆，謝咎皇天，消滅妖氣。蓋以火勝金，轉禍為福也。"③ 吾友孫兆華博士據此認為："'五月丙午'作劍大概就是取'以火勝金，轉禍為福'之意。"④ 這種解釋固然不錯，但根本原因應該還是與五月丙午日中時陽氣最旺盛的觀念密切相關。農曆五

①　《酉陽雜俎·諾皋記上》："平原縣西十里舊有杜林，南燕太上時，有邵敬伯者，家於長白山。有人寄敬伯一函書，言我吳江使也，令吾通問於濟伯，今須過長白，幸君為通之。仍教敬伯，但於杜林中取樹葉投之於水，當有人出。敬伯從之，果見人引入，敬伯懼水，其人令敬伯閉目，似入水中，豁然宮殿宏麗。見一翁年可八九十，坐水精牀，發函開書曰'裕興超滅'。侍衛者皆圓眼，具甲胄，敬伯辭出，以一刀子贈敬伯曰：'好去，但持此刀，當無水厄矣。'敬伯出，還至杜林中，而衣裳初無沾濕。果其年宋武帝滅燕。敬伯三年居兩河間，夜中忽大水，舉村俱沒，唯敬伯坐一榻牀，至曉著岸，敬伯下看之，乃是一大黿（一曰黽）也。敬伯死，刀子亦失。世傳杜林下有河伯家。"（唐·段成式撰：《酉陽雜俎》前集卷十四，方南生點校，第131—132頁）

②　北京鋼鐵學院《中國冶金簡史》編寫小組編：《中國冶金簡史》，北京：科學出版社1978年版，第106頁。

③　（南朝宋）范曄撰：《後漢書》卷三十下，（唐）李賢等注，第1063頁。

④　孫兆華：《兩漢人帶劍風習》，北京師範大學歷史學院2012年碩士學位論文，第15頁。

月的月建為午，故稱午月，丙午日（後世則演變為初五日）為午日，日中為午時。如此，五月丙午日日中，即為午月、午日、午時，午即火，亦即指三重之火，火代表陽氣，故此時陽氣最為盛極。值此日鍛造的寶劍稟受了三午（三火）之屬性，自然擁有驅災辟邪的無上威力。事實上，初唐時盛行五月五日（端午節）午時，在揚州揚子江心鑄造銅鏡（又稱"午鏡""百煉鏡""天子鏡"等）以進獻皇帝，也是基於此觀念。

其次，擣五石。所謂"五石"，這裏指五種礦物質，分別是：雄黃、丹砂、雌黃、礬石、曾青。漢代時人眼中的"五石"（彼時"五石"與前述五者略有差異）就已具有了鎮墓、驅邪等功能。① 如 1957 年西安市出土的東漢獻帝初平四年（193 年）王氏解除陶瓶，上有朱書文字云："和以五石之精，安冢莫（墓），利子孫，故以神瓶震（鎮）郭門。"② 此外，1974 年河南洛陽市出土的元嘉二年（156 年）許蘇氏鎮墓文中則提到以"五石"和人參合會神藥、用予鎮墓解謫，云："元嘉二年十二月丁未朔十四日 甲 申，黃帝與河南緱氏□□中華里許蘇阿□□刑憲女合會神藥，乂鎮　冢宅，□□七神，定冢陰陽，死人無□□，生人無過。蘇寍之後，生人阿銅憲女適過，為敢五石人參解□□□安戔瓶，神明利冢。"③ 魏晉之季，上流社會中服"五石散"（其成分是丹砂、雄黃、礬石、曾青、磁石）風氣大熾。④ 與此同時，道門中人也始終將"五石"視為煉製金丹及服餌煉養的重要仙藥。⑤ 對於"五石"的神奇效驗，《太清石壁記》卷中

① 有關此課題之研究，詳見劉昭瑞《東漢鎮墓文中所見到的"神藥"及其用途》，《華學》編輯委員會編：《華學》第七輯，廣州：中山大學出版社 2005 年版，第 191—202 頁；本書第七章。

② 唐金裕：《漢初平四年王氏朱書陶瓶》，《文物》1980 年第 1 期，第 95 頁。標點為筆者添加。

③ 洛陽市文物工作隊：《洛陽李屯東漢元嘉二年墓發掘簡報》，《考古與文物》1997 年第 2 期，第 5 頁。

④ 魯迅：《魏晉風度及文章與藥及酒之關係》，載氏著《魯迅雜文選》上冊，上海：上海人民出版社 1973 年版；王奎克：《五石散新考》，載自然科學史研究室主編《科技史文集》第 14 輯，上海：上海科學技術出版社 1985 年版，第 151—154 頁；李零：《五石考》，載氏著《中國方術續考》，北京：東方出版社 2000 年版，第 341—349 頁；余嘉錫：《寒食散考》，載氏著《余嘉錫論學雜著》上冊，北京：中華書局 2007 年版，第 181—226 頁。

⑤ 姜守誠：《道書所見"五色石"及其功用考述》，《湖南科技學院學報》2009 年第 2 期，第 12—16 頁。

"五石丹法"條有極好說明:"五石者,是五星之精。丹砂,太陽熒惑之精;磁石,太陰辰星之精;曾青,少陽歲星之精;雄黃,后土鎮星之精;礜石,少陰太白之精。右以此五星之精,其藥能令人長生不死。"① 這就是說,道人相信服用"五石"為原料製成的藥石,可令人長生不死。歷代道書所言"五石"及魏晉士人所服"五石散",與《登涉》篇中"五石"僅見一味之差(雌黃→磁石)。不過,這些"五石"應該都具有相同的功用——辟邪、長生。

復次,判別銅之牝牡。除了"五石"外,鑄劍還需以銅為主要原材料。而選銅的難點就在於需要判明銅的牝牡屬性,其驗證的方法很簡單,卻充滿神秘色彩:先將銅料放於火中燒煉加溫,待其赤熱發紅時,令童男童女執冷水澆灌銅料,灼熱的銅料遭遇冷水猛擊後自然就會斷成兩段,有凸起者就是牡銅、有凹陷者就是牝銅。取牡銅為原料鍛造雄劍,取牝銅為原料鍛造雌劍。雌雄二劍的使用也需嚴格規定:若親身涉水,則將雄劍佩戴身體左側,將雌劍佩戴身體右側;若乘船並不下水,則"陽日"佩戴雄劍,"陰日"佩戴雌劍。

最後,複雜的鍛造工藝及方士禁忌。將五石和銅搗爛成粉末,先在"金華池"中淘洗過,然後放入"六一神爐"中,以桂樹作柴、鼓風燒煉,待銅煉成後再用剛炭進行二次燒煉,燒煉時必須由童男、童女負責添柴、加火。鑄成後的劍長應為五寸五分(東晉 1 寸等於 2.45 釐米,合計 13.475 釐米)。這是擬象土五之數,藉此土性來厭勝水精(五行中土克水)。

4. 帛書天文大字法。葛洪《登涉》篇所述的最後一種涉水術是:將北帝所書(傳)的《文天大字》抄錄在絹帛上,隨身佩帶,也可以辟除各種水患和水害——風波、蛟龍、水蟲。從道書文獻的記載看,"天文大字"通常與《三皇內文》聯袂出現,或係其特指、專稱。約出東晉南朝以前的《上清太上八素真經》著錄"中真之道"篇目有六,其中"《靈寶祕文三皇內文天文大字》"忝列第五位。② 敦煌抄本 P. 2559《陶公傳授儀》(擬)"授受三皇法"條云:"因燒香酌酒,三再拜,長跪曰:男生弟子厶甲,謹奉請天皇天一真君,地皇太一真君,

① 《太清石壁記》卷中,《道藏》第 18 冊,第 767 頁。
② 《上清太上八素真經》,《道藏》第 6 冊,第 649—650 頁。

人皇玄一真君，並願曲垂降饗，鑒察丹心。因伏思神良久，起酌酒曰：
厶甲昔從先師厶奉受天皇、地皇、人皇三部内文天文大字、青胎監乾眾
符，合十卷，佩服在身。”① 《無上祕要》卷二五《三皇要用品》載：
“三皇天文大字：黄帝得神圖天文字，以知九天名山川靈之字。若能按文
致諸神者，可以長生，可令召司命削死籍，必為人除之，然後修道求術，
必得神仙矣。”② 此外，《洞真太上素靈洞元大有妙經》《太上無極大道自
然真一五稱符上經》（卷下）、《洞神八帝妙精經》《太上洞神三皇儀》
《洞玄靈寶三洞奉道科戒營始》（卷四）、《廣黄帝本行記》等也涉及“三
皇内文天文大字”或“三皇天文大字”。總之，上述記載均證實“天文大
字”即指《三皇内文》。有關《三皇内文》的情況，前文已有論述，兹不
贅言。

　　歷代道書所載“北帝”的神格原型，因時代關係差異甚大，大抵有
幾種說法：酆都北帝、北帝大魔王、北極、北方黑帝、天蓬元帥、紫微大
帝、玄天上帝等。考慮到《登涉》篇所言“北帝書”這一線索，翻檢漢
晉六朝道書，我們判定此處“北帝”應指北方黑帝水神。特申述理由
如下：

　　前引《太上靈寶五符序》（卷下）所云“但抱靈寶符入水赴淵，則北
帝開路，蛟龍衛從，水精震怖，長生久視，永享天祚”③。這裏的“北帝”
顯然是與《登涉》篇中“北帝”所扮演的神格角色相同，均係水神特徵。
值得注意的是，《太上靈寶五符序》（卷下）又云：“東方靈寶符命：夏禹
敷東文，出南帝書；南方靈寶符命：夏禹敷南文，出戊己黄帝書；中央戊
己靈寶符命：夏禹敷中文，出白帝書；西方靈寶符命：夏禹敷西文，出北

　　① 黄永武主編：《敦煌寶藏》第 122 册，第 117 頁。《陶公傳授儀》係南朝梁道士陶弘景所
撰，明《正統道藏》未收錄。敦煌抄本《陶公傳授儀》由 S. 3750 + BD. 11252 + P. 2559 號殘抄本
拼合而成。（詳見張繼禹主編《中華道藏》第 4 册，北京：華夏出版社 2004 年版，第 524 頁）敦
煌本《陶公傳授儀》篇名係由日本學者大淵忍爾擬定。（〔日〕大淵忍爾：《敦煌道經·目錄
編》，第 331—332 頁）王卡則擬名為《陶弘景五法傳授儀》（《五法傳授儀》）。（王卡：《敦煌道
教文獻研究：綜述·目錄·索引》，第 140—141 頁）有關敦煌本《陶公傳授儀》的研究情況，
詳見王卡《敦煌殘抄本陶公傳授儀校讀記》，《敦煌學輯刊》2002 年第 1 期，第 89—97 頁。（又
題名《敦煌本〈陶公傳授儀〉校讀記》，載氏著《道教經史論叢》，成都：四川出版集團、巴蜀
書社 2007 年版，第 321—339 頁）
　　② 《無上秘要》卷二五，《道藏》第 25 册，第 72 頁。
　　③ 《太上靈寶五符序》卷下，《道藏》第 6 册，第 336 頁。

帝書；北方靈寶符命：夏禹敷北文，出青帝書。"① 經文中五方"靈寶符命"均附繪符圖一道，其中"出北帝書"② 的"西方靈寶符命"如圖 3 –17 所示。據此，我們也頗懷疑《登涉》篇所言"天文大字"除了指稱《三皇內文》外，抑或係指"西方靈寶符命"（就此符的筆劃構造而言，若將其歸入"天文大字"之類似無大謬）。

圖 3 –17　西方靈寶符命

資料來源：《太上靈寶五符序》卷下，《道藏》第 6 冊，第 339 頁。

八　辟鬼術

古人相信，登涉山林時的危害除了來源於自然界（如水火災厄）和動物界（如毒蛇猛獸等）之外，來自神秘世界的精靈鬼怪也是不容忽視的麻煩製造者。那麼，如何辟除惡鬼作祟的侵擾，也就成為修道者必須面對和思考的問題之一，而辟鬼術則是入山必備的法術之一。

---

① 《太上靈寶五符序》卷下，《道藏》第 6 冊，第 338—339 頁。

② 《真誥》卷十《協昌期》云："小君今書此符，相與佩之。在《玉馬經》上，一名北帝書。"陶氏夾注曰："七元符中有一符無題，相傳言是此符。而《玉馬經》世未嘗見，不敢為定。"（《道藏》第 20 冊，第 546 頁）這段引文中"北帝書"所言何意，我們尚不明瞭，故存而不論。

（一）辟鬼三法

《登涉》篇云："或問曰：辟山川廟堂百鬼之法。抱朴子曰：'道士常帶天水符、及上皇竹使符、老子左契、及守真一思三部將軍者，鬼不敢近人也。[1] 其次則論百鬼錄，知天下鬼之名字，及《白澤圖》、《九鼎記》，則眾鬼自却。其次服鶘子赤石丸、及曾青夜光散、及蔥實烏眼丸、及吞白石英祇母散，皆令人見鬼，即鬼畏之矣。'"[2] 如何禳除山川、廟堂中的邪精鬼怪？這也是入山者必須熟知的法術經驗之一。葛洪對此給出了三種（類）方法：第一，佩戴符契及守一存神法；第二，知鬼名法；第三，服食丸散法。其中，第二種方法（知鬼名）前文已有介紹，這裏僅就第一、第三種方法展開論述。

其一，佩戴符契及守一存神法。前引文中談及三種符契，分別是：天水符、上皇竹使符、老子左契。《抱朴子內篇·遐覽》著錄的諸符中也有"天水符"。[3] 約出隋唐以前的《太上洞神三皇傳授儀》談到錄生新獲法位後，整肅衣裝、佩戴各種符錄，其中有將"天水符"繫於髮髻中的情節："次取鞶帶衣，外繫之，日在前、月在後，結於心下；次券文，囊盛結肘；次皇文大字，著鞶帶中；次黃女符，繫腰；次九皇圖，繫心前；次天水符，髻中；次九天符，肘後；次昇天符，繫腰；次傳版，在背後；次靈書，繫肘；次丹書，繫腰；次八威五勝符，心前；次三一真形，執之；次童子錄，繫肘；次符契，在肘；次三皇越章印，在腰；次符使符，背後、領下；次普下版，芴上，重執之（男左女右）。"[4] 筆者頗懷疑此"天水符"乃與古老的"天一生水"觀念有關。

這裏所言"上皇竹使符"，乃承襲了漢代以來的官制傳統。據《史記·孝文本紀》載："（漢文帝二年）九月，初與郡國守相為銅虎符、竹使符。"[5]《集解》引應劭曰："銅虎符第一至第五，國家當發兵，遣使者

---

① 約唐代《攝生纂錄》"行旅篇"云："若畏山川廟座百鬼之法，常帶三皇文、五嶽真形圖、天水符及上皇竹使符及白澤圖、九鼎記，則邪自却。若常存真一，則不須符藥也。"（《道藏》第 10 冊，第 716 頁）顯而易見，這段文字乃承襲《登涉》篇。

② 王明：《抱朴子內篇校釋》（增訂本）卷十七，第 308 頁。

③ 王明：《抱朴子內篇校釋》（增訂本）卷十九，第 335 頁。

④ 《太上洞神三皇傳授儀》，《道藏》第 32 冊，第 648 頁。

⑤ （西漢）司馬遷撰：《史記》卷十，第 424 頁。

至郡合符，符合乃聽受之。竹使符皆以竹箭五枚，長五寸，鑴刻篆書，第一至第五。"又《索隱》引《漢舊儀》曰："銅虎符發兵，長六寸。竹使符出入徵發。"① 又據《後漢書‧禮儀志下‧大喪條》云："（天子登遐）是日夜，下竹使符告郡國二千石、諸侯王。竹使符到，皆伏哭盡哀。"② 事實上，"竹使符"在古代官方行政領域中的使用一直延續到隋末。義寧二年（618 年），唐高祖李淵才廢止"竹使符"，改用"銀菟符"。③ 翻檢歷代文獻可知，漢、隋之季中央政府發兵皆以銅虎符，其餘徵調則以竹使符為憑證。

漢魏六朝道教將這種官方色彩濃重的"竹使符"加以宗教化改造，使之成為一種重要的道門符券類型。譬如，《太上洞神三皇儀》詳細介紹了法師向弟子傳授《洞神經》及籙圖契券的儀式，其中"付券契符圖印傳訣‧三皇券文"條云："維某年太歲某月朔甲子，某州縣鄉里，男女姓名，年如干歲，好道樂生，質合六神，冥契奇要，今率丹誠，詣某嶽真人（男女官姓名），求授三皇內文天文大字、圖傳券契、竹使符等"④，又云："次授竹使符曰：陰陽百二十官君，制百邪，見吾身形，見吾萬神，中外言爾。（畢，卷符納筒中，朱蠟塞口，封印之，置案上，不別章也。）"⑤ 託名"金明七真"所撰的《洞玄靈寶三洞奉道科戒營始》卷四"法次儀"條談到"受稱洞神弟子"法位時領受的經籙、戒文計有："金剛童子籙，竹使符，普下版，三皇內精符，三皇內真諱九天發兵符，天水飛騰符，八帝靈書內文，黃帝丹書內文，八成五勝十三符，八史錄，東西二禁，三皇，三戒、五戒、八戒文。"⑥ 有趣的是，這類"竹使符"除了署

① （西漢）司馬遷撰：《史記》卷十，第 424 頁注釋。

② （南朝宋）范曄撰：《後漢書》志第六，（唐）李賢等注，第 3141 頁。

③ 據《舊唐書》卷一《本紀第一‧高祖》載："（義寧二年）夏四月辛卯，停竹使符，頒銀菟符於諸郡。"（後晉‧劉昫等撰：《舊唐書》卷一，北京：中華書局 1975 年版，第 5 頁）《新唐書》卷一《高祖皇帝紀》云："（義寧二年四月）辛巳，停竹使符，班銀菟符。"（宋‧歐陽修、宋祁撰：《新唐書》卷一，北京：中華書局 1975 年版，第 6 頁）又卷二四《車服志》云："初，高祖入長安，罷隋竹使符，班銀菟符，其後改為銅魚符，以起軍旅、易守長，京都留守、折衝府、捉兵鎮守之所及左右金吾、宮苑總監、牧監皆給之。"（宋‧歐陽修、宋祁撰：《新唐書》卷二四，第 525 頁）

④ 《太上洞神三皇儀》，《道藏》第 18 冊，第 302 頁。

⑤ 《太上洞神三皇儀》，《道藏》第 18 冊，第 304 頁。

⑥ 《洞玄靈寶三洞奉道科戒營始》卷四，《道藏》第 24 冊，第 758 頁。

名"上皇"外，還託名"老君""西王母"等。如《抱朴子內篇·袪惑》："張陽字子淵，浹備玉闕，自不帶老君竹使符、左右契者，不得入也。"① 這裏出現的"竹使符"即以"老君"冠名，另有"西王母竹使符"者，如敦煌抄本 P. 2559《陶公傳授儀》（擬）"授受五岳圖法"條云："厶以厶年歲，從師厶甲，奉受《五岳真形圖文》、西王母竹使符信，永以佩身。蒙五岳君各遣五神②，千山百川皆有侍官，並營衛圖書，防扞佩圖之身。"③

前述"老子左契"說法，乃係源於先秦以來社會行政運作中的"合同"制度——"合符""合契""合檄"。④ 按照春秋、戰國以來的慣例做法：君王執掌兵符（虎符）的右符，將軍領兵在外持左符；債權人執左券（契），債務人執右券（契），以左為尊。⑤ 誠如老子《道德經》（第三十一章）所言："君子居則貴左，用兵則貴右。兵者，不祥之器，非君子之器。……吉事尚左，凶事尚右。偏將軍居左，上將軍居右，言以喪禮處

---

①　王明：《抱朴子內篇校釋》（增訂本）卷二十，第 349—350 頁。

②　王卡釋文作"蒙受五岳君各遣五神"。（王卡：《敦煌殘抄本陶公傳授儀校讀記》，《敦煌學輯刊》2002 年第 1 期，第 95 頁；張繼禹主編：《中華道藏》第 4 冊，第 523 頁）核對圖版可知，"受"字係誤增。

③　黃永武主編：《敦煌寶藏》第 122 冊，第 116 頁；張繼禹主編：《中華道藏》第 4 冊，第 523 頁。

④　[日] 籾山明：《刻齒簡牘初探——漢簡形態論》，胡平生譯，中國社會科學院簡帛研究中心編：《簡帛研究譯叢》第二輯，長沙：湖南人民出版社 1998 年版，第 147—177 頁（此文又見張海青譯本《刻齒簡牘初探——漢簡形態論引緒》，載張傳璽《契約史買地券研究》，北京：中華書局 2008 年版，第 317—346 頁）；胡平生、汪力工：《走馬樓吳簡"嘉禾吏民田家莂"合同符號研究》，中國文物研究所編：《出土文獻研究》第六輯，上海：上海古籍出版社 2004 年版，第 238—259 頁；鄔文玲：《"合檄"試探》，卜憲群、楊振紅主編：《簡帛研究二〇〇八》，桂林：廣西師範大學出版社 2010 年版，第 152—173 頁；鄔文玲：《漢簡中所見"合檄"試探》，載吳榮曾、汪桂海主編《簡牘與古代史研究》，北京：北京大學出版社 2011 年版，第 103—127 頁。

⑤　近年來，有學者提出：債權人執右券/契，債務人執左券/契，以右為尊。（詳見張覺《誰執"左券"》，《古籍整理研究學刊》2001 年第 5 期，第 42—43 頁；左秀靈：《談"左券"和"右券"》，《咬文嚼字》1997 年第 12 期，第 25—26 頁；宛嘯：《也談"左券"和"右券"》，《咬文嚼字》1997 年第 12 期，第 27—29 頁）不過，也有學者認為先秦時人左右尊卑觀念比較複雜，不能一概而論。（詳見張景賢《中國古代的尚左與尚右觀念》，《歷史教學》2000 年第 9 期，第 11—14 頁）

之。”第七十九章又云：“是以聖人執左契，而不責於人。”① 漢晉以降，世俗社會中的“符契”觀念進入道教，且被賦予了神秘化、神聖化色彩。約出東晉的古靈寶經《元始五老赤書玉篇真文天書經》（卷下）云：“當此日（守誠按：庚申日），能修齋奉戒，晝夜思神，則三尸不得上天言人之罪。地司奏人善功，列言帝君，太一歡喜，即記名左契，長為種民。”② 約出南北朝《太上正一呪鬼經》假託張道陵的口吻說道：“吾上太山謁見黃老君，教吾殺鬼語，我神才上呼玉女，收捕非殃，登天左契，佩帶印章”云云。③ 由此可見，“左契”就是昇入天界、成為種民的資格憑證。既然有“左契”，那就必然存在“右契”。早期天師道經典《正一法文天師教戒科經》則介紹了“左契”與“右契”的不同職能：“又奉道者身中有天曹吏兵，數犯瞋恚，其神不守，吏兵上詣天曹，白人罪過，過積罪成，左契除生，右契著死。”④ 概言之，“左契”著錄生人的名籍，“右契”著錄死人的名籍。這一說法，嗣後屢見載於宋代以降道書文獻中。

除了前述佩戴符契外，引文還談到守真一、存思“三部將軍”（上、中、下丹田）等內煉方術也可令“鬼不敢近人”。

其二，服食丸散法。這裏列出四種供人服食的丸劑、粉（散）劑：鶉子赤石丸、曾青夜光散、葱實烏眼丸、白石英衹母散。這些丸散製劑的主要成分可分為兩大類：一類是天然礦物質——赤石、曾青、白石英等，另一類則採自動物及植物——鶉子、夜光（螢火蟲）、烏眼（烏鴉眼）及葱實（大葱的種子）等。從中醫藥學分析，上述物品中部分具有治療眼疾及明目等功效，但對於服食後產生的“令人見鬼”現象，我們不妨用現代醫學經驗來解釋：過量食用上述礦物質將麻痺大腦中樞神經，導致出現幻覺等輕微中毒症狀，從而白日“見鬼”也就不難理解了。

---

① 馬王堆漢墓帛書《老子甲本·德經》（第92行）則云：“是以聖右介（契）而不以責於人。”（國家文物局古文獻研究室編：《馬王堆漢墓帛書〔壹〕》，北京：文物出版社1980年版，釋文第7頁）而《老子乙本·德經》（第217上行）則又云：“是以卲（聖）人執左芥（契）而不以責於人。”（國家文物局古文獻研究室編：《馬王堆漢墓帛書〔壹〕》，釋文第93頁）有關古代“書契”之詮釋，詳見朱謙之《老子校釋》，北京：中華書局2000年版，第305頁；張傳璽：《中國古代契買形式的源和流》，《文史》第十六輯，北京：中華書局1982年版，第21—34頁。（又載張傳璽《契約史買地券研究》，北京：中華書局2008年版，第39—60頁）

② 《元始五老赤書玉篇真文天書經》卷下，《道藏》第1冊，第796頁。

③ 《太上正一呪鬼經》，《道藏》第28冊，第367頁。

④ 《正一法文天師教戒科經》，《道藏》18冊，第233頁。

（二）入山秘符的功效

葛洪介紹了前述三種辟鬼方法後，又對入山辟害所佩之符籙予以深度解說。

其一，四十九真秘符。《登涉》篇云："有老君黃庭中胎四十九真秘符，入山林，以甲寅日丹書白素，夜置案中，向北斗祭之，以酒脯各少少，自說姓名，再拜受取，內衣領中，辟山川百鬼萬精虎狼蟲毒也。何必道士，亂世避難入山林，亦宜知此法也。"①《抱朴子內篇·遐覽》著錄的諸符中也有"四十九真符"。② 約漢晉時成書的《老子中經》卷下"第五十五神仙"條敘述了"制百邪百鬼及老精魅"的諸多法術，並且特意交待了文字出處——《八十一首玄圖六甲宮四十九真》。③ 其後，《金鎖流珠引》對"四十九真"做了詳細介紹，該書卷四《五等禮師引訣》"後聖君告諸初修為真者四十九真人"之句註曰："四十九真人，初學真人行，是：徐甲，施存，孔方外，揚真，李子期，李八百，劉根，張漸成，呂經間，周上和，王登，魏華存、樊真瑛二人是女真，李少君，李少綱，王子年，韓元信，張少真，石帆公，秦交，黃泰等四十九人，係代相承師道也。"④ 這段註文羅列了 21 位道門仙真人物，大部分有真實的歷史原型。但《登涉》篇所言"四十九真"是否就是上述歷史或傳說人物，則有待深究。

葛洪談到"四十九真秘符"的使用方法是：登涉山林之前，選擇甲寅日那天，將"四十九真秘符"用硃砂寫錄在白色絹帛上，待夜間供在桌案上，陳設少許酒、肉干等祭品，面向北斗祭拜，自報姓名，再次禮拜後領受秘符，將其置入衣領中，就可以辟除山川中的鬼怪、邪精及虎狼、蟲毒等危害。除了道士外，那些遭遇動亂而躲避山林的世俗中人也應掌握這種方法。

其二，入山符印。葛洪共計開列出了十八種"入山符"，並分為六個

---

① 王明：《抱朴子內篇校釋》（增訂本）卷十七，第 308 頁。

② 王明：《抱朴子內篇校釋》（增訂本）卷十九，第 335 頁。

③ （宋）張君房編：《雲笈七籤》卷十九，李永晟點校，第 454—455 頁。

④ 《道藏》第 20 冊，第 374 頁。又《金鎖流珠引》卷十七《六甲陰功上之上》云："前聖授三皇君及四十九真人"（《道藏》第 20 冊，第 436 頁），又卷二一《二十八宿旁通曆仰視命星明暗扶衰度厄法》云："太上老君告上品四十九真人"云云。（《道藏》第 20 冊，第 452 頁）

段落/層次予以論述。

　　(1) "老君入山符" 五道。《登涉》篇云:"(符見圖3-18) 上五符,皆老君入山符也。以丹書桃板上,大書其文字,令彌滿板上,以著門戶上,及四方、四隅,及所道側、要處,去所住處,五十步內,辟山精鬼魅。戶內梁柱,皆可施安。凡人居山林及暫入山,皆可用,即眾物不敢害也。三符以相連著一板上。"① 據引文所述,葛洪認為將五道 "老君入山符" 用硃砂書寫在桃木板上,大幅書寫、佈滿桃板,然後將這枚桃板懸掛在門戶上,或者東、南、西、北四個方位及四方角落中,或路邊及關隘處。這樣在距離居所五十步的區域內,均可辟除山精鬼魅。住宅內部的大樑和柱子上,也可以張貼、安放。世俗中人棲息山澤或短暫進入深山,也可施用此符而令邪鬼不敢侵害。此外,也可將上述五道 "老君入山符" 中的三道聯袂書寫在一塊桃木板上。

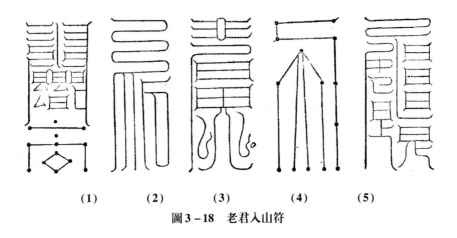

(1)　　　(2)　　　(3)　　　(4)　　　(5)

圖 3-18　老君入山符

資料來源:《抱朴子內篇校釋》(增訂本) 卷十七,第309頁。

　　(2) "老君入山符" 二道。《登涉》篇云:"(符見圖3-19) 此符亦是老君入山符,戶內梁柱皆可施。凡人居山林及暫入山,皆宜用之也。"② 這兩道 "老君入山符" 與前述五道入山符具有相同的功用,亦可張貼在宅內梁柱上。世俗中人登涉山林時也可以施用之。

----

① 王明:《抱朴子內篇校釋》(增訂本) 卷十七,第309頁。標點略有修訂。
② 王明:《抱朴子內篇校釋》(增訂本) 卷十七,第310頁。

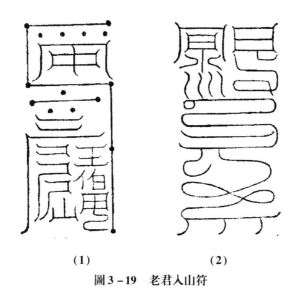

(1)　　　　　　　　(2)

圖 3 - 19　老君入山符

資料來源：《抱朴子內篇校釋》（增訂本）卷十七，第 310 頁。

（3）入山辟虎狼符。《登涉》篇云："（符見圖 3 - 20）此是仙人陳安世所授入山辟虎狼符，以丹書絹二符，各異之。常帶著所住之處，各四枚。移涉當拔收之以去，大神秘也。開山符以千歲虆名山之門，開寶書古文金玉，皆見秘之。右一法如此，大同小異。"① 據引文所言，這兩道"入山辟虎狼符"是仙人陳安世所授，分別用硃砂書寫在不同絹帛上，或佩戴或張貼居所處，各自四枚。因為這兩道符很珍貴、神秘，故遷移、離開時應該將它們一並收拾、捲拔而去。所謂"仙人陳安世"者，《抱朴子內篇·勤求》略有談及，如云："陳安世者，年十三歲，蓋灌叔本之客子耳，先得仙道。叔本年七十皓首，朝夕拜安世曰：'道尊德貴，先得道者則為師矣，吾不敢倦執弟子之禮也。' 由是安世告之要方，遂復仙去矣。"② 此外，《神仙傳》卷三"陳安世"條則對其仙跡有詳細介紹。③ 此外，《真誥》卷十《協昌期》收錄"陳安世口訣"。④ 不過，上述記載中

① 王明：《抱朴子內篇校釋》（增訂本）卷十七，第 310 頁。
② 王明：《抱朴子內篇校釋》（增訂本）卷十四，第 255 頁。標點略有修訂。
③ （晉）葛洪撰：《神仙傳校釋》卷三，胡守為校釋，第 76—77 頁。
④ （南朝梁）陶弘景編纂：《真誥》卷十，《道藏》第 20 冊，第 553 頁。

所見的陳安世均以服食、養生見長，並未涉符籙之事。① 顯然，這裏所言陳安世所授入山符當係託名而成。

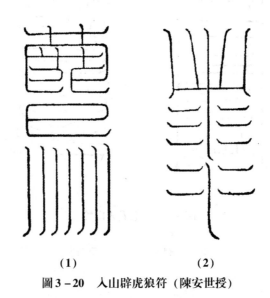

（1）　　　　　　　（2）

圖 3 – 20　入山辟虎狼符（陳安世授）

資料來源：《抱朴子內篇校釋》（增訂本）卷十七，第 310 頁。

（4）辟百鬼及蛇蝮虎狼神印。《登涉》篇云："（符見圖 3 – 21）此符是老君所戴，百鬼及蛇蝮虎狼神印也。以棗心木方二寸刻之，再拜而帶之，甚有神效。仙人陳安世符矣。"② 據引文所言，這道符印也是由陳安世所傳，乃係用二寸見方的棗木心雕刻而成，拜受後隨身佩戴有神奇功效。值得注意的是，《黃帝九鼎神丹經訣》卷五"明符致神驗"條也收錄一道陳安世所傳的登山符（詳見圖 3 – 22），並附文云："此登山符，仙人陳安世入山，甲寅日書白素上，夜向北斗祭以酒脯，自說姓名，以著衣領中，辟邪精、百鬼、老物、虎狼、毒蟲。帶之，置案上，面向北斗。"③ 雖然，從符的形制而言，這道登山符與《登涉》篇收錄的陳安世所傳數

① 《無上秘要》卷二三《真靈治所品》、《三洞珠囊》卷七《二十四治品》等均談到陳安世在瀘口治（平元山）學道得仙。（《道藏》第 25 冊，第 65 頁；《道藏》第 25 冊，第 333—334 頁）

② 王明：《抱朴子內篇校釋》（增訂本）卷十七，第 311 頁。

③ 《黃帝九鼎神丹經訣》卷五，《道藏》第 18 冊，第 808 頁。

道符（印）均不相同，但其功用則均係施用於登山時的護身、保平安。

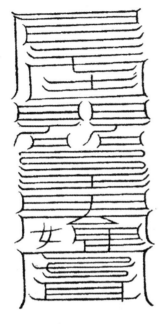

圖3－21　辟百鬼及蛇蝮虎狼神印
　　　　　（陳安世所傳）

資料來源：《抱朴子內篇校釋》（增訂本）
卷十七，第311頁。

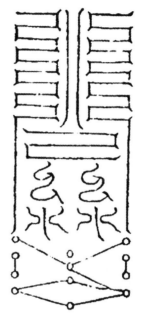

圖3－22　登山符（陳安世所傳）

資料來源：《黃帝九鼎神丹經訣》卷五，
《道藏》第18冊，第808頁。

　　（5）入山佩帶符。《登涉》篇云："（符見圖3－23）此三符，兼同著
牛馬屋左右前後及豬欄上，辟虎狼也。"① 這三道符的獨特之處在於不僅
可供登山者隨身佩戴之用，而且張貼懸掛在牛、馬、豬等牲畜的圈舍、棚
欄上，也可以起到辟除虎狼的功效。

　　（6）"老君入山符"五道。除了前述十三道符印外，《登涉》篇末還
另外列有五道"老君入山符"，並云："（符見圖3－24）此符是老君入山
符，下說如文。又可戶內梁柱皆施之。凡人居山林及暫入，皆可用之。"②

---

① 王明：《抱朴子內篇校釋》（增訂本）卷十七，第312頁。
② 王明：《抱朴子內篇校釋》（增訂本）卷十七，第314頁。

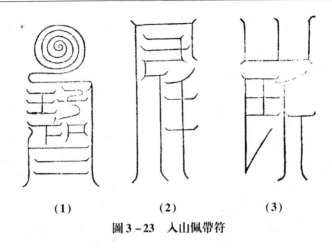

(1) (2) (3)

圖 3－23 入山佩帶符

資料來源：《抱朴子內篇校釋》（增訂本）卷十七，第 311 頁。

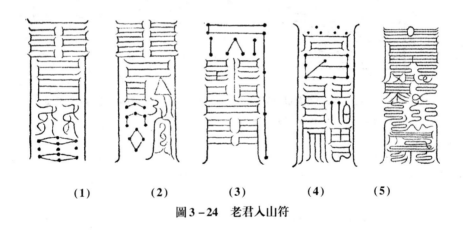

(1) (2) (3) (4) (5)

圖 3－24 老君入山符

資料來源：《抱朴子內篇校釋》（增訂本）卷十七，第 314 頁。

據引文可知，這五道“老君入山符”與前述七道“老君入山符”具有相同的功用，均可張貼施掛於宅內樑柱上，也可供世俗中人棲居深山或暫入山林時使用。

九　辟虎狼之術

修道求仙者多涉足山澤，而深山老林中常有虎狼出沒，那麼如何避免遭受此類猛獸之傷害呢？這是葛洪在《登涉》篇中提出的另一個嚴肅話題——"為道者多在山林，山林多虎狼之害也，何以辟之？"① 由此而引出辟除虎狼之害的諸種方術和措施。

（一）符印法

（1）黃神越章。《登涉》篇云："古之人入山者，皆佩黃神越章之印，其廣四寸，其字一百二十，以封泥著所住之四方各百步，則虎狼不敢近其內也。行見新虎跡，以印順印之，虎即去；以印逆印之，虎即還；帶此印以行山林，亦不畏虎狼也。不但只辟虎狼，若有山川社廟血食惡神能作福禍者，以印封泥，斷其道路，則不復能神矣。"②

"黃神越章"是漢代方士常見的斬妖驅邪的法器，故而此稱謂屢見於漢代墓葬鎮墓文中。③ 如1972年陝西省戶縣出土的東漢順帝陽嘉二年（133年）曹氏鎮墓文云："神藥厭填（鎮），封黃神越章之印。"④ 今藏日本的東漢張氏朱書鎮墓文云："天帝使者黃神越章，為天解仇，為地除央。主為張氏家鎮利害宅，襄四方諸凶央。"⑤ 值得注意的是，《登涉》篇中描述"黃神越章之印"時說：該印章長約四寸（東晉1寸等於2.45釐米，四寸即為9.8釐米），上面刻有一百二十個符字。這種大型印章的出現和使用，反映出魏晉道教符印之雕刻及製作工藝已達到較高水平。

葛洪認為攜帶"黃神越章之印"跋涉山林時可免除虎狼之患，並可令猛虎聽命於己——執印以順、逆蓋虎跡，可召之即來、揮之即去。而且，"黃神越章之印"不僅對虎狼等猛獸有效，對那些血食邪神也有威

---

① 王明：《抱朴子內篇校釋》（增訂本）卷十七，第313頁。

② 王明：《抱朴子內篇校釋》（增訂本）卷十七，第313頁。

③ 有關"黃神越章"之討論，詳見劉昭瑞《論"黃神越章"——兼談黃巾口號的意義及相關問題》，《歷史研究》1996年第1期，第125—132頁（此文略作調整和增補後，以《"黃神越章"與"蒼天已死，黃天當立"》為節名，收入氏著《考古發現與早期道教研究》第五章《早期道教用印研究》，第146—157頁）；王育成編著：《道教法印令牌探奧》，北京：宗教文化出版社2000年版。

④ 禚振西：《陝西戶縣的兩座漢墓》，《考古與文物》1980年第1期（創刊號），第47頁。筆者據摹版重釋個別文字。

⑤ ［日］下中彌三郎編：《書道全集》第三卷（漢晉代木簡·真跡·瓦當·磚·印璽·封泥），東京：平凡社1931年版，圖版頁12、解說頁15頁。標點為筆者添加。

懾力，可以封泥斷其"道路"、令不再作祟。為了強化"黃神越章"
的威力，葛洪附錄了一則吳地道士戴昞以黃神越章封泥誅殺龜精的
故事。[①]

　　（2）符及其他。《登涉》篇云："或用七星虎步，及玉神符、八威五
勝符、李耳太平符、中黃華蓋印文、及石流黃散，燒牛羊角，或立西岳公
禁山符，皆有驗也。"[②]引文中"七星虎步"未知其詳，據筆者推測應屬
於禹步之類。至於"玉神符""八威五勝符""李耳太平符""中黃華蓋
印文""西岳公禁山符"，則是可以劾制猛虎的五種符印。前述"西岳公
禁山符"，或許就是《周氏冥通記》（卷一）中提到的"西嶽公禁虎豹
符"之類。[③]西嶽公亦稱黃盧子，在《洞玄靈寶真靈位業圖》中位居
"第五中位"之右位"散位"（即未受其職的神祇），並云："黃盧子：西
嶽公，姓葛，禁氣召龍。"[④]文中"石流黃散"則是以硫磺為主要配料的
散劑，藉此達到驅逐猛獸之目的。而"燒牛羊角"前文已有論述，茲省
略不談。

（二）氣禁法

　　《登涉》篇云："山中卒逢虎，便作三五禁，虎亦即却去。三五禁法，
當須口傳，筆不能委曲矣。"[⑤]這段引文是說：若在山澤中倉促遭遇到老
虎，立即施展三五禁呪術，可令老虎退走。至於"三五禁法"秘訣，葛
洪認為只能口傳心授，不能書寫公佈出來。查閱《正統道藏》，我們暫未

---

　　① 王明：《抱朴子內篇校釋》（增訂本）卷十七，第313頁。

　　② 王明：《抱朴子內篇校釋》（增訂本）卷十七，第313頁。

　　③ 梁武帝天監七年（508年），年僅十二歲的周子良在永嘉郡永寧縣青嶂山天師治堂初遇
陶弘景，遂拜其為師，"始受《仙靈錄》《老子五千文》《西嶽公禁虎豹符》，便專心於香燈之
務。"（《道藏》第5冊，第518頁）

　　④ （南朝梁）陶弘景編纂：《洞玄靈寶真靈位業圖》，《道藏》第3冊，第278頁。有關黃
盧子西嶽公的事跡，《西嶽華山誌》"黃神谷"條有詳細介紹："黃神谷者。嶽之東，乃是真人黃
盧子隱居之所也。黃盧子者，楚人也，姓葛名越，但居此山，號曰西嶽公。其治病有千里而來者
眾矣，或寄與姓名，病無不愈。若禁虎狼不敢動，飛禽不敢飛去。受衛於赤松子，年過八十，力
舉千斤，行及奔馬。時大旱，召出潭中龍，催促使昇天，降大雨。一朝乘黃龍而去矣。"（金·
王處一編：《西嶽華山誌》，《道藏》第5冊，第748頁）

　　⑤ 王明：《抱朴子內篇校釋》（增訂本）卷十七，第313頁。

發現"三五禁法"的詳細資料,① 僅晚唐杜光庭撰《錄異記》(卷二)談及唐代天師申元之擅長"三五禁呪","至今邵州猶多能此術者".② 除了"三五禁法"外,葛洪又談到一種"大禁"法,如謂:"或用大禁,吞三百六十氣,左取右以叱虎,虎亦不敢起.以此法入山,亦不畏虎."③ 這種"大禁"法的操作步驟是:先吞咽三百六十口氣,然後從左邊取氣、向右喝叱猛虎,老虎就不敢起身了.若身懷此種法術入山,也不必擔心猛虎的侵害.

前述"三五禁"法、"大禁"法均屬於純粹的氣禁術,葛洪還介紹了另外兩種劾制猛虎的法術則是將氣禁術與存思術加以巧妙結合.如《登涉》篇云:"一法,直思吾身為朱鳥,令長三丈,而立來虎頭上,因即閉氣,虎即去."④ 又云:"若暮宿山中者,密取頭上釵,閉炁以刺白虎上,則亦無所畏."⑤

(三) 暮宿山中避虎狼之禁方

《登涉》篇云:"若暮宿山中者……以左手持刀閉炁,畫地作方,祝曰:'恒山之陰,太山之陽.盜賊不起,虎狼不行.城郭不完,閉以金關.'因以刀橫旬日中白虎上,亦無所畏也."⑥ 這段引文是說:登山者倘若不得已夜宿山林時,乃屏住氣息,以左手持配刀在地上畫出一個方框狀,並祝念咒語云云,最後將刀橫放在十日內的白虎方位上.如此就可禁避虎狼、盜賊的傷害,確保平安無虞.

這一方術有著古老的歷史淵源,馬王堆漢墓帛書《養生方》"走"條(第189~190行)云:"【一曰】:行宿,自謕(呼):'大山之陽,天

---

① 劉昭瑞對先秦及漢晉典籍中所見"三五"一語的含義略作梳理,可參閱.(劉昭瑞:《"東治三師"、"三五將軍"、"大一三府"、"南帝三郎"考——談鎮江江東晉墓所出道教印》,《考古》1995年第5期,第445—450頁轉第402頁.此文又以《鎮江出土東晉道教印考釋》為節名,載氏著《考古發現與早期道教研究》第五章《早期道教印研究》,第158—167頁)

② (唐)杜光庭:《錄異記》卷二,《道藏》第10冊,第863頁.此外,《太上元始天尊說北帝伏魔神呪妙經》卷二《七元秘訣品》出現了"三五禁氣大將軍"神祇名稱.(《道藏》第34冊,第400頁)

③ 王明:《抱朴子內篇校釋》(增訂本)卷十七,第313頁.

④ 王明:《抱朴子內篇校釋》(增訂本)卷十七,第313頁.

⑤ 王明:《抱朴子內篇校釋》(增訂本)卷十七,第313頁.

⑥ 王明:《抱朴子內篇校釋》(增訂本)卷十七,第313頁.標點略有修訂.

□□□，□□先□，城郭不完，□以金關。’即禹步三，曰以產荊長二寸
周書〈畫〉中。”① 有關“走”條的含義，整理小組認為是“旅行時增加
足力的藥方”。② 綜觀數條“走”方文字，其內容涉及出行過程中的諸多
方面，如增強體力的藥物配方、“走疾欲善先”等，而本條則是介紹出行
過程中野外露宿時的護身、自衛之方術。所以說，“走方”雖然與行走有
關，但其核心宗旨並不單純地局限於強化腳力、疾行善趨，而是古人出行
時用以護佑旅途平安的一種方術。這段文字敘述了人在旅途、露天夜宿時
的自我防衛禁術：念誦一番祝文，足踏禹步，再以長約二寸的生荊③畫地
作一圓圈狀——人居其中、可獲平安。而“自諱（呼）”的祝文，雖然有
所缺損，但與前引《登涉》祝文比對，不難發現二者的驚人相似性。無
獨有偶，居延新出漢簡（E. P. T59：137）亦云：“·畫地三周宿其中寇
□”。④ 這條木簡殘損嚴重，但從存留下來的隻言片語，我們仍可大致推
測其所要表達的意圖：畫地三週（圈），旅者夜宿其中，可以防禦賊寇
的侵犯。顯然，這與前引馬王堆帛書《養生方》“走”條是一脈相承
的。此外，前述漢晉方士唐公房、王遙均擅長畫地作獄、斬殺邪魅，這
種“畫地為獄（牢）”觀念與前述馬王堆帛書《養生方》、居延新出漢
簡等所言畫地“金關”、人置身其中而獲平安的禁術密切相關，二者的
差別僅在於：前者是防止內中的人或物逃逸，後者是防止外面的人或物
侵入。有鑑於此，我們完全有理由相信：前引《登涉》篇談到的暮宿
山中避虎狼之禁方，有著悠久的方術及歷史傳統，其源頭至少可以追溯
到漢代。

　　必須指出的是，這一方術對後世道教及兵家產生了深遠的影響，並
屢見載於唐宋以降文獻中，乃至成為行旅遠足、行軍作戰時躲避危險的
重要護身術。尤為難得的是，施術時所念誦的咒語（祝文）雖然在歲

---

① 馬王堆漢墓帛書整理小組編：《馬王堆漢墓帛書［肆］》，圖版第 66 頁，釋文第 116 頁。

② 馬王堆漢墓帛書整理小組編：《馬王堆漢墓帛書［肆］》，第 115 頁注釋。這種說法顯然
是依據“走”字的字面含義而做此解釋。《說文解字·走部》訓曰：“走，趨也。”（東漢·許慎
撰，清·段玉裁注：《說文解字注》二篇上《走部》，第 63 頁）《釋名·釋姿容》云：“徐行曰
‘步’”，“疾行曰‘趨’”，“疾趨曰‘走’”（任昉纂：《釋名匯校》卷三，第 123 頁）。

③ 《太上六壬明鑑符陰經》卷四“玉女反閉局”條亦云：“……左手把六箓子，各長一尺
二寸，以杜荊為之。”（《道藏》第 18 冊，第 639 頁）

④ 甘肅省文物考古研究所、甘肅省博物館、文化部古文獻研究室、中國社會科學院歷史研
究所編：《居延新簡：甲渠候官與第四燧》，第 368 頁。

月變遷中不斷增衍，卻始終保持了核心概念和本質特徵。譬如，約撰於唐末五代的《黃帝太一八門入式秘訣》①"六戊印"條云："凡六戊安營以刀畫，從本旬戊上起左行，劃一周匝四圓地界了，於中央立禹步而呪曰：'太山之陽，恒山之陰。盜賊不起，虎狼不侵。天帝奉我，使我潛形，城郭堅固，如同金關。千凶萬惡，莫敢來干。急急如律令。'念呪了，地上向直旬戊方取土一斗，均六堆，布六戊之方，念呪，逐堆以刀劃下符，入土封穴一斗二升土，均勿語。如欲試之，取母牛一頭於中，犢放門外，終不敢入。"②約南宋時成書的《玄精碧匣靈寶聚玄經》③卷中"擒神捉鬼部"條云："……大將持刀，立於天門。本旬戊上，取土六斗。俵於六戊，按刀呪云：'泰山之陽，恒山之陰。盜賊不起，狼虎不行。城郭堅固，如同金關。千凶萬惡，莫之敢干。急如律令。'"④我們將前述四段祝文按照年代順序加以排列（詳見表3-7），可以清晰地發現：從西漢到東晉、次到唐末五代、再到南宋，在千年的歷史長河中，這段祝文（呪語）中的關鍵詞彙及措辭用法始終保持不變，藉此見證了這一古老方術的旺盛生命力以及古代術士、道士對於傳統的恪守和繼承。

表3-7　　　　　　　　　　四種文獻中所載祝文之異同

序號	文獻名稱	時代	祝文內容
1	馬王堆漢墓帛書《養生方》"走"條	西漢	大山之陽，天□□□，□□先□，城郭不完，□以金關。
2	《抱朴子內篇·登涉》	東晉	恒山之陰，太山之陽。盜賊不起，虎狼不行。城郭不完，閉以金關。

① 蕭登福認為《黃帝太一八門入式秘訣》約撰成於唐末五代。（蕭登福：《正統道藏總目提要》，臺北：文津出版社2011年版，第574—575頁）

② 《黃帝太一八門入式秘訣》，《道藏》第10冊，第780頁。

③ 有關《玄精碧匣靈寶聚玄經》的成書時代，任繼愈主編《道藏提要》認為："是經蓋出宋仁宗之後。"［任繼愈主編：《道藏提要》（修訂本），第734頁］蕭登福撰《正統道藏總目提要》則認為："撰作年代疑在南宋。"（蕭登福：《正統道藏總目提要》，第944頁）

④ 《玄精碧匣靈寶聚玄經》卷中，《道藏》第19冊，第911頁。

续表

序號	文獻名稱	時代	祝文内容
3	《黃帝太一八門入式秘訣》"六戊印"條	約唐末五代	太山之陽，恒山之陰。盜賊不起，虎狼不侵。天帝奉我，使我潛形，城郭堅固，如同金關。千凶萬惡，莫敢來干。急急如律令。
4	《玄精碧匣靈寶聚玄經》卷中"擒神捉鬼部"條	約南宋	泰山之陽，恒山之陰。盜賊不起，狼虎不行。城郭堅固，如同金關。千凶萬惡，莫之敢干。急如律令。

十　結論

　　東晉道士葛洪所撰《抱朴子內篇》是魏晉時期江南神仙道教的重要經典。前面，我們以《登涉》篇為例，分析和論述了漢晉時人的入山方術，分門別類地列舉了道門中人登涉山林川澤時的諸多禁忌觀念及自我防禦性措施。透過這篇道門文獻，我們可以清晰地看到方術與道術融合的情況：早期道教在江南傳播時不可避免地進行了"在地化"調整，即援入當地土生土長的方士集團的技巧、原理及觀念傳統，由此導致了教門內外出現兩種傾向——道士的方術化、方士的道術化，進而推動了道術與方術這兩種原本界限就不甚明顯的派別（集團）傳統，在江南地區又再次經歷了激烈的碰撞和磨合，在衝突與協作中各取所需、取長補短，藉此奠定了後世靈寶道派法術的基本格調。

　　就《抱朴子內篇》所述內容而言，葛氏道教較少受到五斗米道（又稱天師道，漢晉時盛行於巴蜀地區）及太平道（漢末流行於北方地區）的滲透和影響，反而與江南方士傳統有千絲萬縷之聯繫。有鑑於此，某些道教研究者（尤其是歐美學者）或將葛氏道徑直稱作"方士道教"。從前述《登涉》篇所見的入山方術情況來看，這些方術大多屬於被動防禦性的，其中絕大部分雖然經過道教化改造、被賦予了宗教神學的外衣，但其操作程序及行事理念都還完好地保留了方士集團的傳統印記。對此種現象，我們在研究早期道教史時應引起足夠的重視。葛洪創立的神仙道教，儘管以走上層路線、迎合官僚貴族為宗旨，試圖擺脫原始道教的巫術色彩，不斷提高思辨水平，卻難以徹底擺脫江南方術化的套路。推究其因，不外乎有兩點：其一，漢晉之季道教處在發展階段，尚未建立起一套成熟的神學理論體系及道門法術系統，自身的理論匱乏促使一些高道不得不從教外的方術、巫術及民俗中尋求可資借鑑的文化資源及實踐手法，當然也包括吸納由原始的自然崇拜、圖騰崇拜、祖先崇拜和靈魂崇拜發展而來的民間神祇信仰；其二，漢晉時期江南各地活躍著力量強大的方士團體，這些行走江湖的方士、術士以其獨特的生存方式紮根於社會中下層、發揮著重要的影響力。他們擁有極為廣泛的信仰基礎，全面地介入民眾日常生活中的諸多領域（如居宅、婚嫁、出行、驅邪、醫療、喪葬等），方術傳統及觀念在當地土著居民中可謂是根深蒂固。尚處於幼年時期的道教隨著西晉以來漢人的數次南渡遷徙而傳播到江南，在陌生的地域環境、風土人情和人文背景中，道士們所面臨的首要問題就是如何打開市場、吸引信眾，如何詮釋教理並為信眾所接受。作為外來者的道士們及外來文化的道教，只有逐步克服和消解本土信仰的慣習力，才能與當地固有的方士集團搶奪資源、信徒和發展空間。鑑於上述現實狀況，東晉初江南道士最為明智的辦法恐怕只能是改造和利用舊有的方士集團的話語系統來闡釋"先進"的、"外來"的神仙理論。而《登涉》篇所折射出的情況，正是江南道教在這一歷史階段下的真實寫照。

第 四 章

道教"四縱五横"觀念考源

——從放馬灘秦簡《日書》"直五横"談起

進入正文之前，我們先進行簡短的學術回顧。最先觸及這一議題的是饒宗頤，他從睡虎地秦簡《日書》（甲種、乙種）中"禹步""禹符"等文字，敏銳地意識到其或與後世道教有關，並援引道經（如《太上六壬明鑑符陰經》）對"五畫地"等做出詮釋，可惜他提出的部分觀點由於缺乏史料支持和縝密論證，難免有臆測之嫌，但他正確地指明了方向，即揭示了秦簡《日書》與後世道教似有淵源關係。[1] 而這一推測被日本學者工藤元男所落實，工藤氏就"禹步"及"四縱五横"等問題撰文予以專門討論，然他雖有先見之功、拓荒之績，但對中國道教的歷史及經典不熟悉，全文通篇所引僅見兩部道經（《太上六壬明鑑符陰經》《北斗治法武威經》），且係轉引自他人論述（酒井忠夫、饒宗頤），故其論述未能觸及道教法術及理論的深層。[2] 事實上，這兩部道書並非此領域中最重要史料，甚至談不上具有代表性和典型性，而明代《正統道藏》中涉及此議題之道經材料可謂不少且多具深意，亟待加以甄別、發掘和闡釋。此後，劉樂賢、胡文輝、劉昭瑞等人論著中對此問題多一筆帶過、甚少深入，大

---

[1] 饒宗頤：《禹符、禹步、禹須臾》，載饒宗頤、曾憲通《雲夢秦簡日書研究》，香港：中文大學出版社 1982 年版，第 20—22 頁。

[2] ［日］工藤元男：《睡虎地秦簡所見秦代國家與社會》第六章《先秦社會的行神信仰和禹》、第七章《〈日書〉所見道教風俗》，［日］廣瀬薰雄、曹峰譯，上海古籍出版社 2010 年版，第 188—258 頁。

抵停留在饒氏論斷之淺顯層面。① 近年，余欣援引宋、金及明代的方術文獻對敦煌卷子（P. 2661、S. 2729V）中"五縱六橫"（"縱五橫六"）說法予以梳理，並指出"禹為除道"係"道教色彩的出征儀"，文中綜合前賢之處頗多，而獨立發明之觀點則臆測成分較大。② 美國學者夏德安最近提出放馬灘秦簡《日書》"禹有直五橫"與大禹治水神話有關係，可惜未展開深入分析和論證，行文太過單薄。③ 概言之，上述學者均長於考古學及出土簡帛研究，其大作雖新意迭出，但就道教文獻及意涵而言，則有隔靴搔癢之感，恐未能切中道教禮儀之核心本質，也未能揭示出"四縱五橫"在道教法術中的演變及發展，及其對這一方術化觀念的繼承和改造。加之，放馬灘秦簡《日書》圖版及釋文今已全部公佈，證實了幾位先生在釋文及句讀上的推理（校改）上存在一些失誤，且均有不同程度的任意發揮成分。鑑於上述情況，筆者不揣淺陋，願對此問題重加梳理和考證，並側重於道教文獻之角度，著重分析唐宋以降道教"四縱五橫"觀念的演變過程及其與秦漢出土文獻中"直五橫"（"五畫地"）說的區別與聯繫。

一　放馬灘秦簡《日書》"行不得擇日"篇釋讀

20 世紀 80 年代，甘肅省天水市放馬灘地區發掘了十四座秦漢墓葬

---

① 劉樂賢：《睡虎地秦簡日書研究》第二章《睡虎地秦簡〈日書〉的注釋與疏證》"《日書》甲種的注釋與疏證·五十二、出邦門篇""《日書》乙種的注釋與疏證·二十一、出邦門篇"，第 288—290 頁、第 354—355 頁；胡文輝：《馬王堆〈太一出行圖〉與秦簡〈日書·出邦門〉》，載氏著《中國早期方術與文獻叢考》，第 145—158 頁；劉樂賢：《放馬灘秦簡〈日書〉甲種初探》，載氏著《簡帛數術文獻探論》第二章《出土五行類文獻研究（上）——秦簡〈日書〉叢考》，第 53—69 頁；劉昭瑞：《論"禹步"的起源及禹與巫、道的關係》，載中山大學人類學系編《梁釗韜與人類學》，第 264—279 頁（此文又以《禹步的起源及禹與巫、道的關係》為節名收入氏著《考古發現與早期道教研究》第七章《道教科儀起源及流變研究》，第 223—234 頁）。

② 余欣：《神道人心——唐宋之際敦煌民生宗教社會史研究》第三編《遊必有方：敦煌文獻所見中古時代之出行信仰》，第 255—356 頁。

③ ［美］夏德安：《放馬灘日書甲乙種"禹有直五橫"與禹治水神話試探》，載《中國簡帛學國際論壇 2012：秦簡牘研究論文集》，舉辦單位：武漢大學簡帛研究中心、北京大學出土文獻研究所，地點：武漢大學琅珈山賓館，日期：2012 年 11 月 17～19 日，第 262—280 頁。夏氏論文刊發於拙稿完成後，拙文修訂時予以增補。

（秦墓十三座、西漢墓一座），其中一號秦墓（M1）出土竹簡461枚，內容涉及《日書》（甲種、乙種）及《志怪故事》，引起學術界的廣泛關注。① 本文所討論的是這兩種《日書》中涉及出行禁忌的一段論述。

甲種《日書》第66~67號簡下欄曰："┃禹須臾·行不得擇日：出邑門，禹步三，鄉北斗，質、畫地，視之曰：'禹有直五橫，今利行，=毋咎，為禹前除得②。'"③

乙種《日書》第165號簡曰："禹須臾·行不得擇日：出邑門，禹步三，鄉北斗，質、畫地，視之曰：'禹有直五橫，今利行，=毋咎，為禹前除道。'"④

下面，我們逐一對簡文中出現的名辭術語及其含義加以詮釋和解讀。

1. 禹須臾

"須臾"二字乃係古代熟語，翻閱先秦至明清的歷代典籍文獻，我們可以看到其含義在兩千多年裏並無太大變化，均用以指稱片刻、頃刻間等較短時間段。不過，"須臾"有時也作為選擇方術的特定術語而使用，如《後漢書·方術傳》載："其流又有……挺專、須臾、孤虛之術。"⑤ 唐人李賢注曰："須臾，陰陽吉凶立成之法也。今書《七志》有武王《須臾》

---

① 這座秦墓中出土竹簡的內容分為甲種《日書》（計73枚）、乙種《日書》（381枚）、《志怪故事》（7枚）三種。據發掘報告稱："放馬灘秦墓的時代早至戰國中期，晚至秦始皇統一前。其中一號墓的下葬時代約在公元前二三九年以後。"（《天水放馬灘墓葬發掘報告》，載甘肅省文物考古研究所編《天水放馬灘秦簡》，第128頁）又說："甲種《日書》的字體有戰國古文之風，而乙種《日書》和《志怪故事》的字體多有秦隸之意。……兩種《日書》的形成先於墓葬本身，早已有之，或許在戰國早期就已很流行。甲種是一種較早的本子；而乙種是墓主人抄於甲種後形成的一種抄本，其時代當在墓主生前時期，即公元前二三九年以前。由於愛好此術、死後隨之入葬。"（甘肅省文物考古研究所編：《天水放馬灘秦簡》，第129頁）

② 此處簡文，秦簡整理小組《天水放馬灘秦簡甲種〈日書〉釋文》（載甘肅省文物考古研究所編《秦漢簡牘論文集》）及甘肅文物考古研究所《天水放馬灘秦簡》均釋作"得"字。最近，孫占宇利用放馬灘秦簡紅外線數碼照片，將其釋為"道"。（孫占宇：《放馬灘秦簡甲種日書校注》，中國文化遺產研究院：出土文獻研究》第十輯，第132頁）或可備一說。

③ 甘肅省文物考古研究所編：《天水放馬灘秦簡》，圖版第7頁，釋文第86頁。另需指出的是，本文所引放馬灘簡文句讀均係筆者添加，若有不妥之處由筆者承擔。

④ 甘肅省文物考古研究所編：《天水放馬灘秦簡》，圖版第25頁，釋文第95頁。

⑤ （南朝宋）范曄撰：《後漢書》卷八二上，（唐）李賢等注，第2703頁注釋。

一卷。"① 簡言之，這裏所謂"須臾"就是能夠快速查找出陰陽、吉凶之對應結果的一種數術。② 而"禹須臾"作為出行擇日禁忌的一種快捷形式，多見載於秦漢出土資料中。為何稱為"禹須臾"呢? 這或許與戰國、秦漢時"大禹"作為"行神"而被世人所奉祀有關。③ 事實上，目前已知的秦漢出土簡牘《禹須臾》篇中内容均與出行有關。換言之，"禹"代表外出遠行，而"禹須臾"就是涉及出行擇日（時）、擇向及趨吉避害的一種快捷查找方式，具有簡便易行、操作快捷等特點，故以"須臾"冠名。

"禹須臾"用語在睡虎地秦簡中計有 2 次（均出現於《日書甲種》），放馬灘秦簡中出現 4 次（甲種《日書》計 3 次，乙種《日書》計 1 次），孔家坡漢簡中殘存見有 1 次。根據上述情況看，筆者認為"禹須臾"應為一種大的總目冠名（或作限定修飾語而使用），其下還應包括"行日"

---

① （南朝宋）范曄撰：《後漢書》卷八二上，（唐）李賢等注，第 2704 頁注釋。

② 劉樂賢認為："從睡虎地《日書》及放馬灘《日書》看來，'禹須臾'這種以大禹名字命名的須臾術似乎可以理解為一種讓人能夠快速判斷行事吉凶的方法。……所謂須臾、立成就是快速、方便的意思。須臾、立成採用的方式多半是列表格，以便於閱讀。"（劉樂賢：《睡虎地秦簡日書研究》，第 165 頁）又云："從出土文獻看，'須臾'似是指表格一類易於快速查閱占測結果的數術方法，在傳世數術文獻中又稱為'立成'。"［劉樂賢：《放馬灘秦簡〈日書〉甲種初探》，載氏著《簡帛數術文獻探論》第二章《出土五行類文獻研究（上）——秦簡〈日書〉叢考》，第 61 頁］筆者雖然同意劉氏所言"快速、方便"之含義，但認為若將其歸入"列表格一類"則推之過甚。從放馬灘秦簡《行不得擇日》篇可知，此時"禹須臾"根本就無列表格之必要和可能。有鑑於此，我們認為"禹須臾"其實就是關於出行擇日（吉）的快捷方式，其形式或有列表格以供快速查閱者，也可能就是舉行一些簡單的儀式或動作而已。

③ 工藤元男認為：夏禹是先秦時期的行神，漢代以降則被脩、累祖所取代而湮沒不顯。（詳見［日］工藤元男《睡虎地秦簡所見秦代國家與社會》第六章《先秦社會的行神信仰和禹》，［日］廣瀨薰雄、曹峰譯，第 188—237 頁）蒲慕州也持此看法："可見禹做為民間信仰中的'行神'，'禹步'具有法術性的作用，這種與旅行有關的信仰和巫術在春秋戰國時代可能已經相當流行。"［蒲慕州：《睡虎地秦簡〈日書〉的世界》，《"中央"研究院歷史語言研究所集刊》第 62 本、第 4 分（1993 年 4 月），第 645 頁］劉增貴對此持反對意見，認為：睡虎地秦簡《日書》中的行神是"常行""大常行"。［詳見劉增貴《秦簡〈日書〉中的出行禮俗與信仰》，《"中央"研究院歷史語言研究所集刊》第 72 本、第 3 分（2001 年 9 月），第 503—541 頁］

"所以見人日""行壴""行不得擇日"等子目分類篇題。① 此外，放馬灘
秦簡發掘報告中指出甲種《日書》第 73 號簡和 42 號簡、66 號簡、67 號
簡下欄均屬《禹須臾》篇。② 筆者認為第 73 號簡恐非《禹須臾》篇中內
容，而從第 42~72 號簡（共計 31 條簡）則均屬《禹須臾》篇③，其中第
42~72 號簡上欄文字為《禹須臾・行日》內容；第 42~53 號簡下欄文字
為《禹須臾・所以見人日》內容；第 66~67 號簡下欄文字屬《禹須臾・
行不得擇日》內容。④ 此外，乙種《日書》第 25~54 號簡上欄雖無原題，
但其內容與甲種《日書》第 43~72 號簡上欄基本相同，故應擬名《禹須
臾・行日》篇（發掘報告中稱此內容為《方位吉時》篇⑤）；同樣，乙種
《日書》第 25~34 號簡下欄內容與甲種《日書》第 42~53 號簡下欄文字
大抵一致，故亦應擬名《禹須臾・所以見人日》（發掘報告將此部分稱為
《地支時辰吉凶》篇⑥）。又據睡虎地秦簡《日書甲種》"禹須臾"篇可
知，放馬灘秦簡乙種《日書》第 78~82 號簡上欄文字也應歸入前者所云
《禹須臾》篇之類（發掘報告中稱此內容為《行》篇⑦），孫占宇將此部

---

① 放馬灘秦簡《日書》中有"禹須臾行日""禹須臾所以見人日""禹須臾行不得擇日"
等類目標題，通常在每段篇章文字的居首位置。孔家坡漢簡《日書》殘損嚴重，部分篇題已缺
失（或本無篇題），不過現存篇題中仍可見"禹須臾所以見人日"等命名，釋文整理者介紹說：
"'禹須臾所以見人日'寫在一五九號簡上，是原有的篇題。"（湖北省文物考古研究所、隨州市
考古隊編：《隨州孔家坡漢墓簡牘》，第 150 頁）此外，孔家坡漢簡《日書》第 159~167 號簡與
放馬灘秦簡甲種《日書》第 42~72 號簡上欄內容大體相符，故釋文整理者將其擬名為"禹須臾
行日"。（湖北省文物考古研究所、隨州市考古隊編：《隨州孔家坡漢墓簡牘》，圖版第 80—81
頁，釋文第 149 頁）

② 《天水放馬灘墓葬發掘報告》，載甘肅省文物考古研究所編《天水放馬灘秦簡》，第 122
頁。

③ 發掘報告將第 43~72 號簡上欄和下欄內容統稱為《吉凶》篇，恐誤。（詳見《天水放馬
灘墓葬發掘報告》，載甘肅省文物考古研究所編《天水放馬灘秦簡》，第 122 頁）

④ 換言之，甲種《日書》第 42 號簡上欄"禹須臾行日"字樣當係其後第 43~72 號簡上欄
文字的篇題；第 42 號簡下欄"禹須臾所以見人日"字樣當係其後第 43~53 號簡下欄文字的篇
題；第 66 號簡下欄"禹須臾行不得擇日"字樣當係其後第 66~67 號簡下欄文字的篇題。

⑤ 《天水放馬灘墓葬發掘報告》，載甘肅省文物考古研究所編《天水放馬灘秦簡》，第 124
頁。

⑥ 《天水放馬灘墓葬發掘報告》，載甘肅省文物考古研究所編《天水放馬灘秦簡》，第 124
頁。

⑦ 《天水放馬灘墓葬發掘報告》，載甘肅省文物考古研究所編《天水放馬灘秦簡》，第 124
頁。

分擬名為《禹須臾·行憙》篇①，筆者以為較切題而沿襲之。釋文整理者還將乙種《日書》第165號簡定名為《禹步》篇②，然其與對前引甲種《日書》第66~67號簡下欄文字近乎一致，且就文意而言亦非旨在討論禹步，故將此簡定名為《禹步》篇恐非確切，若擬名《禹須臾·行不得擇日》似更妥貼。

2. 行不得擇日

"行"字，《說文解字·行部》訓曰："人之步趨也。"③ 放馬灘秦簡《日書》"行不得擇日"篇中"行"尤指遠行——至少是離開所棲居的鄉邑駐地。據出土資料及傳世文獻證實，戰國、秦漢時人已十分注重出行擇日的問題。④ 除前述放馬灘秦簡《日書》外，睡虎地秦簡《日書甲種》⑤、

_____

① 孫占宇：《放馬灘秦簡日書整理與研究》，第88—90頁。此外，孫氏論文中有關"行日""所以見人日""行不得擇日"等篇題的擬名與劃分與筆者頗有相合之處。

② 《天水放馬灘墓葬發掘報告》，載甘肅省文物考古研究所編《天水放馬灘秦簡》，第126頁。

③ （東漢）許慎撰，（清）段玉裁注：《說文解字注》二篇下，第78頁。

④ 擇日術起源何時，無從確考。"吉日"說法最早見於《詩經》，如《小雅·吉日》云："吉日維戊，既伯既禱。……吉日庚午，既差我馬。"（清·王先謙撰：《詩三家義集疏》卷十五，吳格點校，第627—628頁）《穆天子傳》中也多次提到"吉日"。此外，《韓非子·亡徵》也明確談到擇吉日之術，如云："用時日，事鬼神，信卜筮而好祭祀者，可亡也。"（清·王先慎撰：《韓非子集解》卷五，鍾哲點校，第109頁）《墨子·貴義》也載有日者之言論："子墨子北之齊，遇日者，日者曰：'帝以今日殺黑龍於北方，而先生之色黑，不可以北。'子墨子不聽，遂北至淄水，不遂而反焉。日者曰：'我謂先生不可以北。'子墨子曰：'南之人不得北，北之人不得南，其色有黑者，有白者，何故皆不遂也？且帝以甲乙殺青龍於東方，以丙丁殺赤龍於南方，以庚辛殺白龍於西方，以壬癸殺黑龍於北方，若用子之言，則是禁天下之行者也，是圍心而虛天下也，子之言不可用也。'"（吳毓江撰：《墨子校注》卷十二，孫啟治點校，第689頁）此外，漢代典籍也對此多有涉及。如《史記·日者列傳》記述了司馬季主這位以占侯時日為業的術士形象，西漢司馬遷撰《史記·太史公自序》介紹該卷的寫作動機時說："齊、楚、秦、趙為日者，各有俗所用。欲循觀其大旨，作《日者列傳》第六十七。"（西漢·司馬遷撰：《史記》卷一三〇，第3318頁）東漢王充撰《論衡》中《四諱》《調時》《譏日》《辨祟》《難歲》等篇對當時擇日風俗也多有涉及。總之，諸種跡象表明，時日選擇術在先秦、兩漢時期頗為盛行。

⑤ 睡虎地秦簡《日書甲種》第135號簡正面以十天干日為劃分標準；第97~101號簡背面則以六十甲子日（缺4日，實為56日）為劃分標準。（睡虎地秦墓竹簡整理小組編：《睡虎地秦墓竹簡》，圖版第26頁、第23頁，釋文第201頁、第222頁）劉樂賢認為第134號簡也應屬於"禹須臾"內容，應綴附於第135號簡後。（劉樂賢：《睡虎地秦簡日書研究》，第162—165頁）若以本文所持的劃分標準看，睡虎地秦簡《日書甲種》中所見二處《禹須臾》文字均應歸入《禹須臾·行憙》篇。

孔家坡漢簡《日書》①、香港中文大學文物館藏漢簡《日書》② 等均收錄
了出行前慎重地選擇吉日（方）的 "行日" "所以見人日" 之類的《禹
須臾》等內容。換言之，這些都屬於 "行得擇日" 的情況。但不可否
認的是，現實生活中經常會見到這種情景：某人遭遇特殊情況或執行迫
切任務時，必須立即動身或在指定的時日出發，根本就無選擇時日之迴
旋餘地（無暇或無權選日）。那麼在這種情況下，他如何應對呢？放馬
灘秦簡《日書》（甲種、乙種）中《禹須臾·行不得擇日》篇討論的就
是無法出行擇吉情況下的應對措施及防禦性手段。準確地說，出行時無
法擇日或不得已必須在凶日時涉足遠行等場合下所進行的禳解方術，是
對無法出行擇吉情況下的一種變通處理方式，藉此祈求路途平安無虞。
而若能從容地選擇吉日出行，則應該是不需要進行禹步、 "直五橫" 儀
式的。

3. 出邑門

所謂 "邑"，《釋名·釋州國》訓曰： "邑猶悒也，邑人聚會之稱
也。"③《周禮·地官·里宰》： "里宰，掌比其邑之眾寡與其六畜、兵器，
治其政令。" 鄭玄注： "邑猶里也。" 賈公彥疏： "邑是人之所居之處，里
又訓為居，故云'邑猶里也'。"④ 故而，這裏的 "邑門" 就是指鄉城或
縣城的城門。誠如日本學者工藤元男所言： "（睡虎地秦簡）《日書》中的
'鄉' 是用'邑'之名稱來表達的，放馬灘秦簡的'邑門'也大致相當

---

① 孔家坡漢簡《日書》第 159—167 號簡談論了入月三十天中旦、日中、昏、中夜等四個
時段出行方位的吉凶情況，原篇題缺失，整理者擬名為《禹須臾行日》；第 159～171 號簡論述了
十二支日的旦、晏食、日中、日昳、夕日等五個時段中出行見人的吉凶情況，原有篇題《禹須臾
所以見人日》。（湖北省文物考古研究所、隨州市考古隊編：《隨州孔家坡漢墓簡牘》，圖版第
80—81 頁，釋文第 149—150 頁）

② 香港中文大學文物館藏漢簡《日書》第 32 號簡雖殘缺不全，但其內容顯然與出行擇
日有關，整理者擬名為《禹須臾篇》，我們認為應當歸入《禹須臾·行意》篇。（陳松長編著：
《香港中文大學文物館藏簡牘》，第 24 頁）又據孫占宇指出： "港簡有關於'見人日'的殘簡
四枚，原無標題，整理者題為'吏篇'，疑誤。"（孫占宇：《放馬灘秦簡日書整理與研究》，第
30 頁）孫氏所言甚是，港簡第 84～87 號簡應屬於《禹須臾·所以見人日》篇中內容，而其後
第 88～94 號簡才應歸入《吏篇》。（陳松長編著：《香港中文大學文物館藏簡牘》，第 42—45
頁）

③ 任繼昉纂：《釋名匯校》卷二，第 89 頁。

④ 《十三經注疏》整理委員會整理，李學勤主編：《周禮注疏》卷十五，第 402 頁。

於鄉城的門。……放馬灘秦簡《禹須臾》中提到的'邑門',具體指的就是鄉城、縣城的城門,是和睡虎地秦簡的'邦門'大致相同的概念。"① 那麼,"出邑門"就是指遠行者從家中出發,步行到了鄉/縣城的城門外,先在此演行禳除方術,然後再踏上漫漫征程。② "出邑門"三字雖然十分簡潔,但明確交待了禹步、"直五橫"儀式的舉行地點乃係在"邑門"外,同時也再次印證了本文"行不得擇日"中的"行"字應是特指遠行,至少是出離了本境(縣、鄉)的轄區。出了城門就意味着告別了家鄉,而中國古人歷來對遠行——離開自己熟悉的轄境到另一個陌生領域內,有着本能的恐懼感。③ 這就迫切地需要進行相應的反制或應對措施,來舒緩心中的恐懼和不安。④ 故而也就有了擇日出行、"祖道"⑤ 及禹步、"直五橫"等禁忌風俗和方術儀式。

4. 禹步三

顧名思義,"禹步"就是大禹行走邁步的步法。下面,我們分別討論"禹""步"及"禹步三"等問題。

傳世文獻中的夏禹,始終是作為墨家、儒家所推崇的聖王面貌而示人(位居"三皇五帝"之一),近年來陸續出土的戰國及秦漢簡帛資料則重

---

① [日] 工藤元男:《睡虎地秦簡所見秦代國家與社會》,[日] 廣瀨薰雄、曹峰譯,第250—251 頁。

② 有關門(城門)與古人遠行之關係,詳見劉增貴《門戶與中國古代社會》,《"中央"研究院歷史語言研究所集刊》第 68 本、第 4 分(1997 年 12 月),第 817—897 頁;王子今:《門祭與門神崇拜——"門"的民俗文化透視》第六章《"門"與"行"》,西安:陝西人民出版社2006 年版,第 199—218 頁。

③ 詳見江紹原《中國古代旅行之研究》,上海文藝出版社 1989 年版。

④ 有關中國古人的出行禁忌及保護性巫術等情況,詳見王子今《睡虎地秦簡〈日書〉所見行歸宜忌》,《江漢考古》1994 年第 2 期,第 45—49 頁;賀潤坤:《雲夢秦簡〈日書〉"行"及有關秦人社會活動考》,《江漢考古》1996 年第 1 期,第 90—92 頁;劉增貴:《秦簡〈日書〉中的出行禮俗與信仰》,《"中央"研究院歷史語言研究所集刊》第 72 本、第 3 分(2001 年 9月),第 503—541 頁;余欣:《神道人心——唐宋之際敦煌民生宗教社會史研究》第三編《遊必有方:敦煌文獻所見中古時代之出行信仰》,第 255—356 頁。

⑤ 有關"祖道"之研究,詳見許志剛《祖道考》,《世界宗教研究》1984 年第 1 期,第131—135 頁;陶思炎:《祖道軷祭與入山鎮物》,《民族藝術》2001 年第 4 期,第 507—516 頁;王子今:《門祭與門神崇拜——"門"的民俗文化透視》第六章《"門"與"行"》,第 207—218頁。

新再現出了大禹形象的多面性。① 工藤元男論述了大禹的 "行神" 特徵，② 筆者大抵同意他的看法。但需要補充一點的是，先秦時人（特別是社會下層民眾）之所以將 "大禹" 奉為 "行神" 而特加崇拜，恐怕並不完全因為他常年在外奔走治理水患獲得成功後所塑造的聖人形象以及聖人崇拜心理，而更多是基於世人眼中的大禹作為 "山川神主" 所擁有的對山川河流統禦能力的神化。③ 這恰是道教將 "禹" 視為神祇化身及 "禹步" 在道教法術中大行其道的重要理論支撐。④

"步"，《說文解字・步部》訓曰："行也。"⑤《釋名・釋姿容》訓曰："徐行曰 '步'，步，捕也，如有所伺捕，務安詳也。"⑥ 必須指出的是，現今 "一步" 與古人所說的 "一步" 是兩個不同的概念：今人 "一步" 是指行走時跨步邁出後、左右兩腳間的距離，而在古代稱作 "跬" ——即半步之義，而只有兩腳各跨出一次後的那段距離才叫作 "步"，即如《小爾雅・廣度》所云："跬，一舉足也。倍跬謂之步。"⑦ 弄懂了這一點，我們才能更好地理解 "禹步" 的基本步法及為何會有 "三步九跡" 之說。

有關 "禹步" 的由來，《尸子》（卷下）介紹說："古者，龍門未闢，

① 有關大禹形象的多樣化，詳見〔日〕工藤元男《禹形象的改觀和五祀》，徐世虹、郗仲平譯，中國社會科學院簡帛研究中心編：《簡帛研究譯叢》第一輯，第 1—26 頁。

② 詳見〔日〕工藤元男《睡虎地秦簡所見秦代國家與社會》第六章《先秦社會的行神信仰和禹》，〔日〕廣瀬薰雄、曹峰譯，第 188—237 頁。

③ 劉昭瑞也指出："戰國時代流行的有關禹的傳說和神話，都是圍繞著禹平水土這一母題敷衍而成。"（劉昭瑞：《論 "禹步" 的起源及禹與巫、道的關係》，載中山大學人類學系編《梁釗韜與人類學》，第 274 頁；劉昭瑞：《考古發現與早期道教研究》，第 229 頁）邢義田以漢墓畫像中的胡漢戰爭圖為例，分析指出同一人物形象（畫像構成元素）在不同場合下可代表不同的象徵含義，"各元件可以出現在不同的意義脈絡中，例如大禹可以是歷代帝王圖中的聖王大禹（如武梁祠所見），也可以是漢人所深信充滿神異，而為 '縉紳先生' 所不取的《禹本紀》這類書中的大禹。"（邢義田：《漢代畫像胡漢戰爭圖的構成、類型與意義》，載氏著《畫為心聲：畫像石、畫像磚與壁畫》，中華書局 2011 年版，第 378 頁）

④ 《尚書・呂刑》："禹平水土，主名山川。"（《十三經注疏》整理委員會整理，李學勤主編：《尚書正義》卷十九，北京大學出版社 1999 年版，第 540 頁）《史記・夏本紀》："（禹）為山川神主。"（西漢・司馬遷撰：《史記》卷二，第 82 頁）《漢書・溝洫志》："禹之行河水"，顏師古注曰："行謂通流也。"（東漢・班固撰：《漢書》卷二九，唐・顏師古注，第 1697—1698 頁）

⑤ （東漢）許慎撰，（清）段玉裁注：《說文解字注》二篇上，第 68 頁。

⑥ 任繼昉纂：《釋名匯校》卷三，第 123 頁。

⑦ 遲鐸集釋：《小爾雅集釋・廣度第十一》，中華書局 2008 年版，第 357 頁。

呂梁未鑿，禹於是疏河決江，十年不窺其家。生偏枯之病，步不相過，人曰禹步。"① 鑑於大禹神話的影響，古代巫覡及部分民眾通過模仿大禹走路時"步不相過"的姿態和步法，② 希望藉此獲得大禹的庇護或擁有超越自然的神力，乃至成為巫者娛神的專用舞步。③ 嗣後，禹步為道教所繼承和改造，並作為最重要的法術步法而不斷強化和累次神化，④ 乃至成為

---

① （宋）李昉等撰：《太平御覽》卷八二《皇王部七》引《尸子》，夏劍欽、王巽齋校點，第 703 頁。夏德安指出有關"禹步"的記載中，"沒有公元前三世紀以前的出土資料"，故而"懷疑公元前三世紀以前沒有'禹步'這個術語"，進而推論"禹步"是在戰國末秦初時的複雜文化史背景下造成的。（［美］夏德安：《放馬灘日書甲乙種"禹有直五橫"與禹治水神話試探》，載《中國簡帛學國際論壇 2012：秦簡牘研究論文集》，第 264 頁）

② 《史記·夏本紀》："禹為人敏給克勤；其惠不違，其仁可親，其言可信；聲為律，身為度，稱以出；亹亹穆穆，為綱為紀。"對於文中"身為度"之句的含義，《索隱》按曰："今巫猶稱'禹步'。"（西漢·司馬遷撰：《史記》卷二，第 51 頁）

③ 有關"大禹"原型及"禹步"之研究，近來學界已取得不少創見和成果，茲擇要列舉如下：陳國符：《道藏源流考》附錄二《道藏札記》"禹步"條，第 280 頁；饒宗頤：《禹符、禹步、禹須臾》，載饒宗頤、曾憲通《雲夢秦簡日書研究》，第 20—22 頁；胡新生：《禹步探源》，《文史哲》1996 年第 1 期，第 72—77 頁；葉舒憲：《〈山海經〉與禹、益神話》，《海南大學學報》（社會科學版）1997 年第 3 期，第 45—51 頁；李零：《禹步探原——從"大禹治水"想起的》，《書城》2005 年第 3 期，第 55—58 頁；李劍國、張玉蓮：《"禹步"考論》，《求是學刊》2006 年第 5 期，第 93—100 頁；王暉：《夏禹為巫祝宗主之謎與名字巫術論》，《人文雜誌》2007 年第 4 期，第 142—149 頁；李遠國：《大禹崇拜與道教文化》，《中華文化論壇》2012 年第 1 期，第 27—32 頁。

④ 道教將"禹步"納入法術體系中加以規範化和宗教化，並重新賦予"禹步"神秘性和神聖性。所以說，道教法術中"禹步"與先秦巫術"禹步"有較深的淵源關係，但也不能將二者完全等同。約出南北朝時的《洞神八帝元變經·禹步致靈》認為大禹模仿能令石頭翻動的禁咒"鳥步"而創製"禹步"，如云："禹步者，蓋是夏禹所為術。召役神靈之行步，此為萬術之根源，玄機之要旨。昔大禹……見鳥禁咒，能令大石翻動。此鳥禁時，常作是步。禹遂摸寫其行，令之入術。自茲以還，術無不驗。因禹制作，故曰禹步。"（《道藏》第 28 冊，第 398 頁）北宋張君房編《雲笈七籤》卷六一《諸家氣法》"服五方靈氣法"條云："諸步綱起於三步九跡，是謂禹步。其來甚遠，而夏禹得之，因而傳世，非禹所以統也。"（宋·張君房編：《雲笈七籤》卷六一，李永晟點校，第 1355 頁）北宋元妙宗編《太上助國救民總真秘要》卷八《太上正法禹步斗綱掌目訣法圖文》"禹步斗綱訣"條則說禹步乃係"太上"所授："禹步者，云大禹治水以成厥功。蓋天真授此步訣，以制神召靈，遂因名為禹步耳。……禹步是禹受於太上，而演天罡地紀，出為禹步，求真禁百物。"（《道藏》第 32 冊，第 103 頁）漢魏以降，"禹步"被頻繁地運用於道門科儀及法術中，並衍生出各種踏法及變化。據《洞神八帝元變經·禹步致靈》所言：後世"禹步"已推演出九十餘條種——"末世以來，好道者眾，求者蜂起，推演百端。……觸類長之，便成九十餘條種。舉足不同，呪頌各異。詳而驗之，莫崇於先舉左足、三步九跡，跡成離坎卦。步綱躡紀者，斗有九星，取法於此故也。"（《道藏》第 28 冊，第 398 頁）

道教儀式、法術體系中的核心動作——誠如東晉葛洪撰《抱朴子內篇·
登涉》所言：“凡作天下百術，皆宜知禹步。”[①] 此外，《抱朴子內篇》還
收錄了當時盛行的兩種禹步之走法，[②] 日本學者坂出祥伸根據葛洪的描述
繪製出了這兩種踏法的步法圖（圖4-1）。[③] 這兩種禹步所踏步法都是直
線式的“三步九跡”，差別在於先邁出左足抑或右足（《仙藥》篇先跨左
足，《登涉》篇先跨右足）。而後世道教“步罡（綱）踏斗”時，對於左
足與右足哪個先邁，是有嚴格規定的。北宋元妙宗編《太上助國救民總
真秘要》卷八《太上正法禹步斗綱掌目訣法圖文》“禹步斗綱訣”條云：
“夫禹步者，法乎造化之象，日月運度之行也。一月三交，一交三旬，三

1）仙药篇

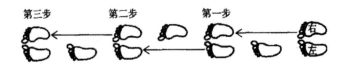

2）登涉篇

圖4-1　《抱朴子內篇》記載的兩種禹步法（復原圖）

資料來源：［日］工藤元男：《睡虎地秦簡所見秦代國家與社會》，第206頁。

---

① 王明：《抱朴子內篇校釋》（增訂本）卷十七，第303頁。胡文輝指出：“‘禹步’並非
一種單獨的巫術類型，而是巫術的一種基本步法，可以運用於各式各樣的巫術，如治病、隱身、
辟兵等等。”（胡文輝：《馬王堆〈太一出行圖〉與秦簡〈日書·出邦門〉》，載氏著《中國早期
方術與文獻叢考》，第149頁）此說可取。

② 分別見載於《抱朴子內篇校釋》卷十一《仙藥》、卷十七《登涉》。［王明：《抱朴子內
篇校釋》（增訂本），第209頁，第302—303頁］此外，《雲笈七籤》卷六一《諸家氣法》“服五
方靈氣法”條也談到禹步的步法，與《仙藥》篇所云大抵吻合。（詳見宋·張君房編《雲笈七
籤》卷六一，李永晟點校，第1355頁）

③ 葛兆光：《道教と中國文化》，［日］坂出祥伸監譯，東京：東方書店1993年版，第83
頁。（該書中文版並無此圖，這兩種禹步圖係坂出氏監譯時增補）

旬者，三盈數也。一時三交，三交者，九旬也。是以一步一交，一交三
跡，三步九跡，象一時也，併足象天交也。先舉左足者，春秋之步也。先
舉右足者，冬夏之步也。春秋之孟者，陽辰也。冬夏之孟者，陰辰也。故
生殺制御用春秋，收藏積聚用冬夏也。又云：男當用春秋，女用冬夏
也。"① 由此可知，禹步時先邁左足還是右足，是根據季節或性別而決
定的。

"禹步"的本質特徵就是"三步九跡"，"三""九"均為陽數，"九"
更為陽數之極，故"禹步三"實為跨出三"步"（古代之步，即"倍
跬"）、完整地實現"禹步"的一系列步驟。那麼，秦漢出土文獻中反復
出現的"禹步三"② 是否存在重複三遍"禹步"的可能性呢——即九步、
二十七跡？對此，我們給出否定的答案，其原因有如下幾點：其一，禹步
及直五横等動作均應在臨時清整出來的祭壇內進行（古代及當今道士均
是如此），這個劃定的壇場地域即象徵儀式時的聖域空間，這就決定了這
個空間通常不會很寬闊（尤其"行道"更是如此），據《抱朴子內篇·仙
藥》所云"如此三步，當滿二丈一尺，後有九跡"。若按照東晉時的度量
制度標準（東晉1尺等於24.5釐米）換算，"二丈一尺"即為5.145米。
"三步九跡"（走直線）共計5米多的場地尚為正常範圍，若按照"禹步
三"就是重複三次"三步九跡"走直線禹步的說法則需要長達15米左右
的場地，如此寬曠的場地實屬罕見，尤其對於出行"祖道"儀式更不可
能。其二，或許還有人問是否存在另外一種可能性：從A地"禹步三"
到達B地，再從B地"禹步三"折回A地，旋即又從A地"禹步三"重
新回到B地，從而實現九步之可能，即A⇄B。③ 我們認為不存在這種可
能性，古人對行進過程中原路折回（俗稱"走回頭路"）是很忌諱的，尤
其不可能出現在祈求出行平安的"祖道"儀式中。後世道士步罡（綱）

① 《道藏》第32冊，第103頁。《道法會元》卷一六〇《上清天蓬伏魔大法》"禹步斗罡
天策論"條所言與此大略相同。（詳見《道藏》第30冊，第1頁）
② "禹步三"頻見於秦漢出土文獻，如睡虎地秦簡《日書》甲乙種、周家臺三〇號秦墓
簡、馬王堆漢墓帛書《五十二病方》及《養生方》等中大量出現此語。
③ 後世道教又將步罡踏斗時的往返步法稱為"順行""倒行""返行"，如《太上助國救民
總真秘要》卷八《太上正法禹步斗綱掌目訣法圖文》"禹步斗綱訣"云："（禹步）又有順倒返
三帀之訣，列之于後。如步七星，即從第一至第七謂之順行，却從第七至第一謂之倒行，復從
一至第七謂之返行。地紀綱起於地戶，從地戶上天之義也。"（《道藏》第32冊，第103頁）

踏斗時仿照北斗星象或八卦九宮等圖案進行迂迴、曲折式地行進，藉此擬象隨斗運轉之意，所踏步法已非直線［見《洞神八帝元變經·禹步致靈》"禹步法"（圖4－2）、《貫斗忠孝五雷武侯秘法》"禹步罡"］。

圖4－2　禹步法

資料來源：《洞神八帝元變經·禹步致靈》，《道藏》第28冊，第398頁。

　　道門中人又將"禹步"稱作"宇步""羽步"，並將其步法複雜化，除了最常見的"三步九跡"外，又新增"十二跡""十五跡""二十八跡""三十五跡"等說法。① 原題李淳風註《金鎖流珠引》② 卷九"上元

① 《道法會元》卷一七二《元應太皇府玉冊·贊皇猷篇》"禹步"條："宇步者，亦曰禹步也。……三九之迹、一十二跡、一十五跡，皆夏禹皇帝以步洪波之間，履步治水、開道役神，功成登真，亦曰羽步，謂之能致羽服飛仙故也。"（《道藏》第30冊，第109頁）
② 《金鎖流珠引》原題"中華仙人李淳風註"。有關該書的撰作年代，英國學者巴雷特認為"成書於八世紀末或九世紀初"。（詳見［英］巴雷特《〈金鎖流珠引〉年代考》，呂鵬志譯，《宗教學研究》2006年第2期，第24—25頁）

上部將軍步綱圖"條註曰："禹受三等禹步：一、三步九跡，二、十二跡，三、二十八跡。"① 北宋元妙宗編《太上助國救民總真秘要》卷八《太上正法禹步斗綱掌目訣法圖文》"禹步斗綱訣"條："又云：三步九跡者，法步三元九炁也。又十二跡者，法於律呂也。又十五跡者，法三五之數也。因用制宜之術，存乎法訣之輕重。……經曰：禹步是禹受於太上，而演天綱地紀。出為禹步，求真禁百物，人神龍鬼惡獸蛇毒之蟲等，伏而勿殺。拒而不伏者，誅之。其理有併五斗作三步九跡，或十二跡，或三十五跡，或一十五跡。"②

5. 鄉北斗

"鄉"通"嚮（向）"，即為面對、朝向之含義。③《集韻·漾韻》訓曰："鄉，面也。或從向。"④《左傳·僖公三十三年》云："秦伯素服郊次，鄉師而哭。"⑤ 放馬灘秦簡所言"鄉北斗"意指面向北斗的方向（即北方）。⑥ 這與秦漢出土文獻中反復出現的"北鄉（嚮）"具有相同的含

---

① （唐）李淳風註：《金鎖流珠引》卷九，《道藏》第 20 冊，第 396 頁。

② 《道藏》第 32 冊，第 103 頁。這段引文中部分文字亦見載於《道法會元》卷一六〇《上清天蓬伏魔大法》"禹步斗罡天策論"條。（詳見《道藏》第 30 冊，第 1 頁）

③ 高亨纂著，董治安整理：《古字通假會典》，濟南：齊魯書社 1989 年版，第 281—282 頁；馮其庸、鄧安生編著：《通假字彙釋》，第 902—905 頁。

④ （宋）丁度等奉敕纂：《集韻》卷八，載（清）永瑢、紀昀等纂修《景印文淵閣四庫全書》第 236 冊，經部二三〇（小學類），第 696 頁。

⑤ 《十三經注疏》整理委員會整理、李學勤主編：《春秋左傳正義》卷十七，第 476 頁；楊伯峻編著：《春秋左傳注》，第 500 頁。

⑥ 北斗只有在晴朗的夜間才能看到，而古代的遠行者通常選擇白晝出行，故此處所言"鄉（向）北斗"實際上是基於個人生活經驗中的北斗位置——朝向北斗的方向，即面朝北方。古人對"北向"似存較多禁忌。《山海經·大荒北經》："有係昆之山者，有共工之臺，射者不敢北鄉。有人衣青衣，名曰黃帝女魃。……魃時亡之。所欲逐之者，令曰：'神北行！'先除水道，決通溝瀆。"［袁珂校注：《山海經校注》（增補修訂本）卷十二，第 490—491 頁］袁珂指出："'神北行'就是巫師逐魃的咒語。群眾在巫師的率領下，噪呼誦咒，驅逐旱魃。並且以'除水道'、'通溝瀆'的巫術行動來迎接水雨的驟然自天而降。"（袁珂譯注：《山海經全譯·前言》，第 9 頁）值得注意的是，放馬灘秦簡乙種《日書》談到占候卜雨時亦見有"鬼神北行"字樣，如第 154 號簡云："·正月甲乙雨，禾不享，□有木攻；丙丁雨，大旱，鬼神北行，多疾；戊己雨，大有年，邦有土攻。"（甘肅省文物考古研究所編：《天水放馬灘秦簡》，圖版第 32 頁，釋文第 94 頁）

義。① 北斗在中國人心目中始終佔據崇高的地位，古代先民很早就形成崇祀北斗的信仰，並不斷地賦予其豐富的象徵含義。② 如《史記·天官書》中言北斗為帝車、統禦四鄉，如謂："斗為帝車，運于中央，臨制四鄉。分陰陽，建四時，均五行，移節度，定諸紀，皆繫於斗。"③《漢書·藝文志》亦云："陰陽者，順時而發，推刑德，隨斗擊，因五勝，假鬼神而為助者也。"④ 值得注意的是，《漢書·息夫躬傳》談到息氏施術"祝盜方"時就是擇夜間面朝北斗祝禱："以桑東南指枝為匕，畫北斗七星其上，躬夜自被髮，立中庭，向北斗，持匕招指祝盜。"⑤ 不過，放馬灘秦簡《日書》"行不得擇日"篇中出行時"鄉北斗、質畫地"顯然不會是在晚上，而應是指白天的北方或北斗的指向。誠如夏德安所言："我估計讀者或用

---

① 　與巫祝有關的"北鄉（向）"用語，集中出現在睡虎地秦簡《日書》（甲種、乙種）、馬王堆漢墓帛書《五十二病方》、周家臺三〇號秦墓簡牘《病方及其他》。茲舉一例以作分析，馬王堆漢墓帛書《五十二病方》（第97～98行）"蚖"條："一，湮汲一音（杯）入奚蠡中，左承之，北鄉（嚮），鄉（嚮）人禹步三，問其名，即曰：'某某年□今□'。飲半音（杯），曰：'病□□已，徐去徐已。'即復（覆）奚蠡，去之。"（馬王堆漢墓帛書整理小組編：《馬王堆漢墓帛書〔肆〕》，圖版第18頁，釋文第38頁）引文中"奚蠡"，簡文整理者認為是大腹的瓢。這無疑是正確的。但余欣則發揮想象、提出此處"奚蠡"擬象北斗，認為"然以往的研究者都未注意到奚蠡在方術中的象徵含義。……地漿，含五行中土與水，盛入象徵北斗的奚蠡中，於是變成神藥，復以禹步及呪語配合之，以為疾病便可'徐去徐已'。其中的'左承之，北向'，'覆奚蠡'動作，與'向北斗，質畫地'實質是一樣的。"（余欣：《神道人心——唐宋之際敦煌民生宗教社會史研究》，第320—321頁）"奚蠡"之語見載於《墨子·備城門》，如云："五步一鑒，盛水。有奚，奚蠡大容一斗。"（吳毓江撰，孫啟治點校：《墨子校注》卷十四，第777頁）對廣大民眾而言，自家種植的瓢成熟後刨開即是盛水的容器——"奚蠡"，簡便耐用且造價低廉，故被廣泛使用。若僅以外形像斗勺之狀，就將其視為北斗象徵，則屬缺乏理論依據的過度解釋和任意發揮。我們認為尚無其他旁證的情況下，不應將"奚蠡"與"北斗"之間建立某種聯繫（或象徵）。且據引文來看，二者的擬象關係是比較牽強的：其一，馬王堆漢墓帛書及秦漢出土文獻中僅出現一次，若以"奚蠡"為北斗化身或象徵的話，則不應僅有一次，而"北向"則出現多次；其二，若按北斗來理解的話，末尾"即復（覆）奚蠡"則不可理喻（甚至是犯忌之動作）。其實，所謂"奚蠡"就是瓢，將其覆蓋扣住乃係將"蚖"（蛇毒）封鎖、封閉，不再蔓延、擴散等意思。這在後世道教科儀法術中屬於較為常見的動作。應該指出的是，同類文獻中除"北鄉（向）"外，也見有東鄉（向）、南鄉（向）、西鄉（向）、東西鄉（向）等語。

② 　前人多有論述，茲不贅言。道教對北斗星之神化，詳見《雲笈七籤》卷二四《日月星辰部二》、卷二五《日月星辰部三》。（宋·張君房編：《雲笈七籤》卷二四、卷二五，李永晟點校，第545—589頁）

③ 　（西漢）司馬遷撰：《史記》卷二七，第1291頁。

④ 　（東漢）班固撰，（唐）顏師古注：《漢書》卷三〇，第1760頁。

⑤ 　（東漢）班固撰，（唐）顏師古注：《漢書》卷四五，第2186頁。

者不須等天黑看星星。周家臺日書用'求斗術'算日夜北斗指向，連白天可以按照'求斗術'的算法進行'出行'儀式。"①

"禹步"與"北斗"有很深的淵源。約成書於 12 世紀的日本陰陽道文獻《小反閉作法并護身法》以圖文並茂的形式詳細介紹了"禹步"的步法（圖 4-3），文字曰："次禹步：謹請天蓬、天內、天衝、天輔、天禽、天心、天柱、天任、天英。"② 隨後繪製了十一個腳印，其中畫面底端繪有並排的左右二足印，並標注"左""右"字樣（代表左足、右足），藉此表示，禹步開始前雙腳平行站立；其後九個腳印則代表"三步九跡"，九個腳印中分別標註"一"～"九"數字，藉此表示步法的前後次序；九個腳印依次旁注"天蓬"～"天英"星宿神名，指明了每一步所召請北斗九宸中的哪一個星宿，同時表示乃係漫步於北斗星辰的神聖空間（藉此獲得神祇的佑護和神秘的力量）。整個畫面形象地再現了《抱朴子內篇·仙藥》所言"禹步"的步法："禹步法：前舉左，右過左，左就右。次舉右，左過右，右就左。次舉右，右過左，左就右。"③ 值得注意的是，《抱朴子內篇·雜應》云："又思作七星北斗，以魁覆其頭，以罡指前。"④ 所謂"罡"是指位於"杓"的柄狀三星——玉衡、開陽、瑤光，"魁"則是指組成"斗"的前端四星——天樞、天璿、天璣、天權。⑤ 後世道士秉承了此一傳統，行禹步及踏斗時根據天罡的指向來判明方位。此外，《小反閉作法并護身法》還談到踏"禹步"完畢後，需站立念誦一段咒語："次禹步立留咒曰：'南斗、北斗、三台、玉女，左青龍避万兵，右白虎避不祥，前朱雀避口舌，後玄武避万鬼，前後輔翼，急急如律令。'"⑥ 顯然，這與道書中所見每踏一步均需念誦咒語的情況不同。

---

① ［美］夏德安：《放馬灘日書甲乙種"禹有直五橫"與禹治水神話試探》，載《中國簡帛學國際論壇 2012：秦簡牘研究論文集》，第 263 頁。

② ［日］村山修一編著：《陰陽道基礎史料集成》，東京：東京美術出版社昭和六十二年（1987）版，彩版四，黑白圖版第 181 頁。

③ 王明：《抱朴子內篇校釋》（修訂本）卷十一，第 209 頁。

④ 王明：《抱朴子內篇校釋》（修訂本）卷十五，第 275 頁。

⑤ 何寧注《淮南子·天文訓》"斗杓為小歲"句時說："斗第一星至第四為魁，第五至第七為杓。補曰：《說文》云：'杓，斗柄也。'司馬貞云：'即招搖也。'"（何寧：《淮南子集釋》卷三，第 219 頁）

⑥ ［日］村山修一編著：《陰陽道基礎史料集成》，彩版四，黑白圖版第 181 頁。

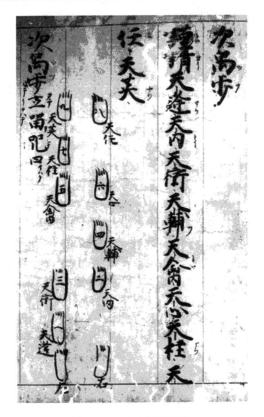

圖 4－3　禹步圖及咒文

資料來源：［日］村山修一編著：《陰陽道基礎史料集成》，彩版四。

　　將禹步與北斗九星（古人認為北斗不只是七顆星，而計有"七明二隱"九顆星）結合起來，這其實是道教"步罡（綱）踏斗"中"踏斗"的擬象化。余欣認為，"（《小反閉作法并護身法》所繪禹步圖）其步法與《抱朴子·登涉》相同①，但每步均以道教的九星命名，則不見於任何中國典籍或出土文獻。"② 這個結論下得過於草率和武斷。其實，中國道教早已將禹步與罡斗結合起來，將三步九跡與北斗（七星或九星）配合演

①　守誠按：其步法乃與《仙藥》篇相同，而非《登涉》篇。
②　余欣：《神道人心——唐宋之際敦煌民生宗教社會史研究》第三編《遊必有方：敦煌文獻所見中古時代之出行信仰》，第 319 頁。

行乃係唐宋以降道門科儀之傳統，① 並且不斷地精細化而析分出順、逆兩種踏斗步法：即從天蓬到天英為順行，從天英到天蓬為逆行。如元末明初編纂的《道法會元》②卷一七二《元應太皇府玉冊・贊皇猷篇》"禹步"條所云："冊曰：玄斗之妙，在乎十二辰，契大化之數，秉三明以歷九宮，齊七政以隨（一作循）八門也，出生制逆皆應。推之坎卦，三元起甲子日，時天蓬順行出天英也；離卦，三元起甲子日，時自天英出天蓬也。……筌曰：右禹步玄斗者，言北斗九宸應化分精而為九神也。九神者，天蓬、天任、天衝、天輔、天英、天內、天柱、天心、天禽也。"③此外，部分道門文獻則根據紀日天干劃分出陽日和陰日，並據此排定踏罡的步法及順序。如《黃帝太一八門入式秘訣》云："甲、丙、戊、庚、壬，陽日（先立天英）：天內，左足八；天柱，左足三；天心，兩足旋左足踐四；天英，左足起一；天禽，左足五；天蓬，左足天蓬出；天輔，左足左蹺六；天沖，左足七；天任，左足二。乙、丁、己、辛、癸，陰日（先立天蓬）：天內，右足二；天柱，左足七；天心，右足六；天英，左足九；天禽，左足五；天蓬，左足一；天輔，左足四；天衝，左足三；天任，右足八。"④ 概言之，陽日踏斗採用逆行原則（即從天英到天蓬），陰日踏斗則遵循順行規律（即從天蓬到天英），乃係基於陰陽和合之意。（逆行踏斗步法詳見圖4-4）

---

①　前引《太上六壬明鑑符陰經》卷四 "真人禹步斗罡" 條談到以白堊畫地、作北斗九星圖案，再以禹步次第踏之，同時配合唱誦北斗九星之名，如謂："正仰天英，而歌斗經。誦前至天英，便立右足，並呼星名，依經步之左右足，便遞履之。……歌曰：'……履天英兮，度天任。清冷泉兮，可陸沉。拔天柱兮，攦天心。復此度兮，登天禽。倚天輔兮，望天衝。入天蓬兮，出天內。斗道通兮，出剛柔。入幽冥兮，千萬歲。'"（《道藏》第18冊，第642頁）

②　《道法會元》係大型道法匯編類典籍，該書約編纂於元末明初。［詳見任繼愈主編《道藏提要》（修訂本），第961頁］

③　《道法會元》卷一七二，《道藏》第30冊，第108頁。

④　《黃帝太一八門入式秘訣》，《道藏》第10冊，第782頁。

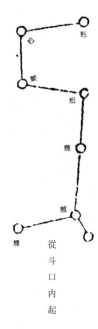

圖 4 - 4　逆行步罡踏斗圖（陽日）

資料來源：《黃帝太一八門入式訣》卷下，《道藏》第 10 冊，第 776 頁。

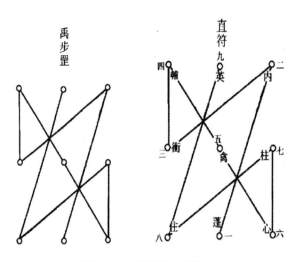

圖 4 - 5　禹步罡、直符

資料來源：《貫斗忠孝五雷武侯秘法》，《道藏》第 10 冊，第 765 頁。

6. 質、畫地

考究"質"字之義，《說文解字·貝部》訓曰："以物相贅。"① 《漢語大字典》詮釋說："通'贅'。古時初次拜見尊長所送的禮物。《六書故·動物四》：'質，亦作贅，通作摯。'《孟子·滕文公下》：'出疆必載質。'趙岐注：'質，臣所執以見君者也。'《史記·屈原賈生列傳》：'（惠王）乃令張儀詳去秦，厚幣委質事楚。'《漢書·外戚傳》：'深念奉質共脩之義。'"② 《淮南子·脩務訓》："是故禹之為水，以身解於陽盱之河。湯旱，以身禱於桑山之林。"③ 漢代高誘注曰："為，治水。解，禱以身為質。"④ 又清代俞樾注《禮記·效特牲》"掃地而祭於其質也"之句時說："樾謹按：鄭注不釋質字，蓋即以為文質之質。若然，當云'貴其質也'文義方明，乃曰'於其質也'義不可通矣。《廣雅·釋言》曰：'質，地也。'《儀禮·鄉射禮》記鄭注曰：'白質、赤質，皆謂采其地。'是古謂地為質。郊本祭天，乃掃地而祭者，以天體空虛而地則實有形質。故就其有形質之處而祭之。所謂'於其質也'，下文曰'器用陶匏'以象天地之性也。蓋於其質而祭之，故既取象于天，亦兼取象于地矣。"⑤ 據上所述，筆者認為"鄉（向）北斗質"之句的含義是：面向北斗的方向（即北方）清整出一塊場地作為祭壇，並在壇內陳設供品、施

---

① （東漢）許慎撰，（清）段玉裁注：《說文解字注》六篇下，第281頁。

② 漢語大字典編輯委員會編纂：《漢語大字典》（第2版）貝部·八畫，成都：四川出版集團，武漢：湖北長江出版集團，四川辭書出版社，崇文書局2010年版，第3649頁。

③ 何寧：《淮南子集釋》卷十九，第1317—1318頁。

④ 何寧：《淮南子集釋》卷十九，第1317頁。

⑤ （清）俞樾：《羣經平議》卷二〇，《續修四庫全書》編纂委員會編：《續修四庫全書》一七八·經部·群經總義類，上海古籍出版社2002年版，第331頁。《太玄經·玄圖》云："則陰質北斗日月盱營。"晉人范望注："陰，為夜也；質，正也；盱，界也；營，營域也。言斗晝則不晃，惟夜可以取正也。故曰日月轉在於營域之中，各有盱界也。"［西漢·揚雄撰，晉·范望注：《太玄經》卷十，載清·永瑢、紀昀等纂修《景印文淵閣四庫全書》第803冊，子部一〇九（數術類），臺北：臺灣商務印書館1986年版，第94頁］

予祭拜。①

　　"畫"字,《說文解字·畫部》訓曰:"介也。從聿,象田四界,聿所以畫之。"②《玉篇·書部》訓曰:"形也,繪也,雜五色綵也。……分也……界也,止也。"③《左傳·襄公四年》有言:"芒芒禹迹,畫為九州。"西晉時人杜預注曰:"畫,分也。"④《釋名·釋書契》:"畫,挂也,以五色挂物上也。"⑤總之,"畫"具有分割、繪製等含義。"畫地"作為先秦以來世人習見之熟語,屢見載於歷代典籍。《楚辭·天問》云:"河海應龍,何盡何歷? 鮌何所營? 禹何所成?"東漢王逸注:"或曰:禹治洪水時,有神龍以尾畫地,導水所注當決者,因而治之也。"⑥此外,《戰國策》卷九《齊二》、《史記》卷四〇《楚世家》和卷一〇七《魏其武安侯列傳》、《鹽鐵論》卷九《繇役》、《西京雜記》卷三及漢代碑刻"唐公房碑"(原碑篆書額題"仙人唐君之碑")⑦等均見"畫地"之語,皆指擇地勾劃某符字或圖形。

---

　　①　其實,這一做法屢見載於後世道經。如《抱朴子內篇·登涉》云:"有老君黃庭中胎四十九真秘符,入山林,以甲寅日丹書白素,夜置案中,向北斗祭之,以酒脯各少少,自說姓名,再拜受取,內衣領中,辟山川百鬼萬精虎狼蟲毒也。"〔王明:《抱朴子內篇校釋》(增訂本)卷十七,第308頁〕段引文中談到出行入山林前,擇日(甲寅日)以硃砂畫"老君黃庭中胎四十九真秘符"於白素上,夜間放置祭壇供案上,並陳設酒肉等供品,面向北斗祭拜,自報姓名,拜祭領受而將其納入衣領中,可以防禦山林中的鬼精、虎狼、毒蟲等物,以保旅途平安。不過,孫占宇則認為:"質,匕首之類的利器。……質畫地,即以匕首之類的利器在地上畫。又,'質'字或可上讀,訓為'對'。"(孫占宇:《放馬灘秦簡甲種日書校注》,中國文化遺產研究院編:《出土文獻研究》第十輯,第132頁)夏德安駁斥了孫占宇的上述說法,認為"'質'讀為副詞,意思是'清晰地'。"(〔美〕夏德安:《放馬灘日書甲乙種"禹有直五橫"與禹治水神話試探》,載《中國簡帛學國際論壇2012:秦簡牘研究論文集》,第263頁)
　　②　(東漢)許慎撰,(清)段玉裁注:《說文解字注》三篇下,第117頁。
　　③　(梁)顧野王撰,(唐)孫強增補,(宋)陳彭年等重修:《重修玉篇》卷二九,載(清)永瑢、紀昀等纂修《景印文淵閣四庫全書》第224冊,經部二一八(小學類),第226頁。
　　④　《十三經注疏》整理委員會整理,李學勤主編:《春秋左傳正義》卷二九,第839頁;楊伯峻編著:《春秋左傳注》,第938頁。
　　⑤　任繼昉纂:《釋名匯校》卷六,第333頁。
　　⑥　洪興祖又引《山海經圖》補注云:"夏禹治水,有應龍以尾畫地,即水泉流通。"〔宋·洪興祖撰:《楚辭補注》(重印修訂本)卷三《天問章句》,白化文、許德楠、李如鸞、方進點校,中華書局1983年版,第91頁〕
　　⑦　該碑文有云:"君乃畫地為獄,召聟(鼠)誅之。"〔高文:《漢碑集釋》(修訂本),第503頁〕

　　值得注意的是，睡虎地秦簡、馬王堆漢墓帛書等出土文獻中也出現了"五畫地"說法。睡虎地秦簡《日書甲種》（第 111～112 號簡背面）："行到邦門困（閫），禹步三，勉壹步，謼（呼）：'臯，敢告曰：某行毋（無）咎，先為禹除道。'即五畫地，椒其畫中央土而懷之。"① 馬王堆漢墓帛書《五十二病方》（第 13 行）"諸傷"條："一，傷者血出，祝曰：'男子竭，女子截。'五畫地□之。"② 整理小組注曰："五畫地，在地上畫五下。"③ 前述引文中"五畫地"並沒有說明所畫（劃）的圖案或字形，從字面理解就是劃地五次（下）。④ 有學者認為"'五畫地'的'五'通交午之'午'，有午貫交叉之義。這段文字大意是說，遠行者通過城邑門檻時，先走三個禹步，繼之用力並足行步，同時高呼：'臯！敬告某神，讓我出行無災！現在我先為大禹清除道路。'呼畢，在地上畫個交叉圖形，拾取圖形中央即交叉點上的土揣在懷內。"⑤ 我們則認為：上古音韻中"五""午"雖同隸屬魚部疑紐，⑥"午"字也確有縱橫交叉之義，⑦ 但將睡簡"五"字訓為"午"，並將"五畫地"解釋成"在地上畫個交叉圖形"則似不妥。查睡虎地秦簡中並無"五"字通"午"的其他語例用法，放馬灘秦簡"直五橫"中的"五"顯然也不能通"午"，故不足為據。必須指出的是，周家臺三〇號秦墓簡牘《病方及其他》第 345～346 號簡文曰："·馬心：禹步三，鄉（向）馬祝曰：'高山高郭，某馬心天，某為我已之，并□侍之。'即午畫地，而最（撮）其土，以靡（摩）其鼻

　　① 睡虎地秦墓竹簡整理小組編：《睡虎地秦墓竹簡》，圖版第 112 頁，釋文第 223 頁。
　　② 馬王堆漢墓帛書整理小組編：《馬王堆漢墓帛書［肆］》，圖版 14 頁，釋文 27 頁。
　　③ 馬王堆漢墓帛書整理小組編：《馬王堆漢墓帛書［肆］》，第 27 頁。
　　④ 劉昭瑞認為："（睡簡《日書》）'五畫地'可能是指在地上畫東西南北中五方"。（劉昭瑞：《論"禹步"的起源及禹與巫、道的關係》，載中山大學人類學系編《梁釗韜與人類學》，第 268 頁；劉昭瑞：《考古發現與早期道教研究》，第 224 頁）此說純屬臆測，不足取。
　　⑤ 胡新生：《禹步探源》，《文史哲》1996 年第 1 期，第 72 頁。
　　⑥ 詳見許偉建《上古漢語通假字字典》，海天出版社 1989 年版，第 120—121 頁。
　　⑦ "午"字，《說文解字·午部》訓曰："牾也。"（東漢·許慎撰，清·段玉裁注：《說文解字注》十四篇上，第 746 頁）《玉篇·午部》訓曰："牾也，分布也，交也。"［梁·顧野王撰，唐·孫強增補，宋·陳彭年等重修：《重修玉篇》卷三十，載清·永瑢、紀昀等纂修《景印文淵閣四庫全書》第 224 冊，經部二一八（小學類），第 235 頁］

中。"① 這裏的"午"字究竟是作縱橫交叉解,抑或通"五"字,尚難定論。②

對於放馬灘秦簡"鄉北斗質畫地"之句的含義,發掘報告認為:"意即出行前,先在地上畫北斗,然後按禹步之法占吉凶,擇日而行。"③ 另有學者提出:"按照'禹須臾'之術,出行要擇日出發,走出邑門的時候,要行三次禹步,面嚮北斗即面朝北,審視在地上所畫圖形的日影,然後作出今天利於出行的判斷。這樣,出行的時候,就不必再高喊'為禹除道'(替禹開路)的話,也會得到出行的吉利。"④ 無論是"在地上畫北斗"抑或"審視地上所畫圖形的日影",類似解說不僅有過度詮釋之嫌,而且多係毫無文本依據的憑空想象,均不足信。筆者認為放馬灘秦簡所言"鄉北斗質畫地"乃係擇地劃"直五橫",而非北斗或其他圖形。

值得一提的是,後世醫書中頻見畫地作"十字""五字""土字"

① 湖北省荊州市周梁玉橋遺址博物館編:《關沮秦漢墓簡牘》,圖版第 51 頁,釋文第 132 頁。

② 關於簡文"午畫地"之含義,整理者注曰:"'午',縱橫相交。《玉篇·午部》:'午,交也。'《儀禮·大射》'度尺而午',鄭玄《注》:'一縱一橫曰午,謂畫物也。''午畫地',即在地上畫出一縱一橫的兩條交叉的直線。"(湖北省荊州市周梁玉橋遺址博物館編:《關沮秦漢墓簡牘》,第 132 頁)

③ 《天水放馬灘墓葬發掘報告》,載甘肅省文物考古研究所編《天水放馬灘秦簡》,第 122 頁。此說承襲饒宗頤。《正統道藏》本《太上六壬明鑑符陰經》卷四"真人禹步斗罡"條所云"《經》曰:天一步斗可以通神,當以夜半居星下,用白堊畫作九星,斗間相去三尺,從天罡起,禹步隨作次第之,居魁前逆步之。"(《道藏》第 18 冊,第 642 頁)饒氏據此對睡虎地秦簡《日書甲種》"五畫地,掫其畫中央土而懷之"推測說:"日書敘禹步,即五畫地,想亦用白堊畫於地上作北斗狀,掫取……其中央之土而懷之,此種禹步動作,一向以為道教興起以後纔有之,今觀日書前記,淵源已肇於戰國。"(饒宗頤:《禹符、禹步、禹須臾》,載饒宗頤、曾憲通《雲夢秦簡日書研究》,第 21 頁)饒氏根據前引《太上六壬明鑑符陰經》提出睡虎地秦簡《日書》"亦用白堊畫於地上作北斗狀",顯係臆斷之言,其說不足取。此外,除《太上六壬明鑑符陰經》外,其他道經也談到以白灰畫出星圖以作步罡時踏步之用,如《洞神八帝元變經·禹步致靈》"禹步法"云:"於室內術人鋪前,面向神壇,以夏時尺量三尺,為星相去之間。率以清淨白灰為星圖及八卦之數。術人立在地戶巽上,面向神壇坐之,方鳴天鼓十五通,即閉氣步之。"(《道藏》第 28 冊,第 398 頁)總之,以白灰(堊)畫地的道教文獻均係唐宋以後晚出,我們切忌僅憑上述材料而逆推出早在一千年前的戰國、秦漢時就已有此類行為。

④ 王青:《禹步史料的歷史民俗文獻分析》,《西北民族研究》2011 年第 1 期,第 60 頁。

"王字"及"螻形"，並取其土，或"水服之"或"糝之"或"唾和塗之"，藉此治療各種疾病。[①] 這應當是秦漢出土文獻中所見"畫地"方術之孑遺。

7. 禹有直五橫

關於"直"字的含義，《玉篇·乚部》訓曰："不曲也，準當也。"[②]《詩經·大雅·緜》亦云："其繩則直，縮版以載。"[③] 據此，筆者認為：放馬灘秦簡所言"禹有直五橫"中"直"字乃係形容詞，用以修飾"五橫"，意為徑直、筆直、不彎曲之含義。

工藤元男、胡文輝等堅持認為此處"直"當作"縱"解，即表示豎線，從而得出最早的"四縱五橫"之說法，其依據是《山海經·大荒北經》："（章尾山）有神，人面蛇身而赤，直目正乘。"郭璞注曰："直目，目從也。"[④] 筆者認為郭氏注解係晚出，而且引文"直目"及注文"從（縱）目"中的"直"與"從（縱）"均是形容詞、修飾語，而不能等同於代表平線的名詞——"直"與"縱"。此外，還有學者將"直"詮釋為"再畫一豎畫，豎直穿過這五條橫畫"[⑤]，亦甚謬矣。查閱秦漢簡帛文獻材料可知，"直"有二義：其一，通"值"，即"當也"，意為當值、

---

① 唐代王燾撰《外臺秘要》，北宋唐慎微撰《證類本草》，南宋洪遵撰《集驗方》，明代朱橚（周定王）、滕碩、劉醇等編《普濟方》，明代劉文泰等撰輯《本草品匯精要》卷三一《蟲魚部》"蠍"條等均言"畫地作十字，取其上土，水服五分"云云；日本醫師丹波康賴編纂《醫心方》、北宋唐慎微撰《證類本草》、明代李時珍撰《本草綱目·百病主治藥》"心腹痛"條則言"畫地作五字，取中土，水服。"（明·李時珍：《本草綱目》卷三，第258頁）；《本草品匯精要·續集》（該書由明代劉文泰等奉敕撰輯，原書四十二卷，清康熙卅九年王道純等又增補續集十卷）卷一《玉石部》"黃土"條引《集簡方》云："治蜈蚣螫傷，畫地作土字，內取土糝之，即愈。"（明·劉文泰等纂：《本草品匯精要》，清·王道純等補：《續集》，北京：人民衛生出版社1982年版，第982頁）明代李時珍撰《本草綱目·土部》"黃土"條云："卒患心痛：地作王字，撮取中央土，水和一升服，良。"又云："蜈蚣螫傷：畫地作王字，內取土糝之，即愈。"又云："螻蟈尿瘡：畫地作螻蟈形，以刀細取腹中土，唾和塗之，再塗即愈。"（明·李時珍：《本草綱目》卷七，第427—428頁）

② （梁）顧野王撰，（唐）孫強增補，（宋）陳彭年等重修：《重修玉篇》卷二九，載（清）永瑢、紀昀等纂修《景印文淵閣四庫全書》第224冊，經部二一八（小學類），第229頁。

③ （清）王先謙撰：《詩三家義集疏》卷二一，吳格點校，第838頁。

④ 袁珂校注：《山海經校注》（增補修訂本）卷十二，第499—500頁。

⑤ 王青認為："'禹有直五橫'似可理解為先畫五條平行的橫畫，再畫一豎畫，豎直穿過這五條橫畫。"（王青：《禹步史料的歷史民俗文獻分析》，《西北民族研究》2011年第1期，第61頁注釋）

輪職或價值、價錢等，此種用法所見甚多，茲舉二例為證：放馬灘秦簡乙種《日書》第 53 號簡云：“門忌：乙辛戊，宿直胃、氐，不可開門竇及祠。”① 此處“直”當作輪值之義；又如《里耶秦簡〔壹〕》（第八層）第 1287 號簡牘曰：“大奴一人直錢四千三百，小奴一人直錢二千五百，凡直錢六千八百。”② 此處三個“直”字均為價值。其二，正直、公正，亦即指合乎正義，茲舉二例：睡虎地秦墓竹簡《法律答問》第 93 號簡文曰：“論獄【何謂】‘不直’？……罪當重而端輕之，當輕而端重之，是謂‘不直’.”③ 又睡簡《為吏之道》第 1～2 號簡文曰：“凡為吏之道，必精絜（潔）正直。”④ 總之，秦漢簡帛文字中並未見到能與“縱”互換、表示豎線的名詞——“直”字的語例用法。故將放馬灘簡“直五橫”中的“直”說成是表示“縱”向豎線，恐怕不能成立。

　　關於“橫”字的含義，《周禮·秋官·野廬氏》云：“禁野之橫行徑逾者。”賈公彥疏：“言‘橫行’者，不要東西為橫，南北為縱，但是不依道塗，妄由田中，皆是橫也。”⑤《楚辭·東方朔〈七諫·沈江〉》：“不開寤而難道兮，不別橫之與縱。”王逸注：“維曰橫，經曰縱。”⑥ 東漢揚雄撰《太玄經·從更至應》云：“一縱一橫，天網罥罥。”范望注：“南北為經，東西為維，故從橫也。”⑦ 概言之，“橫”就是東西向的水平線，與“縱”相對：直線為“縱”，平線為“橫”，南北為“縱”，東西為“橫”。值得一提的是，美國學者夏德安提出放馬灘秦簡“直五橫”中“橫”字與額濟納漢簡“土五光”中

① 甘肅省文物考古研究所編：《天水放馬灘秦簡》，圖版第 22 頁，釋文第 89 頁。

② 湖南省文物考古研究所編著：《里耶秦簡〔壹〕》，文物出版社 2012 年版，圖版第 162 頁，釋文第 66 頁。

③ 睡虎地秦墓竹簡整理小組編：《睡虎地秦墓竹簡》，圖版第 56 頁，釋文第 115 頁。

④ 睡虎地秦墓竹簡整理小組編：《睡虎地秦墓竹簡》，圖版第 81 頁，釋文第 167 頁。這一種含義，亦見載於字書中。《說文解字·ㄥ部》訓曰：“直，正見也。”（東漢·許慎撰，清·段玉裁注：《說文解字注》十二篇下，第 634 頁）《廣雅·釋詁一上》：“端、直……，正也。”（清·王念孫：《廣雅疏證》卷一上，第 11 頁）《廣雅·釋詁二》：“切、直、方，義也。”（清·王念孫：《廣雅疏證》卷二下，第 61 頁）

⑤《十三經注疏》整理委員會整理，李學勤主編：《周禮注疏》卷三六，第 970 頁。

⑥ 黃靈庚疏證：《楚辭章句疏證》，中華書局 2007 年版，第 2276 頁。

⑦（漢）揚雄撰，（晉）范望注：《太玄經》卷三，載（清）永瑢、紀昀等纂修《景印文淵閣四庫全書》第 803 冊，子部一〇九（數術類），第 41 頁。

“光”字有一定關係，可惜未給出說明和論證。①

　　概言之，“直五橫”三字的含義就是筆直的五條直線——要將五條平線畫得筆直，不要彎曲。筆者認為，放馬灘秦簡《日書》“直五橫”與睡虎地秦簡《日書》、馬王堆漢墓帛書《五十二病方》、周家臺三〇號秦墓簡牘《病方及其他》中“五（午）畫地”說係出一源，也是後世道教“四縱五橫”方術的濫觴。

　　工藤元男認為：“我們推測原簡脫了一個‘四’字。這樣的話，這段咒文的末尾‘為禹前除得’和睡虎地秦簡‘先為禹除道’句式相同，因此前者的‘得’可能是‘道’之誤釋。”② 經過文字梳理及查驗圖版，筆者判定工藤氏提出的原簡脫漏“四”字的看法恐不能成立，且據資料顯示，秦漢時尚未形成“四直（縱）五橫”的說法，而僅見“五（午）畫地”“直五橫”等，故不宜貿然判定原簡漏書“四”字（且據公佈的放簡《日書》甲種與乙種圖版均寫作“直五橫”，故而排除了脫漏的可能性）。至於放簡《日書》甲種中“得”字，因圖版此字跡處甚為模糊，尚無法判明係當年抄手之誤書，抑或當今整理者之誤釋。

　　余欣借鑑了劉樂賢及工藤元男等人的意見，將放簡甲種《日書》中這段簡文校釋為“禹有直五橫［六］”，即認為原簡文脫漏一“六”字。③今放簡乙種《日書》業已公佈，亦係“禹有直五橫”，且查驗圖版，甲種、乙種《日書》“禹有直五橫”文字處均清晰可辨，殆無誤釋之可能，從而證實余氏當初的推斷及補文不確。不過，他談到敦煌殘卷（P. 2661《諸雜略得要抄子一本》、S. 2729V）中存見“五縱六橫”“縱五橫六”等說法則值得重視。④

---

　　① ［美］夏德安：《放馬灘日書甲乙種“禹有直五橫”與禹治水神話試探》，載《中國簡帛學國際論壇2012：秦簡牘研究論文集》，第262頁。
　　② ［日］工藤元男：《睡虎地秦簡所見秦代國家與社會》，［日］廣瀨薰雄、曹峰譯，第252—253頁。
　　③ 余欣：《神道人心——唐宋之際敦煌民生宗教社會史研究》，第316頁。
　　④ 余欣認為：“從放馬灘秦簡《日書》僅有‘直五橫［六］’一說來看，‘四縱五橫’蓋後起之說，或為湊合‘九’之數而改。”（余欣：《神道人心——唐宋之際敦煌民生宗教社會史研究》，第320頁）我們對此並不贊同，不僅是因為前文已證偽了他提出的放簡“直五橫［六］”之說，更重要的是除了敦煌卷子外，其他傳世文獻中並無“五縱六橫”之說，故而筆者懷疑“五縱六橫”（或“縱五橫六”）說法是敦煌地區特有的地方性民俗，當係此觀念由中原向西北邊地傳播過程中發生了訛誤及衍變。這一現象，其實在宗教、民俗等人文領域的傳播史上並不少見。

8. 今利行，＝毋咎

關於“利”字，《廣雅·釋詁四上》訓曰：“惠、愛、恕、利人，仁也。”① 《莊子·天地篇》云：“愛人利物之謂仁。”又《孟子·梁惠王上》云：“亦將有以利吾國乎？”故前引放簡中“利”字乃作有利於、裨益等含義。

“＝”為重文符號，代表省寫前字，即“行”字。②

“咎”字，《說文解字·人部》訓曰：“災也。”③《爾雅·釋詁》訓曰：“病也。”④ 故前述放簡中“咎”乃係指災禍、不祥等。

概言之，這句文字是說：今天有利於出行，遠足不會引來災殃。

9. 為禹前除得（道）

“除”字，《玉篇·阜部》訓曰：“去也，開也，疾愈也，殿階也。”⑤《周禮·地官·山虞》云：“若祭山林，則為主，而脩除且蹕。”鄭玄注：“脩除，治道路、場壇。”⑥ 南宋戴侗撰《六書故·地理二》亦云：“闢草移地為除，廷除之義取此，凡除治皆取此義。”⑦ 結合上述詮釋，本段簡文中“除道”的含義當是指對沿途的道路施予開闢、修治和清整，使之暢通無阻。其實，“除道”是先秦古籍中常見的專用術語，如《春秋左傳》卷八“莊公四年”條云：“（王）令尹鬪祁、莫敖屈重除道梁溠，營軍臨隨。”《正義》曰：“除道，謂除治新路，故知更開直道。”⑧ 此外，“除道”亦頻見於《戰國策》《墨子》《韓非子》等傳世文獻及睡虎地秦

---

① （清）王念孫：《廣雅疏證》卷四上，第 119 頁。

② 有關簡帛文書的書寫格式，詳見李均明《簡牘文書學》第三章《簡牘符號》，廣西教育出版社 1999 年版，第 60—88 頁；汪桂海：《漢代官文書制度》第二章《官文書及其程式（一）》、第三章《官文書及其程式（二）》，廣西教育出版社 1999 年版，第 19—111 頁；張顯成：《簡帛文獻學通論》第三章《簡帛制度》，中華書局 2004 年版，第 108—220 頁；王國維原著，胡平生、馬月華校注：《〈簡牘檢署考〉校注》，上海古籍出版社 2004 年版。

③ （東漢）許慎撰，（清）段玉裁注：《說文解字注》八篇上，第 382 頁。

④ 徐朝華注：《爾雅今注》，南開大學出版社 1994 年版，第 36 頁。

⑤ （梁）顧野王撰，（唐）孫強增補，（宋）陳彭年等重修：《重修玉篇》卷二二，載（清）永瑢、紀昀等纂修《景印文淵閣四庫全書》第 224 冊，經部二一八（小學類），第 185 頁。

⑥ 《十三經注疏》整理委員會整理、李學勤主編《周禮注疏》卷十六，第 416 頁。

⑦ （南宋）戴侗：《六書故》卷五，載（清）永瑢、紀昀等纂修《景印文淵閣四庫全書》第 226 冊，經部二二〇（小學類），第 69 頁。

⑧ 《十三經注疏》整理委員會整理，李學勤主編：《春秋左傳正義》卷八，第 225—226 頁。

墓竹簡、里耶秦簡、張家山漢墓竹簡（247 號墓）、額濟納漢簡等出土資料中，均係指肅清、修繕道路等含義。後世道教文獻中頻見"除道"用語，其含義大抵是對原有本意的延伸和神化。

就句式的結構及含義而言，放馬灘秦簡《日書》"為禹前除得（道）"與睡虎地秦簡《日書甲種》"先為禹除道"可謂一致。有學者將睡簡"先為禹除道"解釋為"我為大禹清除道路"[①]。此說恐誤，筆者認為：經過禹步及畫地"五橫"等神秘儀式後，出行者暫時實現了從世俗到神聖的轉變，儼然化身為大禹（後世道教科儀將此環節稱作"變神"[②]），進而以大禹的神聖權威飭令沿路的神衹及邪鬼精靈，清整道路，使之暢通無阻，消除一切安全隱患，為即將展開的旅行提供庇護和保佑。[③]

10. 譯文

綜上所述，放馬灘秦簡《日書》"禹須臾·行不得擇日"篇的大意是說：倘若無法擇日出行或必須在凶日時出行，遠行者須從家中出發、步行到鄉/縣城的城門外，先踏行三個禹步，接著面嚮北斗的方向（即北方），清整出一塊場地作為祭壇（陳設供品、施予祭拜），並擇地劃五條筆直的平線，然後注視地上的"五橫"圖案，念誦祝文："大禹神有直五橫，今天是利於出行的日子，遠行將不會遭遇任何不測及災禍，趕快為禹神清整道路、消除隱患（確保沿塗暢通無阻）。"

二　道書所見"四縱五橫"符圖及咒語

明代《正統道藏》所收錄的歷代道書中不乏可見"四縱五橫"圖案及其咒語。且從諸多跡象看，道教"四縱五橫"觀念與秦漢出土文獻中所見"直五橫"（"五畫地"）及唐宋方術"四縱五橫"說均有很深的淵

---

①　胡新生：《禹步探源》，《文史哲》1996 年第 1 期，第 72 頁。

②　有關道教儀式中"變神"問題，我們將另文探討。

③　胡文輝則認為長沙馬王堆漢墓帛畫《太一出行圖》"禹先行"與睡虎地秦簡《日書》"先為禹除道"及放馬灘秦簡《日書》"為禹前除"等具有相同的含義，"其中'為'似可解作'作'，'除道''前除'當是指作先鋒開路，所以'禹先行'和'先為禹除道''為禹前除'的意思都是指出行時先讓'禹'開路保平安……"（胡文輝：《馬王堆〈太一出行圖〉與秦簡〈日書·出邦門〉》，載氏著《中國早期方術與文獻叢考》，第 152 頁）此可備一說。

源關係。①

　　約出唐代的《北斗治法武威經》②："或出行求財遊藝，並行天罡法：先啓告北斗，誦呪訖念七星名字，以杖子畫地四縱五橫，禹步而行。隨天罡役去，任意所行，殃灾消滅。……禹步呪曰：'四縱五橫，六甲六丁。禹王治道，豈尤辟兵。遍行天下，曲戈反復。所有一切虎狼、賊盜、凶惡等，並赴吾魁罡之下，無動無作。急急如律令。'"③ 文後附有"禹步法"四縱五橫圖、"禹步印文"圖各一幅（詳見圖4–6）。就上述文字加以提煉，我們可將這場法事的流程歸納如下：（1）朝禮北斗、誦念星名；（2）手執法杖於地上畫出"四縱五橫"；（3）行禹步；（4）念誦咒語。其實，這與放馬灘秦簡《日書》"禹須臾·行不得擇日"篇所云何其相似——後者亦可概括為四個操作步驟：（1）禹步三；（2）嚮北斗質；（3）畫地；（4）念誦咒語。儘管二者先後次序略有不同，但其動作的核心本質則大抵相同。

---

　　① 北宋《景祐遁甲符應經》卷下"真人閉六戊法"條、金代施子美撰《軍林寶鑒》卷上《速用篇》、元代《居家必用事類全集》丙集"速用縱橫法"條、明代程道生撰《遁甲演義》卷三"四縱五橫於地"條及《增補玉匣記》上卷"出行緊急用四縱五橫法"等均談到出行擇吉畫"四縱五橫"。本文主要從道教文獻角度分析道門"四縱五橫"觀念的流變，故將上述方術選擇類文獻列為輔助材料使用。

　　② 該經開篇即云："隋大業末，英雄各起。……時（遠）清在布衣。……武德初載，清為理亂之臣，於東都洛陽"蒙九天玄女授《武威靈文》一卷，得以建功立業，"皇唐開業……清位封行臺左僕射，爵位上公。"（《道藏》第18冊，第694頁）此番言論或係假託之辭，但也折射出是經恐出唐代之季。且就內容而言，該經也較契合唐代道書之特徵。日本學者酒井忠夫則認為《北斗治法武威經》是宋代以後的道書，他提出的證據是："（經書中）有'守天下兵戈起'、'守天下大殃兵起'、'守國有干戈'、'守國天下大災'、'守國兵起中原'等文句。這些文句，應該是中國道教界在對付金、元的民族戰爭時，為了國家和天下，以及為了抑避外敵而行儀禮之際，特別將之放入祝呪言之中的。這個時代的兵家系統的道書，常可見到上述的傾向。"（［日］酒井忠夫撰：《談"反閉"——有關日中宗教文化交流史之研究》，王賢德譯，丁煌主編：《道教學探索》第肆號，"國立"成功大學歷史系道教研究室、"中華民國"道教會臺灣省臺南市支會合作編印1991年10月出版，第20頁註釋）酒井氏上述論斷恐有證據不足之嫌，因為經文中描述的戰亂現象同樣適用於隋末唐初。

　　③ 《北斗治法武威經》，《道藏》第18冊，第696頁。

圖 4 – 6　"禹步法""禹步印文"

資料來源:《北斗治法武威經》,《道藏》第 18 冊, 第 696 頁。

　　約出唐末五代的《黃帝太乙八門入式訣》①（卷下）圖文並茂地再現了"四縱五橫"符圖及其咒語（詳見圖 4 – 7）——"咒曰:四縱五橫,六甲六丁。蚩尤治道, 蒙恬被兵。周遊天下, 還復往反。所有虎狼、賊盜、一切惡毒, 並赴吾魁罡之下, 無動無作。急急如律令勅。"② 又以小字注曰:"左腳踏符勿語, 書符亦不迴顧, 但行, 大吉。"③ 這段咒語與前引《北斗治法武威經》行文格式大抵相同, 文字則略有不同, 其中最明顯的差異在於: 前者云"禹王治道, 豈尤辟兵", 而本處則云"蚩尤治道, 蒙恬被兵"。十分有趣的是, 約宋元時編撰的《太上三洞神咒》卷四《雷霆祈禱諸咒》所收錄"禹步辟虎狼咒"採納了《黃帝太乙八門入式訣》"蚩尤治道, 蒙恬步兵"的說法, 而其他文字則完全類同於《北斗治法武威經》所云。④

---

　　①　劉師培《讀道藏記》"黃帝太乙八門入式訣"條以為"此書或出唐宋前"。（劉師培:《劉申叔遺書》, 第 2001 頁）任繼愈主編《道藏提要》則認為:"然此書中徵引之《達摩胎息訣》, 始見於《新唐書·藝文志》。疑本書蓋出唐末五代。"〔任繼愈主編:《道藏提要》（修訂本）, 第 422 頁〕

　　②　《黃帝太乙八門入式訣》卷下,《道藏》第 10 冊, 第 777 頁。

　　③　《黃帝太乙八門入式訣》卷下,《道藏》第 10 冊, 第 777 頁。

　　④　《太上三洞神咒》卷四《雷霆祈禱諸咒》"禹步辟虎狼咒"條云:"四縱五橫, 六甲六丁。蚩尤治道, 蒙恬步兵。遍行天下, 曲戈反復。所有一切虎狼、賊盜、凶惡等, 並赴吾魁罡之下, 無動無作。急急如律令。"（《道藏》第 2 冊, 第 72 頁）

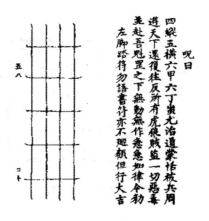

圖 4-7　"四縱五橫"符圖及咒語

資料來源:《黃帝太乙八門入式訣》卷下,《道藏》第 10 冊, 第 776—777 頁。

　　如果說前述道書中談及"四縱五橫"時均與出行祈安信仰有關, 那麼宋元以降道教則開始將"四縱五橫"加以改造後, 施用於其他法術科儀中。如南宋甯全真傳授、宋末元初林靈真所輯《靈寶領教濟度金書》卷二八五《存思玄妙品 (祈禳用)》談到"行銅牛鐵簡匣蓋法"時云: "以鐵障訣書禁地上, 禁地即藏牛處也, 念四縱五橫呪: '四縱五橫, 六甲六丁。禹王治道, 豈尤辟兵。吾藏弟子於金牛之內, 周遊天下, 回復往返, 不見飛尸、傳痒, 應有凶邪, 並赴魁罡。急急如律令。'"① 這是將"四縱五橫"施用於禳除災厄、祈保家人康健的法事科儀中。此外, 約元末明初時編纂的《道法會元》至少有四次明確地將"四縱五橫"獨立地運用到道法操作實踐中, 如卷五九《上清玉樞五雷真文》"折獄"條②、卷二三二《正一玄壇趙元帥秘法》"治殟疫法"條③、卷二四〇《正一玄

---

① (南宋) 甯全真傳授, (宋末元初) 林靈真編輯:《靈寶領教濟度金書》卷二八五,《道藏》第 8 冊, 第 510 頁。

② 《道法會元》卷五九《上清玉樞五雷真文》"折獄"條云: "法師變神為五雷伏魔使, 仗劍念折獄呪一遍, 握五雷局, 噀水一口, 閃目數度, 存電光滿室。便以劍於獄中畫四縱五橫, 便將劍斬獄中。"(《道藏》第 29 冊, 第 160 頁)

③ 《道法會元》卷二三二《正一玄壇趙元帥秘法》"治殟疫法"條: "凡治殟入病人家, 先用罩法。入其家門, 先囑將入門。以左手向本身縮大指、四指向上, 右手舒開五指、作四縱五橫, 封塞門戶, 委將擒捉。"(《道藏》第 30 冊, 第 451 頁)

壇元帥六陰草野舞袖雷法》"收邪巫法"條①及"役邪鬼法"條②。上述說法均與出行無關，但它們卻有一個共同的象徵含義：封閉、封壓，斬斷去路，乃類似於道門"天羅地網"之功用。可見，此時"四縱五橫"說已與秦漢出土文獻中所見"直五橫"（"五畫地"）截然不同。

此外，"四縱五橫"符圖及其咒語除了前述獨立出現的情況外，更多場合則是作為構成元素（組合部分）出現在《道法會元》收錄的各種法術符籙中。如該書卷一一六《太極都雷隱書》"五雷縱橫總攝符"條逐步分解了此符的各個構成部分（即畫符時每畫一個步驟，就要配合誦念相應的一段咒文），其中首列"四縱五橫"圖案及咒語："（四縱五橫圖略）四縱五橫，華蓋已成。軒轅治世，蚩尤避兵。違吾令者，頭破腦分。急急如上帝律。"③又卷二二九《靈官陳馬朱三帥考召大法》"袞鬼符"條亦條陳該符各個部分，其中談到"（四縱五橫圖略）四縱五橫，華蓋七星。"④

《道法會元》卷一五八《上清天蓬伏魔大法》"出門行持"條："即左手掐天罡印（辰文），右手劍訣畫九龍符在地。［守誠按：九龍符見圖4-8之（1）］右行七步，自魁至魁。便閉炁存四獸，神眾森然陳列，黃龍在前，隨斗柄而指，順行天罡，與神俱出。"⑤又云："布炁訣：凡欲行神布炁治病，先步三台北斗罡，斗中作四縱五橫，斗口中立。"⑥並附繪符圖4-8之（2）。前者"九龍符"圖中"四縱五橫"位居符頭的顯要位置，其後書寫七個"步"字以示從"魁"至"魁"的北斗七星；後者"布炁訣"圖中則將"四縱五橫"繪於北斗七星的斗口中。可見，二者均延續了"四縱五橫"與北斗有密切關係的古老傳統。

---

①　《道法會元》卷二四〇《正一玄壇元帥六陰草野舞袖雷法》"收邪巫法"條："呪畢，想收到以訣押邪盡入獄中，並無動作。加四縱五橫及大山訣，封壓。"（《道藏》第30冊，第485頁）

②　《道法會元》卷二四〇《正一玄壇元帥六陰草野舞袖雷法》"役邪鬼法"條云："却下開合訣，回身望後頭畫四縱五橫，想為連天鐵障，抵塞邪路。"（《道藏》第30冊，第486頁）

③　《道法會元》卷一一六，《道藏》第29冊，第536頁。上述內容亦見載於《法海遺珠》卷九《太極雷陰秘法》，文字大致相同。（《道藏》第26冊，第779頁）應該指出的是，前述二書均僅分解了"五雷縱橫總攝符"的各個構成部分，並未繪出此符的整體圖像。

④　《道法會元》卷二二九，《道藏》第30冊，第433頁。

⑤　《道法會元》卷一五八，《道藏》第29冊，第842頁。

⑥　《道法會元》卷一五八，《道藏》第29冊，第842頁。

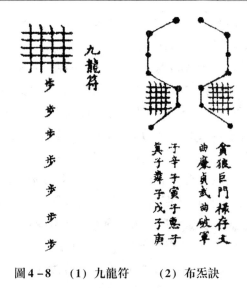

圖 4－8　　（1）九龍符　　（2）布罡訣

資料來源：《道法會元》卷一五八，《道藏》第 29 冊，第 842 頁。

　　《道法會元》卷二三二《正一玄壇趙元帥秘法》"治邪師符"條談到繪製"治邪師符"（圖 4－9）中"四縱五橫"（䡱）構成部分時念誦"四縱五橫，六甲六丁"，旋即畫冂形時則念誦："禹王治道，蚩尤辟兵，盜賊不起，虎狼不侵，周行萬里，還歸往返，千里萬里，無不伏藏。"[①]這實際上是將一段完整的"四縱五橫"咒文拆分為兩部分擇機念誦。由此可見，咒文與符籙的配合並非一成不變，而是根據不同場合和實際情況進行靈活調整。這一點在"連天鐵障符"（圖 4－10）中表現尤為突出。

　　"連天鐵障符"在《道法會元》中前後出現過兩次（二者形制不同），每種"連天鐵障符"內均含有兩個"四縱五橫"符圖。第一種"連天鐵障符"［圖 4－10 之（1）］收錄於該書卷二五六《地祇溫元帥大法》，其中涉及兩次畫"四縱五橫"（䡱）並附列與之配合的咒語，第一次所誦咒文曰："四縱五橫，龍君奉行，禹王治道，豈尤辟兵，當吾者死，背吾者亡。"[②] 第二次所誦咒文曰："四縱五橫，六甲六丁，太乙勝光，小吉。傳送從魁河魁登明神后，大吉。功曹太衝，太乙式父，五福十

①　《道法會元》卷二三二，《道藏》第 30 冊，第 451 頁。

②　《道法會元》卷二五六，《道藏》第 30 冊，第 574 頁。

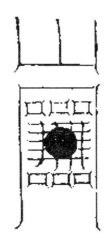

圖4-9　治邪師符

資料來源:《道法會元》卷二三二,《道藏》第30冊,第451頁。

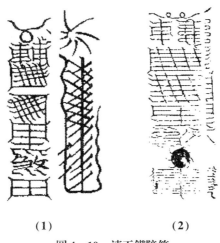

（1）　　　　　　　（2）

圖4-10　連天鐵障符

資料來源:《道法會元》卷二五六/卷二六六,《道藏》第30冊,第575頁/第635頁。

神,吾今周遊天下,回覆往反,應有兇惡,並赴吾魁罡之下,無動無作。"[①]在同一道符籙中勾畫相同式樣的"四縱五橫"圖案,其所念誦的咒語卻大有不同,耐人尋味。第二種"連天鐵障符"〔圖4-10之（2）〕

---

① 《道法會元》卷二五六,《道藏》第30冊,第574—575頁。

收錄於卷二六六《北陰酆都太玄制魔黑律靈書》，亦有兩次畫"四縱五橫"（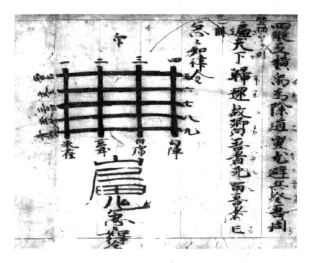）及念誦咒語，其一云："四縱五橫，龍不前行，禹步治道，蚩尤斬精。"① 其二云："四縱五橫，六甲六丁，太乙助我，五福十神。"② 這兩段咒語彼此不同，且與前述二咒亦不相同——就文字內容而言，後者似為前者的精縮版（當然，二者也互有訛誤）。此外，上述四段呪文或長或短，但有一個共同的特點，就是均以"四縱五橫"字樣開篇引出咒文。

圖4-11　"四縱五橫"圖及咒文

資料來源：［日］村山修一編著：《陰陽道基礎史料集成》，彩版四。

三　有關"四縱五橫"的幾個問題

下面，我們討論與"四縱五橫"密切相關的幾個問題——稱謂命名、象徵含義、畫地工具及一些具體的操作步驟。

---

① 《道法會元》卷二六六，《道藏》第30冊，第635頁。
② 《道法會元》卷二六六，《道藏》第30冊，第635頁。

（一）"四縱五橫"的稱謂命名

日本學者酒井忠夫、工藤元男根據日蓮僧日榮所著《修驗故事便覽》卷二"九字"條將"四縱五橫"符形及其咒語合稱為"九字"①，此種說法或符合日本人的稱謂習慣，但不契合中國道教及方術之傳統。中國歷代文獻中均未見到將"四縱五橫"稱為"九字"的案例。事實上，中國道教傳統中的"九字"更多是指"六甲秘祝"，如東晉葛洪撰《抱朴子內篇·登涉》所云："又曰，入山宜知六甲秘祝。祝曰：'臨兵鬭者，皆陣列前行。'凡九字，常當密祝之，無所不辟。要道不煩，此之謂也。"② 值得一提的是，《道法會元》所言"九字"則有幾種說法：其一，卷八九《九天雷晶元章》"九字法"條所列九字為：靐吼元圭對今焱景華③；其二，卷九三《雷霆三要一炁火雷使者法》"九字靈章"條附繪九個符字（圖4-12）④，又卷二一〇《丹陽祭鍊內旨序》"散食咒"條解釋說："三

① ［日］酒井忠夫：《反閇について——日·中宗教文化交流史に関する一研究》，《立正史學》第66號（1989年9月）（本文依據中譯本，酒井忠夫撰：《談"反閇"——有關日中宗教文化交流史之研究》，王賢德譯，丁煌主編：《道教學探索》第肆號，第1—20頁）；［日］工藤元男：《睡虎地秦簡所見秦代國家與社會》第七章《〈日書〉所見道教風俗》，［日］廣瀨薰雄、曹峰譯，第253—254頁；李遠國：《中日文化史上的宗教交流：九字秘咒的傳播與演變》，《中華文化論壇》2008年第3期，第84—88頁。

② 王明：《抱朴子內篇校釋》（修訂本）卷十七，第303頁。標點略作修正。此外，《黃帝九鼎神丹經訣》卷四（《道藏》第18冊，第806頁）、《上洞心丹經訣》卷下（《道藏》第19冊，第407頁）、《太上靈寶五符序》卷下（《道藏》第6冊，第338頁）等也都收錄有上述九字"六甲秘祝"，其中《上洞心丹經訣》所言九字與《抱朴子內篇》完全相同，而《黃帝九鼎神丹經訣》《太上靈寶五符序》則均曰："臨兵鬭者，皆陳列前行。"即將"陣"字改為"陳"。這與日本陰陽道資料《修驗故事便覽》卷二"九字"條相同。值得注意的是，約唐代抄本敦煌殘卷S.6963號《老子化胡經卷第二》亦云："……乾元亨利貞，邪不干正。臨兵鬭者，皆列陣前行。"（黃永武主編：《敦煌寶藏》第54冊，第181頁）又《上清靈寶大法》卷十三《制魔伏神門》"百八十天魔智慧神咒"條有云："……元亨利貞，邪不干正。臨兵鬭者，皆列陣前。"（《道藏》第30冊，第775頁）《靈寶无量度人上經大法》卷十六《遏絕魔試品》"滅魔智慧咒"和卷三六《祛妖拯厄品》"一百八十種天魔智慧神咒"均有云："……元亨利貞，邪不干正。臨兵鬭者，列陣前行。"（《道藏》第3冊，第707頁，第807頁）後三部道書乃將九字"六甲秘祝"加以改造——或置換語序，或刪減一字，然後嵌入一段長篇咒文中，使之成為其他咒語中的一個構成部分，從而消解了其獨立性，當係"六甲秘祝"九字在傳播過程中的流變。

③ 《道法會元》卷八九，《道藏》第29冊，第368頁。

④ 《道法會元》卷九三，《道藏》第29冊，第393頁。

字乃三天內諱，四字乃六天真言，五字乃五帝隱名，六字乃六司玄機，七字乃七星妙旨，九字乃九天祕號。"① 其三，卷九四《雷霆火張使者秘法》"變神"條談到九字是：魕眩魖魕魌魐魖魖魖②。但無論哪種"九字"說法，均與"四縱五橫"無涉。

圖 4 – 12　九字靈章

資料來源：《道法會元》卷九三，《道藏》第 29 冊，第 393 頁。

那麼，如何稱呼"四縱五橫"呢？我們現以道教文獻為例，試予談論和分析。前文已談到道教文獻中涉及"四縱五橫"的資料，可分為符圖和咒語兩大類，而二者均係定名時的重要參考依據。《北斗治法武威經》稱咒語為"禹步咒"，其後附圖則稱"禹步法"，而又於圖上端標注"四縱五橫"字樣（圖 4 – 6）。《太上三洞神咒》（卷四）稱咒語為"禹步辟虎狼咒"，《靈寶領教濟度金書》（卷二八五）則稱"四縱五橫咒"。

① 《道法會元》卷二一〇，《道藏》第 30 冊，第 318 頁。
② 《道法會元》卷九四，《道藏》第 29 冊，第 396 頁。

可見，道教文獻中對"四縱五橫"的稱呼並不統一，甚至有些雜亂，多數則迴避名稱問題而徑稱"四縱五橫"。有鑑於此，我們不妨沿襲其舊，仍稱之為"四縱五橫"（或稱"縱橫法"）。

（二）"四縱五橫"的象徵含義

《左傳·襄公四年》云："芒芒禹迹，畫為九州，經啟九道。"① 李零詼諧地解說道："在中國古代傳說中，九州是禹用腳丫子走出來的。他所走過的地方，大江南北，到處都留下了他老人家的足跡，而'禹迹'者，則是用'禹步'走出來的。"② 我們有理由相信，唐宋以前的道士及術士擇地畫"四縱五橫"時乃係基於對"禹畫九州"神奇事跡的模仿和再現，他們藉此化身為大禹、一次次演繹了當年重整河山的情景——"禹敷土，隨山刊木，奠高山大川"（《尚書·禹貢》），而在地上畫出"四縱五橫"圖案則代表擁有五嶽四瀆、山川湖海的神州大地。

有唐之季，"四縱五橫"內涵有了新發展，即由原來單純的空間概念引申出時間及屬性觀念，譬如《千金翼方》《景祐遁甲符應經》《太上六壬明鑑符陰經》《黃帝太一八門入式秘訣》《攝生纂錄》《玄精碧匣靈寶聚玄經》《道門通教必用集》等各類文獻均有意將"四縱五橫"附會解說成"四時五行"。茲舉一例以證之，如《黃帝太一八門入式秘訣》即云："呪曰：六律九章，天圓地方。四時五行，日月為光。禹步治道，蚩尤辟兵。青龍挾轂，白虎扶衰。熒惑前引，辟除不祥。北斗誅惡，滅去凶殃。五神侍衛，周遊四方。左社右稷，為吾鈐縛。千口萬舌，惡人惡鬼。虎狼盜賊，緘閉伏穢。急急如律令。"③ 這段呪文已將"四縱五橫"用語悄然替換成了"四時五行"，不過仍與出行祈吉有關。

晚唐以降，道教開始援引古老方術傳統中的"四縱五橫"觀念，並將其運用到道門法術儀式中。這一過程大致可分為兩個階段：初級階段

---

① 《十三經注疏》整理委員會整理、李學勤主編：《春秋左傳正義》卷二九，第 839 頁；楊伯峻編著：《春秋左傳注》，第 938 頁。

② 李零：《禹步探原——從"大禹治水"想起的》，《書城》2005 年第 3 期，第 58 頁。

③ 《黃帝太一八門入式秘訣》，《道藏》第 10 冊，第 782 頁。

的唐宋道書文獻中尚基本保留了方術原貌，論及四縱五橫時多與禹步、出行信仰有關——如《北斗治法武威經》《黃帝太乙八門入式訣》所言；高級階段的宋元以後道書文獻則經歷了一次重大轉變，大抵摒棄了舊有傳統，重新賦予了封閉門戶、抵塞邪路、張網立獄等功用（"想為連天鐵障"），與以往相比，可謂"改頭換面"，全然不見了本來面目。

　　總之，唐代以來四纵五橫的意義逐漸地多重化、多樣化了，而宋元道教對其吸收和改造則極大豐富了這一觀念。

（三）"四縱"與"五橫"：哪個先畫？

　　我們知道，"四縱五橫"是由四條縱線和五條橫線構成。那麼實地操作時是先畫"四縱"抑或先畫"五橫"？前引道教文獻均未談及此問題。不過，就辭源學規律而言，既然"四縱五橫"中"四縱"在前、"五橫"在後，那麼推測道門中人作法畫符時先畫四縱、後畫五橫當似無大謬誤。其實，這一推論也得到方術文獻的證實。如金代施子美撰《軍林寶鑒》卷上《速用篇》云："以右手大拇指先畫四縱，後五橫。"元代《居家必用事類全集》丙集《仕宦》"速用縱橫法"條亦云："事急不暇選日，當作縱橫法。……正立門內，叩齒三十六通，以右手大拇指，先畫四縱，後為五橫。訖，即呪曰：'四縱五橫，吾今出行。禹王衛道，蚩尤避兵。盜賊不起，虎狼不行，還歸故鄉。當吾者死，背吾者亡。急急太上老君律令。'呪畢便行，慎勿返顧。"① 約明末清初《增補玉匣記》"出行緊急用四縱五橫法"條所言與前引《居家必用事類全集》約略相同（圖4-13）。②

---

　　① 佚名：《居家必用事類全集·宋氏》丙集，載北京圖書館古籍出版編輯組《北京圖書館古籍珍本叢刊》61 "子部·雜家類"，書目文獻出版社1988年版（據明刻本縮印），第98—99頁。

　　② 本文所據《增補玉匣記》版本係越南大南國阮朝啓定庚申年（1920年）翻刻清版《新鑴許真君玉匣記增補諸家選擇日用通書》（越南國家圖書館藏）。該書內封題寫書名《增補選擇通書廣玉匣記》及小字"啓定庚申年春""廣盛堂藏板"字樣，卷首有康熙甲子年（1684年）嘉平琊瑯王相昇撰《增補諸家選擇廣玉匣記序》，卷一篇題下署有"莆陽鄭漢濯之校梓"字樣。

圖 4 - 13 出行緊急用四縱五橫法

資料來源:《增補選擇通書廣玉匣記》卷三。

不過,值得注意的是,相傳明代劉伯溫輯《奇門遁甲秘笈大全》卷二四"出三奇吉門咒"條云:

> 凡念咒須禹步,右手畫四縱五橫,即曰:"四縱五橫,六甲六丁,玄武載道,蚩尤避兵,左懸南斗,右佩七星,邪魔滅跡,鬼崇潛形,干不敢犯,支不敢侵,太上有勅,吾令指行,入水不溺,入火不焚,逆吾者死,順吾者生,當吾者死,視吾者盲,急急太上道祖鐵師上帝律令。"念畢即前,或乙、或丙、或丁三奇神咒,隨念隨行,慎勿反顧。
>
> 單日東西五橫、南北四直,雙日南北五橫、東西四直。咒曰:"禹王滅道,吾令出行,四縱五橫,蚩尤備兵,撞吾者死,避吾者生,吾遊天下,還歸故鄉,敬請南斗六郎,北斗七星,吾奉太上老君,急急如律令。"左手掐本日字,佐右手子文畫橫。二咒大同小異,隨意用之。①

---

① 《奇門遁甲秘笈大全》總計三十卷,故宮珍本僅存前二十三卷,後七卷(卷二四—卷三十)殘佚無存。(故宮博物院編:《奇門遁甲秘笈大全》,故宮珍本叢刊第 427 册"陰陽五行",海口:海南出版社 2000 年影印版)此外,傳為明代正德本《奇門遁甲》"單日雙日出行法訣"條亦云:"單日東西五橫,南北四直,五橫四豎相交。雙日南北五橫,東西四直,五橫四豎相交,畫畢祝曰。"(其咒語與前引《奇門遁甲秘笈大全》"禹王滅道"之句大抵相同,故略)。[佚名撰,劉秉榮點校:《奇門遁甲》(明朝真本),中國民間文藝出版社 1989 年版,第 229—230 頁]

　　這裏談到依據當時日子來區分"四縱（直）五橫"的劃法，即單日：東西五橫、南北四直（縱），雙日：南北五橫、東西四直（縱）（圖4-14）。就筆者目力所及，這種畫法及其理念不見於以往正統文獻中，應當是這一擇吉方術在明清民間社會中流傳時所產生的一種變異，而這種流變則徹底動搖了"四縱五橫"的外在表徵及其基本結構，與之配合念誦的咒語也雜糅了傳統方術與民間道教的色彩。至於引文"單日東西五橫、南北四直，雙日南北五橫、東西四直"句中始終將"五橫"放於"四直"之前，是否暗示無論單雙日均須先畫五橫、再畫四直（縱）？對此，筆者不敢妄下斷語（但不否認有其可能）。

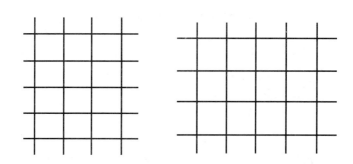

圖4-14　東西五橫、南北四直（單日）　南北五橫、東西四直（雙日）

資料來源：依據《奇門遁甲秘笈大全》自行繪製。

　　有趣的是，今臺灣南部靈寶派道士敷演"收禁命魔"科儀時，末尾有一場"封鬼門"的科介表演：高功步罡踏斗至鬼門（艮位），手持法劍、畫地為牢，先用劍指訣在掌心寫一"速"字，然後執劍在米斗上方虛寫一"鬼"字（代表"命魔"），隨即畫"四縱五橫"，同時誦咒"天一，地一，地水逆流"云云，最後將法劍插入米斗內。[1]"四縱五橫"的用意，乃係將"命魔"劾鎮困住。值得注意的是，高功執劍畫"四縱五橫"時必須根據月份而有所區別，即農曆一、三、五、七、九、十一月為陽月，先畫"四縱"、後畫"五橫"；農曆二、四、六、八、十、十二則為陰月，先畫"五橫"、後畫"四縱"。

————————

[1]　對此問題，筆者將另文探討。

此外，根據秦漢出土文獻中僅有"直五橫"（"五畫地"）而無"四縱"之說法，故筆者猜測："四縱五橫"觀念的形成是否先有"五橫"說，爾後經過發展和演變，又增補了"四縱"說，才最終定型為"四縱五橫"觀念？

（四）畫地與祝告：何者先行？

若對秦漢出土文獻中涉及"畫地"儀式步驟加以提煉和分解，可以概括如下：放馬灘秦簡《日書》為禹步、畫地（直五橫）、祝告；睡虎地秦簡《日書》和周家臺三〇號秦墓簡牘《病方及其他》均為禹步、祝告、五（午）畫地；馬王堆漢墓帛書《五十二病方》為祝咒、畫地。其中，放馬灘秦簡是先畫地再祝告，而睡虎地秦簡、周家臺秦簡、馬王堆漢墓帛書則均係先誦祝文，然後畫地。

我們再來看前述道書文獻中的情況。《北斗治法武威經》：畫地、禹步、誦咒；《道法會元》（卷五九、卷二四〇）：誦咒、畫地；《靈寶領教濟度金書》（卷二八五）：畫地、誦咒。由此可見，無論是秦漢時的方術傳統，抑或唐宋以降道門法術，上述兩種情況（畫地在先或祝咒在先）均同時存在，古人似無意嚴格區分。

（五）畫地（符）的工具

對於"畫地"時所用之器具，余欣歸納了三種方式：一種是用刀，如敦煌殘卷 S. 2729V、東晉《抱朴子內篇·登涉》、北宋《景祐遁甲符應經》；一種是"以杖子"，見約唐代《北斗治法武威經》；一種是"以右手大拇指"，金代《軍林寶鑒》、日本《修驗故事便覽》、明（元）代《居家必用事類全集》。[①] 我們引以為是。不過，除了上述援引史料外，筆者還想補充一些道教文獻中的材料。

前引《道法會元》卷五九《上清玉樞五雷真文》"折獄"條談到演

---

① 余欣：《神道人心——唐宋之際敦煌民生宗教社會史研究》，第 321 頁。此外，前引《增補玉匣記》亦云："以右手大拇指先畫四縱，後畫五橫。"

法道士手執法劍於地上畫出 "四縱五橫"① 圖案，更常見的則是以各種指訣來代替——如前引《道法會元》卷一五八《上清天蓬伏魔大法》"出門行持" 條、卷二三二《正一玄壇趙元帥秘法》"治瘟疫法" 條、卷二四〇《正一玄壇元帥六陰草野舞袖雷法》"收邪巫法" 條和 "役邪鬼法" 條及《靈寶領教濟度金書》卷二八五《存思玄妙品（祈禳用）》"行銅牛鐵簡匾蓋法" 等，均是手結指訣於空中虛畫或於地上實畫 "四縱五橫" 及相關符圖。其實，手指動作（或指訣）是巫士施展法術時最為常見的肢體行為，並且古人深信這些動作具有特殊的威懾力。如據《漢書·宣元六王傳·東平思王劉宇傳》記載：西漢哀帝時，東平煬王劉雲被控圖謀不軌，"言使巫傅恭、婢合歡等祠祭詛祝上，為雲求為天子。雲又與知災異者高尚等指星宿，言上疾必不愈，雲當得天下"②。引文中談到劉雲及術士高尚以手 "指星宿" 應當就是一種特殊的法術行為。

其實，筆者在閩、臺地區從事道教科儀的田野調查時發現，當地靈寶派道士仍沿襲傳統，使用多種方式來敷演畫符、召將等儀式動作：或用手指（指訣），或用劍（法劍、七星劍），或用令牌（五雷號令），或用腳（如敕水禁壇時演法道士用腳尖——左足或右足，點地三下，代表三台），或用心（即意念存想）。而這些方式均可以在宋元道書文獻中找到理論依據，故很難說哪一種就是正宗，哪一種就是 "旁門" 衍生。事實上，這似乎由道士根據場地佈局、科儀節次、法器物品等情況來擇機、變通而行，且對道人及民眾而言，無論是採用何種方式，其所達到的宗教效果及象徵含義都是一樣的。有鑑於此，筆者對余氏所言 "綜合來看，似用刀是 '正宗'，但有左右手之別，餘皆晚出之旁門也"③ 持謹慎的保留意見。且就放馬灘秦簡、睡虎地秦簡和馬王堆漢墓帛書來看，很難推斷就是

---

① 《抱朴子內篇·登涉》記載："若暮宿山中者……以左手持刀閉氣，畫地作方，祝曰：'恒山之陰，太山之陽，盜賊不起，虎狼不行，城郭不完，閉以金關。' 因以刀橫旬日中白虎上，亦無所畏也。"［王明：《抱朴子內篇校釋》（修訂本）卷十七，第 313 頁。標點略作修正］這裏所畫雖為方形框而非 "四縱五橫"，但也不失為左手執刀畫地之一例。此外，《黃帝太一八門入式秘訣》"大暑六戊隱形符" 條亦談道："左手提刀，於鬼門取土作城壁。"（《道藏》第 10 冊，第 779 頁）不過，道書文獻中也不乏可見右手執刀之案例，《太上六壬明鑑符陰經》卷四 "玉女反閉局" 條云："右手執刀，面旺方，吸旺氣，旺神。"（《道藏》第 18 冊，第 639 頁）

② （東漢）班固撰：《漢書》卷八〇，（唐）顏師古注，第 3325 頁。

③ 余欣：《神道人心——唐宋之際敦煌民生宗教社會史研究》，第 322 頁。

"執刀（劍）"畫地。漢代人盛行隨身佩戴刀劍之風俗,① 而戰國及秦時則對佩劍者的身份等級有嚴格規定,② 尤其秦始皇兼併六國後對兵器的管控更為嚴格,普通百姓出行恐不得佩戴刀劍。③ 睡虎地秦簡《日書》、放馬灘秦簡《日書》等所傳授的諸種禁忌方術,其受眾人群應當以中下層民眾為主,而這部分人在當時的社會環境下是不被允許攜刀、佩劍的。倘若將秦簡《日書》中的"畫地"工具單純地定義為"刀（劍）"難免太過絕對化。當然,筆者無意否認執刀劍畫地的可能性,但也不排除就地取材的存在,或許真實的情況是這樣的:具有佩劍資格的貴族及官員出行時執刀劍畫地,而那些不佩劍的民眾則隨機於路邊道旁尋覓一些趁手的荊棘④、枝木,甚至以手指或腳尖來畫地恐怕也未必全無可能。⑤

---

① （南朝梁）劉昭注《後漢書·輿服志下》"刀條"曰:"（漢代）自天子至于庶人,咸皆帶剄。"（南朝宋·范曄撰:《後漢書》志第三十,唐·李賢等注,第3672頁注釋）《晉書·輿服志》:"漢制,自天子至於百官,無不佩劍,其後惟朝帶劍。"（唐·房玄齡等撰:《晉書》卷二五,第771頁）

② （西漢）賈誼撰《新書》記載:"古者,天子二十而冠,帶劍;諸侯三十而冠,帶劍;大夫四十而冠,帶劍。隸人不得冠,庶人有事得帶劍,無事不得帶劍。"（漢·賈誼撰,閻振益、鍾夏校注:《新書校注》附錄一《新書未收文賦及佚文·佚文》,第452頁）

③ 《史記·秦始皇本紀》:"（秦統一後）收天下兵,聚之咸陽,銷以為鍾鐻,金人十二,重各千石,置廷宮中。"（西漢·司馬遷撰:《史記》卷六,第239頁）

④ 以荊棘畫地,有著古老的歷史淵源。馬王堆漢墓帛書《養生方》"走"條（第189~190行）云:"【一曰】:行宿,自謼（呼）:'大山之陽,天□□□,□□先□,城郭不完,□以金關。'即禹步三,曰以產荊長二寸周畫〈畫〉中。"（馬王堆漢墓帛書整理小組編:《馬王堆漢墓帛書［肆］》,圖版第66頁,釋文第116頁）這段文字敘述了人在旅途、露天夜宿時的自我防衛禁術:念誦一番祝文,足踏禹步,再以長約二寸的生荊畫地作一圓圈狀——人居其中、可獲平安。此外,《太上六壬明鑑符陰經》卷四"玉女反閉局"條亦云:"……左手把六箅子,各長一尺二寸,以杜荊為之。"（《道藏》第18冊,第639頁）

⑤ 《抱朴子內篇·登涉》談到道士入山"若或見蛇……以手捻都關,又閉天門,塞地戶,因以物抑蛇頭而手縈之,畫地作獄以盛之,亦可捉弄也"。又云:"若他人為蛇所中……若相去十數里者,亦可遙為作炁,呼彼姓字,男祝我左手,女祝我右手,彼亦愈也。"［王明:《抱朴子內篇校釋》（修訂本）卷十七,第305頁］據文意可知,這裏當係以指畫地為獄來禁蛇,當為他人遙祝治療蛇傷時則區分左手和右手——受傷者若為男性則祝咒自己的左手、女性則祝咒自己的右手（即將自己的左右手視為傷者的擬象）。此外,《抱朴子內篇·仙藥》還談到以"萬歲"蟾蜍的左足畫地可獲流水,如云:"肉芝者,謂萬歲蟾蜍,頭上有角,頷下有丹書八字再重,以五月五日日中時取之,陰乾百日,以其左足畫地,即為流水。"［王明:《抱朴子內篇校釋》（修訂本）卷十一,第201頁］上述引文雖非畫"四縱五橫",卻可參考。

(六) 對於圖案的處理方式

對於“畫地”之後，有關圖案的處理方式，秦漢出土文獻中所見各不相同。放馬灘秦簡畫地後目視“直五橫”圖案並念誦祝文（“畫地，視之曰”云云）；睡虎地秦簡畫地後撮取圖案中央位置的土揣在懷中（“即五畫地，掫其畫中央土而懷之”）；周家臺三〇號秦墓簡牘《病方及其他》畫地後撮取內中土以摩擦鼻中部位［“即午畫地，而最（撮）其土，以摩（摩）其鼻中”］；馬王堆漢墓帛書《五十二病方》則因字跡殘缺無法判明其處理方式（“五畫地□之”）。然而，上述方式均不見載於後世文獻中。

值得注意的是，敦煌文獻則言從其圖案上跨度過去。如約唐宋之際抄本 P. 2661 背面《諸雜略得要抄子一本》云：“凡人欲急，不擇日，出大門畫大地，五縱六橫，一云四縱五橫。‘禹為治道，蚩尤壁（避）兵，五（吾）周行天下，為禍殃呵吾者死，流吾者亡，急急如律令。’訖之，可畫上過而去，物（勿）迴頭。”① 又，S. 2729 背面《太史雜占曆》云：“初出門，閉氣，□手執刀畫地，作縱五橫，令方三尺②，隨意所向方面立，蜜（密）呪之：‘四縱五［橫］，長使我行，周遍天下，無有禍殃，謀我者死，犯我者亡。’呪訖，便跨度去，勿顧其後。”③ 余欣指出：“在儀式完成後，兩件敦煌文書都囑咐‘訖之，可畫上過而去，物（勿）回頭’，‘呪訖，便跨度去，勿顧其後’。我認為，之所以要從‘四縱五橫’上跨度而過，可能是對上文所論行神的軷祭的模仿，即相當踐踏行神的祭壇而行。至於不準回頭，劉樂賢引孫思邈《備急千金方》及《雲笈七籤》為證，云古人以為‘顧則神不去人’，即回頭看將有神靈離

---

① 黃永武主編：《敦煌寶藏》第 123 冊，第 175 頁。

② 胡文輝釋讀此句為：“手執刀畫地，作［四?］縱五橫，令方三尺”云云。（胡文輝：《馬王堆〈太一出行圖〉與秦簡〈日書·出邦門〉》，載氏著《中國早期方術與文獻叢考》，第 157 頁）余欣則釋讀為“［以］手執刀畫地，作縱五橫令（六），方三尺”云云。（余欣：《神道人心——唐宋之際敦煌民生宗教社會史研究》，第 315 頁）這裏，余氏將“令”訓為“六”之訛誤，從而得出“作縱五橫令（六）”說法，恐怕缺少證據。

③ 黃永武主編：《敦煌寶藏》第 22 冊，第 584 頁。

體的危險。"① 此說可信從。值得注意的是，前引 S. 2729 談到出行人念咒時的朝向已不局限於北斗（北方），而是隨意選擇任何方位均可——"隨意所向方面立"。

那麼，道教中人對其採用何種處理方式呢？前引《北斗治法武威經》所云"以杖子畫地四縱五橫，禹步而行"可知：畫地在前，禹步在後，行禹步時必然經過前方所畫出的"四縱五橫"符圖，而對於經過時的處理方式——踏之而過抑或跨度而去，文中沒有明確交待。不過，前引《黃帝太乙八門入式訣》則特別以小字注曰："左腳踏符勿語，書符亦不迴顧，但行，大吉。"由此可見，對於"四縱五橫"的處理方式是待誦咒後以左腳踏過符圖而去（期間保持緘默）——請注意是踏之而過，而非跨過去。不過，這一原則僅適用唐宋之際的道書文獻——此時"四縱五橫"觀念尚與出行信仰有關，宋元以後道教"四縱五橫"符圖儼然成為神聖的禁區，其存在是為了屏蔽、阻隔或禁錮一切鬼魅，已絕無踏過或跨過之可能。

四　結　論

毋庸諱言，秦漢出土文獻中所見"直五橫"（"五畫地"）等說法均具有明顯的巫術色彩，乃係古老的民間巫術傳統。工藤元男、胡文輝等直接將放馬灘秦簡"直五橫"（他們釋文為"四直五橫"）等同於後世道教的"四縱五橫"。② 我們並不否認二者有很深的淵源關係，但不可否認的是它們之間存在很大不同。正如巫術與道術（道教法術）的關係一樣，前者是後者的源頭和濫觴，後者是以前者為基礎、吸納了諸多成分而創立的，但不能將二者混為一談。"直五橫"（"五畫地"）與道教"四直五橫"觀念有很強的相似性，但是後者是以前者為基礎敷衍而成，這期間

① 余欣：《神道人心——唐宋之際敦煌民生宗教社會史研究》，第 324 頁。劉增貴分析睡虎地秦簡《日書》所言出行"毋顧"時說："直行毋顧的原因是：小顧表示小停，小不利；大顧表示大停，有大凶；都象徵出行不順而多險。……在古代傳說及法術中，'顧'會帶來災殃。"［劉增貴：《禁忌：秦漢信仰的一個側面》，《新史學》十八卷四期（2007 年 12 月），第 61—62 頁］

② 胡文輝推測"放馬灘《日書》的'禹有直五橫'可能有脫漏，而本當作'禹有四直（縱）五橫'？"（胡文輝：《馬王堆〈太一出行圖〉與秦簡〈日書·出邦門〉》，載氏著《中國早期方術與文獻叢考》，第 151 頁）

經歷了漫長的演變過程，尚且缺少史料彌補這些缺少的鏈環，我們期待新的出土材料的發現。

耐人尋味的是，就目前掌握的資料而言，道教“四縱五橫”觀念最早可以追溯到唐代，而此前的道教文獻則未見此說法。造成這一現象的背後原因是什麼？由於缺少直接有力的史料和證據，我們尚無法給出準確的答案。不過，筆者提出一種假設或推測：秦漢以降，“直五橫”（“五畫地”）作為一種出行擇吉類方術而始終不絕如縷地在下層民眾中流傳有緒，並不斷地得到豐富和發展，至遲唐代以前最終定型為“四縱五橫”，乃至傳播到東瀛日本及西域邊地——敦煌（當地衍生出“五縱六橫”“縱五橫六”等說法，並與傳統的“四縱五橫”說同時並存）。在唐代道教步入鼎盛時期而獲得空前的歷史機遇，道門法術及科儀經過跨越式發展也迫切需要吸收新資源來充斥道法（晚唐杜光庭即為傑出代表），順其自然地就將民間方術及兵家傳統的“四縱五橫”援引入道法實踐中，最初道教“四縱五橫”觀念尚且保留了出行祈吉的本初含義。宋、元以後，道教科儀法術又經歷了一次大的調整，長期活躍在社會下層的民間道士（世俗化道教）開始躍居重要地位（以《道法會元》為代表），此時“四縱五橫”最終摒棄出行信仰而徹底宗教化，演變成為封閉邪路的“連天鐵障”或囚禁邪鬼的牢獄之所，其所承擔的宗教功能也逐步由被動防禦型轉變為主動進攻型。

下　篇

葬俗與信仰

第 五 章

放馬灘 M14 秦墓板畫反映的喪葬信仰

　　1986 年 6～9 月，甘肅省文物考古研究所在天水放馬灘發掘了 14 座秦漢墓葬（秦墓 13 座、西漢墓 1 座），出土了一批珍貴的竹簡和器物，引起學界的廣泛關注。其中，編號 M14 秦墓中出土一塊木板，其兩面均繪有圖案，正面繪製一虎繫於樹下，背面是六博局圖式（為了行文便利，筆者將其擬名為繫虎及博局板畫）。由於放馬灘秦簡面世以來，學界更多圍繞竹簡《日書》（甲種、乙種）展開討論，對此板畫似未給予足夠重視，迄今尚未見到專文討論者。筆者不揣淺陋，針對這幅繫虎及博局板畫在當時葬俗中的作用及其象徵含義提出一些個人看法，以就教於方家。

一　資料介紹

　　這幅繫虎及博局板畫出土時位於棺內死者（屍體）的胸、腹部，[①] 由於 M14 墓未經盜擾、保存完好，故最大程度地再現了當初下葬時的原貌。[②] 有鑑於此，我們可以判定其位置的擺放當係時人有意為之。對此，發掘簡報中僅含蓄地說："一四號墓在死者胸部壓放繪虎板畫，似是一種

---

　　① 發掘報告中對該木板畫出土位置的描述，前後略有出入：或云"出土時位於棺內死者腹部"，或云"木板畫一件，置胸部"（《天水放馬灘墓葬發掘報告》，載甘肅省文物考古研究所編《天水放馬灘秦簡》，第 119 頁、第 116 頁）。出現這一描述誤差的原因，可能是由於棺內屍體腐爛嚴重，僅殘存腿骨及牙齒。而木板畫發現時是介於頭端的牙齒及木枕與腳端的腿骨之中間，故推測應在屍體的胸部或腹部。總而言之，這幅繫虎及博局板畫出土時被放置在屍體的胸、腹部應該是大抵可信的。

　　② 有關放馬灘 M14 秦墓的形制情況，詳見《天水放馬灘墓葬發掘報告》，載甘肅省文物考古研究所編《天水放馬灘秦簡》，第 116 頁。

特殊的葬俗。"① 可惜，文中並未說明是何種葬俗以及為何要繪製一隻猛虎和一幅六博棋局。而這正是本文所要談論的中心問題。討論之前，我們先來釐清這則資料的相關細節。

第一，板畫的創作時間。據發掘報告介紹：包括 M14 在內的十三座"放馬灘秦墓的時代早至戰國中期，晚至秦始皇統一前"②。故這幅板畫的創作年代也屬於這一時間跨度內，應當是為 M14 墓死者下葬前專門繪製的。

第二，板畫的形制規格。板畫兩面上的圖案均係由墨筆線描、勾勒而成。據發掘報告稱：木板長 12.7 釐米，寬 5.8 釐米，厚 0.3 釐米。③ 筆者根據實物原大圖版測量，木板正面的虎形圖案長 7 釐米、高 4 釐米，木板背面的博局圖長 9 釐米、寬 5.8 釐米。

第三，繫虎圖像的文字說明。木板正面的中心位置繪有一隻顧首猛虎，脖子繫繩、拴於樹下（詳見圖 5－1）。只見它身上遍佈花紋、威風凜凜，從左向右側身而行（畫面中僅露前、後肢各一），前肢伸展、後肢彎曲，作欲掙脫、奔跑、發力狀，昂頭回首（虎頭向左）、瞠目怒視，大張虎口、咆哮怒吼，利齒森然可見，虎尾高翹。這幅畫作栩栩如生地表現出作為百獸之王的老虎威猛無比的形象，這隻猛虎儼然就像可隨時跳躍欲出、撲向獵物，令人印象深刻。

這幅繫虎圖案中諸多細節雖以寥寥數筆勾勒，但於粗曠中透著細膩，既有寫實，又有寫意。畫面佈景並不拖泥帶水，而是詳略得當，大膽地省略細枝末節，突出中心對象、弱化陪襯，從而深刻地凸顯出這幅板畫的用意及內涵。譬如，畫面中為了突出虎的兇猛而佔據了五分之三的板面，與之形成鮮明對比的是，作為輔助背景的繫虎之樹反而顯得十分矮小，其高度甚至不及翹起之虎尾。這一表現手法，在漢代畫像石（磚）雕刻中得到了很好地繼承和發展。④

---

① 《天水放馬灘墓葬發掘報告》，載甘肅省文物考古研究所編《天水放馬灘秦簡》，第 129 頁。

② 《天水放馬灘墓葬發掘報告》，載甘肅省文物考古研究所編《天水放馬灘秦簡》，第 128 頁。

③ 《天水放馬灘墓葬發掘報告》，載甘肅省文物考古研究所編《天水放馬灘秦簡》，第 119 頁。

④ 例如，四川內江白馬石棺漢代畫像石刻 "拴馬" 場景中，為了突出馬的形象而縮小（弱化）了拴馬之樹。（中國畫像石全集編輯委員會：《中國畫像石全集》第七卷《四川漢畫像石》，圖版第 147 號 "內江白馬石棺拴馬·鷺啄魚"，第 114—115 頁）

　　第四，博局圖的形制介紹。木板背面所繪博局圖，乃是秦漢以降六博棋局之常規形制。局面正中畫一方框，方框外側四角均各有一小圓圈。內方框與外邊緣之間勾勒出十二個規矩形曲道。① 整幅博局約成正方形，以"T、L、V"三種符號②把博局盤分格成四方、九區（詳見圖 5–3）。就棋道設計而言，這幅墨筆繪製的博局圖，與迄今發現的十餘件秦漢博局實物大抵相同，可見為後世沿用的▨型六博局規制至遲到秦代就已成熟和定型。③

　　必須指出的是，仔細比對實物圖版，我們可以發現考古報告中所附博局圖之摹本竟然出現了幾處失當：其一，摹本將博局下邊側中央位置的⌐形符號繪成了¬形，今據實物圖版可清楚地分辨出確係摹本繪錯了朝向，使之有悖於六博局的傳統構造；其二，摹本將博局圖的內框繪製成長方形，而實物圖版則顯示為正方形；其三，實物圖版中虎一面的板畫編號為 M14·9A、六博局一面板畫編號為 M14·9B，而摹本標註編號時則將二

----

　　①　《說文解字》訓"簙"字曰："局戲也，六箸十二棊也，從竹、博聲。"（東漢·許慎撰，清·段玉裁注：《說文解字注》五篇上《竹部》，第 198 頁）

　　②　學界最初將上述符號稱作"規矩紋""TLV"紋，後來隨著六博局實物材料的大量發現，今人多已改稱"博局紋"。（詳見傅舉有《論秦漢時期的博具、博戲兼及博局紋鏡》，《考古學報》1986 年第 1 期，第 37 頁；周錚：《"規矩鏡"應改稱"博局鏡"》，《考古》1987 年第 12 期，第 1116—1118 頁；李零：《跋中山王墓出土的六博棋局——與尹灣〈博局占〉的設計比較》，《中國歷史文物》2002 年第 1 期，第 14 頁；趙戰護：《試論博局鏡的命名問題》，《文物春秋》2010 年第 6 期，第 21—27 頁）

　　③　湖北江陵雨臺山楚墓 M197、M314 出土了兩件戰國博局，也是目前考古發現的最早博局實物之一。（湖北省荊州地區博物館：《江陵雨臺山楚墓》，文物出版社 1984 年版，第 104 頁）不過，它們的棋局設計與秦漢時期流傳的博具有所不同（為鼎型）。傅舉有認為："1、這兩件博局也許是比較早期的形式；2、或許戰國時期博具已有多種形制，這只是其中的一種"。（傅舉有：《論秦漢時期的博具、博戲兼及博局紋鏡》及文末附補寫《後記》，載湖南省博物館編《湖南省博物館四十周年紀念論文集》，湖南教育出版社 1996 年版，第 17—34 頁及第 34—43 頁）李零則肯定了傅氏的第二種說法，認為這兩件楚墓博局"可能是六博的另一種形式"。（李零：《跋中山王墓出土的六博棋局——與尹灣〈博局占〉的設計比較》，《中國歷史文物》2002 年第 1 期，第 14 頁）此外，湖北荊州紀城楚墓、湖北荊州天星觀楚墓、江陵九店楚墓、河北平山縣中山國墓、五福楚墓等也出土過戰國中晚期的六博棋局。（詳見黃儒宣《六博棋局的演變》，《中原文物》2010 年第 1 期，第 52—60 頁）此外，湖北雲夢睡虎地秦墓 M11、M13 出土了兩套六博棋具（包括木博局、骨棋子、竹箸），其博局形制與放馬灘 M14 板畫所繪博局圖完全相同，M11 墓的年代是秦始皇三十年（前 217 年），M13 墓與之大致相同。有關這兩套六博棋具的形制及出土情況，詳見《雲夢睡虎地秦墓》編寫組《雲夢睡虎地秦墓》，文物出版社 1981 年版，第 55 頁，圖版四二（M11：48，M13：37）。

者顛倒了。基於上述情況，我們對原摹本加以修訂，詳見圖 5 - 4。

圖 5 - 1　天水放馬灘秦墓（M14）木板畫正面之虎圖（M14・9A）

圖 5 - 2　虎圖摹本（M14・9A）

圖 5 - 3　天水放馬灘秦墓（M14）木板畫背面之博局圖（M14・9B）

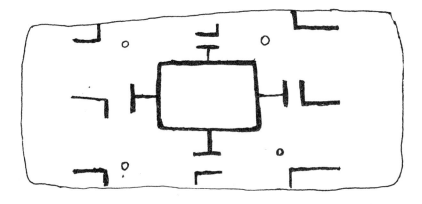

圖 5 - 4　修訂後的博局圖摹本（M14·9B）

二　猛虎在墓葬中的角色及功用

　　為了更好地討論猛虎在墓葬中的作用，我們必須先介紹方相氏在古代葬儀中扮演的角色。① 《周禮·夏官》"方相氏"條曰："掌蒙熊皮，黃金四目，玄衣朱裳，執戈揚盾，帥百隸而時難，以索室毆疫。大喪，先匶，及墓，入壙，以戈擊四隅，毆方良。"② 這段話是說，方相氏蒙披熊皮，頭戴金色四目面具，上身穿黑衣、下身著紅裙，手執戈與盾，③ 率領羣隸

　　① 有關 "方相氏" 的研究，詳見孫作雲《評 "沂南古畫像石墓發掘報告" ——兼論漢人的主要迷信思想》，《考古通訊》1957 年第 6 期，第 77—87 頁；楊景鸘：《方相氏與大儺》，《"中央" 研究院歷史語言研究所集刊》第 31 本（1960 年），第 123—165 頁；顧樸光：《方相氏面具考》，《貴州民族學院學報》（社會科學版）1990 年第 3 期，第 48—55 頁；錢茀：《儺源考——論周代 "方相行為" 的原始傳統》，《貴州民族學院學報》（社會科學版）1991 年第 3期，第 74—79 頁；康保成：《古劇腳色 "丑" 與儺神方相氏》，《戲劇藝術》1999 年第 4 期，第 98—108 頁；張琦：《方相氏源流考》，《天府新論》2008 年第 3 期，第 138—143 頁轉封頁三。
　　② 《十三經注疏》整理委員會整理，李學勤主編：《周禮注疏》卷三一，第 826—827 頁。
　　③ 四川大邑縣文管所藏三國魏時畫像磚（詳見圖 5 - 5）對方相氏形象有很好地反映。（中國畫像磚全集編輯委員會：《中國畫像磚全集》第一冊《四川漢畫像磚》，圖版第 187 號 "方相畫像磚"，第 140 頁）

圖 5－5　四川大邑縣文管所藏方相氏畫像磚（三國·魏）

每年按時節演行儺儀，巡索宮室中疫鬼並驅逐之。若有大喪①，出殯時居前引導靈柩車。至墓地，棺柩入穴前，方相氏先下墓壙内，執戈揚盾、擊打穴室四方，藉此驅逐方良。引文談到的"方良"，或作"罔象""罔兩

---

① 先秦以降，"大喪"含義有二：其一，特指帝王、王后（含太后等）及世子之喪事，如《周禮·天官·宰夫》："大喪小喪，掌小官之戒令，帥執事而治之。"鄭玄注："大喪，王、后、世子也。小喪，夫人以下。"（《十三經注疏》整理委員會整理，李學勤主編：《周禮注疏》卷三，第70頁）其二，泛指某人父母之喪，如《公羊傳·宣公元年》："古者臣有大喪，則君三年不呼其門。"（《十三經注疏》整理委員會整理，李學勤主編：《春秋公羊傳注疏》卷十五，第321頁）《國語·晉語二》："父母死為大喪。"（徐元誥撰：《國語集解》，王樹民、沈長雲點校，第292頁）大喪以下則用"魌"，其與方相氏的最大區別乃係二目而非四目，功能亦是驅逐鬼魅。北宋高承撰《事物紀原》卷九《吉凶典制部》"魌頭"條云："宋朝《喪葬令》有方相、魌頭之別，皆是其品所當用，而世以四目為方相，兩目為魌頭。按漢世逐疫用魌頭，亦《周禮》方相之比也。……疑自漢始云。然《荀子》有仲尼之面如蒙倛，則戰國已為是名。"（宋·高承撰：《事物紀原》卷九，明·李果訂，金圓、許沛澡點校，中華書局1989年版，第482頁）

（魍魎）”，乃是出入陵墓、專食亡人肝腦的鬼怪。① 方相氏就是將墓穴中的壞東西、破壞分子——方良驅逐出去，從而確保亡者在地下世界中得享安寧。②

　　而世人眼中的猛虎，則是方相氏驅逐方良（魍魎）任務的後續執行者。東漢應劭撰《風俗通義》（佚文）云：“墓上樹柏，路頭石虎。……魍象好食亡者肝腦，人家不能常令方相立于墓側以禁禦之，而魍象畏虎與柏，故墓前立虎與柏。或說：秦穆公時，陳倉人掘地，得物若羊，將獻之，道逢二童子，謂曰：‘此名為蝹，常在地中食人腦，若殺之，以柏東南枝插其首。’由是墓側皆樹柏。”③ 又，唐代李善注張衡《東京賦》引《漢舊儀》云：“於是以歲十二月，使方相氏蒙虎皮，黃金四目，玄衣丹裳，執戈持盾，帥百隸及童子而時儺，以索室中而毆疫鬼也。”④ 方相氏以虎皮裝扮，足可揭示二者的密切關係。有鑑於此，方相氏縱虎噬鬼之圖案屢見於漢代墓室裝飾中，猛虎儼然成為方相氏麾下百隸的化身。譬如，1973 年河南鄧縣長塚店東漢墓出土的“驅魔逐疫”畫像石（詳見圖 5–6），表現了方相氏（畫面右側一熊、人立狀）雙臂前推、作縱虎狀，猛虎則張開大口、撲向一怪獸。⑤ 而這個仰面跌倒的怪獸，應該就是潛入墓中偷食亡人肝腦的方良（罔象）。無獨有偶，1972 年河南唐河針織廠西漢墓出土的“虎吃女魃”畫像石（詳見圖 5–7）正中刻畫

　　① 東漢鄭玄注曰：“方良，罔兩也。天子之椁柏，黃腸為裏，而表以石焉。《國語》曰：‘木石之怪夔罔兩。’”（《十三經注疏》整理委員會整理，李學勤主編：《周禮注疏》卷三一，第972 頁）東漢許慎《說文解字》訓“蝹”字曰：“蝹蝹，山川之精物也。《淮南王》說：蝹蝹狀如三歲小兒，赤黑色、赤目、長耳、美髮。”（東漢·許慎撰，清·段玉裁注：《說文解字注》十三篇上《虫部》，第 672 頁）此外，有關“罔兩”之現代詮釋，詳見陳煒舜《釋罔兩》，《海南師範學院學報》（社會科學版）2005 年第 6 期，第 122—125 頁。
　　② 《風俗通義》佚文：“俗說：凡祭祀先祖，所以求福。方者，興旭；相者，所以威厲鬼，毆罔像；方相欲以驚逐鬼魅。”（王利器校注：《風俗通義校注》文末附《書鈔》卷九二、《御覽》卷五五二佚文，第 574 頁）張衡《東京賦》：“爾乃卒歲大儺，毆除羣厲。方相秉鉞。巫覡操茢。侲子萬童，丹首玄製。桃弧棘矢，所發無臬。飛礫雨散，剛癉必斃。煌火馳而星流，逐赤疫於四裔。然後凌天池，絕飛梁。捎魑魅，斮獝狂。斬蜲蛇，腦方良。”（東漢·張衡撰：《張衡詩文集校註》之《賦·二京賦》，張震澤校注，上海古籍出版社 1986 年版，第 148 頁）
　　③ 王利器校注：《風俗通義校注》文末附引《封氏聞見記》卷六、《事類賦》卷二五、《御覽》卷九五四、《天中記》卷五一佚文，第 574 頁。
　　④ （南朝梁）蕭統編：《文選》卷三，（唐）李善注，第 123 頁。
　　⑤ 中國畫像石全集編輯委員會：《中國畫像石全集》第六冊《河南漢畫像石》，圖版第82、83 號“鄧縣長塚店驅魔逐疫”，第 60 頁。

一熊、人立（即代表方相氏）①，伸出雙臂、推縱二虎（右虎有雙翼、左虎則無）撲向倒地掙扎的女魃。② 值得注意的是，這些畫面中原本應是主角的方相氏均退居陪襯地位（石工刻畫方相氏時，或將其置於邊緣位置，或所佔篇幅甚小，或線條粗糙、面目不清），而將重點放在突出虎的兇猛可怖及噬食鬼魅的搏鬥場景。有些漢畫像石甚至將方相氏省略不刻，直接繪以猛虎食鬼的場面。這番設計理念，乃包含了特殊的含義。

圖 5-6　鄧縣長塚店東漢 "驅魔逐疫" 畫像石

圖 5-7　唐河針織廠西漢 "虎吃女魃" 畫像石

---

① 有關漢代畫像石中 "熊" 形象之探討，詳見葉舒憲《熊圖騰：中華祖先神話探源》，上海錦繡文章出版社、上海故事會文化傳媒有限公司 2007 年版；賀西林：《漫談漢代造型藝術中的 "熊"》，《美術》1994 年第 12 期，第 81—86 頁；陳迪：《從南陽漢畫像看漢代的儺文化》，《中原文物》2002 年第 1 期，第 78—81 頁；楊孝軍：《徐州漢畫像石中的瑞獸——"熊" 圖像考釋及其意義》，《四川文物》2011 年第 2 期，第 53—57 頁。

② 中國畫像石全集編輯委員會：《中國畫像石全集》第六冊《河南漢畫像石》，圖版第 10 號 "唐河針織廠虎吃女魃"，第 10 頁。

秦漢時人相信，虎能噬食鬼魅。《風俗通義·祀典》云：“虎者，陽物，百獸之長也，能執搏挫銳，噬食鬼魅。”① 又《論衡·訂鬼篇》引《山海經》云：“滄海之中，有度朔之山，上有大桃木，其屈蟠三千里，其枝間東北曰鬼門，萬鬼所出入也。上有二神人，一曰神荼，一曰鬱壘，主閱領萬鬼。惡害之鬼，執以葦索，而以食虎。於是黃帝乃作禮以時驅之，立大桃人，門戶畫神荼、鬱壘與虎，懸葦索以禦凶魅。有形，故執以食虎。”② 故而，這類“虎食鬼魅”題材，在河南等地漢代墓葬畫像石（磚）中大量出現。③ 如唐河針織廠西漢墓出土的二塊“虎食鬼魅”畫像石（詳見圖 5-8），④ 1957 年南陽市區東漢墓出土的“天馬·虎食鬼魅”畫像石（詳見圖 5-9）⑤。上述畫像石中均未刻畫方相氏（熊），而是以

---

① 王利器校注：《風俗通義校注》卷八，第 368 頁。《說文解字》訓“虎”字曰：“虎，山獸之君。”（東漢·許慎撰，清·段玉裁注：《說文解字注》五篇上《虎部》，第 210 頁）後世人進而將虎視為刑戮之象徵，如《新唐書·五行志》云：“虎，西方之屬，威猛吞噬，刑戮之象。”（宋·歐陽修、宋祁撰：《新唐書》卷三五，第 923 頁）

② 黃暉撰：《論衡校釋》（附劉盼遂集解）卷二二，第 938—940 頁。此外，《論衡·亂龍篇》亦有類似言論。［詳見黃暉撰《論衡校釋》（附劉盼遂集解）卷十六，第 699 頁］今本《山海經》無此內容，或係佚文。這段文字亦見載於《風俗通義·祀典》引《黃帝書》（漢·應劭撰：《風俗通義校注》卷八，王利器校注，第 367 頁）、《史記·五帝本紀》裴駰《集解》注引《海外經》（西漢·司馬遷撰：《史記》卷一，第 12 頁注釋）、《後漢書·禮儀志中》“大儺”條劉昭注引《山海經》（南朝宋·范曄撰：《後漢書》卷九五，唐·李賢等注，第 3129 頁注釋）等，文字略有差異。

③ 此外，漢代民眾也畫虎形懸掛於自家門闌上，藉此驅逐外邪。如《論衡·謝短篇》云：“掛蘆索於戶上，畫虎於門闌”［黃暉撰：《論衡校釋》（附劉盼遂集解）卷十二，第 569 頁］，又卷十六《亂龍篇》云：“上古之人，有神荼、鬱壘者，昆弟二人，性能執鬼，居東海度朔山上，立桃樹下，簡閱百鬼。鬼無道理，妄為人禍，荼與鬱壘縛以蘆索，執以食虎。故今縣官斬桃為人，立之戶側；畫虎之形，著之門闌。夫桃人，非荼、鬱壘也；畫虎，非食鬼之虎也，刻畫效象，冀以禦凶。”［黃暉撰：《論衡校釋》（附劉盼遂集解）卷十六，第 699 頁］值得一提的是，秦漢之際老虎在中國分佈較廣、數量較多，乃至在部分地區演變成為“虎患”“虎災”，詳見王子今《秦漢虎患考》，饒宗頤主編：《華學》第一期，中山大學出版社 1995 年版，第 189—196 頁；王子今：《秦漢驛道虎災——兼質疑幾種舊題“田獵”圖像的命名》，《中國歷史文物》2004 年第 6 期，第 20—27 頁；王子今：《秦漢時期的“虎患”、“虎災”》，《中國社會科學報》2009 年 7 月 16 日，第 5 版；鄭先興：《論漢畫像中的虎信仰》，《江漢論壇》2011 年第 6 期，第 125—129 頁。圍繞虎而形成的傳統及民俗在世界各地均可見到，相關情況詳見［日］南方熊楠《縱談十二生肖》，欒殿武譯，中華書局 2006 年版，第 1—67 頁。

④ 中國畫像石全集編輯委員會：《中國畫像石全集》第六冊《河南漢畫像石》，圖版第 3 號“唐河針織廠虎食鬼魅”，第 2—3 頁。

⑤ 中國畫像石全集編輯委員會：《中國畫像石全集》第六冊《河南漢畫像石》，圖版第 214 號“南陽天馬·虎食鬼魅”，第 176—177 頁。

一隻或數隻猛虎撕咬鬼魅來表現對入侵棺槨的外來邪鬼——方良（罔象）的驅逐和震懾。①

圖5-8　唐河針織廠西漢"虎食鬼魅"畫像石（二塊）

圖5-9　南陽東漢"天馬·虎食鬼魅"畫像石

　　下面，我們再來回顧天水放馬灘秦墓（M14）板畫中的猛虎圖像。在

----

① 此外，虎、豹等猛獸也是上古傳說中的天門守護神，可吞噬一切擅闖者。如《楚辭·招魂》云："魂兮歸來！君無上天些。虎豹九關，啄害下人些。"東漢王逸注："言天門凡有九重，使神虎豹執其關閉，主啄齧天下欲上之人，而殺之也。"［宋·洪興祖撰：《楚辭補注》（重印修訂本），白化文、許德楠、李如鸞、方進點校，第201頁］後世道教不僅繼承了這一神話傳統，而且進行了豐富和發揮，以至於將龍、虎、鹿等異獸視為飛昇天界的腳力，亦即乘此"三蹻"可度仙境，誠如《抱朴子內篇·雜應》所言："若能乘蹻者，可以周流天下，不拘山河。凡乘蹻道有三法：一曰龍蹻，二曰虎蹻，三曰鹿蹻。"［王明：《抱朴子內篇校釋》（增訂本）卷十五，第275頁］張光直對此有精煉概括："龍蹻、虎蹻、鹿蹻的作用，是道士可以它們為腳力，上天入地，與鬼神來往"。（張光直：《濮陽三蹻與中國古代美術上的人獸母題》，《文物》1988年第11期，第36—39頁）

木板上畫一隻猛虎，並將其放置於亡者胸腹部，其用意顯然是為了防止方良前來偷吃肝腦。此外，畫中猛虎被繩繫於樹下，乃係表達一種意願：欲將此虎牢牢地拴住、永遠鎮守棺室，從而為亡者盡職盡責地履行護衛使命。對於繫虎之樹，我們雖然無法確鑿地判定其樹種，但有理由相信畫工在構思創作時所依憑的模本或許就是松柏之類（畫面中樹木筆直挺拔、枝葉呈針狀，似乎也印證了這一點）。① 其原因誠如前引《風俗通義》所言："而魍象畏虎與柏，故墓前立虎與柏。"古人認為，方良（魍象）最害怕兩件東西——猛虎和柏木。② 換言之，虎、柏具有劾懾方良的神奇力量，這就應驗了那句俗話"一物降一物"。故而，在松柏質地的木板上勾勒出猛虎的形象並將之隨葬，乃係將二物的神力合二為一，從而在最大程度上增強對方良的震懾力。此外，天水放馬灘十四座秦漢墓中的"棺槨

---

　① 戰國及秦漢時，天水地區乃盛產松、柏等樹木。這不僅從天水放馬灘十四座秦漢墓中棺槨均係松柏質地得以證明，而且據 M1 秦墓出土的四塊松木板地圖（出土時原本斷為六塊，經綴合為四幅七幅）中第三塊木板（M1·12）A 面繪有山脈、水系、關隘、道路、地形，並在相應位置標註地名，部分地名下則"標出木材種類五種：劉木、灌木、楊木、柏木、楠木，藉此表明當地植物的分佈情況。（《天水放馬灘墓葬發掘報告》，載甘肅省文物考古研究所編《天水放馬灘秦簡》，第 120 頁）據統計，這組木板地圖標注的樹種中，"松"計有 6 次，"柏"計有 2 次，可見當地盛產松柏之木。（詳見王子今《放馬灘秦墓出土地圖生態史料研究》，載《中國簡帛學國際論壇 2012：秦簡牘研究論文集》，舉辦單位：武漢大學簡帛研究中心、北京大學出土文獻研究所，地點：武漢大學珞珈山賓館，日期：2012 年 11 月 17～19 日，第 193—194 頁）對於木板地圖的繪製時間，發掘報告認為："它的繪成時代早於墓葬時代，當應在公元前二三九年之前，屬戰國中期的作品，距今約二千三百年左右，是迄今發現時代最早的地圖實物。……基本上可以說是戰國時秦國邦縣的部分政區地理圖，其範圍大致位於現今天水市麥積區之位置。"（《天水放馬灘墓葬發掘報告》，載甘肅省文物考古研究所編《天水放馬灘秦簡》，第 131 頁）有關天水放馬灘木板地圖之研究，詳見何雙全《天水放馬灘秦墓出土地圖初探》，《文物》1989 年第 2 期，第 12—22 頁；曹婉如《有關天水放馬灘秦墓出土地圖的幾個問題》，《文物》1989 年第 12 期，第 78—85 頁；張修桂《當前考古所見最早的地圖——天水〈放馬灘地圖〉研究》，中國地理學會歷史地理專業委員會《歷史地理》編輯委員會編：《歷史地理》第十輯，第 141—161 頁；雍際春、党安榮：《天水放馬灘木板地圖版式組合與地圖復原新探》，《中國歷史地理論叢》2000 第 4 期，第 179—192 頁；雍際春：《天水放馬灘木板地圖研究》，蘭州：甘肅人民出版社 2002 年版。

　② 其實，漢代人相信柏木及柏木製品不僅可驅逐墓中方良（魍象），對其他鬼怪也具有震懾效力。如馬王堆漢墓帛書《五十二病方》談到"癪"（癃）疾的巫術性治療時，"柏杵"就是重要的劾鬼法器，如第 195～197 行文字曰："癪（癃）：操柏杵，禹步三，曰：'賁者一襄胡，漬者二襄胡，漬者三襄胡。柏杵臼穿，一母一□，□獨有三。賁者潼（腫），若以柏杵七，令某癪（癃）毋一。'必令同族抱□癪（癃）者，直（置）東鄉（嚮）窗道外，攺椎之。"（馬王堆漢墓帛書整理小組編：《馬王堆漢墓帛書〔肆〕》，圖版第 24 頁，釋文第 49 頁）

均以松或柏木製作"①，可見當時天水秦人已普遍接受松柏木可威懾魍魎的禮俗觀念。②

　　1984 年，甘肅省文物考古研究所發掘了武威市韓佐鄉紅花村五壩山七號墓，該墓係西漢末期的土洞墓，墓室內東、南、北三面壁的土牆上繪有壁畫（現殘存約 16 平方米），有宴飲、舞蹈、狩獵、羽人等圖案。③ 其中，南壁（上部殘缺）正中的主體部分是一隻猛虎和一棵樹木（畫面的高和寬為 100×200 釐米④）。畫面中的猛虎略顯豐滿，全身以暗灰色調為主⑤，間以濃墨勾勒出線條和花紋，虎頭高昂、瞠目怒視（眼球塗以鮮亮的綠色），額頭斑紋交錯，虎頰兩側繪有白色髯鬚，大張虎口、露出森白利齒，四足撐開、蹬地，呈行走狀，並以綠色標出四隻虎爪的尖部，虎尾似鞭、超長且翹舉，雙耳聳起、高過頭頂（耳廓以黃色塗抹，耳孔繪以黑點），似在捕捉一切可疑聲響、充滿了警惕的味道。猛虎身側的中央位置繪有一棵樹木，樹的上部殘缺，但從樹幹下端的筆直、粗壯及誇張的樹皮紋理來看，極似松、柏之類（詳見圖 5 – 10⑥）。關於這幅壁畫的含義，以往學界多解讀為"開明獸與不死樹"，即將虎視為"開明獸"，樹為"不死樹"。⑦ 我們將這幅漢代墓室壁畫與放馬灘秦墓板畫中的繫虎圖案比

---

① 《天水放馬灘墓葬發掘報告》，載甘肅省文物考古研究所編《天水放馬灘秦簡》，第 129 頁。

② 據記載，秦始皇驪山陵寢上就大量種植松樹和柏樹，其用意亦當係源於松柏之木震懾魍魎的觀念。

③ 何雙全：《武威縣韓佐五壩山漢墓群》，載《中國考古學年鑒》，北京：文物出版社 1985 年版，第 245—246 頁。

④ 此數據採自中國美術全集編輯委員會編《中國美術全集》繪畫編 12《墓室壁畫》，本卷執行主編：宿白，副主編：湯池、王仁波，北京：文物出版社 1989 年版，說明部分第 4 頁。不過，張明川撰文云："壁畫寬 2.03 米，殘高 0.93 米。"（張明川：《由五壩山西漢墓壁畫論我國早期山水畫》，載氏著《黃土上下：美術考古文萃》，濟南：山東畫報出版社 2006 年版，第 120 頁）

⑤ 至今，一些盛行虎崇拜信仰的少數民族地區仍以黑色為虎色，視為吉祥顏色。（詳見王小盾《中國早期思想與符號研究——關於四神的起源及其體系形成》上冊，上海：上海人民出版社 2008 年版，第 349 頁）

⑥ 中國美術全集編輯委員會編：《中國美術全集》繪畫編 12《墓室壁畫》，圖版七，圖版部分第 8 頁。

⑦ 中國美術全集編輯委員會編：《中國美術全集》繪畫編 12《墓室壁畫》，說明部分第 4 頁（何雙全撰文）；蔡昌林：《唐墓壁畫中的動物》，載陝西歷史博物館編《唐墓壁畫國際學術研討會論文集》，西安：三秦出版社 2006 年版，第 267—284 頁；張明川：《由五壩山西漢墓壁畫論我國早期山水畫》，載氏著《黃土上下：美術考古文萃》，第 120—121 頁；黃佩賢：《漢墓出土的山水圖像——對中國山水畫起源問題的再思考》，《四川文物》2009 年第 1 期，第 70—75 頁。

較，不難看出，二者是何等相似。

圖 5 - 10　甘肅武威市韓佐鄉紅花村五壩山七號墓壁畫之虎與樹（西漢末）

　　"開明獸" 是傳說中的異獸，最早見載於《山海經》，該書卷二《西山經》云："（昆侖之丘）是實惟帝之下都，神陸吾司之。其神狀虎身而九尾，人面而虎爪"；[①] 卷十一《海內西經》云："昆侖南淵深三百仞。開明獸身大類虎而九首，皆人面，東嚮立昆侖上。"[②] 卷十六《大荒西經》云："（昆侖之丘）有神——人面虎身，有文有尾，皆白——處之。"[③] 由此可知，九頭（尾）、人面、虎身，是開明獸最顯著的體貌特徵。這一點，也得到漢代畫像石的證實（詳見圖 5 - 11）。[④] 據此檢視五壩山七號漢墓壁畫中的虎狀異獸，它顯然與《山海經》描述的 "開明獸" 形象相去甚遠。換言之，這幅漢代壁畫所欲塑造的恐非 "開明獸" 與 "不死樹"

　　① 袁珂校注：《山海經校注》（增補修訂本），第 55—56 頁。
　　② 袁珂校注：《山海經校注》（增補修訂本），第 349—350 頁。
　　③ 袁珂校注：《山海經校注》（增補修訂本），第 466 頁。
　　④ 漢代畫像石中頻見的開明獸形象多以九頭、人面、虎身為標誌性特徵。有關漢代畫像中的開明獸形象研究，詳見李發林《漢畫像中的九頭人面獸》，《文物》1974 年第 12 期，第 82—86 頁；劉弘：《巴虎與開明獸》，《四川文物》1998 年第 4 期，第 57—59 頁；李偉男：《試析漢畫中的九頭人面獸》，《文物春秋》1999 年第 2 期，第 13—15 頁；金愛秀：《漢畫中九頭人面獸探微》，《貴州大學學報》（社會科學版）2009 年第 1 期，第 52—57 頁；宋艷萍：《漢畫像石研究二則》，《南都學壇》（人文社會科學學報）2010 年第 5 期，第 9—16 頁。

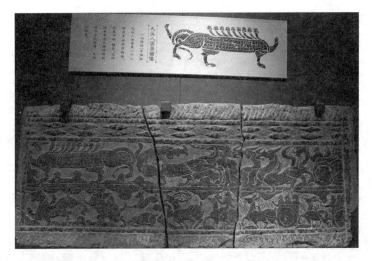

圖5－11　山東省博物館藏東漢“開明獸”畫像石
（姜守誠拍攝）

之題材，而是一隻猛虎立在或拴在松柏樹下（壁畫並沒有反映出繫繩的
細節，但從樹與虎身的位置判斷，畫師顯然要暗示虎與樹的某種特殊關
聯），藉此守護墓室及亡魂。從這幅壁畫所在墓室牆壁的位置來看，這面
繪有虎、樹圖案的墓室南壁乃係“迎著墓門的正壁，是較狹的一壁。”①
換言之，這幅虎、樹圖案的壁畫恰在正對墓門的位置，似乎印證了前述把
門、鎮墓之意。有鑑於此，筆者認為這幅以虎、樹為題材的漢代墓室壁畫
所隱含的象徵含義，恐非有關學者所言：“這幅畫當是描繪開明獸與不死
樹的神話故事，表達了墓主人企望死後昇仙，過美好生活的幻想，亦有祥
瑞之意。”② 這幅漢代墓室壁畫虎樹圖案與放馬灘秦墓繫虎板畫應是一脈
相承的，二者不僅有相同的內涵和宗旨，且均承擔了驅逐侵擾墓地的外來
鬼魅之功用。有趣的是，這兩件考古實物均發現於今甘肅地區（天水、
武威），是否可以說明秦漢之季西北邊陲民眾中流行以虎、柏等圖案鎮守
墓室及亡魂的喪葬風俗？而這一習俗乃是源於中原及西北漢人所奉行的猛

---

① 張明川：《由五壩山西漢墓壁畫論我國早期山水畫》，載氏著《黃土上下：美術考古文
萃》，第120頁。

② 中國美術全集編輯委員會編：《中國美術全集》繪畫編12《墓室壁畫》，說明部分第4
頁（何雙全撰文）。

虎及柏木可以鎮劾和驅逐外鬼（方良、罔象）的傳統思想。[①]

　　耐人尋味的是，天水放馬灘秦墓中殮葬形制、隨葬器物等均與 M14 號墓較為相似的 M1 號墓"棺內屍體手、腳、頭、腰部以下及棺外四周置有長五釐米圓木棒；相同位置撒有製作棺木時遺留的木屑；邊箱內散布糧食等，表明下葬時的祭祀習俗。"[②] 考古報告根據棺槨內外散落的圓木棍、糧食而判定下葬時墓室中當進行過祭祀儀式。就思路而言，這一推測是正確的。不過，筆者並不贊成"祭祀儀式"的說法，而認為應當是前述方相氏入壙驅方良儀式的遺留物。首先從位置上判斷，這些物品是無規律地散落在多個邊側及角落上，故不應屬於對亡者的供祀，而更貼近於儺儀中的施法物品。[③]

---

①　除了中原漢人外，中北亞游牧民族及西南少數民族亦十分盛行猛虎崇拜，考慮到秦人與戎狄的淵源關係，故不排除這一喪葬禮俗或係受到異族文化影響之可能。[相關議題之研究，詳見卓鴻澤《塞種源流及李唐氏族問題與老子之瓜葛——漢文佛教文獻所見中、北亞胡族族姓疑案》，《"中央"研究院歷史語言研究所集刊》第 78 本、第 1 分（2007 年 3 月），第 183—223 頁；王小盾：《中國早期思想與符號研究——關於四神的起源及其體系形成》上册，第 311—373 頁]限於本文的篇幅及主旨，這裏不予展開論述。

②　《天水放馬灘墓葬發掘報告》，載甘肅省文物考古研究所編《天水放馬灘秦簡》，第 116 頁。

③　此外，M1 號墓棺內還有一個奇怪現象，"揭去棺蓋，其內置一塊長木板，與棺內側長度相等，推測係原來入葬時有意放置。"（《天水放馬灘墓葬發掘報告》，載甘肅省文物考古研究所編《天水放馬灘秦簡》，第 116 頁）考慮到 M1 號墓"棺槨用柏木製作，用材較大"（同上），這塊放置在棺內、壓在亡者屍身上的長木板，應該也是柏木質地。對於這塊木板的功用，考古工作者百思不得其解。筆者對此有一點不成熟的想法，姑妄言之。當初喪家不排除欲將此木板繪上與 M14 號墓縈虎及博局板畫類似題材的圖案內容，但因諸多原因而未付諸實踐。儘管如此，喪家仍按原計劃將這塊柏木板放入棺內，蓋在亡者屍體上，藉此防禦偷食肝腦的方良，為亡者再增添一道保護措施。換言之，這塊木板（無論有無繪畫）承擔了與 M14 號墓中縈虎及博局板畫相同的功能。值得注意的是，六朝以降入殮時在棺內放置"七星板"的禮俗十分盛行。《顏氏家訓·終制》記載了北齊顏之推就治喪規格而訓誡子孫云："吾當松棺二寸，衣帽已外，一不得自隨，床上唯施七星板；至如蠟弩牙、玉豚、錫人之屬，並須停省，糧罌明器，故不得營，碑誌旒旐，彌在言外。"[王利器撰：《顏氏家訓集解》（增補本）卷七，北京：中華書局 1993 年版，第 601—602 頁] 清代徐乾學撰《讀禮通考》卷四一《喪儀節四·初終下》介紹了"七星板"形制："七星板：用板一片，其長廣棺，中可容者，鑿為七孔。"[清·徐乾學：《讀禮通考》卷四一，載（清）永瑢、紀昀等纂修《景印文淵閣四庫全書》第 113 册，經部一〇七（禮類），臺北：臺灣商務印書館 1986 年版，第 59 頁] 清代吳榮光撰《吾學錄初編》卷十六《喪禮門二·品官喪》對"棺內奠七星板"說法做了詳細的解釋和說明，並對"七星板"的形制及源流進行了介紹。[清·吳榮光：《吾學錄初編》卷十六，載《續修四庫全書》編輯委員會編《續修四庫全書》第 815 册（史部·政書類），上海：上海古籍出版社 2002 年版，第 169—170 頁] 對於"七星板"放入棺內的時機及位置，歷代文獻似有見兩種說法：其一，先在棺底鋪設七星板，再入殮屍體。唐代杜佑纂《通典》卷八五《禮四十五·凶七·喪制之三》"大殮"條引大唐《元陵儀注》云：

東漢蔡邕撰《獨斷》（卷上）：“方相氏……從百隸及童兒……桃弧、棘矢、
土鼓，鼓且射之，以赤丸、五穀播灑之，以除疾殃。”①據上述儺儀流程
的描述，筆者認為是否可以大膽推測：這些長約五釐米的細短圓木棍或係
“棘矢”之類，其以“桃弧”射之後散落於棺槨内；而那些散落的糧食或

───────

（接上頁注）“其日大斂……司空引梓宫升自西階，置於大行皇帝西，南首。加七星版於梓宫内，
其合施於版下者，並先置之，乃加席褥於版上。……陳衣及六玉斂訖，中官掌事者奉大行皇帝即
梓官内。”（唐·杜佑撰：《通典》卷八五，王文錦、王永興、劉俊文、徐庭雲、謝方點校，第
2301 頁）南宋朱熹注《家禮》卷四《喪禮·初終》“治棺”條曰：“（棺）内仍用瀝清溶瀉，厚
半寸以上。煉熟秫米灰鋪其底，厚四寸許。加七星版。底四隅各釘大鐵環，動則以大索貫而舉
之。”（王燕均、王光照校點：《家禮》卷四，載朱傑人、嚴佐之、劉永翔主編《朱子全書》第七
册，上海：上海古籍出版社、合肥：安徽教育出版社 2002 年版，第 903 頁）清代范祖述撰《杭
俗遺風·喪事類》“批書入殮”條亦云：“材内底下略用桴炭草唇蓋好，再用七星板壓住，然後
衾褥入殮。”（清·范祖述：《杭俗遺風》，上海：上海文藝出版社 1989 年影印本，第 75 頁）其
二，先入殮屍體，再加蓋七星板。明代小說《金瓶梅詞話》第六三回《親朋祭奠開筵宴、西門
慶觀戲感李瓶》中描述了李瓶兒死後第三天，西門慶為其舉行大殮入棺之禮，“祭告已畢，抬屍
入棺。……放下一七星板，闔上紫蓋，仵作四面用長命丁一齊釘起來。”（明·蘭陵笑笑生撰：
《金瓶梅詞話》，戴鴻森校點，北京：人民文學出版社 1985 年版，第 599 頁）這兩種做法之差異
或係由於時代背景、地域文化不同而造成的。不過，考古報告證實明代喪俗是將七星板放置於屍
身下，如 1979 年江西南城縣發掘了明代藩王益宣王朱翊鈏夫妻合葬墓，其中“朱翊鈏棺内，屍
體完好，身着龍袍，腰繫玉帶，項掛念珠，足穿黃錦高筒靴。覆蓋黃錦絲綿被，被上疊放龍袍服
飾等，屍下墊有絲綿褥和草蓆，下為笭板，板上透雕七個圓孔，孔内鑲嵌金、銀錢，排成北斗星
座形（據群眾反映，棺底還有銀錢六枚、金錢一枚）。”又其妃“孫氏棺内，……屍下墊絲綿褥，
下墊草蓆，再下為木笭板，笭板與棺底之間有一層黑木灰。”（江西省文物工作隊：《江西南城明
益宣王朱翊鈏夫婦合葬墓》，《文物》1982 年第 8 期，第 17 頁）儘管對於“七星板（版）”的位
置尚存有分歧，但棺内陳設此物的用意不外乎超度亡者、引魂昇天。而天水放馬灘 M1 棺内這塊
長木板和 M14 棺内繪畫木板是否為後世“七星板（版）”之濫觴（原型），筆者不敢妄下斷語。
又，王育成指出：棺内鋪墊七星板，屍體背身正貼在北斗七星圖案上，其形態恰呈“身披北斗”
之狀，故道教符咒中“身披北斗”用語當係由此葬俗衍變而來的。（王育成：《中國古代道教奇
異符銘考論》，《中國歷史博物館館刊》1997 年第 2 期，第 48 頁）補注：拙文修訂時又獲悉日本
學者野尻抱影、我國臺灣學者謝明良對七星板有過專題研究，他們結合考古發掘資料及傳世文獻
對七星板的起源、形制及功用加以考證和介紹。[野尻抱影：《七星板のこと》，《同人會報》12
卷、2 册（1938 年），第 13—16 頁；謝明良：《關於七星板》，《民俗曲藝》第 179 期（2013 年 3
月），第 223—243 頁]
　　① （漢）蔡邕撰：《獨斷》卷上，第 11 頁。《左傳·昭公四年》亦云：“桃弧棘矢，以除其
災。”晉代杜預注曰：“桃弓棘箭，所以禳除凶邪，將御至尊故。”唐代孔穎達《正義》曰：“《說
文》云：‘弧，木弓也。’謂空用木，無骨飾也。服虔云：‘桃，所以逃凶也。棘矢者，棘赤有
箴，取其名也。蓋出冰之時，置此弓矢於凌室之戶，所以禳除凶邪。將御至尊，故慎其事，為比
禮也。’”（《十三經注疏》整理委員會整理、李學勤主編：《春秋左傳正義》卷四二，第 1196—
1197 頁）

許就是"以赤丸、五穀播灑之"後的產物。根據 M1 墓的葬俗情況，我們可以反推 M14 墓原本也應該有木棍、糧食等物品，但由於"該墓水浸嚴重，隨葬品多無存"①，故已不見穀物的踪跡，殘存下來的木棒數量也不及 M1 墓多。

據發掘報告介紹，天水放馬灘十四座秦漢墓中共計三座大型墓——M1、M13、M14，均係一棺一槨制秦墓。② 這一方面反映出墓主人的資金財力，同時說明入葬者生前在家族中的身份和地位是比較特殊的。換言之，鑑於 M14 和 M1 墓中亡者的年齡輩份、身份地位等因素，其後人以"大喪"規格在墓地舉行方相氏儺儀及其他儀式活動是完全有可能的。

三　六博圖在墓葬中的象徵含義

有學者據《史記·殷本紀》中描述，認為博戲的出現最遲不會晚於商代。③ 不過，傳世文獻和出土資料則顯示，六博在春秋、戰國時較為流行。④

---

① 《天水放馬灘墓葬發掘報告》，載甘肅省文物考古研究所編《天水放馬灘秦簡》，第 116 頁。

② 《天水放馬灘墓葬發掘報告》，載甘肅省文物考古研究所編《天水放馬灘秦簡》，第 116—117 頁。

③ 傅舉有：《論秦漢時期的博具、博戲兼及博局紋鏡》，《考古學報》1986 年第 1 期，第 35 頁。傅氏的論斷乃基於《史記·殷本紀》所載："帝武乙無道，為偶人，謂之天神。與之博，令人為行。天神不勝，乃僇辱之。"（西漢·司馬遷撰：《史記》卷三，第 104 頁）不過，這段文字或係司馬氏採自傳說，恐非信史，是否可據此判定六博之起源，筆者持謹慎態度。

④ 《楚辭·招魂》有云："菎蔽象棋，有六簿些。"〔宋·洪興祖撰：《楚辭補注》（重印修訂本），白化文、許德楠、李如鸞、方進點校，第 211 頁〕《戰國策·齊策一》"十六、蘇秦為趙合從章"云："臨淄甚富而實，其民無不吹竽、鼓瑟、擊筑、彈琴、鬥雞、走犬、六博、蹹踘者。"（何建章注釋：《戰國策注釋》卷八，第 326 頁）《史記·蘇秦列傳》所載亦大抵相同。（西漢·司馬遷撰：《史記》卷六九，第 2257 頁）《史記·滑稽列傳·淳于髡》記載"若乃州閭之會，男女雜坐，行酒稽留，六博投壺，相為引曹"云云。（西漢·司馬遷撰：《史記》卷一二六，第 3199 頁）《韓非子·外儲說左上》亦云："秦昭王令工施鉤梯而上華山，以松柏之心為博，箭長八尺，棊長八寸，而勒之曰：'昭王嘗與天神博於此矣。'"（清·王先慎撰：《韓非子集解》卷十一，鍾哲點校，第 276 頁）據上述資料顯示，戰國時楚、齊、秦等地均已盛行六博戲。

秦漢之季是六博棋戲最為鼎盛的歷史階段。① 當時，這種娛樂方式深受人們喜愛、風靡一時，上至宮廷貴族、下到販夫走卒莫不以“投箸對博”為樂，甚至成為宴樂必備的文娛活動。② 此外，博具還被漢代人當作重要的供奉物品出現在祭祀（祀神）場合中，如《漢書·五行志下》記載：哀帝建平四年（前 3 年），“京師郡國民聚會里巷仟佰，設（祭）張博具，歌舞祠西王母”③。這句引文折射出中國古人典型的“推己及人”心態，即將俗世中人喜好的博戲奉獻給神祇，或認為西王母休閒時也同樣酷愛博戲。這種“設張博具”祭祀西王母或仙人的場景，在漢代畫像石（磚）中得到了很好地體現。④ 此外，有學者考證認為，博局圖的設計理念乃源

---

① 儘管近年來學術界對六博棋戲的研究和討論取得了不少突破性進展，但有關六博遊戲規則及行棋方法等諸多細節問題尚有待深入考察。有關六博棋戲之研究，詳見勞榦《六博及博局的演變》，《“中央”研究院歷史語言研究所集刊》第 35 本（1964 年），第 15—30 頁；熊傳新：《談馬王堆三號西漢墓出土的陸博》，《文物》1979 年 4 期，第 35—38 頁；傅舉有：《論秦漢時期的博具、博戲兼及博局紋鏡》，《考古學報》1986 年第 1 期，第 21—42 頁；彭衛、楊振紅：《中國風俗通史·秦漢卷》，上海：上海文藝出版社 2002 年版，第 652—660 頁；李零：《跋中山王墓出土的六博棋局——與尹灣〈博局占〉的設計比較》，《中國歷史文物》2002 年第 1 期，第 8—15 頁；許蓉生：《淺議六博的產生、演變及其影響》，《四川文物》2005 年第 6 期，第 63—66 頁；崔樂泉：《中國古代六博研究》（上、中、下），《體育文化導刊》2006 年第 4 期/第 5 期/第 6 期，第 85—87 頁，第 89—90 頁，第 87—89 頁；李零：《北大漢簡中的數術書》，《文物》2011 年第 6 期，第 80—83 頁；陳侃理：《北大漢簡數術類〈六博〉、〈荊決〉等篇略述》，《文物》2011 年第 6 期，第 86—87 頁轉第 83 頁。

② 敦煌長城烽燧遺址、馬圈灣烽燧遺址均發現多枚木質骰子。有學者推測或係六博遊戲時所用，藉此說明漢代西北邊地屯戍吏卒中亦盛行此戲。（趙寵亮：《行役戍備——河西漢塞吏卒的屯戍生活》，北京：科學出版社 2012 年版，第 327—328 頁）

③ （東漢）班固撰：《漢書》卷二七下之上，（唐）顏師古注，第 1476 頁。

④ 有關漢代畫像之研究，參見高文、高成剛編著《中國畫像石棺藝術》，太原：山西人民出版社 1996 年版；高文編著《四川漢代石棺畫像集》，北京：人民美術出版社 1997 年版；信立祥：《漢代畫像石綜合研究》，北京：文物出版社 2000 年版；蔣英炬、楊愛國：《漢代畫像石與畫像磚》，北京：文物出版社 2001 年版；羅二虎：《漢代畫像石棺》，成都：巴蜀書社 2002 年版；[美] 巫鴻：《武梁祠——中國古代畫像藝術的思想性》，柳揚、岑河譯，北京：生活·讀書·新知三聯書店 2006 年版；楊愛國：《幽明兩界——紀年漢代畫像石研究》，西安：陝西人民美術出版社 2006 年版；牛天偉、金愛秀：《漢畫神靈圖像考述》，開封：河南大學出版社 2009 年版；邢義田：《畫為心聲：畫像石、畫像磚與壁畫》，北京：中華書局 2011 年版。

於古人對時空觀念、宇宙模式的擬仿和再現。[1] 漢代術士甚至以博局圖為母本原型推衍出一種新的占卜驗問術——博局占，這從尹灣漢墓出土的"博局占"木牘即可得到印證。[2]

那麼，秦漢時人為何挑選博具來作陪葬或在墓室中刻繪六博圖案呢？其實，這一方面體現了古人"事死如事生"的葬制禮俗，即入土時陪葬以生活必需品或生前喜好之物，以便讓亡者在地下世界中繼續享樂、從事酷愛的博戲。[3] 此外，博戲圖在墓葬中出現還代表了另外一層含義——引魂昇仙。就其所承擔的墓葬功能而言，這幅六博局圖與長沙馬王堆一號漢

---

[1] 李零：《中國方術考》（修訂本）第二章《式與中國古代的宇宙模式》，第 89—176 頁。王煜指出：四川漢墓圖像"仙人六博"中有一種獨特的博局形制（其命名為"鉤繩"博局，即 ▦ 型），"認為其直接體現了時人觀念中最基本的宇宙模式。當時的蜀人專為仙人設計了一種博局，仙人六博於其上，直接體現了以陰陽六爻運行宇宙的哲學和宗教含義，表達了與天地同化、與造化同遊的神仙和升仙思想。"（王煜：《四川漢墓畫像中"鉤繩"博局與仙人六博》，《四川文物》2011 年第 2 期，第 61 頁）而筆者則認為這種"鉤繩"博局（即 ▦ 型）未見有實物出土，或係畫工刻畫 ▦ 型博局圖案時的一種有意缺省或藝術變通（這種現象在漢畫像中並不少見，例如刻畫西王母使者九尾狐時多以一尾上九個分叉來代表九尾），而尚難以斷定就是"當時的蜀人專為仙人設計了一種博局"。此外，這種"鉤繩"圖式頗類似與秦漢時期盛行的"日廷"圖的基本形制，或不排除係畫工混淆二者所致。

[2] 1993 年，江蘇連雲港市東海縣尹灣村六號漢墓出土一批簡牘（約西漢成帝時），其中包括《博局占》《神龜占》等多種數術資料，引起學術界的廣泛關注。（連雲港市博物館、東海縣博物館、中國社會科學院簡帛研究中心等：《尹灣漢墓簡牘》，北京：中華書局 1997 年版）世傳東晉道士葛洪所撰《西京雜記》記載了西漢景帝、武帝時一位六博高手許博昌的故事："許博昌，安陵人也，善陸博。竇嬰好之，常與居處。其術曰：'方畔揭道張，張畔揭道方，張究屈玄高，高玄屈究張。'又曰：'張道揭畔方，方畔揭道張，張究屈玄高，高玄屈究張。'三輔兒童皆誦之。法用六箸，或謂之究，以竹為之，長六分。或用二箸。博昌又作《大博經》一篇，今世傳之。"（晉·葛洪撰：《西京雜記》卷四，程毅中點校，第 30—31 頁）有關學者根據前述行棋口訣對尹灣漢墓出土的《博局占》木牘予以分析和解讀。相關研究情況，詳見李學勤《〈博局占〉與規矩紋》，《文物》1997 年第 1 期，第 49—51 頁；曾藍瑩：《尹灣漢墓〈博局占〉木牘試解》，《文物》1999 年第 8 期，第 62—65 頁；劉樂賢：《尹灣漢墓出土數術文獻初探》，連雲港市博物館、中國文物研究所編：《尹灣漢墓簡牘綜論》，北京：科學出版社 1999 年版，第 175—186 頁；羅見今：《〈尹灣漢墓簡牘〉博局占圖構造考釋》，《西北大學學報》（自然科學版）2000 年第 2 期，第 181—184 頁；李解民：《〈尹灣漢墓《博局占》木牘試解〉訂補》，《文物》2000 年第 8 期，第 73—75 頁；蒲朝府：《尹灣漢墓〈博局占〉干支占位與六博棋位關係初探》，《神州》2012 年第 20 期，第 183 頁。

[3] 有關先秦及秦漢時人的喪葬禮俗及冥界觀念，詳見黃曉芬《漢墓的考古學研究》，長沙：岳麓書社 2003 年版；蒲慕州：《追尋一己之福——中國古代的信仰世界》，上海：上海古籍出版社 2007 年版；蒲慕州：《墓葬與生死——中國古代宗教之省思》，北京：中華書局 2008 年版。

墓出土的覆蓋在內棺蓋上的畫幡（引魂幡）及六至八世紀吐魯番古墓中大量出現的"伏羲女媧畫幡"（或覆蓋在屍身上，或放置於屍體旁，或張掛在墓室頂部）等有著異曲同工之妙，均有引魂昇天的象徵含義。①

我們翻閱《中國畫像磚全集》《中國畫像石全集》，不難發現：漢代墓葬中大量出現以六博為母題的裝飾性圖案，其範圍遍及各地——尤以今山東、河南、四川等地所見居多。這些雕刻在磚石上的精美畫像通常將博局遊戲與宴飲樂舞、庖廚狩獵、芝草瑞禽或仙人等元素搭配刻畫在一起（或以界欄在磚石上分隔成不同區域）。這些仙人通常是西王母、東王公、羽人（其身份之判定或依榜題或據標誌性特徵）。

若就博弈雙方的人物對象而言，上述博戲圖案大致可劃分為三類：常人對博、羽人對博、羽人與常人對博。下面，我們對這三種類型的六博圖案分別舉例說明。

1. 常人對博

所謂"常人"，就是指世俗中人或亡者。這類圖像中的對博人物通常穿戴常人衣冠、日常服飾或官袍，而且多與宴飲、樂舞、庖廚、酒樽、樓閣等場景混雜在一起。其中最典型的例子就是 1989 年四川彭山縣鳳鳴鄉出土的款題"博時尹元郎"東漢畫像磚（詳見圖 5－12），畫面右側中踞坐於廳堂內薦蓆上、執箸行棋之人應該是墓主人尹元郎，此係表現其生前博弈的場景。② 又如江蘇徐州漢畫像石藝術館藏東漢六博畫像石（圖 5－13）閣樓廳堂內二人坐在長蹋上對博，畫面左下角有一兒童坐在杌子上逗牛，右下角處停靠一輛捲蓬大車（當為弈者乘輿，前戲之牛應係駕車之用。此車駕形制暗示了亡者的平民身份③）。整幅畫面充斥著濃郁的生

---

① 孫作雲：《長沙馬王堆一號漢墓出土畫幡考釋》，《考古》1973 年第 1 期，第 54—61 頁；王素：《吐魯番出土伏羲、女媧絹畫新探》，《文物天地》1991 年第 4 期，第 32—35 頁；鄧文寬：《吐魯番出土"伏羲女媧畫幡"考析——兼論敦煌具注曆日中的"人日"節和"啓源祭"》，載朱鳳玉、汪娟編《張廣達先生八十華誕祝壽論文集》，臺北：新文豐出版公司 2010 年版，第 881—900 頁。

② 中國畫像磚全集編輯委員會：《中國畫像磚全集》第一冊《四川漢畫像磚》，圖版第 107 號"六博畫像磚"，第 78 頁。

③ 有關中國早期的車駕形制及其制度演變，詳見劉增貴《漢隋之間的車駕制度》，《"中央"研究院歷史語言研究所集刊》第 63 本、第 2 分（1993 年 5 月），第 371—453 頁。[此文又載蒲慕州主編《生活與文化》（臺灣學者中國史研究論叢），北京：中國大百科全書出版社 2005 年版，第 163—220 頁]

活氣息，刻畫出一幅悠然自得的農耕田園風光，應是墓主生前與友人博弈場景的生動再現。①

圖 5 – 12　四川彭山縣文管所藏東漢 "博時尹元郎" 款識畫像磚

圖 5 – 13　徐州漢畫像石藝術館藏東漢六博畫像石

---

①　中國畫像石全集編輯委員會：《中國畫像石全集》第四卷《江蘇安徽浙江漢畫像石》，圖版第 143 號 "六博畫像"，第 105 頁。

2. 羽人對博

所謂"羽人",就是指肩背生有羽毛或雙翼之人,也是世人眼中的仙人①。四川簡陽鬼頭山東漢崖墓3號畫像石棺（詳見圖5－14）右側上部即繪有身生羽毛的二仙人嚮局而坐,旁配榜題曰"先（仙）人博"字樣。②此外,四川新津漢代崖墓石函之仙人六博（圖5－15）③、河南新野出土畫像磚上的仙人六博圖（圖5－16）④ 等也都是此類題材的經典之作。

圖5－14　四川簡陽鬼頭山東漢崖墓3號石棺"先人博"（局部）

---

① 先秦兩漢時人對神仙的理解,可從"仙"字的詮釋中揣摩一二。如《釋名·釋長幼》云:"老而不死曰'仙',仙,遷也,遷入山也,故其制字,'人'旁作'山'也。"（任繼昉纂:《釋名匯校》卷三,第152頁）《說文解字》訓曰:"僊,長生僊去。……仚,人在山上兒。"（東漢·許慎撰,清·段玉裁注:《說文解字注》八篇上《人部》,第383頁）
② 內江市文管所、簡陽縣文化館:《四川簡陽縣鬼頭山東漢崖墓》,《文物》1991年第3期,第20—25頁；羅二虎:《漢代畫像石棺》,第69—76頁。
③ 中國畫像石全集編輯委員會:《中國畫像石全集》第七卷《四川漢畫像石》,圖版第207號"新津崖墓石函六博",第171頁。
④ 王褒祥:《河南新野出土的漢代畫象磚》,《考古》第2期,第90—93頁。

圖 5 – 15　四川新津漢代崖墓石函之仙人六博

圖 5 – 16　河南新野出土畫像石上的仙人六博圖

3. 羽人與常人對博

　　對博兩人中一人是羽人、一人為俗世中人。例如，四川省博物館藏東漢仙人六博畫像磚（圖 5 – 17）二人跽坐對弈，其右側之人肩有雙翼（其右下角繪有芝草二株），左側之人則無羽翼。① 又如徐州漢畫像石藝術館

① 中國畫像磚全集編輯委員會：《中國畫像磚全集》第一冊《四川漢畫像磚》，圖版第 182 號 "仙人六博畫像磚"，第 137 頁。

藏東漢六博畫像石（圖5-18）右側之人肩生二翼，而左側之人則無（該畫像石左上端有殘缺，但左側人物形象尚屬完整）。①

圖5-17　四川省博物館藏東漢仙人六博畫像磚

圖5-18　徐州漢畫像石藝術館藏東漢六博畫像石

---

①　中國畫像石全集編輯委員會：《中國畫像石全集》第四卷《江蘇安徽浙江漢畫像石》，圖版第60號“六博畫像”，第43頁。

　　值得注意的是，羽人形象在漢代畫像石（磚）圖案中佔據了較大比例。羽人觀念起源甚早，《楚辭·遠遊》有云：“仍羽人於丹丘兮，留不死之舊鄉。”[①] 對此，東漢王逸注曰：“《山海經》言有羽人之國，不死之民。或曰：人得道，身生羽毛也。”[②] 宋代洪興祖補注曰：“羽人，飛仙也。”[③] 故而，羽人成為古人眼中長生不死、得道成仙的化身。[④]《呂氏春秋·求人》云：“禹……南至……羽人、裸民之處，不死之鄉”。[⑤]《論衡·無形篇》介紹了世人對神仙的描述：“圖仙人之形，體生毛，臂變為翼，行於雲，則年增矣，千歲不死。”[⑥] 秦漢時人相信，世俗中人若悟道學仙也能脫胎換骨、身生毛羽，飛升入天界。誠如《論衡·道虛篇》所言：“好道學仙，中生毛羽，終以飛升。……為道學仙之人，能先生數寸之毛羽，從地自奮，升樓臺之階，乃可謂升天。”[⑦] 基於此，秦漢墓葬中

---

　　① 有學者認為《遠遊》並非屈原所作而係晚出，詳見張家英《〈楚辭·遠遊〉不作於屈原說》，《學術交流》1991 年第 1 期，第 119—123 頁轉第 118 頁；金榮權：《〈楚辭·遠遊〉作者考論》，《中州學刊》2005 年第 6 期，第 202—205 頁。

　　② （宋）洪興祖撰：《楚辭補注》（重印修訂本），白化文、許德楠、李如鸞、方進點校，第 167 頁。《山海經》卷六《海外南經》：“羽民國在其東南，其為人長頭，身生羽。一曰在比翼鳥東南，其為人長頰。”［袁珂校注：《山海經校注》（增補修訂本），第 228 頁］又卷十五《大荒南經》：“有羽民之國，其民皆生毛羽。”［袁珂校注：《山海經校注》（增補修訂本），第 423—424 頁］

　　③ （宋）洪興祖撰：《楚辭補注》（重印修訂本），白化文、許德楠、李如鸞、方進點校，第 167 頁。

　　④ 對漢代畫像中“羽人”形象，學界多有討論，擇要列舉如下：孫作雲：《說羽人——羽人圖、羽人神話、飛仙思想之圖騰主義的考察》，《國立瀋陽博物院籌備委員會彙刊》1947 年第 1 期，第 29—75 頁（又題《說羽人——羽人圖羽人神話及其飛仙思想之圖騰主義的考察》，載孫作雲《孫作雲文集》第 3 卷《中國古代神話傳說研究》下，開封：河南大學出版社 2003 年版，第 561—641 頁）；孫作雲：《洛陽西漢卜千秋墓壁畫考釋》，《文物》1977 年第 6 期，第 17—22 頁；孫作雲：《評 “沂南古畫像石墓發掘報告”——兼論漢人的主要迷信思想》，《考古通訊》1957 年第 6 期，第 77—87 頁；孫彥：《漢魏南北朝羽人圖像考》，《南方文物》2006 年第 1 期，第 69—74 頁；王立、劉暢：《從漢代羽人看神仙思想及其相關觀念》，《黑龍江社會科學》2008 年第 5 期，第 128—132 頁；龔鋼：《漢畫像石的羽人造型釋疑》，《社會科學輯刊》2010 年第 4 期，第 250—254 頁；賀西林：《漢代藝術中的羽人及其象徵意義》，《文物》2010 年第 7 期，第 46—55 頁；吳萍：《漢代畫像石羽人圖像研究》，南京師範大學碩士學位論文，學科專業：美術學·中國美術史論，指導教師：徐飈副教授，答辯日期：2008 年 5 月；高原：《漢代畫像磚羽人圖像研究》，河北大學碩士學位論文，學科專業：藝術學，指導教師：劉宗超教授，答辯日期：2010 年 5 月。

　　⑤ 許維遹撰：《呂氏春秋集釋》卷二二，梁運華整理，北京：中華書局 2009 年版，第 614 頁。

　　⑥ 黃暉撰：《論衡校釋》（附劉盼遂集解）卷二，第 66 頁。

　　⑦ 黃暉撰：《論衡校釋》（附劉盼遂集解）卷七，第 318 頁。

大量出現羽人博弈圖案，或係暗示亡者已經羽化登仙，正過著無拘無束、無憂無慮的天堂生活。換言之，死亡並非生命的終結，而是新生命（生活）的開始。對生者而言，他們寄希望於逝去的親屬蛻去肉身後羽化登仙，躋入仙人之列，得與仙人對弈，享受逍遙和快樂。事實上，秦漢以降民間傳說及文學創作中常以仙人對博來表現對超凡脫俗生活理念的追求和擺脫人世拖累的嚮往。如《風俗通義・正失》"封泰山禪梁父"條云："又言武帝與仙人對博，碁沒石中，馬蹄迹處，于今尚存"。① 又如曹植所作《仙人篇》曰："仙人攬六箸，對博太山隅。"②

　　秦漢時人的觀念中，喪葬本身就是一種溝通天地及聖俗的儀式活動，故而盡可能地在墓室中營構出自己心目中的宇宙時空模型。換言之，時人眼中的墓室儼然就是濃縮了的小宇宙，亡者置身其中可以順利地實現羽化昇天的終極目的。③ 就天水放馬灘秦墓（M14）繫虎及博局板畫而言，博局圖就像是一道通往仙界的天門（"魂門"或"魄門"），越過此門即告別俗世、跨入一種異度空間——天國仙境。就此而言，它與漢墓畫像中大量出現的"天門（雙闕）"圖案同樣起到了接引亡者進入仙界的功能。④ 有鑑於此，我們說天水放馬灘秦墓（M14）出土的繫虎及博局板畫背面所繪之博局圖，不僅承擔著與其他陪葬實物相同的功用（即將生前必備或喜好之物帶入另一個世界仙境中繼續享用），而且還隱含了豐富的信仰追求和象徵寓意，即希望墓主人能夠早日羽化登仙，與仙人對博，忘却人世間的糾葛，盡情地享受博戲的歡快。同時也強化了古人對待殯葬的基本原則——"死生異路"，即極力闡明生死之界限，期望死者與生人各得其

---

① 王利器校注：《風俗通義校注》卷二，第 69 頁。

② （唐）歐陽詢撰：《藝文類聚》卷四二《樂部二・樂府》，江紹楹校，第 756 頁。

③ 此外，發掘報告中還談到："（M14 墓）外槨蓋散置七塊形狀不一的木板，係封填前有意遺留。"（《天水放馬灘墓葬發掘報告》，載甘肅省文物考古研究所編《天水放馬灘秦簡》，第 116 頁）筆者推測，這七塊木板或係象徵北斗七星。

④ 四川簡陽鬼頭山東漢崖墓三號畫像石棺右側中部刻有雙闕（闕頂各立一隻鳳凰昂首對視、闕下站立一位守門武士），闕頂中央銘刻榜題曰"天門"。（詳見雷建金《簡陽縣鬼頭山發現榜題畫像石棺》，《四川文物》1988 年第 6 期，第 65 頁；此"天門"圖像，詳見高文編著《四川漢代石棺畫像集》，第 52 頁圖版九八）有關漢代畫像石（磚）中"天門"形象及其象徵意涵，詳見趙殿增、袁曙光《"天門"考——兼論四川漢畫像磚（石）的組合與主題》，《四川文物》1990 年第 6 期，第 3—11 頁。

所、莫相干，藉此斷絕死者對生人的注連和妨害。[①] 這也解釋了為何 "仙人六博" 題材會成為秦漢墓葬裝飾中的常見主題。

四　結　論

綜上所述，天水放馬灘秦墓（M14）出土的這塊繫虎及博局板畫隱含了豐富的信仰色彩和象徵意涵，也折射出秦人對殯葬禮俗的重視及仙境世界的追求。羅二虎將漢代石棺畫像的內容劃分為兩大類：仙境與昇仙、驅鬼鎮墓。[②] 筆者深以為是，並據此認為這也是秦漢時人處置喪葬事宜的兩大基本原則。而天水放馬灘秦墓（M14）出土的這塊木板畫則對此給予了佐證，該板正面（應該是朝外、面向棺蓋）繪製動態的猛虎是用以鎮墓驅逐方良（魍魎）、看護亡人的屍身，背面（應該是朝內、貼近屍體[③]）繪製靜態的博局圖則旨在引導亡魂昇入仙界。這一動、一靜的兩幅畫面，恰如其分地表達出秦漢時人的喪葬觀念。一塊方寸大的木板畫竟然濃縮了如此多的意境和信息，不僅寄託了孝眷的哀思和祈望逝者昇入仙境的美好願望，也彰顯出畫工的精湛技藝和良苦用心，不能不令人驚嘆。而以木板畫作為隨葬明器也不乏見於後世墓葬中，如 1977 年甘肅武威西郊林場西夏二號墓出土的多件彩繪木板畫及 2002 年甘肅省嘉峪關市魏晉墓中清理出的一批木棺板畫，[④] 均屬此類作品中的佼佼者。[⑤] 這些木板畫在不同程度上也都擔負了鎮墓辟邪及引魂昇天的功用。

---

① 有關此議題之研究，詳見本書第七章；姜守誠：《〈太平經〉研究——以生命為中心的綜合考察》，第 99—100 頁。

② 羅二虎：《漢代畫像石棺》，第 169 頁。

③ 發掘報告中並未言明這塊木板畫的內外朝向，但根據正面虎圖（M14·9A）和背面博局圖（M14·9B）的命名原則，我們做出如上推測。

④ 孔令忠、侯晉剛：《記新發現的嘉峪關毛莊子魏晉墓木板畫》，《文物》2006 年第 11 期，第 75—85 頁。

⑤ 詳見寧篤學、鍾長發《甘肅武威西郊林場西夏墓清理簡報》，《考古與文物》1980 年第 3 期，第 63—66 頁；陳炳應：《甘肅武威西郊林場西夏墓題記、葬俗略說》，《考古與文物》1980 年第 3 期，第 67—69 頁；陳于柱：《武威西夏二號墓彩繪木板畫中 "金雞" "玉犬" 新考——兼論敦煌寫本〈葬書〉》，《敦煌學集刊》2011 年第 3 期，第 117—122 頁；楊福主編：《甘肅武威西夏二號墓木板畫》，重慶：重慶出版社 2000 年版。

第 六 章

北大秦牘《泰原有死者》體現的冥界觀

　　2010 年，北京大學受贈入藏了一批海外回歸的珍貴秦代簡牘，其中一枚木牘以復生者口吻論述了喪祭宜忌，整理者拈篇首語命名為《泰原有死者》，並公佈了圖版。① 同時，李零釐定了釋文，並加以注釋和介紹。② 茲將李零釋文轉錄如下：

　　　　泰原有死者，三歲而復產，獻之咸陽，言曰：
　　　　死人之所惡，解予死人衣。必令產見之，弗產見，鬼輒奪而入之少内。
　　　　死人所貴黃圈。黃圈以當金，黍粟以當錢，白菅以當繰。
　　　　女子死三歲而復嫁，後有死者，勿并其冢。
　　　　絮死人之冢，勿哭。須其已食乃哭之，不須其已食而哭之，鬼輒奪而入之廚。
　　　　祠，毋以酒與羹沃祭，而沃祭前，收死人，勿束縛。毋決其履，毋毀其器。令如其產之臥殹，令其魄（魄）不得苕（落）思。
　　　　黃圈者，大叔（菽）殹，莽（劈）去其皮，置於土中，以為黃金之勉。

　　下面，我們以李零解說為基礎，結合相關文獻，就有關内容予以分析和考釋。

　　① 北京大學出土文獻研究所：《北京大學藏秦簡牘概述》，《文物》2012 年第 6 期，第 65—73 頁；北京大學出土文獻研究所編：《北京大學藏秦代簡牘書迹選粹》，北京：人民美術出版社 2013 年版，第 8—10 頁。
　　② 李零：《北大秦牘〈泰原有死者〉簡介》，《文物》2012 年第 6 期，第 81—84 頁。

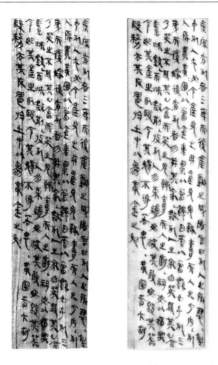

圖 6 – 1　　《泰原有死者》木牘及紅外照片

資料來源：《北京大學藏秦簡牘概述》，《文物》2012 年第 6 期，第 71 頁。

一　牘文釋讀

這篇牘文合計 168 字，圖版清晰，文字辨識幾無異議，但對於部分文字的理解則存有歧義。下面，我們逐字逐句地對牘文予以梳理和考釋。

1. “泰原有死者”。篇首“泰原”二字，李零認為“是死者下葬的地方，疑指咸陽原”①。陳偉則認為“也可能是指死者生前的居地。或即泰原郡”②。結合文意來看，李零所言“泰原”是死者下葬的地方應該是正確的（牘文並未言及死者是否被入土安葬，但從三年的時間段來看，下葬的可能性較大），但進而推測係指“咸陽原”則缺乏充分證據，下文所

① 李零：《北大秦牘〈泰原有死者〉簡介》，《文物》2012 年第 6 期，第 81 頁。
② 陳偉：《北大藏秦簡〈泰原有死者〉識小》，簡帛網（www. bsm. org. cn），2012 年 7 月 14 日。

言"獻之咸陽"可證故事的發生地並非秦都咸陽一帶。陳偉援引放馬灘秦簡《志怪故事》敘述死者丹爲"大梁人",認爲可比附本簡,證明"泰原"或指死者的居住地。不過,需要指出的是,放簡《志怪故事》中"大梁人"三字是指稱丹的原籍地而非現居住地,此爲學界所公認,① 故不能以放簡《志怪故事》公文書"名事爵里"格式來解讀"泰原"二字的含義。有鑑於此,我們僅能判定"泰原"是死者下葬之地(當然也不能排除是其生前居住地),也是這起死而復生事件的發生地。對於"泰原"的具體地理位置,或許有寬、狹二種解讀角度:寬泛的理解就是指寬廣的原野之地,李零已指出秦漢時人以"泰"爲"太",均爲大的含義,"泰原"或係指廣袤的大平原;狹義的理解就是《書·禹貢》《詩·小雅》中所言"太原"之地(即今山西舊太原、汾州一帶或甘肅固原北界),或特指秦置"太原郡"(今山西內長城以南,離石、靈石、昔陽等縣以北地區)。② 由於牘文透露的背景信息十分匱乏,目前無法給出明確的結論。

2. "三歲而復產"。"產",《說文解字·生部》訓曰:"產,生也。"③ 馬王堆漢墓帛書《養生方》"走"條(第190行)亦見"以產荊長二寸周畫〈畫〉中"之句,④ 文中"產荊"即生荊之義。概言之,牘文"三歲而復產"是說,亡者在三年後死而復生。天水放馬灘秦簡《志怪故事》中的主人公丹也是在死後三年重獲生命的。"三年"對於人體的生命歷程而言,是有特殊含義的。⑤

3. "獻之咸陽"。咸陽是秦時都城,死而復生之人被視爲妖異而進獻到都城(中央)。放簡《志怪故事》中涉及丹復生的情況也是由地方官員(邦丞赤)以公文書形式呈報御史。其實,這類復生事件屬於比較罕見的奇聞軼事,通常會引起統治階層的重視。自《左傳》《史記》《漢書》《後漢

---

① 李學勤:《放馬灘簡中的志怪故事》,《文物》1990年第4期,第44頁。
② 參見臧勵龢等編《中國古今地名大辭典》,上海:商務印書館1931年版,第143頁;鄭天挺等主編:《中國歷史大辭典》(音序本),上海:上海辭書出版社2007年版,第2533頁。
③ (東漢)許慎撰,(清)段玉裁注:《說文解字注》六篇下,第274頁。
④ 馬王堆漢墓帛書整理小組編:《馬王堆漢墓帛書[肆]》,圖版第66頁,釋文第116頁。
⑤ 有關數字"三"的神秘性,詳見本書第一章。

書》以降，歷代史籍均不乏可見各種復生事例即是明證。① 如《漢書·五行志》談到朔方廣牧女子趙春病死、殮棺六日而復活，"太守譚以聞"。②《太平廣記·再生一》"崔涵"條記載：北魏時菩提寺沙門發墓取磚，意外發現已死十二年的崔涵又復活了，他隨即被送往京城華林堂接受太后、孝明帝的召見和問詢，並陳述冥界中事。③ 陳侃理指出："秦遷都咸陽在秦孝公十三年（前349），《泰原有死者》的創作當在此後"，"咸陽是秦的都城，此云將復生者'獻'之咸陽，自然不會是交給非官方的人或機構，而是指將之作為異人或妖孽貢獻給秦王或中央官署。……作者意在借此表明，復生所說的話是在咸陽面對秦王或中央官署作的自陳或供詞，而又通過官方途徑記錄和傳播，其真實性和權威性當然也就非比尋常了。"④

4. "言曰"。李零指出本處"言"者有兩種可能：一種是獻者、一種是死而復生者，尤以後者的可能性更大。這一判斷無疑是正確的，放簡《志怪故事》中"丹言曰""丹言"字樣證實此類故事的套路通常是借助復生者之口敘述冥界事宜。

5. "死人之所惡，解予死人衣"。"惡"，《說文解字》訓曰："過也"。段玉裁注："人有過曰惡。有過而人憎之，亦曰惡。本無去入之別，後人強分之。"⑤ "解"字，李零訓為"解開"，並翻譯此句為"死人最討厭，就是把親朋好友助葬饋贈的衣物隨便打開。"⑥ 黃傑認為牘文"解"字或許是解除之意，意為向鬼神祈禱以消除災禍，並據此斷句為"死人之所

---

① 有關復生事例，《太平御覽》卷八八七《妖異部三·重生》、《太平廣記》卷三七五《再生一》～卷三八六《再生十二》收錄了諸多案例，其中既有轉錄正史的材料，也有大量志怪故事。（宋·李昉編纂：《太平御覽》卷八八七，夏劍欽校點，第115—119頁；宋·李昉等編：《太平廣記》卷三七五～卷三八六，第2979—3084頁）

② （東漢）班固撰：《漢書》卷二七下，（唐）顏師古注，第1473頁。

③ （宋）李昉等編：《太平廣記》卷三七五，第2980—2981頁。值得注意的是，較早收錄此則故事的《酉陽雜俎·尸穸》中卻沒有涉及崔涵復活後蒙太后、孝明帝召見之情節。（唐·段成式撰：《酉陽雜俎》前集卷十三，方南生點校，第124頁）

④ 陳侃理：《秦簡牘復生故事與喪葬習俗》，載《中國簡帛學國際論壇2012：秦簡牘研究論文集》，舉辦單位：武漢大學簡帛研究中心、北京大學出土文獻研究所，地點：武漢大學珞珈山賓館，日期：2012年11月17～19日，第54頁。

⑤ （東漢）許慎撰，（清）段玉裁注：《說文解字注》十篇下，第511頁。

⑥ 李零：《北大秦牘〈泰原有死者〉簡介》，《文物》2012年第6期，第83頁。

惡，解。"① 孫占宇將其與放簡《志怪故事》"死者不欲多衣"相比附，認為"解"字可訓為"多"，此句牘文是說死人討厭以太多的衣物來隨葬。② 上述三種意見代表了不同的詮釋視角，均有可取之處，但也都有不妥帖和欠通暢的地方。

我們認為"解"字的本意是指分解、撕裂、分割、剖開等。譬如，《說文解字·角部》："解，判也。"③ 又如戰國、秦漢時人援引"庖丁解牛""土崩瓦解"等用語中"解"字也是指肢解、割裂等含義。有鑑於此，這句牘文的意思是說：死人最討厭的是撕裂、毀壞用以給死者隨葬的衣物。這句話與下文中"毋決其履，毋毀其器"是相互呼應的，只是本句側重於衣服，而後者則強調鞋子和其他器物。無論是衣服、鞋子抑或其他明器，都不允許破壞，必須保持完好、完整。這番言論顯然是有專門針對性的，是有所指的。有些學者已指出世界各地及中國北方民族都曾盛行過"毀器葬"的葬俗。④ 雖然傳世文獻尚未證實秦文化中存在過人為毀壞隨葬器具的葬俗，不過已有考古學者針對某幾類常見的秦墓明器（如銅鏡、兵器、陶器等）進行了分析，推測戰國晚期至秦統一時期部分地區的秦人在選用隨葬物品時存在人為損壞的習俗。⑤ 相信隨著考古材料的增多和今後研究的深入，我們會有更多發現。不過，據文獻記載裁截亡人衣的習俗在後世仍有遺存，如唐代段成式撰《酉陽雜俎·尸穸》言："近代喪

---

① 黃傑：《北大秦牘〈泰原有死者〉管見》，簡帛網（www.bsm.org.cn），2012 年 7 月 17 日。

② 孫占宇：《放馬灘秦簡〈丹〉篇校注》，載《首屆中國歷史學博士後論壇（2012）論文集》，第 43 頁。

③ （東漢）許慎撰，（清）段玉裁注：《說文解字注》四篇下，第 186 頁。

④ 張英：《從考古學看我國東北古代民族"毀器"習俗》，《北方文物》1990 年第 3 期，第 21—27 頁；唐嘉弘：《西周燕國墓"折兵"之解——考古札記之一》，《中國文物報》1992 年 5 月 17 日，第三版；張碧波：《關於毀屍葬、毀器葬、焚物葬的文化思考》，《中原文化》2005 年第 2 期，第 36—40 頁轉第 61 頁；張明東：《略論商周墓葬的毀兵葬俗》，《中國歷史文物》2005 年第 4 期，第 72—79 頁；張軍：《契丹覆面、毀器、焚物葬俗小議》，《北方文物》2005 年第 4 期，第 40—43 頁；井中偉：《西周墓中"毀兵"葬俗的考古學觀察》，《考古與文物》2006 年第 4 期，第 47—59 頁；孫危：《鮮卑"毀器"葬俗研究》，吉林大學邊疆考古研究中心：《邊疆考古研究》第 8 輯，北京：科學出版社 2009 年版，第 139—147 頁；馬利清：《匈奴墓葬出土銅鏡及毀鏡習俗源流考》，《中央民族大學學報》（哲學社會科學版）2009 年第 6 期，第 76—82 頁；部向平：《商墓中的毀器習俗與明器化現象》，《考古與文物》2010 年第 1 期，第 42—49 頁。

⑤ 馬利清：《出土秦鏡與秦人毀鏡習俗蠡測》，《鄭州大學學報》（哲學社會科學版）2009 年第 6 期，第 146—152 頁。

禮，初死内棺，而截亡人衣後幅留之。"①

6. "必令產見之"。李零詮釋此句的含義時說："一定要讓死者活著看到這些衣物。"② 黃傑認為若按照李零的斷句法則此"前缺少應當指明的事項，句子不完整"。他認為此句應與前句"予死人衣"四字連讀，同時也含蓄地說道："這樣斷句也不一定符合牘文原貌，但從語法上看似乎更能成立。"③ 我們認為黃氏所言"必令產見之"前缺少"應當指明的事項"是正確的意見，但不同意他重新斷句而導致上下文意的混亂。我們認為造成缺少事項主語的原因，並非今人句讀上的問題，而是當初書寫時就在"衣"字後漏寫或脫落了一個重文符號（＝），即"解予死人衣。＝（衣）必令產見之"。這句牘文的意思是說：給死人送葬所準備的衣物，一定是死者生前親眼看過的。

7. "弗產見，鬼輒奪而入之少内"。對於此句的含義，李零解釋說："如果不讓死者活著看到這些衣物，死者的鬼魂就會生氣，把這些衣物拿走，送入少内。"④ 黃傑指出李零將此"鬼"字詮釋為"死者的鬼魂"不符合牘文原意，他認為本句及下文"鬼輒奪而入之廚"中的"鬼"均"很可能是冥間的官府機構的差使一類"。⑤ 我們贊同黃氏說法。古代先民對巫、鬼、死人等有時並不予以嚴格區分，⑥ "鬼"到底是指死亡之人、"家先"、⑦ 孤魂野鬼抑或冥界鬼吏，則必須根據文意和當下語境來判定。放簡《志怪故事》出現的四處"鬼"字係指稱死者的鬼魂，而北大《泰原有死者》出現的二處"鬼"字則均不是特指死者，而是泛稱冥界鬼吏或其他鬼魂。

---

① （唐）段成式撰：《西陽雜俎》前集卷十三，方南生點校，第 122 頁。
② 李零：《北大秦牘〈泰原有死者〉簡介》，《文物》2012 年第 6 期，第 82 頁。
③ 黃傑：《北大秦牘〈泰原有死者〉管見》，簡帛網（www. bsm. org. cn），2012 年 7 月 17 日。
④ 李零：《北大秦牘〈泰原有死者〉簡介》，《文物》2012 年第 6 期，第 82 頁。
⑤ 黃傑：《北大秦牘〈泰原有死者〉管見》，簡帛網（www. bsm. org. cn），2012 年 7 月 17 日。
⑥ 《後漢書·劉焉傳》記載：張魯在巴蜀地區傳播五斗米道，"魯遂自號'師君'。其來學者，初名為'鬼卒'，後號'祭酒'。"（南朝宋·范曄撰：《後漢書》卷七五，唐·李賢等注，第 2435 頁）相關研究，詳見劉昭瑞《"老鬼"與南北朝時期老子的神化》，《歷史研究》2005 年第 2 期，第 172—179 頁。（又見氏著《考古發現與早期道教研究》，第 51—62 頁）
⑦ 詳見姜守誠《中國古代的"家先"觀念》，《學術界》2011 年第 4 期，第 138—145 頁。

"少內"一詞，李零援引睡虎地秦簡《金布律》《史記·孝景本紀》《漢書·丙吉傳》等史料指出"是府藏之官。秦官有大內、少內，中央有，地方也有……漢官也有大內、少內。"① 陳偉則認為："牘文'少內'與'廚'對舉，不大像是官府。恐是指'小內'。在睡虎地秦簡日書中，家庭住宅內的建築有大內、小內。……將'少內'看作類似民居中的'小內'的建築，似更爲適宜。"② 我們認為當以李零說法為是，"少內"應是冥界地府中負責收藏服禦之物的機構（或官衙），類似於"少府"。將死者生前未見過的隨葬衣物"入少內"，就意味著剝奪了其對這些衣物的專屬權和使用權，將它們罰沒、入庫充公，將個人財富轉變為官方資產，藉此表示對殮葬不當行為的懲罰。東漢道教典籍《太平經》也出現"少內"用語，該書卷六七《六罪十治訣》云："所以然者，此財物迺天地中和所有，以共養人也。此家但遇得其聚處，比若倉中之鼠，常獨足食，此大倉之粟，本非獨鼠有也；少內之錢財，本非獨以給一人也；其有不足者，悉當從其取也。"③ 顯然，這裏的"少內"就是指擔負斂藏之責的官府機構。

這句牘文是說：若用死者生前所未見過的衣服來陪葬，那麼鬼吏（或其他鬼魂）就會把它們搶走、充公、入藏於地府少內。

8. "死人所貴黃圈"。所謂"黃圈"，李零認為指"大豆黃卷""是用大豆發出的黃色豆芽"。④ 陳偉贊同此觀點，並指出："在馬王堆、張家山等地出土的漢代遣策中，有黃卷之名。現在讀到牘文，使我們進一步瞭解到黃圈在秦漢人們心目中的份量。"⑤ 陳侃理不同意陳偉的意見，指出："今案馬王堆一號漢墓出土木簽牌有'黃卷笥'一枚（第45號），遣冊簡一六一書'黃卷一石縑囊一笥合'。……這裏的黃卷與其他食物並列，其名書於遣冊，應該是在作為黃卷本身來隨葬的。它與《泰原有死者》中'以當金'的黃圈雖是一物，但不具象徵性，隨葬的意義不同。馬王堆

---

① 李零：《北大秦牘〈泰原有死者〉簡介》，《文物》2012年第6期，第82頁。

② 陳偉：《北大藏秦簡〈泰原有死者〉識小》，簡帛網（www. bsm. org. cn），2012年7月14日。

③ 王明編：《太平經合校》，第247頁。

④ 李零：《北大秦牘〈泰原有死者〉簡介》，《文物》2012年第6期，第82頁。

⑤ 陳偉：《北大藏秦簡〈泰原有死者〉識小》，簡帛網（www. bsm. org. cn），2012年7月14日。

二、三號漢墓、張家山 247 號漢墓遣冊中所見的黃卷，恐怕也當作如是觀。"① 並附注釋予以進一步解說："隨葬品在遣冊上的名稱代表了其作為隨葬品的含義。比如馬王堆漢墓遣冊上寫明的舞者、車馬，實際是指隨葬的木俑、偶車馬，反映了它們隨葬的象徵意義。同理，如果隨葬的黃卷是作為黃金的象徵物，遣冊上就應該寫'金'或'黃金'，而不是直書'黃卷'其名了。"② 這一看法無疑是正確的，就功用而言，的確不能將北大秦牘《泰原有死者》中的"黃圈（卷）"徑直等同於馬王堆、張家山漢墓等中出現的隨葬食物"黃卷"。

9. "黃圈以當金，黍粟以當錢，白菅以當縑"。"黃圈"即黃卷，下文云"大叔（菽）殹"，可知係指大豆。"金"字，《說文解字·金部》訓曰："金，五色金也。"③《正字通·金部》訓曰："五色金也。白金銀，青金鉛錫，赤金銅，黑金鐵，黃金為之長。"④《尚書·舜典》："金作贖刑。"⑤ 孔穎達疏曰："古之金銀銅鐵總號為金，別之四名耳。"⑥ 不過，"金"有時特指黃金。李零將"黃圈以當金"之句釋為"以黃色豆芽代替黃金。"⑦ 雖然不錯，但"代替"二字不夠準確。這句牘文的意思是說死人在地府冥界中是將黃卷（黃色豆芽）視同黃金貨幣而流通使用的，而非黃卷徹底代替了黃金。

"黍粟"，據李零所言"是兩種適合旱作特點，中國北方土生土長的農作物。"⑧ "錢"字，《說文解字·金部》訓曰："銚也。古者田器。……一曰貨也。"段玉裁注："云古田器者，古謂之錢。今則但謂之銚，謂之臿，不謂之錢。而錢以為貨泉之名。……按《貝部》下曰：古者貨貝而寶龜，周而有泉，

①　陳侃理：《秦簡牘復生故事與喪葬習俗》，載《中國簡帛學國際論壇 2012：秦簡牘研究論文集》，第 46 頁。

②　陳侃理：《秦簡牘復生故事與喪葬習俗》，載《中國簡帛學國際論壇 2012：秦簡牘研究論文集》，第 46 頁注釋。

③　（東漢）許慎撰，（清）段玉裁注：《說文解字注》十四篇上，第 702 頁。

④　（明）張自烈撰，（清）廖文英續：《正字通》卷十一（戌集上），載《續修四庫全書》編纂委員會編《續修四庫全書》二三五·經部·小學類，上海：上海古籍出版社 2002 年版，第 620 頁。

⑤　《十三經注疏》整理委員會整理、李學勤主編：《尚書正義》卷三，第 65 頁。

⑥　《十三經注疏》整理委員會整理、李學勤主編：《尚書正義》卷三，第 68 頁。

⑦　李零：《北大秦牘〈泰原有死者〉簡介》，《文物》2012 年第 6 期，第 82 頁。

⑧　李零：《北大秦牘〈泰原有死者〉簡介》，《文物》2012 年第 6 期，第 82 頁。

至秦廢貝行錢。"① 秦代以降，"錢"通常特指銅錢。《正字通·金部》訓"錢"字曰："冶銅為錢，易貨也。古之為市，所有易所無。布幣金刀龜貝之法窮，錢始行。周制以商通貨，太公望立九府圜法，錢外圓而內孔方，輕重以銖，圓者為均通也。……漢以後，大小輕重不一，名稱各殊。國家改元，必更鑄以年號為文，輪郭如舊。"② 李零解說："中國古代圜錢，有方孔可以穿繩，穿起來的錢叫緡錢。緡錢有如黍粟之穗。"③

　　"白菅"即白茅，古代"茅"與"菅"是互訓的。"茅"字，《說文解字·艸部》訓曰："茅，菅也。從艸，矛聲。可縮酒為藉。"段玉裁注曰："按統言則茅、菅是一，析言則菅與茅殊。許菅、茅互訓，此從統言也。陸璣曰：菅似茅而滑澤，無毛，根下（原注：當作上）五寸中有白粉者，柔韌宜為索，漚乃尤善矣。此析言也。"④ "菅"字，《說文解字·艸部》訓曰："菅，茅也。從艸，官聲。"段玉裁注曰："《詩》：白華菅兮。釋艸曰：白華野菅。毛傳足之曰：已漚為菅。按《詩》謂白華既漚為菅，又以白茅收束之，菅別於茅，野菅又別於菅也。"⑤ 放馬灘秦簡《志怪故事》（第5號簡）有云："死人以白茅為富，其鬼勝於它而富。"⑥ 這句牘文乃係假借死而復生者丹的口吻介紹說：死人以擁有白茅的多寡來研判是否富有，故人死化鬼後以蒐集、積聚白茅而致富。換言之，白茅就是死人在冥界中的財富象徵。同樣的，北大秦牘《泰原有死者》中"白菅"也應代表了貨幣財富。

　　牘文"繇"字，李零認為："同由，疑讀紬（音chóu）。《說文解字·系部》：'紬，大絲繒也。'許慎所謂紬，乃絲帛之通名，相當於今語絲綢的綢。……金錢和絲綢都是代表財富。"⑦ 這種解釋可備一說。不過，

---

　　① （東漢）許慎撰，（清）段玉裁注：《說文解字注》十四篇上，第706頁。

　　② （明）張自烈撰，（清）廖文英續：《正字通》卷十一（戌集上），載《續修四庫全書》編纂委員會編《續修四庫全書》二三五·經部·小學類，第633頁。

　　③ 李零：《北大秦牘〈泰原有死者〉簡介》，《文物》2012年第6期，第82頁。

　　④ （東漢）許慎撰，（清）段玉裁注：《說文解字注》一篇下，第27頁。

　　⑤ （東漢）許慎撰，（清）段玉裁注：《說文解字注》一篇下，第27頁。

　　⑥ 甘肅省文物考古研究所編：《天水放馬灘秦簡》，圖版第59頁，釋文第107頁。經過辨識圖版，並綜合諸家意見，我們釐定此句釋文為："死人以白茅爲富，其鬼賤（荐）於它而富。"（詳見本書第一章）

　　⑦ 李零：《北大秦牘〈泰原有死者〉簡介》，《文物》2012年第6期，第82頁。

我們則認為牘文"繇"通"繇",或本係"繇"之訛字。《說文解字·系部》:"繇,隨從也。"段玉裁注:"亦用為徭役字。徭役者,隨從而為之者也。"① 徭役亦稱"力役",是適齡民眾必須承擔的一種無償勞動。《商君書·徠民》:"民無一日之繇,官無數錢之費"。② 《淮南子·精神訓》云:"今夫繇者揭钁臿,負籠土",高誘注曰:"繇,役也"。③ 《史記·高祖本紀》云:"高祖常繇咸陽"。裴駰《集解》引應劭曰:"徭役也。"④ 秦漢時期的徭役,包括勞役和兵役。勞役主要表現為從事生產性勞動,兵役主要表現為屯戍、訓練、征戰等軍事性活動。⑤ 秦漢之季徭役苛繁,社會下層民眾苦不堪言,逃避或免除徭役也就成了當時人心中的渴望。按照秦漢律令,若輪更徭役時本人不能或不願親自赴役,可以出錢雇人代役,即以相應的月錢報酬交付給受雇者,委託其代為服役。這就為富裕人士躲避徭役提供了一條合理、合法的途徑。同樣的,秦漢時人也相信在陰間的靈魂要向冥界官吏納稅和服勞役。那些飽受奴役之苦的貧寒百姓,生前無法擺脫沉重的賦役壓迫,故寄托於死後世界,希望通過隨葬的"白菅"(白茅)來抵銷冥界中的徭役。有鑑於此,北大秦牘"白菅以當繇"之句的含義是說:白菅(白茅)可以充作雇人代服徭役的費用,從而使亡人免除力役之苦。所以,我們不贊同李零將北大秦牘"繇"字詮釋為絲綢的說法,也不同意他將放馬灘秦簡《志怪故事》中白茅的功用解釋為"以白茅為衣"。⑥

　　概言之,本句牘文中"金""錢""繇"都是泛稱貨幣、財富,但又各有偏重:"金"特指黃金,"錢"特指銅錢,"繇"特指雇人代役之資。

① (東漢)許慎撰,(清)段玉裁注:《說文解字注》十二篇下,第643頁。

② 蔣禮鴻撰:《商君書錐指》卷四,北京:中華書局1986年,第94—95頁。

③ 何寧撰:《淮南子集釋》卷七,第545頁。

④ (西漢)司馬遷撰:《史記》卷八,第344頁。

⑤ 錢劍夫:《秦漢賦役制度考略》,武漢:湖北人民出版社1984年版,第128—240頁;黃今言:《秦漢賦役制度研究》,南昌:江西教育出版社1988年版,第246—352頁;謝桂華:《漢簡和漢代的取庸代戍制度》,載甘肅省文物考古研究所編《秦漢簡牘論文集》,蘭州:甘肅人民出版社1989年,第77—112頁;鄭學檬主編:《中國賦役制度史》,廈門:廈門大學出版社1994年版,第24—74頁。

⑥ 李零:《秦簡的定名與分類·附錄:放馬灘秦簡〈志怪故事〉(今移簡6於簡7後)》,武漢大學簡帛研究中心主辦:《簡帛》第六輯,第10頁。

就功能而言，“黃圈”“黍粟”“白營”雖然分別扮演了“金”“錢”“繇”的角色，但並不意味著就徹底取代了它們。換言之，真實的“金”“錢”“繇”在地府冥界中仍舊是有效力的。這就好比今天的紙幣鈔票，雖然在市場流通時具有標識貨幣價值的作用，但終究不能完全取代金銀類實物通貨的存在。

10.“女子死三歲而復嫁，後有死者，勿并其冢”。李零認為這句牘文涉及冥婚之事，意思是說：“女子死後三年，如果另許他人，就不要與原來許配而後來死掉的人合葬於一墓。”① 黃傑在此說基礎上又進行了引申和發揮，他說：“‘後有死者’疑指女子原來所嫁的男子。……從‘復’字可以看出，此女子在死前已經嫁人（牘文大概就是針對一般已經嫁人的女子而言的）。女子死，其夫仍在。女子死去三年後，在冥間改嫁他人（這大概是當時的通行觀念），與其原夫不再是夫妻關係，所以其原夫死後，不得與之合葬。‘後’是對‘後有死者’死亡時間的設定，指其原夫在女子死三年之後死，而不是指其原夫在女子之後死，因為如果其原夫在女子死後三年之內死亡，按照牘文所提供的思路推測，似乎是可以與之合葬的。”② 至於“并其冢”的含義，黃傑認為“大概就是指異穴（并穴）合葬，這是先秦時期流行的夫妻合葬形式”③。陳侃理沿襲此思路，並略作發揮：“夫婦同墳異穴的合葬方式，秦以前已相當流行。秦牘中所謂‘并其冢’，應該就是指後死的丈夫與妻子同墳合葬，只不過這裏講的是合葬需要注意的禁忌。‘女子死三歲而復嫁’，應是指已婚女子死亡三年後會在地下世界改嫁他人。丈夫若在此後死去，便不宜再與亡妻同墳合葬”④。並且認為這句牘文的用意

① 李零：《北大秦牘〈泰原有死者〉簡介》，《文物》2012 年第 6 期，第 83 頁。
② 黃傑：《北大秦牘〈泰原有死者〉管見》，簡帛網（www. bsm. org. cn），2012 年 7 月 17 日。陳侃理對此句牘文的理解，與黃傑所言大抵相同。（詳見陳侃理《秦簡牘復生故事與喪葬習俗》，載《中國簡帛學國際論壇 2012：秦簡牘研究論文集》，第 50—51 頁）
③ 黃傑：《北大秦牘〈泰原有死者〉管見》，簡帛網（www. bsm. org. cn），2012 年 7 月 17 日。
④ 陳侃理：《秦簡牘復生故事與喪葬習俗》，載《中國簡帛學國際論壇 2012：秦簡牘研究論文集》，第 51 頁。

是"限制夫婦合葬"。①

　　陳偉則提出不同看法，認為牘文應斷讀為："女子死三歲而復，嫁後有死者，勿并其冢。"並作解釋說："復，或即牘文開頭所說的'復產'省稱，指死而復活。牘文是說死而復活的女子，如果出嫁後死亡，不與其夫合葬。這樣理解，與前文談論的問題相關，而沒有轉換到一個不大相干的話題。"② 至於"嫁後有死者"的含義，陳偉援引何有祖的說法，認為"有"讀作"又"，意指該女子似死了兩次。③

　　按照黃傑首倡的說法，女子死後三年、在冥界就會改嫁他人，故而與人世間的原配丈夫脫離了夫妻關係。這種風俗並未見載於任何傳世文獻，不僅與傳統世俗觀念相牴牾，而且嚴重背離了古人對於血親、姻親及親屬關係的定位和認知。這番解讀太過離奇，且毫無文獻依據，不足信。而李零的冥婚之說也臆測成分較大，甚至憑空增補了一些內容和情節。事實上，這句牘文並未涉及冥婚之事。陳偉的說法也存在一些難以解答的疑難點，其斷句導致了語感不暢、文意不連貫，而且將文意指涉限定於未婚復生女子的初次婚配也是片面的。事實上，"女子"是秦時人習見之稱謂語，頻見於睡虎地秦簡、放馬灘秦簡、周家臺秦墓簡牘、嶽麓秦簡、里耶秦簡等出土文獻中，通常指成年女性——其適用範圍包括已婚者和成年未婚者。

　　有鑑於此，我們認為應採納李、黃、陳三氏說法中合理的部分加以綜合，保留原句讀而予以新解讀：牘文"女子死三歲而復嫁"中"復"字

---

①　陳侃理：《秦簡牘復生故事與喪葬習俗》，載《中國簡帛學國際論壇2012：秦簡牘研究論文集》，第55頁。秦代以前較為流行夫婦同墳異穴的合葬方式，自西漢中後期以降夫婦同穴合葬開始逐步推廣。相關研究，詳見［日］太田有子《中國古代的夫妻合葬墓》，楊凌譯，《華夏考古》1989年第4期，第103—110頁；孟憲武：《試析殷墟墓地異穴並葬墓的性質——附論殷商社會的婚姻形態》，《華夏考古》1993年第1期，第84—90頁；蔣廷瑜：《漢代同墳異穴夫妻合葬淺議》，《南方文物》1993年第1期，第82—84頁轉第88頁；李如森：《從漢墓合葬習俗看漢代社會變化軌跡》，《史林》1996年第2期，第19—24頁；李貴昌、李守慶：《先秦合葬芻議》，《華夏考古》1997年第2期，第91—97頁；吳桂兵：《西漢中後期的夫婦同穴合葬》，《四川文物》1998年第1期，第17—20頁；樊一：《歷代帝后的合葬及其類型——秦漢三國兩晉南北朝時期》，《成都大學學報》（社科版）1998年第4期，第24—30頁；韓國河：《試論漢晉時期合葬禮俗的淵源及發展》，《考古》1999年第10期，第69—78頁。

②　陳偉：《北大藏秦簡〈泰原有死者〉識小》，簡帛網（www. bsm. org. cn），2012年7月14日。

③　陳偉：《北大藏秦簡〈泰原有死者〉識小》，簡帛網（www. bsm. org. cn），2012年7月14日。

兼有"復產"和"復嫁"的雙重含義。我們頗疑當初書手於"復"字後漏寫了一個重文符號（﹦），乃係指死後三年而獲復生的已婚女性若有意改嫁他人，可聽之、任之，因為她與原配丈夫的婚姻關係已隨著最初的死亡而終止了，故有權在婚姻選擇上另擇新人。牘文"後有死者，勿并其冢"是說這位復生女性再婚以後，若繼任丈夫去世，不得與她同墓合葬。

綜上所述，這句牘文是說：女子死後三年而復生，可以另行改嫁他人，再嫁以後丈夫去世，不得與她同墓合葬。

11. "祭死人之冢，勿哭。須其已食乃哭之，不須其已食而哭之，鬼輒奪而入之廚"。李零認為這段文字是講祠墓時對"哭"的要求，"在死者的墳塚上用酒食祭奠，不要一上來就哭。正確做法是，要等死者享用後再哭。如果不等死者享用就哭，他的鬼魂就會把這些食物拿走，送到地下的廚官"[1]。按照李零的解釋，祠墓祭祀時是必須"哭"的，但要把握好時機，不能一上來就哭，而應待儀式完成、鬼魂享用了祭品之後再哭。我們的理解則略有不同：到墓地祭祀死者時最好不要哭泣。倘若是傷心難過、壓抑不了悲痛的情緒，至少要待到亡魂享用了祭品後再哭，否則鬼吏將會把酒食祭品搶奪走、充公到地下廚官。換言之，"已食乃哭"實屬無奈之舉，是對"祭死人之冢勿哭"原則的妥協和折中，顯然係退而求其次，絕非最佳之選項。"祠墓勿哭"的原則亦見於其他秦漢簡牘中，放馬灘秦簡《志怪故事》亦云："丹言祠墓者毋敢嗀﹦鬼去敬走"。[2] 敦煌懸泉漢簡（第二六八號）："上冢，不欲哭，哭者，死人不敢食，去。"[3]（V1410③：72）由此可見，不許哭泣是秦漢時人上墳掃墓時的通例，尤其在亡魂享食前更嚴禁啜泣。

概言之，這句牘文是說：到墓地祭祀死者時，最好不要哭泣。倘若是傷心難過、壓抑不了悲痛的情緒，至少要待到亡魂享用祭品後再哭，否則鬼吏將會把酒食祭品搶奪走、充公到地下廚官。

12. "祠，毋以酒與羹沃祭"。李零詮釋說："'祠'指祠墓。祠墓所供酒食，古人叫餕，字亦作腏。'沃'是澆灌而祭。……這裏似乎是說，

---

① 李零：《北大秦牘〈泰原有死者〉簡介》，《文物》2012 年第 6 期，第 83 頁。

② 甘肅省文物考古研究所編：《天水放馬灘秦簡》，圖版第 59 頁，釋文第 107 頁。有關這段簡文的詮釋，詳見本書第一章。

③ 胡平生、張德芳：《敦煌懸泉漢簡釋粹》，第 183 頁。

不要把酒和羹澆在所供的食物上而祭。"① 類似說法亦見於放馬灘秦簡《志怪故事》："毋以羹沃腏上鬼弗食殹",② 意思是說:不要把湯汁澆在祭飯上,若是那樣鬼就不肯吃了。而北大秦牘《泰原有死者》中所強調的切勿澆灌在祭飯上的東西,除了"羹"外,還有"酒"。

13. "而沃祭前,收死人,勿束縛"。李零譯為:"灌祭之前,不要捆綁死者。"③ 陳侃理則對此句讀法略作改動:其一,將"而沃祭前"上讀,使之與"毋以酒與羹沃祭"句相承繼,意思是說:"祭祀時不要將酒和湯羹澆灌在'腏'(祭飯)上,那樣會使死者不食。……正確的做法是將酒和湯羹傾倒在祭飯之前。"④ 其二,將"勿束縛"與下文"毋決其履"、"毋毀其器"連讀,藉此體現了秦時流行的"屈肢葬""毀器葬"等風俗。⑤ 陳氏看法是可取的。

14. "毋決其履,毋毀其器"。李零譯文為:"不要弄壞他的鞋子,不要打碎他的器物。"⑥ 陳侃理進而分析說:"這兩句話反對的是一種被考古學家和人類學家稱為'毀器葬'的葬俗。"⑦ 其用意是識字階層"反對屈肢葬、毀器葬等秦文化原有的或許在當時即被認為帶有戎狄因素的、落後的葬俗,促使喪葬風俗向東方六國的理想形態靠近。"⑧ 我們贊同陳氏的判斷,這篇牘文在很大程度上體現了秦人兼併六國的過程中深受中原先進文化的熏染,不斷調整自身陋習、改良社會風俗的努力。

15. "令如其產之臥殹"。李零解釋說: "務必保持死者生時的臥姿。"⑨ 此句牘文與前句"收死人勿束縛"相呼應,均係討論死者屍體的收殮方式,試圖推行平躺仰臥的直肢葬式來取代捆綁死者肢體的屈肢葬

---

① 李零:《北大秦牘〈泰原有死者〉簡介》,《文物》2012 年第 6 期, 第 83 頁。
② 甘肅省文物考古研究所編:《天水放馬灘秦簡》, 圖版第 59 頁, 釋文第 107 頁。
③ 李零:《北大秦牘〈泰原有死者〉簡介》,《文物》2012 年第 6 期, 第 83 頁。
④ 陳侃理:《秦簡牘復生故事與喪葬習俗》, 載《中國簡帛學國際論壇 2012:秦簡牘研究論文集》, 第 51 頁。
⑤ 陳侃理:《秦簡牘復生故事與喪葬習俗》, 載《中國簡帛學國際論壇 2012:秦簡牘研究論文集》, 第 48—50 頁。
⑥ 李零:《北大秦牘〈泰原有死者〉簡介》,《文物》2012 年第 6 期, 第 83 頁。
⑦ 陳侃理:《秦簡牘復生故事與喪葬習俗》, 載《中國簡帛學國際論壇 2012:秦簡牘研究論文集》, 第 50 頁。
⑧ 陳侃理:《秦簡牘復生故事與喪葬習俗》, 載《中國簡帛學國際論壇 2012:秦簡牘研究論文集》, 第 54 頁。
⑨ 李零:《北大秦牘〈泰原有死者〉簡介》,《文物》2012 年第 6 期, 第 83 頁。

式，是秦地舊俗向中原葬俗的妥協和過渡。

16. "令其魃（魄）不得苕（落）思"。這句牘文中最令人費解的是三個字：魃、苕、思。李零詮釋說："'魃'……疑為薄字之省，這裏讀為魄。'苕'同落，原指草木零落，引申為隕墮、死傷等義。……落字的含義是失落。'思'是句尾的語氣詞。"① 李零認為此句牘文的意思是說："務必使死者的魄附於其體，不至失落，沒著沒落。"② 陳侃理則認為："苕，當即笿字。《廣雅·釋詁三》：'笿，束也。'字又同'絡'，有纏繞、束縛之意。此句的意思是，讓附著於死者形體的神靈不要被捆住。"③ 陳氏將"苕"字訓為"笿""絡"是正確的，但他將束縛對象說成是"附著於死者形體的神靈"是不對的，應如李零所言是"死者的魄"，或泛指死者的靈魂。我們認為牘文"苕思"乃"絡束"之假借字，即束縛、纏繞之義。《漢書·楊王孫傳》談到傳主希望死後裸葬，並解釋說不願意像厚葬者那樣"裹以幣帛，鬲以棺槨，支體絡束，口含玉石，欲化不得，鬱為枯腊，千載之後，棺槨朽腐，乃得歸土，就其真宅。"④ 文中"支體絡束"是指對屍體加以束縛。據此可知，北大秦牘《泰原有死者》這句牘文的意思是說：務必使死者的形魄不被束縛住。

17. "黃圈者，大叔（菽）殹，勞（劳）去其皮，置於土中，以為黃金之勉"。牘文"大叔"讀作"大菽"，李零指出："大菽是菽的一種。菽是古代豆類作物的總稱，漢以來叫豆。菽分大、小菽。漢以來叫大豆、小豆。"⑤ 其實，先秦文獻中"菽"字除了指稱豆類外，還兼有"大豆之苗"的含義。譬如，《春秋左傳·定公元年》載："冬，十月，隕霜殺菽。"孔穎達《正義》曰："菽者，大豆之苗"。⑥ 牘文"勞"讀作"劳"，是割去的意思。⑦ 故而，這句牘文的意思是說：黃圈就是大豆芽苗也，將其外層的皮殼割去，放置於土中，可以當作黃金來使用。

---

① 李零：《北大秦牘〈泰原有死者〉簡介》，《文物》2012 年第 6 期，第 83 頁。
② 李零：《北大秦牘〈泰原有死者〉簡介》，《文物》2012 年第 6 期，第 83 頁。
③ 陳侃理：《秦簡牘復生故事與喪葬習俗》，載《中國簡帛學國際論壇 2012：秦簡牘研究論文集》，第 50 頁。
④（東漢）班固撰：《漢書》卷六七，（唐）顏師古注，第 2908 頁。
⑤ 李零：《北大秦牘〈泰原有死者〉簡介》，《文物》2012 年第 6 期，第 83 頁。
⑥《十三經注疏》整理委員會整理、李學勤主編：《春秋左傳正義》卷五四，第 1531 頁。
⑦ 李零：《北大秦牘〈泰原有死者〉簡介》，《文物》2012 年第 6 期，第 83 頁。

二　釋文與譯文的釐定

茲以李零釋文為依據，參照圖版及諸家意見，釐定釋文和句讀，並予以白話文翻譯。

（一）釋文

泰原有死者，三歲而復產，獻之咸陽，言曰：

死人之所惡，解予死人衣。必令產見之，弗產見，鬼輒奪而入之少內。

死人所貴黃圈。黃圈以當金，黍粟以當錢，白菅以當繇。

女子死三歲而復嫁，後有死者，勿并其冢。

祭死人之冢，勿哭。須其已食乃哭之，不須其已食而哭之，鬼輒奪而入之廚。

祠，毋以酒與羹沃祭，而沃祭前。

收死人，勿束縛，毋決其履，毋毀其器，令如其產之臥殹，令其魄（魄）不得茖（絡）思（束）。

黃圈者，大叔（菽）殹，勞（勢）去其皮，置於土中，以為黃金之勉。

（二）譯文

泰原那裏有一人死了三年又復活了。被進獻到都城咸陽，（復生者）說道：

死人十分厭惡割裂、毀壞用以隨葬的衣服。（殮衣）必須是死者活著時親眼看到過的，若以生前未見的衣服來陪葬，鬼吏（或其他鬼魂）就會把它們搶走、充公，入藏於地府少內。

死人最珍貴的東西是黃圈（大豆芽苗）。黃圈在地府冥界中是被視作黃金而使用的，黍粟是被當作銅錢而使用的，白菅（白茅）可以用作雇人代服徭役之資。

女子死後三年而獲復生，可以另行改嫁他人，再嫁後的丈夫去世，不得與她同墓合葬。

到墓地祭祀死者時，最好不要哭泣。（倘若是傷心難過、壓抑不住悲痛的情緒），至少要待到亡魂享用了祭品後再哭，否則鬼吏將會把酒食祭品搶奪走、充公到地下廚官。

祠墓設祀時，不要將酒和湯羹澆灌祭飯上，而應傾倒在祭飯之前。

收殮屍體時，不要加以捆綁，不要扯裂死者所穿的鞋履，不要毀壞隨葬的器具，應讓屍體保持生時的臥姿，務必使死者的形魄不被束縛住。

黃圈就是大豆芽苗，將其外層的皮殼割去，放置於土中，可以當作黃金來使用。

三　有關內容的解讀與分析

這篇牘文雖然篇幅較短、字數不多，但內容涉及戰國及秦漢社會的諸多方面，尤其對研究秦代的婚俗、喪葬、祭祀、死後世界及鬼神觀念等有重要的意義。下面，我們主要圍繞若干問題予以分析和討論。

（一）復生女子的婚姻歸宿與身份認定

北大秦牘《泰原有死者》云："女子死三歲而復嫁，後有死者，勿并其冢。"牘文中"三歲"即指三年，這是秦漢以來復生故事中常見的時間設定模式。放馬灘秦簡《志怪故事》中的主人公丹就是在死後三年而獲復生的，[1] 後世志怪故事中的谷春（《列仙傳》卷下[2]）、唐叔偕女（小名父喻，《搜神記》卷十五[3]）、紫玉（《搜神記》卷十六[4]）、蘇調女（《酉陽雜俎・尸岁》[5]）等的復生事件也都發生在死後三年。有關古人觀念中"三年""三天"及數字"三"的神秘性，我們已撰文討論過，茲不贅述。[6] 值得注意的是，在諸多復生案例中，女性主人公佔據了較大比例。而這些女性重見天日後的社會身份、婚姻歸宿等則是耐人尋味的問題。傳世文獻中所見女性復生者，就其婚姻狀況而言，大抵可分為已婚和未婚兩種類型。與之相對應的是，女性復生者在重獲生命後不得不面對婚姻關係

---

① 甘肅省文物考古研究所編：《天水放馬灘秦簡》，圖版第 59 頁，釋文第 107 頁。

② 王叔岷撰：《列仙傳校箋》卷下，第 129 頁。

③ （晉）干寶撰：《搜神記》卷十五，汪紹楹校注，第 178—179 頁。

④ （晉）干寶撰：《搜神記》卷十六，汪紹楹校注，第 200—201 頁。

⑤ （唐）段成式撰：《酉陽雜俎》前集卷十三，方南生點校，第 124 頁。

⑥ 詳見本書第一章。

上的重新抉擇：已婚女性對以往婚姻關係的重新認定，未婚女性的擇偶嫁人。下面，我們就此問題略作討論。

第一，已婚女性的婚姻抉擇。

晉人干寶撰《搜神記》收錄了不少死而復生的故事案例，其中二則涉及已婚女性復生後對昔日婚姻關係的重新認定。其一，"王道平"條敍述了一段淒美的愛情故事：秦始皇時王道平與同村唐叔偕女（小名父喻）青梅竹馬、私定終身，道平服役久不歸，唐女被強嫁他人、忿怨而死。死後三年，道平還家、悲痛不已，女魂出墓相見，囑咐道平開冢破棺、可救其復活。"（道）平審言，乃啓墓門，捫看其女，果活。乃結束隨平還家。其夫劉祥，聞之驚怪，申訴于州縣。檢律斷之，無條，乃錄狀奏王。王斷歸道平為妻。壽一百三十歲。"[①]　其二，"河間郡男女"條的故事情節與前者大抵相似："晉武帝世，河間郡有男女私悅，許相配適。尋而男從軍，積年不歸。女家更欲適之。女不願行，父母逼之，不得已而去。尋病死。其男戍還，問女所在。其家具說之。乃至冢，欲哭之盡哀，而不勝其情。遂發冢開棺，女即蘇活，因負還家。將養數日，平復如初。後夫聞，乃往求之。其人不還，曰：'卿婦已死，天下豈聞死人可復活耶？此天賜我，非卿婦也。'於是相訟。郡縣不能決，以讞廷尉。秘書郎王導奏：'以精誠之至，感于天地，故死而更生。此非常事，不得以常禮斷之。請還開冢者。'朝廷從其議。"[②]

這兩則故事的內容梗概、人物情節等具有極大的相似性，很可能是有淵源關係，或係出於同一母本。值得注意的是，這兩則故事中的女主人公均係已婚女性，她們在復活後不再認可舊有的婚姻關係，均不願回到原來的丈夫家，而是選擇與打開墓穴者（昔日情人）組建家庭、確立新的婚姻關係。而且，這也得到了官方司法程序上的認可和保護。在這裏，死而復生事件本身，對婚姻而言就像是分水嶺，已婚女性的婚姻關係隨著最初的死亡而終結，復生後的女性已然與原配丈夫脫離了夫妻關係。換言之，復生乃係意味著已婚女性身份的重新認定和婚姻關係的重新選擇。前述兩則故事中均談到已婚女性復生者的婚姻歸屬問題上一度引發了混亂、分歧和爭論，最終依靠官府裁決而塵埃落定。雖然我們不能就此認定文中談到

①　（晉）干寶撰：《搜神記》卷十五，汪紹楹校注，第178頁。
②　（晉）干寶撰：《搜神記》卷十五，汪紹楹校注，第179頁。

的諸如"申訴于州縣。檢律斷之，無條，乃錄狀奏王"及"郡縣不能決，以讞廷尉。秘書郎王導奏：'……請還開冢者。'朝廷從其議"就是真實的司法程序（恐係文學杜撰），但在某種程度上也反映出社會民眾對於已婚女性復生者的昔日婚姻關係的看法。譬如，前引"河間郡男女"條談到原配丈夫聞訊前去討還女性復生者，而"開冢者"嚴詞拒絕時所依憑的理由是"卿婦已死，天下豈聞死人可復活耶？此天賜我，非卿婦也"。由此可見，時人觀念中這位已婚女性的婚姻關係已隨著她最初的死亡而結束了——"卿婦已死"；而死而復活事件的發生則係"天賜"給予"開冢者"的恩惠，故而享有"所有權"，復活女性與原配丈夫毫無關係了——"非卿婦也"。

第二，未婚女性的擇偶婚配。

除了已婚女性外，復生故事中還常見有未婚少女，她們再生後的擇偶問題也值得關注。魏晉志怪小說中復生少女的婚配人選大抵可分為三種類型：其一，同路人（亦係復生者），《搜神記·賈文合》中死而復生的弋陽縣令之女最終嫁給了從冥府返陽世途中偶遇、相伴的南陽賈偶（字文合）。[①] 其二，施與援手者，《搜神後記·徐玄方女》談到前太守北海徐玄方之女死後四年託夢給廣州太守馮孝之子馬子，經其援手而獲復生，嗣後聘為夫婦，生二兒一女。[②] 其三，無甚瓜葛的普通世人，《搜神記·杜錫婢》談到晉時杜錫家中婢女"更生十五六年，嫁之有子。"[③] 從所載言論看，婢女所嫁之人應是與這起復生事件並無瓜葛的普通世人。

上述兩種情況反映了古人對於女性復活者婚姻問題的看法：未婚女性復生後可以婚配、為人妻母，故擇偶嫁人是順理成章的；已婚女性復生後可與原配丈夫解除婚姻關係，故死後不得合葬也是情理可通的。事實上，北大秦牘《泰原有死者》還談到女性復活者再婚後的繼任丈夫也不得與她同墓合葬。這是為什麼呢？這就需要從古人對死而復生者的身份認定上談起了。

第三，復生者的身份認定。

《太平廣記·再生一》"崔涵"條記載：北魏時崔涵死後十二年而復

① （晉）干寶撰：《搜神記》卷十五，汪紹楹校注，第180頁。
② （晉）陶潛撰：《搜神後記》卷四，汪紹楹校注，第24—25頁。
③ （晉）干寶撰：《搜神記》卷十五，汪紹楹校注，第186頁。

活，被送往華林堂接受太后與孝明帝的召見和問詢，太后令黃門郎徐紇問其姓名，崔涵"答曰：'臣姓崔名涵，字子洪，博陵安平人。父名暢，母姓魏。家在城西阜財里。……'后即遣門下錄事張雋，詣阜財里，訪涵父母。果有崔暢，其妻魏。雋問暢曰：'卿有兒死不？'暢曰：'有息子涵，年十五而亡。'雋曰：'為人所發，今日蘇活。主上在華林園，遣我來問。'暢聞驚怖，曰：'實無此兒，向者謬言。'雋具以實聞。后遣送涵向家。暢聞涵至，門前起火，手持刀，魏氏把桃杖拒之，曰：'汝不須來，吾非汝父，汝非我子，急速去，可得無殃。'涵遂捨去。……時人猶謂是鬼。"[①] 引文談到崔涵父母得知兒子死而復生後的驚怖反應，以及崔氏返家時父母的詭異舉止——父崔暢"門前起火，手持刀"、母魏氏"把桃杖拒之"，不僅毫無親情可言，而且可以說視之為瘟疫、鬼魅之屬。其實，崔氏父母所言"吾非汝父，汝非我子"已經說得很決絕了——復生後的崔涵已與父母斷絕了世俗關係。引文末句"時人猶謂是鬼"則指出了問題的關鍵所在——世人眼中的死而復生者被視為借屍還魂的鬼魅，仍被歸入鬼類，是不祥之化身。而崔氏父母"門前起火，手持刀""把桃杖拒之"等做法就是要通過劾鬼祛魅的法術方式來拒絕崔涵重返家門，這說明乃父母與其他人一樣都是將復生後的崔涵視為鬼類而非正常人，正是由於恐懼戰勝了親情、禮俗壓倒了倫常，才會出現父母與親子不相認且畏為蛇蠍的有悖情理的場面。我們常說，任何文學作品都離不開特定的歷史背景和文化氛圍，必然會烙刻鮮明的時代特徵。同樣的，這則故事雖然是出自文學創作，但卻真實反映了古人對死而復生者的社會身份、親屬關係的認知和定位。基於上述認識，我們再來審視北大秦牘《泰原有死者》中所言"勿并其冢"的說法，也就迎刃而解了：死而復生的已婚女性，即使可以再嫁他人，但在世俗民眾眼中也絕非常人，而是被歸入另冊、非鬼即巫了吧。

（二）黃圈的含義及其象徵

翻檢歷代文獻可知，古人所言"黃卷"凡計有二義：（1）黃紙卷冊；

---

① （宋）李昉等編：《太平廣記》卷三七五，第 2980—2981 頁。崔涵復生的故事最早見載於《酉陽雜俎·尸疜》，但並無上述引錄之內容。（唐·段成式撰：《酉陽雜俎》前集卷十三，方南生點校，第 124 頁）

（2）大豆芽苗。下面，我們分別予以梳理。

第一，黃紙書寫的卷冊，亦泛指文獻典籍。

顧名思義，"黃卷"就是在黃色紙張上書寫的文書典籍。《全唐文》卷六三六《勸河南尹復故事書》就介紹了"黃卷"稱謂的由來："河南府版牒縣於食堂北梁，每年寫黃紙，號曰黃卷。"① 宋人宋祁撰《宋景文筆記》卷上《釋俗》則詳細分析了"黃卷"的功用及其變遷："古人寫書，盡用黃紙，故謂之'黃卷'。顏之推曰：'讀天下書未徧，不得妄下雌黃。'雌黃與紙色類，故用之以滅誤。今人用白紙，而好事者多用雌黃滅誤，殊不相類。道佛二家寫書，猶用黃紙。《齊民要術》有'治雌黃法'。或曰：'古人何須用黃紙？'曰：'蘗染之可用辟蟬。今臺家詔敕用黃，故私家避不敢用。'"② 此外，"黃卷"還作為文書典籍的泛稱而出現，故有"黃卷書生""青燈黃卷""黃卷故事""（手）執黃卷"等習語。

第二，大豆初出之芽苗，也是一味中藥材。

"大豆黃卷"可入藥，《靈樞·五味》云："腎病者，宜食大豆黃卷豬肉栗藿"。③《神農本草經》將"大豆黃卷"列為下藥（下品），並介紹其藥性和功用時說："味甘，平，無毒。治濕痹，筋攣，膝痛。"④ 後世醫書則進一步指出：黑大豆水浸生芽後，長至五寸，曬乾或陰乾之，稱之為黃芽。⑤ 換言之，黃芽是特指黑豆初出後、長至五寸的芽苗。不過，早期醫書中"黃卷"當是泛指所有大豆初出時的芽苗。

北大秦牘《泰原有死者》云："死人所貴黃圈。黃圈以當金……黃圈者，大叔（菽）殿，勞（勞）去其皮，置於土中，以為黃金之勉。"⑥ 所

---

① （清）董誥等編：《全唐文》卷六三六，北京：中華書局1983年影印版，第6420頁。

② （宋）宋祁：《宋景文筆記》卷上，載（清）永瑢、紀昀等纂修《景印文淵閣四庫全書》第862冊，子部一六八（雜家類），臺北：臺灣商務印書館1986年版，第535頁。這段文字亦見載於《夢溪筆談》卷一《故事一》（宋·沈括：《夢溪筆談校證》卷一，胡道靜校證，上海：上海古籍出版社1987年版，第68頁）此外，明代張岱《夜航船》卷八《文學部·書籍》"黃卷"條云："古人寫書，皆用黃紙，以黃蘗染之，驅逐蠹魚，故曰黃卷。有錯字，以雌黃塗之。"（明·張岱緝輯：《夜航船》卷八，成都：四川文藝出版社2008年版，第197頁）

③ 郭靄春編著：《黃帝內經靈樞校注語譯》，天津：天津科學技術出版社1999年版，第383頁。

④ 馬繼興主編：《神農本草經輯注》卷四，第401頁。

⑤ 《世醫得效方》《本草綱目》《炮炙大法》《普濟方》等醫書均有類似說法，而對於其入藥配伍及藥性的詮釋，則大多不出《神農本草經》之範圍。

⑥ 李零：《北大秦牘〈泰原有死者〉簡介》，《文物》2012年第6期，第81頁。

謂"黃圈"，李零已指出係指"大豆黃卷""是用大豆發出的黃色豆芽"，[①]
並認為："黃圈之圈或黃卷之卷，可能是因豆芽屈曲而得名。圈、卷可以
借讀為勸，勸亦作勷或勍，與勉同義。《廣雅·釋詁二》：'勸，助也。'
這裏可能指助葬之物。"[②] 也就是說，用以陪葬的"黃圈"（大豆黃芽）
是作為黃金之隱喻而出現在墳墓中的，可供死者在冥界中花費使用。

　　無獨有偶，東漢靈帝熹平二年（173年）張叔敬朱書陶缶鎮墓文云：
"上黨人參九枚，欲持代生人；鉛人，持代死人；黃豆、瓜子，死人持給
地下賦。"[③] 引文談到隨葬的黃豆及瓜子，是供死人在地府中繳納賦稅之
用的。也就是說，黃豆在冥界是可以被視作貨幣、錢財、資費而使用的，
乃係財富的象徵。這裏的"黃豆""瓜子"等物品，儼然不是以自身的實
用價值而隨葬的——即並非用作食材，而是與北大秦牘《泰原有死者》
中"黃圈""黍粟""白菅"一樣，均以其象徵含義和表徵功用而出現
的——即作為地下錢財而流通。大菽（豆類）被視作冥界財富的象徵，
這一觀念不僅流行於秦漢之季，而且也出現在唐代志怪小說中。唐代段成
式撰《酉陽雜俎·尸穸》記載："南陽縣民蘇調女死三年，自開棺還家，
言夫將軍事。赤小豆、黃豆，死有持此豆一石者，無復作苦。"[④] 引文通
過一位死而復生者（南陽縣民蘇調女）之口講述了冥界中的財富觀念：
亡者若獲赤小豆、黃豆一石來隨葬，就可在地府中不必從事勞役而享受舒
適安逸的生活。推究其因，想必是與前述"黃豆、瓜子，死人持給地下
賦"及"黃圈以當金"之觀念有密切關係：通過正確的隨葬方式，死者
擁有一定數量的赤小豆、黃豆，而這些豆類又是地下財富的替代品，他
（她）遂由生時的窮人而變為冥界中的富有者，故而可以藉此抵償賦稅而
不必親身勞役了。

　　據考古資料顯示，黃豆、大豆等穀物隨葬是秦漢時人常見之葬俗，但

---

①　李零：《北大秦牘〈泰原有死者〉簡介》，《文物》2012年第6期，第82頁。

②　李零：《北大秦牘〈泰原有死者〉簡介》，《文物》2012年第6期，第83頁。

③　陳直：《漢張叔敬朱書陶瓶與張角黃巾教的關係》，載氏著《文史考古論叢》，天津：天
津古籍出版社1988年版，第391頁。標點為筆者添加。

④　（唐）段成式撰：《酉陽雜俎》前集卷十三，方南生點校，第124頁。此外，《酉陽雜
俎·尸穸》亦言："送亡者又以黃卷、蠟錢、兔毫、弩機、紙疏、掛樹之屬"云云。（唐·段成
式撰：《酉陽雜俎》前集卷十三，方南生點校，第123頁）不過，我們尚無法判斷這裏的"黃
卷"是指黃紙卷冊抑或大豆芽苗，故存而不論。

大多是取其本意而已，並沒有象徵意義。這也體現在漢代買地券文字中，如東漢光和二年（179 年）王當買地鉛券有云"（死者）即欲有所為，待焦大豆生，鉛券榮華"①，望都二號漢墓劉氏買地磚券有云："今死人無道□即□□得侍烏大豆生"②。這兩處"大豆"乃係取本意，藉此證實了此墓中必有大豆隨葬。此外，還有一些漢代鎮墓文中出現"大豆""黃豆"字樣，但因內容殘缺嚴重，無法判定是否具有象徵含義。如寶雞市五里廟出土的光和年間陶瓶上有朱書文字"五穀黃豆"字樣，③ 西安崑崙機械廠東漢墓出土的延熹九年（166 年）陶瓶（M：33）上書文字有"大豆"字樣。④

（三）拘魄於地府

魂魄說，是先民對生命存在和鬼神觀念進行哲學思考的理論結晶。中國古人很早就形成了靈魂二元論的看法，即認為生命體是由"魂"和"魄"共同構成的。對於"魂""魄"之含義，《說文解字·鬼部》訓曰："魂，陽氣也"，"魄，陰神也。"⑤ 不過，魂魄說在成熟前乃經歷一個漫長的發展和演變的過程。據甲骨文、金文及傳世文獻證實，"魄"最初被單獨用來指稱靈魂，嗣後南方楚文化中"魂"觀念開始流行，並逐漸佔據主導地位，最終"魂"說兼容"魄"說而形成魂魄說。不過，合流後的魂魄說仍保留了最初的原始記憶，二者在功能上仍有所區別："魂"主宰人的內在意識，是"精神"的靈魂。"魄"主宰人的外在形骸，是"肉體"的靈魂；"魂"是陽性的、主動的、清輕的，"魄"是陰性的、被動的、濁重的。當生命存在時，"魂"與"魄"乃和諧地統一在人體內；當生命終止時，二者就分離開來——"魂"得以脫離肉體的束縛而上昇入天或遊蕩空中，"魄"則附著於屍體、與之幽閉墳墓中。此即《禮記·郊

① 洛陽博物館：《洛陽東漢光和二年王當墓發掘簡報》，《文物》1980 年第 6 期，第 55 頁。標點係筆者添加。

② 河北省文物局文物工作隊：《望都二號漢墓》，北京：文物出版社 1959 年版，第 13 頁；何直剛：《望都漢墓年代及墓主人考訂》，《考古》1959 年第 4 期，第 197—200 頁。

③ 王光永：《寶雞市漢墓發現光和與永元年間朱書陶器》，《文物》1981 年第 3 期，第 54 頁。

④ 王育龍：《西安崑崙廠東漢墓清理記》，《考古與文物》1989 年第 2 期，第 43—48 頁。

⑤ （東漢）許慎撰，（清）段玉裁注：《說文解字注》九篇上，第 435 頁。

特牲》所言：“魂氣歸於天，形魄歸於地，故祭求諸陰陽之義也。”①

“魂”氣昇天而化“神”，形“魄”入地而為“鬼”，這就是古代鬼神觀念的雛形，也是魂魄觀念生發出來的碩果。關於魂魄與鬼神的關係，《左傳·昭公七年》所載的一段言論頗具代表性：趙景子質疑被殺的“伯有猶能為鬼乎”？子產回答說：“能。人生始化曰魄，既生魄，陽曰魂。用物精多，則魂魄強，是以有精爽，至於神明。匹夫匹婦強死，其魂魄猶能馮依於人，以為淫厲，況良宵，我先君穆公之胄……”② 這段論述反映了先秦時人對“鬼”（厲）成因的看法，子產創造性地建構起生時魂魄與死後鬼神之間的轉化關係，從而將人與鬼、生與死建立了內在聯繫，是古代“鬼”概念演化的一個里程碑。孔穎達《正義》則將其闡釋得更加豐滿：“人之生也，始變化為形，形之靈者名之曰魄也。既生魄矣，魄內自有陽氣。氣之神者，名之曰魂也。魂魄神靈之名，本從形氣而有。形氣既殊，魂魄亦異。附形之靈為魄，附氣之神為魂也。附形之靈者，謂初生之時，耳目心識，手足運動，啼呼為聲，此則魄之靈也。附氣之神者，謂精神性識，漸有所知，此則附氣之神也。是魄在於前，而魂在於後，故云‘既生魄，陽曰魂’。魂魄雖俱是性靈，但魄識少而魂識多。……是言魄附形而魂附氣也。人之生也，魄盛魂強。及其死也，形消氣滅。……以魂本附氣，氣必上浮，故言‘魂氣歸於天’；魄本歸形，形既入土，故言‘形魄歸於地’。聖王緣生事死，制其祭祀；存亡既異，別為作名。改生之魂曰神，改生之魄曰鬼。……是故魂魄之名為鬼神也。”③ 這段疏注是古人對魂魄觀念的絕妙注腳。

北大秦牘《泰原有死者》有云：“收死人，勿束縛。……令如其產之臥殹，令其魏（魄）不得莒（落）思。”這段牘文是說：收殮屍體時，不要加以捆綁，而應保持活著時的自然臥姿，才能令死者的形魄不被束縛住。那麼，這裏強調形魄處於一種無拘束狀態的動機是什麼呢？我們認為應該是源於古人對於幽冥世界的建構和認知，即人死後的形魄（亡魂）在地府中過著與世俗社會相同或不同的生活狀態（這一點從放馬灘秦簡

---

① 《十三經注疏》整理委員會整理、李學勤主編：《禮記正義》卷二六，第817頁。
② 《十三經注疏》整理委員會整理、李學勤主編：《春秋左傳正義》卷四四，第1248—1249頁；楊伯峻編著：《春秋左傳注》，第1291—1292頁。
③ 《十三經注疏》整理委員會整理、李學勤主編：《春秋左傳正義》卷四四，第1248—1249頁。

《志怪故事》和北大秦牘《泰原有死者》可得到很好體現)。值得一提的是，東漢道教經典《太平經》豐富和深化這一觀念，進而確立了亡人在地府中接受審判和拷責的神學理論。[①] 譬如，該書卷三六《事死不得過生法》云："夫人死，魂神以歸天，骨肉以付地腐塗"，[②] 又卷一一四《不用書言命不全訣》云："為惡不止，與死籍相連，傳付土府，藏其形骸……精魂拘閉，問生時所為，辭語不同，復見掠治，魂神苦極，是誰之過乎?"[③] 因此，前引《泰原有死者》牘文就不難理解："令其魃（魄）不得著（落）思"強調了保持屍體自然狀態的重要性，這是因為"魄"是隨同形體而埋葬入墓穴，束縛屍骸就意味著拘束"魄"，而"魄"若被拘閉則勢必影響亡人在冥界地府中的正常生活——東漢時人甚至認為"精魂拘閉"是亡人生前作惡、死後遭到陰吏拷責的特殊表徵。所以，這句牘文的中心思想就是強調應以正確的方式處理屍骸："收死人，勿束縛。……令如其產之臥殹"，即入殮死人時應讓屍體處於自由、安詳、無拘束的本真狀態。

(四) 鬼神飲食與天廚、地廚

北大秦牘《泰原有死者》云："祭死人之冢，勿哭。須其已食乃哭之，不須其已食而哭之，鬼輒奪而入之廚。祠，毋以酒與羹沃祭，而沃祭前。"這段牘文談到祠墓祭祀的行為規範和禁忌事項，其中心議題就是介紹供品的正確處置問題。類似的言論，亦見載於放馬灘秦簡《志怪故事》："祠墓者毋敢穀（哭）。＝（穀），鬼去敬（驚）走。已，收朘（餕）而聲之，如此鬼終身不食殹。……毋以羹沃朘（餕）上，鬼弗食殹。"[④]

古人認為，人死化鬼後仍需飲食，其食物來源乃係靠子嗣及宗族後人的祭祀。此種觀念，由來已久。《左傳·宣公四年》談到鄭子文的憂慮：

① 有關《太平經》的死後世界觀念，詳見姜守誠《〈太平經〉研究——以生命為中心的綜合考察》，第382—460頁。

② 王明編：《太平經合校》，第53頁。

③ 王明編：《太平經合校》，第615頁。

④ 甘肅省文物考古研究所編：《天水放馬灘秦簡》，圖版第59頁，釋文第107頁。

"鬼猶求食,若敖氏之鬼不其餒而!"① 這句話是說,人死後的鬼魂是需要生人提供飲食供養的,如果若敖氏遭受滅族,那將無人進行祭祀而令祖先靈魂陷入飢寒交迫的境地。東漢道教經典《太平經》則描述了遊魂野鬼因無人祭祀供養而"餓乞求食"的慘狀,如卷一一四《大壽誡》云:"死為鬼,餓乞求食,無有止時。"② 故《太平經》卷一一四《不可不祠訣》告誡說:"生時皆食有形之物,死當食其氣而反不食。先人自言,生子但為死亡之後,既得食氣與比等,而反不相食,生子如此,安得汝久有子孫相視乎?亦當亡其命,與先去等,饑餓當何得,自在天官重孝順,當祠明白,何可所疑。死後三年,未葬之日,當奉禱賽,不可言地上有未葬者而不祠也。不食益過咎,子孫無傷時也。"③ 鬼魂享食的觀念,在後世道書中得到充分體現和演繹。如《赤松子章曆》卷四《疾病謝先亡章》云:"怪異屢表,疾病更互,合家憂惶,尋究算術,云是家先并客死之鬼,嗔責生人。恐是前後年節祠祀飲食不精、所設微薄,為後世禍祟所伐。"④ 又如,道門"祭煉法"就以亡人"施食""追薦"為主要內容,此即《太極祭鍊內法·序》云:"所謂祭者,設飲食以破其飢渴也;所謂鍊者,以精神而開其幽暗也。"⑤

　　此外,道教認為天庭中神祇(天神)與人鬼一樣也需要飲食,並且以"飲食天廚"為務。所謂"天廚"就是指天上的廚房,類似於今日的

　　①　《十三經注疏》整理委員會整理、李學勤主編:《春秋左傳正義》卷二一,第608頁。《論衡·薄葬篇》記載了時人對厚葬習俗的看法:"謂死如生。閔死獨葬,魂孤無副,丘墓閉藏,穀物乏匱,故作偶人以侍尸柩,多藏食物以歆精魂。"[黃暉撰:《論衡校釋》(附劉盼遂集解)卷二三,第961頁]此外,後世志怪小說中屢見有鬼享食的記載,譬如南朝宋劉義慶《幽明錄》收錄了數則鬼索食、覓食的故事。(魯迅校錄:《古小說鉤沉》,第179頁、第195頁、第204頁)

　　②　王明編:《太平經合校》,第617頁。

　　③　王明編:《太平經合校》,第605頁。《論衡·祀義篇》談到世人的流行看法:"世信祭祀,以為祭祀者必有福,不祭祀者必有禍。……謂死人有知,鬼神飲食,猶相賓客,賓客悅喜,報主人恩矣。"[黃暉撰:《論衡校釋》(附劉盼遂集解)卷二五,第1047頁]反之,若為富不仁、不行祭祀將遭神靈報復,《太平經》卷六七《六罪十治訣》云:"人可求以祭祀,尚不給與,百神惡之,欲使無世"。(王明編:《太平經合校》,第247頁)

　　④　《赤松子章曆》卷四,《道藏》第11冊,第208頁。

　　⑤　(元)鄭思肖:《太極祭鍊內法》,《道藏》第10冊,第440頁。

餐廳，那裏有人世間難得一見的美味佳肴、瓊漿玉液。① 《太平經》卷一
一〇《大功益年書出歲月戒》云："諸大神哀省，錄示元元，稟氣於天
廚，駕乘天氣。"② 又卷一一四《九君太上親訣》云："飲食天廚，衣服
精華，欲復何求，是太上之君所行也。"③ 舊題漢班固撰《漢武帝內傳》
云："王母自設天廚，真妙非常，豐珍上果，芳華百味，紫芝萎蕤，芬芳
填樏，清香之酒，非地上所有。"④ 東晉葛洪撰《神仙傳·王遠》談到王
遠對蔡經家人說："吾欲賜汝輩酒，此酒乃出天廚，其味醇釀，非俗人所
宜飲"。⑤ 總之，道門中人相信，那些已獲飛昇的神仙在天庭中盡情地享
用天廚中的美食，過著無憂無慮的生活。有關"天廚"的觀念，被後世
道教所繼承，並得到了豐富和發展。歷代道書中均不乏可見"天廚飴
我……一食千歲""上昇天堂，衣飯天廚""昇上福堂，受食天廚""坐
致天廚，玉女侍衛"等用語，其含義均是大抵相同的。

　　與"天廚"相對應的是"地廚"。不過，這一稱謂出現頻率甚低。翻
檢明代《道藏》，僅覓得《東廚司命燈儀》《太上靈寶補謝竈王經》所羅
列的神祇名錄中有"天廚靈竈""地廚神竈"二職。⑥ 此外，明永樂年間
編撰《洪恩靈濟真君集福早朝儀》⑦《洪恩靈濟真君集福午朝儀》⑧《洪恩
靈濟真君集福晚朝儀》⑨《洪恩靈濟真君祈謝設醮科》⑩《徐仙真錄》⑪ 等

---

① 值得一提的是，"天廚"在古代曆法文獻中是作為星辰名稱而出現的。譬如《通占大象
曆星經》（即《甘石星經》）卷上："天廚六星，在紫微宮東北維，近傳舍北百官廚，今光祿廚像
之。"（《道藏》第5冊，第7頁）《晉書·天文志上》云：紫微垣"東北維外六星曰天廚，主盛
饌。"（唐·房玄齡等撰：《晉書》卷十一，第290頁）

② 王明編：《太平經合校》，第529頁。

③ 王明編：《太平經合校》，第595頁。

④ （漢）班固撰：《漢武帝內傳》，載（清）永瑢、紀昀等纂修《景印文淵閣四庫全書》
第1042冊，子部三四八（小說家類），臺北：臺灣商務印書館1986年版，第290頁。不過，明
代《正統道藏》本《漢武帝內傳》則云：王母"自設膳，膳精非常，豐珍之肴，芳華百果，紫
芝萎蕤，紛若填樏，清香之酒，非地上所有"。（《道藏》第5冊，第48頁）

⑤ （晉）葛洪撰：《神仙傳校釋》卷三，胡守為校釋，第94頁。

⑥ 《東廚司命燈儀》，《道藏》第3冊，第581頁；《太上靈寶補謝竈王經》，《道藏》第6
冊，第248頁。

⑦ 《洪恩靈濟真君集福早朝儀》，《道藏》第9冊，第13頁。

⑧ 《洪恩靈濟真君集福午朝儀》，《道藏》第9冊，第16頁。

⑨ 《洪恩靈濟真君集福晚朝儀》，《道藏》第9冊，第19頁。

⑩ 《洪恩靈濟真君祈謝設醮科》，《道藏》第9冊，第22頁。

⑪ 《徐仙真錄》卷二，《道藏》第35冊，第531頁。

系列經書中出現"廚官"稱謂，是否兼指"天廚"與"地廚"則不得而知。從上述記載看，"地廚"應與"天廚"分指地下（地府）和天上（天庭）的庖廚。

北大秦牘《泰原有死者》："鬼輒奪而入之廚。"李零說："這裏指地下的廚官。《漢書·郊祀志》有'長安廚官'。"[1] 文中所言地下之廚官，或許就是後世道教"地廚"觀念的濫觴。

（五）斂衣與薄葬

北大秦牘《泰原有死者》云："死人之所惡，解予死人衣。必令產見之，弗產見，鬼輒奪而入之少内。"這段牘文是圍繞殯葬的衣服而展開，意思是說：死人十分厭惡故意毀壞隨葬衣物的行為。（殯衣）必須是死者活著時親眼看到過的，若以生前未見的衣服來陪葬，就會被鬼吏（或其他鬼魂）搶走、充公入藏地府少内。無獨有偶，放簡《志怪故事》也談到隨葬衣物的問題，如謂："丹言曰：死者不欲多衣。"[2] 戰國及秦漢社會，生活條件簡陋，物質資源匱乏，衣物恐怕是下層民眾珍視的東西，故而"多衣"幾乎成了尋常百姓的財富標誌。遵循"事死如事生"的原則，人們相信冥界中也存在"多衣"為富的觀念。這勢必造成死人與生人爭奪有限的物質財富，加重了社會資源調配的不均衡、不合理的局面。而放簡《志怪故事》通過復生者丹的口吻來強調死人不需要太多的衣物隨葬，充分體現了古人的節葬理念。同樣的，北大秦牘《泰原有死者》強調殯衣必須是死者生前所見過、用過的，其目的也不外乎為了減少殯葬衣物的數量，藉此限制操辦喪事時的過度奢靡。

耐人尋味的是，傳世文獻也印證了此種觀念在漢代的延續。據《漢書·楚元王傳》劉向上疏諫漢成帝力行薄葬，援引了延陵季子葬子"穿不及泉，斂以時服"為佐證。[3] 又《後漢書·梁統傳》載梁商病終前遺命喪事從簡，要求"氣絕之後，載至冢舍，即時殯斂。斂以時服，皆以故衣，無更裁制。"[4]《後漢書·獨行傳·范冉》紀冉卒終前也有類似遺囑：

① 李零：《北大秦牘〈泰原有死者〉簡介》，《文物》2012 年第 6 期，第 83 頁。
② 甘肅省文物考古研究所編：《天水放馬灘秦簡》，圖版第 59 頁，釋文第 107 頁。
③ （東漢）班固撰：《漢書》卷三六，（唐）顏師古注，第 1953 頁。
④ （南朝宋）范曄撰：《後漢書》卷三四，（唐）李賢等注，第 1177 頁。

"氣絕便斂，斂以時服，衣足蔽形，棺足周身，斂畢便穿，穿畢便埋。"①
此外，《後漢書·趙咨傳》李賢注引《謝承書》云趙咨在京師病困，"咨
豫自買小素棺，使人取乾黃土細擣篩之，聚二十石"，並交待故吏蕭建
說："亡後自著所有故巾單衣，先置土於棺，內尸其中以擁其上。"② 值得
注意的是，上述案例中主人公均主張薄葬、反對奢靡，強調殮以"時服"
"故衣""故巾單衣"，否定專為喪事而趕製、特製冥衣（斂服）的做
法——"無更裁制"。事實上，這與北大秦牘《泰原有死者》所言殮衣必
須是死者生前所見（"必令產見之"）之原則異曲而同工。當然也應指出
的是，前引史料中僅以"故衣"殮葬的做法恐非漢代人的習俗常態，故
為史家所書。

　　北大秦牘《泰原有死者》還談到若以死者生前所未見的衣物陪葬，
就會造成嚴重後果——"弗產見，鬼輒奪而入之少內"，即這些衣服將被
鬼吏（或其他鬼魂）搶走、充公入藏地府少內。我們猜測，或許是因為
死者對那些未能親眼見過的以及並非自己使用過的衣物，無法證明其所有
權。1954 年湖南長沙出土的東晉穆帝時周芳命妻潘氏衣物疏石質墓券逐
一羅列了 51 種隨葬物品，每種物名前均冠以"故"字——如"故持綺方
衣一要""故練衫二領""故白布大巾一枚""故布梁衣一要"等，文末
云："升平五年六月丙寅朔廿九日甲午，不祿。公國典衛令荆州長沙郡臨
湘縣都鄉吉陽里周芳命妻潘氏，年五十八，以即日醉酒不祿，其隨身衣
物，皆潘生存所服餝，他人不得忘認訛債，東海僮子書，書迄還海去，如
律令。"③ 券文刻意強調了墓中隨葬的衣物均係亡者潘氏生前所擁有的、
穿用過的——"其隨身衣物，皆潘生存所服餝"，④ 藉此公證潘氏對上述
衣物的所有權，確保她在冥界中的財產不受損失——"他人不得忘認訛
債"。無論是北大秦牘《泰原有死者》抑或東晉潘氏衣物券均透露出了一
個相同的信息：隨葬衣物最好是死者生前的舊物，那些特意定製新作的衣
物冥器則因死者生前未見過、反而會在冥界中引發所有權的混亂（或被

　　① （南朝宋）范曄撰：《後漢書》卷八一，（唐）李賢等注，第 2690 頁。
　　② （南朝宋）范曄撰：《後漢書》卷三九，（唐）李賢等注，第 1318 頁注釋。
　　③ 李正光：《長沙北門桂花園發現晉墓》，《文物參考資料》1955 年第 11 期，第 134—136
頁；史樹青：《晉周芳命妻潘氏衣物券考釋》，《考古通訊》1956 年第 2 期，第 95—99 頁。
　　④ 史樹青已指出：這句券文"是承上面各句的'故'字而言，'故'字就是'舊存'的意
思。"（史樹青：《晉周芳命妻潘氏衣物券考釋》，《考古通訊》1956 年第 2 期，第 99 頁）

搶奪充公入少府，或被其他亡魂冒認抵債）。

概言之，以衣物殮葬是古人殯喪禮俗的慣常做法，而衣物也是生人日常生活中必不可少的實用物、必需品，對下層民眾而言算得上是一筆財富資產。就衣物的供給方面，如何在生人與死人中尋求到一個平衡點，是上述兩篇秦代出土文獻試圖解答的問題：放馬灘秦簡《志怪故事》提出應合理控制陪葬衣物的數量、不要“多衣”——並非禁止用衣物來送葬，而是主張數量不必太多；北大《泰原有死者》則對殯葬衣物的適用範圍提出了嚴格限制——必須是死者活著時親眼見到過或穿用過的衣服才算數。儘管二者的著眼點不同，但均是為了降低陪葬衣物的數量，減輕喪家的經濟負擔。

四　結論

北大秦牘《泰原有死者》和放馬灘秦簡《志怪故事》都是借助死而復生者的口吻來敘述死人在地下世界中的生存狀態和價值理念，這說明此類性質（文體）的簡牘材料，在秦代社會是頗為流行的——放馬灘秦簡《志怪故事》出土於西北天水，北大秦牘《泰原有死者》據猜測是出自南方。[1] 與漢晉以降志怪小說大多著重於對冥界進行逼真的文學描述不同，放馬灘秦簡《志怪故事》、北大秦牘《泰原有死者》見證了此類小說早期的質樸形態，是其濫觴和雛形。不過，這兩份出土文獻的論述重點存有顯著差異。放馬灘秦簡《志怪故事》側重於復生過程及其情節合理性的建構和塑造，簡文詳細介紹了死而復生者的姓名、籍貫、死亡原因、復活緣由及其康復過程，關於死人好惡傾向及生人祭祀規範的介紹雖然也是重要的構成部分，但所佔篇幅比重不大，並非其核心內容。而北大秦牘《泰原有死者》則徑直省略了復生過程及情節的塑造，單刀直入地以復生者口吻引出正文、展開敘述，那些在放簡《志怪故事》中起到關鍵作用的人物、情節等要素均被省略不提。顯然，北大秦牘《泰原有死者》的核心宗旨十分明確，就是介紹死人在冥界中的好惡、財富、婚姻等觀念以及生人祠墓及入殮死者時的行為做法與禁忌事項。這裏假借復生者的口吻乃係為了襯托上述說法的權威性，試圖借助宗教鬼神的包裝形式來推動傳播

---

① 李零：《北大秦牘〈泰原有死者〉簡介》，《文物》2012 年第 6 期，第 84 頁。

和迎合大眾口味。這在放馬灘秦簡《志怪故事》中表現尤為突出，簡文不惜筆墨、煞費苦心地編撰出一個死而復生故事，翔實勾勒相關人物、事件經過等，甚至還採取公文書形式進行包裝，目的就是為了從世俗權力和鬼神學說兩方面來增強其內容的權威性、神秘性和說服力，讓人相信真的確有其事。隨著復生觀念的深入人心及其在下層民眾中被廣泛接受，人們從心理上已普遍認同了此類故事的真實性，後繼者就不必再耗費筆墨進行前期故事的情節鋪墊和細節描述了。相應的，這類復生文獻的論述重心也就發生了轉移，即由死而復活事件本身的敘述和建構，轉向了對冥界觀念的渲染和強化。有鑑於此，我們推測北大秦牘《泰原有死者》的成書年代或略晚於放馬灘秦簡《志怪故事》。

第 七 章

香港所藏"松人"解除木牘與
漢晉墓葬之禁忌風俗

近年公佈的《香港中文大學文物館藏簡牘》收錄一枚晉代"松人"解除木牘。[①] 這枚木牘正面的中心位置凸刻墨繪一人形揖手偶人，偶人四周及木牘背面、側面均有朱書文字，計約338字，乃係目前考古發現中最長、最完整的解除文。[②] 這枚木牘上所繪偶人及文字充分反映出漢晉時人舉行喪葬儀式所刻意避免的諸多禁忌内容，從中也可看出其所受早期道教影響之痕跡。木牘所繪揖手偶人上記"松人"二字，且四周所題文字中多次出現"松人""柏人"字樣，其質地以松柏等木料製成，所刻偶人是被用作"代厄"之物，來代替生人和死者承受責罰或注連。木牘文字涉及建除、神煞、月象、四時等諸多禁忌内容，主要是圍繞"重復""拘校"與"解除"而展開，並借助"天帝使者"的名義來強調此次解除活動的權威性和有效性。

---

① 陳松長編著：《香港中文大學文物館藏簡牘》，香港：香港中文大學文物館2001年版，第110—113頁。

② 關於這枚木牘，有幾位學者已做過初步研究。如連劭名《建興廿八年"松人"解除簡考述》，《世界宗教研究》1996年第3期，第116—119頁；饒宗頤：《記建興廿八年"松人"解除簡——漢"五龍相拘絞"說》，中國社會科學院簡帛研究中心編輯：《簡帛研究》第二輯，北京：法律出版社1996年版，第390—394頁；張勳燎、白彬：《前涼建興二十八年"松人"木牘解復鬼文研究》，《臺灣宗教研究》第3卷第2期（2005年4月），第101—123頁（又見張勳燎、白彬《中國道教考古》第三卷《拾捌、墓葬出土道教代人的"木人"和"石真"·第二章、建興二十八年松、柏人木牘文字的考釋》，北京：線裝書局2006年版，第1420—1434頁）。此外，王育成、余欣等人著述中也有過徵引和討論。（詳見王育成《考古所見道教簡牘考述》，《考古學報》2003年第4期，第483—510頁；余欣：《中古異相：寫本時代的學術、信仰與社會》，上海：上海古籍出版社2011年版，第115—139頁）筆者在前人成果的基礎上，對部分簡文的含義進行釋讀，並結合漢晉時期的方術、葬俗及禁忌觀念做進一步探討。

一　資料簡介

據整理者介紹：這枚木牘"長三十五點八、寬九點四、厚零點八至一點二厘米、背部下方削薄一塊至零點四厘米"①。木牘正面凸刻墨繪一位身穿袍褂的揖手偶人，上記"松人"二字，人形四周配有朱書文字。現斟酌各家意見，試將文字厘定和連綴如下：

建興廿八年十一月丙申朔，天帝使者合同，復重拘校，八魁、九坎，年②（玄）望、朔晦，東井、七星，死者王羣③洛子④所犯，柏人當之。西方有呼者，松人應之；地下有呼者，松人應之。生人蟯蟯，當問柏人。洛子死注咎，松人當之，不得拘校復重父母兄弟妻子。欲復重，須松柏人能言語。急急如律令。

松人上方文字記：天地拘校復重，松柏人當之。

松人兩側文字記：歲墓年命，復重拘校，松人當之。（左側）

日月時，拘校復重，柏人當之。（右側）

木牘背面文字記：

建興廿八年十一月丙申朔，二日丁酉，天帝使者謹為王氏之家解復⑤。死者洛子，四⑥時不食，復重拘校，與生人相妨，故作松柏人以解咎殃。謹解東方甲乙之復鬼，令復五木；謹解西方庚辛之復鬼，

---

① 陳松長編著：《香港中文大學文物館藏簡牘》，第110頁。

② "年"字，係採饒宗頤和陳松長之說法。然筆者研讀圖版後，認為此字當釋為"玄"字更為妥當，"玄"通"弦"。

③ 此字採饒宗頤之說。（詳見饒宗頤《記建興廿八年"松人"解除簡——漢"五龍相拘絞"說》，中國社會科學院簡帛研究中心編輯：《簡帛研究》第二輯，第390頁）

④ 牘文所言"王羣洛子"或係死者名與字的合稱，即其人名叫"王羣"，字"洛子"。這是古人常見的署名方式。

⑤ 此字採饒宗頤之說。（饒宗頤：《記建興廿八年"松人"解除簡——漢"五龍相拘絞"說》，中國社會科學院簡帛研究中心編輯：《簡帛研究》第二輯，第390頁）

⑥ 此字採饒宗頤之說。（饒宗頤：《記建興廿八年"松人"解除簡——漢"五龍相拘絞"說》，中國社會科學院簡帛研究中心編輯：《簡帛研究》第二輯，第390頁）

令復五金；謹解南方丙丁之復鬼，令復五火；謹解北方壬癸之復鬼，令復五水；謹解中央戊己之復鬼，令復五土。無復兄弟、妻子、婦女、孫息①、宗親，無罰無負，齊一人止。急急如律令。

生人拘校復重，松人應之；死人罰謫作役，松人應之；六畜作役，松人應之。無復兄弟，無復妻子。若松人前却，不時應對，鞭苔（答）三百，如律令。

木牘背面右側文字記：二日丁酉直開。②

（正面）　　　　　（背面）　（側面，放大圖）
圖7-1　香港中文大學文物館藏 "松人" 解除木牘

資料來源：陳松長編著：《香港中文大學文物館藏簡牘》，第110頁、112頁、113頁。

———————

① "孫息" 即為孫輩後代之意。《後漢書·方術列傳·折像》云："或諫像曰：'君三男兩女，孫息盈前，當增益產業，何為坐自殫竭乎？'"（南朝宋·范曄撰，唐·李賢等注：《後漢書》卷八二上，第2720頁）又《南史·梁宗室傳下·始興忠武王憺傳附子暎傳》云："（王）暎見甚老，使人問，對曰：'年一百一十二歲。凡七娶，有子十二，死亡略盡。今唯小者，年已六十，又無孫息，家闕養乏，是以行役。'"（唐·李延壽撰：《南史》卷五二，北京：中華書局1975年版，第1303頁）

② 上述文字係以陳松長釋文為底本（詳見陳松長編著《香港中文大學文物館藏簡牘》，第110—113頁），兼採諸家之所長，對個別釋文和斷句略作修訂。

關於木牘之年代，牘文本身已作說明："建興廿八年十一月丙申朔二日丁酉"。檢閱《中國歷史紀年表》可知，中國古代共計有八位君主或地方割據勢力採用過"建興"年號。①然"建興廿八年"卻並非是歷史上真實存在的紀元表述。②據饒宗頤"試以朔日推算，十一月丙申朔應為晉成帝咸康六年，即西元 340 年 12 月 6 日。晉懷永嘉七年（313）四月壬申，愍帝改元建興，是簡之建興，即晉愍帝年號，其書'建興廿八年'者，武威在西北僻遠，故仍書西晉末年號延長至廿八年。"③筆者採納饒氏之說，定其年代為東晉初。

二　"直開"與建除方術

"松人"木牘背面文字記："廿八年十一月丙申朔二日丁酉"；背面右側文字又記："二日丁酉直開"。兩段文字校補後，即為："廿八年十一月丙申朔二日丁酉直開。"無疑，這個日期乃是指殯葬之日。據木牘文字顯示，該日值"開"。那麼，為何選擇此日下葬？標明"開日"有無特殊含

---

①　採用"建興"年號的朝代及迄始年代分別如下：三國時蜀國後主劉禪建興元年～十五年（223—237 年）；三國時吳國會稽王孫亮建興元年～二年（252～253 年）；成漢李雄建興元年～二年（304～305 年）；西晉愍帝建興元年～四年（313～316 年）；前涼張寔沿襲西晉愍帝年號作建興五年～七年（317～319 年）；前涼張玄靚沿襲西晉愍帝年號作建興四十三年～四十八年（355～360 年）；後燕慕容垂建興元年～十年（386～395 年）；渤海國宣王大仁秀建興元年～十二年（819～830 年）。

②　據筆者統計，東晉至六朝時"建興"年號紀年曾一度出現過混亂狀況，特別在某些偏遠邊陲地區——如武威、敦煌等地。近數十年來考古發現證實，這一時期有不少出土器物上標有"建興 XX 年"等並未在歷史上真實存在過的紀元形式。如"建興十九年前涼李興初斗瓶鎮墓文""建興廿五年前涼趙季波斗瓶鎮墓文""建興廿七年前涼傅長然斗瓶鎮墓文""建興廿九年前涼佚名斗瓶鎮墓文""建興卅一年前涼吳仁姜斗瓶鎮墓文"等。（詳見王素、李方《魏晉南北朝敦煌文獻編年》，臺北：新文豐出版公司 1997 年版，第 83—89 頁）這些紀年都不屬於正式的官方表述。究其原因，造成這種現象的原因或許與地處偏遠、信息傳遞不暢，各方勢力割據、朝代更迭頻繁等因素有關。本文所述"松人"解除木牘，據傳出自甘肅省武威磨咀子（詳見饒宗頤《記建興廿八年"松人"解除簡——漢"五龍相拘絞"說》，中國社會科學院簡帛研究中心編輯：《簡帛研究》第二輯，第 391 頁）。此地在東晉時稱武威郡隸屬涼州，曾先後處於前涼、前秦、後涼、南涼、北涼等少數民族政權的統治之下，正屬前述偏遠的西陲之地。故本簡以"建興廿八年"紀年似就不足為奇了。

③　饒宗頤：《記建興廿八年"松人"解除簡——漢"五龍相拘絞"說》，中國社會科學院簡帛研究中心編輯：《簡帛研究》第二輯，《簡帛研究》第二輯，第 392 頁。

義？這個問題，須從"直開"二字談起。所謂"直開"，即指該日所輪值的"建除"十二辰乃是第十一位"開日"。查驗木牘圖版，"二日丁酉直開"六個小字明顯是後補書寫於木牘右側下方的，其動機似基於對葬日選擇之"建除"宜忌（吉凶）之強調。

　　"建除"術作為一種擇日方術，自先秦以來就在民間社會中廣泛流傳。其依據所值十二辰來推斷該日行事之吉凶。"建除"之輪值位置，乃是由斗綱建月及日辰地支推算所得。① 對於其推演規律，清代撰修的《協紀辨方書》卷四《建除十二神》開篇徑引《曆書》言："曆家以建、除、滿、平、定、執、破、危、成、收、開、閉，凡十二日周而復始，觀所值以定吉凶。每月交節則疊兩值日。其法從月建上起'建'，與斗杓所指相應。如正月建寅，則寅日起建、順行十二辰是也。"② 本文木牘文字所記"十一月……二日丁酉，直開"，然據前引輪值規律可知，"開"為"酉"日者應為十月，十一月值"開"應是"戌"日。那麼，是否說明木牘文字有誤？其實，這是由"星命月"與曆法月時日劃分不同所造成的。西

---

① 《淮南子·天文訓》云："寅為建，卯為除，辰為滿，巳為平，主生。午為定，未為執，主陷。申為破，主衡。酉為危，主杓。戌為成，主少德。亥為收，主大德。子為開，主太歲。丑為閉，主太陰。"（何寧撰：《淮南子集釋》卷三，第262頁）清代錢塘撰《淮南天文訓補注》（卷下）云："此建除法也。……案建除有二法，《越絕書》從歲數，《淮南書》及《漢書》從月數，後人惟用月也。"［清·錢塘撰：《淮南天文訓補注》卷下，叢書集成初編（第1307冊），北京：中華書局1991年版，第222—223頁］此外，近人沈曾植撰《海日樓札叢》卷四"建除"條云："建除之說，《石氏星經》與《淮南子·天文訓》不同。石氏依《黃帝占》，斗第一星主建，第二星主除閉，第三主滿開，第四主平，第五主定成，第六主執危，第七主破收，以七星主十二神，而建平獨立。建之對破，平之對收，參差斜對，餘皆兩兩正對。此當有義，而五行家未有能說之者。《天文訓》以建除滿平主生，定執主陷，破危主衡，危主杓，成主小德，收主大德，開主太陽，閉主太陰。分以八類，當是建除家古義，亦未有能說之者。"［沈曾植撰：《海日樓札叢》（外一種），錢仲聯輯，北京：中華書局1962年版，第164頁］值得一提的是，近些年出土的數種秦漢竹簡《日書》中所涉"建除"内容均為月建，即將十二月分別帶入建除十二辰。

② （清）允祿、梅瑴成、何國宗等撰：《欽定協紀辨方書》卷四，載《四庫術數類叢書》九，第236頁。

漢以後，建除十二辰的輪值月序即以“星命月”為標準。① 所謂“星命月”，或稱節氣月、數術月、占卜月等，其是以十二個節氣（非中氣）來劃分一年月份，即立春至交驚蟄為正月，驚蟄至交清明為二月，清明至交立夏為三月，立夏至交芒種為四月，芒種至交小暑為五月，小暑至交立秋為六月，立秋至交白露為七月，白露至交寒露為八月，寒露至交立冬為九月，立冬至交大雪為十月，大雪至交小寒為十一月，小寒至交立春為十二月。② 東漢以降，數術類文獻均以“星命月”鋪注神煞，建除方術亦如此。這已得到出土及傳世資料的證實。筆者據相關曆法文獻推算出，東晉咸康六年（340 年）十一月二日（丁酉）是在“大雪”前一天，即介於“立冬”與“大雪”兩個節氣之間，屬“星命月”中的十月份。本木牘所書“十一月”是指曆法月序、為通行的時日表述形式，而隨後標注所值建除日時則採用“星命月”為標準，“二日丁酉”屬十月份的最後一

---

① 西漢及以前，建除十二辰的輪值月序則以曆法月份為標準。此外，建除十二辰的“疊日”問題也值得重視。戰國、秦及西漢以曆法月份中每月朔日重疊上月晦日的建除值日；東漢開始以“星命月”疊日，即以星命月份中每月朔日（十二節氣）重疊前一日之值日。此即所謂“每月交節則疊兩值日”。（相關情況，詳見金良年《建除研究——以雲夢秦簡〈日書〉為中心》，載《中國天文學史文集》第六集，北京：科學出版社 1994 年版，第 261—281 頁）若逢閏月，則該閏月份之月建同上月。（張培瑜：《出土漢簡帛書上的曆注》，國家文物局古文獻研究室編：《出土文獻研究》續集，第 136 頁）上述說法得到學界的廣泛認可。譬如，鄧文寬原本認為建除十二辰“疊日”自古迄今都用“星命月”進行安排並重複各“星命月”的第一日。（鄧文寬：《天水放馬灘秦簡〈月建〉應名〈建除〉》，《文物》1990 年第 9 期，第 83—84 頁轉第 82 頁）前引金良年的論文對其提出批評，鄧氏接受金氏觀點而做出訂正。（詳見鄧文寬《天水放馬灘秦簡〈月建〉應名〈建除〉》文末“附記”，載氏著《敦煌吐魯番天文曆法研究》，蘭州：甘肅教育出版社 2002 年版，第 295 頁）不過，近來孫占宇對此提出質疑，他分析睡虎地秦簡“除”篇及放馬灘秦簡是用節氣月來安排建除十二辰值日的，“元康三年簡牘曆譜以及《漢書·王莽傳》中的‘置建法’用節氣月的可能性也是很大的”，進而提出自己的看法：“金先生關於西漢中後期‘置建法’用曆法月的說法雖有其合理之處，但不宜視為定論”，“戰國晚期至西漢末年的建除術中很可能是按照節氣月來安排十二神值日的。”（孫占宇：《戰國秦漢時期建除術討論》，《西安財經學院學報》2010 年第 5 期，第 91—92 頁）

② 有關“星命月”之討論情況，詳見鄧文寬《天水放馬灘秦簡〈月建〉應名〈建除〉》，《文物》1990 年第 9 期，第 83—84 頁轉第 82 頁；金良年：《建除研究——以雲夢秦簡〈日書〉為中心》，載《中國天文學史文集》第六集，北京：科學出版社 1994 年版，第 261—281 頁；鄧文寬：《敦煌天文曆法文獻輯校》，南京：江蘇古籍出版社 1999 年版；劉樂賢：《選擇術與“星命月”》，載氏著《簡帛數術文獻探論》，第 331—340 頁。

天，此日值"開"無誤。① 弄清這一點後，我們再來討論木牘補寫"直開"的必要性。

我們先來釐清"除日"在葬事中的特定含義，此對理解"開日"將大有裨益。所謂"除日"，《協紀辨方書》（卷四）對此詮釋說："建者一月之主，故從建起義而參伍於十二辰，古之所謂建除家言也。建次為除，除舊布新，月之相氣也。"② 由此觀之，建除家認為"除日"具有除舊佈新之含義。這就很好地解釋了為何舉行"解除"活動時多選"除日"。《太平經》也申論"解除"須借助"除日"所特有的除舊佈新之功能，才能清除沉積多年的罪咎。此外，西漢末東漢初出世的外丹書《太清金液神丹經》（卷上）談到煉丹合藥之時日時說道："合藥時當用甲子，得開、除日益佳。"③ 此外，"解除"術多選擇在"除日"時舉行，也得到考古資料的證實。如東漢順帝陽嘉二年（133年）曹氏鎮墓瓶上即云："陽嘉二年八月，己巳朔，六日甲戌，徐。"④ 其中，"徐"即是"除"字之異形。⑤ 這句話是說，陽嘉二年八月初六日，這一天是建除十二辰之"除日"。這天舉行"解除"儀式後，死者將入土安葬。由此可見，"除日"對"解除"之術具有特殊意義。不過，據相關資料顯示，這層含義乃於秦代之季才逐漸形成。因為睡虎地秦簡《日書甲種》談及"建除十二日"中每一日所代表的含義及行事之宜忌時，"除日"並不具"除舊佈新"之功能，"秦除篇"僅說："除日，臣妾亡，不得。有瘴病，不死。利市賣（積）、徹□□□除地、飲樂。攻盜，不可以執。"⑥ 然甘肅天水放馬灘秦簡《日書》（甲種）則始見"除罪"之義，其言："除日，逃亡不

---

① 參見陳垣《二十史朔閏表》，北京：中華書局1962年版；張培瑜：《三千五百年曆日天象》，鄭州：大象出版社1997年版。

② （清）允祿、梅瑴成、何國宗等撰：《欽定協紀辨方書》卷四，第237頁。

③ 《太清金液神丹經》卷上，《道藏》第18冊，第749頁。

④ 禚振西：《陝西戶縣的兩座漢墓》，《考古與文物》1980年第1期（創刊號），第46頁。

⑤ 秦漢之季，"除"字往往寫作"徐"。這一寫法可見於湖北雲夢地區出土的《睡虎地秦簡》。其中，《日書》乙種《徐篇》中建除二十辰（神）之"除"字便有九個寫作"徐"。此可足證。

⑥ 睡虎地秦墓竹簡整理小組：《睡虎地秦墓竹簡》，第183頁。值得注意的是，簡文雖言及"除日"可"除地"即掃除，似流露出除舊之意，但據此認為睡虎地秦簡《日書》中"除日"已具除舊佈新之意則嫌證據不足。

得，瘴疾死，可以治嗇夫，可以徹言，君子除罪。"① 已有學者考訂出，放馬灘甲種《日書》的造作年代略晚於睡虎地《日書》。② 由此看來，"除日" 之禳解罪過等義，當是建除說在流傳過程中所經歷的一次理論創新。到了漢代，在 "除日" 時舉行下葬及解除儀式似已成為通例。筆者以現今發現的漢晉時期（前 206—420 年）鎮墓文為考察對象，對明確標有 "建除" 值日的十五例地下出土材料③加以分析，發現：時人多選擇在 "除日" 時舉行入殮安葬儀式，此者計有五例，約占總數 33% 強。其他分別是：定日計有三例，執日計有三例，平、破、危、開日各一例。值得注意的是，個別解除文甚至劈頭就冠以 "大吉日直除" 之語④。由此可見，在漢晉人的觀念裏，"除日" 是入殮解謫的好時機。

　　"開" 日，也是建除十二辰中有特殊意義的輪值之日。何謂 "開日"？《協紀辨方書》（卷四）引《曆書》對此詮釋說："子為開，主太陽"⑤；又引《選擇宗鏡》云："開，為青龍太陰，為生氣華蓋，上吉；又為四利弔客，小凶。"⑥ 又引《星歷考原》云："按月建十二神，除、危、定、執、成、開為吉，建、破、平、收、滿、閉為凶。……開之云者，十即一也，一生二，二生三，由此一而三之，則復為建矣。建固生於開者也，故開為生氣也。"⑦《太平經鈔》（以下簡稱《鈔》）戊部《闕題》載："開者，天之法，不樂害傷也。故開其後者，示教休氣，為其有為姦者樂開使

① 甘肅省文物考古研究所編：《天水放馬灘秦簡》，第 83 頁。標點為筆者添加。
② 詳見胡文輝《放馬灘〈日書〉小考》，《文博》1999 年第 6 期，第 26—29 頁。不過，劉樂賢對此持謹慎態度。（詳見氏著《簡帛數術文獻探論》，第 68—69 頁）
③ 本文以兩部書中所收材料為統計對象：其一，劉昭瑞《漢魏石刻文字繫年·附錄：漢魏鎮墓文》（臺北：新文豐出版公司 2001 年版）；其二，王素、李方《魏晉南北朝敦煌文獻編年》（本文統計時乃以東晉滅亡為界限，截至公元 420 年之前）。此二書收錄鎮墓文計數百件，其中明確標注建除值日的計十六件，且其中一件所值之日誤寫為 "死日"，無法判定其建除，不列為統計對象，故有效數據為十五件。
④ 如羅振玉《古器物識小錄》著錄了一件失紀年朱書鎮墓陶文，便云："大吉日直除，天帝下□移別（渤行）一弓主涼自薄命畫□□□有□自隨不得□□……"。（羅振玉：《古器物識小錄》，載氏著《遼居雜著丙編》，1934 年石印本）。
⑤ （清）允祿、梅瑴成、何國宗等撰：《欽定協紀辨方書》卷四，第 236 頁。
⑥ （清）允祿、梅瑴成、何國宗等撰：《欽定協紀辨方書》卷四，第 237 頁。
⑦ （清）允祿、梅瑴成、何國宗等撰：《欽定協紀辨方書》卷四，第 237 頁。

退去也。"① 《鈔》壬部："故天閉其後，後而開，却休邪氣教去也。"②
《赤松子章曆》卷一《五音呈章利用》言："開日，可呈章百二十通。"
並以雙行小字夾注曰："利上收除故炁、房廟千師萬巫六畜眾精、室中魖
魖雜神之厄，不解亡人復連六畜，死忌午時。"③

　　有鑑於此，"開除"二日，通常被視為具有特殊意義的日子。如漢代
《太清金液神丹經》（卷上）在談論煉丹合藥之時日時就指出："合藥時當
用甲子，得開、除日益佳。"④《太上靈寶五符序》⑤（卷下）亦云："以甲
子開、除日，以所授委繒參之五色綵，各五寸，懸於名山大石上，所求必
得度世也。"⑥ 南北朝上清派道經《上清金闕帝君五斗三一圖訣》⑦ 在講
述存神飛斗之法時就特別強調說：要選擇在"除""開"等日的夜半時分
存思北斗七星。⑧ 漢晉時人施行墓葬"解除"術時也多選擇"開日""除
日"，這一點也得到地下考古資料的證實。推究其因，即《太平經》所言
"解除"術須選"開除日"才能有效清除沉厄。故生人多選擇這個日子舉
行"解除"儀式後才將死者入土安葬。由此可見，"開除日"對"解除"
之術具有特殊意義。或基於上述考慮，香港所藏"松人"木牘才會特別
點明殯葬之日正值"開日"，希望藉此消除死者生前犯下的罪過，同時消

---

　　① 王明編：《太平經合校》，第304頁。

　　② 王明編：《太平經合校》，第304頁。

　　③ 《赤松子章曆》卷一，《道藏》第11冊，第179頁。

　　④ 《太清金液神丹經》卷上，《道藏》第18冊，第749頁。

　　⑤ 有關《太上靈寶五符序》的造作時代，劉師培通過比對甄鸞《笑道論》所引《五符經》
三條經文，發現其合於今本《太上靈寶五符序》，故認為"此書即古《五符經》。惟上卷首段為
序，今以三卷均序文，乃標題之訛也。特《御覽》六百五十九又引《五符經》二十四真圖，今
無其文，或亦書有殘缺，然究係六朝以前古籍。"並疑其出自漢季。（劉師培：《讀道藏記·太上
靈寶五符序》，載劉師培《劉申叔遺書》，第1998頁）陳國符承襲此說，但也指出今本"亦有後
人增益之處"。（陳國符：《道藏源流考》，第64頁）

　　⑥ 《太上靈寶五符序》卷下，《道藏》第6冊，第338頁。另《抱朴子內篇·登涉》亦云：
"入名山，以甲子開除日，以五色繒各五寸，懸大石上，所求必得。"［王明：《抱朴子內篇校釋》
（增訂本）卷十七，第303頁］

　　⑦ 《上清金闕帝君五斗三一圖訣》約出於六朝時，乃屬早期上清派經典。經文假託後聖金
闕帝君傳授仙人涓子，主要內容是講存三元真一之法。其法大略是說，修煉者分別於春分、夏
至、秋分、冬至、六月一日或十五日夜半時以及"建除"十二辰中的"建""除""開"等日，
依次面朝東、南、西、北、西南等方向"瞑目存我身中三宮、三一、三卿及我合七人，我居中央
也，俱乘紫氣之煙"，從而共登北斗七星。

　　⑧ 《上清金闕帝君五斗三一圖訣》，《道藏》第17冊，第221頁。

弭死者對生人的注連。

此外，牘文標注的紀日干支"丁酉"也值得注意。"丁酉"日在古代選擇術中屬"鳴吠日"，是殯埋亡人之良日。所謂"鳴吠日"，《協紀辨方書》卷五"鳴吠日"條對此詮釋說："鳴吠日者，庚午、壬申、癸酉、壬午、甲申、乙酉、庚寅、丙申、丁酉、壬寅、丙午、己酉、庚申、辛酉也。"① 又引唐代僧人一行的話說："鳴吠日者，五性安葬之辰也。用之者，得金雞鳴、玉犬吠，上下相呼，亡靈安穩，子孫富昌。"② 可見，前引十四個"鳴吠日"均屬殯葬吉日，值此日舉辦喪事，可使神靈安寧、子孫富貴，大吉。本文所述木牘文字中兩處出現的"丁酉"日即屬此類。此外，《赤松子章曆》卷一《醮章吉日》列有四十四個上章日，其中"丁酉"便屬吉日之列。③ 又，同卷《六甲章符日》亦云："丁酉，章凶、醮吉，符小子凶。"並以雙行小字注釋曰："鬼南去十里。"④ 由此可知，"丁酉"日是適宜安葬、隔斷鬼魅的良日，加之此日恰值"開"，可謂是安葬亡人的難得好時機，故該木牘解除文才會多次強調此日之種種。

三　喪葬禁忌與時日吉凶

古人判定某日之吉凶，一般基於幾項重要指標：天象、太歲、四時(年月日時)、十二建辰、二十八星宿等。古人對葬日之吉凶判定，亦是如此。換言之，考察葬日之宜忌，乃同樣依據當日所臨的時辰、月象、星宿和神煞等推論得出。若能不觸犯這些禁忌對象，便屬墓葬之吉日，如東漢靈帝熹平二年（173年）張叔敬朱書陶缶鎮墓文云："今日吉良，非用佗故，但以死人張叔敬，薄命蚤死，當來下歸丘墓。"⑤ 關於葬日吉凶之禁忌風俗，在漢晉時期一直都很流行。這一點也得到"松人"解除木牘

---

① （清）允祿、梅瑴成、何國宗等撰：《欽定協紀辨方書》卷五，載《四庫術數類叢書》九，第303頁。

② （清）允祿、梅瑴成、何國宗等撰：《欽定協紀辨方書》卷五，載《四庫術數類叢書》九，第303頁。

③ 《赤松子章曆》卷一，《道藏》第11冊，第180頁。

④ 《赤松子章曆》卷一，《道藏》第11冊，第181頁。

⑤ 陳直：《漢張叔敬朱書陶瓶與張角黃巾教的關係》，載氏著《文史考古論叢》，第391頁；又見郭沫若《奴隸制時代》，北京：人民出版社1973年版，第94頁。

所記文字的充分印證。下面，筆者試將相關句段逐一釋讀，並徵引傳世文獻予以分析。

（一）"八魁、九坎，年（玄）望、朔晦，東井、七星"釋讀

木牘正面文字云："八魁、九坎，年（玄）望、朔晦，東井、七星，死者王羣洛子所犯，柏人當之。"這段文字意思是說：死者王羣洛子（此人名王羣，字洛子），若觸犯"八魁九坎""年（玄）望朔晦""東井七星"等禁忌內容，由此招致的相關罪責和災殃均由柏人來承擔和代替。這裏實際包含擇日術中三個重要的考察指標：星煞（八魁九坎）、日月行度（弦望朔晦）、二十八星宿（東井七星）。

第一，"八魁、九坎"條。

所謂"八魁"，其意有二：一為星辰之名。《宋史·天文志三》云："八魁九星，在北落東南，主捕張禽獸之官也。"[1] 二指八個特定時日，乃屬以月日干支定吉凶宜忌的曆注條目。《後漢書·蘇竟傳》談到傳主致書劉龔曰："夫仲夏甲申為八魁。八魁，上帝開塞之將也，主退惡攘逆。"[2] 唐代李賢注引《曆法》給予解說："春三月己巳、丁丑，夏三月甲申、壬辰，秋三月己亥、丁未，冬三月甲寅、壬戌，為八魁。"[3] 所謂"九坎"，據《星曆考原》（卷四）引曹震圭之語詮釋說："坎者，陷也，險也，不平也。"[4] 曆書中所言"九坎"亦有二意：其一，指星辰之名。據《晉書·天文志上》載："九坎九星，在牽牛南。坎，溝渠也，所以導達泉源，疏盈瀉溢，通溝洫也。"[5] 《宋史·天文志三》："九坎九星，在牽牛南，主溝渠、導引泉源、疏瀉盈溢，又主水旱。"[6] 其二，代表神煞。如《星曆考原》（卷四）引《廣聖曆》云："九坎者，月中殺神也。"[7] 又引《曆例》曰："九坎者，正月在辰，逆行四季；五月在卯，逆行四仲；九

---

① （元）脫脫等撰：《宋史》卷五十，北京：中華書局1977年版，第1027頁。

② （南朝宋）范曄撰，（唐）李賢等注：《後漢書》卷三十，第1045頁。

③ （南朝宋）范曄撰，（唐）李賢等注：《後漢書》卷三十，第1045頁。

④ （清）李光地等編：《御定星曆考原》卷四，載《四庫術數類叢書》九，第64頁。

⑤ （唐）房玄齡等撰：《晉書》卷十一，第305頁。

⑥ （元）脫脫等撰：《宋史》卷五十，第1016頁。

⑦ （清）李光地等編：《御定星曆考原》卷四，第64頁。

月在寅，逆行四孟。"①

"八魁九坎"這一術語，早在漢代就已出現在墓葬文字中。考究其義，當是作為星煞之禁忌而言的。如20世紀70年代陝西寶雞市發現的東漢永元與光和年間陳氏墓、王氏墓之朱書陶瓶解除文，均有"八魁九□"字樣。② 雖末尾脫落一字，但據文意可知當係"八魁九坎"無疑。魏晉時期，"八魁九坎"作為墓葬之禁忌用語更頻繁出現在各地鎮墓文中。據筆者統計，僅敦煌地區出土的該時期考古材料中就計有十五例之多。③ 並且，這一統計數字還未將"八魁""九坎"單獨出現之語例包括在內。由此可見，魏晉時庶民社會中對"八魁九坎"等星煞的禁忌風俗要遠比漢代更為流行。香港所藏"松人"解除木牘中所言"八魁九坎"之語即屬此類。

第二，"年（玄）望、朔晦"條。

"年""弦"，同屬"真部"韻，二字通假。④ "弦望朔晦"分別代表每月中四個特定日子。自秦漢以來，"弦望朔晦"就被曆家視為時日禁忌的重要指標。睡虎地秦簡《日書甲種》載："弦望及五辰不可以興樂□"⑤，又云："墨（晦）日，利壞垣、徹屋、出寄者，毋歌。朔日，利入室，毋哭。望，利為囷倉。"⑥ 睡虎地秦簡《日書乙種》載："正月、七月朔日，以出母〈女〉、取婦，夫妻必有死者。以筑（築）室，室不

---

① （清）李光地等編：《御定星歷考原》卷四，第64頁。

② 王光永：《寶雞市漢墓發現光和與永元年間朱書陶器》，《文物》1981年第3期，第54—55頁。

③ 這一數據乃是依據王素、李方著《魏晉南北朝敦煌文獻編年》（本文統計時截至公元420年）一書統計所得。

④ 有關古代漢語音系，我國大陸地區多採用王力的構擬體系，而臺灣地區多沿襲李方桂、董同龢的學說，香港周法高的體系影響也很大。關於"年""弦"二字的擬音，王力、李方桂因故未列出"弦"字的擬音，但郭錫良的構擬體系直接繼承王力，現列出郭、董、周三人的構擬音系以供參考：（1）郭錫良《漢字古音手冊》（北京：北京大學出版社1993年版，第207頁、第211頁）——弦：[ɣien]，匣紐真部。年：[nien]，泥紐真部；（2）董同龢《上古音韻表稿》[《中央研究院歷史語言研究所集刊》第18本（1948年9月），第231頁]——真部[ien]：年：[nien]，聲母是[n]，弦：[ɣien]，聲母是[ɣ]；（3）周法高主編《漢字古今音匯》（香港：中文大學出版社1974年版，第85頁、第91頁）——年：[nen]，真部，聲母是[n]。弦：[gen]，真部，聲母是[g]。可見，上述三家均將"年""弦"二字歸入相同韻部。

⑤ 睡虎地秦墓竹簡整理小組：《睡虎地秦墓竹簡》，第186頁。

⑥ 睡虎地秦墓竹簡整理小組：《睡虎地秦墓竹簡》，第227頁。

居。凡月望，不可取婦、家（嫁）女、入畜生。"① 有關"弦望朔晦"的避諱之風尤盛行於漢代民間，《論衡·四諱篇》對此予以批評說："月之晦也，日月合宿，紀為一月。猶八日，月中分謂之弦；十五日，日月相望謂之望；三十日，日月合宿謂之晦。晦與弦望一實也，非月晦日月光氣與月朔異也，何故踰月謂之吉乎？如實凶，踰月未可謂吉；如實吉，雖未逾月，猶為可也。"②

《太平經》卷一一二《寫書不用徒自苦誡》云："或當懷姙之時，雷電霹靂，弦望朔晦，血忌反支，以合陰陽。生子不遂，必有禍殃。地氣所召，反怨倉狼。為惡報惡，何復所望？不知變易，自職當絕滅無戶，死不與眾等。"③ 這段經文主要談到兩種房室禁忌：氣候變異（風雨、雷電、霹靂）和特定時日（弦、望、朔、晦和血忌、反支）。《太平經》反映了世俗流行的一種看法：適逢避忌之時乃當斷絕性交，以免受孕生子、觸犯禁忌。古代社會中流行很多關於性的禁忌。日本醫籍《醫心方》卷二八《房內部·求子》引《千金方》言："夫欲令兒子吉良者，交會之日，當避丙丁日，及弦望朔晦、大風大雨大霧、大寒大暑、雷電霹靂、天地昏冥、日月無光、虹蜺地動、日月薄蝕，此時受胎，非只百倍損於父母，生子或瘖瘂聾瞶，頑愚癲狂，攣跛盲眇，多病短壽，不孝不仁。"④ 又卷二八《房內部·禁忌》引《養生要集》云："房中禁忌：日月晦朔，上下弦望，六丁六丙日，破日，月廿八日，……不行陰陽。"⑤ 卷二八《房內部·求子》引《產經》云："弦望之子，必為亂兵風盲"⑥，又引《玉房秘訣》云："晦朔弦望，以合陰陽，損氣，以是生子，子必刑殘，宜深慎之。"⑦

第三，"東井、七星"條。

二十八星宿，也是古人推論時日吉凶的一項重要衡量指標。如睡虎地秦簡《日書甲種》"玄戈"篇就逐月地列舉出輪值星宿之吉凶情況，以供

---

① 睡虎地秦墓竹簡整理小組：《睡虎地秦墓竹簡》，第241頁。
② 黃暉撰：《論衡校釋》（附劉盼遂集解）卷二三，第977頁。
③ 王明編：《太平經合校》，第572—573頁。
④ ［日］丹波康賴撰：《醫心方》卷二八，高文鑄等校注研究，第590頁。
⑤ ［日］丹波康賴撰：《醫心方》卷二八，高文鑄等校注研究，第593頁。
⑥ ［日］丹波康賴撰：《醫心方》卷二八，高文鑄等校注研究，第590頁。
⑦ ［日］丹波康賴撰：《醫心方》卷二八，高文鑄等校注研究，第590頁。

人們作為出行辦事之參考。① 香港所藏"松人"解除木牘所言"東井七星"就屬這類帶有禁忌性質的兩個星宿。

所謂"東井",就是指南方七宿的第一宿,有八顆星。據唐代瞿曇悉達編《開元占經·南方七宿占四·東井占一》云:"石氏曰:東井八星"。② 《史記·天官書》:"東井為水事。"唐代司馬貞撰《史記索隱》(以下簡稱《索隱》)引《元命包》云:"東井八星,主水衡也。"③ 《晉書·天文志上》云:"東井八星,天之南門,黃道所經,天之亭候,主水衡事,法令所取平也。"④ 所謂"七星",乃指南方七宿的第四宿,有七顆星。《史記·天官書》云:"七星……主急事。"⑤ 《禮記·月令》載:"季春之月,日在胃,昏七星中"。⑥ 孔穎達《正義》曰:"'昏七星中'者,按《律曆志》云:胃十四度,昴十一度,畢十六度,觜二度,參九度,井三十三度,鬼四度,柳十五度,七星七度。從胃七度至七星之初度,有九十九度,以日漸長,日沒之時,稍在西北,去七星之初九十八度,故昏時七星在南方之中。"⑦

因東井宿與七星宿同屬南方七宿,故後世曆書中多將此二宿並提。考檢曆書所言,大都認為逢此二宿值日多有悲哀、百事無通,凶多吉少,不利起土營造,家門多災禍。其實,這一觀念似從秦代便已形成。如睡虎地秦簡《日書甲種》"星"篇有載:"東井,百事凶。以死,必五人死;以殺生(牲),必五生(牲)死。取妻,多子。生子,旬而死。……七星,百事凶。利以垣。生子,樂。不可出女。"⑧ 香港所藏"松人"木牘所言恐死者王羣洛子所犯之"東井七星"可說是對秦漢之星宿禁忌觀念的繼

① 睡虎地秦墓竹簡整理小組:《睡虎地秦墓竹簡》,第187—188頁。

② (唐)瞿曇悉達撰:《開元占經》卷六三,常秉義點校,第635頁。

③ (西漢)司馬遷撰:《史記》卷二七,第1302頁。

④ (唐)房玄齡等撰:《晉書》卷一一,第303頁。

⑤ (西漢)司馬遷撰:《史記》卷二七,第1303頁。

⑥ (清)阮元校刻:《十三經注疏·禮記正義》卷十五,第1363頁;《十三經注疏》整理委員會整理、李學勤主編:《禮記正義》卷十五,第481頁。此外,《禮記·月令》亦云:"孟冬之月,日在尾,昏危中,旦七星中。"(清·阮元校刻:《十三經注疏·禮記正義》卷十七,第1380頁;《十三經注疏》整理委員會整理、李學勤主編:《禮記正義》卷十七,第541頁)

⑦ (清)阮元校刻:《十三經注疏·禮記正義》卷十五,第1363頁;《十三經注疏》整理委員會整理、李學勤主編:《禮記正義》卷十五,第481頁。

⑧ 睡虎地秦墓竹簡整理小組:《睡虎地秦墓竹簡》,第192頁。

承和體現。

(二)"歲墓年命"釋讀

"松人"解除木牘左側文字記："歲墓年命，復重拘校，松人當之。"此句語義含糊，難以釋讀。其實，關鍵問題在於如何理解"歲墓年命"之句的含義。筆者翻閱有關資料，提出幾點不成熟的看法，期能拋磚引玉。

"歲"，即指太歲。太歲，是古人用於紀年而假託的理想天體，《論衡·調時篇》載："歲則太歲也，在天邊際，立於子位。"① 《太平經》卷一一二《有過死謫作河梁誡》言："方有孟仲季，更直上下，名為太歲。"② 太歲所處那個位置（份度），就是天地間一切生靈當年所值的運勢。漢代社會，太歲被視為決定人事吉凶的天象依據。如《淮南子·天文訓》云："歲星之所居，五穀豐昌。其對為衝，歲乃有殃。當居而不居，越而之他處，主死國亡。"③ 《論衡·明雩篇》云："范蠡、計然曰：'太歲在子（于）水，毀；金，穰；木，饑；火，旱。'夫如是，水旱饑穰，有歲運也。歲直其運，氣當其世"④；又卷二四《難歲篇》亦云："《移徙法》曰：'徙抵太歲，凶；負太歲，亦凶。'抵太歲名曰歲下，負太歲名曰歲破，故皆凶也。……不與太歲相觸，亦不抵太歲之衝也。"⑤ 由此可知，"歲"屬凶煞，故世人將太歲所在方位及對沖方位均視為凶位，故《星歷考原》（卷二）引《黃帝經》曰："太歲所在之辰，必不可犯。"⑥《太平經》卷一一六《某訣》（據敦煌目錄似屬《音聲儛曲吉凶》）亦載："乃當順用天地之心意，不可逆太歲諸神"⑦。此外，東漢靈帝建寧三年（170 年）趙氏陶瓶鎮墓文（1037：11）："曾孫趙□□□造新冢，恐犯先□，歲月破煞□□□葬者得適……"⑧ 文中所言"歲月破煞"即與

---

① 黃暉撰：《論衡校注》（附劉盼遂集解）卷二三，第 983 頁。

② 王明編：《太平經合校》，第 578 頁。

③ 何寧撰：《淮南子集釋》卷三，第 274 頁。

④ 黃暉撰：《論衡校注》（附劉盼遂集解）卷十五，第 664—665 頁。

⑤ 黃暉撰：《論衡校注》（附劉盼遂集解）卷二四，第 1016—1017 頁。

⑥ （清）李光地等編：《御定星歷考原》卷二，第 29 頁。

⑦ 王明編：《太平經合校》，第 629 頁。

⑧ 洛陽區考古發掘隊編：《洛陽燒溝漢墓》（《中國田野考古報告集：考古學專刊》丁種第六號），北京：科學出版社 1959 年版，第 154 頁。

秦漢以來"太歲"乃屬凶煞、觸犯必遭災殃之觀念有關。

　　所謂"墓",也稱"庫",人死後歸入墓,泛指萬物成熟後歸庫。地支"生旺墓絕"是指五行在各地支中從生長到墓絕胎養的十二個階段。入墓之時命即夭亡。太歲入墓,此屬極端凶煞之兆。中國古代天文曆法曾運用太歲紀年和干支紀年兩種方式。簡文中"歲墓"二字當是對"歲星紀年"的一種反映。

　　"年命"一辭,實為漢晉熟語,漢代史籍中多有見載。如《漢書·刑法志》記載宣帝於元康四年(前62年)下詔云:"朕念夫耆老之人,髮齒墮落,血氣既衰,亦無暴逆之心,今或羅于文法,執于囹圄,不得終其年命,朕甚憐之。"① 又,該書同卷文末所載評論之語曰:"言為政而宜於民者,功成事立,則受天祿而永年命"。② 《太平經》也頻繁使用這一用語,前後共計達十一次。③ 此外,"年命"之語亦出現在漢代出土材料中。如東漢桓帝永壽二年(156年)成桃推鎮墓文中即有此語,謂:"永壽二年二月己未朔廿七日乙酉,天帝使者告丘丞、墓伯、地下二千石,今成氏之家、死者字桃推,死日時重復年命,與家中生人相拘籍。到,復其年命,削重複之文,解拘伍之籍。"④ 漢代之後,"年命"一語亦屢見載魏晉六朝道經中,如梁陶弘景撰《真誥·協昌期》載:"《沈羲口訣》:服神

---

① (東漢)班固撰:《漢書》卷二三,(唐)顏師古注,第1106頁。

② (東漢)班固撰:《漢書》卷二三,(唐)顏師古注,第1112頁。

③ "年命"一語在《太平經》中共計出現十一次,依次如下:(1)卷九一《拘校三古文法》:"其治常失天心,其年命不增,為之絕者,前後非一人坐之,是非國家之大賤耶?"(2)卷九二《萬二千國始火始氣訣》:"嚮不但當相隨,老者去,少者長,各以其年命窮變化,比若天地開闢以來,人形變化不同是也。"(3)卷一〇二《神人自序出書圖服色訣》:"又羣神無故共害人,人不得竟其年命,以何止之。"(4)卷一一〇《大功益年書出歲月戒》:"恐為眾神所白,見過於上,有不竟年命之壽。"(5)卷一一〇《大功益年書出歲月戒》:"神靈不愛人,侵奪年命,反自怨非天,是愚甚劇。"(6)卷一一一《有德人祿命訣》:"行善可盡年命,行惡失長就短。"(7)卷一一一《善仁人自貴年在壽曹訣》:"日惜年命,恐不得壽。"(8)卷一一一《善仁人自貴年在壽曹訣》:"但自恐年命窮盡,不見天之大施分部耶?"(9)卷一一四《見誡不觸惡訣》:"故言司命,近在胸心,不離人遠,司人是非,有過輒退,何有失時,輒減人年命。"(10)卷一一四《大壽誡》:"想民當如是,何為犯之,自致不壽,亡其年命乎?"(11)《鈔·壬部》:"效事若此,深得皇天心意,帝王為之延年命,萬物悉治也。"(王明編:《太平經合校》,第359頁、第375頁、第459頁、第537頁、第542頁、第549頁、第550頁、第556頁、第600頁、第616頁、第703頁)

④ [日]下中彌三郎編:《書道全集》第三卷(漢晉代木簡·真跡·瓦當·磚·印璽·封泥),圖版第4—5頁、解說第13頁。標點為筆者添加。

藥，勿向北方，大忌亥子日。不可唾，亡精失氣，減損年命，藥勢如土。”① 又據陶弘景編輯注釋的《登真隱訣》（卷下）載：“《儀》云：無上元士君五人，官將百二十人，主收捕天下眾老之精、雜神。……若卜問病者，云犯行年本命太歲，土王墓辰建破，當請制地君五人……” 陶氏注云：“自非高真玄挺，皆有年命衰厄。”② 北周武帝宇文邕（561～578年在位）令通道觀學士所纂《無上秘要·三界宮府品》記載：“元始、靈寶、北天大聖、眾至真尊神、无極大道太上老君、妙行真人常以月八日會於其上（守誠按：即陰元臺），推校地上兆民簿錄年命算籍。”③ 總之，據上述材料分析，“年命”這一用語，雖在不同語境下被使用，但其義卻一，即指某人在世之壽命。

綜上所述，香港所藏“松人”木牘所記文字“歲墓年命”之句即是說遵循天意，洛子已到了壽終正寢、魂歸冥界的時候了。

（三）“日月時拘校復重”釋讀

香港所藏“松人”木牘右側文字記：“日月時，拘校復重，柏人當之。”所謂“歲月日時”拘校注連，是漢晉以降傳世及出土文獻中常見之套語。漢代典籍《太平經》中即有類似之表述，如卷一一〇《大功益年書出歲月戒》云：“何為作惡久滅亡，自以當可竟年。不知天遣神往記之，過無大小，天皆知之。簿疏善惡之籍，歲日月拘校，前後除算減年；其惡不止，便見鬼門。”④ 經文隨後又指出：天庭每年都會在八月晦日（即月末之日）這天收錄和校理世人的功過簿，並以此為依據而增減其壽命——“已算計諸神所假稟，常以八月晦日，錄諸山海陵池通水河梁淮濟江湖所受出入之簿各分明。”⑤ 除此，《太平經》卷一一八《天神考過拘校三合訣》所載更為翔實：“故今天之大急，部諸神共記之，日隨其行，小小起共記而考之。三年與閏並一中考，五年一大考。過重者則坐，小過者減年奪算。”⑥ 這就是說，神祇時刻監督著每個人，並定期將記錄

---

① （南朝梁）陶弘景編：《真誥》卷十，《道藏》第 20 冊，第 552 頁。
② （南朝梁）陶弘景編撰：《登真隱訣》卷下，《道藏》第 6 冊，第 623 頁。
③ （北周）宇文邕敕纂：《無上秘要》卷二二，《道藏》第 25 冊，第 59 頁。
④ 王明編：《太平經合校》，第 526 頁。
⑤ 王明編：《太平經合校》，第 533 頁。
⑥ 王明編：《太平經合校》，第 672 頁。

其行為善惡等情況的簿籍加以匯總，隔三年就進行一次中等規模地清理和核定，每隔五年則舉行大規模地考核。

　　這一套語也得到漢晉出土材料的證實。如 1957 年出土的東漢桓帝建和元年（147 年）長安加氏鎮墓陶瓶，上書文字云："天帝使者謹為加氏之家別解地下後死婦加亡，方年二十四，等汝名借，或同歲月重復，鉤挍日死；或同日鳴重復，鉤挍日死。"① 文中"鳴"字，筆者懷疑似為"時"字之誤，即引文末尾兩句大意是說"歲月""日鳴（時）"重復鉤挍。② 此外，解"歲月日時"之注等類似用語，在敦煌地區出土的魏晉時墓葬解除文中所見尤多。茲舉二例略作見證。西晉愍帝建興二年（314 年）呂軒女斗瓶鎮墓文（M319：12）："女子呂軒女之身死，適治八魁九坎，厭解天注、地注、歲注、月注、日注、時注，生死各異路，千秋萬歲，不得相注忤，便利生人。"③ 庚子六年（405 年）西涼張輔斗瓶鎮墓文（M1：34）："今下斗瓶，用當重復。解天注、地注、人注、鬼注、歲注、月注、日注、時注。"④

（四）"四時不食"釋讀

　　"松人"解除木牘背面文字有記："死者洛子，四時不食，復重拘挍，與生人相妨，故作松柏人以解咎殃。"其中，較難把握的是"四時不食"之句的真實含義。筆者對此提出兩種看法，略陳於此，聊備一說。

　　解讀一：

　　"四時"二字，東漢劉熙《釋名·釋天》云："四時，四方各一時。

---

　　① 陝西省文物管理委員會：《長安縣三里村東漢墓葬發掘簡報》，《文物參考資料》1958 年第 7 期，第 62 頁。標點為筆者添加。

　　② "日鳴"一辭，連劭名疑讀為"日名"，指干支，"是指同錄於加氏所在死人籍中，與加氏年命相同或忌日相同的其他地下亡靈。"（連劭名：《漢晉解除文與道家方術》，《華夏考古》1998 年第 4 期，第 80 頁）此說可備參考。

　　③ 甘肅省文物考古研究所（戴春陽、張瓏）：《敦煌祁家灣——西晉十六國墓葬發掘報告》，北京：文物出版社 1994 年版，第 107 頁。

　　④ 甘肅省敦煌縣博物館：《敦煌佛爺廟灣五涼時期墓葬發掘簡報》，《文物》1983 年第 10 期，第 57 頁。

時，期也，物之生死各應節期而止也。"① "食"字，《說文解字·食部》
訓曰："亼米也。"段玉裁注："亼，集也，集眾米而成食也。"② 考"食"
字之義，早在先秦時就已形成食物、飲食及供養等不同說法。如《商君
書·算地》云："饑而求食……此民之情也。"③ 《韓非子·五蠹》云：
"穰歲之秋，疏客必食。"④ 此外，"食"又引申為生人對死者的供祀。如
《史記·陳涉世家》所言"（漢）高祖時為陳涉置守冢三十家碭，至今血
食"⑤ 即屬此意。"不食"二字連用，亦較早見載於古籍。如《戰國策·
秦策四》："隨陽右壤此皆廣川大水，山林谿谷，不食之地，王雖有之，
不為得地"；⑥《禮記·檀弓上》載成子高之言："我死，則擇不食之地而
葬我焉。"⑦ 這裏所說的"不食之地"即"不毛之地"，是指尚未墾殖或
不適合莊稼生長的荒地僻壤。

對於本文木牘所記"四時不食"一句的理解，還需要結合有關地下
出土材料加以分析。如1984年河南洛陽市出土的東漢安帝延光元年（122
年）朱書陶罐鎮墓文云："生人食三穀，无（死）人土生上圭（?）"⑧ 引
文前半段"生人食三穀"之句⑨，其意無須多加解釋；然後半段"无
（死）人土生上圭（?）"之句，因文字漫漶脫落，字形模糊、不易辨識等
因素使其含義較難揣測。不過，據漢晉時鎮墓文之書寫規律可知，同屬一

① 任繼昉纂：《釋名匯校》卷一，第12頁。值得一提的是，長沙子彈庫楚帛書《乙篇》從神話傳說的角度講述了"四時"的產生及其演變。[詳見李零《長沙子彈庫楚帛書研究》，北京：中華書局1985年版，第64—73頁；李零《中國方術考》（修訂本），第192—194頁]
② （漢）許慎撰，（清）段玉裁注：《說文解字注》五篇下，第218頁。
③ 蔣禮鴻撰：《商君書錐指》卷二，第45頁。
④ （清）王先慎撰：《韓非子集解》卷十九，鍾哲點校，第444頁。
⑤ （西漢）司馬遷撰：《史記》卷四八，第1961頁。
⑥ 何建章注釋：《戰國策注釋》卷六，第241頁。
⑦ （清）阮元校刻：《十三經注疏·禮記正義》卷八，第1292頁；《十三經注疏》整理委員會整理、李學勤主編：《禮記正義》卷八，第238頁。
⑧ 中國社會科學院考古研究所洛陽唐城隊：《1984至1986年洛陽市區漢晉墓發掘簡報》，載《考古》編輯部編《考古學集刊》第七集，北京：科學出版社1991年版，第60頁。有關文字之考釋，詳見王育成《洛陽延光元年朱書陶瓶考釋》，《中原文物》1993年第1期，第71—76頁、第81頁。
⑨ "食三穀"之"三"字，據王育成猜測似為"五"字之殘筆。（詳見王育成《洛陽延光元年朱書陶瓶考釋》，《中原文物》1993年第1期，第73頁）此可備一說。

個語義段落中上下兩句多保持連貫和對稱。故筆者推測，此句當是對應"生人食三穀"來說的，即與死人所食何物有關。有關亡人之所食，《太平經》亦有論及。該書卷一一四《不可不祠訣》談到死人在土府中亦須生人及時供奉祭品以為飲食之需："生時皆食有形之物，死當食其氣而反不食。先人自言，生子但為死亡之後，既得食氣與比等，而反不相食，生子如此，安得汝久有子孫相視乎？"① 文中"生時皆食有形之物，死當食其氣"一句，與前引延光元年鎮墓文所云"生人食三穀，无（死）人土生上圭"似為同所指。此外，1973 年江西南昌市唐墓出土的昭宗大順元年（890 年）"柏人"解除木牘，無論從人物造型、還是偶人功用等方面來看，均與本文所述"松人"解除木牘極為相似。該"柏人"木牘背面亦書有文字，其中末尾說道："……神木盟當壙等並隨栢人覓食"②。張勳燎認為："乃謂如當壙之類的墓神冢吏，應准許柏人隨意進行尋找食物等活動，不得阻攔干涉。"③ 筆者贊同此種解說。

綜上所述，"四時不食"之句的含義或是說：萬物生死及活動均須遵守一定規則，洛子雖魂歸陰界土府，但也需飲食。上天准許亡者尋覓所需之食物，在世子孫亦應按時節供奉祭品。倘若亡者未能覓得飲食，或後人偶有懈怠、未及時供祀，由此招致的一切災殃則由松柏偶人來承擔。

解讀二：

"松人"木牘所記"四時"二字，據筆者猜測或指帶有人格化特徵的神祇名稱。"四時"一語，在漢代始具神格特徵，如《太平經》就多次提到。據《太平經鈔》乙部《安樂王者法》載："四時五行守道而行，故能變化萬物，使其有常也。……故王者愁苦，四時五行氣乖錯，殺生無常也。"④ 又卷四十《努力為善法》云："人生迺受天地正氣，四時五行，來合為人，此先人之統體也。此身體或居天地四時五行。……後世不肖反

---

① 王明編：《太平經合校》，第 605 頁。
② 江西省博物館：《江西南昌唐墓》，《考古》1977 年第 6 期，第 402 頁。
③ 張勳燎：《試論我國南方地區唐宋墓葬出土的道教"柏人俑"和"石真"》，載陳鼓應主編《道家文化研究》第七輯，上海：上海古籍出版社 1995 年版，第 318 頁。
④ 王明編：《太平經合校》，第 21 頁。

久苦天地四時五行之身，令使更自冤死，尚愁其魂魄。"① 卷四二《九天消先王災法》亦云："仙人職在理四時……仙人變化與四時相似，故理四時也。……四時不和，仙人不來至"。② 此後，"四時"這一形象經過不斷演化，其神性特徵更加明顯和完善，乃至成為一位人格神。如《赤松子章曆》就已將"四時""五行"合稱，奉為土神一類，並列為禱祭對象。該書卷三《謝土章》載："土皇、土王、土相、土府將軍、土公、土下君候二千石、陰土陽土、四時五行、中央太皇"等云云。③

此外，似也不能排除另一種可能，即木牘所記"四時"一語或為"四時之官"的省稱。所謂"四時之官"（或稱"四值功曹"），乃是魏晉六朝時民間社會中流行的墓葬神煞，即代表所值年、月、日、時之神，其司職範圍是在陰曹地府中負責審視新亡之人的功過，並酌情予以處置。漢晉時人相信，一個人生前在世間擁有戶籍名冊、接受人間官吏的管理，死後亦須先到地府登記註冊，經過鬼吏審核後方能獲得留居陰界的資格，否則死者鬼魂遊盪、對生人不利。如《赤松子章曆》卷六《新亡遷達、開通道路、收除土殃、斷絕復連章》載："約敕四時之官，開通道理（路），不得拘留某精爽，注復生人。……某死時雌雄殃殺、魁網之鬼、復注之氣，疾速去離。某家各還本屬，四時之官不得拘留。"④

"食"，通"伺"字，意為窺察、審視等。《管子·君臣上》有云："主德不立，則婦人能食其意。"⑤ 于省吾著《雙劍誃諸子新證·〈管子〉新證》（卷二）對此注釋說："食之通伺，猶飤之通嗣矣。伺之通詗訓察。此言則婦人能察其意也。"⑥ 這是說，"不食"，即"不伺"之通假，意為不審視政事、未能妥善處理公務。古人希望人死之後，亡魂在黃泉路上及暫居冥府時不要遭受滯留和刁難，故部分隨葬文書中談到希望負責審視死者生前之功過的冥界官吏妥善安排亡魂的去處。如 1984 年甘肅武威五壩

① 王明編：《太平經合校》，第 73 頁。
② 王明編：《太平經合校》，第 88 頁、第 90 頁。
③ 《赤松子章曆》卷三，《道藏》第 11 冊，第 200 頁。
④ 《赤松子章曆》卷六，《道藏》第 11 冊，第 228 頁。
⑤ 黎翔鳳撰：《管子校注》卷十，梁運華整理，北京：中華書局 2004 年版，第 558 頁。
⑥ 于省吾撰：《雙劍誃諸子新證》，北京：中華書局 2009 年版，第 76 頁。

山 3 號漢墓出土的"冥間過所"木牘文字開頭即云："張掖西鄉定武里田
升寧今歸黃［泉］，過所，毋留難也。"①

綜上所述，木牘文字所記"四時不食"之句，即為"四時不伺"或
"四時之官不伺"。意思是說：洛子死後，魂歸陰府，希望能早日將其名
字登錄到陰間的姓名簿籍，並由陰吏土神"四時"（或"四時之官"）斟
酌其生前之品行而拘校功過、妥善予以歸遣安置。但恐負責此事的"四
時"（或"四時之官"）耽擱公務、滯留洛子，未能及時安置其去處，致
使亡魂遊蕩、驚擾家人，"與生人相妨"，故作松柏人以解咎殃。

四 "拘校復重"與"承負""解除"

香港所藏"松人"木牘所記文字中屢言"拘校復重"或"復重拘
校"，其觀念反映了漢晉時期流行的墓葬解除術。下面，我們圍繞這個問
題做一些梳理。

（一）"拘校"及相關語例之徵引

"拘校"這一用語，在"松人"木牘文字中共計出現六次，其使用頻
率僅次於"復重"一語，足見其重要性。考"拘校"一辭，乃為漢代熟
語。筆者翻檢漢晉時期傳世典籍及出土資料，歸納出"拘校"的幾種用
語形式：如"枸校""鈎挍""鉤校""檢校""句校"或"句""拘籍"
或"拘錄"及省稱"拘""鈎"等。這些術語有助於全面理解"拘校"
之含義。

第一，"拘校"。

"拘校"，或稱"枸校"，二者屢見於居延漢簡中。如號一三七·六
曰："不事拘校所委"；② 又號四〇·一八曰："拘校回都試馳射會月□"。③
陳槃指出："是'拘校'有鈎稽查比對之義。"④ 此外，號三一七·六云：

---

① 何雙全：《簡牘》，第 76 頁。

② 勞榦：《居延漢簡·考釋之部》，臺北："中央"研究院歷史語言研究所 1960 年版，第
92 頁。

③ 勞榦：《居延漢簡·考釋之部》，第 95 頁。

④ 陳槃：《漢晉遺簡識小七種》，臺北："中央"研究院歷史語言研究所 1975 年版，第 5
頁。

"書到枸校處實牒副言遣尉史弘費"。① 陳氏按："枸"與"拘""鉤"二字通，並援引諸多古籍釋文以證之。②

另據筆者統計，"拘校"一辭在《太平經》中出現頻率計達四十九次（含篇目標題中二次，文末按語中一次）。③ 茲舉幾例頗具代表性的文字段落，並略加分析。

（1）卷四一《件古文名書訣》："拘校上古中古下古聖人之辭以為聖經也，拘校上古中古下古大德之辭以為德經也，拘校上古中古下古賢明之辭以為賢經也。今念天師言，不能深知其拘校之意……"④

（2）卷一〇八《要訣十九條》："其凡文欲正之者，取訣於拘校，以為天信。……欲得天道大興法者，取訣於拘校眾文與凡人訣辭也。欲得良藥者，取訣於拘校凡方文而效之也。"⑤

（3）卷一一二《有過死謫作河梁誡》："歲盡拘校簿上，山海陸地，諸祀叢社，各上所得，不用不得失脫。"⑥

（4）卷一一四《不承天書言病當解謫誡》："及更明堂，拘校前後，上其姓名，主者任錄。"⑦

上述所舉四個例句中，"拘校"之含義大略相同，均指整理、匯總、參校異同等。不過，就"拘校"之對象而言，卻存差異：（1）、（2）"拘校"對象是指經書典籍、言辭文句等，均屬人世間的口頭或文字資料；（3）、（4）則指記錄塵世凡人之行為善惡等情況的功過簿，這就屬於由神祇掌管的物件了。

第二，"鉤校"。

東漢桓帝建和元年（147 年）長安加氏鎮墓陶瓶，上書文字云："天帝使者謹為加氏之家別解地下後死婦加亡，方年二十四，等汝名借，或同歲月重復，鉤校日死；或同日鳴重復，鉤校日死。"⑧

---

①　勞榦：《居延漢簡·考釋之部》，第 111 頁。

②　陳槃：《漢晉遺簡識小七種》，第 5 頁。

③　這一數字是以《太平經合校》為統計底本，且將標題、起、附等計算在內。

④　王明編：《太平經合校》，第 83 頁。

⑤　王明編：《太平經合校》，第 510—512 頁。

⑥　王明編：《太平經合校》，第 579 頁。

⑦　王明編：《太平經合校》，第 624 頁。

⑧　陝西省文物管理委員會：《長安縣三里村東漢墓葬發掘簡報》，《文物參考資料》1958 年第 7 期，第 62 頁。標點為筆者添加。

第三，"鉤校"。

"鉤校"一辭，可見於傳世典籍。如《漢書·陳萬年傳》談到傳主之子陳咸"後竟徵入為少府。少府多寶物，屬官咸皆鉤校，發其姦臧，沒入辜榷財物"①。《後漢書·陳寵傳》："（陳）寵又鉤校律令條法，溢於《甫刑》者除之。"②

第四，"檢校"。

"檢校"一詞，其義同於"鉤校"。2006年10月，吐魯番地區洋海一號臺地四號墓（編號2006TSYIM4）出土的北涼緣禾二年（433年）高昌郡高寧縣趙貨母子冥訟文書中即見此語，謂："緣禾二年十月廿七日，高昌郡高寧縣都鄉安邑里[民][趙]貨辭：行年卅，以立身不越王法，今橫為叔琳見狀枉死，即就後世，銜[恨]入土。皇天后土，當明照察；鹽羅大王，平等之主，願加威神，召琳夫妻及男女子孫檢校。冀蒙列理，辭具。"③

第五，"句校"或"句"。

"拘校"，有時寫作"句校"。1987年陝西臨潼縣出土的東漢獻帝初平元年（190年）劉氏鎮墓陶瓶，上有朱書文字云："解諸句□□諸句校：歲月日句校、天地句校、□校，解時日復重句校，解死□□□□□死人餃隨地下拾□□□"。④

"句校"一辭，或徑稱"句"。如1987年陝西長安縣漢墓出土的張氏朱書陶瓶鎮墓文云："北斗三稆七星，主別解張氏後死者句伍重復，……"⑤又如1993年甘肅酒泉西溝村魏晉墓出土的張氏鎮墓陶瓶，文云："□天帝昭告張氏□□□□□後死者，天赫地赫……天句地□□□……"⑥

① （東漢）班固撰：《漢書》卷六六，（唐）顏師古注，第2902頁。
② （南朝宋）范曄撰：《後漢書》卷四六，（唐）李賢等注，第1554頁。
③ 榮新江、李肖、孟憲實主編：《新獲吐魯番出土文獻》，北京：中華書局2008年版，第171頁。有關該冥訟文書之研究，詳見本書第八章。
④ 林泊、李德仁：《臨潼發現漢初平元年墓》，《文博》1989年第1期，第41頁。標點為筆者添加。
⑤ 負安志、馬志軍：《長安縣南李王村漢墓發掘簡報》，《考古與文物》1990年第4期，第69頁。標點為筆者添加。
⑥ 甘肅省文物考古研究所：《甘肅酒泉西溝村魏晉墓發掘報告》，《文物》1996年第7期，第20—21頁。

第六，"拘籍"或"拘録"。

東漢桓帝永壽二年（156 年）成桃推鎮墓文即云此語："天帝使者告丘丞、墓伯、地下二千石，今成氏之家、死者字桃推，死日時重復年命，與家中生人相拘籍。到，復其年命，削重複之文，解拘伍之籍。"① 又如《赤松子章曆·大塚訟章》載："拘録魂魄致爲疾病者，一依鬼律收治，皆令消滅。"② 這裏所言"拘籍"和"拘録"，其義均與"拘校"相同。

第七，"拘"或"鉤"。

"拘"字，在《論衡》中出現過兩次，其含義卻有差異：其一，卷二《命義篇》載："無罪見拘，不幸也。執拘未久，蒙令得出，命善禄盛，夭災之禍不能傷也。"③ 其二，卷六《龍虚篇》載："拘俗人之議，不能通其說"。④ 前一個"拘"字，是指拘押、監禁等義；後者之含義則與本文所述相同，即指校理、審核、參比異同等義。

"鉤"字，見於東漢桓帝永康元年（167 年）鎮墓文，其云："□神藥……絕鉤注重□君央（殃），使死利生……相防（妨）。"⑤ 又，《赤松子章曆·保嬰童章》載："天地河伯，鉤星（腥）血沒之鬼。"⑥ 這兩處引文中的"鉤"字，均與"拘校"義同。

綜上所述，以上七種用法雖字形稍異，其意卻大略相同，均指收羅考核、參校異同等。其實，這也得到漢語辭源學的證實。查檢《說文解字》，"句""枸""拘""鉤"均屬"句"部，音韻相同，按古人的書寫習慣，諸字可通假。這就解釋了該用語存在不同組合形式的原因。

---

① ［日］下中彌三郎編：《書道全集》第三卷，圖版第 4—5 頁、解說第 13 頁。標點爲筆者添加。

② 《赤松子章曆》卷五，《道藏》第 11 冊，第 218 頁。

③ 黃暉撰：《論衡校注》（附劉盼遂集解）卷二，第 57 頁。

④ 黃暉撰：《論衡校注》（附劉盼遂集解）卷六，第 291 頁。

⑤ 洛陽市文物工作隊：《洛陽唐寺門兩座漢墓發掘簡報》，《中原文物》1984 年第 3 期，第 38 頁。標點爲筆者添加。

⑥ 《赤松子章曆》卷四，《道藏》第 11 冊，第 207 頁。

（二）有關 "復重"（"重復"）及 "承負" 等語辭的統計與分析

"重復"（或 "復重"），是在古代鎮墓文、買地券等中較為常見的語辭，其意乃指由於死者的牽連、注連，而導致災難或死亡等惡劣事件再次發生。法國學者索安（Anna Seidel）也指出："'重復' 後來具有更為明確的擇日的含義，也就是：某人應該避免的主持葬事的日期"。①

"復重" 一辭，在 "松人" 木牘文字中計有八次。"復重" 或稱 "重復"，亦為漢代熟語，在漢晉之季墓葬解除文中均屬常見術語。"復重"（或 "重復"），有時亦簡稱為 "復" 字。睡虎地秦簡《日書甲種》中就出現三次 "復" 字，均與喪葬中的時日禁忌有關。其一，"葬日，子卯巳酉戌，是胃（謂）男日·午未申丑亥辰，是胃（謂）女日。女日死，女日葬。必復之。男子亦然。·凡丁丑不可以葬，葬必三。"② 其二，"子、寅、卯、巳、酉、戌為牡日。·丑、辰、申、午、未、亥為牝。牝日以葬，必復之。"③ 其三，"甲辰寅死，必復有死。"④ 睡虎地秦簡《日書乙種》"人日" 篇中亦見載一次，謂："凡子、卯、寅、酉男子日，·午、未、申、丑、亥女子日。以女子日病，病瘳，必復之。以女子日死，死以葬，必復之。男子日如是。"⑤ 此外，放馬灘秦簡《日書》（甲種）也表達了此類意思："以女日死，以女日葬，必復之，男日亦如是"⑥。

從現存的傳世著錄及出土資料來看，"重" "復" 二字連用且成為專指連續死亡意義的特定用語，當始於漢代。據筆者的不完全統計，現今發現的漢晉時期鎮墓文中使用過 "重復" 或 "復重" 用語的計有十六例，其中稱 "重復" 者十二例，約占總數75%；稱 "復重" 者四例，約占總

---

① ［法］索安：《從墓葬的葬儀文書看漢代宗教的軌跡》，《法國漢學》第七輯（宗教史專號），第140頁注釋。此外，索安還指出另一種情況："如果死者的（出生或死亡）日期與一個活着的親戚的生日重合，後者將會受到死者的危害，因此必須在陽世的檔案資料中就生者的情況做出說明。"（同前引，第126頁）

② 睡虎地秦墓竹簡整理小組：《睡虎地秦墓竹簡》，第187頁。

③ 睡虎地秦墓竹簡整理小組：《睡虎地秦墓竹簡》，第209頁。

④ 睡虎地秦墓竹簡整理小組：《睡虎地秦墓竹簡》，第221頁。

⑤ 睡虎地秦墓竹簡整理小組：《睡虎地秦墓竹簡》，第240頁。

⑥ 甘肅省文物考古研究所編：《天水放馬灘秦簡》，第83頁。

數 25% 。① 本文所述"松人"木牘所記文字"復重"即屬後者。

　　劉昭瑞援引考古材料對《太平經》之"承負"說予以分析，認為出土於東漢中晚期中小型墓葬鎮墓文材料裹的"重復"一語與《太平經》"承負"之含義大抵類似。② 據此，他指出："《太平經》中的解除'承負'觀念，正是鎮墓文中的解除'重復'觀念的放大。"③ 並且認為"'承負'說實際上是緣起於秦漢時的一種解謫方術。"④ 這種見解為探究承負觀念之起源提供了有益啟示。不過，有學者提出劉氏之說尚存商榷餘地。如饒宗頤即指出：將"重復"等同于《太平經》之"承負"恐未恰

---

① 出現"重復"用語計有十二例，分別是：1. 長安加氏鎮墓文——陝西省文物管理委員會：《長安縣三里村東漢墓葬發掘簡報》，《文物參考資料》1958 年第 7 期，第 62 頁；2. 成桃推鎮墓文（[日]下中彌三郎編：《書道全集》第三卷，圖版第 4—5 頁、解說第 13 頁）；3. 長安張氏鎮墓文（貟安志、馬志軍：《長安縣南李王村漢墓發掘簡報》，《考古與文物》1990 年第 4 期，第 69 頁）；4. 韓城閶氏鎮墓文（賈麥明：《韓城市漢墓出土閶氏朱書陶瓶考釋》，《東南文化》1993 年第 3 期，第 59 頁）；5. 劉伯平鎮墓鉛券（羅振玉：《貞松堂集古遺文》卷十五，第 358—360 頁）；6. 西安佚名鎮墓文（王育龍：《西安昆侖廠東漢墓清理記》，《考古與文物》1989 年第 2 期，第 48 頁）；7. 前涼佚名斗瓶鎮墓文（M206：3）[甘肅省文物考古研究所（戴春陽、張瓏）：《敦煌祁家灣——西晉十六國墓葬發掘報告》，第 108—109 頁]；8. 前涼吳仁姜斗瓶鎮墓文（M356：13）[甘肅省文物考古研究所（戴春陽、張瓏）：《敦煌祁家灣——西晉十六國墓葬發掘報告》，第 110 頁]；9. 前涼傅女芝斗瓶鎮墓文（82DXM64）（敦煌縣博物館考古隊、北京大學考古實習隊：《記敦煌發現的西晉、十六國墓葬》，北京大學中國中古史研究中心編：《敦煌吐魯番文獻研究論集》第 4 輯，北京：北京大學出版社 1987 年版，第 630 頁）；10. 西涼畫虜奴斗瓶鎮墓文（M336：4）[甘肅省文物考古研究所（戴春陽、張瓏）：《敦煌祁家灣——西晉十六國墓葬發掘報告》，第 117 頁]；11. 西涼魏平友斗瓶鎮墓文（M369：9）[甘肅省文物考古研究所（戴春陽、張瓏）：《敦煌祁家灣——西晉十六國墓葬發掘報告》，第 122 頁]；12. 西涼張德政鎮墓文（甘肅省敦煌縣博物館：《敦煌佛爺廟灣五涼時期墓葬發掘簡報》，《文物》1983 年第 10 期，第 57 頁）。出現"復重"用語者計有四例，分別是：1. 西安延熹九年鎮墓文[王育龍：《西安昆侖廠東漢墓清理記》，《考古與文物》1989 年第 2 期，第 47 頁]；2. 臨潼初平元年劉氏鎮墓文（林泊、李德仁：《臨潼發現漢初平元年墓》，《文博》1989 年第 1 期，第 41 頁）；3. 東晉魏得昌斗瓶鎮墓文（M371：5）[甘肅省文物考古研究所（戴春陽、張瓏）：《敦煌祁家灣——西晉十六國墓葬發掘報告》，第 114 頁]；4. 本文所述香港所藏"松人"解除木牘。

② 詳見劉昭瑞《〈太平經〉與考古發現的東漢鎮墓文》，《世界宗教研究》1992 年第 4 期，第 111—119 頁；劉昭瑞：《"承負說"緣起論》，《世界宗教研究》1995 年第 4 期，第 100—107 頁。

③ 劉昭瑞：《"承負說"緣起論》，《世界宗教研究》1995 年第 4 期，第 101 頁。

④ 劉昭瑞：《"承負說"緣起論》，《世界宗教研究》1995 年第 4 期，第 100 頁。

當。① 筆者贊同饒氏看法。"重復"（或稱"復重"）觀念是漢晉之季民間社會中比較流行的墓葬禁忌之習俗，與《太平經》"承負"說有所差異。儘管二者有相似處，但從本質上來說仍分屬兩種不同的觀念體系。②

　　何謂"承負"？我們先來考察這兩個單字的含義。《說文解字·手部》訓曰："承，奉也，受也。"③《說文解字·目部》訓曰："負，恃也。從人守貝有所恃也。一曰受貸不償。"④ 可見，這僅屬於一般意義上的字面解釋，尚未有後來"承負"之意味。"承負"二字連用且作為特定含義之概念，似首創於《太平經》。該書卷三九《解師策書訣》詮釋"承負"概念時說："承者為前，負者為後；承者，迺謂先人本承天心而行，小小失之，不自知，用日積久，相聚為多，今後生人反無辜蒙其過謫，連傳被其災，故前為承，後為負也。負者，流災亦不由一人之治，比連不平，前後更相負，故名之為負。負者，迺先人負於後生者也"。⑤ 此外，《鈔》戊部也說道："因窮還反其本，故名為承負。"⑥

　　"承負"一語，在《太平經》中共計出現一百五十六次，足見其重要性。可以說，"承負"說作為《太平經》獨創的因果報應觀念，對其宗教理論體系的建構發揮了舉足輕重的作用。《太平經》的承負說對後世道教也產生深刻影響。稍晚出世的《老子想爾注》秉承這一觀念，認為"以兵定事，傷煞不應度，其殃禍反還人身及子孫"⑦，這大意是說，殃禍乃是行惡之報應，其將降臨到自身或流及子孫後代。《赤松子章曆》（卷二）亦認為：人的行為不端將牽連到子孫後嗣，神祇將累積其所犯過錯而施予不同的"承負"處罰："千八十過為一禍，禍者令人暴夭死亡。千二百過為一殘，殘者令人出逆子。千二百六十過為一咎，咎者令人絕嗣。千四百

　　① 王素、李方：《魏晉南北朝敦煌文獻編年》"序言"（饒序），臺北：新文豐出版公司1997年版，第5頁。

　　② 有關"重復"與"承負"二種觀念之差別，詳見張勳燎、白彬《中國道教考古》第1冊，北京：線裝書局2006年版，第49—53頁。

　　③ （漢）許慎撰，（清）段玉裁注：《說文解字注》十二篇上，第600頁。

　　④ （漢）許慎撰，（清）段玉裁注：《說文解字注》六篇下，第281頁。

　　⑤ 王明編：《太平經合校》，第70頁。

　　⑥ 《鈔》戊部《闕題》（據敦煌目似屬《占中不中訣》）："三統共生，長養凡物名為財，財共生欲，欲共生邪，邪共生奸，奸共生猾，猾共生害而不止則亂敗，敗而不止不可復理，因窮還反其本，故名為承負。"（王明編：《太平經合校》，第305頁）

　　⑦ 饒宗頤：《老子想爾注校證》，上海：上海古籍出版社1991年版，第38頁。

過為一基，基者令人殃流五世。千六百二十過為一謫，謫者令人斷世無後嗣。"① 此外，明清之季廣為流行的道教勸善書更是反復地宣講這一內容。譬如，《太上感應篇》在列舉諸多不當行為後，說道："如是等罪，司命隨其輕重，奪其紀筭，筭盡則死。死有餘責，乃殃及子孫。"② 上述觀點，可說與《太平經》的承負觀是一脈相承的。

(三) "死注"與"解除"——"洛子死注咎"釋讀

第一，"死注"釋義。

"注"字之義，吳榮曾在 20 世紀 80 年代時撰文揣測道："注可能即疰，疰，病也。解疰即解除疾病。"③ 進入 90 年代後，劉昭瑞在收集和分析史料的基礎上得以確認：漢代以來墓葬解除文中所出現的"注"字即指"注病"，乃屬人體疾病之範疇。④ 關於"注病"，漢代劉熙《釋名·釋疾病》給予詮釋："注病，一人死、一人復得，氣相灌注也。"⑤ 據其描述的病理特點來看，這裏所言的"注病"極似今人定義之傳染病。據筆者揣測，漢代社會似流行一種喪葬禮俗：安葬那些諸如罹患惡疾而死之人時，親屬通常會在墓中放置鎮墓陶瓶等物件，並於罐體表面朱書文字，藉此達到解注除殃、斷絕注連之目的。如 1954 年河南洛陽西郊東漢墓出土的解注陶瓶，朱書文字記云："解注瓶，百解去。如律令。"⑥ 又如，羅振玉《古器物識小錄》所錄東漢順帝永建三年（128 年）鎮墓陶瓶，朱書文字雖殘缺嚴重，但"死人精注"字樣清晰可辨。⑦ 魏晉之季，這種喪葬禮俗一直流傳於民間，並逐漸地滲透到西北等邊疆地區。如 1944 年敦煌佛爺廟東區 1001 號墓出土的西晉翟宗盈鎮墓陶罐，上記文字云："翟宗盈，汝自薄命蚤終，壽窮算盡……從別以後，無令死者注於主人。"⑧ 這

---

① 《赤松子章曆》卷二，《道藏》第 11 冊，第 191 頁。

② （宋）李昌齡傳，（宋）鄭清之贊：《太上感應篇》卷二九，《道藏》第 27 冊，第 135 頁。

③ 吳榮曾：《鎮墓文中所見到的東漢道巫關係》，《文物》1981 年第 3 期，第 62 頁。

④ 劉昭瑞：《談考古發現的道教解注文》，《敦煌研究》1991 年第 4 期，第 51—57 頁。

⑤ 任繼昉纂：《釋名匯校》卷八，第 453 頁。

⑥ 郭寶鈞等：《一九五四年春洛陽西郊發掘報告》，《考古學報》1956 年第 2 期，第 24 頁。

⑦ 羅振玉：《古器物識小錄》，載氏著《遼居雜著丙編》，1934 年石印本。

⑧ 夏鼐：《敦煌考古漫記（一）》，《考古通訊》1955 年第 1 期（創刊號），第 6 頁。

類案例甚多，恐不勝枚舉。①

遍檢古代醫學典籍，我們發現：對"注病"載錄最多者當首推隋代名醫巢元方所撰《諸病源候論》。② 是書專列卷二四《注病諸候》逐條敍述了該病相關種類的外在表像及特徵。該書在談及"注病"諸條時屢言"注者，住也，言其病連滯停住，死又注易旁人也。"這段引文其實強調了"注"病的兩點外在特徵：其一，注病多連綿不絕，使患者飽受折磨、難見好轉；其二，患者死後，又極易注連（即傳染）他人，使之遭受與前者相似的病痛折磨。不過，分析其載三十四種"注病"③，可知：隋代所說的"注病"已不再限於專指傳染病，也包括具有久治不愈、反復發作等病理特徵的非傳染性疾病。這也得到魏晉時期墓葬解注文的印證。如前涼建興三十一年（343 年）吳仁姜陶質斗瓶（M356：13），朱書文字記云："卅一年三月八日，吳仁姜之身死。天注、地注、年注、歲注、月注、日注、時注。生死異路，千秋萬歲，不得相注忤。如律令。"④ 又如，敦煌東南佛爺灣發掘的三座五涼時期墓葬中出土的 M1：34 和 M3：15 兩件鎮墓陶罐，朱書文字分別記曰："今下斗瓶，用當重復，解天注、地

---

① 相關研究，詳見范家偉《漢唐時期道教與瘧鬼說》，《華林》第 2 卷，北京：中華書局 2002 年版，第 283—304 頁；陳昊：《漢唐間墓葬文書中的注（疰）病書寫》，榮新江主編：《唐研究》第十二卷，北京：北京大學出版社 2006 年版，第 267—304 頁。

② 有關傳染疾病觀念的討論，詳見張嘉鳳《"疾疫"與"相染"——以〈諸病源候論〉為中心試論魏晉至隋唐之間醫籍的疾病觀》，《臺大歷史學報》第 27 期（2001 年），第 37—82 頁。（又收入李建民主編《生命與醫療》，北京：中國大百科全書出版社 2005 年版，第 390—428 頁）

③ 《諸病源候論》卷二四《注病諸候》共舉列了三十三種注病，分別是：風注、鬼注、五注、轉注、生注、死注、邪注、氣注、寒注、寒熱注、冷注、蠱注、毒注、惡注、注忤、遁注、走注、溫注、喪注、哭注、殃注、食注、水注、骨注、血注、濕痹注、勞注、微注、泄注、石注、產注、土注、飲注。此外，卷四七《小兒雜病諸候三》中所列"屍注"條為前述所無。二者相合，共計三十四種"注病"。需要指出的是，《諸病源候論》所舉這三十多種"注病"情況比較複雜：有些屬於一般性疾病，如風注、寒注、寒熱注、冷注、食注、勞注等均屬人體常見的持久性病痛；有些則屬於惡性傳染性疾病，如生注、死注、殃注、喪注等均屬於可致人於死地、具有很強傳染力的傳播性疾病；有些則屬於個體的食物中毒性反應，並無病毒性傳染之可能，如食注、蠱注、毒注等均屬此類；有些雖單獨歸為一類，但從病理上看卻與其他注病並無實質區分，如生注與死注，僅以傳染源在傳播細菌之前的生死狀態為劃分標準，實際上二者的傳播方式及原理都是一樣的。

④ 甘肅省文物考古研究所（戴春陽、張瓏）：《敦煌祁家灣——西晉十六國墓葬發掘報告》，第 110 頁、第 112 頁。標點為筆者添加。

注、人注、鬼注、歲注、月注、日注、時注。"① "今厥觧（厭解）天注、地注、歲注、月注、日注、時注。"② 由此可見，"注"之所施者已不再局限於亡者，而擴展到十分寬泛的領域及範圍——如天、地、人、鬼、年、歲、月、日、時等。施注形式也不再僅為疾病，而是世間的一切災厄及痛苦。張勳燎對此指出："道教注鬼說的起源，最初自應與傳染病有關。……後來隨着這種宗教自身的發展，注鬼說的理論由傳染病擴展到一般普通疾病，然後再擴展到疾病以外的其他範圍，認為人之一切災厄禍殃，都有可能係注鬼作祟所致。"③ 甚至，某人喪命之時日若觸犯禁忌，也會招來殃注。如《赤松子章曆》（卷六）所云："某等死時日惡，殃注不已。"④

本文"松人"木牘所記"死注"之名，亦屬《諸病源候論・注病諸侯》所舉注病之列。該書對"死注"給予如此定義："人有病注死者，人至其家，染病與死者相似，遂至於死，復易傍人，故謂之死注。"⑤ 這裏所述"死注"，似同於北齊顏之推（531～約590年之後）《顏氏家訓・風操》中所談之"歸殺"，其謂："偏傍之書，死有歸殺。子孫逃竄，莫肯在家；畫瓦書符，作諸厭勝；喪出之日，門前然火，戶外列灰，被送家鬼，章斷注連"⑥。引文所言"章斷注連"之法，即屬喪葬"解除"術的範疇。

第二，漢晉之季流行"解除"術——以《太平經》為中心。

"解除"，又稱"解適""解祠"，其獻祭除災之義，似始見於《莊子》，如《人間世》篇言："故解（以）之［以］牛之白顙者與豚之亢鼻者，與人有痔病者不可以適河。此皆巫祝以知之矣，所以為不祥也。"⑦

① 甘肅省敦煌縣博物館：《敦煌佛爺廟灣五涼時期墓葬發掘簡報》，《文物》1983年第10期，第57頁。標點為筆者添加。

② 甘肅省敦煌縣博物館：《敦煌佛爺廟灣五涼時期墓葬發掘簡報》，《文物》1983年第10期，第58頁。標點為筆者添加。

③ 張勳燎：《東漢墓葬出土的解注器材料和天師道的起源》，載陳鼓應主編《道家文化研究》第九輯，上海：上海古籍出版社1996年版，第254—255頁。

④ 《赤松子章曆》卷六，《道藏》第11冊，第228頁。

⑤ （隋）巢元方：《諸病源候論校注》卷二四，丁光迪主編，北京：人民衛生出版社1991年版，第699頁。

⑥ 王利器撰：《顏氏家訓集解》（增補本），第98頁。

⑦ （清）郭慶藩撰：《莊子集釋》卷二中，王孝魚點校，第177頁。

郭象注釋說："巫祝解除，棄此三者，必妙選騂具，然後敢用。"① "解除"作為具有特定含義的概念用語，並不鮮見於秦漢出土文獻及傳世典籍中。譬如，睡虎地秦簡《日書甲種》"稷辰"篇（第36號簡正面）云："危陽，……死者，又（有）毀。利解事。"② 有學者認為這裏的"解事"就是指巫祝解除之事。③ 又如《史記·封禪書》載："古者天子常以春解祠，祠黃帝用一梟破鏡"④，《索隱》案曰："謂祠祭以解殃咎，求福祥也。"⑤《淮南子·修務訓》載有"是故禹之為水，以身解於陽盱之河"⑥一句，漢代高誘注曰："解讀解除之解。"⑦ 西漢焦延壽撰《易林·小畜之井》也言："憂患解除，喜至慶來。"⑧《論衡》更專辟一章（卷二五《解除篇》）對此予以討論。"解除"一辭，在該書中共計出現十五次，⑨ 除卷二四《辨祟篇》中有一次外，⑩ 其餘均見於《解除篇》。這些語詞的用法及含義是統一的，都是指除災解罪之義。關於解除法之緣起，王充認為是從古代逐疫之習俗、禮法演化而來。《論衡·解除篇》謂："解逐之法，緣古逐疫之禮也。"⑪ 有關"解除"及其用法，《太平經》仍存世俗影響之痕跡。這一術語，在全書（含《鈔》）中共計出現十一次，列舉如下：

（1）、（2）卷三九《真券訣》："試而即應，事有成功，其有結疾病者解除，悉是也。……其有結疾者不解除，悉非，非一人也。"⑫

（3）《鈔》丁部："因以為解除天地大咎怨，使帝王不復愁苦，人民

---

① （清）郭慶藩撰：《莊子集釋》卷二中，王孝魚點校，第179頁注釋。

② 睡虎地秦墓竹簡整理小組：《睡虎地秦墓竹簡》，圖版第91頁，釋文第185頁。

③ 劉樂賢：《睡虎地秦簡日書研究》，第57頁；王子今：《睡虎地秦簡〈日書〉甲種疏證》，第103頁。

④ （西漢）司馬遷撰：《史記》卷二八，第1386頁。

⑤ （西漢）司馬遷撰：《史記》卷二八，第1386頁注釋。

⑥ 何寧撰：《淮南子集釋》卷十九，第1317頁。

⑦ 何寧撰：《淮南子集釋》卷十九，第1317頁。

⑧ （西漢）焦延壽撰：《焦氏易林》卷一，叢書集成初編本，北京：中華書局1985年版，第42頁。

⑨ 其中將《解除篇》這一篇名標題亦計算在內。

⑩ 《論衡·辨祟篇》云："人不觸禍不被罪，不被罪不入獄。一旦令至，解械徑出，未必有解除其凶者也。"［黃暉撰：《論衡校注》（附劉盼遂集解）卷二四，第1012頁］

⑪ 黃暉撰：《論衡校注》（附劉盼遂集解）卷二五，第1043頁。

⑫ 王明編：《太平經合校》，第71頁。

相愛，萬物各得其所，自有天法常格在不匿。”①

（4）卷九七《妒道不傳處士助化訣》：“人俱習為邪久……相隨雲亂，不能相救，試誠冤吾辭於天，正為解除此制作道也。”②

（5）卷一一○《大功益年書出歲月戒》：“此人先時有承負，勑神為解除、收藏，未藏者為藏之。”③

（6）卷一一四《某訣》：“醫工見是，心敬其人。盡意為求真藥新好，分部谷令可知，迎醫解除。”④

（7）卷一一四《有功天君敕進訣》：“故自剋念過負，恐不解除，復為眾神所疏記，而有簿文聞太上也，以是故敢有安時也。”⑤

（8）卷一一四《病歸天有費訣》：“誠民之愚，何益於天。使神勞心煩苦，醫巫解除。”⑥

（9）卷一一六《某訣》：“帝當晏早而動搖其樂器，而始唱其聲，以解除愁苦之氣。”⑦

（10）卷一一九《三者為一家陽火數五訣》：“天運生聖人使其語，無而盡解除其病者。”⑧

（11）《鈔》辛部：“天教吾具出此文，以解除天地陰陽帝王人民萬物之病也。”⑨

試分析上述句段，可將“解除”所指之內容分為幾種類型：其一，解除疾病（含泛化意義之疾病），引文（1）、（2）、（6）、（8）、（10）、（11）條屬於此類。其二，解除一切災厄（或愁苦），（3）、（4）、（9）即屬此類。其三，解除生人之承負或過錯，（5）、（7）條屬於此類。此外，還有一種指解除“重復”之厄，為新亡者削除生前所犯之罪過、斷絕死亡牽連。上述引文中暫無此類語例，我們將隨後援引它例予以介紹。值得注意的是，第一類用法（即將疾病視為解除對象）約占總數55％。由此

① 王明編：《太平經合校》，第216頁。
② 王明編：《太平經合校》，第434頁。
③ 王明編：《太平經合校》，第534頁。
④ 王明編：《太平經合校》，第591頁。
⑤ 王明編：《太平經合校》，第610頁。
⑥ 王明編：《太平經合校》，第620頁。
⑦ 王明編：《太平經合校》，第635頁。
⑧ 王明編：《太平經合校》，第675頁。
⑨ 王明編：《太平經合校》，第694頁。

可見，《太平經》中"解除"一辭大抵保留了此概念的初始本義，即《論衡》所言的那種含義——解除疾疫。當然，除此以外，"解除"對象並不局限於疾病和瘟疫，而由人之身體衍射到身外之天地鬼神，使其成為生人聊以自保的重要手段。即是說，"解除"之功能被延擴和泛化，乃至將人世及陰間中諸多災厄一並視為禳除之對象。

關於先亡之家族長輩注連生人、致人重病乃至死亡的"重復"之厄（即前述"解除"之第四種含義），《太平經》卷一一四《不承天書言病當解謫誡》有過描述：

> 太陰之吏取召家先，去人考掠治之。令歸家言，呪詛逋負，被過行作，無有休止，故遣病人。病人之家，當為解陰解謫，使得不作；謫解得除之，不解其謫，病者不止，復責作之。既不解已，以為不然。①

這段引文大略是說：凡俗之人若一味地胡作非為，那麼掌管冥界命籍的太陰法曹就會吩咐屬吏將其家族先亡親人押赴來加以嚴刑拷打，並責令其鬼魂重返陽間家中作祟，使本族中的活人招致疾病，飽嘗病痛折磨。這個時候，生人若能及時悔悟、改過自新，並適時施予"解除"之法，方能消弭其所犯下的過錯和罪懲。唯如此，才能挽救家中生人的性命，也使死亡先人的魂魄獲得安寧。否則，一味地執迷不悟、不施行"解除"術，邪病就會持續惡化、連綿不止。這一觀念，在東漢鎮墓文中得到強烈體現。此外，據相關資料顯示，魏晉時人在舉行喪葬儀式時多會施行"解除"術，其目的是消弭死者所犯下的罪過。這一做法，似成當時民間葬俗之通例。如建興廿九年（341年）前涼佚名斗瓶鎮墓文（M218：4）："……青鳥子，万安者汝鉛人、五囗，解除百眾。"②

（四）解"五方（五行）之厄"

香港所藏"松人"木牘背面文字記有："謹解東方甲乙之復鬼，令復

---

① 王明編：《太平經合校》，第624頁。
② 甘肅省文物考古研究所（戴春陽、張瓏）：《敦煌祁家灣——西晉十六國墓葬發掘報告》，第109—110頁。

五木；謹解西方庚辛之復鬼，令復五金；謹解南方丙丁之復鬼，令復五火；謹解北方壬癸之復鬼，令復五水；謹解中央戊己之復鬼，令復五土。"

饒宗頤認為此與漢代以來"六甲五龍相拘絞"說有關。① 此說似有牽強之嫌。筆者以為，上述文字旨在解除"五方之厄"。所謂"五方之厄"，就是將五個方位與五行及十天干相配，每個方位均有固定的禁忌時日及五行屬性——如東方甲乙木，西方庚辛金，南方丙丁火，北方壬癸水，中央戊己土。"五方之厄"的形成似與前述"土忌"說有關。只是後來"五方之厄"逐漸地分化、獨立出來，最後成為專指開挖墳地、修建墓室、遷移亡者入墓地等葬事活動所需避諱的時日禁忌，而"土忌"則多指日常生活中起屋、築室等土木事宜。這一點，從早期鎮墓文字中尚可見一些蛛絲馬跡。如日人中村不折氏舊藏的西安殷氏東漢靈帝光和二年（179 年）鎮墓陶瓶，朱書文字記云："光和二年二月乙亥朔十一日乙酉直破。厭天帝神師黃越章，謹為殷氏甲□家通東南□□……東方起土，大白□之；南方起土，辰星威之；西方起土，營惑□之；北方起土，填星□□之。"②引文多次出現"起土"等字樣，且以星辰施予厭鎮，明顯是與"土忌"有關。此外，東漢桓帝永壽二年（156 年）劉孟陵鎮墓文中也出現"縣官敢告"五方吏事之語，如云："縣官敢告東方吏事，生於甲乙，謀議欲來，暴病足膝，晝且啼哭，夜不得臥，便休不來會，事□□□。敢告南方吏事，生於丙丁，謀議欲來，反還 典 刑 。敢告西方吏事，生於庚申，謀議欲來，暴病腹□□。敢告北方吏事，生於壬癸，謀議欲來，暴病欲□無□思□□□□，不得履□□。中央吏事，生於戊己，某義谷（謀議欲）□，暴病不起……"③

據出土資料顯示，漢晉人舉行安葬儀式時刻意避諱的諸多禁忌項目中就有"五方之厄"。對此，《赤松子章曆·解五墓章》有過記載："五墓五

①　饒宗頤：《記建興廿八年"松人"解除簡——漢"五龍相拘絞"說》，中國社會科學院簡帛研究中心編輯：《簡帛研究》第二輯，第 393 頁。

②　［日］下中彌三郎編：《書道全集》第三卷，圖版第 11 頁、解說第 15 頁。標點為筆者添加。

③　［日］下中彌三郎編：《書道全集》第三卷，圖版第 6—9 頁、解說第 13—14 頁。標點為筆者添加。另外，對於此陶瓶之釋文，饒宗頤也曾有過論述。詳見饒宗頤《漢天壽二年甕文跋附永壽二年三月甕文》，載氏著《固庵文錄》，臺北：新文豐出版公司 1989 年版，第 147—148 頁。

方之厄來臨者，以錫人五形代之，令弟子無有錯悮之厄。……謹為某上請天官，解除五墓，殃注災厄，錫人代形。"① 由於觸犯五方（五行）禁忌而招致的這些殃厄，只能由特定神祇——五方帝或五方君，來施予解除。故《赤松子章曆·青絲拔余章》云："……錫人五身，請為某上詣五方，代形易名。"② 此外，羅振玉著錄的東漢靈帝熹平二年（173 年）石刻鎮墓文云："熹平二年四月己卯朔十九日丁酉時，加午。東方青帝屬青龍，患禍欲來；南方赤帝屬朱鳥，患禍欲來；西方白帝屬白虎，患禍欲來；北方黑帝屬玄武，患□□□。中莛（以下無字，殆未刻)"③。羅氏附文介紹說："漢人墓中恒置鎮石，亦前人所未知，上記五方帝以鎮凶禍。"④ 羅氏所言乃基於實物材料提出來的。如羅氏書中還著錄一塊失紀年的安徽壽縣劉君墓中發現的壁狀圓石，上刻文字記云："曰天帝告除居巢劉君冢惡氣。告東方青帝，主除黃氣之凶；告南方赤帝，主除西方白氣之凶；告西方白帝，主除青之凶；告北方黑帝，除北方黑帝，主除赤氣之凶；告中英（央）黃帝，主除此方黑帝之凶。告六丁天門，□長名曰候社，下刻五氣之英，一主除刻去凶央，孫孫壽老，如律令。"⑤ 此外，《赤松子章曆·解天羅地網章》也談到五方君解除"五方之厄"的說法："上請東方寅卯辰甲乙青氣君解除東方青厄、青毒，南方巳午未丙丁赤氣君解除南方赤厄、赤毒，西方申酉戌庚辛白氣君解除西方白厄、白毒，北方亥子丑壬癸黑氣君解除北方黑厄、黑毒，中央戊己黃氣君解除中央黃厄、黃毒。五方之氣，十二時候皆不敢為害。"⑥ 有鑑於此，古人多會在墓室中五方各置一石、上刻文字以為鎮劾之用。羅振玉指出"西嶽神符"即屬此類，並且說道："然知五方必有五石，此（守誠按：即指西嶽神符）乃西方一石也。徃觀唐人墓中有女青文，亦五方各置一石，觀此知此風已權輿於漢季

---

① 《赤松子章曆》卷四，《道藏》第 11 冊，第 205 頁。

② 《赤松子章曆》卷三，《道藏》第 11 冊，第 198 頁。

③ 羅振玉：《貞松老人遺稿》甲集《石交錄》卷一，載氏著《羅雪堂先生全集》續編（第三冊），臺北：文華出版公司 1969 年版，第 887 頁。

④ 羅振玉：《貞松老人遺稿》甲集《石交錄》卷一，第 886—887 頁。

⑤ 此段文字據周進《居貞草堂漢晉石影》所錄。羅振玉釋文與此有所不同，二者相較以周氏為佳。詳見周進輯《居貞草堂漢晉石影》，1929 年石印本，第 25 頁；羅振玉：《貞松堂老人遺稿》甲集《石交錄》卷一，第 889 頁。

⑥ 《赤松子章曆》卷四，《道藏》第 11 冊，第 203 頁。

矣。"① 無獨有偶，1983 年廣州象崗山西漢南越王墓出土多達數公斤的五色石，其功用亦當是用來鎮墓劾鬼。②

此外，後世道書中屢有見載五方行瘟之鬼的說法，如南宋路時中撰《無上玄天三天玉堂大法·斬瘟斷疫品》談到五方瘟鬼傳播疫病、懲罰人類，這五鬼分別是："東方青瘟鬼劉元達，木之精，領萬鬼行惡風之病；南方赤瘟鬼張元伯，火之精，領萬鬼行熱毒之病；西方白瘟鬼趙公明，金之精，領萬鬼行注炁之病；北方黑瘟鬼鍾士季，水之精，領萬鬼行惡毒之病；中央黃瘟鬼史文業，土之精，領萬鬼行惡瘡癰腫。"③ 五瘟鬼的名稱，始見於漢代緯書《龍魚河圖》，如云："歲暮夕四更，取二二豆子，二十七麻子，家人頭髮，少合麻豆，著井中，咒敕井吏，其家竟年不遭傷寒，辟五溫鬼。"④ 隋唐以降，道教典籍中漸將五瘟鬼與五方搭配且署以姓氏。據約撰於隋唐時的《正一殟司辟毒神燈儀》中記載"五瘟使者"分別是：東方行瘟張使者、南方行瘟田使者、西方行瘟趙使者、北方行瘟史使者、中央行瘟鍾使者。⑤ 這裏言及的五方行瘟之鬼，是否與松人木牘中"五方之復鬼"存在關聯，亦未可知。

附帶說一下，《赤松子章曆·生死解殃洗蕩宅舍章》載有"神龍"（或五龍）為生產死亡之家"洗浣宅庭、解除殃穢"的說法，大意是說：五方帝及五龍等神祇率部眾若干，攜帶真精之水、為災家洗浣除穢。如云："謹為上請東方青帝解殃君、南方赤帝解殃君、西方白帝解殃君、北方黑帝解殃君、中央黃帝解殃君，官將百二十人下為洗浣肉人、解除殃穢。……上請仙花玉女一千二百人與東方青龍主水使者、南方赤龍主水使者、西方白龍主水使者、北方黑龍主水使者、中央黃龍主水使者，各賫真精之水，洗浣弟子某家住宅神靈內外清淨。"⑥ 顯然，這裏所言的"神龍"（或五龍）"解殃"，有其特定的實施對象和範圍，即專門針對新近發生過

---

① 羅振玉：《貞松老人遺稿》甲集《石交錄》卷一，第 888 頁。

② 廣州象崗漢墓發掘隊：《西漢南越王墓發掘初步報告》，《考古》1984 年第 3 期，第 228—230 頁；西漢南越王墓博物館編：《廣州西漢南越王墓》，廣州：廣東旅遊出版社 1987 年版；廣州市文物管理委員會等：《西漢南越王墓》上、下冊，北京：文物出版社 1991 年版。

③ （南宋）路時中：《無上玄天三天玉堂大法》卷十三，《道藏》第 4 冊，第 40 頁。

④ ［日］安居香山、中村璋八輯：《緯書集成》下冊，第 1156 頁。

⑤ 《正一殟司辟毒神燈儀》，《道藏》第 3 冊，第 548 頁。

⑥ 《赤松子章曆》卷五，《道藏》第 11 冊，第 214—215 頁。

生產事故（如新生兒夭折、產婦難產而死等）的生人宅居而言，並非喪葬儀式之內容。但筆者頗懷疑，此說似與前述"六甲五龍相拘絞"說有所關聯，容待後考。

五　有關偶人的幾個問題

本文所述香港所藏"松人"解除木牘的正面凸刻墨繪一位身穿袍襦的揖手偶人，並在籠袖下方的腹部位置以墨線勾勒出一小半圓圍腰，上記"松人"二字。① 偶人四周所題文字中也多次出現"松人""柏人"等字樣，據猜測除此"松人"木牘外，當還有一枚"柏人"木牘，現已無存。那麼，為何要在此木牘的顯要位置刻畫出一個人形偶人？又為何署名"松人""柏人"？下面針對上述問題略作探討和解答。

（一）偶人的種類、數量及其功用

據考古資料的證實，古人殮葬時通常在墓室中放置不同數量和質地的偶人。這一做法遂成漢晉葬俗之通例，如東漢王符撰《潛夫論·浮侈篇》所述："今京師貴戚，郡縣豪家……死乃……多埋珍寶偶人車馬，造起大冢，廣種松柏"②。這些偶人，其功用大抵是充作陪葬或替身之用。所謂"替身"，就是指頂替生人承受邪鬼所施的咎殃、注連，或為死者承擔冥界中的懲罰和勞役。考究偶人之質地，大略計有幾種：土人（俑）、石人、桃人、桐人、松人、柏人、竹俑、金（銅）人、銀人、錫人、鉛人、人參等。接下來，我們將逐條列舉幾例以供借鑒。

第一，土（俑）偶人。

有關土偶人的文字記載可追溯至戰國。如《戰國策·齊策三》載蘇

---

① 　這種木刻墨繪俑人形制與江蘇盱眙東陽漢墓出土的"木片俑"甚為相似，可惜後者未公佈圖版。據該墓發掘者撰文介紹說："（木片俑）係由木片琢出人形和衣著的大體輪廓，直立，兩手籠袖，長袍曳地，頭部墨繪口、眉。出土數量較多，大部分已經乾縮變形。"（南京博物館：《江蘇盱眙東陽漢墓》，《考古》1979 年第 5 期，第 417 頁）另據該文中所附出土器物統計表顯示，這類木片俑在東陽漢墓中共計十件，分別出土於 1 號墓（計有三件）和 01 號墓（計有七件）。（南京博物館：《江蘇盱眙東陽漢墓》，第 416 頁）

② 　（東漢）王符著，（清）汪繼培箋，彭鐸校正：《潛夫論箋校正》，北京：中華書局 1985年版，第 137 頁。

秦謂孟嘗君言："……有土偶人與桃梗相與語。桃梗謂土偶人曰：'子，西岸之土也，（挺）［揳］子以為人，至歲八月，降雨下，淄水至，則汝殘矣。'土偶曰：'不然，吾西岸之土也，（土）［吾殘］則復西岸耳。今子東國之桃梗也，刻削子以為人，降雨下，淄水至，流子而去，則子漂漂者將何如耳。'"① 此外，《論衡·解除篇》也有"土偶人"的記載，如云："世間繕治宅舍，鑿地掘土，功成作畢，解謝土神，名曰'解土'。為土偶人，以像鬼形，令巫祝延，以解土神。"② 這些土（俑）偶人無疑是作為祭祀或鎮墓所使用的，這也得到考古材料的有力證實。如 1973 年湖南長沙馬王堆二號漢墓出土兩件人形泥木質鎮墓俑人。③ 又如 1985 年河南淮陽平糧臺 M181 漢墓出土一件泥質鎮墓俑人。④ 魏晉以降，以武士形象為原型的泥質鎮墓俑人開始大量使用。

第二，石偶人。

石質偶人，是中國古代墓葬中常見的隨葬品。如 1999 年山東煙臺市東漢磚室墓出土三個東漢桓帝建和元年（147 年）鎮墓石人。⑤ 此外，石偶人在唐宋墓中更頻繁出現。另據《舊五代史·列傳十三·康懷英傳》載：開平元年，康懷英領軍伐潞州，梁太祖謂其曰："懷黃拖紫，裂土分茅，設令木石偶人，須感恩義……"⑥

第三，桃偶人。

除前述土、石偶人外，木質偶人在墓葬中也十分常見。⑦ 就質地而言，木質偶人可大略分為幾大類別：桃木偶人、松木偶人、柏木偶人等。

---

① 何建章注釋：《戰國策注釋》卷十，第 358 頁。

② 黃暉撰：《論衡校注》（附劉盼遂集解）卷二五，第 1044 頁。

③ 湖南省博物館、中國科學院考古研究所：《長沙馬王堆二、三號墓發掘簡報》，《文物》1974 年第 7 期，第 40 頁。

④ 圖版詳見鄭州市文物考古研究所《中國古代鎮墓神物》，北京：文物出版社 2004 年版，第 56 頁。

⑤ 張淩波：《牟平出土刻鎮墓文石人》，《中國文物報》2000 年 3 月 19 日，第 1 版。

⑥ （宋）薛居正等撰：《舊五代史》卷二三，北京：中華書局 1976 年版，第 316 頁。

⑦ 譬如，長沙馬王堆三號漢墓出土木質偶人計一百零四件：彩繪俑七十三件、著衣俑二十五件、雕衣俑四件，桃枝小俑二件。（詳見湖南省博物館、中國科學院考古研究所《長沙馬王堆二、三號墓發掘簡報》，《文物》1974 年第 7 期，第 40 頁）另據陳槃統計：《居延漢簡》中木質偶人計有二十一件，沙畹《敦煌漢簡》計有二件。（詳見氏著《漢晉遺簡識小七種》，第 57 頁）可見，木質偶人在漢晉墓葬之使用頻繁。

前引《戰國策·齊策三》"今子東國之桃梗也，刻削子以為人"① 之句中所言"桃梗"即指桃偶人。"桃梗"一辭，亦見載於睡虎地秦簡《日書甲種》"詰"篇，其謂："人毋（無）故而憂也，為桃更（梗）而敚（撥）之，以癸日日入投之道，遽曰：'某。'免於憂矣。"② 整理者注釋說："桃梗，桃木刻的人象，用以避鬼。"③

長沙馬王堆一號漢墓出土辟邪木俑三十六件，其中三十三件為桃木墨繪，均放置於帛畫右下方的內棺蓋板上及其隙縫中。④ 有學者指出："（這些桃人）正是用桃梗削成的。……將這些桃人放到內棺蓋上，意在驅鬼避邪，保佑墓主安居泉下，不為惡鬼所害。"⑤ 其實，這些桃人被時人視為代人之物而陪葬亦未可知。此外，1984 年新疆阿斯塔那古墓群中一座未發掘的小型墓葬封土頂部發現一枚小木牌，其材質似為桃木，木牌正面繪有人臉形並殘存短鬚，木牌正反兩面均載有墨書文字，云："桃人一枚，可守張龍勒墓舍一所。東千（阡），〔南〕陌，北陌。自與先人相使後世並冒（茂）。不得　徊俊如律令。"⑥ 其實，早在 1975 年，哈喇和卓古墓群也發現過這類小木牌，數量多達十八枚，部分木牌"上端削成頭形，下部尖狀。頭部用黑墨勾畫出臉形，粗眉大眼，八字鬍短鬚，身部墨書'代人'二字"⑦。顯然，這些桃木偶人係用以"代人"解厄和劾鬼鎮墓，由此反映出麴氏高昌境內葬俗亦受中原漢族之影響。

第四，桐、松偶人。

---

① 何建章注釋：《戰國策注釋》卷十，第 358 頁。

② 睡虎地秦墓竹簡整理小組：《睡虎地秦墓竹簡》，第 214 頁。

③ 睡虎地秦墓竹簡整理小組：《睡虎地秦墓竹簡》，第 218 頁注釋。另據《荊楚歲時記》載："桃者，五行之精，厭伏邪氣，制百鬼也。"又云："帖畫雞戶上，懸葦索於其上，插桃符其傍，百鬼畏之。"（南朝梁·宗懍：《荊楚歲時記》，《四庫備要》294 史部，臺北：臺灣中華書局 1981 年影印本，第 2 頁）

④ 湖南省博物館、中國科學院考古研究所：《長沙馬王堆一號漢墓》，北京：文物出版社 1973 年版，第 100—101 頁。

⑤ 張明華：《長沙馬王堆漢墓桃人考》，《文史》第七輯，北京：中華書局 1979 年版，第 96 頁。

⑥ 柳洪亮：《吐魯番阿斯塔那古墓群新發現的"桃人木牌"》，《考古與文物》1986 年第 1 期，第 39 頁；柳洪亮：《阿斯塔那未編號墓木楔文書》，載氏著《新出吐魯番文書及其研究》，烏魯木齊：新疆人民出版社 1997 年版，第 24 頁。

⑦ 新疆博物館考古隊：《吐魯番哈喇和卓古墓群發掘簡報》，《文物》1978 年第 6 期，第 2 頁。

漢代巫師施術咒人通常以桐木來製作偶像道具，故《說文解字·人部》訓曰："偶，桐人也。"① 武帝晚年爆發巫蠱事件，主謀江充就是藉口在太子宮中掘得桐木人來陷害太子劉據。《漢書·武五子傳·戾太子劉據》記載："（江）充遂至太子宮掘蠱，得桐木人。"② 明末方以智《物理小識·神鬼方術類》"解巫詛法"條解釋說："漢巫蠱言桐木人，蓋以剛桐刻其人而以藥、血詛咒魘之也。詛必夜中，乘人遊房，神迷失守，然後能制人之魄。"③ 那麼，古人為何選用桐木作為施蠱偶人呢？胡新生認為："以桐為偶除因桐木木質較軟便於雕刻以外，還包含著更深層的巫術意識。自春秋以來，桐棺被視為最粗劣最下等的棺材，以三寸桐棺下葬被當作懲罰死者的一種方式。最早使用桐木偶的咒人肯定受到過這種觀念和習俗的影響。在他們看來，桐木偶既是仇敵的化身，又是仇敵的葬身器具。"④

至於隨葬之桐偶人，西漢桓寬撰《鹽鐵論·散不足》有載："古者，明器有形無實，示民不可用也。及其後，則有醢醢之藏，桐馬偶人彌祭，其物不備。今厚資多藏，器用如生人。郡國繇吏，素桑樏偶車櫓輪，匹夫無貌領，桐人衣紈綈。"⑤ 據此可知，西漢時人業已流行以桐人作為陪葬之明器。另據晉人荀氏撰《靈鬼志》載："人姓鄒坐齊中，忽有一人通刺詣之，題刺云舒甄仲。既去，疑其非人，尋其刺，曰：'吾知之矣，是予舍西土瓦中人。'便往令人將鍤掘之，果於瓦器中得桐人，長尺餘。"⑥ 這裏所言桐人恐非鎮墓之用。有關墓葬中桐人之起源，宋代高承編纂《事物紀原·吉凶典藏部》"桐人"條介紹說："今喪葬家於壙中置桐人，有仰視俯聽，乃蒿里老人之類。段成式《酉陽雜俎》云：桐人起於虞鄉也。"⑦

此外，松人亦是常見鎮墓偶人，本文所述"松人"解除木牘即屬

---

① （漢）許慎撰，（清）段玉裁注：《說文解字注》八篇上，第 383 頁。

② （東漢）班固撰：《漢書》卷六三，（唐）顏師古注，第 2742 頁。此外，《漢書·江充傳》亦載："（江）充既知上意，因言宮中有蠱氣，先治後宮希幸夫人，以次及皇后，遂掘蠱於太子宮，得桐木人。"（東漢·班固撰：《漢書》卷四五，唐·顏師古注，第 2179 頁）

③ （明）方以智：《物理小識》卷十二，載（清）永瑢、紀昀等纂修《景印文淵閣四庫全書》第 867 冊，子部一七三（雜家類），臺北：臺灣商務印書館 1986 年版，第 973 頁。

④ 胡新生：《中國古代巫術》，第 354 頁。

⑤ 王利器校注：《鹽鐵論校注》（定本）卷六，北京：中華書局 1992 年版，第 353 頁。

⑥ 魯迅校錄：《古小說鉤沉》，第 126 頁。

⑦ （宋）高承撰，（明）李果訂：《事物紀原》卷九，金圓、許沛藻點校，第 480 頁。

此類。

第五，柏偶人。

據《三國志·吳書·妃嬪傳》注引《江表傳》載：吳末帝孫皓寵倖張氏，"會夫人死，皓哀愍思念，葬于苑中，大作冢，使工匠刻柏作木人，内冢中以為兵衛"①。這裏所言將柏木偶人放置於墓塚中以為兵衛，其實即鎮墓之用。松柏偶人，在唐宋墓葬中所見甚多。如前文所述江西南昌市唐墓出土的昭宗大順元年（890年）木牘上所刻"柏人"造型，② 江西彭澤縣宋墓出土的柏木偶人。③ 此外，江西出土的北宋至道元年（995年）"彭司空買地券"石板刻文也多處談到隨葬"栢人"在冥界中扮演了護佑生人、斬斷注連的角色。④

第六，竹俑人。

與木俑相比，竹俑人在現今考古實物中存量甚少。前述江西南昌市唐墓出土的四件竹俑就係用實心竹兜雕刻而成。⑤

第七，金（銅）偶人。

金屬質地的偶人在陪葬偶人中也佔據較大比例。就質地而言，這類偶人可分為幾種：金人（或指銅人）、銀人、錫人、鉛人等。金人之記載，屢見於古籍。如《漢書·金日磾傳》談道："武帝元狩中，票騎將軍霍去病將兵擊匈奴右地，多斬首，虜獲休屠王祭天金人。"⑥ 這裏的"祭天金人"顯然被當作偶像施以供奉和祭拜，⑦ 其外形想必十分高大、威猛，故揚雄（前53—公元18年）《甘泉賦》說"金人仡仡其承鍾虡兮，嶔巖巖

---

① （晉）陳壽撰：《三國志》卷五十，（南朝宋）裴松之注，陳乃乾點校，第1202頁注釋。

② 江西省博物館：《江西南昌唐墓》，《考古》1977年第6期，第402頁。該木俑背面墨書文字，反覆強調若"地中有神，呼主人"之在世親屬、家奴、畜產等，需"並仰栢人當知"字樣，文末並有"神木盟當壙等並隨栢人覓食"句。（同前引）

③ 彭適凡、唐昌樸：《江西發現幾座北宋紀年墓》，《文物》1980年第5期，第29頁。該木俑頂部刻作人面形、以墨線勾勒出五官，並有墨書文字云："恐呼生人，明敕柏人一枚，宜絕地中呼訟"。（同前引，標點為筆者添加）

④ 北京圖書館金石組編：《北京圖書館藏中國歷代石刻拓本匯編》（兩宋　一）第三十七冊，誌3712，第204頁。

⑤ 江西省博物館：《江西南昌唐墓》，《考古》1977年第6期，第402頁。

⑥ （東漢）班固撰：《漢書》卷六八，（唐）顏師古注，第2959頁。

⑦ 姜伯勤認為："漢代胡人祆祭即以金人祭天"，並以此揭示其與祆教之關係。（詳見氏著《中國祆教藝術史研究》，北京：生活·讀書·新知三聯書店2004年版，第11—13頁）

其龍鱗。揚光曜之燎燭兮，乘景炎之炘炘。配帝居之縣圃兮，象泰壹之威神。"① 李零已指出：古文獻中所載"金人"凡有七例，分別是：（1）《孔子家語·觀周》所載周后稷廟中金人；（2）秦昭王金人；（3）秦始皇金人；（4）漢武帝金人；（5）漢靈帝金人；（6）魏明帝金人；（7）赫連勃勃金人，這些金人均屬對銅質鑄像的通稱。②

　　道門典籍中所載"金人"與前述"金人"明顯不同。《赤松子章曆》卷一《驛馬章》③《疾病破棺章》④《久病大厄金紫代形章》⑤ 均有"金人一身（形）"之語；卷四《驛馬章》亦云："以金人一軀，上詣北斗，拔命除死厄。"⑥《抱朴子內篇·金丹》云："受之（《黃帝九鼎神丹經》）者以金人金魚投於東流水中以為約，歃血為盟"；⑦ 隨後又引《金液經》云："投金人八兩於東流水中，飲血為誓，乃告口訣，不如本法，盜其方而作之，終不成也。"⑧ 這些"金人"是在舉行授度法事或殯埋葬禮時使用的，擔負著代替人形之功用。⑨ 這裏所說的"代形金人"，就體積而言，想必不會很大；就質地而言，似不能排除採用金箔所制之可能。另，《抱朴子內篇》（佚文）又載有陪葬銅人之案例，其謂："吳景帝時，戍將於江陵掘冢，取板治城。後發一大冢，內有重閤石扉，皆樞轉開閉，四周徼道通事，且廣高可乘馬。又鑄銅為人數十枚，長五尺，皆大冠衣，執劍列侍靈坐，皆刻銅人背後石壁，言殿中將，或言侍郎，似王公冢也。"⑩ 這裏所言銅人顯然屬於陪葬

----

① （西漢）揚雄著：《揚雄集校注·賦》，張震澤校注，上海：上海古籍出版社 1993 年版，第 53 頁。

② 李零：《秦漢禮儀中的宗教》，載氏著《中國方術續考》，第 164—169 頁。此外，有關秦代十二金人之事，詳見王子今《秦始皇造鑄金人十二之謎》，《陝西歷史博物館館刊》第五輯（1998 年），第 83—95 頁。

③ 《赤松子章曆》卷一，《道藏》第 11 冊，第 174 頁。

④ 《赤松子章曆》卷一，《道藏》第 11 冊，第 174 頁。

⑤ 《赤松子章曆》卷一，《道藏》第 11 冊，第 178 頁。

⑥ 《赤松子章曆》卷四，《道藏》第 11 冊，第 204 頁。陳國符以《赤松子章曆》為例，精闢地指出："金人代形，其義蓋與俑相似。"（陳國符：《道藏源流考》，第 284 頁）

⑦ 王明：《抱朴子內篇校釋》（增訂本）卷四，第 74 頁。

⑧ 王明：《抱朴子內篇校釋》（增訂本）卷四，第 83 頁。

⑨ 《稽神錄·豫章人》云："天復中，豫章有人治舍，掘地得一木匱；發之，得金人十二軀，各長數寸，皆古衣冠，首戴十二辰屬，鐫刻精妙，殆非人功。其家寶祠之，因以致□福。"（宋·徐鉉撰：《稽神錄》卷五，白化文點校，北京：中華書局 1996 年版，第 86 頁）這裏所言十二時辰金人當係祭祀之用，從外形描述來看似為黃金質地。

⑩ 王明：《抱朴子內篇校釋》（增訂本）附錄一，第 363 頁。標點略作修正。

禮儀之器具，與前述道經中的 "代厄" 金人不同。

第八，銀偶人。

就目前的出土資料來看，考古實物中稀見銀質偶人。不過，道書中卻有明確記載。如《赤松子章曆·病死不絕銀人代形章》載："銀箔人隨家口多少一人一形，銀無用錫人。"① 這是說，根據家中生人的數目將銀箔製成人形若干枚，以供陪葬和解除之用。鑑於銀偶人的造價昂貴，貧家可用錫人來代替。

第九，錫偶人。

由於造價相對低廉，錫人的使用要比銀人更為廣泛。《赤松子章曆》卷一《青絲拔命章》② 和《謝五墓章》③、卷三《青絲拔余章》④ 多次提到 "錫人五身（形）" 之語。此外，卷四《解五墓章》又載："今齎法信，錫人五軀……求乞章奏，斷絕亡人殃禍，令以錫人代形，分解災厄，延年保命……五墓五方之厄來臨者，以錫人五形代之，令弟子無有錯悮之厄。"⑤ 南齊顏之推曾告誡後世子孫要從簡治喪、取締不必要的禮制及隨葬用品，如《顏氏家訓·終制》云："至如蠟弩牙、玉豚、錫人之屬，並須停省，糧罌明器，故不得營。"⑥ 由此可見，"錫人" 隨葬亦為魏晉六朝時人所沿襲。

第十，鉛偶人。

據現今的考古發現，漢晉墓葬中鎮墓之鉛質偶人所見為最多。究其原因，似與鉛的特質及功用有關。中國古人尤其道士對鉛一直懷有濃厚的興趣，認為其具有靈性而推崇以較高地位，並將其作為煉製不死藥的基本材料。⑦ 如《雲笈七籤》卷六六《金丹》引《丹論訣旨心照五篇·明辨

---

① 《赤松子章曆》卷一，《道藏》第 11 冊，第 176 頁。

② 《赤松子章曆》卷一，《道藏》第 11 冊，第 174 頁。

③ 《赤松子章曆》卷一，《道藏》第 11 冊，第 174 頁。

④ 《赤松子章曆》卷三，《道藏》第 11 冊，第 198 頁。

⑤ 《赤松子章曆》卷四，《道藏》第 11 冊，第 205 頁。

⑥ 王利器撰：《顏氏家訓集解》（增補本）卷七，第 601—602 頁。

⑦ 鉛，又作 "鈆"，漢代桓譚撰《新論·辨惑篇》云："淮南王之子娉迎道人作金銀，云：'鈆字金與公，鈆則金之公，而銀者，金之昆弟也。'"（漢·桓譚撰，朱謙之校輯：《新輯本桓譚新論》卷十三，北京：中華書局 2009 年版，第 57 頁）《本草綱目·金石部·金石之一》"鉛" 條："鉛易沿流，故謂之鉛。……而神仙家拆其字為金公，隱其名為水中金。"（明·李時珍：《本草綱目》卷八，第 469—470 頁）

章》云："鉛者，五金之精髓，七寶之良媒。"① 可以說，隨手翻檢《道藏》即可知，有關鉛之屬性及其煉製方法的探討在歷代道書中多有見載。此外，王育成也指出："（鉛）是道士轄制太陰的重要物質手段，亦是其制度冥界的法物之一。"② 加之，鉛不易遭到腐蝕、利於長久保存，且與金銀等稀有金屬相比、價格不算昂貴，能為廣大民眾所接受。鑑於上述原因，古人通常選擇以鉛質製成偶人以為鎮墓陪葬，也就不難理解了。③ 據筆者的不完全統計，漢晉時期鎮墓文中提及鉛人者至少在二十六例以上。④ 茲舉三例略作見證：

其一，1972 年河南靈寶縣張灣漢墓出土的楊氏鎮墓文（M5：14）云："天帝使者謹為楊氏之家鎮安隱冢墓，謹以鉛人金玉為死者解適、生人除罪過（過）。"⑤

其二，西晉永嘉三年（309 年）蘇治斗瓶鎮墓文一（82DXM4）云："永嘉三年正月乙丑朔十五日乙丑直定，故吏蘇治身死。今下斗瓶、五穀、鉛人，用當復地上生人。"⑥

其三，東晉建元六年（348 年）魏得昌斗瓶鎮墓文（M317：5）："建元六年九月廿日已午，魏得昌身死。今下斗瓶、五穀、鉛人，用當重復地上生人。"⑦

蒲慕州精闢分析了鉛人與隨葬俑在墓葬中的不同功用，他認為："如果將鉛人與一般墓葬中所出土的隨葬俑相比較，可以發現，鉛人的作用與隨葬俑正好相反：僕役俑，或者其他各類俑人，基本上是預備到死後世界去服侍死者的，為古代殉人之風的遺孑；但是隨葬鉛人卻是代替死者去地

① （宋）張君房編：《雲笈七籤》卷六六，李永晟點校，第 1454 頁。
② 王育成：《考古所見道教簡牘考述》，《考古學報》2003 年第 4 期，第 496 頁。
③ 1998 年，陝西咸陽杜家堡東漢墓出土鉛人一枚。據發掘者描述，此枚鉛人形狀為："將鉛片削成人形，以紅彩繪出雙眼、口、鼻，並在胸腹處用紅彩繪出圖案（符）。"（咸陽市文物考古研究所：《陝西咸陽杜家堡東漢墓清理簡報》，《文物》2005 年第 4 期，第 49 頁）
④ 此資料是以兩部資料性著作——劉昭瑞：《漢魏石刻文字繫年·附錄：漢魏鎮墓文》和王素、李方：《魏晉南北朝敦煌文獻編年》（截至公元 420 年之前），為統計底本。
⑤ 河南省博物館：《靈寶張灣漢墓》，《文物》1975 年第 11 期，第 80 頁。標點為筆者添加。
⑥ 敦煌縣博物館考古隊、北京大學考古實習隊：《記敦煌發現的西晉、十六國墓葬》，北京大學中國中古史研究中心編：《敦煌吐魯番文獻研究論集》第 4 輯，第 630 頁。
⑦ 甘肅省文物考古研究所（戴春陽、張瓏）：《敦煌祁家灣——西晉十六國墓葬發掘報告》，第 114 頁。標點為筆者添加。

下從事勞役或者服侍他人，無怪乎使用鉛人的墓葬大多非富有人家之墓。"①

第十一，人參。

通常情況下，偶人是指經過人為加工（大多雕刻或塑造成類似人形）、相對簡單的手工製成品。不過在個別情況下，原生態植物也可擔當起偶人職能，譬如人參。人參中，尤以產自上黨者為佳。② 東漢靈帝熹平二年（173 年）張叔敬朱書陶缶鎮墓文（詳見下文）中便載有以上黨人參持代生人等語。上黨郡始置於秦時，其名由來乃指其地勢之高、"上與天為黨也"③。張叔敬鎮墓文中特意言明 "上黨人參九枚，欲持代生人"，這裏言及 "上黨人參" 有可能是指人參產地確係出自上黨，此外也不排除借用上黨這一極高之地，來寓意持代生人的這九枚人參乃富含天地靈氣之用意。又如，日人中村不折氏舊藏的東漢靈帝熙平四年（175 年）胥文臺鎮墓文中也載有人參代謫的語句，云："大（泰）山將閱，人參應□；地下有適（謫），蜜人代行。"④ 這段文字雖有殘缺，但人參被用作持代之物卻十分明顯。此外，1974 年河南洛陽市出土的元嘉二年（156 年）許蘇氏鎮墓文中則提到以 "五石"（即五種礦物質）和人參合會神藥，用以鎮墓解謫，云："元嘉二年十二月丁未朔十四日 甲 申，黃帝與河南緱氏□□中華里許蘇阿□□刑憲女合會神藥，乂鎮 冢宅，□□七神定冢陰陽，死人無□□，生人無過。蘇瘟之後，生人阿銅憲女適過，為敇五石人參解□□□安弎瓶，神明利冢。"⑤

那麼，塚墓中所置偶人之數目有無規律可尋？這也是個值得探討的問

---

① 蒲慕州：《追尋一己之福：中國古代的信仰世界》，第 189 頁。

② 南朝宋劉敬叔撰《異苑》載："人參一名土精，生上黨者佳。人形皆具，能作兒啼。昔有人掘之，始下鑺，便聞土中呻吟聲。尋音而取，果得人參。"（南朝宋·劉敬叔：《異苑》卷二，北京：中華書局 1996 年版，第 11 頁）

③ 秦時設上黨郡，漢晉沿襲之。《釋名·釋州國》訓曰："上黨，黨，所也，在山上，其所最高，故曰上也。"（任繼昉纂：《釋名匯校》卷二，第 86 頁）《文獻通考·輿地考二》"潞州" 條："秦置上黨郡。上黨者，言其地極高，與天為黨。漢、魏、晉、後魏不改。"（元·馬端臨撰：《文獻通考》卷三一六，北京：中華書局 1986 年版，第 2481 頁）

④ ［日］池田溫：《中國歷代墓券略考》，《東洋文化研究所紀要》第 86 冊—— "東京大學東洋文化研究所創立四十周年紀念論集 I"（1981 年 11 月），第 193—278 頁。

⑤ 洛陽市文物工作隊：《洛陽李屯東漢元嘉二年墓發掘簡報》，《考古與文物》1997 年第 2 期，第 3—5 頁。

題。據傳世文獻及出土材料的記載，我們暫歸納為五種情況：

第一，以一偶人代表死者與生人。

近幾十年來出土的漢晉時期墓葬文物證實，以一偶人來鎮墓陪葬十分常見。又據解除文可知，這個偶人通常被視為生人和死者的雙重替身。此外，《赤松子章曆》卷一《驛馬章》①《疾病破棺章》②《久病大厄金紫代形章》③ 等篇也均載有以 "金人一身（形）" 代形解厄、斷絕注連等語。

第二，以二偶人代表生人與死者。

1957 年出土的東漢桓帝建和元年（147 年）長安加氏墓，④ 1972 年河南靈寶縣張灣東漢楊氏墓⑤以及其他漢晉墓葬中都曾發現將兩個偶人放置於同一陶罐內的做法。此外，還有一些鎮墓文明確談到陪葬物中有 "鉛人一雙"，如西晉咸寧二年（276 年）呂阿徵斗瓶鎮墓文（M320：18）云："今謹送汝鉛人一雙、五穀，以續百女歲會復。"⑥ 又如前涼建興九年（321 年）至十八年間的佚名斗瓶鎮墓文（M206：3）："今送鉛人一雙、斗瓶、五穀，用贖生人魂魄。須鉛人膚□五穀，死生乃當死，生死各異路，不得更相注□作除，重復便利生人。"⑦

第三，以五偶人象徵五行，以代表生人與死者。

《赤松子章曆》卷三《青絲拔余章》云："……錫人五身，請為某上詣五方，代形易名。"⑧ 卷四《解五墓章》云："五墓五方之厄來臨者，以錫人五形代之，令弟子無有錯悮之厄。"⑨

第四，按照全家人口的數目提供偶人，以此作為生人之替身。

《赤松子章曆·病死不絕銀人代形章》載："銀箔人隨家口多少一人

①　《赤松子章曆》卷一，《道藏》第 11 冊，第 174 頁。

②　《赤松子章曆》卷一，《道藏》第 11 冊，第 174 頁。

③　《赤松子章曆》卷一，《道藏》第 11 冊，第 178 頁。

④　陝西省文物管理委員會：《長安縣三里村東漢墓葬發掘簡報》，《文物參考資料》1958 年第 7 期，第 62 頁。

⑤　河南省博物館：《靈寶張灣漢墓》，《文物》1975 年第 11 期，第 82 頁。

⑥　甘肅省文物考古研究所（戴春陽、張瓏）：《敦煌祁家灣——西晉十六國墓葬發掘報告》，第 100 頁。標點為筆者添加。

⑦　甘肅省文物考古研究所（戴春陽、張瓏）：《敦煌祁家灣——西晉十六國墓葬發掘報告》，第 108—109 頁。標點為筆者添加。

⑧　《赤松子章曆》卷三，《道藏》第 11 冊，第 198 頁。

⑨　《赤松子章曆》卷四，《道藏》第 11 冊，第 205 頁。

一形，銀無用錫人。"① 此外，聯繫到前文所述張叔敬朱書陶瓶鎮墓文所
云："上黨人參九枚，欲持代生人；鉛人，持代死人。"② 這裏明確地談到
"人參九枚"是用來"持代生人"，之所以要放置"九枚"想必也是因為
其代表著家中尚存的九位親屬。

　　第五，人參代表生人，鉛人代表死者。

　　據今發現的出土資料分析，扮演替身角色的偶人在承載災殃時通常會
兼顧生人與死者，只有極個別情況下才會特別加以區分和說明。東漢靈帝
熹平二年（173 年）張叔敬朱書陶缶鎮墓文即屬於這種情況，其云："上
黨人參九枚，欲持代生人；鉛人，持代死人；黃豆瓜子，死人持給地下
賦。"③ 這裏點明：作為持代生人之用的"上黨人參"有九枚，這個數字
當與家中人丁相符；鉛人代表死者，雖並未言及數目，但據文意推斷似應
為一個。

（二）偶人的質地——試析松柏之木的宗教功能

　　墓地栽種松柏之樹，乃漢代之喪葬風俗。《漢書・龔勝傳》中傳主交
待死後殮葬等事時說："衣周於身，棺周於衣。勿隨俗動吾家，種柏，作
祠堂。"④ 顏師古注曰："若葬多設器備，則恐被掘，故云動吾家也。亦不
得種柏及作祠堂，皆不隨俗。"⑤ 龔勝遺囑不種塚柏、不造祠堂，恐非世
俗常態，故為史家所書，由此折射出種柏造祠之風於漢代熾盛，並已成喪
葬之禮制。事實上，這一禮俗不僅為上層官僚階級所沿循，且為普通民眾
所採納，如《漢書・五行志》載："成帝建始四年九月，長安城南有鼠銜
黃蒿、柏葉，上民家柏及榆樹上為巢，桐柏尤多。"⑥ 引文中"民家柏"
一語亦足證。值得一提，墓地植松柏不僅中土如此，一些周邊地區或許亦
受影響。《後漢書・東夷列傳・高句驪》談到當地人於墳墓之地"亦種松

---

　　① 《赤松子章曆》卷一，《道藏》第 11 冊，第 176 頁。
　　② 陳直：《漢張叔敬朱書陶瓶與張角黃巾教的關係》，載氏著《文史考古論叢》，第 391
頁。標點為筆者添加。
　　③ 陳直：《漢張叔敬朱書陶瓶與張角黃巾教的關係》，第 391 頁；又見郭沫若《奴隸制時
代》，第 94 頁。
　　④ （東漢）班固撰：《漢書》卷七二，（唐）顏師古注，第 3085 頁。
　　⑤ （東漢）班固撰：《漢書》卷七二，（唐）顏師古注，第 3086 頁注釋。
　　⑥ （東漢）班固撰：《漢書》卷二七，（唐）顏師古注，第 1374 頁。

柏"，其謂："其昏姻皆就婦家，生子長大，然後將還，便稍營送終之具。
金銀財幣盡於厚葬，積石為封，亦種松柏。"① 道門中人甚至認為，墓地
所植之松柏若被人砍伐，即意味著該墓地之地脈斷絕，由此將引發塚墓中
亡人不安而擾動生人。如《赤松子章曆‧謝五墓章》載："或塚墓之中，
有訴訟之害，嗔怨天地，致使亡人不安，擾動生人。或岡勢斷絕，松栢為
人所伐，斫掘塼邊，行徃道路，侵逼墓所，深恐一旦沒溺，泉壞除已。"②
在此情況下，就須上章謝墓才能解禍。

　　另外，漢人認為松柏等樹也隱含著神秘的力量。如《史記‧龜策列
傳》云："松柏為百木長，而守門閭。"③ 又《漢書‧東方朔傳》談到傳
主辯答郭舍人隱語"老柏塗"時說："老者，人所敬也。柏者，鬼之廷
也。塗者，漸洳徑也。"④ 顏師古對"柏者，鬼之廷也"一句注釋說：
"言鬼神尚幽闇，故以松柏之樹為廷府。"⑤ 東方朔將柏樹解釋為鬼神之居
所，並為武帝及群臣所信服，無疑是根基於當時的社會風俗之背景。無獨
有偶，馬王堆漢墓出土古醫書《五十二病方》也載以柏木驅逐癩之疫鬼：
"以日出時，令穨（癩）者屋霤下東鄉（向），令人操築西鄉（嚮），祝
曰：'今日□，某穨（癩）九，今日已。某穨（癩）已□，而父與母皆盡
柏築之顛，父而衝，子胡不已之有？'以築衝穨（癩）二七。已備，即
曰：'某起。'穨（癩）【已】。"⑥ 此外，《風俗通義》（佚文）也對墓地
種柏之成因給予解釋："墓上樹柏，路頭石虎。《周禮》：'方相氏，葬日
入壙，驅魍象。'魍象好食亡者肝腦，人家不能常令方相立于墓側以禁禦
之，而魍象畏虎與柏，故墓前立虎與柏。或說：秦穆公時，陳倉人掘地，
得物若羊，將獻之，道逢二童子，謂曰：'此名為蝹，常在地中食人腦，
若殺之，以柏東南枝插其首。'由是墓側皆樹柏。"⑦ 毫無疑問，柏築驅鬼
之動因乃是松柏之樹具有厭劾鬼邪之功能。南朝梁時人宗懍《荊楚歲時

---

① （南朝宋）范曄撰：《後漢書》卷八五，（唐）李賢等注，第2813頁。
② 《赤松子章曆》卷四，《道藏》第11冊，第204頁。
③ （西漢）司馬遷撰：《史記》卷一二八，第3237頁。
④ （東漢）班固撰：《漢書》卷六五，（唐）顏師古注，第2845頁。
⑤ （東漢）班固撰：《漢書》卷六五，（唐）顏師古注，第2846頁注釋。
⑥ 馬王堆漢墓帛書整理小組：《馬王堆漢墓帛書［肆］》，第50頁。
⑦ （東漢）應劭撰：《風俗通義校注》，王利器校注，北京：中華書局1981年版，第574
頁。

記》亦載魏議郎董勛之言：“今正臘旦，門前作烟火、桃神、絞索、松柏，殺雞著門戶，逐疫禮也。”① 該書又引《四民月令》云“柏是仙藥”②。元代道經《靈寶無量度人上經大法》③ 亦載：“蓋叢柏之尊，天降靈炁，秉植萬年。……以柏木為相，秉天之秀炁，受正萬年，靈司稱金木之體，地府貴生成之簡。故古之為棺槨，柏木為之者，免三塗之役。”④ “栢”，即“柏”，二字通。這是說，柏木不僅具有良好的防腐效果，且多含天地之靈氣、具有辟邪鎮鬼等作用，因此成為打造棺槨和法器等的理想材料。如此就很好理解，香港所藏“松人”解除木牘為何選用松柏之木刻成人形以厭勝屍鬼。其實，簡文本身也對此有清楚說明：“死者王羣洛子所犯，柏人當之。西方有呼者，松人應之。地下有呼者，松人應之。生人蟯蟯，當問柏人。洛子死注咎，松人當之，不得拘校復重父母兄弟妻子，欲復重，須松柏人能言語，急急如律令。”⑤ 木簡背面又云：“洛子日時不食，復重拘校，與生人相妨，故作松柏人以解咎殃”。⑥ 另，將柏木雕成“柏人”以作鎮墓陪葬之用，此風俗在唐宋時期我國南方地區亦較流行。⑦

六　“天帝”“天帝使者”等稱謂的統計與分析

香港所藏“松人”木牘背面文字記有一段文字：“建興廿八年……天帝使者謹為王氏之家解復。”其中，“天帝使者”稱謂在漢晉時期墓葬解

---

① （南朝梁）宗懔：《荆楚歲時記》，《四庫備要》294 史部，第 2 頁。

② （南朝梁）宗懔：《荆楚歲時記》，《四庫備要》294 史部，第 2 頁。

③ 該經撰者不詳。據日本學者福井康順認為原書當撰於元初，也混入元後《靈書》三篇，並於明代重新編輯整理。（詳見胡孚琛主編《中華道教大辭典》，北京：中國社會科學出版社 1995 年版，第 416 頁；朱越利：《道藏分類解題》，第 113 頁）

④ 《靈寶無量度人上經大法》，《道藏》第 3 冊，第 922—923 頁。

⑤ 陳松長編著：《香港中文大學文物館藏簡牘》，第 110 頁。

⑥ 陳松長編著：《香港中文大學文物館藏簡牘》，第 112 頁。

⑦ 江西省博物館：《江西南昌唐墓》，《考古》1977 年第 6 期；彭適凡、唐昌樸：《江西發現幾座北宋紀年墓》，《文物》1980 年第 5 期；王吉永：《吉安發現一座北宋紀年墓》，《考古》1989 年第 10 期。關於此課題之研究，詳見張勳燎《試論我國南方地區唐宋墓葬出土的道教“柏人俑”和“石真”》，載陳鼓應主編《道家文化研究》第七輯，第 312—322 頁；［法］茅甘：《論唐宋的墓葬刻石》，《法國漢學》第五輯（敦煌學專號），北京：中華書局 2000 年版，第 150—186 頁。

除文中經常出現。為了更好地理解其含義，我們將結合出土資料及傳世文獻對這一用語及相關稱謂給予綜合考釋。

(一) 有關 "天帝" "天帝使者" 等用語的資料索引

據筆者不完全統計，寫有 "天帝" "天帝使者" （或 "天地使者"）、"天帝神師" "黃（皇）帝使者" 等字樣的漢晉考古材料約計有數十件。此外，這些用語亦出現在傳世文獻中。現將相關資料羅列如下。

第一，"天帝"。

"天帝" 一辭，是東漢鎮墓文中的常見用語。試舉例如下：

（1）陝西寶雞市出土的東漢和帝永元四年（92 年）陳氏鎮墓文："天帝為之 ［者］"。①

（2）河南洛陽市出土的東漢桓帝永康元年（167 年）鎮墓文云："天帝白止告天上使"。②

（3）陝西鳳翔縣出土似屬西漢時的陶瓶，朱書文字記："天帝詰空亡，七神以次行。"③

（4）陝西韓城市漢墓出土的閆氏鎮墓文云："……百鬼何不 疾 行，天帝神藥 壓 鎮……"④

（5）羅振玉《古器物識小錄》著錄的漢代鎮墓文中也有五件出現 "天帝" 字樣，分別是：劉伯平鎮墓鉛券鎮墓文、東漢順帝永建三年（128 年）鎮墓文、東漢順帝永和六年（141 年）鎮墓文、東漢靈帝熹平四年（175 年）鎮墓文、失紀年鎮墓文。⑤

（6）安徽壽縣發現的劉氏鎮墓石： "曰天帝告：除居巢劉君冢惡氣。"⑥

---

① 王光永：《寶雞市漢墓發現光和與永元年間朱書陶器》，《文物》1981 年第 3 期，第 55 頁。

② 洛陽市文物工作隊：《洛陽唐寺門兩座漢墓發掘簡報》，《中原文物》1984 年第 3 期，第 38 頁。

③ 秦晉：《鳳翔南古城遺址的鑽探和試掘》，《考古與文物》1980 年第 4 期，第 53 頁。

④ 賈麥明：《韓城市漢墓出土閆氏朱書陶瓶考釋》，《東南文化》1993 年第 3 期，第 59 頁。

⑤ 羅振玉：《古器物識小錄》，載氏著《遼居雜著丙編》，1934 年石印本。

⑥ 周進輯：《居貞草堂漢晉石影》，1929 年石印本，第 25 頁；羅振玉：《貞松老人遺稿》甲集《石交錄》卷一，第 889 頁。

此外，這一用語在魏晉時期的考古材料中也有見到：

（7）甘肅酒泉魏晉墓出土的張氏鎮墓陶瓶，文云："□天帝昭告張氏□□□□□後死者天赫地赫……"①

"天帝"一語，亦見載於傳世文獻中。如《漢書·李尋傳》載："初，成帝時，齊人甘忠可詐造《天官曆》、《包元太平經》十二卷，以言'漢家逢天地之大終，當更受命於天，天帝使真人赤精子，下教我此道。'"②此外，《赤松子章曆》稱得上是較早、較多地著錄"天帝"這一神祇名諱的早期道經之一。該書卷二《三會日》云："其日，天帝、一切大聖俱下，同會治堂，分形布影"③；又卷二《天老問三皇》云："天帝常以戊戌日從天門來遊，觀見此日作符，歡悅，賞賜所願。"④ 另，《真誥·協昌期》談到擇造吉塚之法，並附告知地下神祇的文書格式，"題其文曰：天帝告土下冢中王氣、五方諸神、趙公明等：某國公侯甲乙，年如干歲，生值清真之氣，死歸神宮，翳身冥鄉，潛寧沖虛。辟斥諸禁忌，不得妄為害氣。當令子孫昌熾，文詠九功，武備七德，世世貴王，與天地無窮。一如土下九天律令。"⑤ 文中以"天帝"的名義，向地下冥界中諸路鬼神通告了死者的基本情況，並表達了希望亡人能平安入土、惠澤後嗣的良好願望。就其格式及行文而言，這段文字頗類似於漢晉民間喪葬中廣泛使用的鎮墓文和買地券。

"天帝"其人，晉唐傳奇小說中偶見記載。如南朝梁人殷芸撰《殷芸小說》（卷一）載："晉咸康中，有士人周謂者，死而復生。言天帝召見，引升殿，仰視帝，面方一尺，問左右曰：'是古張天帝邪？'答云：'上古天帝，久已聖去，此近曹明帝也。'"⑥ 文中談到上古時"天帝"姓張，爾後晉時則為曹明帝。可見，"天帝"一職人選屢有更替。唐代段成式撰《酉陽雜俎·諸皋記上》詳載了劉、張二位"天帝"的職位更替過程："天翁姓張名堅，字刺渴，漁陽人。少不羈，無所拘忌。嘗張羅，得一白

---

① 甘肅省文物考古研究所：《甘肅酒泉西溝村魏晉墓發掘報告》，《文物》1996 年第 7 期，第 20 頁。

② （東漢）班固撰：《漢書》卷七五，（唐）顏師古注，第 3192 頁。

③ 《赤松子章曆》卷二，《道藏》第 11 冊，第 183 頁。

④ 《赤松子章曆》卷二，《道藏》第 11 冊，第 190 頁。

⑤ （南朝梁）陶弘景編：《真誥》卷十，《道藏》第 20 冊，第 550 頁。

⑥ 魯迅校錄：《古小說鉤沉》，第 56 頁。

雀，愛而養之。夢天劉翁責怒，每欲殺之，白雀輒以報堅，堅設諸方待之，終莫能害。天翁遂下觀之，堅盛設賓主，乃竊騎天翁車，乘白龍，振策登天。天翁乘餘龍追之，不及。堅既到玄宮，易百官，杜塞北門，封白雀為上卿侯，改白雀之胤不產於下土。劉翁失治，徘徊五岳作災，堅患之，以劉翁為泰山太守，主生死之籍。"① 此處所言"天翁"當是"天帝"之謂，"張天翁"抑或《殷芸小說》中"張天帝"，在他之前攝居天帝職位的是"劉天翁"，然後者疏於大義而被張天翁篡奪了帝位。《殷芸小說》《酉陽雜俎》二書所錄均為軼事傳聞，聊備一說。

第二，"天帝使者"。

"天帝使者"一語，東晉干寶撰《搜神記》卷四"戴文諶"條有載："沛國戴文諶，隱居陽城山中。……忽聞神呼曰：'我天帝使者。欲下憑君，可乎？'"② 卷十九"謝非"條載：丹陽道士謝非夜宿山中廟舍中，恐鬼魅作怪而大聲語曰"吾是天帝使者，停此宿"③，藉此震懾精怪。其實，這一用語也大量出現在漢晉時期地下出土資料中。如下所示：

（1）陝西戶縣出土的東漢順帝陽嘉二年（133年）朱書陶瓶，文云："天帝使者，謹為曹伯魯之家移央去咎，……從今以長保孫子，壽如金石，終無凶。"④

（2）今藏日本的東漢順帝永和六年（141年）鎮墓文，云："天帝使者告□□□□墓門亭長、主□□□□到涿，召作行差□□□。"⑤

（3）陝西長安縣出土的東漢桓帝建和元年（147年）加氏鎮墓陶瓶，文云："天帝使者謹為加氏之家，別解地下後死。"⑥

（4）今藏日本的東漢桓帝永壽二年（156年）成桃推鎮墓文，云："天帝使者告丘丞、墓伯、地下二千石，今成氏之家、死者字桃推，死日

①　（唐）段成式著：《酉陽雜俎》前集卷十四，方南生點校，第128頁。

②　（晉）干寶撰：《搜神記》卷四，汪紹楹校注，第53頁。

③　（晉）干寶撰：《搜神記》卷十九，汪紹楹校注，第233頁。

④　禚振西：《陝西戶縣的兩座漢墓》，《考古與文物》1980年第1期，第47頁。

⑤　[日]下中彌三郎編：《書道全集》第三卷，圖版第10頁、解說第14頁。標點為筆者添加。

⑥　陝西省文物管理委員會：《長安縣三里村東漢墓葬發掘簡報》，《文物參考資料》1958年第7期，第62頁。

時重復年命，與家中生人相拘籍。"①

（5）河南洛陽市出土的東漢桓帝永壽二年（156 年）鎮墓文，云：
"天帝使者旦□□□之家填寒暑 土 □□□移大黃印章……"②

（6）東漢靈帝熹平二年（173 年）張叔敬朱書陶瓶鎮墓文云："天帝
使者告張氏之眾……今日吉良，非用佗故，但以死人張叔敬，薄命蚤死，
當來下歸丘墓。"③

（7）陝西西安市出土的東漢獻帝初平四年（193 年）王氏鎮墓文，
云："天帝使者謹為王氏之家後死黃母，當歸舊閱，慈告丘丞、莫（墓）
伯（柏）、地下二千石……王氏冢中先人，无驚无恐，安隱（穩）
如故。"④

（8）河南靈寶縣出土的東漢楊氏鎮墓文（M5：35），云："天帝使者
謹為楊氏之家，鎮安隱（穩）冢墓。"⑤

（9）今藏日本的東漢張氏朱書鎮墓文，云："天帝使者黃神越章，為
天解仇，為地除央。主為張氏家鎮利害宅，襄四方諸凶央。"⑥

此外，近年來考古發現也證實，漢晉時期道士在舉行墓門解除等驅鬼
儀式時所施法器中就有"天帝使者"印章。如江蘇高郵縣漢墓出土一方
經火燒過的封泥，篆書陽文"天帝使者"。⑦ 又如 1987 年寶雞縣出土"天
帝使者"印章等。⑧ 有關這一內容，陳直、王育成等已作過相關論述，茲

---

① ［日］下中彌三郎編：《書道全集》第三卷，圖版第 4—5 頁、解說第 13 頁。標點為筆者
添加。

② 蔡運章：《東漢永壽二年鎮墓瓶陶文考略》，《考古》1989 年第 7 期，第 650 頁。

③ 陳直：《漢張叔敬朱書陶瓶與張角巾教的關係》，載氏著《文物考古論叢》，天津：天
津古籍出版社 1988 年版，第 391 頁；又見郭沫若《奴隸制時代》，第 94 頁。

④ 唐金裕：《漢初平四年王氏朱書陶瓶》，《文物》1980 年 1 期，第 95 頁。標點為筆者添
加。

⑤ 河南省博物館：《靈寶張灣漢墓》，《文物》1975 年第 11 期，第 80 頁。

⑥ ［日］下中彌三郎編：《書道全集》第三卷，圖版第 12 頁、解說第 15 頁。標點為筆者添
加。

⑦ 江蘇省文物管理委員會：《江蘇高郵邵家溝漢代遺址的清理》，《考古》1960 年第 10 期，
第 20 頁。

⑧ 錢寶康：《寶雞縣出土"天帝使者"印章》，《考古與文物》1990 年第 4 期，第 110 頁。

不贅言。①

第三，"天帝神師"。

有關"天帝神師"的文字記載大多集中在東漢出土材料中，詳見如下：

（1）河南陝縣出土的東漢順帝陽嘉四年（135 年）唐氏鎮墓陶瓶，文云："天帝神師臣□，謹為唐氏合眾厭□……"②

（2）今藏日本的東漢順帝永和六年（141 年）鎮墓文："□帝神師使者為□□□之墳墓東……"③

（3）今藏日本的東漢靈帝光和二年（179 年）殷氏鎮墓文："厭天帝神師黃越章，謹為殷氏甲□家通東南□……"④

（4）江蘇高郵縣漢墓出土畫有符籙的朱書木簡驅鬼文："乙巳日死者，鬼名為天光，天帝神師已知汝名，疾去三千里。汝不即去，南山紛□令來食汝。急如律令。"⑤

此外，值得一提的是，《太平經》卷五十《生物方訣》云："比若人有道而稱使者，神人神師也。"⑥該書雖未使用"天帝使者""天帝神師"等用語，但此段經文中同時出現"使者""神人""神師"等，其義乃接近於"天帝使者""天帝神師"。加之，書中刻意地渲染"天師"的神化形象，無不使人強烈地感受到"天帝神師"的韻味和影子。

第四，"黃（皇）帝使者。"

（1）陝西潼關出土的東漢靈帝建寧元年（168 年）煬氏鎮墓文："皇（黃）帝使者□為煬氏之文□□□……"⑦

---

① 詳見陳直《漢初平四年王氏朱書陶瓶考釋》，《考古與文物》1981 年第 4 期，第 115 頁；王育成：《東漢天帝使者類道人與道教起源》，載陳鼓應主編《道家文化研究》第十六輯，北京：生活·讀書·新知三聯書店 1999 年版，第 192—193 頁。

② 黃河水庫考古工作隊：《河南陝縣劉家渠漢墓》，《考古學報》1965 年第 1 期，第 123 頁。標點為筆者添加。

③ ［日］下中彌三郎編：《書道全集》第三卷，圖版第 10 頁、解說第 14 頁。

④ ［日］下中彌三郎編：《書道全集》第三卷，圖版第 11 頁、解說第 15 頁。

⑤ 江蘇省文物管理委員會：《江蘇高郵邵家溝漢代遺址的清理》，《考古》1960 年第 10 期，第 21 頁。

⑥ 王明編：《太平經合校》，第 173 頁。

⑦ 陝西省文物管理委員會：《潼關吊橋漢代楊氏墓群發掘簡記》，《文物》1961 年第 1 期，第 59 頁。

(2) 陝西韓城市漢墓出土的閆氏鎮墓文："黃帝使者，謹為閆□□之家，移殃去欲。"①

(二) 關於"天帝""天帝使者"真實身份（或原型）的幾種猜測

關於鎮墓文中出現的"天帝"及"天帝使者"等神祇的真實身份或原型，學術界主要存在幾種意見：

第一，"天帝"即指天上的君主，"天帝使者"就是在墓地葬禮中實施法術的巫師方士，或最早一批從事道教活動的人物。如吳榮曾指出："天帝是天上的君主，具有主宰人間和幽冥的權力。有的鎮墓文中以天帝的名義向地下官吏發號施令。……不過絕大多數都是天帝派遣使者去執行有關的任務……東漢時方士或巫覡劾鬼時都必須假借神靈的名義，主要是打出天帝使者或天帝神師的旗號。因而執行這項法術的人，實際上成為天帝使者或神師的化身或代理者。"② 陳直認為："天帝使者，為兩漢方士所用之術語。"③ 劉昭瑞承襲此說，認為："'天帝使者'大概是巫師方士們的自詡之詞。"④ 連劭名也認為"天帝使者"是巫師，其原型是鳳凰或赤鳥，又援引《漢書·李尋傳》中"天帝使真人赤精子，下教我此道"這段文字推斷"赤精子"即天帝使者。⑤ 王育成則縮小"天帝使者"的指代範圍，由此前的泛指巫師方士而限定為特指早期從事道教活動的道人，認為："……天帝使者類道人，是現知最早一批從事道教活動的人物。"⑥ 信立祥借助漢代畫像石的分析和研究，認為此說成立。⑦

第二，"天帝"乃指上天的最高統治者，"天帝使者"就是指"黃帝"。如蔡運章指出："古人認為'天帝'是上天的主君，具有主宰人間和幽靈的權利，故鎮墓文中常以天帝的名義向地下官吏發號施令。'天帝

① 賈麥明：《韓城市漢墓出土閆氏朱書陶瓶考釋》，《東南文化》1993 年第 3 期，第 59 頁。
② 吳榮曾：《鎮墓文中所見到的東漢道巫關係》，《文物》1981 年第 3 期，第 60—61 頁。
③ 陳直：《漢初平四年王氏朱書陶瓶考釋》，《考古與文物》1981 年第 4 期，第 115 頁。
④ 劉昭瑞：《〈太平經〉與考古發現的東漢鎮墓文》，《世界宗教研究》1992 年第 4 期，第 112 頁。
⑤ 連劭名：《建興廿八年"松人"解除簡考述》，《世界宗教研究》1996 年第 3 期，第 117 頁。
⑥ 王育成：《東漢天帝使者類道人與道教起源》，載陳鼓應主編《道家文化研究》第十六輯，第 181 頁。
⑦ 信立祥：《漢代畫像石綜合研究》，第 85—88 頁。

使者'由下文'黃帝呈下'推測,當是指天神黃帝講的。"①

　　第三,"天帝"之原型乃是指"黃帝",而"天帝使者"則代表被奉為戰神的蚩尤以及在葬禮中擔負著驅除邪魔等職責的方相氏。據袁珂《山海經校注》云:"《山海經》中凡言帝,均指天帝,而天帝非一:除《中次七經》'姑媱之山,帝女死焉,其名曰女尸'之'帝'指炎帝、《中次十二經》'洞庭之山,帝之二女居之'之'帝'指堯而外,其餘疑均指黃帝。"② 法國學者索安(Anna Seidel)綜合了袁珂、日本學者林巳奈夫等人的研究成果,提出:"在漢代社會中,人們將黃帝和被他征服的附庸蚩尤組成一對,與由天帝(即黃帝)和向幽冥之神傳達命令的使者組成的一對,緊密地聯繫在一起。在葬禮中行使職權的方相則把蚩尤構想為他們的原型……它們在誦讀墓中陶瓶上的鎮墓文時,都扮演着天帝使者的角色。"③ 美國學者琳達·湯姆森(Lydia Thompson)也將"天帝使者"視為戰神蚩尤的化身。④

七　結　論

　　據雲夢睡虎地秦簡《日書》的證實,秦時民眾就相信安葬及殯埋亡人必須符合某種習俗和規範,否則將招來"重復"之厄,使災禍降臨。就葬日之選擇而言,人們通常會傾向於"十二建除"所規定的適宜殮葬的日子。"開""除"等日因屬曆書中符合此類性質者,故成為世人舉行喪事的良日。基於此,本文所述"松人"木牘文字中一再強調當日"直開",其用意正是要借助"開日"所具有的除舊佈新氣象來清除穢氣、斷絕注連。除選擇合適葬日外,漢晉時人在舉行喪葬活動時還須考慮其他幾項禁忌因素:神煞(八魁、九坎)、月象(弦望、朔晦)、星宿(東井、

---

　　① 蔡運章:《東漢永壽二年鎮墓瓶陶文考略》,《考古》1989 年第 7 期,第 649 頁。

　　② 袁珂校注:《山海經校注》(增補修訂本),第 229 頁注釋。又,同書第 336 頁注釋所言亦大略相同。

　　③ 〔法〕索安:《從墓葬的葬儀文書看漢代宗教的軌跡》,《法國漢學》第七輯(宗教史專號),第 129 頁。

　　④ Lydia Thompson, "Demon Devourers and Hybrid Creatures: Traces of Chu Visual Culture in the Eastern Han Period"(琳達·湯姆森:《鬼神:東漢墓葬中的楚文化遺緒》),中山大學藝術學研究中心編:《藝術史研究》第 3 輯,廣州:中山大學出版社 2001 年版,第 261—293 頁。

七星等)、四時(年月日時),這些都在"松人"木牘文字中得到充分體現。究其實質,該木牘文字表達了兩重含義:其一,希望陽世生人免遭死者之"重復",避免死亡事件再次發生;其二,祈求冥界神祇關照死者,使其在陰間免於飢苦。這兩個願望的實現,最終均寄託在木刻偶人身上。那麼,淺顯地說來,就功用而言,這個偶人其實就是被當作替身來使用的。它同時扮演著兩種角色:扮演死者的眾多親屬,為他們抵擋"重復"注連之厄;扮演死去的亡人,替他/她承擔陰間勞役之苦。此外,"天帝使者"是漢晉時墓葬解除文中經常出現的語辭,本文所述"松人"木牘文字中也以"天帝使者"名義來強調此次解除活動的權威性和有效性。總之,這些內容主要是圍繞"重復""拘校"與"解除"而展開,故牘文屢言"拘校復重"或"復重拘校"。

綜括而言,這枚木牘的形制和文字真實再現了漢晉之季社會民眾操辦喪葬時的一個慣見場景:某位道士(或小型的道團組織)以"天帝使者"的名義,為某家族中去世成員(本木牘中的亡者是王羣洛子),舉行下葬前的解除儀式。在相關儀式後,將刻有偶人形象的木牘隨同死者入土安葬,令其擔負起"代厄"和"鎮墓"等職能。上述內容也說明,有關喪葬之禁忌禮俗在漢晉民間十分流行,並由中原漢族地區傳播到西北邊遠地區。

第 八 章

北涼"緣禾二年"冥訟文書與
六朝道教"冢訟"觀念

　　2006 年，新疆吐魯番地區洋海一號臺地四號墓（編號 2006TSYIM4）
的北偏室近封門處出土了一份獨特的文書，其內容為墓主趙貨母子將一起
因受叔叔趙琳誣告而冤死之事投訴冥府，乞請閻羅大王等神祇給予公正的
裁斷。整理者將其定名為"北涼緣禾二年（四三三）高昌郡高寧縣趙貨
母子冥訟文書"（圖 8 – 1）。現轉錄文字如下：

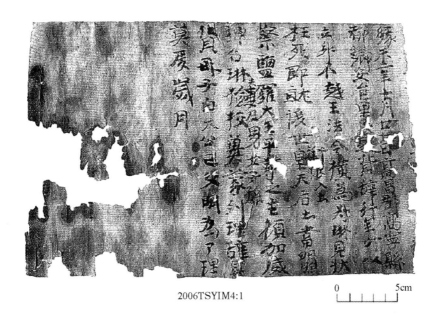

2006TSYIM4:1　　　　　　　　0　　　　　5cm

圖 8 – 1　北涼緣禾二年（四三三）高昌郡高寧縣趙貨母子冥訟文書

資料來源：《新獲吐魯番出土文獻》，第 170 頁。

　　緣禾二年十月廿七日，高昌郡高寧縣都鄉安邑里 民 趙 貨辭：行年卅，以立身不越王法，今橫為叔琳見狀枉死，即就後世，銜 恨 入土。皇天后土，當明照察；鹽羅大王，平等之主，願加威神，召琳夫妻及男女子孫檢校。冀蒙列理，辭具。貨母子白大公、己父，明為了理，莫爱歲月。①

　　這份文書具有十分重要的學術價值，其意義不僅在於它是吐魯番出土的數萬件文書②中僅見的一例冥訟文書，尤為重要的是它充分反映出公元5世紀我國西北邊陲地區民眾的法律制度、喪葬禮俗及宗教信仰等情況，從中亦折射北涼時期高昌少數民族政權與中原漢族文化之間的密切聯繫。本文旨在對這份冥訟文書的措辭用語及內容含義予以考釋，並結合有關文獻史料分析該文書所蘊涵的社會、文化背景及其所受早期道教之影響。

一　文書語辭辨析及內涵探研

（一）“緣禾二年十月廿七日，高昌郡高寧縣都鄉安邑里 民 趙 貨辭”條解讀

　　第一，“緣禾二年十月廿七日”：文書的撰寫時間。

　　據中外學者考證，北涼經幢殘石刻銘③及吐魯番墓葬文書中所見“緣

---

　　① 榮新江、李肖、孟憲實主編：《新獲吐魯番出土文獻》，北京：中華書局2008年版，第171頁。

　　② 據有關資料統計，自19世紀末以來，吐魯番地區歷次出土的古代文書總計達四萬兩千多號（件），其中一萬兩千餘號（件）收藏於中國國內各機構，其他則散藏於法、日、俄、英、韓等國。就吐魯番出土文書的時代來看，有明確紀年者最早為西晉泰始九年（273年），最晚為唐大曆十三年（778年）。

　　③ 甘肅酒泉白雙且造經塔殘石（現藏酒泉美術館）發願文紀年云“涼故大沮渠緣禾三年歲次甲戌七月上旬”。（參見史岩《酒泉文殊山的石窟寺院遺跡》，《文物參考資料》1956年第7期，第56頁；吳震：《吐魯番文書中的若干年號及相關問題》，《文物》1983年第1期，第26—38頁）現收藏於美國克林富蘭藝術館的北涼石塔發願文紀年亦見“涼皇大沮渠緣禾四年歲在（乙）亥三月廿九日”字樣。（參見殷光明《北涼緣禾、太緣年號及相關問題之辨析》，《敦煌研究》1995年第4期，第180頁）

禾"字樣，乃係十六國時期沮渠氏北涼和高昌政權所奉年號。① "緣禾"紀年不見諸史籍，學界判定其為北魏太武帝拓跋燾"延和"年號（432～435年）之諧音，係沮渠蒙遜在義和二年歸附北魏後始奉行之。② 憑藉史料推算可知，"緣禾元年"為公元432年，"與沮渠蒙遜義和二年、北魏世祖延和元年同在一年"③。據有關人員統計，除本文所述新獲北涼"緣禾二年"冥訟文書外，"已出有'緣禾'年號的吐魯番文書凡八通：緣禾三年一通，五年三通，六年與十年各二通"④。而北涼冥訟文書則為迄今發現的"緣禾"年號紀年中最早者。

綜上所述，文書開篇所言"緣禾二年十月廿七日"九字，乃標明了本文書的撰寫日期，亦即公元433年10月27日，此時內地北魏政權則以"延和二年"為紀年表述。約六朝時成書的《赤松子章曆·書章法》談到文書的時間落款問題："書章畢，先校讀一遍，然後奏之。……日月不得預下，當在臨時。"⑤ 這就是說，宗教及喪葬儀式中的禮儀文書應在事前草擬好，但時間落款則不可預先寫下，而應在當時填寫。據此，我們或許可以判定這份冥訟文書中的時間落款也應該是在"臨時"而非"預下"。

第二，"高昌郡高寧縣都鄉安邑里 民 趙 貨"：文書的撰寫對象。

北涼冥訟文書中"高昌郡高寧縣都鄉安邑里"十一字，乃旨在介紹事主（即亡者）之戶籍及居住地（郡縣鄉里），隨後的"民趙貨"三字

---

① 相關研究情況，詳見侯燦《北涼緣禾年號考》，《新疆社會科學》1981年第1期（創刊號），第80—82頁；吳震：《吐魯番文書中的若干年號及相關問題》，《文物》1983年第1期，第26—38頁；柳洪亮：《吐魯番出土文書中的緣禾紀年及有關史實》，《敦煌學輯刊》1984年第1期，第51—54頁；朱雷：《出土石刻及文書中北涼沮渠氏不見於史籍的年號》，文化部文物事業管理局古文獻研究室編：《出土文獻研究》第一輯，北京：文物出版社1985年版，第204—212頁；［日］關尾史郎：《"緣禾"と"延和"のあいだ——〈吐魯番出土文書〉札記（五）》，《紀尾井史學》第5期（1985），第1—11頁；［日］白須淨真：《高昌、闞爽政權と緣禾、建平紀年文書》，《東洋史研究》第45卷第1號（1986），中譯文見《新疆文物》1987年第4期（柳洪亮譯）；余太山：《吐魯番出土文書所見"緣禾"、"建平"年號》，《西域研究》1995年第1期，第77—81頁；王素：《沮渠氏北涼建置年號規律新探》，《歷史研究》1998年第4期，第11—26頁。

② 蒙遜之事見《魏書·沮渠蒙遜傳》。

③ 余太山：《吐魯番出土文書所見"緣禾"、"建平"年號》，《西域研究》1995年第1期，第77頁。

④ 余太山：《吐魯番出土文書所見"緣禾"、"建平"年號》，《西域研究》1995年第1期，第77頁。

⑤ 《赤松子章曆》卷二，《道藏》第11冊，第182頁。

則交待事主的身份信息（如爵位、姓名等）。

漢代劉熙《釋名·釋書契》談及"爵里刺"云："書其官爵及郡縣鄉里也"。① 自秦漢以來，官私文書格式均開篇即書寫官爵、住所籍貫等。這亦為後世道教所承襲，遂成章奏科儀之通例。據《赤松子章曆·章辭》載："凡欲奏章，先具辭疏，列鄉貫、里號、官位、姓名、年幾，并家口、見存眷屬、男女、大小等。"② 這就是說，道門齋醮科儀行章奏時通常在開篇就徑言"某人籍貫"（"州縣鄉里"）、"年若干歲"云云。

第三，"辭"及其他：文書的性質。

"辭"，東漢許慎撰《說文解字·辛部》訓曰："說也。從辭，辭猶理辜也。"③ 段玉裁注云："今本'說'譌'訟'。《廣韻》七之所引不誤。今本此'說'譌為'訟'。'訟'字下'訟'譌為'說'，其誤，正同。言部曰：說者，釋也。"④《玉篇·辛部》亦訓曰："理獄爭訟之辭也。"⑤ 祝總斌指出："'辭'原為秦代官府文書的一種，指訴訟中的辯護辭和口供……'辭訟'二字很早已連用。"⑥ 又云："'辭'既是口供，也是辯護辭。由於原告、被告可以轉化，'辭'有時也指控訴之辭。"⑦ 本文所述這份冥訟文書即屬"控訴之辭"。

文書中首句"趙貨辭"及末句"辭具"等語，亦見於道經所載上章奏辭中。《真誥·甄命授》云："男生許玉斧辭：玉斧以尸濁肉人，受聖愍濟拔。……許玉斧思愆補過，舉家端等受恩，是永覩三光，受命更生。謹辭。"⑧ 陶弘景注曰："此與是虎牙病時，掾與南真辭也。"⑨

（二）"行年卅，以立身不越王法"條辨析

第一，"行年卅"釋義。

① 任繼昉纂：《釋名匯校》卷六，第 334 頁。

② 《赤松子章曆》卷一，《道藏》第 11 冊，第 178 頁。

③ （東漢）許慎撰，（清）段玉裁注：《說文解字注》十四篇下，第 742 頁。

④ （東漢）許慎撰，（清）段玉裁注：《說文解字注》十四篇下，第 742 頁。

⑤ （梁）顧野王撰，（唐）孫強增補，（宋）陳彭年等重修《重修玉篇》卷三十，載（清）永瑢、紀昀等纂修《景印文淵閣四庫全書》第 224 冊，經部二一八（小學類），第 233—234 頁。

⑥ 祝總斌：《高昌官府文書雜考》，北京大學中國中古史研究中心編：《敦煌吐魯番文獻研究論集》第二輯，北京：北京大學出版社 1983 年版，第 478 頁。

⑦ 祝總斌：《高昌官府文書雜考》，北京大學中國中古史研究中心編：《敦煌吐魯番文獻研究論集》第二輯，第 479 頁。

⑧ （南朝梁）陶弘景編：《真誥》卷七，《道藏》第 20 冊，第 530 頁。

⑨ （南朝梁）陶弘景編：《真誥》卷七，《道藏》第 20 冊，第 530 頁。

"行年"係指年齡，如郭店楚簡《窮達以時》篇云："邵（呂）至（望）……行年七十而腒（屠）牛於朝訶（歌）"①。馬王堆漢墓帛書、張家山漢簡、居延漢簡等出土文獻中亦有類似用法。此外，漢晉傳世文獻中更頻見此語，② 被為唐宋、明清士人所沿用。③

概言之，北涼冥訟文書所言"行年卅"，意為死者趙貨年齡为三十歲。

第二，"立身不越王法"釋義。

"立身"一語，在傳世文獻中屢有見載。如《三國志·魏書·王昶傳》云："夫孝敬仁義，百行之首，行之而立身之本也。"④ 又《晉書·陸機陸雲傳》文末附贊曰："夫賢之立身，以功名為本；士之居世，以富貴為先。"⑤《魏書·劉文曄傳》載傳主曰："若僧祐赴母弟之難，此是其私。而亡父本為大丈夫，立身處世，豈可顧妻子而虧高節也！"⑥《魏書·楊椿傳》收錄傳主所撰《誡子孫書》云："聞汝等學時俗人，乃有坐而待客者，有驅馳勢門者，有輕論人惡者，及見貴勝則敬重之，見貧賤則慢易之，此人行之大失，立身之大病也。"⑦

北涼冥訟文書所言"立身不越王法"，即指趙貨生前為人處世及言行

---

① 荊門市博物館編：《郭店楚墓竹簡》，北京：文物出版社 1998 年版，第 145 頁。

② 《後漢書·朱暉傳》載傳主曰："行年八十，蒙恩得在機密，當以死報。若心知不可而順旨雷同，負臣子之義。今耳目無所聞見，伏待死命。"（南朝宋·范曄撰：《後漢書》卷四三，唐·李賢等注，第 1461 頁）《三國志·魏書·管寧傳》："今寧舊疾已瘳，行年八十，志無衰倦。"（晉·陳壽撰：《三國志》卷十一，南朝宋·裴松之注，陳乃乾點校，第 359 頁）《晉書·江續傳》載傳主曰："大丈夫何至以死相脅！江仲元行年六十，但未知獲死所耳。"（唐·房玄齡等撰：《晉書》卷八三，第 2176 頁）《晉書·封孚傳》載傳主曰："行年七十，墓木已拱，惟求死所耳。"（唐·房玄齡等撰：《晉書》卷一二八，第 3185 頁）《梁書·江革傳》載傳主曰："江革行年六十，不能殺身報主，今日得死為幸，誓不為人執筆。"（唐·姚思廉撰：《梁書》卷三六，北京：中華書局 1973 年版，第 524 頁）又《南史·江革傳》亦云："臣行年六十，死不為夭，豈畏延明？"（唐·李延壽撰：《南史》卷六〇，第 1475 頁）

③ 1965 年，江西南城縣出土的北宋嘉祐二年（1057 年）陳氏六娘地券亦見"行年"字樣，文曰："陳氏六娘，行年七十八歲，命歸黃泉路"云云。（薛堯：《江西南城、清江和永修的宋墓》，《考古》1965 年第 11 期，第 572 頁）

④ （晉）陳壽撰：《三國志》卷二七，（南朝宋）裴松之注，陳乃乾點校，第 744 頁。標點略作修正。

⑤ （唐）房玄齡等撰：《晉書》卷五四，第 1487 頁。

⑥ （北齊）魏收撰：《魏書》卷四三，第 968 頁。

⑦ （北齊）魏收撰：《魏書》卷五八，第 1290 頁。

舉止從不觸犯法令。

(三)"今橫為叔琳見狀枉死,即就後世,銜 恨 入土"條辨析

第一,"橫為"釋義。

"橫為"二字係狀語、修飾其後的動詞"見狀",意思是"意外地、無緣無故地……"東晉袁宏(328~376 年)撰《後漢紀·孝桓皇帝紀下》:"(侯)覽素佞行,稱冤於上曰:'母及親屬無罪,橫為儉所殘害,皆大將軍竇武、前太尉〔掾〕范滂所諷。'"[①]《真誥·運象篇》:"穆德薄罪厚,端坐愁室,橫為眾真所見採錄,鑒戒繼至,啟悟非一。"[②]西晉月氏國三藏竺法護譯《佛說滅十方冥經》云:"今我二親身不安和,橫為人非人所見侵嬈(撓),晝夜寤寐,不得寧息。"[③]

值得注意的是,《後漢書·寇榮傳》載傳主上書桓帝云:"臣誠恐卒為豺狼橫見噬食,故冒死欲詣闕,披肝膽,布腹心。"[④]又《異苑》(卷七)載:"晉義熙初,烏傷黃蔡於查溪岸照射,見水際有物眼光徹……引弩射之,應弦而中……其夕夢見一長人,責誚之曰:'我在洲渚之間,無關人事,而橫見殺害,怨苦莫申。連時覓汝,今始相得。'眠寤,患腹痛而殞。"[⑤]上述引文中"橫見噬食""橫見殺害"四字,顯係北涼冥訟文書"橫為……見狀枉死"句型之省略形式。

第二,"見狀枉死"釋義。

"見",《說文解字·見部》訓曰:"視也。"[⑥]段玉裁注云:"析言之有視而不見者,聽而不聞者;渾言之則視與見、聞與聽一也。耳部曰:聽,聆也;聞,知聲也。此析言之。用目之人也,會意。"[⑦]本文所述北涼冥訟文書中"見狀"之語的含義,游自勇借鑒呂叔湘有關"見"字的

---

①　(晉)袁宏:《後漢紀》卷二二,載張烈點校《兩漢紀》下冊,北京:中華書局 2002 年版,第 430 頁。

②　(南朝梁)陶弘景編:《真誥》卷二,《道藏》第 20 冊,第 504 頁。

③　(西晉)竺法護譯:《佛說滅十方冥經》,載〔日〕高楠順次郎編輯《大正新修大藏經》第 14 卷(經集部),東京:大正新修大藏經刊行會 1972 年版,第 105 頁。

④　(南朝宋)范曄撰:《後漢書》卷十六,(唐)李賢等注,第 628 頁。

⑤　(南朝宋)劉敬叔撰:《異苑》卷七,范寧校點,第 70 頁。

⑥　(東漢)許慎撰,(清)段玉裁注:《說文解字注》八篇下,第 407 頁。

⑦　(東漢)許慎撰,(清)段玉裁注:《說文解字注》八篇下,第 407 頁。

語法研究成果，指出："漢語史家還發現，'為……所見'句式是漢魏六朝口語中習用的句法，而'為……見'在唐代之前極其罕見……《冥訟文書》的這句'橫為叔琳見枉死'正符合'為 A 見 V'的句式，參照漢語史的研究成果，文書是趙貨以第一人稱所寫之辭，因此見狀的意思是'狀我'，見指代的是'我（趙貨）'，狀應該是動詞。"① 筆者尊重游氏之看法，然亦補充陳述如下。

20 世紀 40 年代，呂叔湘撰文討論"見"字在古漢語中的指代作用，② 並將其歸納為"A 見 V"句式。③ 這種句式中，A 表示施事、V 表示動詞，"見字表示第一身代詞作賓語之省略"。④ 這一見解遂被中古語法學界所接受，並給予補充論證和深化闡釋。⑤ 然而，近年亦有語法學者提出質疑，認為"見"字應當與第一人稱賓語省略無關，即"見"字根本不具有指代省略賓語的作用，而僅是一個表顯示義的動詞。⑥ 如姚振武撰文認為：主動式"見 V"句中"見"字不具指代作用，只是一個表

---

① 游自勇：《吐魯番新出〈冥訟文書〉與中古前期的冥界觀念》，《中華文史論叢》2007年第 4 期，第 34—35 頁。

② 呂叔湘《中國文法要略》第十章《指代（有定）》討論了"見"字的指代作用，云："'見'字本是動詞，意思是'被'……但有些句子裏'見'字不表被動……也有一種間接指稱的作用。"（呂叔湘：《中國文法要略》，北京：商務印書館 1942 年初版、1982 年新 1 版，第 160 頁）

③ 呂叔湘：《見字之指代作用》，載氏著《漢語語法論文集》（增訂本），北京：商務印書館 1984 年版，第 116—121 頁。

④ 呂叔湘：《見字之指代作用》，載氏著《漢語語法論文集》（增訂本），第 118 頁。

⑤ 有學者指出："A 見 V"句式中，"見"字不僅表示第一人稱賓語的省略，而且指代第二、第三人稱賓語。詳見董志翹《中世漢語中三種特殊句型》，《中國語文》1986 年第 6 期，第453—459 頁；江藍生：《魏晉南北朝小說詞語匯釋》，北京：語文出版社 1988 年版，第 93—94頁；李潤：《試論實詞虛化與句法結構的關係——從"見"字的演變談起》，《四川師範學院學報》（哲社版）1995 年第 4 期，第 50—57 頁；朱家平：《助詞"見"指代第三人稱賓語的用法具有普遍性》，《北京教育學院學報》1998 年第 4 期，第 35—48 頁；朱家平：《助詞"見"可以指代第二人稱賓語》，《北京教育學院學報》1999 年第 4 期，第 24—27 頁；王興才：《"見"字指代意義探微》，《喀什師範學院學報》（社科版）2000 年第 4 期，第 68—70 頁。

⑥ 有關此課題之研究情況，詳見姚振武《古漢語"見 V"結構的再研究》，《中國語文》1988 年第 2 期，第 134—142 頁；唐鈺明：《失去指代作用的"見"字》，《中國語文》1988 年第3 期，第 237 頁；姚振武：《古漢語受事句中"見 V"結構再研究》，《古漢語研究》1990 年第 2期，第 35—39 頁；劉瑞明：《從泛義動詞討論"見"字本不表示被動——兼及被動句有關問題》，《湖北大學學報》（哲社版）1994 年第 5 期，第 16—23 頁；王光漢：《論助動詞"見"》，《溫州師範學院學報》（哲社版）1998 年第 4 期，第 55—58 頁；彭小琴、俞理明：《"A 見 Vt"結構中的"見"》，《古漢語研究》2006 年第 2 期，第 9—13 頁。

顯示義的實義動詞。"見 V"句式的語法功能相當於單個動詞的動賓結構。① 繼而，劉瑞明對此予以深入闡釋和分析，指出："一、泛義動詞'見'字有獨用、前附和後綴指稱具體動詞的三種用法。二、主動句、被動句中的'見 V'是'見'字泛義前附的同一種用法，'見'字本無表被動的作用，是句子事理制約區分主動、被動的。"② "僅就語法言，全部'見 V'都是主動句式。'見 V'是個整體，'見'字是泛義附隨複指 V的，它本身沒有表示被動的功能，不是被動的語法標誌或手段。"③ 張錦笙則主張："上古漢語中，置於及物動詞前的'見'字可以表示被動，但是在中古，即漢魏六朝後，'見'字又可以不表示被動，而且有指代受事的作用。也就是說，見字前的名詞對於見字後的動詞，不為受事而為施事者，不能把'見'字解釋為'被'。"④ 故通常說來，"見 V"句式雖可分為主動式和被動式，但"在嚴格的深層的理論上說，'見'字並無表示被動的語法功能……'見 V'是整體，不能嵌入施事者，'見'字不是表示被動的語法手段"⑤。故《莊子·至樂》所言"烈士為天下見善矣"中"為 A 見 V"句式，"其實它應當是'為 AV'式。其中'見'字不是用以表示被動的。其中的'見善'與曹操'恐為海內之人所見凡愚'中的'見凡愚'一樣是動賓關係，'見'是看得的常義。"⑥ 總之，據語言學界的最新研究表明，北涼冥訟文書中"見狀枉死"句的含義應為"狀告而枉死"。⑦

---

① 姚振武：《古漢語"見 V"結構的再研究》，《中國語文》1988 年第 2 期，第 134—142 頁。

② 劉瑞明：《從泛義動詞討論"見"字本不表示被動——兼及被動句有關問題》，《湖北大學學報》（哲社版）1994 年第 5 期，第 16 頁。

③ 劉瑞明：《從泛義動詞討論"見"字本不表示被動——兼及被動句有關問題》，《湖北大學學報》（哲社版）1994 年第 5 期，第 18 頁。

④ 張錦笙：《中古〈世說新語〉"A（R）見 V"句式析》，《古漢語研究》1994 年第 4 期，第 59 頁；或見張錦笙《〈世說新語〉'見'字考略》，《鐵道師院學報》（社會科學版）1994 年第 1 期，第 83—84 頁。

⑤ 劉瑞明：《從泛義動詞討論"見"字本不表示被動——兼及被動句有關問題》，《湖北大學學報》（哲社版）1994 年第 5 期，第 19 頁。

⑥ 劉瑞明：《從泛義動詞討論"見"字本不表示被動——兼及被動句有關問題》，《湖北大學學報》（哲社版）1994 年第 5 期，第 22 頁。

⑦ 另，《真誥·協昌期》："北帝煞鬼之法：……敢有小鬼，欲來見狀。攫天大斧，斬鬼五形。"（南朝梁·陶弘景編：《真誥》卷十，《道藏》第 20 冊，第 548 頁）這裏所言"見狀"乃為顯現形狀之義，與本文討論之"見狀"含義不同。

第三，"即就後世"釋義。

"即就"一語，出土文獻中凡計有兩見：其一，張家山漢墓竹簡《奏讞書》云："即就訊磔，恐猲欲笞"；① 其二，居延漢簡號四·三（甲二四二〇）簡文云："用叩頭即就謹拜奉書□□叩頭死罪白"。② "即"字，《說文解字·皀部》訓曰："即食也。"③《爾雅·釋詁》訓曰："即，尼也。"④ 由此引申為靠近、親近之義。"即"亦通"急"，故有"立即、馬上就要"等含義。"就"字，《說文解字·京部》訓曰："高也。從京尤。尤，異於凡也。"⑤《廣韻》訓曰："就，成也，迎也，即也。"⑥ 由此引申為奔赴、執行之義。概言之，所謂"即就"就是說"馬上就要趕往……"明代洪應明《菜根譚》中言"惡不可即就，善不可即親"亦屬此例。

漢代尚未形成輪回轉生觀念，東漢道書《太平經》就強調生命僅此一次、當須珍重現世。⑦ 輪回觀念是魏晉六朝時人深受佛教影響下而提出和完成的，此前中原漢族人群中僅有冥界土府之觀念。據大量的出土資料顯示，"後世"這一用語在漢代僅指"日後""後來""後代""後嗣"等含義。如馬王堆帛書《要》篇曰："後世之士疑丘者，或以易乎？吾求其德而已，吾與史巫同涂而殊歸者也。"⑧ 又據敦煌漢簡第一四四八條簡文云："……告後世及其孫子，忽忽錫錫恐見故至，毋貳天地。"⑨ 東漢靈帝熹平二年（173年）張叔敬朱書陶缶鎮墓文："故進上復除之藥，欲令後

①　江陵張家山漢簡整理小組：《江陵張家山漢簡〈奏讞書〉釋文（二）》，《文物》1995年第3期，第36頁；張家山二四七號漢墓竹簡整理小組：《張家山漢墓竹簡［二四七號墓]》（釋文修訂本），第110頁。

②　中國社會科學院考古研究所編：《居延漢簡甲乙編》下冊，北京：中華書局1980年版，第2頁。

③　（東漢）許慎撰，（清）段玉裁注：《說文解字注》五篇下，第216頁。

④　徐朝華注：《爾雅今注》，第74頁。

⑤　（東漢）許慎撰，（清）段玉裁注：《說文解字注》五篇下，第229頁。

⑥　周祖謨校：《廣韻校本：附廣韻四聲韻字今音表》去聲卷第四，北京：中華書局2011年版，第438頁。

⑦　詳見姜守誠《〈太平經〉研究——以生命為中心的綜合考察》，第77—144頁。

⑧　陳松長、廖名春：《帛書〈二三子問〉、〈易之義〉、〈要〉釋文》，載陳鼓應主編《道家文化研究》第三輯（馬王堆帛書專號），上海：上海古籍出版社1993年版，第435頁。

⑨　甘肅省文物考古研究所編：《敦煌漢簡》下冊，第274頁。標點為筆者添加。

世無有死者。"① 漢代銅鏡銘文亦多見"傳告後世樂無極"字樣。殆魏晉之後,"後世"一語始見有"來世"之義。南朝梁時釋僧祐撰《弘明集》(卷十三)引郗超《奉法要》云:"出息不報,便就後世,是為無常。"②引文"便就後世"之含義乃等同於北涼冥訟文書中"即就後世"句式。此外,唐代釋道世(? ~683 年)編《法苑珠林》中亦有"便就後世"一語,該書卷三七《敬塔篇·引證部》引《雜阿含經》云:"乃至王得重病,自知命盡,常願以億百千金作功德,今願不滿,便就後世,唯減四億未滿。"③ 又卷五九《謀謗篇·佛患頭痛緣》載:"時池中有兩種魚:一名麑,一名多舌。此自相語曰:我等不犯人,橫見殺我,後世當報。"④

概括而言,文書所見"即就後世"一語其實包含兩層含義:其一,去離人世,此與漢代熟語"蚤去(離)明世"⑤ 相類;其二,輪回轉世。北涼冥訟文書言及趙貨"即就後世",恐不能排除輪回轉世之色彩。

第四,"銜恨入土"釋義。

"銜恨"一語,亦為漢魏六朝常見之熟語。《後漢紀·孝明皇帝紀上》《後漢書·光武十王列傳·東漢恭王彊》均收錄了恭王劉彊於永平元年病重將死前的奏疏,其中有"銜恨黃泉"字句。⑥ 又《後漢書·儒林列傳上·孔僖》可見"銜恨蒙枉"字樣,⑦《舊唐書·劉仁軌傳》亦有"銜恨九泉"之語。⑧

北涼冥訟文書中所言"銜恨入土"一語,意為趙貨心懷冤屈和憤恨

---

① 陳直:《漢張叔敬朱書陶瓶與張角黃巾教的關係》,載氏著《文史考古論叢》,第 391頁。標點為筆者添加。

② (南朝梁)僧祐撰:《弘明集》卷十三,第 89 頁。

③ (唐)釋道世:《法苑珠林校注》卷三七,周叔迦、蘇晉仁校注,北京:中華書局 2003年版,第 1186 頁。

④ (唐)釋道世:《法苑珠林校注》卷五九,周叔迦、蘇晉仁校注,第 1755—1756 頁。

⑤ 山東省東阿縣出土的東漢桓帝永壽二年(156 年)七月薌他君石祠堂題記:"旬年二親,蚤去明世,棄離子孫,往而不返。"(陳直:《漢薌他君石祠堂題字通考》,載氏著《文史考古論叢書》,第 411 頁)又、鄧椽墓題記:"熹平三年十二月乙巳朔廿一日乙丑,新廣里鄧季星年七十四,薄命蚤離明世,長入幽冥。"(王化民:《宿縣出土漢熹平三年畫像石》,《中國文物報》1991 年 12 月 1 日,第 1 版)

⑥ (晉)袁宏:《後漢紀》卷九,載張烈點校《兩漢紀》下冊,第 164 頁;(南朝宋)范曄撰:《後漢書》卷四二,(唐)李賢等注,第 1424 頁。

⑦ (南朝宋)范曄撰:《後漢書》卷七九上,(唐)李賢等注,第 2561 頁。

⑧ (後晉)劉昫等撰:《舊唐書》卷八四,第 2794 頁。

而死。那麼，文書中主人公趙貨究竟以何種方式而死？據文書所言：趙貨乃係因"叔琳見狀枉死"，然這僅說明趙貨生前蒙受冤屈、遭叔叔狀告至官府，卻未明言導致其死亡的直接死因：蒙冤得病而死，身陷牢獄而死，[①] 抑或被刑殺？諸多疑問乃因文書中並未透露出相關信息，無法確知。

（四）"皇天后土，當明照察"條辨析

第一，"皇天后土"解讀。

"皇天后土"本係天地之謂也，如《晉書·安平獻王孚傳》引司馬孚之語曰："天稱皇天……地稱后土"[②]。然而，自古以來人們卻將"皇天""后土"更多地賦予了人格化特徵。後世道教更將"皇天""后土"納入其神祇體系，賦予較高的神格地位。

"皇天"或稱"昊天上帝""皇天上帝"，是上古神話中的最高神祇。《尚書》《詩經》《禮記》等經典文獻對"皇天"形象已有描述。如《詩經·小雅·巧言》云："悠悠昊天，曰父母且。"[③] 又《大戴禮記·盛德》云："夫民思其德，心稱其人，朝夕祝之，升聞於皇天，上帝歆焉，故永其世而豐其年。……夫民惡之，必朝夕祝之，升聞於皇天，上帝不歆焉。故水旱竝興，災害生焉。"[④]

"后土"或稱"后土地祇"，[⑤] 即指后土神。推考史籍可知，后土神信仰起源甚早。如《尚書·武成》就有"告於皇天后土"字樣；[⑥]《左傳·文公十八年》中有"使主后土，以揆百事"等語辭；[⑦]《周禮·春

---

① 漢代劉熙撰《釋名·釋喪制》云："獄死曰'考竟'，考得其情，竟其命於獄也。"（任繼昉纂：《釋名匯校》卷八，第 467 頁）

② （唐）房玄齡等撰：《晉書》卷三七，第 1083 頁。

③ （清）王先謙撰：《詩三家義集疏》卷十七，吳格點校，第 705 頁。

④ （清）王聘珍撰：《大戴禮記解詁》卷八，王文錦點校，第 146 頁。

⑤ 《漢書·郊祀志下》載：漢平帝時，大司馬王莽上書奏言"……皆曰天子父事天，母事墬，今稱天神曰皇天上帝，泰一兆曰泰畤，而稱地祇曰后土，與中央黃靈同，又兆北郊未有尊稱。宜令地祇稱皇墬后祇，兆曰廣畤。"（東漢·班固撰：《漢書》卷二五下，唐·顏師古注，第 1268 頁）

⑥ 《十三經注疏》整理委員會整理、李學勤主編：《尚書正義》卷十一，第 291 頁。

⑦ 《十三經注疏》整理委員會整理、李學勤主編：《春秋左傳正義》卷二十，第 579 頁。

官》"大宗伯"條有"王大封,則先告后土"等内容。① 據上述記載看,古人眼中的后土神乃是管理土地的君主、享有較高的權威。② 同時,古代民眾中亦有后土神主掌幽都的說法,因此建墓、喪禮時亦祀后土神,遂相沿成俗。

綜上所述,某人蒙受不白之冤,生前及死後投訴於"皇天后土"處,顯然在情理之中。對此,北齊顏之推撰《顏氏家訓·風操》言:"人有憂疾,則呼天地父母,自古而然。"③ 故北涼冥訟文書中呼喚"皇天后土""大公己父"為自己申冤作證,即為凡人情感的自然流露。附帶一說,"皇天后土"作為天界冥府的主管神祇,在歷代墓券文書中也可見其踪跡。如《中國歷代墓券略考》收錄建安三年崔氏買地券:"建安三年三月八日、祭主崔坊、伏緣先考奄逝以來、地未蕾、延日者、擇此高原。來世朝迎、地世襲、吉日時、洋錢於皇天后土處、買到龍子岡陰地一區。"④ 這裏,"皇天后土"扮演的角色為見證者、主持人,倒也符合其神祇身份。

第二,"當明照察"釋義。

所謂"照察",即指考察、明察、洞悉等義,亦係漢晉時人之熟語。1957～1958 年河南洛陽出土的西漢銅鏡所刻銘文云:"清冶銅華以為鏡,

---

① 《十三經注疏》整理委員會整理、李學勤主編:《周禮注疏》卷十八,第 845 頁。

② 有關后土神的性別,文獻記載尚存分歧:其一,男性,《左傳·昭公二十九年》云:"共工氏有子曰句龍,為后土"(《十三經注疏》整理委員會整理、李學勤主編:《春秋左傳正義》卷五三,第 1511 頁);《禮記·祭法》云:"共工氏之霸九州也,其子曰后土,能平九州,故祀以為社。"(《十三經注疏》整理委員會整理、李學勤主編:《禮記正義》卷四六,第 1307 頁)二書皆稱后土為共工之子,即為男性。其二,女性,漢代以高后配饗地祇,西漢時"高后"乃指稱呂雉,光武帝時尊薄太后為高皇后。據《後漢書·光武帝紀下》載:"(中元元年冬十月)甲申,使司空祠告高廟曰:'皇高帝與羣臣約,非劉氏不王。呂太后賊害三趙,專王呂氏,賴社稷之靈,祿、產伏誅,天命幾墜,危朝更安。呂太后不宜配食高廟,同祧至尊。薄太后母德慈仁,孝文皇帝賢明臨國,子孫賴福,延祚至今。其上薄太后尊號曰高皇后,配食地祇。遷呂太后廟主于園,四時上祭。'"(南朝宋·范曄撰:《後漢書》卷一下,唐·李賢等注,第 83 頁)西漢以呂后配饗地祇,東漢則以薄太后配饗地祇。二人均為高祖之妻,以女性身份配饗地祇,這說明漢人觀念中后土當係女性。此後,《晉書》《宋書》《通典》等亦有以祖董皇后配饗后土神之記載。

③ 王利器撰:《顏氏家訓集解》(增補本)卷二,第 117 頁。

④ [日]池田溫:《中國歷代墓券略考》,載東京大學東洋文化研究所《東洋文化研究所紀要》第 86 冊"東京大學東洋文化研究所創立四十週年紀念論集 I",昭和五十六年(1981)十一月版,第 193—278 頁。

照察衣服觀容貌"。①《赤松子章曆·又大塚訟章》云："或妻妾閨閣，照察不明，信用偏邪，寵縱讒賊，持上逼下，怨酷叢生。"② 此外，其他史料亦能說明"照察"之含義，茲不贅述。

"皇天后土"與"照察""鑒見"等辭句連用，始見於漢世。據《後漢書·臧洪傳》記載傳主起兵反抗董卓，並設壇盟誓曰："……有渝此盟，俾墜其命，無克遺育。皇天后土，祖宗明靈，實皆鑒之。"③ 秦漢以降，魏晉六朝時人亦常見此種語例。如《晉書·孝友傳·李密》收錄傳主的《陳情表》云："臣之辛苦，非但蜀之人士及二州牧伯之所明知，皇天后土實所鑒見。"④《晉書·列女傳·苻登妻毛氏》又載：傳主毛氏為姚萇擒獲，"萇欲納之，毛氏罵曰：'吾天子后，豈為賊羌所辱，何不速殺我！'因仰天大哭曰：'姚萇無道，前害天子，今辱皇后，皇天后土，寧不鑒照！'萇怒，殺之。"⑤ 此外，值得注意的是，《冤魂志·張祚》記載涼州牧張瓘前往廣夏門查驗鸛巢，"守敦煌宋混遣弟澄即於巢所害瓘，瓘臨命語澄曰：'汝荷婚姻而為反逆，皇天后土，必當照之。我自可死，當令汝劇我矣。'"⑥ 這則故事所反映的時代、地域與北涼冥訟文書十分接近，證明六朝時涼州地區此用語形式乃較流行。⑦

（五）"鹽羅大王，平等之主，願加威神"條辨析

第一，"鹽羅大王，平等之主"釋義。

"鹽""閻"二字通，本條所言"鹽羅大王"一語，即指閻羅王。所謂"閻羅王"（梵語 Yama‐raja），又稱閻羅大王、閻魔王、閻摩羅，

---

① 中國科學院考古研究所洛陽發掘隊：《洛陽西郊漢墓發掘報告》，《考古學報》1963 年第 2 期，第 24 頁。

② 《赤松子章曆》卷五，《道藏》第 11 冊，第 221 頁。

③ （南朝宋）范曄撰：《後漢書》卷五八，（唐）李賢等注，第 1886 頁。

④ （唐）房玄齡等撰：《晉書》卷八八，第 2275 頁。

⑤ （唐）房玄齡等撰：《晉書》卷九六，第 2523—2524 頁。

⑥ （北齊）顏之推：《〈冤魂志〉校注》，羅國威校注，成都：巴蜀書社 2001 年版，第 42 頁。

⑦ 此條資料亦見引於游自勇《吐魯番新出〈冥訟文書〉與中古前期的冥界觀念》一文中，且游氏分析詳盡，茲不贅述。

民眾俗稱閻羅天子①、閻王或閻王爺，均係梵文音譯。有關其身世，唐代釋道世撰《法苑珠琳·六道篇·典主部》引《問地獄經》及《淨度三昧經》云："閻羅王者，昔為毗沙國王……毗沙王者，今閻羅王是。"②

閻羅王之原型肇始於古印度神話，其為執掌地獄的神祇。③伴隨佛教之東傳及浸染中原，閻羅信仰逐漸被中國民眾所接受。④閻羅王之譯名首見於北魏楊衒之撰《洛陽伽藍記》卷二"崇真寺"條，其云：比丘惠凝圓寂七日後還活，乃"經閻羅王檢閱，以錯名放免"⑤。《幽明錄》載："蒲城李通死，來云：見沙門法祖為閻羅王講《首楞嚴經》"。⑥又《宣驗記》載："程道慧，字文和，武昌人。舊不信佛，世奉道法。……後因疾死，見閻羅王，始知佛法可崇，遂即奉佛。"⑦《弘明集》（卷九）引蕭琛《難神滅論》曰："憚閻羅之猛，畏牛頭之酷。"⑧《真誥·闡幽微》"六天宮"等句段後附陶弘景小字注曰："此即應是北酆鬼王決斷罪人住處，其神即應是經呼為閻羅王所住處也。……凡生生之類，其死莫不隸之。"⑨這段注文說明：至遲南北朝時，道門中人已開始援引佛教閻羅王的說法，藉此構建和完善道家的地獄信仰。

文書中緊隨"鹽羅大王"後的"平等之主"這一用語，游自勇認為："'平等之主'其實是'鹽羅大王'的意譯，是對閻羅某種本質的指稱。

<hr>

① 南宋洪邁撰《夷堅志》丁志卷十七"閻羅城"條載：襄陽南漳人張腆夢遊閻羅城，城中執掌政務者為"閻羅天子"。（南宋·洪邁撰：《夷堅志》丁志卷十七，何卓點校，第679頁）宋以後道書《太上救苦天尊說消愆滅罪經》亦云：召請閻羅天子、泰山府君等各路神祇恭敬禮拜。（詳見《道藏》第6冊，第302頁）

② （唐）釋道世：《法苑珠林校注》卷七，周叔迦、蘇晉仁校注，第244頁。

③ 在印度上古詩歌集《梨俱吠陀》中，閻王（亦稱閻摩）就以冥王形象出現。

④ 有關閻羅王信仰在中土的傳佈，詳見張總《〈閻羅王授記經〉綴補研考》，《敦煌吐魯番研究》第五卷，北京：北京大學出版社2000年版，第81—116頁；張總：《初唐閻羅王圖像及刻經——以〈齊士員獻陵造像碑〉拓本為中心》，《唐研究》第六卷，第1—18頁。

⑤ （北魏）楊衒之著：《洛陽伽藍記校箋》卷二，楊勇校箋，北京：中華書局2006年版，第76頁。

⑥ 魯迅校錄：《古小說鉤沉》，第206頁。

⑦ 魯迅校錄：《古小說鉤沉》，第274頁。

⑧ （南朝梁）僧祐撰：《弘明集》卷九，第58頁。

⑨ （南朝梁）陶弘景編：《真誥》卷十五，《道藏》第20冊，第579頁。

以'平等'來翻譯閻羅……"① 筆者姑且採納游氏之說。就目前傳世文獻來看，以"平等"義譯"閻羅"之最早者當推唐代沙門釋慧琳（737～820 年）撰《一切經音義》，該書卷五"燗魔鬼界"條云："焰魔，梵語鬼趣名也。經文作剡魔……梵音焰魔，義翻為平等王，此司典生死罪福之業，主守地獄八熱八寒及以眷屬諸小獄等，役使鬼卒於五趣之中，追攝罪人，捶拷治罰，決斷善惡，更無休息。"② 卷十八又云："剡魔王……或名可怖畏，亦名深能靜息，或云平等……"③ 必須指出的是，唐代敦煌佛經抄本願文中屢見"平等大王"稱謂，其以幽冥神祇身份與"太山府君""五道大神"等同時出現，如法藏 P. 3135 題後《四分戒索清兒題記願文》（擬）云："乙卯年四月十五日，弟子索清兒，為己身忽染熱疾，非常困重，遂發願寫此《四分戒》一卷。上為一切諸佛、諸大菩薩摩訶薩及太山府君、平等大王、五道大神、天曹地府、司命司祿、土府水官、行病鬼王……并一切幽冥官典等，伏願慈悲救護。"④ 又如英藏 S. 980 後附《金光明最勝王經等李暄題記願文》（擬）云："辛未年二月四日，弟子皇太子暄，為男弘忽染痾疾，非常困重，遂發願寫此《金光明最勝王經》，上告一切諸佛、諸大菩薩摩訶薩及太山府君、平等大王、五道大神、天曹地府，司命司祿、土府水官、行病鬼王……并一切幽冥官典等，伏願慈悲救護。願弘疾苦早得痊平，增益壽命。"⑤ 顯然，這裏的"平等大王"已是一位獨立的冥界神祇。

總之，北涼冥訟文書所言"鹽羅大王、平等之主"即是說：閻羅大王，您是冥界中執掌公正的君主。這則出土材料的面世還有十分重要的意義，就是將"平等"與"閻羅"之連用或義譯的文字記錄，至少往前推溯了三百五十餘年。此外，吐魯番出土的唐代絹畫《十王圖》及唐代西域克孜爾壁畫《地獄圖》，亦說明冥府十王說在唐代以後高昌郡的滲透和

---

①　游自勇：《吐魯番新出〈冥訟文書〉與中古前期的冥界觀念》，《中華文史論叢》2007年第 4 期，第 43 頁。

②　[日] 高楠順次郎編輯：《大正新修大藏經》第 54 冊（事匯部下·外教部全），第 338頁。

③　[日] 高楠順次郎編輯：《大正新修大藏經》第 54 冊（事匯部下·外教部全），第 417頁。

④　黃徵、吳偉編校：《敦煌願文集》，長沙：嶽麓書社 1995 年版，第 915 頁。

⑤　黃徵、吳偉編校：《敦煌願文集》，第 920 頁。

流傳。①

　　第二，"願加威神"釋義。

　　"願加"二字，其意乃為"希望施加……"據《三國志·吳書·魯肅傳》載：孫權欲攻打益州牧劉璋奪取蜀地，劉備就此表態說："備與璋託為宗室，冀憑英靈，以匡漢朝。今璋得罪左右，備獨竦懼，非所敢聞，願加寬貸。若不獲請，備當放髮歸於山林。"②《宋書·袁淑傳》載太子元凶邵謀逆弑君，袁淑及蕭斌勸阻說："自古無此，願加善思。"③《陳書·毛喜傳》記載傳主勸諫高宗說："宗社之重，願加三思。"④

　　"威神"二字，即指赫奕的聲威、神聖之威嚴。《漢書·揚雄傳上》："配帝居之縣圃兮，象泰壹之威神。"⑤ 漢代班固撰《封燕然山銘》："勒以八陣，蒞以威神"。⑥《後漢書·南匈奴傳》："冀因聖帝威神，一舉平定。"⑦《真誥·運象篇》："九絕獸，神禽也。……變動無常，恒入之芥子之內，玉晨之玉寶，太微之威神矣。"⑧《舊唐書·僕固懷恩傳》載傳主於廣德元年八月上書云："臣累任偏神，決死靖難，上以安社稷，下以拯生靈，仗皇天之威神，滅狂胡之醜類。"⑨《雲笈七籤》卷二十《三洞經教部·經》引《太上飛行九神玉經》云："上有九辰華君，中有九皇夫人，魂精魄靈，皆九斗之威神，吐煥七曜之光，流映九天之門，洞朗幽虛，無毫不彰也。"⑩

　　北涼冥訟文書所言"願加威神"四個字，乃是說：希望（鹽羅大王等）以其赫奕的聲威和無上的威嚴，施展出無邊的法力。

---

　　① 日本學者松本榮一對此有過論述，詳見〔日〕松本榮一《敦煌畫の研究》第三章第八節"十王經圖卷"，東京：東方文化學院東方研究所1937年版，第414—415頁。有關這一課題的研究情況，詳見羅華慶《敦煌地藏圖像和"地藏十王廳"研究》，《敦煌研究》1993年第2期，第5—14頁。

　　② （晉）陳壽撰：《三國志》卷五四，（南朝宋）裴松之注，陳乃乾點校，第1271—1272頁。

　　③ （梁）沈約撰：《宋書》卷七〇，第1840頁。

　　④ （唐）姚思廉撰：《陳書》卷二九，北京：中華書局1972年版，第389頁。

　　⑤ （東漢）班固撰：《漢書》卷八七上，（唐）顏師古注，第3526頁。

　　⑥ （南朝梁）蕭統編：《文選》卷五六，（唐）李善注，第2407頁。

　　⑦ （南朝宋）范曄撰：《後漢書》卷八九，（唐）李賢等注，第2952頁。

　　⑧ （南朝梁）陶弘景編：《真誥》卷三，《道藏》第20冊，第509頁。

　　⑨ （後晉）劉昫等撰：《舊唐書》卷一二一，第3483頁。

　　⑩ （宋）張君房編：《雲笈七籤》卷二十，李永晟點校，第458頁。

（六）"召琳夫妻及男女子孫檢校"條辨析

第一，"男女子孫"釋義。

所謂"男女"，意為子女。如《漢書·史丹傳》云："（史丹）有子男女二十人，九男皆以丹任並為侍中諸曹，親近在左右。"①《漢書·外戚傳上·孝景王皇后》記載武帝生母在民間產有一女，武帝獲知後親迎宮中，"因賜湯沐邑，號修成君。男女各一人，女嫁諸侯，男號修成子仲，以太后故，橫於京師。"②《後漢書·皇后紀上·和熹鄧皇后》："（元初）六年，太后詔徵和帝弟濟北、河閒王子男女年五歲以上四十餘人，又鄧氏近親子孫三十餘人，並為開邸第，教學經書，躬自監試。"③ 前引兩《漢書》中"男女"一辭均指子女。④ 此外，"男女"用語在王重民等編《敦煌變文集》中凡計有十八例，均言子女之含義。⑤ "男女"與"子孫"連用的現象，在唐以前撰作的道書《太上洞玄靈寶三元玉京玄都大獻經》⑥中也可見到，如云："道君又知眾生男女子孫，代代不絕……天尊言：其罪人後代男女子孫眷屬，既無功德，唯有地獄因緣……"⑦

如上所述，文書中"琳夫妻及男女子孫"即是說：趙琳夫妻及子女、兒孫輩等。

第二，"檢校"釋義。

所謂"檢校"，即指檢查、審視、稽考之義。⑧ 傳世文獻中多見此語，⑨ 如《晉書·張華傳》云："尚書左僕射裴頠以為宜先檢校傳書者，

---

① （東漢）班固撰：《漢書》卷八二，（唐）顏師古注，第 3379 頁。

② （東漢）班固撰：《漢書》卷九七上，（唐）顏師古注，第 3948 頁。

③ （南朝宋）范曄撰：《後漢書》卷十上，（唐）李賢等注，第 428 頁。

④ "男女"一詞，文獻中亦指男女二性。此種用法與本文所述不同，略不贅言。

⑤ 詳見閻崇璩編著《敦煌變文詞語彙釋》，東京：大東文化大學影印刊行昭和 58 年（1983年）版，第 209 頁。

⑥ 詳見任繼愈主編《道藏提要》（修訂本），第 278—279 頁。

⑦ 《太上洞玄靈寶三元玉京玄都大獻經》，《道藏》第 6 冊，第 271 頁。

⑧ 值得一提的是，東晉及唐宋時官制中多設"檢校官"一職。宋代趙彥衛撰《雲麓漫鈔》卷十："東晉時，有檢校御史專掌行馬外事……沿襲至唐，有檢校官……國朝因之，官制行，並省。……檢校，即檢點之義，未與正官，且令檢點其事"。（宋·趙彥衛：《雲麓漫鈔》卷十，北京：中華書局 1996 年版，第 176 頁）

⑨ 有關"檢校"一語在中古文獻中的使用及其含義，學界已有討論。（詳見王雲路、方一新《中古漢語語詞例釋》，長春：吉林教育出版社 1992 年版，第 217—218 頁）

又請比校太子手書，不然，恐有詐妄。"① 又《晉書・陸雲傳》收錄江統等人的奏疏曰："……刑誅事大，言機有反逆之徵，宜令王粹、牽秀檢校其事。令事驗顯然，暴之萬姓，然後加雲等之誅，未足為晚。"② 此外，"檢校"一語亦見載魏晉六朝士人文學作品中，如《世說新語》中凡有四見。又《裴子語林》載："王右軍為會稽令，謝公就乞箋紙；檢校庫中，有九萬枚，悉以付之。"③ 該用語亦見載於西域變文中，如敦煌千佛洞發現的唐代變文抄本《漢將王陵變》有云："新婦檢挍田苗，見其兵馬，斂袂堂前，說其本情處，若為陳說。"④ 又《秋胡變文》中說："郎君！兒生非是家人，死非家鬼，雖門望之主，不是耶孃檢校之人，寄養十五年，終有離心之意。"⑤ 上述引文中"檢校"均為檢審、察看之義。

簡言之，北涼冥訟文書所言"召琳夫妻及男女子孫檢校"一句，意思是說：請（閻羅大王等）將趙琳夫妻及其兒女子孫輩的魂魄勾去，對趙貨含冤致死之情況展開稽考、調查（並給予嚴屬的處罰）。

第三，行文格式雜論。

北涼冥訟文書在兩處行間距中（即第 4～5 行、第 6～7 行）書寫文字之現象值得注意。有學者已指出：文書中"'即就後世''皇天后土'幾字的墨色差不多，而'銜恨入土'的墨色偏重；'召琳檢校'與'夫妻及男女子孫'的墨色也不同，後者明顯偏淺。據此可以認定，'銜恨入土'與'夫妻及男女子孫'是在整篇文書書寫完畢後添上的。"⑥ 古人對章奏所呈的文書格式有諸多規定，書寫者及事主均需秉持恭敬謹慎之態度。《赤松子章曆・書章法》就詳細介紹了喪葬及宗教儀式中疏文的寫作規範和注意事項，⑦ 說明這類文書乃係由專職人員書寫（如道人之類），據此我們認為這份冥訟文書中"銜恨入土"及"夫妻及男女子孫"兩段文字恐非脫漏，確係有意後添而成。

---

① （唐）房玄齡等撰：《晉書》卷三六，第 1073 頁。
② （唐）房玄齡等撰：《晉書》卷五四，第 1485 頁。
③ 魯迅校錄：《古小說鉤沉》，第 24 頁。
④ 王重民等編：《敦煌變文集》卷一，第 41 頁。
⑤ 王重民等編：《敦煌變文集》卷二，第 155 頁。
⑥ 游自勇：《吐魯番新出〈冥訟文書〉與中古前期的冥界觀念》，《中華文史論叢》2007年第 4 期，第 53 頁。
⑦ 《赤松子章曆》卷二，《道藏》第 11 冊，第 182 頁。

（七）“冀蒙列理，辭具”條辨析

第一，“冀蒙列理”釋義。

“冀蒙”一語，其意為“希望能得到”，乃偶見於漢晉典籍中。《後漢書》凡計見有五次，均為詔書或奏疏中使用，如卷二《顯宗孝明帝紀》載永平十八年夏四月詔書①、卷三《肅宗孝章帝紀》載建初五年春二月詔書②、卷六《孝質帝紀》載永嘉元年五月詔書③、卷四二《光武十王列傳·東平憲王蒼》載傳主奏疏④、卷四五《張酺傳》載傳主奏疏⑤。此外，居延新出漢簡（E·P·T65：257A）中亦見“冀蒙”之語，其謂：“冀蒙哀　掌者皆不曲直以列割之等比”。⑥

有關“列理”一語中“列”字之含義，《說文解字·刀部》訓曰：“分解也。”⑦ 段玉裁注云：“列之本義為分解，故其字從刀。齒分骨之䚡從列，引伸為行列之義。”⑧《廣雅·釋詁二》訓曰：“列，陳也。”⑨ 祝總斌認為：“早在兩漢魏晉，‘列’字已有一種特殊用法，即指訴訟中的陳述、申辯。”⑩ 隨後，他列舉出司馬遷《報任少卿書》《後漢書·度尚傳》《三國志·吳書·孫皓傳》等文獻中所涉“列”字語義以為資證。⑪ 據此可知，“列理”二字其實就是說評論案情、申辯真相。

概言之，北涼冥訟文書中“冀蒙列理”一句含義是說，希望能讓（閻羅大王等）出面來評理、主持公道。

第二，“辭具”釋義。

---

① （南朝宋）范曄撰：《後漢書》卷二，（唐）李賢等注，第 123 頁。
② （南朝宋）范曄撰：《後漢書》卷三，（唐）李賢等注，第 139 頁。
③ （南朝宋）范曄撰：《後漢書》卷六，（唐）李賢等注，第 278 頁。
④ （南朝宋）范曄撰：《後漢書》卷四二，（唐）李賢等注，第 1437 頁。
⑤ （南朝宋）范曄撰：《後漢書》卷四五，（唐）李賢等注，第 1529 頁。
⑥ 甘肅省文物考古研究所、甘肅省博物館、文化部古文獻研究室、中國社會科學院歷史研究所編：《居延新簡：甲渠候官與第四燧》，第 437 頁。
⑦ （東漢）許慎撰，（清）段玉裁注：《說文解字注》四篇下，第 180 頁。
⑧ （東漢）許慎撰，（清）段玉裁注：《說文解字注》四篇下，第 180 頁。
⑨ （清）王念孫：《廣雅疏證》卷二下，第 67 頁。
⑩ 祝總斌：《高昌官府文書雜考》，北京大學中國中古史研究中心編：《敦煌吐魯番文獻研究論集》第二輯，第 479 頁。
⑪ 祝總斌：《高昌官府文書雜考》，北京大學中國中古史研究中心編：《敦煌吐魯番文獻研究論集》第二輯，第 479 頁。

　　"辭具"是一種公文用語，屢見公私文牒辭訟中。有關學者已指出，"辭具"這一用語與官方文書中常見的"謹辭"或"謹辭以聞"等語辭類似，均作為結語出現在奏狀或文書末尾，乃為行文結束之標誌。①

　　這裏的"辭"字乃有陳述之義，意為控訴之言論。②"具"字，《說文解字·収部》訓曰："共置也。"③《爾雅·釋詁》訓曰："供、峙、共，具也。"④引申為具備、全盡之義，故《史記·商君列傳》云："此一物不具，君固不出。"⑤"辭具"二字連用，即是說：所要反映（或陳述）的内容全在這裏了。"辭具"一語，在居延新出漢簡中出現多次，如 E·P·T52：221 號簡文云："☒毋長吏使劾者辭具此"⑥；又 E·P·F22：387 號簡文云："詣官往來積私去署八日除往來日積私留舍六日辭具"⑦。上述所引"辭具"一語，皆同於北涼冥訟文書中所見。

(八)"貨母子白大公、己父，明為了理，莫爱歲月"條辨析

第一，"大公"釋義。

"大公"一語，筆者翻檢文獻將其含義歸納為幾種情況：

（1）晚輩對父親或長者的尊稱。

敦煌漢簡第二三九三 B 號簡文曰："大人強……甚善嚴寒參列願自將宜真……將何怨己無能謝兄嫂供養二親萬幸辭謝……弟善供養大公母敬在遠□當念"。⑧此處文字雖有殘缺，然據文意可知"大公母"乃係指父母

---

　　① 祝總斌指出："'謹辭'在某種情況下似乎又可以寫成'辭具'。……兩兩對比，可見，'辭具'等于'謹辭'。而這兩處之'辭'，其為口供或辯護辭十分明顯。"（祝總斌：《高昌官府文書雜考》，北京大學中國中古史研究中心編：《敦煌吐魯番文獻研究論集》第二輯，第 480 頁）

　　② 祝總斌對漢魏傳世文獻及高昌出土文書中"辭""列辭"等用語加以考釋，指出："可見，'辭'、'列辭'雖然不見得全系犯人本人的申辯、招認或當事人的控訴，有時是其他人的言詞，但看來也都與訴訟有關。"（祝總斌：《高昌官府文書雜考》，北京大學中國中古史研究中心編：《敦煌吐魯番文獻研究論集》第二輯，第 479 頁）

　　③ （東漢）許慎撰，（清）段玉裁注：《說文解字注》三篇上，第 104 頁。

　　④ 徐朝華注：《爾雅今注》，第 62 頁。

　　⑤ （西漢）司馬遷撰：《史記》卷六八，第 2235 頁。

　　⑥ 甘肅省文物考古研究所、甘肅省博物館、文化部古文獻研究室、中國科學院歷史研究所：《居延新簡：甲渠候官與第四燧》，第 244 頁。

　　⑦ 甘肅省文物考古研究所、甘肅省博物館、文化部古文獻研究室、中國科學院歷史研究所：《居延新簡：甲渠候官與第四燧》，第 502 頁。

　　⑧ 甘肅省文物考古研究所編：《敦煌漢簡》下冊，第 314 頁。

之稱謂。又《琵琶記·旌表》云："這是誰？是張大公，多多謝得此人。大公，我女婿的爹娘，多蒙扶持，未克報恩。"① 這裏的"大公"則是對年長者的尊稱和泛指。

（2）兒媳對公爹之稱呼。

"大公"這一稱謂，或係兒媳婦稱呼公爹。"大公"或係"大人公"之省稱，《顏氏家訓·書證》云："北間風俗，婦呼舅為大人公。"② 據此可知，北朝時兒媳婦稱公爹為"大人公"。唐代以後，"大人公"一語逐漸省略逕呼"大公"。③ 如唐代三藏法師義淨奉制譯《根本說一切有部毘奈耶·媒嫁學處》載："謂為十人所護：父護、母護、兄弟護、姊妹護、大公護、大家護、親護、種護、族護、王法護。……云何大公護？若女人，父母、宗親並皆亡歿，其夫疾患或復癲狂、流移散失，依大公住。大公告曰：'新婦汝可歡懷，於我邊住。我憐念汝如觀己子。'大公即便如法守護，是名大公護。"④ 這裏所言"大公護"是指由公爹來收留和關照父母、宗親均已喪亡的兒媳婦。

（3）太公：其有三義。

"大公"或即"太公"，"大""太"二字通。所謂"太公"者，考究其義計有三：一說為父，一說為祖，一說即姜子牙。

"太公"即父。據《漢書·高帝紀下》載："上歸櫟陽，五日一朝太公。太公家令說太公曰：'天亡二日，土亡二王。皇帝雖子，人主也；太公雖父，人臣也。奈何令人主拜人臣！如此，則威重不行。'後上朝，太公擁篲，迎門卻行。上大驚，下扶太公。太公曰：'帝，人主，奈何以我亂天下法！'"⑤ 南宋魏了翁（1178～1237年）撰《古今考》卷一"母媼父太公"條載："漢高祖起自亭長，祖豐公、父太公，皆不知名。……古人有謂父為太公者，雖不見于經，而《齊世家》云：西伯獵遇呂尚，曰：

①　（明）高明著：《琵琶記》卷下，錢南揚校注，上海：中華書局1960年版，第225頁。

②　王利器撰：《顏氏家訓集解》（增補本）卷六，第477頁。

③　王紹峰：《初唐佛典辭彙研究》，合肥：安徽教育出版社2004年版，第167～168頁。

④　（唐）義淨譯：《根本說一切有部毘奈耶》卷十二，載［日］高楠順次郎編輯《大正新修大藏經》第23卷（律部二），第686頁。

⑤　（東漢）班固撰：《漢書》卷一下，（唐）顏師古注，第62頁。

'吾太公望子久矣。'故號太公望。以此知太公者,古人以為父稱。"①

　　"太公"或指祖父。《後漢書・李固傳附子李燮傳》談到"自太公已來,積德累仁"② 一句,唐代章懷對此注曰:"太公謂祖父郃也。"③《稱謂錄》(卷一)"太公"條案曰:"古有稱父曰公者,故稱祖曰太公。今俗則稱祖曰公,而曾祖曰太公矣。"④

　　"太公"或指太公呂尚。⑤《左傳・僖公四年》談到齊國率諸侯之師伐楚,楚國使者質問其合理性,管仲回答說:"昔召康公命我先君大公,曰:'五侯九伯,女實征之,以夾輔周室!'"⑥ 引文所言"先君大公"亦作"先君太公",係指太公望呂尚,字子牙,俗稱姜太公。又,定州西漢中山懷王墓竹簡《六韜》以"武王"與"大公"問答體裁寫成,文中"大公"均指"太公呂尚"。此外,"太公"一語頻見漢晉文獻中。如《論衡・禍虛篇》云:"太公窮賤,遭周文而得封"⑦;又《論衡・實知篇》云:"周公治魯,太公知其後世當有削弱之患;太公治齊,周公睹其後世當有劫弒之禍。"⑧ 晉崔豹撰《古今注・輿服》云:"太公以玄鉞斬妲己,故婦人以為戒。漢制,諸公亦建玄鉞。以太公秉之助武王斷斬,故為諸公之飾焉。"⑨ 又云:"曲蓋,太公所作也。武王伐紂,大風折蓋,太公因折蓋之形,而制曲蓋焉。"⑩ 上述引文中"大公""太公"均指協助武王伐紂有功的姜子牙。

　　(4) 大父:係指祖父。

　　"大公"一語,亦或"大父"之謂也。又據清人鄭珍撰《親屬記》(卷上)載:"父曰公",故"大公"即為"大父"。所謂"大父"乃指祖

　　① (南宋)魏了翁撰:《古今考》卷一,載(清)永瑢、紀昀等纂修《景印文淵閣四庫全書》第853冊,子部一五九(雜家類),第121頁。

　　② (南朝宋)范曄撰:《後漢書》卷六三,(唐)李賢等注,第2089頁。

　　③ (南朝宋)范曄撰:《後漢書》卷六三,(唐)李賢等注,第2090頁注釋。

　　④ (清)梁章鉅撰:《稱謂錄》卷一,北京:中華書局1996年版,第5頁。

　　⑤ 呂尚之事詳見《史記・齊太公世家》。(西漢・司馬遷撰:《史記》卷三二,第1477—1513頁)

　　⑥ 《十三經注疏》整理委員會整理、李學勤主編:《春秋左傳正義》卷十二,第329頁。

　　⑦ 黃暉撰:《論衡校釋》(附劉盼遂集解),第280頁。

　　⑧ 黃暉撰:《論衡校釋》(附劉盼遂集解),第1073頁。

　　⑨ (晉)崔豹:《古今注》卷上,叢書集成初編本,北京:中華書局1985年版,第2頁。

　　⑩ (晉)崔豹:《古今注》卷上,第3頁。

父。“大父”“大父母”等用語屢見於秦漢出土文獻中——如睡虎地秦簡、放馬灘秦簡、里耶秦簡、嶽麓秦簡、孔家坡漢簡、張家山漢簡，均係指祖父母。《禮記·曲禮上》：“《禮》曰：‘君子抱孫不抱子。’此言孫可以為王父尸，子不可以為父尸。”① 這裏的“王父”顯然也是指祖父。事實上，睡虎地秦簡、里耶秦簡中也不乏可見以“王父”指稱祖父。《親屬記》（卷下）對此解說：“父之父母曰祖父、祖母，曰王父、王母，曰大父、大母……”② 《史記·留侯世家》介紹了張良的家世——“大父開地”“父平”，韓國為秦所滅後，“（張良）悉以家財求客刺秦王，為韓報仇，以大父、父五世相韓故”③。《西京雜記·廣川王發古冢》談到廣川王去疾糾集無賴少年盜發國內冢藏，“余所知爰猛，說其大父為廣川王中尉，每諫王不聽，病免歸家”④。這一稱謂用法乃沿襲於後世。明代戲劇大家湯顯祖的父親是位儒學之士，祖父則篤信道教、喜談神仙，故湯氏作詩回憶說：“家君恒督我以儒檢，大父輒要我以仙遊。”⑤ 這裏“大父”顯然是指湯氏祖父。

第二，“己父”釋義。

所謂“己父”，《顏氏家訓·風操》有載：“昔侯霸之子孫，稱其祖父曰家公；陳思王稱其父為家父，母為家母；潘尼稱其祖曰家祖：古人之所行，今人之所笑也。今南北風俗，言其祖及二親，無云家者；……凡與人言，言己世父，以次第稱之，不云家者，以尊於父，不敢家也。”⑥ 又云：“凡與人言，稱彼祖父母、世父母、父母及長姑，皆加尊字，自叔父母以下，則加賢字，尊卑之差也。王羲之書，稱彼之母與自稱己母同，不云尊字，今所非也。”⑦ 由此可知，魏晉六朝時人稱生身父母為“己世父”“己世母”，或徑稱“己父母”。“己父”“己母”之稱謂，乃常見載於唐宋文獻中。如《唐律疏議》“老小及疾有犯”條曰：“又問：……若有毆

① 《十三經注疏》整理委員會整理、李學勤主編：《禮記正義》卷三，第 74 頁。

② （清）鄭珍撰：《親屬記》，北京：中華書局 1996 年版，第 541 頁。

③ （西漢）司馬遷撰：《史記》卷五五，第 2033 頁。

④ （晉）葛洪撰：《西京雜記》卷六，程毅中點校，第 41 頁。

⑤ 湯顯祖：《和大父遊城西魏夫人壇故址詩》序，載（明）湯顯祖《湯顯祖全集》（一）詩文卷二《紅泉逸草之二》，徐朔方箋校，北京：北京古籍出版社 1998 年版，第 23 頁。

⑥ 王利器撰：《顏氏家訓集解》（增補本）卷二，第 74 頁。

⑦ 王利器撰：《顏氏家訓集解》（增補本）卷二，第 76 頁。

殺他人部曲、奴婢及毆己父母不傷，若為科斷？答曰：……其毆父母，雖小及疾可矜，敢毆者乃為'惡逆'。"① 又 "鬭毆誤殺傷傍人" 條曰："又問：以鬭僵仆，誤殺助己父母；或雖非僵仆，鬭誤殺期親尊長，各合何罪？答曰：以鬭僵仆，誤殺父母，或期親尊長，若減罪輕於'過失'者，並從'過失'之法。"② 又《法苑珠林·愚戇篇·雜癡部·打蚊》載："爾時大熱眼闇，道中見一樹，便以衣囊枕頭下睡。有蚊子來飲其頭血。兒見己父疲極睡臥，便發惡罵云：是弊惡婢兒蚊子，何以來飲我父血！即持大棒欲打蚊子。"③ 宋代衛湜撰《禮記集說》（卷八三）載："又觸類言之，謂：祖庶母乃己父之妾，亦經有子。子死，故己命己之妾子，與父妾為後。故呼己父之妾為祖庶母，亦服之三年，如己母。"④

綜上所述，北涼冥訟文書所言 "大公、己父" 乃指公爹、親父，繼而引申為泛指先亡之父祖輩，其意當同於 "祖考"⑤ 抑或 "家先"（詳見下文）。

第三，"明為了理" 釋義。

"明為" 一語，其義係指 "明白無誤地……"《兩漢詔令·東漢三》⑥著錄東漢章帝元和元年七月 "詔禁考掠"，其中有 "宜及秋冬理獄，明為其禁" 之句。⑦ 此外，新疆吐魯番阿斯塔那 62 號墓出土北涼《翟彊殘啟》[編號 66TAM62：6/3（a）] 中亦見 "明為" 二字，謂："□□賜教付曹，明為一"。⑧

---

① （唐）長孫無忌等撰：《唐律疏議》卷四，劉俊文點校，北京：中華書局 1983 年版，第82—83 頁。

② （唐）長孫無忌等撰：《唐律疏議》卷二三，劉俊文點校，第 423—424 頁。

③ （唐）釋道世：《法苑珠林校注》卷五九，周叔迦、蘇晉仁校注，第 1597 頁。

④ （宋）衛湜撰：《禮記集說》卷八三，載（清）永瑢、紀昀等纂修《景印文淵閣四庫全書》第 118 冊，經部一一二（禮類），第 735 頁。

⑤ 《顏氏家訓·後娶》云："暴露祖考之長短"。[王利器撰：《顏氏家訓集解》（增補本）卷一，第 34 頁]

⑥ 《兩漢詔令》凡計二十三卷，原分為二部：《西漢詔令》編纂於北宋徽宗朝，計十二卷；《東漢詔令》編纂於南宋寧宗朝，計十一卷。

⑦ （宋）林慮、樓昉輯：《兩漢詔令》卷十五，載（清）永瑢、紀昀等纂修《景印文淵閣四庫全書》第 426 冊，史部一八四（詔令奏議類），第 1085 頁。此詔書亦收錄於《東漢會要·刑法上》。（宋·徐天麟撰：《東漢會要》卷三五，上海：上海古籍出版社 2006 年版，第 516 頁）

⑧ 唐長孺主編：《吐魯番出土文書》壹，北京：文物出版社 1992 年版，第 49 頁。

"了"字，《說文解字·了部》訓曰："𠃌也。從子無臂，象形。凡了之屬皆從了。"① 段玉裁注云："𠃌，行脛相交也，牛行腳相交為𠃌。凡物二股或一股，結糾綏縛不直伸者，曰了戾。……他書引皆作了乚，亦即許之了𠃌也。段借為憭悟字。"②《魏書·源賀傳附子恭傳》所載奏疏中就使用了"欲望速了，理在難克"等措辭。③ 可見，漢晉文獻史料中"了"字均有"儘快了結""快速解決""馬上搞清楚"等含義。"了理"即指儘快地了結事情，其句式及含義類似於唐代敦煌變文抄本中所言"了事"。如敦煌本《舜子變》中云："我若嫡（摘）得桃來，豈不是於家了事！"④ "我兒若修得倉全，豈不是兒於家了事。"⑤ "汝若淘井出水，不是兒於家了事。"⑥ 上述引文中"了事"用語，均指盡力辦事、儘快了結之義。

綜上所述，北涼冥訟文書中"明為了理"這一用語，意思是說：明白無誤地把情況儘快搞清楚、還原冤案之真相。

第四，"莫爰歲月"釋義。

"爰"字通"緩"，《詩經·王風·兔爰》所言"有兔爰爰"即為例證。⑦ 北涼冥訟文書中"莫爰"二字，亦即"莫緩"之義。"莫緩"一語作為漢晉及唐宋間之熟語，頻見於歷代典籍文獻中。《雲笈七籤》卷五九《諸家氣法》"曇鸞法師服氣法"條云："凡睡寤後，復如前繫念，如虎銜子，莫急莫緩"。⑧《宋百家詩存·寄閭丘仲時》云："君歸亦莫緩，歲晚霜霰逼。"⑨ 由此可知，"莫爰"一語即指不要遲緩或怠慢。"歲月"一語，在東漢鎮墓文乃至後世文獻中十分常見，均屬泛義指稱時間概念。

綜上所述，北涼冥訟文書中"莫爰歲月"一語，就是說：不要因怠

① （東漢）許慎撰，（清）段玉裁注：《說文解字注》十四篇下，第743頁。
② （東漢）許慎撰，（清）段玉裁注：《說文解字注》十四篇下，第743頁。
③ （北齊）魏收撰：《魏書》卷四一，第934頁。
④ 王重民等編：《敦煌變文集》卷二，第130頁。
⑤ 王重民等編：《敦煌變文集》卷二，第131頁。
⑥ 王重民等編：《敦煌變文集》卷二，第132頁。
⑦ （清）王先謙撰：《詩三家義集疏》卷四，吳格點校，第325頁。
⑧ （宋）張君房編：《雲笈七籤》卷五九，李永晟點校，第1309頁。
⑨ （清）曹庭棟編：《宋百家詩存》卷二一，上海：上海古籍出版社1993年版，第512頁。

慢而耽擱時間（或延誤時機），其義同於"莫緩時刻"。①

（九）文書內容之釋讀

北涼"緣禾二年"冥訟文書全文共計 104 字，就文書的內容及格式來看，可分為兩個部分：其一是訟文（計 6 行、88 字），其二是告白（計 2 行、16 字）。現將其內容大意翻譯如下：

> 北涼緣禾二年十月廿七日，高昌郡高寧縣都鄉安邑里民人趙貨訟辭：
>
> 趙貨現年三十歲，生平處世從不觸犯法令，現卻因叔叔趙琳無緣無故地狀告而含冤致死，馬上就要趕往冥府（報到），滿懷冤屈和憤恨地入土安葬。皇天、后土，你們應當能夠洞悉冤情。閻羅大王，您是冥界中執掌公正的君主，希望您憑藉赫奕的聲威和無上的威嚴，施展出無邊的法力，將趙琳夫妻及其子女、兒孫輩的魂魄勾去，對趙貨含冤致死之情況展開稽考、調查（並給予嚴屬地處罰）。希望您能出面來評理、主持公道。上述情況就是想要向您陳述的內容。
>
> 趙貨母子稟告公爹、亡父（等先輩祖考），希望能一起把情況儘快地調查清楚、還原冤案之真相，不要因怠慢而耽擱時機。

這份文書屬於私人文書性質，文書格式及用語大抵符合中原漢族的書寫習慣。下面，我們就文書所見六朝世人的民俗信仰及其與道教關係等內容逐一展開分析和論述。

二　冥訟文書與勾魂法術

（一）六朝葬俗中的冥訟文書

六朝時人相信，含冤的死者可在冥界投訴告狀，故棺中放置隨葬品時亦備以筆墨、紙張，以便亡人書寫訟狀。《冤魂志》中收錄三則故事涉及

---

① 清代于成龍撰《于清端政書・上徐藩臺書》云："日積月累，彈兌勿落他手，支放必須躬親登記，莫緩時刻，非孳孳為利也，亦以云救也。"〔清・于成龍撰：《于清端政書》卷四，載清・永瑢、紀昀等纂修《景印文淵閣四庫全書》第 1318 冊，集部二五七（別集類），第 652 頁〕

此風俗，引述文字如下：

（1）"樂蓋卿"條記載：樂蓋卿因受廬陵王公府舍人韋破虜欺瞞，"數日之間，遂斬于市。蓋卿號叫，無由自陳，唯語人以紙筆隨殮。"①

（2）"弘氏"條記載：弘氏受孟少卿冤枉而被枉殺，"弘氏臨刑之日，敕其妻子：'可以黃紙筆墨置棺中，死而有知，必當陳訴。'又書少卿姓名數十吞之。"②

（3）"魏輝儁"條記載：御史魏輝儁受命查辦不法太守張善，反遭誣告、判以斬決，"輝儁遺語令史曰：'我之情理，是君所見，今日之事，可復如之，當辦紙百番，筆二管，墨一錠，以隨吾屍。若有靈祇，必望報讎。'令史哀悼，為之殯斂，並備紙筆。"③

此外，北宋徐鉉撰《稽神録》亦收録二例故事，如下所録：

（4）卷二"周元樞"條載：平廬掌書記周元樞拒絕隋開皇李司空鬼魂所提出的移居公署之要求，誓言即使為此而死也要投訴冥界："（李司空）曰：'然，地府許我立廟於此，故請君移去爾！'元樞不可，曰：'人不當與鬼相接，豈吾將死，故君得臨吾耶？雖然，理不當以此宅授君，吾雖死，必與君訟。'因召妻子曰：'我死，必多置紙筆於棺中，將與李君對訟。'"④

（5）卷五"劉璠"條載："軍將劉璠性強直勇敢，坐法徙海陵。郡守褚仁規嫌之，誣其謀叛，詔殺於海陵市。璠將死，謂監刑者曰：'與我白諸妻兒，多置紙筆於棺中，予將訟之。'"⑤

據上述內容可知，這裏所言之冥訟文書乃由亡人自行書寫，生人僅需預備好材料和工具（如筆墨、紙張等）即可。就用途而言，冤死者用棺材中殮葬品"黃紙筆墨"在冥界書寫的訟狀與本文所述北涼冥訟文書大抵相同。然不同的是，北涼冥訟文書乃是生人以死者的口吻，徑直寫好後放置在棺內的，亦即是成品的樣式。

---

① （北齊）顏之推：《〈冤魂志〉校注》，羅國威校注，第82頁。
② （北齊）顏之推：《〈冤魂志〉校注》，羅國威校注，第90頁。
③ （北齊）顏之推：《〈冤魂志〉校注》，羅國威校注，第104頁。
④ （宋）徐鉉撰：《稽神録》卷二，白化文點校，第31頁。
⑤ （宋）徐鉉撰：《稽神録》卷五，白化文點校，第80頁。

(二) 勾魂索命文書

北涼"緣禾二年"冥訟文書意在上訴冤情，乞求冥府神祇勾離人魂魄、以雪仇了恨。這種勾魂索命文書亦見載六朝道書中，如《真誥·闡幽微》云："泰煞諒事宗天宮諸煞鬼，是第二天也。卒死暴亡，又經於此。"① 其後附小字注云："此宮當得專主收煞也，其卒死暴亡，恐文書未正，或姓名相同者，所以先來檢問之也。"② 這裏所言"文書"就是指勾魂文書。這類文書係由冥府鬼吏掌握。初亡之人赴冥界報到，第一道手續就是由陰官鬼吏審核所召之人的姓名、籍貫與名冊所載是否相符：相符者收容入地獄，不符者則遣返回陽世。如東晉干寶撰《搜神記》"賈文合"條記載："漢獻帝建安中，南陽賈偶，字文合，得病而亡。時有吏將詣太山，司命閱簿，謂吏曰：'當召某郡文合，何以召此人，可速遣之。'"③ 據上述記載可知，六朝時人通常認為勾魂文書保管於冥府，亡人押解至陰界後再由冥神獄官出示核查。當然，這也並非是絕對的。前引《搜神記》"徐泰夢"條即云：徐泰叔父病重，"是夜三更中，（徐泰）夢二人乘船持箱，上泰床頭，發箱，出簿書示曰：'汝叔應死。'"④ 這裏談到的冥界二使者乘船所持箱中簿書，亦應為勾魂文書之類。

入唐宋以後，召魂文書均由勾魂使者手持，按冊所錄前往陽世拘人魂魄。⑤《稽神錄》卷二"朱延壽"條云："壽州刺史朱延壽末年浴於室中，窺見窗外有二人，皆青面朱髮青衣，手執文書。一人曰：'我受命來取。'一人曰：'我亦受命來取。'一人又曰：'我受命在前！'……（延壽）俄而被殺。"⑥ 又卷五"法曹吏"條云："廬州有法曹吏嘗劾一僧，曲致其死，具獄上州。爾日，其妻女在家，方紉縫於西牏下，忽有二青衣卒手執文書自廚中出，厲聲謂其妻曰：'語爾夫：何故殺僧！'遂出門去。……

---

① （南朝梁）陶弘景編：《真誥》卷十五，《道藏》第20冊，第579頁。

② （南朝梁）陶弘景編：《真誥》卷十五，《道藏》第20冊，第579頁。

③ （晉）干寶撰：《搜神記》卷十五，汪紹楹校注，第180頁。

④ （晉）干寶撰：《搜神記》卷十，汪紹楹校注，第126頁。

⑤ 《管錐編》"勾魂使"條彙集了《太平廣記》徵引諸書及敦煌卷子《黃仕強傳》《青瑣高議》《西遊記》《紅樓夢》《儒林外史》等書中有關勾魂使者的案例，其中有持公文，亦有無公文者。（詳見錢鍾書《管錐編》第二冊，北京：中華書局1979年版，第780—781頁）

⑥ （宋）徐鉉撰：《稽神錄》卷二，白化文點校，第32頁。

月餘，竟死。"① 此外，《夷堅志》甲志第四"水府判官"條載：饒州德興人齊琚死前夢人持文書召其為水府判官，"（齊）琚以去年季冬得疾，夢人持文書至，曰：'某王請秀才為水府判官。'發書視之，中云：'不得顧父母，不得戀妻子。'琚與約正月十三日當去。"② 又甲志卷二〇"太山府君"條載：孫點知泉州晉江縣，有叛將犯郡境，"（孫）點出禦寇，歸而疽發于背。主簿入臥內省之，胥吏數人在旁。點顧戶外曰：'何人持書來？'皆莫見。少焉，點舉手左右，口中囁嚅。為發書疾讀之狀。主簿問：'何書？'曰：'檄召點為太山府君。'……後三日卒。"③ 總之，上述引文中所見鬼吏獄卒均"手持文書"索人性命，並且這類符牒文書似乎成為鬼吏勾魂時必須攜帶和出示的憑證。當然，這也體現了傳奇小說所構建的地獄勾魂說已漸趨完善和合理：先由勾魂使者手持文書赴陽世勾人性命，將亡人押赴冥界後，或再由冥官出示生死簿冊予以核實，以此確保不出疏漏。

（三）拘生人魂魄

"拘魂"一語，在漢晉道書中多有見載。檢閱諸條語辭可知，"拘魂"計有三種含義，如下分類條陳。

第一，"養魂制魄"——道門養生秘訣。

古人認為，魂魄是人體生命動力之根本。對於"魂""魄"之含義，《說文解字·鬼部》訓曰："魂，陽氣也。"④ "魄，陰神也。"⑤ 《白虎通·性情》論述"魂魄"之義時亦言："魂魄者，何謂也？魂猶伝伝也，行不休也。少陽之氣，故動不息，于人為外，主于情也。魄者，猶迫然著人也。此少陽之氣，象金石著人不移，主于性也。魂者，芸也。情以除穢。魄者，白也。性以治內。"⑥ 據上述引文可知，古人相信魂神可遊離形體，倘若身死，魂便棄屍而去，亦即魂不隨屍。這些離棄屍骸的魂魄就成為鬼

---

① （宋）徐鉉撰：《稽神錄》卷五，白化文點校，第78—79頁。

② （宋）洪邁撰：《夷堅志》甲志卷四，何卓點校，第32頁。

③ （宋）洪邁撰：《夷堅志》甲志卷二〇，何卓點校，第178頁。

④ （東漢）許慎撰，（清）段玉裁注：《說文解字注》九篇上，第435頁。

⑤ （東漢）許慎撰，（清）段玉裁注：《說文解字注》九篇上，第435頁。

⑥ 陳立撰：《白虎通疏證》卷八，吳則虞點校，北京：中華書局1994年版，第389—390頁。

神之來源，誠如錢穆析言："魂雖不隨屍，苟有魂，即有鬼，而鬼並有知。"① 人皆有魂魄，魂與形體合一即為生，魂不附體則為死。

漢代道書《太平經》指出：人若守魂不去，乃可長存。如《太平經鈔》戊部《闕題》（據敦煌目似屬《占中不中訣》）也論述說："五德和合見魂魄，心神已明大道陳；……形若死灰守魂神，魂神不去乃長存，周者反始環無端；……愚者逆師與鬼隣，不得正道入凶門，遂不復還去神，骨肉腐塗稱祖先，命已滅亡大窮焉。"② 這是說，生命的活力導源於魂神；魂神屬陽氣，若不離散，生命之火就延續不止；人死，魂神棄屍而去即成鬼神。③ 有鑑於此，歷代道書均強調修道即須"養魂制魄"（或稱"制魂錄魄"），使魂魄安於體內，方悟真道。《真誥·協昌期》云："除身三尸，百疾千惡，鍊魂制魄之道也。"④ 又云："又學道之士，當先檢制魂魄，消滅尸鬼。"⑤

據《抱朴子內篇·論仙》載："人無賢愚，皆知己身之有魂魄，魂魄分去則人病，盡去則人死。故分去則術家有拘錄之法，盡去則禮典有招呼之義。"⑥ 這段話是說，人身中"魂魄分去"（即指魂魄部分離散）令人生疾患病，此時可以"拘錄之法"養魂安魄、恢復元神；魂魄盡去則人死，故世俗以"呼魂召魄"之禮儀來召魂復魄、以盡人道。所謂"術家拘錄之法"，其法雖眾，終究以奏請神祇、保身護命為要務。如《赤松子章曆·久病大厄金紫代形章》載："謹請某本命某并從官某人，千乘萬騎，為某保守祿命，拘制三魂，滅除九氣，易形生神，安鎮宮府，長生無窮。又請某行年某并從官某人，千乘萬騎，為某保延祿年，拘制魂魄，削死上生，安神定氣，永鎮生宮之中。"⑦ 此外，前引《雲笈七籤》卷五四

---

① 錢穆：《論古代對於鬼魂及葬祭之觀念》，載錢賓四先生全集編輯委員會編《錢賓四先生全集》第46冊《靈魂與心》，第64頁。

② 王明編：《太平經合校》，第305—306頁。

③ 《雲笈七籤》卷五四《魂神》"說魂魄"條："魄者陰也，常欲得魂不歸。魂若不歸，魄即與鬼通連。魂欲人生，魄欲人死。魂悲魄笑，曰：'歸無我舍，五鬼侵室。'三魂絕而不歸，即魂與五鬼為徒，令人遊夢恠惡，謂之遊魂，身無主矣！令人行事昏亂，躭睡好眠，災患折磨，求添續不可得也。"（宋·張君房編：《雲笈七籤》卷五四，李永晟點校，第1190—1191頁）

④ （南朝梁）陶弘景編：《真誥》卷九，《道藏》第20冊，第544頁。

⑤ （南朝梁）陶弘景編：《真誥》卷十，《道藏》第20冊，第552頁。

⑥ 王明：《抱朴子內篇校釋》（增訂本）卷二，第21頁。

⑦ 《赤松子章曆》卷六，《道藏》第11冊，第224頁。

《魂神》收錄的"拘三魂法""制七魄法"也有詳細介紹，茲不贅言。①

第二，"呼魂召魄"——古人初喪禮俗。

古時喪禮，某人初死之時，由親屬升屋頂呼喚其名，希翼召回死者的魂魄，令其復生。"招魂復魄"之類活動，在先秦兩漢之季廣為流行。當時通行的做法是，某人死後須先行招魂祈求復生，未果後才予以殮葬。《楚辭·招魂》就以挽歌形式反映招魂的具體情況，其中"魂兮歸來"一句頗具代表性。②《儀禮·士喪禮》對此描述說："死于適室，幠用斂衾。復者一人，以爵弁服，簪裳于衣，左何之，扱領于帶。升自前東榮，中屋，北面招以衣，曰：'皋某復！'三。降衣于前。受用篋，升自阼階，以衣尸。復者降自後西榮。"③《禮記·禮運》亦載："及其死也，升屋而號，告曰：'皋某復。'"④唐代孔穎達《正義》注曰："謂北面告天曰皋。皋，引聲之言。某，謂死者名。令其反復魄，復魄不復，然後浴尸而行含禮。"⑤

"魂兮歸來"觀念，顯然被漢晉道教所繼承並賦予宗教含義。《太平經》就流露出魂神重生思想的萌芽。該書卷一一四《見誡不觸惡訣》云："是惡之人何獨劇，自以為可久與同命。不意天神促之，使下入土；入土之後，何時復生出乎？"⑥卷一一二《寫書不用徒自苦誡》也描寫一位不肯棄惡從善的人被派往瘟疫流行的邊遠地區服兵役、最終死於非命的情景，其中談到魂神受苦、尋求復生的細節："纔得被土，狐犬所食，形骸不收，棄捐道側，魂神俱苦，適作不息。或著草木，六畜所食，何時復生"。⑦又《靈鬼志》載："蔡謨征為光祿大夫，在家，忽聞東南啼哭聲，有若新死，便見一少年女死人並離啼哭。……忽聞呼魂聲，便見生女從空

---

① （宋）張君房編：《雲笈七籤》卷五四，李永晟點校，第1192—1195頁。

② 招魂，在荊楚之地尤為盛行，並一直流傳到後世。如《荊楚歲時記》載："今三月桃花水下以招魂續魄，祓除歲穢。"（南朝梁·宗懍：《荊楚歲時記》，《四庫備要》294史部，第7頁）

③ 《十三經注疏》整理委員會整理、李學勤主編：《儀禮注疏》卷三五，北京：北京大學出版社1999年版，第656—660頁。

④ 《十三經注疏》整理委員會整理、李學勤主編：《禮記正義》卷二一，第666頁。

⑤ 《十三經注疏》整理委員會整理、李學勤主編：《禮記正義》卷二一，第667頁。

⑥ 王明編：《太平經合校》，第600頁。

⑦ 王明編：《太平經合校》，第573頁。

中去上天……"① 這則志怪故事反映了魏晉時人新喪時的招魂風俗。《真誥・甄命授》云："仙道有五行秘符，呼魂召魄。"② 這裏所說的"呼魂召魄"當屬可令初死之人還陽的法術秘符。但是，如上所述之"復生"與佛教輪回觀念尚有很大差距。準確地說，其體現的主要是濃厚的還魂等巫術色彩。六朝以降，道教地獄輪回觀念才趨成熟。③

　　第三，"拘魂命終而死"——漢地民眾的拘魂說。

　　漢代緯書《援神契》云："太山天帝孫，主召人魂。"④ 這是說，泰山神係天帝之孫，其職責是執掌生人魂魄。所謂"召人魂"，其實就是令人死亡。東漢出土實物對此給予證實。如東漢靈帝熹平二年（173 年）張叔敬朱書鎮墓陶瓶，文云："天帝使者告張氏之眾……今日吉良，非用佗故，但以死人張叔敬，薄命蚤死，當來下歸丘墓。黃神生五嶽，主生人錄；召魂召魄，主死人籍。生人築高臺，死人歸深自埋。"⑤ 又，東漢建興前涼壹官斗瓶鎮墓文談到以鉛人等陪葬品來贖代生人魂魄、祈求避免注連，謂："壹官廿年，薄命早終，相注而死。今送鉛人一雙，斗瓶、五穀，用贖生人魂魄。"⑥ 這些考古材料證實，東漢時人相信死亡事件的發生乃導源於某人被鬼吏"拘魂"。這種說法，在魏晉六朝志怪小說中多有載錄。如《異苑》（卷七）云："義熙中，商靈均為桂陽太守，夢人來縛其身，將去，形神乖散。復有一人云：'且置之，須作衡陽，當取之耳。'商驚寤惆悵。永初三年除衡陽守，知冥理難逃，辭不得免。果卒官。"⑦ 此事雖係杜撰，然卻真實地折射出時人之觀念。故事中主人公商靈均初遭"拘魂"，因故獲緩死幾年，後果卒於衡陽太守任上。

---

　　① 魯迅校錄：《古小說鉤沉》，第 123 頁。

　　② （南朝梁）陶弘景編：《真誥》卷五，《道藏》第 20 冊，第 516 頁。

　　③ 這一時期，靈寶道經最早吸納了佛教的再生輪回學說。

　　④ ［日］安居香山、中村璋八輯：《緯書集成》，第 961 頁。

　　⑤ 陳直：《漢張叔敬朱書陶瓶與張角黃巾教的關係》，載氏著《文物考古論叢》，第 391頁；又見郭沫若《奴隸制時代》，第 94 頁。

　　⑥ 甘肅省文物考古研究所（戴春陽、張瓏）：《敦煌祁家灣——西晉十六國墓葬發掘報告》，第 108—109 頁。標點為筆者添加，並據圖版訂補了若干釋文。

　　⑦ （南朝宋）劉敬叔撰：《異苑》卷七，范寧校點，第 70 頁。

約晉唐之世編纂的《太上洞淵神咒經·步虛解考品》①載："勑令本命星官，收汝三魂七魄，送付泰山地獄。"②引文所言即指拘生人魂魄、使其離世之義。人若生前犯有罪過，死後魂魄則被拘至地獄受拷打苦痛。這就需要施行拔幽破獄儀式才能獲得救贖。《高上神霄玉清真王紫書大法》③收錄"牒地府九幽都司"文書格式曰："玉清神霄大法司：當司奉為某追薦。某切恐拘魂地府九幽之境，準此符命，拔度某速得超生，罷對寒庭，削除惡簿。"④又《靈寶領教濟度金書》⑤云："十二河源，分布九州，乃分野考鬼之庭。……皆有陰獄，隨眾生所造之業，斟酌多少而分處之。鬼職神僚，幽曹冥佐，拘魂定罪，鞫因推情，考陽間隱顯之愆，按陰府報對之律，終天幽暗，不覩光明。"⑥據上述內容可知，"泰山地獄""九幽地府""十二河源"均是"拘魂考鬼之庭"，其職責為拘生人魂魄以甄別罪過而施予處置。此外，尚有其他眾多的"拘魂考校"之所，如《道法會元》⑦曾言及"徧詣合屬拘魂考校去處"。⑧值得一提的是，《無上黃籙大齋立成儀》所列地府冥官中專設有"地府拘命攝魂判官"一職。⑨

---

①　《太上洞淵神咒經》撰作者不詳，今存《道藏》本前有唐末五代道士杜光庭撰序。另，敦煌卷子中殘存《太上洞淵神咒經》卷一、卷二、卷七、卷八、卷九、卷十，係唐高宗麟德元年（664年）抄本。今人認為："（道藏本《太上洞淵神咒經》）前十卷為原始部分，乃晉末至劉宋時寫成。……後十卷蓋成立於中唐以後至唐代。"［任繼愈主編：《道藏提要》（修訂本），第253頁］

②　《太上洞淵神咒經》卷十五，《道藏》第6冊，第55頁。

③　《高上神霄玉清真王紫書大法》乃匯總北宋神霄派有關神系、道法、齋儀等內容，其編撰年代當在北宋徽宗宣和年間。據今人考證認為："從內容看，前三卷似出於北宋末，其餘九卷或為以後所續。"［任繼愈主編：《道藏提要》（修訂本），第961頁］

④　《高上神霄玉清真王紫書大法》卷十二，《道藏》第28冊，第666—667頁。

⑤　《靈寶領教濟度金書》共計三百二十一卷，署名為南宋初寧全真傳授，宋末元初林靈真編輯。該書篇幅宏巨，堪集各種齋醮科儀之大全，乃係歷經增衍而成。今人已指出："是則林靈真原書僅十二卷，今則三百二十一卷，為《道藏》中卷帙最多之書，蓋元明間道流陸續增補而成巨帙。"［任繼愈主編：《道藏提要》（修訂本），第346頁］

⑥　（南宋）寧全真傳授，（宋末元初）林靈真編輯：《靈寶領教濟度金書》卷三四，《道藏》第7冊，第192頁。

⑦　《道法會元》總計二百六十八卷，未署撰人，係大型道法文獻之彙集，乃收錄宋元明道教諸派文獻一百五十餘種，約成書於元末明初。［任繼愈主編：《道藏提要》（修訂本），第961—962頁］

⑧　《道法會元》卷三五，《道藏》第28冊，第882頁。

⑨　（南宋）蔣叔輿編撰：《無上黃籙大齋立成儀》卷五三，《道藏》第9冊，第691頁。

三　六朝道教的"冢訟"觀念

（一）"冢訟"語辭分析——以《赤松子章曆》《真誥》為中心

"冢訟"是六朝道門十分重視的獨特觀念。道人羽流素來持有一種看法：家族中人的禍福、興衰、疾病均係由冢訟引起，誠如《登真隱訣》卷下"請官"條中載陶弘景小字注云："人家衰禍厄病，皆由冢訟。"[①] 檢閱六朝道經，"冢訟"之說屢有載錄。據《赤松子章曆》卷四《謝五墓章》載："今據鄉貫某云，今月某日染疾，進退不差，恐不存生。某家三曾五祖、七世父母已來，生時積罪，招延殃釁。或塚墓之中，有訴訟之害，嗔怨天地，致使亡人不安，擾動生人。……仰憑大道，求乞章奏，解謝先亡，安穩塚墓，從生及死，千罪萬過，並乞消除。輒承口辭，為伏地拜章一通，上聞天曹，願垂省察，原赦先世及新亡，并久遠及新舊墳墓所犯咒詛冤氣者，悉為斷絕，即求差愈，先亡安穩，塚墓清寧。"[②] 又，卷五《又大塚訟章》"又請祐護將軍吏兵太玄真符攝解塚墓殃注逮之鬼，并陰害加符告下某家"句下小字注曰："各用本音姓：角姓，塚訟交通所屬勾芒之神；徵姓，塚訟交通所屬祝融之神；商姓，塚訟交通所屬蓐收之神；羽姓，塚訟交通所屬玄冥之神；宮姓，塚訟交通所屬勾陳之神也。"[③] 這裏列舉出五音姓所屬之塚訟神，即勾芒、祝融、蓐收、玄冥、勾陳。[④]

"冢訟"一辭在《真誥》中亦多次出現，經查驗共計有九見（其中，本文六次、注釋中三次），依次如下：

（1）卷七《甄命授》小字注云："此令楊君為長史家攝遏冢訟也。"[⑤]

（2）卷七《甄命授》小字注云："酬鬼帥深衛，近防護疾者，招魂安

---

① （南朝梁）陶弘景編撰：《登真隱訣》卷下，《道藏》第 6 冊，第 621 頁。

② 《赤松子章曆》卷四，《道藏》第 11 冊，第 204 頁。

③ 《赤松子章曆》卷五，《道藏》第 11 冊，第 221 頁。

④ 秦漢以降，古人業已形成"五音相宅"的說法。所謂"五音相宅"，就是據宅主（陰宅和陽宅）的姓氏發音，判斷應屬於五大音律（宮、商、角、徵、羽）中的哪一種，以此定出五行（木火土金水）屬性，進而與陰陽宅之方位屬性相比較，推斷其吉凶。古人辨別五音，即以舌為徵、齒為商、牙為角、喉為宮、唇為羽。舉例而言，若宅主姓氏發音在舌，則為徵姓，其餘則依此類推。

⑤ （南朝梁）陶弘景編：《真誥》卷七，《道藏》第 20 冊，第 528 頁。

神，使冢訟不行，有殊功。"①

（3）卷七《甄命授》："八月六日中……故宜力上《風注冢訟章》於却氣毒之來往也。三過如此，考者匿矣。"②

（4）卷七《甄命授》："人家有疾病死喪衰厄，光恠夢悟，錢財滅耗，可以禳厭。唯應分解冢訟、墓注為急，不能解釋，禍方未已。"③

（5）卷八《甄命授》："冢訟尤甚，恐亦未已。"④

（6）卷八《甄命授》："若服术酒，可未便恭命也。高耆亦可服术，其家冢訟，亦為紛紛，术遏鬼炁，故必無他耳。"⑤

（7）卷十《協昌期》："墓之東北為微絕命，西北為九厄，此皆冢訟之凶地。"⑥

（8）卷十《協昌期》："今當為攝制冢注之氣，爾既小佳，亦可上《冢訟章》，我當為關奏之也，於是注氣絕矣。"⑦

（9）卷十《協昌期》小字注云："《冢訟章》不見有異本。"⑧

（二）《真誥》所見"冢訟"之別稱："鬼訟""鬼注""冢注"

第一，"鬼訟"。

（1）卷八《甄命授》："高齡之無德久矣，鬼訟之紛錯積矣。"⑨

（2）卷十《協昌期》："我佩上法，受教太玄。長生久視，神飛體仙，冢墓永安，鬼訟塞姦。"⑩

第二，"鬼注"。

（1）卷七《甄命授》："此年六月，憂長史不佳，非重疾也。今年許家鬼注小起，雖爾無可苦，保命及范中候已為申陳之。"⑪

---

① （南朝梁）陶弘景編：《真誥》卷七，《道藏》第20冊，第528頁。
② （南朝梁）陶弘景編：《真誥》卷七，《道藏》第20冊，第529頁。
③ （南朝梁）陶弘景編：《真誥》卷七，《道藏》第20冊，第531—532頁。
④ （南朝梁）陶弘景編：《真誥》卷八，《道藏》第20冊，第535頁。
⑤ （南朝梁）陶弘景編：《真誥》卷八，《道藏》第20冊，第535頁。
⑥ （南朝梁）陶弘景編：《真誥》卷十，《道藏》第20冊，第549頁。
⑦ （南朝梁）陶弘景編：《真誥》卷十，《道藏》第20冊，第549頁。
⑧ （南朝梁）陶弘景編：《真誥》卷十，《道藏》第20冊，第550頁。
⑨ （南朝梁）陶弘景編：《真誥》卷八，《道藏》第20冊，第534頁。
⑩ （南朝梁）陶弘景編：《真誥》卷十，《道藏》第20冊，第549頁。
⑪ （南朝梁）陶弘景編：《真誥》卷七，《道藏》第20冊，第531頁。

（2）卷十《協昌期》："太上天丁，龍虎曜威。斬鬼不祥，風邪即摧。考注匿訟，百毒隱非。"①

（3）卷十七《握真輔》："承欲章書自陳，亦足以斷注鬼之害也。"②

第三，"冢注"。

（1）卷十《協昌期》小字注曰："長史極多惡夢，恒有冢注焉。"③

（2）卷十《協昌期》："夫風考之行也，皆因衰氣之間隙耳。體有虧縮，故病來侵之也。若今差愈，誠能省周旋之役者，必風屙除也。今當為攝制冢注之氣，爾既小佳，亦可上《冢訟章》，我當為關奏之也，於是注氣絕矣。"④

上述引文分別從不同角度闡述了"冢訟"的含義、類型及其對生人的危害。但無論何種"冢訟"均會對後人帶來不幸和災禍，故需嚴加警惕和防範。

（三）"冥訟"與"冢訟"之異同

第一，道書所見"冥訟""冢訟"概念

"冥訟"概念具體說來包含幾點内涵：一，含冤亡魂對在世仇人的索命；二，控訴對象均為現世的生人；三，冤魂在世時與被討命者有直接或密切的關係；四，冤魂訟於天帝或冥府神祇。簡言之，"冥訟"旨在彰顯善惡報應。

"冢訟"與"冥訟"的含義相近，細究其義亦存差別："冢訟"的雙方雖多係同一宗族，然並不一定有直接關聯（譬如二者有數代之隔），亦或無冤恨之情狀。換言之，"冢訟"發生並非專由雙方積怨引起，其禍或源自墓地風水、鬼求"代死"等。據《赤松子章曆·大塚訟章》云："若下宮故氣，假託形影，導從鬼兵，驅逼先亡，傷注之鬼，去來家門，迫脅生人，拘錄魂魄，致為疾病者，一依鬼律收治，皆令消滅。"⑤ 又《金鎖流珠引·蟲蠱殺人不止法》云："内外死亡為鬼入人宅，妄求生人魂魄代

---

① （南朝梁）陶弘景編：《真誥》卷十，《道藏》第 20 冊，第 549 頁。
② （南朝梁）陶弘景編：《真誥》卷十七，《道藏》第 20 冊，第 594 頁。
③ （南朝梁）陶弘景編：《真誥》卷十，《道藏》第 20 冊，第 549 頁。
④ （南朝梁）陶弘景編：《真誥》卷十，《道藏》第 20 冊，第 549 頁。
⑤ 《赤松子章曆》卷五，《道藏》第 11 冊，第 218 頁。

死，遂作注祟，祟家中生人，以兄弟或父子相注。"① 前引二處經文中談到的鬼"迫脅生人拘録魂魄"和"妄求生人魂魄代死"等行為即屬"冢訟"範疇。《女青鬼律》（卷六）甚至介紹了"冢訟"之鬼的名字——"冢訟鬼名害知。"②

第二，東漢鎮墓文中的"冢訟"現象。

顧名思義，"冢訟"多涉及先亡之墓地、墳塋，故《太上玄靈北斗本命延生經注》（卷中）詮釋"塚訟徵呼，先亡復連"句時云："塚者，先亡墳墓；徵呼者，因陰司考謫乃追及生人；復連者，先亡傳尸連累生人。"③ 其實，東漢鎮墓文中也頻見斷除冢訟、"安穩塚墓"字樣，茲舉三例以證之。

（1）日人中村不折氏舊藏東漢靈帝熹平四年胥文台鎮墓文："今胥氏家生人子孫，富貴豪疆（強），眥（資）財千億，子孫番（繁）息。謹奉金銀，□深以謝。墓書封鎮到枚□□胥氏家家中，三曾五祖、皇□父母，離丘別墓。後葬之殍，無令伐作，各安其所，曠（壙）戶以（已）閉，累君後世，令無死喪。"④

（2）1957 年出土於西安的漢初平四年王氏朱書陶瓶解除文："初平四年十二月己卯朔十八日丙申直危，天帝使者謹為王氏之家後死黃母，當歸舊閱。……王氏冢中先人，无驚无恐，安隱（穩）如故，令後曾（增）財益口，千秋萬歲，無有央（殃）咎。"⑤

（3）1972 年出土於靈寶縣張灣的楊氏鎮墓文（M5：14）："天帝使者謹為楊氏之家鎮安隱冢墓，謹以鉛人金玉為死者解適、生人除罪過（過）。瓶到之後，令母人為安，宗君自食地下租，歲二千萬。令後世子子孫孫土宦，位至公侯，富貴，將相不絕。"⑥

上述三例均為家族中某位成員死後入葬舊塋，恐驚擾墓中先人，祈求

---

①　《金鎖流珠引》卷二五，《道藏》第 20 冊，第 469 頁。

②　《女青鬼律》卷六，《道藏》第 18 冊，第 251 頁。

③　《太上玄靈北斗本命延生經注》卷中，《道藏》第 17 冊，第 74—75 頁。

④　［日］池田溫：《中國歷代墓券略考》，載東京大學東洋文化研究所《東洋文化研究所紀要》第 86 冊"東京大學東洋文化研究所創立四十周年紀念論集 I"，昭和五十六年（1981）十一月，第 193—278 頁。

⑤　唐金裕：《漢初平四年王氏朱書陶瓶》，《文物》1980 年第 1 期，第 95 頁。標點為筆者添加。

⑥　河南博物館：《靈寶張灣漢墓》，《文物》1975 年第 11 期，第 80 頁。標點為筆者添加。

"冢中先人，无驚无恐，安隱（穩）如故"。漢晉時人在下葬前通常會施行法術禳墓，其意就是為了避免墓地中先亡與後死者出現紛爭——亦即"冢訟"事件的發生。

（四）"冢訟"之緣由——八十一訟

那麼，引發"冢訟"現象的根源是什麼？《赤松子章曆·又大塚訟章》載：

> 恐某家七祖已來，過去既往，今於三官九府之中，或有溺死之訟、燒死之訟、傷死之訟、絞死之訟、囚死之訟、填迮死之訟、墮墜死之訟、踠蹶死之訟、打撲死之訟、毒藥死之訟、毒蟲死之訟、產乳死之訟、飢餓死之訟、寒凍死之訟、熱渴死之訟、魔忤死之訟、瘟疫死之訟、中惡死之訟、霍亂死之訟、癩疽死之訟、腫注死之訟、癥瘕死之訟、千疹百病以致於死，皆各興訟。又有老死之訟、少死之訟、孤死之訟、獨死之訟、鰥死之訟、寡死之訟、客死之訟、寄死之訟、裸死之訟、暴露死之訟、無棺槨死之訟、有棺無槨之訟、棺槨穿敗之訟、尸體不埋之訟、骸骨不全之訟、鳥獸殘啄之訟、火燒骨之訟、水漬骨之訟、車馬踐轢之訟、掘鑿污泥之訟、已葬之訟、未葬之訟、葬非本墓之訟、葬犯禁忌之訟、葬不安穩之訟、葬高下東西南北之訟、祖曾父母、妻妾娣姒、中外兒孫、兄弟姊妹、伯叔姑姪更互相訟、育子不養之訟、有兒不舉、沒為奴婢之訟、同姓之訟、異姓之訟、無宅之訟、無後之訟、憤慨之訟、責怒之訟、悲傷之訟、奄忽之訟。又生時與人有寵愛之訟、有讎怨之訟、有爭訴之訟、有殺活之訟、有枉濫之訟、及死後受詰對之訟、有慚負之訟、有違約之訟、有咒詛之訟、受考罰之訟、受徒繫之訟、受謫役之訟、受二十四獄罪報之訟、受惡因緣牽引之訟。次求恩赦之訟、求還家之訟、求人代之訟、求廻逭之訟。①

據筆者統計，引文所述總計七十八條"塚訟"，然經文中卻言"大略

---

① 《赤松子章曆》卷五，《道藏》第 11 冊，第 219—220 頁。

雖合八十一訟"①。不過，根據隨後的詮釋內容可知，上述引文中"絞死之訟"後遺漏"獄死之訟"；"囚死之訟"後遺漏"徒配繫死之訟"；"填逬死之訟"後遺漏"兵死之訟"；"毒藥死之訟"後遺漏"虎狼死之訟"。② 此外，前引"育子不養之訟，有兒不舉、沒為奴婢之訟"雖拆分為二，實為一條。③ 如此，確為八十一條。④ 這八十一條"冢訟"，可大抵歸納為如下幾類：

（1）橫死之訟凡計二十種。

古人十分忌諱非自然死亡（橫死、暴死），認為其冤煞甚烈、極易引發"冢訟"。前述諸"冢訟"中屬此類者計有：溺死之訟、燒死之訟、傷死之訟、絞死之訟、獄死之訟、囚死之訟、徒配繫死之訟、填逬死之訟、兵死之訟、墮墜死之訟、跉蹶死之訟、打撲死之訟、毒藥死之訟、虎狼死之訟、毒蟲死之訟、產乳死之訟、飢餓死之訟、寒凍死之訟、熱渴死之訟、魘忤死之訟。

（2）病死之訟凡計七種。

患病（尤指惡性或傳染性疾病）而死，亦屬非正常死亡之列。前述"冢訟"中屬於此類者分別是：瘟疫死之訟、中惡死之訟、霍亂死之訟、癲疽死之訟、腫注死之訟、癥瘕死之訟、千疹百病以致於死。

（3）死狀異常之訟凡計十種。

亡人境遇之凄慘、異常亦是造成"冢訟"的緣由，此類計有：老死之訟、少死之訟、孤死之訟、獨死之訟、鰥死之訟、寡死之訟、客死之訟、寄死之訟、裸死之訟、暴露死之訟。

（4）葬不合制及骸骨被驚擾之訟凡計十三種。

古人奉行葬有定制、且下葬後通常不宜被驚擾，若犯此亦為"冢訟"，此類計有：無棺槨死之訟、有棺無槨之訟、棺槨穿敗之訟、屍體不埋之訟、骸骨不全之訟、鳥獸殘啄之訟、火燒骨之訟、水漬骨之訟、車馬

---

① 《赤松子章曆》卷五，《道藏》第11冊，第220頁。

② 詳見《道藏》第11冊，第220頁。

③ 前引《赤松子章曆·又大冢訟章》文字後的逐條解釋中僅見"育子不養之訟"，而無"有兒不舉、沒為奴婢之訟"字樣。

④ 《太上玄靈北斗本命延生經注》（卷中）亦云："夫冢訟之事非一，而有多端，令人千災百禍，子孫絕滅，所為不成，皆冢訟之由也，大小冢訟八十一條。"（《道藏》第17冊，第75頁）

踐轢之訟、掘鑿污泥之訟、已葬之訟、未葬之訟、葬非本墓之訟。

（5）葬埋禁忌及風水之訟凡計三種。

觸犯殮埋禁忌亦會引發"塚訟"，其涉及殮埋時日及墓地風水等選擇，此類計有：葬犯禁忌之訟、葬不安穩之訟、葬高下東西南北之訟。

有關葬埋之禁忌，此處所言甚為簡略，茲引《赤松子章曆·大塚訟章》以補之："若某家祖曾已來，先亡後死，男女大小，凡葬埋所在，有犯十二月建破王耗、八將六對、傷絕禁忌、音向不正、哺次不得、左前右後、伏尸故傷妨害男女位座，諸為刑禍，致不安穩，子孫疾病者，悉為解釋……"① 至於墓地風水之禁忌，《赤松子章曆·謝五墓章》有過論述："或墓在龍頭，或葬在龍尾，或葬在龍左，或葬在龍右，或葬在龍足，舉動縮仲，盤旋禁忌之處，致令亡人魂魄震動，恐怖不安，返害生人。致使生人轗軻，疾病附注。"②

（6）生前行為不當之訟凡計十二種。

亡人生前行為之不當，亦是造成"塚訟"的根由，計有：育子不養之訟、無宅之訟、無後之訟、憤慨之訟、責怒之訟、悲傷之訟、奄忽之訟、生時與人有寵愛之訟、有讎怨之訟、有爭訴之訟、有殺活之訟、有枉濫之訟。

（7）死後冥報之訟凡計十三種。

亡人在冥界中接受責罰，亦易引發"塚訟"，此類情況計有：死後受詰對之訟、有慚負之訟、有違約之訟、有咒詛之訟、受考罰之訟、受徒繫之訟、受謫役之訟、受二十四獄罪報之訟、受惡因緣牽引之訟、求恩赦之訟、求還家之訟、求人代之訟、求廻遳之訟。

（8）其他之訟凡計三種。

六親九族之訟、同姓之訟、異姓之訟。

據上述八十一種"塚訟"推斷，北涼"緣禾二年"冥訟文書中含冤而死的趙貨若"塚訟"當屬"獄死之訟""囚死之訟"？《赤松子章曆·又大塚訟章》："獄死之訟，訴其鑷械拳攣，不得解脫。囚死之訟，訴其囹圄幽嚴，道理不暢。"③

---

① 《赤松子章曆》卷五，《道藏》第 11 冊，第 218 頁。
② 《赤松子章曆》卷四，《道藏》第 11 冊，第 205 頁。
③ 《赤松子章曆》卷五，《道藏》第 11 冊，第 220 頁。

（五）斷"冢訟"之法

既然有"冢訟"的存在，就必然會產生應對的辦法。六朝道書中所載斷除"冢訟"之法，大略有如下幾種：

第一，"上章"斷冢訟。

《顏氏家訓·風操》云："喪出之日，門前然火，戶外列灰，被送家鬼，章斷注連。"① 所謂"章斷注連"，乃指上奏章以求斷絕災殃和注連，亦即《真誥·握真輔》言"承欲章書自陳，亦足以斷注鬼之害也"②。

"上章"斷冢訟，乃是道門常見之法術。《赤松子章曆》中收錄的斬斷塚訟之"章"至少有十餘篇。③ 譬如，該書卷五《又大塚訟章》談到"塚訟章"的神奇功效："夫人家事破落，名宦不泰，死厄疾病，痛苦連年，生業不興，子孫淩替，皆云上世考訟，亡靈不安，殃及生人子孫，致之如然。能三年內頻拜奏此章，當有大益。"④

附帶一說，南朝齊祖沖之（429～500）撰《述異志》載有一則故事：南朝劉宋元嘉二十八年，武昌郡丞胡庇之家宅鬧鬼，請道門祭酒上章驅鬼、卻無法徹底禁絕，"舉家悉得時病，空中語擲瓦石，或是乾土，夏中病者皆著，而語擲之勢更猛。乃請道人齋戒，竟夜轉經，倍來如雨，唯不著道人及經卷而已。……庇之有一老嫗，好罵詈鬼，在邊大嚇。庇之迎祭酒上章，施符驅逐，漸復歇絕。至二十九年，鬼復來，劇於前。……鬼云：'陶令處福地，作天上御史。前後相侵，是沈公所為。此廨本是沈宅，因來看宅，聊復語擲狡獪；忽君攘却太過，乃至罵詈，令婢使無禮向之，復令祭酒上章，苦罪狀之，事徹天曹。沈今上天言：君是佛三歸弟子，那不從佛家請福，乃使祭酒上章？自今唯願專意奉法，不須興惡，鬼當相困。'庇之請諸尼讀經，仍齋訖，經一宿後，復聞戶外御史相聞白胡丞：'見沈相訟甚苦，如其所言，君頗無禮，若能歸誠正覺，習經持戒，

---

① 王利器撰：《顏氏家訓集解》（增補本）卷二，第98頁。

② （南朝梁）陶弘景編：《真誥》卷十七，《道藏》第20冊，第594頁。

③ 該書卷一《謝五墓章》《謝先亡章》《斷亡人復連章》《疾病謝先亡章》《疾厄斷除鬼訟拔危保安章》《解釋三曾五祖塚訟章》，卷四《謝五墓章》《解五墓章》《謝先亡章》《斷亡人復連章》《疾病謝先亡章》，卷五《為先亡言功章》《大塚訟章》《又大塚訟章》等。

④ 《赤松子章曆》卷五，《道藏》第11冊，第219頁。

則群邪屏絕。依依曩情，故相白也。'"① 上引文字意在宣講道家上章驅鬼不如佛家請福之靈驗，由此折射出當時佛道論爭的社會背景。

第二，"請官"斷冢訟。

"請官"驅鬼是斷除冢訟的重要手段，所請之"官"均為天將吏兵。據《登真隱訣》（卷下）云："若家中有考訟鬼、不正之氣，致不安穩者，當請四胡君五人，官將百二十人，令消散斷絕之。"② 並附小字注曰："謂家世先亡有考訟殃逮，使胤嗣多諸躓疾不安。吉者止宜令消斷而已，故不得誅滅之也。此乃是禍患之鬼，要子孫不得為逆上之意。其例皆多如此。"③ 又云："若家中有五墓之鬼作祟，傷死往來者，當請無上高倉君兵十萬人，使收治之。"④ 《赤松子章曆‧請官》所言與上述內容大抵相似。⑤ 此外，《赤松子章曆‧又大塚訟章》云："又請蓋天大將軍十萬人，主為某家辟斥故氣，斷絕注鬼，却死來生，却禍來福。又請太白君百萬人，都官從事，考對殺君，各有種數千萬人，一合下，營護某身并某家，却死籍、上生名，斷祖世中外亡人死注。"⑥

天將吏兵驅除邪鬼、斷除冢訟，禮畢之後需給予酬謝。有關物品之名錄，《真誥‧甄命授》有載："六月十六日夜，小君授書此。（此令楊君為長史家攝遏冢訟也。⑦）紙三百（酬鬼帥王延，近報錄書以杵宗會，有功）；油三斗（酬鬼帥傅晃，近與功曹使者，令勢威照鬼形，使不得暴）；青絹三十尺（酬鬼帥范疆，近執載百惡，滅訟散禍，有功）；銀叉三枚（酬鬼帥深衛，近防護疾者，招魂安神，使冢訟不行，有殊功）。"⑧

第三，"术遏鬼炁"——服术酒斷冢訟。

六朝道書中見載有"术遏鬼炁"之說，如《真誥‧甄命訟》云："若服术酒，可未便恭命也。高者亦可服术，其家冢訟，亦為紛紛，术遏鬼炁，故必無他耳。"⑨ 《雲笈七籤》卷一○六《紀傳部‧傳》"許邁真人

---

① 魯迅校錄：《古小說鉤沉》，第111—112頁。
② （南朝梁）陶弘景編撰：《登真隱訣》卷下，《道藏》第6冊，第623頁。
③ （南朝梁）陶弘景編撰：《登真隱訣》卷下，《道藏》第6冊，第623頁。
④ （南朝梁）陶弘景編撰：《登真隱訣》卷下，《道藏》第6冊，第623頁。
⑤ 《赤松子章曆》卷二，《道藏》第11冊，第188頁。
⑥ 《赤松子章曆》卷五，《道藏》第11冊，第222頁。
⑦ 括弧內文字在原書中為小字夾注。以下同。
⑧ （南朝梁）陶弘景編：《真誥》卷七，《道藏》第20冊，第528頁。
⑨ （南朝梁）陶弘景編：《真誥》卷八，《道藏》第20冊，第535頁。

傳"條也談到紫微夫人傳授許謐服术、却除塚訟之病："（許）映第五弟謐，小名穆，官至護軍長史散騎常侍，年七十二，捨世尋仙，能通靈降真。先經患滿，腹中結寒，小便不利。遇西王母第二十七女號曰紫微夫人謂穆曰：'此病冢訟之所致，家又有怨鬼為害，可服术，自得豁然除去。'紫微夫人因作《服术敘》以傳。穆依方修合，服十旬都愈，眼明耳聰，容貌日少。"①

此外，《赤松子章曆・章信》開列出演行"解釋三曾五祖塚訟章"所需信物中亦見"术五十斤，燒及作散，法在後。十五斤、二十五斤亦得"②。术，是一味中草藥材。有關其藥性，《神農本草經》詮釋說："术，一名山薊。味苦，溫，無毒。治風寒濕痹，死肌，痙，疸。止汗，除熱，消食。化煎餌，久服輕身，延年，不饑。生山谷。"③ 謝靈運《山居賦》亦云："苦以术成，甘以擂熟。"注云："术，术酒，味苦。擂，擂酒，味甘，並至美，兼以療病。擂治癘核，术治痰冷。"④

第四，"沐浴"以消積考。

"沐浴"，是道門科儀的重要儀軌之一。⑤ "沐浴"之法，亦用以消罪除厄、驅除邪鬼、安穩冢墓。據《真誥・協昌期》載："可令許斧數沐浴，濯其水疾之氣也，消其積考之痕也，亦致真之階。"⑥ 又《赤松子章曆・沐浴章》云："今謹憑大道之力，拯濟幽魂宿業愆尤，以今蕩滌。謹齎亡人在生衣物及鎮信、錢米、香油、方綵、筆墨等，謹於淨庭立作浴堂，沐浴之具，皆令清淨，免離幽塗。臣今謹為伏地拜章，上請沐浴君吏，沐浴夫人，洗浣玉女千二百人，鑒臨亡人，沐浴身形，洗垢除穢，去離桎梏，得覩光明，逍遙快樂，衣食自然，無諸乏少，安穩塚墓，佑利生人，以為效信。"⑦

第五，"祝"驅夢魘。

---

① （宋）張君房編：《雲笈七籤》卷一〇六，李永晟點校，第2313頁。
② 《赤松子章曆》卷一，《道藏》第11冊，第176頁。
③ 馬繼興主編：《神農本草經輯注》卷二，第51—52頁。
④ （梁）沈約撰：《宋書》卷六七《謝靈運傳》，第1766頁。
⑤ 有關道教"沐浴"之情況，詳見丁煌《道教的"沐浴"探究》，載林富士主編《禮俗與宗教》，北京：中國大百科全書出版社2005年版，第117—127頁。
⑥ （南朝梁）陶弘景編：《真誥》卷十，《道藏》第20冊，第547頁。
⑦ 《赤松子章曆》卷六，《道藏》第11冊，第222頁。

　　古人認為，若時常夢見"冢墓及家死鬼"不吉，說明將有冢鬼纏身之厄。遇此情況可叩齒及念咒化解之，如《真誥·協昌期》云："若每遇此夢者，臥覺，當正向上三琢齒，而祝之曰：'太元上玄，九都紫天，理魂護命，高素真人。我佩上法，受教太玄。長生久視，神飛體仙，冢墓永安，鬼訟塞姦。魂魄和悅，惡氣不煙。遊魅罔象，敢干我神。北帝呵制，收氣入淵。得籙上皇，謹奏玉晨。'如此者再祝，祝又三叩齒，則不復夢冢墓及家死鬼也。"①

四　結論

　　據新疆吐魯番地區出土的大量道教文物推斷，至遲5世紀初（一說4～5世紀），中國內地盛行的道教就隨著漢人西遷而傳入新疆。② 不過，起初傳播範圍僅限於漢人較集中的吐魯番、哈密等地。③ 這份冥訟文書正出土於吐魯番高昌郡，亦由當地漢人（趙貨母子）書寫，從而再次印證了這一看法。同時，從北涼"緣禾二年"冥訟文書的用語及內涵可以看出，該文書反映的內容也恰是道教初傳河西地區的一種情形。有鑑於此，

---

　　① （南朝梁）陶弘景編：《真誥》卷十，《道藏》第20冊，第549頁。

　　② 新疆維吾爾自治區博物館：《新疆吐魯番阿斯塔那北區墓葬發掘簡報》，《文物》1960年第6期，第13—21頁；陳槃：《敦煌木簡符籙試釋》，（臺北）《"中央"研究院民族學研究所集刊》第32期（1972年11月），第237—244頁；黃烈：《略論吐魯番出土的"道教符籙"》，《文物》1981年第1期，第51—55頁（此文又以《吐魯番出土道教符籙與道教西傳高昌》為標題，載氏著《中國古代民族史研究》下編第六章，北京：人民出版社1987年版，第459—469頁）。

　　③ 吐魯番十六國高昌墓中出土的某些衣物疏材料就反映了道教在西域的傳播和影響。如阿斯塔那一號墓出土的《西涼建初十四年（公元四一八年）韓渠妻隨葬衣物疏》（編號：63TAM1：11）有云："時見：左清（青）龍，右白虎。書物數，前朱 雀 ，後玄武。……急急如律令。"（唐長孺主編《吐魯番出土文書》壹，第5頁）又，阿斯塔那二號墓出土的《北涼緣禾六年翟萬隨葬衣物疏》（編號：63TAM2：1）亦云："時見：左清（青）龍，右白虎，前朱雀，後玄武。"（唐長孺主編《吐魯番出土文書》壹，第85頁）。這類隨葬衣物疏所書文字充分反映出中原漢族道教之信仰，證明公元5世紀初葉道教已開始在高昌地區流行。此外，1959年新疆阿斯塔那古墓葬區303墓內出土了高昌和平元年（551年）道教符籙一紙，"上有朱繪天神一，左手持大刀，右手持長叉。朱書符文四行"（新疆維吾爾自治區博物館：《新疆吐魯番阿斯塔那北區墓葬發掘簡報》，《文物》1960年第6期，第18頁），符中天神形象及服飾明顯異於內地，說明至遲公元6世紀中葉以前道教已滲透到當地民眾的日常生活與信仰世界中。入唐後，道教在新疆地區的傳播更為迅猛。

我們對當時中原漢地盛行的道教文化予以考察，或許有助於深化文書本身的理解。

　　北涼"緣禾二年"冥訟文書中出現的神祇，可以劃分為三個類別（性質）：道教及民間俗神——皇天、后土，佛教神——閻羅大王、平等之主，家族先逝者——大公、己父。所以說，這份冥訟文書實際上是將佛教、道教、民間信仰及祖先崇拜等觀念混雜在一起，是在上述觀念的共同影響下產生的，故而不應僅單純地認為其深受佛教之影響。本文僅著眼於從六朝道教文化入手分析文書所見北涼高昌民眾的喪葬禮俗及宗教氛圍，而這一點恰是在以往研究中不為人注意和較易忽視的。

結 束 語

　　道教是中國的本土宗教，對中華民族的性格塑造及文化傳統產生了深遠的影響。當今學界大多認同作為制度性宗教的道教教團組織創建於東漢時期，然其歷史淵源則可以追溯至秦漢及其以前。東漢以降，道教在發展和傳播的過程中，始終與庶民社會、民間信仰、喪葬禮俗等保持著密切聯繫，並不斷從中汲取營養、素材來豐富和完善自身的理論，同時也對後者施予滲透和影響，呈現出雙向互動的交融狀態。

　　由於史料缺乏，早期道教史的研究長期處於跋涉階段、未能取得突破性進展。有鑑於此，我們不能僅局限於道門典籍等傳世文獻，而應拓寬視野，下移研究視線，盡可能利用一切資料，最大程度地結合社會民情和歷史背景，對某些宗教文化現象進行揭示和解讀。在研究中，我們發現：考古材料中折射出來的早期道教問題，主要集中體現在方術與道術、葬俗與信仰這兩條主線上。換言之，早期道教與民眾生活之間的互動與交流，大抵是圍繞這兩條線索而展開的，我們著眼於此或許可以抓住問題的核心本質。

　　法術與道術的關係，其實關涉道教文化的緣起與溯源等問題。道教初創時乃承襲了戰國、秦漢時期的方士傳統，不少道門法術更徑直脫胎於方術，抑或是對後者的宗教化改造。本書列舉了兩枚秦代簡牘——放馬灘秦簡《志怪故事》、北大秦牘《泰原有死者》，其內容均是關於死而復生的故事，顯然籠罩著濃重的方術色彩，而且對後世道教的尸解成仙、太陰煉形（“五煉生屍”）及幽冥判獄等觀念提供了理論支持。擇日，是道教法術中最常見的行為。道士們進行煉丹、行炁、採藥、存思、房中、上章、齋醮等活動前均需要慎重地選擇時日，而道門擇日則較多沿襲了秦漢以來的方術和民間禁忌傳統，本書僅以漢代“血忌”觀念為例深入剖析二者的交匯和融攝。中國古人很早就將山澤與仙界聯繫在一起，乃至將山嶽視為登天的階梯、靈魂的歸宿。道教自漢末興起以來，始終秉承古老的方士傳統，堅守棄世脫俗的理念，不斷掀起入山尋仙找藥的風潮。東晉道士葛洪撰《抱朴子內篇·登涉》則是博採秦漢以來入山方術的集大成者，乃係漢晉之季江南地區道教與方技融合的傑出代表。《登涉》篇對玄門羽士及世俗中人登涉山澤時遇到的諸多問題均有論述，並有針對性地介紹一些防禦性措施和法術，涉及名山的選擇、擇日術、必備物品、隱身術、知鬼名、辟蛇術、辟毒術、涉水術、辟鬼術、夜宿山林辟虎狼之術等。秦漢出土簡牘中所見"直五橫"（"五畫地"）等說法均具有明顯的巫術色彩，乃係源自古老的民間巫術傳統。道教"四直五橫"觀念是以早期"直五橫"（"五畫地"）為基礎敷演而成，期間經歷了漫長的衍變過程。我們推測：秦漢以降，"直五橫"（"五畫地"）作為一種出行擇吉類方術而始終不絕如縷地在下層民眾中流傳有緒，並不斷地豐富和發展，至遲唐代以前最終定型為"四縱五橫"，乃至傳播到西域敦煌及日本等地。

中國古人歷來重視死後世界的闡釋和建構，對幽冥異域充滿了想象和誇張。這一點，在先民處理殯葬事務時表現尤為突出。自古以來，喪葬禮俗與宗教信仰始終是密切相關的，二者有著天然的親緣關係。通過對葬俗的考察，或許可展現出宗教信仰的外在表現。後世道教對天堂和地獄的描述，儼然已日漸精細化、嚴密化、立體化和複雜化。但不難看出，該學說中具有奠基意義的核心理論仍然是先秦及秦漢時期的黃泉冥府觀念和羽化成仙思想。仙境與昇仙、驅鬼與鎮墓，是秦漢時人墓葬陳設中的兩大基本原則。天水放馬灘秦墓（M14）出土隨葬的繫虎及博局板畫中隱含了豐富的信仰色彩和象徵意涵，折射出秦人對殯葬禮俗的重視及仙境世界的追求，也寄託了孝眷的哀思和祈望逝者昇入仙境的美好願望。北京大學藏秦代木牘《泰原有死者》和放馬灘秦簡《志怪故事》具有相同的性質，皆是借助死而復生者的口吻來敘述死人在地下世界中的生存狀態和價值理念。不過，這兩份出土文獻的論述重點存有顯著差異。放馬灘秦簡《志怪故事》側重於復生過程及其情節合理性的建構和塑造，北大秦牘《泰原有死者》則省略此內容，轉而對冥界進行渲染和強化，著重介紹了死人在地下世界中的好惡、財富、婚姻等觀念以及祠墓、入殮時的做法與禁忌。香港中文大學文物館收藏的晉代"松人"木牘上繪製的偶人形狀及文字，充分反映出漢晉時人舉行喪葬儀式所刻意避免的諸多禁忌內容，從中也可看出其受早期道教影響之痕跡。木牘所繪揖手偶人上記"松人"

二字，且四周所題文字中多次出現“松人”“柏人”字樣，這裏的偶人是被視作“代厄”之物，亦即代替生人和死者承受責罰或注連。木牘文字涉及建除、神煞、月象、四時等諸多禁忌內容，主要是圍繞“重復”“拘校”與“解除”而展開，並借助“天帝使者”的名義來強調此次解除活動的權威性和有效性。近年公佈的“北涼緣禾二年高昌郡高寧縣趙貨母子冥訟文書”，出土於新疆吐魯番地區洋海一號臺地四號墓。這是一份獨特的冥訟文書，其內容為墓主趙貨母子將因受叔叔趙琳誣告而死的冤情投訴冥府，乞請閻羅大王等神祇給予公正地裁斷。這份冥訟文書中列舉的神祇，是將佛教、道教、民間信仰及祖先崇拜等觀念混雜在一起，故不應單純地判定為深受道教或佛教之影響，而當是在上述觀念的共同影響下產生的，真實地反映出北涼時期高昌地區社會民眾的喪葬禮俗及宗教氛圍。

早期道教與方術、葬俗及民間信仰之關係，是一個重要而又頗具難度的研究課題。當前學界雖已取得初步成果，但因所涉內容龐雜，尚存不少空白領域有待系統梳理和深入考察。本書嘗試援引考古新材料，結合有關傳世文獻，廣泛吸收前人成果，通過翔實的文獻梳理和考證，對某些重要議題進行分析、論述和概括，提出若干新看法和新觀點，期望能推動出土文獻領域的發展和認識，對中國道教史研究的豐富和完善或許也具有積極意義。

近年來，全國各地不斷有新發現的出土文獻得以公佈和面世，其中不乏有大量的材料涉及宗教信仰、喪葬禮俗、方術等內容。限於諸多因素，我們暫時無法對已公佈的出土資料進行全面的分析和梳理，期待日後彌補這一遺憾。我們始終認為，當前的道教研究除了應繼續重視現存的傳世文獻（如明版《道藏》、藏外道書、敦煌道經等）外，還需不斷開闢新的資料群，如出土文獻及實物、田野調查材料等。本書的宗旨就是將傳統的道書文獻與新獲的出土資料相互結合、彼此印證，帶著強烈的問題意識“小中見大”，抓住核心本質，提綱挈領、以點帶面，系統揭示道教文化與庶民社會的互動融合。今後，我們將沿著這條路子繼續探索和推進。

參考文獻

一　古典文獻

（戰國）商鞅原著，蔣禮鴻撰：《商君書錐指》，北京：中華書局1986年。

（西漢）司馬遷：《史記》，北京：中華書局1959年版。

（西漢）桓寬撰，王利器校注，《鹽鐵論校注》（定本），北京：中華書局1992年版。

（西漢）劉安撰，何寧集釋：《淮南子集釋》，北京：中華書局1998年版。

（東漢）班固撰，（唐）顏師古注：《漢書》，北京：中華書局1962年版。

（東漢）班固撰，陳立撰，吳則虞點校：《白虎通疏證》，北京：中華書局1994年版。

（東漢）王充撰，黃暉校釋：《論衡校釋》（附劉盼遂集解），北京：中華書局1990年版。

（東漢）王符撰，（清）汪繼培箋，彭鐸校正：《潛夫論箋校正》，北京：中華書局1985年版。

（東漢）許慎撰，（清）段玉裁注：《說文解字注》，杭州：浙江古籍出版社1998年版。

（東漢）劉熙撰，任繼昉匯校：《釋名匯校》，濟南：齊魯書社2006年版。

（東漢）應劭撰，王利器校注：《風俗通義校注》，北京：中華書局1981年版。

（東漢）蔡邕撰：《獨斷》，叢書集成初編本，上海：商務印書館1939

年版。

（晉）陳壽撰，（南朝宋）裴松之注，陳乃乾點校：《三國志》，北京：中華書局 1959 年版。

（晉）干寶撰，汪紹楹校注：《搜神記》，北京：中華書局 1979 年版。

（晉）葛洪撰，胡守為校釋：《神仙傳校釋》，北京：中華書局 2010 年版。

（晉）葛洪撰，王明校釋：《抱朴子內篇校釋》（增訂本），北京：中華書局 1985 年版。

（晉）陶潛撰，汪紹楹校注：《搜神後記》，北京：中華書局 1981 年版。

（南朝宋）范曄撰，（唐）李賢等注：《後漢書》，北京：中華書局 1965 年版。

（南朝梁）僧祐撰：《弘明集》，（唐）道宣撰：《廣弘明集》，上海：上海古籍出版社 1991 年版。

（南朝梁）沈約撰：《宋書》，北京：中華書局 1974 年版。

（南朝梁）蕭統編，（唐）李善注：《文選》，上海：上海古籍出版社 1986 年版。

（北齊）魏收撰：《魏書》，北京：中華書局 1974 年版。

（北齊）顏之推著，羅國威校注：《〈冤魂志〉校注》，成都：巴蜀書社 2001 年版。

（北齊）顏之推著，王利器集解：《顏氏家訓集解》（增補本），北京：中華書局 1993 年版。

（唐）段成式著，方南生點校：《酉陽雜俎》，北京：中華書局 1981 年版。

（唐）房玄齡等撰：《晉書》，北京：中華書局 1974 年版。

（唐）牛僧孺編：《玄怪錄》，北京：中華書局 1982 年版。

（唐）歐陽詢撰，汪紹楹校：《藝文類聚》，上海：上海古籍出版社 1982 年版。

（唐）釋道世著，周叔迦、蘇晉仁校注：《法苑珠林校注》，北京：中華書局 2003 年版。

（唐）孫思邈撰，魯兆麟等點校：《千金翼方》，瀋陽：遼寧科學技術出版社 1997 年版。

（唐）唐臨撰，方詩銘輯校：《冥報記》，北京：中華書局 1992 年版。

（宋）洪邁撰，何卓點校：《夷堅志》，北京：中華書局 1981 年版。

（宋）李昉等編：《太平廣記》，北京：中華書局 1961 年版。

（宋）李昉等編纂，夏劍欽等校點：《太平御覽》，石家莊：河北教育出版社 1994 年版。

（宋）王欽若等編纂，周勛初等校訂：《冊府元龜》（校訂本），南京：鳳凰出版傳媒集團、鳳凰出版社 2006 年版。

（宋）徐鉉撰，白化文點校：《稽神錄》，北京：中華書局 1996 年版。

（宋）薛居正等撰：《舊五代史》，北京：中華書局 1976 年版。

（宋）張君房編，李永晟點校：《雲笈七籤》，北京：中華書局 2003 年版。

（元）馬端臨撰：《文獻通考》，北京：中華書局 1986 年版。

（明）李時珍撰：《本草綱目》，北京：人民衛生出版社 1975 年版。

（明）張岱綴輯：《夜航船》卷八，成都：四川文藝出版社 2008 年版。

（明）張宇初、張宇清等編纂：《正統道藏》、《萬曆續道藏》，北京：文物出版社、上海：上海書店、天津：天津古籍出版社 1988 年影印版。

（清）顧炎武著，黃汝成集釋，欒保羣、呂宗力點校：《日知錄》，上海：上海古籍出版社 2006 年版。

（清）趙翼著，欒保羣、呂宗力點校：《陔餘叢考》，石家莊：河北人民出版社 1990 年版。

（清）李光地等編：《御定星歷考原》，載《四庫術數類叢書》九，上海：上海古籍出版社 1991 年版。

（清）永瑢等撰：《四庫全書總目》，北京：中華書局 1965 年版。

二　出土資料

陳松長編著：《香港中文大學文物館藏簡牘》，香港：香港中文大學文物館 2001 年版。

甘肅省博物館、武威縣文化館合編：《武威漢代醫簡》，北京：文物出版社 1975 年版。

甘肅省文物考古研究所、甘肅省博物館、文化部古文獻研究室、中國社會科學院歷史研究所編：《居延新簡：甲渠候官與第四燧》，北京：文物出版社 1990 年版。

甘肅省文物考古研究所編:《敦煌漢簡》,北京:中華書局1991年版。

甘肅省文物考古研究所編:《天水放馬灘秦簡》,北京:中華書局2009年版。

廣州市文物管理委員會等:《西漢南越王墓》(上、下冊),北京:文物出版社1991年版。

國家文物局古文獻研究室編:《馬王堆漢墓帛書［壹］》,北京:文物出版社1980年版。

河北省文物局文物工作隊:《望都二號漢墓》,北京:文物出版社1959年版。

胡平生、張德芳:《敦煌懸泉漢簡釋粹》,上海:上海古籍出版社2001年版。

湖北省荊州市周梁玉橋遺址博物館編:《關沮秦漢墓簡牘》,北京:中華書局2001年版。

湖北省文物考古研究所、隨州市考古隊編:《隨州孔家坡漢墓簡牘》,北京:文物出版社2006年版。

連雲港市博物館、東海縣博物館、中國社會科學院簡帛研究中心等:《尹灣漢墓簡牘》,北京:中華書局1997年版。

林梅村、李均明編:《疏勒河流域出土漢簡》,北京:文物出版社1984年版。

馬王堆漢墓帛書整理小組:《馬王堆漢墓帛書［肆］》,北京:文物出版社1985年版。

榮新江、李肖、孟憲實主編:《新獲吐魯番出土文獻》,北京:中華書局2008年版。

睡虎地秦墓竹簡整理小組:《睡虎地秦墓竹簡》,北京:文物出版社1990年版。

唐長孺主編:《吐魯番出土文書》,北京:文物出版社1992年版。

張家山二四七號漢墓竹簡整理小組:《張家山漢墓竹簡［二四七號墓]》(釋文修訂本),北京:文物出版社2006年版。

趙超:《漢魏南北朝墓誌彙編》,天津:天津古籍出版社1990年版。

中國畫像石全集編輯委員會:《中國畫像石全集》,鄭州:河南美術出版社、濟南:山東美術出版社2000年版。

中國社會科學院考古研究所編:《居延漢簡甲乙編》上、下冊,北京：中華書局 1980 年版。

中國畫像磚全集編輯委員會：《中國畫像磚全集》，成都：四川美術出版社 2006 年版。

三　工具書、資料集

［日］安居香山、中村璋八輯：《緯書集成》，石家莊：河北人民出版社 1994 年版。

［日］村山修一編著：《陰陽道基礎史料集成》，東京：東京美術出版社 1987 年版。

北京圖書館金石組編：《北京圖書館藏中國歷代石刻拓本匯編》，鄭州：中州古籍出版社 1989 年版。

陳垣：《二十史朔閏表》，北京：中華書局 1962 年版。

馮其庸、鄧安生編著：《通假字彙釋》，北京：北京大學出版社 2006 年版。

高亨纂著，董治安整理：《古字通假會典》，濟南：齊魯書社 1989 年版。

國家計量總局、中國歷史博物館、故宮博物院主編：《中國古代度量衡圖集》，北京：文物出版社 1984 年版。

漢語大字典編輯委員會編纂：《漢語大字典》（第 2 版），成都：四川出版集團、武漢：湖北長江出版集團、成都：四川辭書出版社、武漢：崇文書局 2010 年版。

漢語大字典字形組編：《秦漢魏晉篆隸字形表》，成都：四川辭書出版社 1985 年版。

胡孚琛主編：《中華道教大辭典》，北京：中國社會科學出版社 1995 年版。

黃永武主編：《敦煌寶藏》，臺北：新文豐出版社 1986 年版。

劉昭瑞：《漢魏石刻文字繫年》，臺北：新文豐出版公司 2001 年版。

邱樹森主編：《中國歷代職官辭典》，南昌：江西教育出版社 1991 年版。

任繼愈主編：《道藏提要》（修訂本），北京：中國社會科學出版社 1995 年版。

王卡：《敦煌道教文獻研究：綜述·目錄·索引》，北京：中國社會科學出版社 2004 年版。

王素、李方:《魏晉南北朝敦煌文獻編年》,臺北:新文豐出版公司 1997 年版。

蕭登福:《正統道藏總目提要》,臺北:文津出版社 2011 年版。

臧勵龢等編:《中國古今地名大辭典》,上海:商務印書館 1931 年版。

張培瑜:《三千五百年曆日天象》,鄭州:大象出版社 1997 年版。

鄭天挺等主編:《中國歷史大辭典》(音序本),上海:上海辭書出版社 2007 年版。

四　近人論著

[法] 施舟人講演:《中國文化基因庫》,北京:北京大學出版社 2002 年版。

[美] 韓森著,魯西奇譯:《傳統中國日常生活中的協商:中古契約研究》,南京:江蘇人民出版社 2009 年版。

[美] 巫鴻著,柳揚、岑河譯:《武梁祠——中國古代畫像藝術的思想性》,北京:生活·讀書·新知三聯書店 2006 年版。

[日] 大淵忍爾:《敦煌道經·目錄編》,東京:福武書店 1978 年版。

[日] 丹波康賴撰,高文鑄等校注研究:《醫心方》,北京:華夏出版社 1996 年版。

[日] 福井康順:《道教の基礎的研究》,東京:理想社 1952 年版,東京:書籍文物流通會 1958 年再版。

[日] 工藤元男著,[日] 廣瀨薰雄、曹峰譯:《睡虎地秦簡所見秦代國家與社會》,上海:上海古籍出版社 2010 年版。

[日] 下中彌三郎編:《書道全集》第三卷(漢晉代木簡·真跡·瓦當·磚·印璽·封泥),東京:平凡社 1931 年版。

[日] 伊藤清司著,劉曄原譯:《〈山海經〉中的鬼神世界》,北京:中國民間文藝出版社 1990 年版。

陳國符:《道藏源流考》,北京:中華書局 1963 年版。

陳槃:《漢晉遺簡識小七種》,臺北:"中央"研究院歷史語言研究所 1975 年版。

陳寅恪:《陳寅恪先生全集》,臺北:里仁書局 1979 年版。

陳直:《文物考古論叢》,天津:天津古籍出版社 1988 年版。

鄧文寬：《敦煌吐魯番天文曆法研究》，蘭州：甘肅教育出版社 2002 年版。

甘肅省文物考古研究所編：《秦漢簡牘論文集》，蘭州：甘肅人民出版社 1989 年版。

胡新生：《中國古代巫術》，濟南：山東人民出版社 2005 年版。

黃征、張湧泉校注：《敦煌變文校注》，北京：中華書局 1997 年版。

江紹原：《中國古代旅行之研究》，上海：上海文藝出版社 1989 年版。

姜守誠：《〈太平經〉研究——以生命為中心的綜合考察》，北京：社會科學文獻出版社 2007 年版。

李劍國：《唐前志怪小說史》，天津：南開大學出版社 1984 年版。

李零：《中國方術考》（修訂本），北京：東方出版社 2001 年版。

李零：《中國方術續考》，北京：東方出版社 2000 年版。

李學勤：《簡帛佚籍與學術史》，南昌：江西教育出版社 2001 年版。

林富士主編：《禮俗與宗教》，北京：中國大百科全書出版社 2005 年版。

劉樂賢：《簡帛數術文獻探論》，武漢：湖北教育出版社 2003 年版。

劉樂賢：《睡虎地秦簡日書研究》，臺北：文津出版社 1994 年版。

劉屹：《神格與地域——漢唐間道教信仰世界研究》，上海：上海人民出版社 2011 年版。

劉昭瑞：《考古發現與早期道教研究》，北京：文物出版社 2007 年版。

魯迅校錄：《古小說鈎沉》，濟南：齊魯書社 1997 年版。

羅二虎：《漢代畫像石棺》，成都：巴蜀書社 2002 年版。

羅振玉、王國維編著：《流沙墜簡》，北京：中華書局 1993 年影印版。

羅振玉：《羅雪堂先生全集》，臺北：文華出版公司 1969 年版。

蒲慕州：《追尋一己之福：中國古代的信仰世界》，上海：上海古籍出版社 2007 年版。

蒲慕州編：《鬼魅神魔——中國通俗文化側寫》，臺北：麥田出版社 2005 年版。

孫作雲：《孫作雲文集》，開封：河南大學出版社 2003 年版。

湯用彤：《漢魏兩晉南北朝佛教史》（修訂本），北京：北京大學出版社 2011 年版。

王承文：《敦煌古靈寶經與晉唐道教》，北京：中華書局 2002 年版。

王育成編著：《道教法印令牌探奧》，北京：宗教文化出版社 2000 年版。

王重民等編：《敦煌變文集》，北京：人民文學出版社 1957 年版。

王子今：《睡虎地秦簡〈日書〉甲種疏證》，武漢：湖北教育出版社 2002 年版。

信立祥：《漢代畫像石綜合研究》，北京：文物出版社 2000 年版。

邢義田：《畫為心聲：畫像石、畫像磚與壁畫》，北京：中華書局 2011 年版。

晏昌貴：《巫鬼與淫祀——楚簡所見方術宗教考》，武漢：武漢大學出版社 2010 年版。

葉貴良：《敦煌本〈太上洞淵神呪經〉輯校》，北京：中國社會科學出版社 2013 年版。

雍際春：《天水放馬灘木板地圖研究》，蘭州：甘肅人民出版社 2002 年版。

于省吾撰：《雙劍誃諸子新證》，北京：中華書局 1962 年版。

余欣：《神道人心——唐宋之際敦煌民生宗教社會史研究》，北京：中華書局 2006 年版，第 227 頁。

余英時著，侯旭東等譯：《東漢生死觀》，上海：上海古籍出版社 2005 年版。

張勳燎、白彬：《中國道教考古》，北京：線裝書局 2006 年版。

周紹良編：《敦煌變文彙錄》，上海：上海出版公司 1954 年版。

五　研究論文

［美］夏德安著，陳松長、熊建國譯：《戰國民間宗教中的復活問題》，中國社會科學院簡帛研究中心編：《簡帛研究譯叢》（第一輯），長沙：湖南出版社 1996 年版，第 32—33 頁。

［日］酒井忠夫：《反閇について——日・中宗教文化交流史に関する一研究》，《立正史學》第 66 號（1989 年 9 月）。［中譯本，酒井忠夫撰、王賢德譯：《談"反閇"——有關日中宗教文化交流史之研究》，收入丁煌主編：《道教學探索》（第肆號），第 1—20 頁］

［日］池田溫：《中國歷代墓券略考》，《東洋文化研究所紀要》第 86 冊——"東京大學東洋文化研究所創立四十周年紀念論集 I"（1981 年 11

月），第 193—278 頁。

[日] 佐佐木聰：《法藏〈白澤精恠圖〉（P. 2682）考》，《敦煌研究》 2012 年第 3 期，第 73—81 頁。

北京大學出土文獻研究所：《北京大學藏秦簡牘概述》，《文物》2012 年第 6 期，第 65—73 頁。

陳槃：《敦煌木簡符籙試釋》，《“中央”研究院民族學研究所集刊》 第 32 期（1972 年 11 月），第 237—244 頁。

黃烈：《略論吐魯番出土的“道教符籙”》，《文物》1981 年第 1 期， 第 51—55 頁。

勞榦：《六博及博局的演變》，《“中央”研究院歷史語言研究所集 刊》第 35 本（1964 年），第 15—30 頁。

李零：《北大漢簡中的數術書》，《文物》2011 年第 6 期，第 80— 83 頁。

李零：《北大秦牘〈泰原有死者〉簡介》，《文物》2012 年第 6 期， 第 81—84 頁。

李學勤：《放馬灘簡中的志怪故事》，《文物》1990 年第 4 期，第 43—47 頁。

連劭名：《建興廿八年“松人”解除簡考述》，《世界宗教研究》 1996 年第 3 期，第 116—119 頁。

林富士：《人間之魅——漢唐之間“精魅”故事析論》，《“中央”研 究院歷史語言研究所集刊》第 78 本、第 1 分（2007 年 3 月），第 107— 179 頁。

劉樂賢：《睡虎地秦簡日書〈詰咎篇〉研究》，《考古學報》1993 年 第 4 期，第 435—454 頁。

劉增貴：《禁忌：秦漢信仰的一個側面》，《新史學》十八卷四期 （2007 年 12 月），第 53—54 頁。

劉增貴：《秦簡〈日書〉中的出行禮俗與信仰》，《“中央”研究院歷 史語言研究所集刊》第 72 本、第 3 分（2001 年 9 月），第 503—541 頁。

饒宗頤：《記建興廿八年“松人”解除簡——漢“五龍相拘絞”說》， 中國社會科學院簡帛研究中心編輯：《簡帛研究》（第二輯），北京：法律 出版社 1996 年版，第 390—394 頁。

孫占宇：《放馬灘秦簡日書整理與研究》，西北師範大學博士學位論

文，指導教師姓名及職稱：張德芳研究員，院系：歷史系，專業名稱：專
門史，研究方向：簡牘學，答辯日期：2008 年 6 月。

孫作雲：《長沙馬王堆一號漢墓出土畫幡考釋》，《考古》1973 年第 1
期，第 54—61 頁。

王育成：《考古所見道教簡牘考述》，《考古學報》2003 年第 4 期，
第 483—510 頁。

王子今：《秦漢驛道虎災——兼質疑幾種舊題"田獵"圖像的命名》，
《中國歷史文物》2004 年第 6 期，第 20—27 頁。

游自勇：《吐魯番新出〈冥訟文書〉與中古前期的冥界觀念》，《中華
文史論叢》2007 年第 4 期，第 31—63 頁。

張勳燎、白彬：《前涼建興二十八年"松人"木牘解復鬼文研究》，
《臺灣宗教研究》第 3 卷第 2 期（2005 年 4 月），第 101—123 頁。

後　　記

　　2006 年 5 月，我有幸進入北京師範大學博士後流動站，在王子今教授指導下從事科研工作，2008 年 5 月以《漢晉道教與葬俗考》為題呈交報告、答辯出站。業師博聞強記、涉獵甚廣、學富五車，我雖有志於學但天資愚鈍，蒙師不棄、獲允登堂入室，聆聽教誨、如沐春風，受益終生。子老門下，弟子眾多，袍澤情深，其樂融融。

　　2009 年 6 月，我在博士後出站報告的基礎上，自擬選題《漢晉道教與方術民俗——以出土資料為背景》申報國家社科基金青年項目，經詹石窗師舉薦而獲立項資助（批准號：09CZJ005）。本書第七、八章即是博士後報告中的一部分，其餘六章及緒論、結語則是 2012 年 3 月～2013 年 11 月間增撰而成。2014 年 3 月課題結項，鑒定等級為優秀（證書號：20140039）。翌年入選"中國社會科學院文庫"，遂得付梓刊印。

　　我對簡牘材料的持續關注，還應感謝"京師出土文獻研讀班"（召集人：馬怡研究員）的全體成員。自 2008 年 10 月創班至 2015 年 12 月結束，來自中國社會科學院及首都各高校的青年學人每週例行聚會、讀書、研討、交流，在自由、平等、友愛的氣氛中，大家坐而論道、暢所欲言，共同打造出一片學術淨土，遂成為團隊同仁的精神寄託和心靈家園。七年多來，我漸由旁門而入中堅，不少寫作靈感就得益於研讀班上的討論、互動和碰撞、啟發。

　　問學多年，有兩句話，我十分推崇並引以為座右銘：其一是"板凳要坐十年冷，文章不寫半句空"（范文瀾·韓儒林語）；其二是"上窮碧落下黃泉，動手動腳找東西"（傅斯年語）。前輩學者潛心黃卷、不務虛名的思想境界和言必有據、論從史出的治學風格，是一筆寶貴的精神財富。漫漫人生路，物慾亂人眼。為人、做事、治學術若能以此自省，足可心安矣！

　　需要說明的是，為了行文方便，本書涉及當今學者時均直出其名，不加敬稱，乞請諒解。

　　最後，感謝中國社會科學出版社喻苗編輯、知識產權出版社劉江博士為本書出版付出的辛勞。感謝我的家人——父母、妻、子、兄姊，多年來一如既往對我的理解和支持，有賴他們的無私奉獻，我才能不暇俗務、暢游學海中。

姜守誠沐手敬書

歲次丙申桐月穀旦